U0879925

# 大学语文

（第四版）


**主　编**　杨建波

**副主编**　刘　颖

**撰稿人**　申利锋　刘　颖　毕　耕　杨　薇

杨建波　杨志翔　何晓明　余冬林　余兰兰

林久贵　周作菊　周春健　陈　鑫　孙若曦

叶琼琼　郭康松　袁彩云　韩　晓



北京大学出版社

PEKING UNIVERSITY PRESS

**图书在版编目(CIP)数据**

大学语文/杨建波主编．—4版．—北京：北京大学出版社，2017.3

ISBN 978-7-301-27610-5

Ⅰ.①大… Ⅱ.①杨… Ⅲ.①大学语文课—高等学校—教材 Ⅳ.①H193.9

中国版本图书馆 CIP 数据核字(2016)第236990号

| | |
|---|---|
| **书　　名** | 大学语文(第四版)<br>DAXUE YUWEN |
| **著作责任者** | 杨建波　主编 |
| **责 任 编 辑** | 张弘泓 |
| **标 准 书 号** | ISBN 978-7-301-27610-5 |
| **出 版 发 行** | 北京大学出版社 |
| **地　　址** | 北京市海淀区成府路205号　100871 |
| **网　　址** | http://www.pup.cn　　新浪微博：@北京大学出版社 |
| **电 子 信 箱** | zpup@pup.cn |
| **电　　话** | 邮购部 62752015　发行部 62750672　编辑部 62752028 |
| **印 刷 者** | 北京溢漾印刷有限公司 |
| **经 销 者** | 新华书店 |
| | 787毫米×1092毫米　16开本　21.25印张　576千字 |
| | 2002年8月第1版　2005年8月第2版　2010年2月第3版<br>2017年3月第4版　2024年8月第6次印刷 |
| **定　　价** | 56.00元 |

# 目　录

《大学语文》(第四版)前言 …… 杨建波(1)

中国古代文学概述 …… (1)

中国古代文学作品选

诗经·黍离 …… (13)
《老子》四章 …… (15)
晏子论“和”与“同” …… (17)
《论语》四则 …… (19)
战国策·苏秦佩六国相印 …… (22)
战国策·齐宣王见颜斶 …… (25)
庄子·秋水(节选) …… (27)
离骚(节选) …… 屈　原(29)
礼记·大同 …… (31)
史记·周亚夫传 …… 司马迁(33)
※上山采蘼芜 …… (35)
※《山海经》三则 …… (36)
思旧赋 …… 向　秀(37)
悼亡诗(其一) …… 潘　岳(39)
《世说新语》三则 …… 刘义庆(41)
《搜神记》二则 …… 干　宝(43)
《归园田居》(其二) …… 陶渊明(45)
《饮酒》(其八) …… 陶渊明(46)
积雨辋川庄作 …… 王　维(47)
把酒问月 …… 李　白(49)
新婚别 …… 杜　甫(51)
张中丞传后叙 …… 韩　愈(53)
钴鉧潭西小丘记 …… 柳宗元(57)
长恨歌 …… 白居易(59)
寄李儋元锡 …… 韦应物(63)
隋　宫 …… 李商隐(65)
清平乐 …… 李　煜(67)
八声甘州 …… 柳　永(68)
※老　樵 …… 吕南公(70)
唐崇徽公主手痕 …… 欧阳修(71)

超然台记 …… 苏　轼(73)
孤雁儿 …… 李清照(76)
※汉宫春 …… 葛长庚(78)
念奴娇 …… 辛弃疾(79)
水调歌头·泛湘江 …… 张孝祥(81)
长歌行 …… 陆　游(83)
[双调·夜行船]《秋思》[离亭宴煞] …… 马致远(85)
[双调·雁儿落兼得胜令]《退隐》 …… 张养浩(87)
[黄钟·人月圆]《山中书事》 …… 张可久(88)
※雪中登黄鹤楼 …… 杨　基(90)
※牡丹亭·游园 …… 汤显祖(91)
晚游六桥待月记 …… 袁宏道(93)
湖心亭看雪 …… 张　岱(95)
警世通言·俞伯牙摔琴谢知音 …… 冯梦龙(96)
桃花扇·却奁 …… 孔尚任(102)
聊斋志异·席方平 …… 蒲松龄(106)
红楼梦·秋爽斋偶结海棠社 …… 曹雪芹(110)
祭妹文 …… 袁　枚(117)
游媚笔泉记 …… 姚　鼐(121)
满江红·小住京华 …… 秋　瑾(123)
※田园诗五首 …… 杜甫等(125)

中国现当代文学概述 …… (127)

中国现当代文学作品选
离　婚 …… 鲁　迅(145)
※铸剑(节选) …… 鲁　迅(151)
附　三王墓 …… 干　宝(158)
※麻　将 …… 梁实秋(159)
《日出》第一幕(节选) …… 曹　禺(162)
※吃　酒 …… 丰子恺(174)
※三三(节选) …… 沈从文(177)
传家宝 …… 赵树理(184)
※雪落在中国的土地上 …… 艾　青(192)
受戒(节选) …… 汪曾祺(195)
黄　鹂
——病期琐事 …… 孙　犁(202)
※神雕重剑(节选) …… 金　庸(205)
听听那冷雨 …… 余光中(210)
江南小镇(节选) …… 余秋雨(215)

※静夜功课 …… 张承志(221)
白色鸟 …… 何立伟(224)
※我很重要 …… 毕淑敏(228)
※命　运 …… 席慕蓉(231)
永别了,地坛 …… 克　明(232)

## 阅读与欣赏指导读物

文学欣赏的基本理论 …… (238)
文化视角中的中国文学精神 …… (245)
中国古典美学——儒释道美学 …… (263)
宇宙与生命的诗意阐释
——《春江花月夜》赏析 …… (270)
水石闲谈(三十) …… 张三丰(274)
《人间词话》六则 …… 王国维(275)
外国文学史概述 …… (276)

## 语言文化读物

汉字与中国文化 …… (295)
现代汉语在新时期的流变 …… (300)
网络语言概述 …… (306)
中国文化概述 …… (311)

※为阅读课文

# 目　录

(按人文意蕴排列)

## 历史文化


诗经・黍离 …… (13)
《老子》四章 …… (15)
晏子论“和”与“同” …… (17)
《论语》四则 …… (19)
战国策・苏秦佩六国相印 …… (22)
战国策・齐宣王见颜斶 …… (25)
庄子・秋水(节选) …… (27)
礼记・大同 …… (31)
史记・周亚夫传 …… 司马迁(33)
※《山海经》三则 …… (36)
《世说新语》三则 …… 刘义庆(41)
《搜神记》二则 …… 干　宝(43)
把酒问月 …… 李　白(49)
张中丞传后叙 …… 韩　愈(53)
隋　宫 …… 李商隐(65)
唐崇徽公主手痕 …… 欧阳修(71)
桃花扇・却奁 …… 孔尚任(102)
红楼梦・秋爽斋偶结海棠社 …… 曹雪芹(110)
※铸剑(节选) …… 鲁　迅(151)
三王墓 …… 干　宝(158)
※三三(节选) …… 沈从文(177)
※神雕重剑(节选) …… 金　庸(205)
江南小镇(节选) …… 余秋雨(215)
※静夜功课 …… 张承志(221)


## 社稷民生


新婚别 …… 杜　甫(51)
寄李儋元锡 …… 韦应物(63)
※老　樵 …… 吕南公(70)
聊斋志异・席方平 …… 蒲松龄(106)
离　婚 …… 鲁　迅(145)
※麻　将 …… 梁实秋(159)
《日出》第一幕(节选) …… 曹　禺(162)

传家宝 …… 赵树理(184)
※雪落在中国的土地上 …… 艾　青(192)
白色鸟 …… 何立伟(224)

## 品格情操

离骚(节选) …… 屈　原(29)
《饮酒》其八 …… 陶渊明(46)
超然台记 …… 苏　轼(73)
※汉宫春 …… 葛长庚(78)
念奴娇 …… 辛弃疾(79)
水调歌头·泛湘江 …… 张孝祥(81)
长歌行 …… 陆　游(83)
[双调·夜行船]《秋思》[离亭宴煞] …… 马致远(85)
[黄钟·人月圆]《山中书事》 …… 张可久(88)
满江红·小住京华 …… 秋　瑾(123)
※吃　酒 …… 丰子恺(174)
※我很重要 …… 毕淑敏(228)

## 自然山水

《归园田居》其二 …… 陶渊明(45)
积雨辋川庄作 …… 王　维(47)
钴鉧潭西小丘记 …… 柳宗元(57)
[双调·雁儿落兼得胜令]《退隐》 …… 张养浩(87)
※雪中登黄鹤楼 …… 杨　基(90)
晚游六桥待月记 …… 袁宏道(93)
湖心亭看雪 …… 张　岱(95)
游媚笔泉记 …… 姚　鼐(121)
※田园诗五首 …… 杜甫等(125)
黄　鹂
——病期琐事 …… 孙　犁(202)

## 人伦情感

※上山采蘼芜 …… (35)
思旧赋 …… 向　秀(37)
悼亡诗(其一) …… 潘　岳(39)
长恨歌 …… 白居易(59)
清平乐 …… 李　煜(67)
八声甘州 …… 柳　永(68)
孤雁儿 …… 李清照(76)
※牡丹亭·游园 …… 汤显祖(91)

警世通言·俞伯牙摔琴谢知音 …… 冯梦龙(96)
祭妹文 …… 袁　枚(117)
受戒(节选) …… 汪曾祺(195)
听听那冷雨 …… 余光中(210)
※命　运 …… 席慕蓉(231)
永别了,地坛 …… 克　明(232)

## 阅读与欣赏指导读物

中国古代文学概述 …… (1)
中国现当代文学概述 …… (127)
文学欣赏的基本理论 …… (238)
文化视角中的中国文学精神 …… (245)
中国古典美学——儒释道美学 …… (263)
宇宙与生命的诗意阐释
——《春江花月夜》赏析 …… (270)
水石闲谈(三十) …… 张三丰(274)
《人间词话》六则 …… 王国维(275)
外国文学史概述 …… (276)

## 语言文化读物

汉字与中国文化 …… (395)
现代汉语在新时期的流变 …… (300)
网络语言概述 …… (306)
中国文化概述 …… (311)

※为阅读课文

# 《大学语文》(第四版)前言

杨建波

由本人主编、北京大学出版社2010年第三版的《大学语文》教材已经用了六年。这六年中，像雨后春笋一样，全国各地又陆续编写和出版了许多《大学语文》教材，其中不乏一些有新意和有创见的好教材。与这些有新意和有创见的教材相比，这版教材无论就教育观念和指导思想来看，还是就它的编写体系和编写模式来看，仍然是有价值的。因此今天在第三版基础上修订再版也顺理成章了。

## 一、大学语文课程的性质与目标

大学语文课程性质的界定多年来争论不休，但是现在慢慢趋于一致。大多数人认为大学语文是一门工具性兼人文性或者说是工具性与人文性结合的课程。只不过由于学校的性质不同而有所侧重。一般来说，综合性院校侧重审美性、文化性，专业与职业院校更强调工具性、实用性。不管侧重或强调哪一方面，作为语文，有一点是共同的，那就是语言。或通过对经典文本的阅读来提高语言能力，或通过各种训练来提高语言能力，这就是语文的任务。其他课程只强调基本理论或基本知识或基本技能，唯有大学语文强调语言；其他课程也以语言为媒介为载体，但它们只关注语言所承载的内容，唯有大学语文关注语言是以怎样的方式怎样的手段来表现内容的。**大学语文就是一门通过语言来提升学生汉语水平、文化素养和精神境界，以体现对人的终极关怀的课程。它是一门以语言培育人、教化人和熏陶人的课程。**

高校大学语文课程的功能可用运用语言、品味语言、阐释语言十二个字来概括：运用是基础，品味、阐释是提高。运用是工具层面的，品味是审美层面的、阐释是文化层面的。从运用语言的层面来说，大学语文是功利的、实用的；从品味语言和阐释语言的层面来说，大学语文是“无用”的、审美的、文化的。

由这十二个字出发，大学语文课程的目标应为：在中学语文的基础上，凭借以语言文字为载体的文学经典和其他文化经典，进一步培养学生熟练地运用汉语阅读、说话、作文的能力；培养学生以艺术的眼光品味、欣赏汉语的能力；培养学生从文化的层面阐释、解读汉语的能力。品味、阐释与诠释是不一样的，诠释说的是语言本身的意义，就其原始意义或《辞海》所释意义而言，仍停留在实用层面；品味和阐释说的是语言的引申意义、言外之意、弦外之音、文外之旨（而且不仅是指单个的字或单个的词，往往还指由语言形成的语境和组成的文本），指的是语言的审美意义与文化意义。品味语言、阐释语言是大学语文提高人的审美情趣、文化修养和人文素质的侧重点，是大学语文教育高于纯工具层面的目标与旨归。

在高等教育已成为大众教育的今天，把高校的大学语文课程当作重点公共课程或通识课程来开设是提高全民族汉语水平、语文能力，提高国家文化软实力最重要的方式与手段。轻视大学语文，就是轻视与中华民族同在的母语，就是轻视中国人的感情、中国人的创造力，轻视自结绳记事以来的华夏五千年文明。

## 二、大学语文课程的教学模式

建立一门符合教学规律的课程的教学模式，依据的是先进的教学思想与理念，课程的性质和定位。在此基础上，我们摸索出大学语文课程如下的教育模式：

1. 建立理论教育的模式，立足于给学生规律方法的指导；

2. 建立情感教育（即审美教育）模式，立足于培养学生阅读欣赏文学作品的能力和健康的审美观；

3. 建立文化教育模式，立足于扩展学生的文化视野与提高学生的文化素质；

4. 建立比较教育模式，立足于培养学生的比较思维模式，学会比较阅读的方法；

5. 建立人格教育模式，立足于用优秀的文学和文化塑造学生健全的人格；

6. 建立课堂师生互动的教育模式，立足于培养学生的参与意识，做课堂的主人；

7. 建立课内课外同课堂的模式，充分利用网络和图书馆，立足于培养学生自主学习和研究性学习的能力。

文化教育模式在课程性质中已简略谈到，以下对理论教育模式作一简单的阐释，其他模式就不一一阐释了。我们虽然处在“知识爆炸”“信息爆炸”的年代，但是学科的基本框架、基本范式还是相对稳定的。因此，课程内容应当依据这种基本框架、基本范式来安排，注重形成课程结构的基本概念、基本原理和基本规律。这“三基”是中心，有了这“三基”，课程内容就得以结构化。在这种结构化了的课程内容中，学生要掌握的不是烦琐的具体知识，而是概念、理论、规律和称之为方法的知识。大学语文的“三基”主要是就文学的性质而言的（大学语文教材的选文大部分都是文学作品）。文学是语言的艺术，它是用语言来塑造形象、表达情感的。文学的性质决定了阅读文学作品必须通过品味语言来实现，通过品味语言来领悟形象，体验作家和作品表达的感情。语言、形象、情感，这就是基本概念、基本理论、基本规律，这就是教学中的“纲”（对于教材中的非文学作品，则应通过语言这个媒介，厘清其逻辑，理解其思想。语言、逻辑、思想，就是阅读非文学作品的纲）。有了这样的“纲”，就可以衍化出其他许多“目”。学科内容与课程内容就得以结构化。学生掌握了“纲”和一些“目”，就有了一杆猎枪、一把钥匙。大学语文的教育对象是非中文专业的学生，由于其课程的课时很少，所以理论教育模式应该是在短期内提高学生阅读欣赏水平的有效模式。

### 三、《大学语文》第四版编写的体例依据

这本教材独到的体例决定了它与众不同的特色，迄今为止还没有看到与本教材雷同的编写体例。

1. **依据理论教育模式与文化教育模式，把教材分为文选板块与指导读物两大板块（这是本教材最大的特色）**。指导读物又分《阅读与欣赏指导读物》与《语言文化读物》两个小板块。这里特别要强调的是指导读物不是可有可无的附录，它们是教材的有机组成部分，舍去它们，该教材的特色就去了一大半。至于具体怎么教授这部分，则由教师自行决定。《文学欣赏的基本理论》一文，是指导学生阅读欣赏文学作品的纲，纲举才能目张。但凡像文学的性质、意境、典型、文学欣赏的心理过程等理论都在文章中作了概括的介绍。语文教材无非是一批例子。该教材就是企图通过这个“纲”去指导那些“例子”即具体篇目的学习，反过来通过对具体例文的阅读又可加深对基本理论的理解。《文化视角中的中国文学精神》一文则与文学史形成纵横交错两根线。《中国古代文学概述》《中国现当代文学概述》是史线、纵线，《文化视角中的中国文学精神》一文则是横线，它从文化精神入手，平行地将中国文学分成四个大方面（第四版增加了“宗教与文学”的内容），从人文意蕴上去指导学生解读文本。它是理论教育模式的体现，同时也是文化教育模式的体现。《中国文化概述》介绍了与文学相关的

儒释道方面的知识和其他有关的知识，以帮助学生从历史文化的角度解读和审视教材中的作品。其他几篇有关语言的文章均跳出了传统“语文”的概念。它们要说明的是：语言是传承和表现文化的载体和媒介，它既是一种历史文化现象，与传统文化有着悠久的血缘关系；又是认识当前社会的窗口，它的流变折射了当今社会和文化的变迁，具有无可替代的当代文化价值。

2. 教材选文的篇目依据文学史的先后，分古代和现当代排列。掌握中国文学史的基本线索是对大学生人文素质的起码要求。故古代和现当代选文前分别附有《中国古代文学概述》和《中国现当代文学概述》，以给学生一条明晰的文学史的线索。第四版修订教材与第三版一样不选外国文学作品，积以往多年的经验，即使选了外国文学作品，也因语文课课时太少无暇顾及。何况五六篇文章也实在是挂一漏万，看不出外国文学的基本面貌，但撰写了《外国文学史概述》，放在“阅读欣赏指导读物”的小版块中，这样既减少了教材的厚度，又为喜好外国文学的学生提供了阅读指导和必要的书目。本教材还有个特点即依旧设置两套目录，一套目录中的文章按时代顺序和时间先后的体例排列，另一套目录中的文章按人文主题的体例排列，这样既方便教师教学，也方便学生阅读。

3. 依据比较教育模式选编某些篇目和编写《思考与练习》。比如教材把《战国策·苏秦佩六国相印》与《战国策·齐宣王见颜斶》放在一起，就是为了让学生把苏秦和颜斶这两个历史上的典型人物放在阔大深远的历史文化背景下来审视，从而认识他们不同的政治文化价值与历史作用。将《搜神记》中的《三王墓》附在鲁迅的《铸剑》之后，也是为了让学生了解《三王墓》是怎样为《铸剑》提供了原始文本，鲁迅又是怎样在此基础上进行再创造的，扩展后的故事与原始故事又有哪些不同。《思考与练习》中，这种立足于比较教学模式的内容就更多。仅举一例：白居易《长恨歌》《思考与练习》之4：阅读袁枚的《马嵬》：

> 莫唱当年长恨歌，人间亦自有银河。石壕村里夫妻别，泪比长生殿上多。

《长恨歌》是叙事诗，《马嵬》是议论诗。《长恨歌》表达了白居易的审美观与价值观，《马嵬》则表现了袁枚的历史观，要求学生予以具体分析。比较教育模式运用到教材编写里，很大程度上实现了教学中课内外的结合。其优点不仅可以为学生在课下提供更多的参照读物，扩大阅读量，增加信息量，而且促使学生形成一种比较的思维方式和学习方式。其他教育模式在教材编写中也有所体现，在此就不一一阐述了。

本书《中国古代文学概述》由杨建波执笔，《中国现当代文学概述》由孙若曦、叶琼琼执笔，《文学欣赏的基本理论》《中国古典美学——儒释道美学》由杨建波执笔，《文化视角中的中国文学精神》由杨建波、李艳霞执笔，《宇宙与生命的诗意阐释》由杨建波执笔，《汉字与中国文化》由郭康松执笔，《现代汉语在新时期的流变》由袁彩云执笔，《网络语言概述》由毕耕、汪霞执笔，《中国文化概述》由何晓明、余冬林执笔，《外国文学史概述》由申利锋执笔。

# 中国古代文学概述

中国文学历史悠久、卷帙浩繁，成就辉煌。

## 一 先秦文学

先秦，指秦王朝统一之前的一个漫长的历史时期。这个时期我们的祖先经历了原始社会、奴隶社会、封建社会形态，创造了灿烂的先秦文化。

**神话** 先秦是中国文学从萌芽状态到初步发展的阶段，这个时期，还没有形成独立的文学观念，也没有专门从事文学创作的人。最早的文学，大约是那种与音乐、舞蹈结合在一起的歌谣，以及口耳相传的神话。原始社会，巫风盛行，生产力低下，人们不能理解、解释自然现象，就借助幻想来表达自己的希望和心愿，于是产生了神话。神话的浪漫主义精神和创作手法，对后世文学发展影响甚大，神话故事也成为后世文人创作的母题常写不衰，神话典故极大地丰富了我国的语言宝库。保留古代神话较多的古籍有《山海经》《淮南子》《列子》《楚辞》等。

**《诗经》** 我国古代第一部诗歌总集，共收入自西周初期（公元前 11 世纪）到春秋中叶（公元前 6 世纪）约五百余年间的诗歌 305 篇。最初称《诗》，汉代儒者奉之为《诗经》。《诗经》按音乐的不同分为《风》《雅》《颂》三部分。《风》包括十五《国风》，有诗 160 篇；十五《国风》就是十五个地区的土风歌谣，其地域大致包括黄河流域、江汉等地区。《雅》包括《大雅》31 篇，《小雅》74 篇；是周王朝国都四周广大地区的配乐诗，雅有“正”的意思，即把王畿之乐视为典范的音乐——正声。《颂》包括《周颂》《商颂》《鲁颂》共 40 篇，是专门用于宗庙祭祀的配乐诗。《诗》三百余篇，均可诵咏、用乐器演奏、歌唱、伴舞。《诗经》305 篇作品，全面反映了周代的社会生活，是周代社会生活的一面镜子。《雅》《颂》是周王室的宗庙祭祀、歌颂祖先功德、祈神或酬神的配乐诗，有一定史料价值。《国风》大多是民歌。大致可视为是社会性的群众性的作品，内容丰富，感情真实，在《诗经》中艺术成就最高。《诗经》首先是真实、深刻、生动地反映了当时的社会生活，自然朴实，表现出以日常性、现实性为基本特征的现实主义精神。其次，在语言形式上。《诗经》的基本句式是四言，常采用重章叠句的形式，强化感情的抒发，一唱三叹。大量使用双声、叠韵、叠字的语汇，以获得声韵上的美感。第三，赋、比、兴表现手法的运用。“赋”和“比”都是诗歌最基本的表现手法，而“兴”则是《诗经》乃至中国诗歌中比较独特的手法。《诗经》是中国文学一个光辉的起点。它开创了我国古代现实主义诗歌艺术的传统，对我国古代文学的发展有着极其重要的影响。

**历史散文** 春秋战国是我国历史上经济制度和政治制度大变动的时期，各诸侯国之间及其内部的斗争错综复杂，加上生产力的发展和经济的繁荣，促进了“士”阶层的出现，促进了文化的繁荣。在剧烈的社会斗争中，各诸侯国的当政者需要借鉴历史、总结经验，于是《春秋》《尚书》《左传》《国语》《战国策》《竹书记年》一系列历史著作应运而生。

《左传》原名《春秋左氏传》，又名《左氏春秋》，简称《左传》，是《春秋》之后又一部编年体史书，与《穀梁传》《公羊传》合称“春秋三传”。《左传》的作者说法不一，现在一般认为是战国初年或稍后一个充分掌握春秋时代各诸侯国史料的无名学者。《左传》相当系统而具体地记述了这一时期各国的政治、军事、外交等方面的重大事件。《左传》观念接近于儒家，强调等级秩序与宗法伦理;通过对重要历史事件的详细记载,也表现出了作者进步的历史观和"民本"思想。《左传》也是一部杰出的散文著作,具有较高的文学成就。长于叙事,尤其擅长描写战争事件;还善于通过人物的对话,行动和其他细节来刻画人物。《左传》不仅直接影响了《战国策》《史记》等历史著作的写作风格,使之形成了文史结合的传统,也为后世叙事文学提供了创作经验和丰富的素材。

《战国策》是一部国别体史书,由史料汇编而成。西汉刘向考订整理后,定名为《战国策》。总共33篇,按国别记述,上接《春秋》,下迄秦统一。以策士的游说活动为中心,反映出这一时期各国政治、外交的情状。总体上体现了纵横家的思想。其主要特色是语言纵恣多变,委曲尽情,富于文采。多用铺排和夸张手法,辞藻绚丽,气势酣畅。所描写人物的性格和活动,具体细致、生动活泼。所记的策士说辞,常常引用生动的寓言故事。这些寓言,形象鲜明,寓意深刻,又浅显易懂,是中国文学宝库中的瑰宝。《战国策》对语言艺术的重视和所取得的成就,在文学史上具有承上启下的作用。司马迁的《史记》从材料的选择到语言的运用都受到了《战国策》的影响。

**诸子散文** 战国时期,天下纷争,诸侯并起,大批饱学之士为了申说自己的政治主张,游说诸侯,纷纷著书立说,形成了我国历史上第一个百家争鸣的局面。当时有影响的代表学派有儒、墨、道、法、阴阳家、纵横家等等。诸子散文大致经历了三个阶段:早期有《老子》《论语》《墨子》,战国中期有《庄子》《孟子》,战国晚期有《荀子》《韩非子》。愈是后期的著作,篇幅愈宏大,组织愈严密。诸子散文同历史散文一样包含着文学因素,在文学史上有独特价值。

《论语》是儒家的经典,是一部记述孔子言行(有的地方也记录了孔子弟子的言行)的语录体著作,共20篇。记录了孔子关于政治、伦理、美学、道德、教育等方面的言行,着重体现了儒家的"仁政"的思想。《论语》的语言概括性强,具有格言特色;它善于灵活运用各种虚字,委婉曲折地传神达意,还善于通过对话来刻画人物性格。

《孟子》共7篇,记述孟轲的言行,由他本人和门徒共同完成。仍属语录体,但较《论语》已有很大发展。有一定的中心,结构完整,条理清楚,初具文章规模,表现出向专题论文过渡的趋势。孟子的文章气势充沛,文风犀利;善用比喻和多种论辩方法。

《庄子》是道家的重要代表作,现存33篇,在《老子》的基础上进一步阐述"道"的思想。通常认为《内篇》7篇是庄子本人所著。《庄子》善于用形象化的手法表达抽象的哲学思想,运用寓言是它最大的特色。一系列神妙的寓言故事和出奇的比喻,构成了光怪陆离的艺术形象,表现了庄子非凡的想象力。庄子散文语言华美,辞藻丰富,行文时而自然流畅,时而奔放雄奇,艺术水平为先秦诸子散文之冠。对后世影响很大。先秦散文中《韩非子》《吕氏春秋》《列子》中的寓言也很丰富。

**楚辞** 楚辞是战国时代出现在楚国的新诗体。主要创作者屈原是战国时期楚国的伟大诗人。他有远大的政治理想,但受贵族保守势力的排挤与陷害,一生抑郁不得志,理想无法实现,终于悲愤投江,以身殉国。屈原给我们留下杰出的诗歌二十多篇,有《离骚》《九章》《九歌》《天问》等。其中《离骚》是屈原最重要的代表作,也是中国古代最为宏伟的抒情诗篇。楚辞以楚歌为基础,吸收了北方诗歌的某些特点,呈浓郁的地方色彩,即所谓"书楚语,作楚声,记楚地,名楚物"。打破了四言为主的句式,创造了以六言为主、参差错落的句式。普遍使用语气词"兮"字。屈原的出现,标志着诗歌由集体创作为主的时代进入了诗人独立创作的新时代。屈原的爱国情操、高尚品格和坚持真理至死不渝的斗争精神为后世楷模。所创造的楚辞体在古代诗体演变中居承前启后的地位。其作品浓郁的浪漫主义特色对古代文学浪漫主义传统的形成有重大影响。

## 二　两汉文学

秦王朝历时甚短且轻视文化，文学上几无可称道的东西。汉代，文学的价值开始体现并受到重视。由于统治者对人民采取了一些让步政策，经济得以发展，政治相对稳定，于是出现了以汉赋与乐府诗为标志的文学创作的新时代。在辞赋的推动下，汉代还出现了各种四言韵文样式，如颂、连珠、赞、箴、铭、碑铭、吊文、哀辞、诔等。由于汉代文人将在辞赋中磨炼成的修辞技巧运用于散文，推进了散文的修辞化，至魏晋发展为骈文，成为中国文学史上最为精致的美文形式，从魏晋到唐代风靡了数百年。汉代以贾谊为代表的政论性散文，对后代文学的发展也有着广泛的影响。

**汉赋**　贾谊是早期骚体赋的主要作家，《吊屈原赋》《鹏鸟赋》是其代表作。枚乘是由骚体赋转变为大赋的第一位作家，他的《七发》是标志大赋形成的第一篇作品。汉武帝时，社会经济达到了一定程度的繁荣。统治阶级大治宫室园苑，田猎游乐，追求物质享受。在这样一种情形下，产生了一种基本上为宫廷上层统治者服务、以文学本身的感染力为目标的文学样式——汉赋。参与创作的不仅有帝王大臣、名宿鸿儒，还有司马相如等专门家，出现了一批专门从事文学活动的文人群体，并有了区别文学与非文学的意识。汉赋是汉初文人在模拟楚辞的基础上发展形成的。汉初称为"骚体赋"，此后逐渐形成散体大赋，成为汉代文学的标志性文体。东汉后期，大赋逐渐衰落，出现了抒情小赋。大赋的特点是，介于诗与散文之间，韵散相间。尽管韵文所占比重很大，但已缺少诗的意味；极力铺陈排比、渲染夸张，从多种角度对景物、事物进行充分的形容描写；虚拟人物，采用主客问答的方式；辞藻丰富华丽，但发展到极端则成为辞藻的堆砌；以铺陈颂扬为主，篇末有一些讽谏之言，徒具形式，毫无意义，曰"劝百讽一"。司马相如是汉大赋的主要代表作家，代表作是《子虚赋》和《上林赋》。扬雄的《长杨赋》《甘泉赋》，班固的《两都赋》，张衡的《二京赋》都是大赋的名篇。张衡的《归田赋》在抒情小赋的发展上有开创之功。赵壹的《刺世疾邪赋》是抒情小赋的名篇。

**汉代乐府民歌**　"乐府"原是汉代朝廷设立的音乐机关的名称。六朝时期，人们把汉代乐府机关制作、收集、传唱的诗歌也称之为"乐府"，"乐府"二字由机关名称演变成为一种诗体的名称。沿用到后世，凡入乐的诗歌都可称为乐府；用乐府古题，不论能否入乐，也皆称乐府。唐代诗人有所谓"新乐府"的创作，其实与音乐无关，只是取其内容继承了汉乐府的现实主义精神，也称"乐府"。宋朝人郭茂倩编的《乐府诗集》一书，收汉至唐的各类乐府诗最为完备。汉乐府诗中的文人创作多为歌功颂德之作，没有什么价值。民间诗歌不仅内容深刻，艺术上也达到很高的水平。汉乐府民歌与《诗经·国风》一脉相承，继承并发扬了现实主义传统，"感于哀乐，缘事而发"，广阔、深刻地反映社会现实。叙事性是汉乐府民歌最基本的艺术特征，不少诗篇是以叙事为主的，表明诗歌的叙事技巧逐渐成熟，到汉末终于产生了杰出的长篇叙事诗——《孔雀东南飞》。汉乐府民歌的语言朴素自然，近于口语，形式多变，句式长短不齐，从二言到七言皆有。诗篇有杂言体，也有整齐的五言体。五言体对五言诗的正式形成起了极其重要的作用。

**五言诗为主的文人诗歌**　乐府民歌以外的汉代诗歌精华全在五言诗中。五言诗在东汉后期成熟与丰收。以《古诗十九首》为代表，东汉后期的文人五言诗已经达到很高的文学水平。《古诗十九首》原载梁昭明太子萧统所编的《文选》。"古诗"是泛指，萧统从"古诗"中选录了十九首，此后，"古诗十九首"就成了专称。《古诗十九首》非一人一时所作，内容反映了汉末社会动乱的现实。艺术风格独特，是文人五言诗成熟的标志。

**司马迁与《史记》** 司马迁父司马谈为太史令。父死,他继任太史令,并开始撰写《史记》,以实现父亲的遗愿。汉武帝天汉二年(前99)司马迁因李陵事件,被处以宫刑,出狱后,发愤继续《史记》的写作,至征和二年(前91)终于完成了这部不朽的巨著。《史记》是中国第一部纪传体通史,记载了从轩辕到汉武约三千余年的历史。全书共一百三十篇,包括本纪十二篇,表十篇,书八篇,世家三十篇,列传七十篇。本纪记载历代帝王的大事,表是各时期的简明大事记,书是记载天文、历法、水利、经济等方面情况的专门史,世家记载贵族王侯的历史,列传记载社会各阶层、各方面代表人物的历史。五种体例互相配合,构建了以纪传为主的史书新体例,并为后世的正史所遵循。《史记》不仅是史学巨著,也是一部成就极高的文学著作,鲁迅赞为"史家之绝唱,无韵之《离骚》"。首先是开创了纪传文学体式,成功地塑造了丰富多彩的历史人物形象。作者善于把人物放到重大的历史事件的矛盾冲突中,抓住人物的主要特征着重描写,通过其他人物对比映衬和生动的细节显示人物性格。第二,善于谋篇布局。作者注重传记的故事性,尽量使传记有曲折生动的情节。对历史资料注重剪裁取舍,以便突出重点。此外,作者还创造了一种互见法,即人物的本传中着重记述其主要事迹,表现其主要特征,次要事迹则分散在其他人物的传记中,这种方法既可在本传中突出重点,又不影响人物事迹的完整,同时还减少了不必要的重复。第三,司马迁在写作中是常常流露出他的爱或憎。篇后的"太史公曰"更是集中表现作者感情的段落。第四,杰出的语言艺术。

班固的《汉书》,文学成就虽稍逊于《史记》,但不少人物传记也能与《史记》相媲美,故前人常以"班马"并称。

## 三 魏晋南北朝文学

魏晋南北朝既是中国历史上一个长期分裂、动乱的时期,又是一个思想活跃,各种学说并兴的时期,是继战国"百家争鸣"以后,我国历史上又一个思想解放的时代。随着社会思想的演变,文学越来越多地被用来表现作家个人的思想感情和美的追求,上层社会包括许多帝王在内,普遍热心于文学创作,从而影响了整个社会。由于文学受到重视,文学作品日见繁多,开始产生了将文学与其他学术相区别、视之为一种独立学科的意识。魏晋南北朝时期对各种文体的特点的探究,对文学的基本性质的认识,对于推进文学创作的发展起了极大的作用。文学进入了社交生活,成为相互交往、沟通感情的媒介,并常常被当作一种高雅的娱乐,从而带动了文学集团的活跃。

**诗歌发展概况 建安文学** "建安"是汉献帝的年号,由建安到魏初的文学称为"建安文学"。开创者和领导者是曹操,重要诗人有"三曹"(曹操、曹丕、曹植)和"七子"(孔融、陈琳、王粲、徐幹、阮瑀、应玚、刘桢)以及女诗人蔡琰。曹操由于一生在戎马中度过,故对现实有较多的接触。其《蒿里行》《苦寒行》《却东西门行》《薤露》等诗都反映了汉末动乱的社会现实和人民流离失所的痛苦生活。《短歌行》《步出夏门行》等则表现了建功立业的真切愿望。蔡琰的《悲愤诗》写自己在汉末战乱中被掳入匈奴的痛苦经历和晚年回乡时与儿子分别时的悲痛心情。建安诗歌的突出特点是继承乐府民歌的传统,深刻反映了汉末社会动乱的现实,同时也表达了诗人们建功立业、统一天下的雄心壮志;风格慷慨悲凉,语言刚健清新。后人把建安文学的这些特点概括为"建安风骨"。

**正始文学** "正始"是魏齐王曹芳的年号,由正始年间到西晋初的文学称为"正始文学"。这一时期,一方面是司马氏残酷诛杀造成政治上的恐怖与黑暗,另一方面是思想文化上玄学大为兴盛,造成诗风发生明显的转变。这时期最有成就的作家是阮籍和嵇康。阮籍的《咏怀诗》、嵇康的散文在魏晋文学中占有重要地位。

魏晋时期玄言诗盛行。许多名士以诗谈玄，致使诗歌淡然寡味。西晋最有成就的诗人是左思，他的《咏史》借咏史以抒怀，提高了咏史诗的表现力，同时由于在诗歌中加进了对自然界景物的描写，玄言诗开始向山水诗转化。除左思外还有一些著名的诗人，陆机颇有诗名，但追求形式，因而成就不高。其《文赋》是一篇重要的文学理论著作。潘岳的诗大都较肤浅，惟《悼亡诗》三首，抒写对亡妻的怀念，真挚感人；刘琨只有三首诗传世，后人称之为爱国诗人。郭璞博学多才，其《游仙诗》14 首，借游仙以咏怀，有一定现实意义。晋末陶渊明是我国第一个创作田园诗的诗人，他淡泊官场、躬耕归隐的人格和质朴平淡清新的诗歌风格，对后世文人的人格和创作风格有着巨大影响。比陶渊明稍晚的诗人谢灵运，是我国古代第一位大量创作山水诗的诗人，开创了古代诗歌中的山水诗派。南朝诗人鲍照，继承了汉乐府和建安诗歌的传统，在乐府诗中创制了以七言为主的歌行体，对七言诗的发展起了重要作用。齐武帝永明年间，在音韵学发展的基础上，沈约等倡导以四声运用于诗文写作的声律论，形成了被称为“永明体”的新体诗，推进了诗歌进一步格律化的趋势。谢朓是“永明体”的主要代表诗人，也是继谢灵运之后又一位大量创作山水诗的诗人，后世并称“二谢”。庾信原为南朝诗人，后出使北朝，被迫滞留未归。他在北朝时的创作融合南北诗风，成为集南北文学大成的作家，他也是南北朝的最后一位诗人。其诗歌代表作是《拟咏怀》。

**南北朝乐府民歌** 南朝民歌的内容大多写男女爱情。形式短小，多为五言四句小诗。喜用双关隐语，风格委婉含蓄，语言清新自然。《西洲曲》为代表作。北朝民歌题材较为广泛，形式多样，四言、五言、七言、杂言都有。风格直率豪放，语言质朴刚健，《木兰诗》代表着北朝民歌的最高成就。

**辞赋与骈文** 骈文是兴起于魏晋，盛行于南北朝的一种文体。其主要特点是大量使用对偶句，甚至通篇对偶。句式以四言、六言为主；并列的两句要求平仄相对；讲究用典和辞藻。魏晋南北朝时期辞赋和骈文虽过分追求形式的华美，但也有一些思想与艺术俱佳的作品。如王粲的《登楼赋》、陶渊明的《归去来兮辞》、孔稚珪的《北山移文》、丘迟的《与陈伯之书》、吴均的《与宋元思书》以及庾信的《哀江南赋》等。

**散文** 这一时期的历史散文有两部名著：西晋陈寿的《三国志》和刘宋范晔的《后汉书》，后人把这两部史书与《史记》《汉书》合称为前四史。骈文在南朝逐渐盛行的时候，北朝出现了两部著名的地理散文著作：一部是北魏郦道元的《水经注》，此书不仅是一部有科学价值的地理著作，也是一部优秀的散文著作，对后世山水散文的发展有一定影响。另一部是杨衒之的《洛阳伽蓝记》，记述北魏时期洛阳佛寺的兴衰，有一定历史价值，文章也有特色。这一时期的散文，还出现不少有名的篇章，如诸葛亮的《出师表》、李密的《陈情表》、陶渊明的《桃花源记》、王羲之的《兰亭集序》等，都为后世广为传诵。

**小说** 魏晋南北朝时期小说已初具规模，并开始繁盛。作品数量多、内容丰富，大致有两类作品，一是志怪小说，二是志人小说。志怪小说，专记载鬼神怪异故事。这类小说保存至今的有 30 多种，代表作是东晋干宝著的《搜神记》，其中记载了一些著名故事，如《干将莫邪》《李寄》《韩凭夫妇》《董永》等，其人物描写与故事情节已具小说的特色。《搜神记》中的许多故事为后人所用，对后世小说、戏曲的创作都有很大影响。志人小说，以记载人物的逸闻琐事为主，所以又称轶事小说，代表作是刘义庆的《世说新语》。此书记载汉末至东晋的名人轶事，反映了士族名士的生活方式和精神面貌，也揭露了一些贵族的凶残与丑恶。篇什短小却传神。语言简洁隽永，开后世笔记小说先河，也是小品散文的典范。

## 四 唐代文学

唐朝把中国封建社会带进了一个鼎盛的时代。经济的发展,国力的强盛,各种文化的交会融合,思想统治的相对宽松,以诗赋取仕的科举制的确立等,有力地促进了唐代文学的繁荣发展。

**唐代诗歌** 唐代诗歌是我国古代诗歌发展的高峰。唐诗兴盛的原因,简括地讲:一是唐王朝的国力强盛;二是思想开放,文禁较松;三是朝廷重视文士、提倡文学;四是南北文风的融合与中外文化广泛的交流;五是文学自身的继承、发展与推陈出新;此外,还有多种文艺形式的相互影响。唐诗的发展,一般划分为初唐、盛唐、中唐、晚唐四个时期。初唐前期的"上官体"是对齐梁馀风的承袭,其主要代表人物是上官仪,上官仪的诗风在当时影响最大,以至于形成一种浮华靡丽的"上官体"。初唐后期,诗坛上出现了王勃、杨炯、卢照邻、骆宾王四位杰出诗人,时称"四杰"。"四杰"对唐诗发展主要有两大贡献:第一,他们敢于突破"上官体"的牢笼,并以自己的创作实践来扭转齐梁的不正诗风。第二,发展了诗歌形式,为五言律诗奠定基础,使七言古诗发展成熟。继"四杰"之后,陈子昂是唐诗革新的先驱者,他自觉地奋起反对梁陈馀绪,要求恢复《诗经》"风雅"传统,倡导汉魏风骨,为唐诗健康发展作出了巨大贡献。初唐的诗坛上的沈佺期和宋之问,声望颇大,时称"沈宋"。他们不仅使五律的体制完全定型,而且使七律的体制走向规范。在初唐的诗坛上,还有一些较有影响的诗人,如王绩、刘希夷、张若虚、杜审言等。"盛唐"指唐玄宗开元元年至唐代宗永泰元年。这一时期,诗坛上百花吐艳,名家如林。以高适、岑参为代表的边塞诗派,以王维、孟浩然为代表的山水田园诗派,都产生于这一时期。伟大的浪漫主义诗人李白和伟大的现实主义诗人杜甫,无疑是"盛唐之音"最杰出的代表。李白,人称"诗仙",不仅是因为他受过道箓,一生喜欢求仙访道,还因为他性格傲岸独立,风度飘然欲仙,更因为他的诗澎湃着无限的激情充溢着神奇的想象。无论是乐府还是歌行还是绝句,都能运用得潇洒自如,都能体现他人格的魅力。李白的魅力,就是盛唐的魅力。杜甫,人称"诗圣",是因为他有着古圣人般忧国忧民的情怀和历史学家的忠实严谨,他的笔始终紧扣时代的脉搏,记录着唐王朝由盛而衰的足迹。在唐代只有他的诗才有资格被称作"诗史"。中唐,指唐代宗大历元年至唐穆宗长庆四年近六十年的时间。前三十年,唐王朝处于安史之乱后的萧条时期,诗坛也很不景气,到9世纪才又出现活跃的景象。以白居易为代表的新乐府诗派,发展了杜甫"即事名篇"的传统,大量创作新题乐府,反映民间疾苦,抨击种种弊政,掀起了又一次现实主义高潮,为唐诗的复兴作出了不可磨灭的贡献。同时,韩愈、孟郊诗派艺术上刻意求新,奇特险怪、别具一格;柳宗元托山水以抒幽愤、写田家以寄性情,刘禹锡学习并创作民歌,给诗坛增添新品种,怀古、讽刺,名篇迭出;李贺力避蹈袭,奇诡警迈,异军突起、自成一家。上述诸家,共同构成了色彩斑斓的元和诗坛,形成唐诗发展史上的又一个高峰。晚唐,指唐敬宗宝历元年以后至唐末。在这段时间内唐王朝社会危机日益加深,终于导致唐王朝的灭亡。反映到诗歌领域,便是感伤、颓废的气息增浓和雕章琢句的风气盛行。这是唐诗发展的夕阳返照时期。杜牧、李商隐继承李白、杜甫传统,诗歌艺术成就很高,但气度、魄力大不如前;温庭筠诗作浓艳纤巧,为晚唐形式主义诗风的代表;唐末,皮日休、聂夷中、杜荀鹤等诗人,发扬新乐府的精神,但艺术成就不够高。

**唐代散文** **唐代古文运动** 唐代,韩愈、柳宗元所领导的古文运动,实质上是一次在文体、文风和文学语言等各方面进行变革的散文革新运动。唐代古文运动兴起的原因,主要的有两个方面:一是社会政治原因。德宗、宪宗时,社会出现了所谓的"中兴"气象,一部分中小地主知识分子积极从事政治改革,要求文学自觉地为它服务。一场借助于儒学复古运动的旗帜而发展起来的古文运动,也就兴盛起来。另一个是散文改革运动自身发展的原因。六朝时期,骈文鼎盛,散文中衰,骈文成了反映现实、表达思想的严重障碍。随着社会的发展,改革这种不良的文体、文风已成为文章发展的必然趋势。唐代古文运动提出了比较明确、系统的文学主张,开拓了散文的应用范围,丰富、发展了散文的表现手法,写出了优秀的新体散文,确立了古文的新体制,培养和造就了一大批优秀的古文作家,开创了以唐宋古文八大家为代表的散文传统,对北宋的诗文革新运动,对明代的唐宋派和清代的桐城派,都有深远的影响。

**唐代传奇** 是唐代兴起的文言短篇小说,它的兴盛是我国古代小说发展史上的一大演进。主要表现在:第一,唐传奇是文人有意而为的小说创作,是小说意识开始成熟的标志,是作者自觉运用虚构、夸饰、典型化等艺术手法,创作出来的文学作品。第二,文体上的一大进步。唐传奇叙事婉转,情节曲折,语言华丽,描绘夸饰,篇幅较长,结构完整,已形成名副其实的小说样式。第三,唐传奇虽源于志怪,但在内容方面由志神鬼之怪,而渐进为述人世之奇;由荒诞不经而演变为反映现实人事,由"传鬼神明因果而无他意者"变为具有社会意义和艺术价值的文学作品。唐传奇兴盛的原因:城市经济的繁荣,市民阶层的扩大,多彩的城市生活,复杂的社会关系,要求文学作出回应。传奇反映生活面宽广、形式自由,便适时逐渐兴盛了起来。唐传奇的代表作有:陈玄佑的《离魂记》、白行简的《李娃传》、蒋防的《霍小玉传》、陈鸿的《长恨歌传》以及《枕中记》《南柯太守传》《虬髯客传》等。

与传奇小说相近的新文体是变文。讲唱历史和时事的变文,对后代的白话小说和民间讲唱文学产生了深远的影响。词是产生于唐代的又一种新文体,与唐代城市繁华和燕乐有关。为了适应乐曲的需要,渐渐形成句子长短不齐而有规定体制的文字格式。中、晚唐就有文人参与,五代十国时期,文人词已经很兴盛。

## 五　宋代文学

赵宋王朝是一个以成熟的文官制度为基础,君主专制和中央集权空前强化的王朝。它严重束缚了文学自由的精神气质。宋代文人比较重理智而轻感情;重政治责任与道德义务,而抑制个性的自由发展、自由表露,明显缺乏唐代文人那种豪气干云、天真直率、舒卷自如,那种浮华怪诞、异想天开等种种性格特点。但宋代文学创作还是相当繁盛的。

**北宋的古文运动** 古文运动是中唐韩愈、柳宗元所领导的古文运动的继续和演进。北宋中期,欧阳修领导文坛,极力反对晚唐至宋初期的浮靡文风,进一步倡导复兴古文。在他的大力倡导下,"三苏"、王安石、曾巩等,诗文名重一时,这样,就形成了一股强劲的"复古"实力,掀起了大规模复古运动。欧阳修、苏轼是这次古文运动的先后领袖。他们继承并发展了韩、柳所倡导的古文运动。在理论上,坚持以道为主、文道统一,强调"道"对"文"的决定作用。欧阳修提出"文简而意深""意切而言缓"等观点,苏轼提出"辞达""随物赋形"等理论,并在创作实践中建立起一种平易晓畅而又婉曲多姿的文章风格,从而开创了富有特色的宋代散文的新局面。欧阳修的文章,不论是议论、叙事、抒情、写景,都能做到平易畅达,曲折婉转。苏轼的文章风格雄健奔放,挥洒自如,"文理自然,姿态横生",达到很高的境界。宋代古文运动中的主要人物,除欧阳修、苏轼外,还有苏洵、苏辙、王安石、曾巩等,他们的文章也各有特色。苏洵擅长策论和经论,文章纵横捭阖,铺张扬厉,有战国策士权谲机变之风。苏辙的文章,汪洋平淡、明白晓畅,不自铸伟词以求色泽尖新。曾巩的文章,风格近于欧阳修,以平易自然、纡徐委曲为主,并力避板滞少变、木质少文之病。王安石的文章,以议论见长,他的政论文在唐宋八大家中最为突出。不论是长篇还是短制,都结构严谨,说理透彻,语言朴素简洁,概括性很强。唐宋散文八大家,宋代占有六位。他们不懈地努力,推进了古文运动,确立了具有特色的宋代文风,对后世文学发展具有深远影响。

**宋词的兴盛和发展** 词的创作至宋代形成高峰。其原因一是社会生产的发展,城市经济的繁荣。二是词原产生于民间,本与音乐相伴,晚唐五代,文人参与了创作。宋初承五代词风,应统治者寻欢作乐和城市歌舞生活的需要,逐渐繁盛起来。北宋前期,承袭晚唐五代词风的有晏殊、晏几道、欧阳修,词作亦各具特色。柳永是北宋第一个专门词人,对词的发展有卓越贡献。他突破了词的狭窄的传统题材,使之“声色大开”。柳永大量制作慢词,把慢词发展成为与小令双峰并峙的一种成熟的文学样式。柳词的语言平易、通俗、口语化,和谐悦耳,在当时影响颇大。苏轼在我国词史上具有极其重要的地位,他不仅彻底打破了自晚唐五代以来所谓“词为艳科”的传统,而且冲破了传统的所谓“诗庄词媚”的界限;开“豪放词” 派新风,拓展了词的题材,扩大了它反映生活表达感情的天地,促成了词的内容和风格的多样化,宋词成为有宋一代的代表性文体,苏轼是决定性人物。北宋后期词人颇多,成就较大的有秦观、贺铸和周邦彦。秦观的词主要写男女爱情和个人不幸际遇,情调低沉感伤。但作品具有鲜明的形象性和强烈的感染力。语言自然、清新。贺铸有少数抒写人世沧桑或个人闲愁的作品比较出色。周邦彦,后人称他为“婉约词之集大成”者。周邦彦精通音律,能自度曲,掌管朝廷音乐,长于审音创调,其词作更是音律精审,声韵谐美。南渡前后的李清照,词兼众家之长,而又蔚然独成一家。她早期的词,主要是思慕爱情和歌颂自然,风格清新明媚;晚年的词,多写国破家亡,孀居孤苦之感,风格沉郁悲凉。她的词具有很高的艺术境界,并在词论方面有所建树,是我国文学史上杰出的女词人。南宋初期有豪放派词人辛弃疾及张元幹、张孝祥、陈亮、刘过等,承苏轼词的豪放风格,融进抗金救亡的时代内容,成为南宋爱国词派的代表。辛弃疾更是南宋词坛豪放词派的集大成者,爱国词人的首领。他的爱国词,豪放中见沉郁,无不体现着他请缨无路、报国无门的愤懑。他归隐后的田园词,为词坛注入了一股清新质朴的气息,充分体现了他对生活的感悟和词风的多样化。南宋后期,格律派词人姜夔,精于审音度曲,继承周邦彦的传统,严求格律声韵,讲究锤字炼句,艺术技巧上刻求工精。他虽追求形式美,但不流于轻艳浮靡。追随姜夔的格律派词人还有史达祖、吴文英等。南宋末年,刘克庄、刘辰翁等承辛派词风余绪,效稼轩豪放,抒爱国之情,虽不无佳作,但成就不及稼轩。

**宋代诗歌** 最能反映宋诗特色的代表作家是苏轼和黄庭坚。苏轼的诗,写景说理抒情,自由奔放,刚柔相济。由于苏轼在艺术上有很强的兼容性,故他能超越同时代的许多诗人。苏轼的诗,代表着宋诗的最高成就。但也有人批评苏诗散文化、议论化的倾向。北宋末南宋初,追随黄庭坚的诗人形成了一个江西诗派。黄庭坚的诗文人气和书卷气特别浓厚,诗中的人文意象格外密集。黄诗在用词造句、体制格律上也很下功夫。黄庭坚喜欢论诗,给青年人许多具体的指导。中兴四大诗人(陆游、杨万里、范成大、尤袤)以陆游最为杰出。陆游诗歌内容极为丰富,其中最主要的内容是抗金爱国方面的。爱国主题不但贯穿了他长达六十年的创作历程,而且融入了他整个的生命,成为他诗歌的灵魂,对后人产生了极为深远的影响。陆游写山水景物和书斋生活的诗,因描写生动、语言清新,也颇受明清诗人喜爱。陆游擅长七言诗,他的七古、七律和七绝的成就都很高。陆游晚年的有些诗有字句和诗意重复出现的现象。范成大与杨万里都曾受到江西派的影响。但范成大是一位爱国诗人,也是田园诗的集大成者,他的《四时田园杂兴》拓宽了田园诗的题材与境界,他的使金诗具有高尚的民族气节。杨万里的诗以描写自然风物和日常生活为主。他最终摒弃了江西派的影响,创立了活泼自然的“诚斋体”。南宋诗坛,不受江西诗派影响的，一是永嘉四灵（徐灵晖、徐灵渊、翁灵舒、赵灵秀），诗宗晚唐；另一是严羽，诗宗盛唐，著有《沧浪诗话》，为我国著名诗论。

**市民文学** 宋代社会结构与文化形态都发生了重大变化。尤其城市与商业的发达，更是直接地影响了文学的嬗变与演进。纸张成为普通的商品、印刷术的普及、书肆的活跃、大众娱乐的发展，不仅使文人作品容易传播，更刺激了市民文学的兴盛。“瓦舍”“勾栏”等娱乐场所中最流行的是“说话”，其中最重要的是“小说”和“讲史”。它对中国古代白话小说的发展起过相当大的作用。宋代宫廷和瓦舍勾栏中演出的杂剧，南宋时期在温州一带流行的南戏，都是中国戏剧的重要源头。

同时期的辽、金文学，其文学观念以及创作较少拘禁，作品较多地表现出率真任情的特色。金末诗人元好问，足以与南宋诸大家并立。金代的市民文学在有些方面甚至占据着领先的地位。董解元的《西厢记诸宫调》，就代表了当时说唱文学的最高水平。

## 六　元代文学

元代蒙古族入主中原，中国政治、经济出现若干倒退现象，但儒家地位的削弱，造成思想界相对松动和活跃；民族歧视政策，使得大批文化人采取与统治者不合作的态度，摆脱了对政权的依附，加强了个人的独立意识；科举制度的取消，使得文人由原来热衷于诗赋策论转而寻求新的艺术形式；士之地位之空前下降，使得文人与一般民众相联系加强，思想情趣发生变化；以上种种导致元代文学呈现出异常活跃而繁荣的局面。

**散曲** 散曲应是“元曲”的一部分。作为一种新的抒情诗体，它既承继了传统诗词的某些因素，又鲜明地体现出元代文学的新精神。曲是继词而兴起的一种合乐诗体。和词一样，起源于民间。“南曲”产生于北宋而兴盛于明，“北曲”产生于金、元时期，而兴盛于元。包含性质不同的两种文体：一是所谓散曲，是一种配合音乐可歌的长短句，和词相类似，属于诗歌一类；另一是戏曲，又称杂剧，属于歌剧一类。散曲的体制：从结构形式看，可分为小令和套数两类。小令，又叫“叶儿”，是一种短小单只的曲子，相当于一首单调令词。套数，又称套曲或散套。它是由若干枝曲子联组而成的作品，规则要求是：曲子必须属于同一宫调，押同一韵脚，有首有尾，特别是结束时必须用煞曲、尾曲，以示首尾完整和音乐的结束。散曲在体式、声韵格律、语言运用等方面，都与诗、词有明显区别。元朝是散曲发展的黄金时代，尽管文献湮没，现知的散曲作家尚有二百二十余人，作品小令三千八百多首，套数四百五十多套。由于元廷采取民族歧视政策，也不重视文化和知识分子，故汉族知识分子普遍对元统治者持一种不合作的态度，渴望和钦羡隐逸，导致元散曲的主题多讴歌隐逸。但具体情况又有区别。散曲发展，大致可分前后两个时期。自金末至元成宗大德年间，为前期，大德至元亡，为后期。前期主要作家有关汉卿、马致远、白朴、张养浩等，后期主要作家有张可久、乔吉、睢景臣、刘时中、贯云石等。早期作品，民间生活气息浓厚，语言通俗、口语化，饱含着北方民歌的直率爽朗的精神和质朴自然的情致，风格朴实清新、泼辣粗犷。后期作品，风格趋于清丽典雅，使散曲逐渐走向诗词化，离开了散曲的本色特点。关汉卿，前期著名的散曲家。他的作品，内容丰富，风格多样。马致远，也是早期颇负盛誉的散曲作家。其作品多写隐逸，主要艺术特色是：形象鲜明，意境高远，语言简练，声调和谐。白朴的散曲多写男女爱情、自然风光和隐逸生活，张养浩，有一部分作品反映人民的痛苦生活，深刻感人，有浓厚的现实感，显示出散曲创作的新特色。张可久，后期最著名的散曲作家，毕生专作散曲，传世作品有八百余首。内容或写景言情，或感怀不遇，艺术上，他注重格律与炼句，讲究对仗，使散曲诗词化,形成了文人散曲的新风格。乔吉、睢景臣都是后期重要散曲作家。贯云石,维吾尔族曲家。他学习"俗谣俚曲"颇有成就,擅用白描手法,作品具有民歌特色。刘时中,有两套题为《上高监司》的[正宫·端正好],其一描写江南旱灾中人民的苦难生活,其二揭露元代钞法和库藏积弊,抨击狡吏弄奸、饿虎当道的黑暗现实。这两套曲子,扩大了题材范围,使散曲发挥了批判现实的作用,提高了散曲的思想境界。但这两套曲的作者,现在尚无定论。

**杂剧** 在元代文学中,首先崛起的是杂剧,它标志了中国戏剧的成熟与繁盛。前人把元杂剧与元散曲合称为"元曲",与唐诗、宋词并举,各作为一代文学中最具有特色的代表。元代的杂剧创作和演出十分繁盛。从资料来看,元代有姓名可考的剧作家有一百多人,剧目七百多种。题材极为丰富,内容涉及元代社会生活的各个方面,并折射出那一时代文人的精神世界。杂剧把歌曲、宾白、舞蹈等有机地结合起来,开始形成了具有独特民族风格的戏曲艺术形式。在结构上一般是一本四折演出一个完整的故事。多数杂剧还有"楔子"它相当于序幕或过场戏。杂剧每折用同一宫调的曲牌组成一套曲子。演出时一本四折都由正末或正旦独唱,分别称为末本或旦本。元代杂剧作家的创作活动,大致可以分为前后两期,前期作家主要活动在大都(北京)。元成宗大德年间,杂剧创作的活动中心逐渐由大都向临安(杭州)南移,并以杭州为中心逐渐向江南一带发展。前期主要作家有:关汉卿(代表作《窦娥冤》)、王实甫(代表作《西厢记》)、马致远(代表作《汉宫秋》)、白朴(代表作《梧桐雨》)。此外,比较有成就的作家还有:康进之(代表作《梁山泊李逵负荆》)、高文秀(代表作《黑旋风双献功》)、纪君祥(代表作《赵氏孤儿》)、杨显之(代表作《临江驿潇湘夜雨》)、石君宝(代表作《鲁大夫秋胡戏妻》)、尚仲贤(代表作《洞庭湖柳毅传书》)等。后期主要作家有:郑光祖(代表作《迷青琐倩女离魂》)、宫天挺(代表作《死生交范张鸡黍》)、秦简夫(代表作《东堂老劝破家子弟》)等。

南方地区,还流传着一种用地方曲调演唱的"南戏",其体制、声腔、乐器、风格与杂剧均有不同。

白话小说继续发展并获得新的成就。在都市中,"说话"仍相当繁盛。同时,小说也借助出版商之力,广为传播,读者甚众。这些作品重视虚构性与趣味性,且有意迎合市民阶层的思想感情,艺术上也有明显的进步,对后来通俗小说的发展有很大影响。话本小说刊刻流行激起了文化精英的创作兴趣,为元末明初中国文学史上具有里程碑意义的巨著——《三国志通俗演义》和《水浒传》的诞生奠定了基础。文言小说受市民阶层的影响,也出现了若干进步。

## 七 明清文学

明代统治的时间约二百八十年,这是世界历史发生根本性变化的时期。在东南沿海手工业和商业经济较为发达地区,已出现资本主义的萌芽。思想文化领域也出现了深刻的变化。明代文学的前期,是衰微冷落的,中期才逐渐走向高潮。明代后期文学一个重要的特点,是以李贽为代表的理论上的自觉性。李贽是中国古代第一个对封建时代的统治思想提出全面批判的人物。李贽的"童心说"、袁宏道的"性灵说",对当时文学风气的影响很大。

清王朝经过平"三藩"、剿噶尔丹以及收复台湾之役,确立了稳定的统治,控制着中国历史上最为广大的行政区域。清代文学,大致可划分为三个时期:自清人入关至雍正末年(1644—1735)为前期,自乾隆初年至道光十九年(1736—1839)为中期,自道光二十年鸦片战争至宣统三年辛亥革命(1840—1911)为后期。前期与中期,是按照自身规则发展变化的,后期则是受到外来力量强烈冲击而发生剧变的时期。

小说创作的空前繁荣，是明清文学最显著的特点。

**明清长篇小说**

**历史小说** 《三国演义》，作者明罗贯中。它是中国文学史上第一部成熟的长篇章回体历史演义小说，也是一部最杰出的写战争的小说。全书以蜀汉为中心，抓住三国矛盾斗争的主线，井然有序地展开了一幅三国时期恢宏壮阔的历史画卷，成功地塑造了刘备和曹操这两个千古不朽的艺术形象。全书结构严密，语言为浅近的文言，简洁明快、精练传神而又通俗易懂。

**英雄传奇** 《水浒传》，作者明施耐庵。《水浒传》是英雄传奇小说的开创之作。写了一次农民起义的全过程，通过对官逼民反过程的描述，深刻而又广泛地揭露了封建统治阶级的罪恶，热情地歌颂了起义的英雄人物。作者善于在具体的现实环境中刻画人物性格，还善于运用夸张、渲染、对比的手法突出英雄人物的性格，其主要英雄人物，都有其鲜明的性格特色。这部小说既是有机的统一整体，又有许多故事可以独立成篇。《水浒传》是以当时群众口语为基础的白话小说，语言生动明快，富有表现力。

**世情小说** 《金瓶梅》，作者明笑笑生。《金瓶梅》是我国第一部文人独立创作的长篇小说。故事由《水浒传》"武松杀嫂"一段推衍而成。全书以土豪恶霸西门庆为中心，描写了他巧取豪夺横行乡里的种种劣迹及其荒诞无耻的生活，具体地暴露了明中叶封建社会及封建统治阶级的腐朽与罪恶。作者对黑暗现实的描写存在着比较严重的自然主义缺陷，有些描写过于细碎，特别是细致的大量的色情淫秽的描写，严重地损害了它的美学价值。

《红楼梦》，作者清曹雪芹、高鹗。《红楼梦》是一部伟大的现实主义小说，全书以贾府由盛而衰和贾宝玉、林黛玉、薛宝钗的爱情婚姻悲剧为主要线索，真实而生动地刻画了封建社会末世的种种人情世态，全面、深刻地批判了封建社会、封建礼教、封建思想。作者善于把人物放在现实生活中作多角度、多侧面的刻画，既突出他们的性格特征，也写出他们性格的复杂性；通过强烈的对比、互相映衬来表现人物的不同性格特征；不仅通过大场面、大事件，把人物放置在矛盾冲突的漩涡里，也通过日常生活小事，用人物自己的言行表现他们的性格。小说情节线索主线、副线相辅相成，互为表里，贯穿全书；结构布局，有张有弛，浓淡相间，大小事件环环相扣，层层展现出一幅幅多彩的生活画面；利用小人物和小事件，连接和转换情节，浑然无迹。《红楼梦》语言平淡而又含蓄，简洁而又精细，通俗而又典雅，有浓烈的生活气息和很强的表现力。是我国古代小说语言成就的最高表现。

**讽刺小说** 《儒林外史》，作者清吴敬梓。小说主要写封建社会末期在科举制度下的各种知识分子的故事。揭露八股科举弊端，批判功名利禄观念，是小说的中心内容。作者塑造了一批正面人物形象，以寄托他的理想和主张。《儒林外史》是一部比较典型的批判现实主义作品，也是中国讽刺小说的代表作。他以封建科举文化病态为讽刺和反思对象，寓庄于谐，寓哭于笑。将严肃写实、犀利讽刺、合理夸张、冷静解剖熔为一炉，别具一格。

清代还有著名的长篇谴责小说李宝嘉的《官场现形记》、吴沃尧的《二十年目睹之怪现状》、刘鹗的《老残游记》、曾朴的《孽海花》。

**神魔小说** 《西游记》，作者明吴承恩。这是一部神话英雄传奇小说，写唐僧取经的故事。孙悟空是全书的中心人物，是一个神话英雄形象，取经的故事是全书的主体。作者通过神话故事，表达了他对现实的愤激之情，讽刺和批判了各种的邪恶势力，歌颂了孙悟空的正义勇敢的斗争精神。作者采用浪漫主义的创作方法，描绘了一个光怪陆离的神魔世界，塑造了神奇美丽的艺术形象。神话人物的塑造，既有人的个性，又有动物的特点。形象鲜明、生动。《西游记》具有幽默诙谐的艺术风格。语言散韵相间，以散为主，汲取了民间说唱和方言口语的精华。

《西游记》之后，神魔小说的创作进入了高潮。明清时期还出现了《封神演义》《东游记》《南游记》《北游记》《绿野仙踪》等几十部神魔小说。

《镜花缘》，作者清李汝珍。全书以武则天时期为背景，描写了一个幻想中的海外世界，作者意在通过对幻想的海外世界的浪漫主义描写，来暴露、讽刺现实社会中的事物，表明他的男女平等、反对八股等政治主张。这部小说虽然有的章回艺术形象还比较生动，但就总体而言，以议论代替形象描写的倾向较为严重，作者过于夸耀才学，缺乏小说意味。但仍不失为一部具有独特品位的作品。这部小说文学史上未将它划为神魔小说，只是因为它神仙色彩浓厚，本教材将其放在此处介绍。

**白话短篇小说** 白话短篇小说是在宋元明话本的基础上产生的。话本是说话人用的底本，属于市民文学的范畴。明代的冯梦龙搜集了大量的话本与拟话本，在此基础上加工改造成《三言》(《喻世名言》《警世通言》《醒世恒言》)。这三部作品有许多优秀的篇目，如《灌园叟晚逢仙女》《杜十娘怒沉百宝箱》等。这些作品主题集中，思想倾向进步，情节曲折跌宕，人物刻画细致，特别是细致的心理描写，深刻地揭示出人物思想感情的复杂性。《二拍》(《初刻拍案惊奇》和《二刻拍案惊奇》)是明代凌蒙初应书商之要求，“取古今来杂碎事可新听睹、佐谈谐者，演而畅之”，基本上是一部个人的白话小说创作专集，其中《转运汉巧遇洞庭红》《宣徽院仕女秋千会》等都有一定认识价值和进步意义。

**文言短篇小说** 清蒲松龄的《聊斋志异》是我国古代文言短篇小说发展的新高峰。小说继承魏晋志怪的传统，以谈狐说鬼的方式，揭露黑暗腐败的政治和科举制度的弊端，表现了反对封建礼教和封建婚姻制度、同情被压迫人民的立场。在艺术上代表着我国文言短篇小说的最高水平。清纪昀的《阅微草堂笔记》是为了宣扬封建伦理道德而作，有些描写风土人情的篇章，考据订讹的知识小品，不怕鬼的故事，讽刺伪道学的作品，在一定程度上有积极意义。他摹仿魏晋南北朝笔记小说，文字古拙简练，不事夸张修饰，但在艺术上趋于退化。

**戏剧** 明清中长篇戏剧也总称传奇。明清是戏曲家辈出的时代。明代汤显祖是成就最高、影响最大的剧作家，其“临川四梦”(《牡丹亭》《紫钗记》《南柯记》《邯郸记》)达到了同时代戏剧创作的高峰。清初洪昇的《长生殿》、孔尚任的《桃花扇》是清代最负盛名的两出戏。清金圣叹把经他评点或删改评点的《西厢记》《水浒传》与《庄子》《离骚》《史记》及杜诗定为“六才子书”，成为最流行的版本。

**诗词散文** 清代是继唐之后诗歌创作的鼎盛时代。清初的明遗民诗以及钱谦益、吴伟业和王士禛、沈德潜、翁方纲等的诗，清中期袁枚性灵派及其他诗人的诗，嘉庆、道光时期，杰出的思想家龚自珍的诗与其他诗人爱国诗，清末民初黄遵宪与梁启超等人的诗共同组成了清诗的辉煌篇章。清代以词名世的文人很多，影响较大的有陈子龙、阳羡词宗陈维崧、振兴清词的主将纳兰性德、“浙西词派”的朱彝尊、“常州词派”的张惠言、周济以及传统词坛名家蒋春霖、词人邓廷桢等。

“桐城派”建立了清代正统“古文”的阵营。袁枚和许多著名学者在当时还提倡写骈文。

小品文是晚明文学的奇葩，渗透着晚明文人特有的生活情调与对人生旨趣的领悟，率真直露、不事虚浮。语言幽默淡雅。公安派袁氏三兄弟(袁宗道、袁宏道、袁中道)、张岱、刘侗、汤显祖、冯梦龙等都是著名的小品文作家。小品文对后世包括一些近代文人都产生了深刻影响。

中国古代文学以其内容的丰富、艺术的高超，屹立于世界文学之林，是世界文学无比宝贵的财富。

# 诗经·黍离

**【题解】**

本篇选自《诗经·王风》。"王"是"王都"的简称。西周末年,周幽王残暴无道,西部少数民族犬戎攻破镐京(今陕西西安西南),杀死幽王。周平王即位,把都城东迁至洛邑(今河南洛阳洛水北),这就是东周。

《诗经》又称《诗》《诗三百》或《三百篇》,是"十三经"中的重要一经。它是我国文学史上第一部诗歌总集,收录了从西周初年到春秋中叶大约五百年间的三百零五篇作品。它真实生动地反映了周朝广阔的社会生活,是伟大的现实主义作品,在文学史上占有极高的地位。汉代传授《诗经》的有鲁、齐、韩、毛四家,前三家先后亡佚,我们今天见到的《诗经》是其中的"毛诗"。按照音乐性质的不同,《诗经》作品可以分为"风""雅""颂"三类,"赋""比""兴"是《诗经》普遍运用的艺术手法:"赋"是铺陈叙述,"比"就是打比方,"兴"则是借助于其他事物引出诗歌真正要表达的内容。《诗经》句式以四言为主,杂以二言、三言、五言、八言等,长短相间,参差错落。语言形象生动,韵律铿锵和谐,具有不朽的艺术价值。

彼黍离离①,彼稷之苗②。行迈靡靡③,中心摇摇④。知我者谓我心忧⑤,不知我者谓我何求⑥。悠悠苍天⑦,此何人哉⑧!

彼黍离离,彼稷之穗。行迈靡靡,中心如醉。知我者谓我心忧,不知我者谓我何求。悠悠苍天,此何人哉!

彼黍离离,彼稷之实⑨。行迈靡靡,中心如噎⑩。知我者谓我心忧,不知我者谓我何求。悠悠苍天,此何人哉!

**【注释】**

① 黍(shǔ):黍子。去皮后叫黄米,煮熟后有黏性。离离:一行行,一列列。一说,茂盛的样子。

② 稷(jì):谷子。一说,高粱。

③ 行迈:远行。靡靡:脚步迟缓的样子。

④ 中心:即心中。摇摇:同"愮愮",心神不定的样子。

⑤ 心忧:指心中忧愁而徘徊不忍离去。

⑥ 何求:指寻找什么东西。一说:有什么要求。

⑦ 悠悠:遥遥,形容天之无际。苍天:青天。

⑧ 此何人哉:此,指苍天。人,读为仁(人、仁古字通)。此句意为:问苍天何仁。

⑨ 实:稷之结实。

⑩ 中心如噎(yē):朱熹《诗集传》:"噎,忧深不能喘息,如噎之然。稷之实犹心之噎,故以起兴。"

**【提示】**

关于该诗的创作缘起及主题思想,目前最通行的说法是《小序》所言:"《黍离》,闵宗周也。周大夫行役至于宗周,过故宗庙宫室,尽为禾黍。闵周室之颠覆,彷徨不忍去,而作是诗也。"今人余冠英先生则认为:"从诗的本身体味,只见出这是一个流浪人诉忧之辞,是否有关周室播迁的事却很难说”(《诗经选》人民文学出版社),程俊英先生也说:“这是诗人抒写自己在迁都时难舍家园的诗。《小序》认为是周大夫慨叹西周沦亡之作,但诗中并无凭吊故国之意,似不可信。”(《诗经译注》)

这首诗留给读者最深刻的印记,是诗中包蕴的丰富思想情感给人心灵的极大震撼和冲击。这种情感,既是悲凄的,又是深沉的;既是切肤的,又是揪心的。清人牛运震即云:“此诗纯以意胜,其沉痛处不当于文词求之。后人诗如‘山川满目泪霑衣,六朝如梦鸟空啼’之类,徒伤代谢而已,固无此怀古深情也。‘谓我何求’四字,说尽人世浅薄,一‘求’字误人,直到君国之义漠不相关,可惧哉!”《小序》之说的影响极为深远,因此后世每当有忧患之士处于社稷沦亡的境地,往往对《黍离》之诗产生强烈共鸣,南宋谢枋得就是一个例子。枋得宋末任江东制置使,临安破后举兵起义失败,被福建行省魏天佑胁迫至燕京。枋得气节凛然,志不仕元,终绝食而卒。其撰《诗传注疏》即曾云:“吾读《书》至《文侯之命》,观所以训诫文侯者,惟自保其邦而已。王室之盛衰,故都之兴废,悉置不言,吾于《黍离》之诗,重有感也夫。”“黍离之悲”也成为一句著名成语,被文人学者广泛引用,用以表达对故国的怀念和对国破家亡的感伤。

诗分三章,每章八句。首两句以“黍”“稷”之状貌起兴,引出三四句对诗人彷徨不忍离舍故国复杂情感的抒发。五六句是诗人内心忧怨的告白,至末两句,诗人之感情则喷薄而出,面对“悠悠苍天”,发出了悲怆的呼喊。诗篇采用《诗经》常用的重章叠句的手法,三章之间仅更换数字,却收到了极好的艺术效果。每章二句之“苗”之“穗”之“实”,既是分章换韵的需要,又造成景致的转换,表明诗人悲凄境遇时间之长。每章四句之“摇摇”之“如醉”之“如噎”最耐人寻味:一方面,三词意思上有递进,表明诗人心情忧悲之逐渐加深;另一方面,正如宋人刘安世所言:“常人之情,于忧乐之事,初遇之则其心变焉,次遇之则其变少衰,三遇之则其心如常矣。至于君子忠厚之情则不然,其行役往来固非一见也,初见稷之苗矣,又见稷之穗矣,又见稷之实矣,而所感之心终始如一,不少变而愈深。此则诗人之意也。”(朱熹《诗集传》引)全诗三章反复咏叹,有回环往复之妙。

**【思考与练习】**

1. 你认为这首诗表达了一种怎样的思想情感?你能从历史人物中找到其他实例吗?
2. “知我者谓我心忧,不知我者谓我何求”,为什么会成为千古名句?
3. 这首诗运用了怎样的艺术手法?

# 《老子》四章

**【题解】**

本篇选自《老子》的第一、二、八十、八十一章。《老子》，五千余字，分上下两篇，上篇的第一句是"道可道，非常道"，下篇的第一句为"上德不德，是以有德"，因此《老子》又叫《道德经》。相传作者为老子。老子姓李名耳，又名聃，春秋楚国人。孔子曾向他问礼。曾为周守藏室史官。周室衰微，老子辞官西行，至关，应关令尹喜之请，著五千言而去，不知所终。老子是道家学派的创始人，是我国最早的辩证法大师。"道"是其思想基础，"自然无为"是其哲学思想的核心。道家学派作为中国古代主流文化之一，几千年来，对中国的方方面面产生了巨大深远的影响，至今还有着无可替代的当代文化价值。

道可道，非常道，名可名，非常名①。无，名天地之始；有，名万物之母②。故常无，欲以观其妙；常有，欲以观其徼③。此两者同出而异名，同谓之玄。玄之又玄，众妙之门④。

天下皆知美之为美，斯恶矣；皆知善之为善，斯不善矣⑤。故有无相生，难易相成，长短相形，高下相倾，音声相和，前后相随⑥。是以圣人处无为之事，行不言之教⑦，万物作焉而不辞，生而不有，为而不恃，功成而弗居⑧。夫唯弗居，是以不去。

小国寡民，使有什伯之器而不用，使民重死而不远徙。虽有舟舆，无所乘之；虽有甲兵，无所陈之⑨。使民复结绳而用之⑩。甘其食，美其服，安其居，乐其俗⑪。邻国相望，鸡犬之声相闻，民至老死不相往来。

信言不美，美言不信。善者不辩，辩者不善。知者不博，博者不知⑫。圣人不积，既以为人己愈有，既以与人己愈多⑬。天之道，利而不害；圣人之道，为而不争。

**【注释】**

① "道可道"句：第一个"道"与第三个"道"为名词，指老子哲学范畴的道，第二个"道"为动词，称道，说得出。第一个"名"与第三个名为名词，指老子特定的哲学概念，第二个"名"为动词，称道，说得出。这样，此句的意思为：可以用语言来表述的，就不是永恒的"道"；能够叫得出名字称谓的，就不是永恒的"名"。

② "无"句：用"无"来称述天地之始原。用"有"来称述万物之根本。

③ "故常无"句：所以应该从万物永恒的原始状态去观察道的微妙，从万物不变的根本之处去体察道的边际。徼(jiǎo)：《老子道德经》河上公章句解为"归趣"，引申为广大无边。

④ 玄：幽深微妙，高远莫测。门：总门径。

⑤ "天下皆知"句：当天下人都知道有美和善的时候，这就有了与之对立的恶和不善了(自然之道，原本是浑朴的，既没有美丑也没有善恶，及至纷争产生，道体分裂，就有了善恶美丑)。

⑥ "故有无相生"句：其他如有和无也相对产生，难和易也相对而形成，长和短也相对而显出，高和下也

相对而显现,音和声也相对而应和,前和后也相对而成序。

⑦ “是以圣人”句:国君以“无为”的态度治理国家,不发布政令而使人自动归化。圣人:指一国的国君。

⑧ 万物作焉而不辞:让万物生长而不去干涉。作,生长。不辞,一本作“弗始”。不辞,一种解释为:默不作声,一种解释为:辞,“司”假借字,司古义为“主”,不司即不作主宰。为而不恃:施予而不自恃其能。功成而弗居:成就了万物,却不自居其功。

⑨ “虽有舟舆”句,虽有船和车,没有机会去乘坐;虽有兵器,没有必要去陈列。

⑩ 使民复结绳而用之:使民再回到用结绳来记事的时代。

⑪ “甘其食”句:意动用法,以自己的食物为甘,以自己的衣服为美,以自己居住的为安,以自己的风俗为乐。

⑫ 知者不博,博者不知:一个理可以掌管万事,万事也可以合为一个理。知道一个理就不必博知万事,虽博知万事也不是真知。有人理解为:有深刻知识的人不广博,知识广博的人没有深刻的知识,似未妥。

⑬ 圣人不积,既以为人己愈有,既以与人己愈多:圣人不应当为自己积累财富,尽力帮助别人自己就愈有;尽力施予别人,自己就愈多。既:尽的意思。

**【提示】**

第一章老子着重讲“道”。老子首先教人不要执着语言和名相,以免走入迷途。接着讲宇宙的本体是“无”,天地万物由无开始,又由“有”将它们混然孕成。再从永恒的“无”和永恒的“有”上推到宇宙的本源——道,即玄。在老子思想体系里,“道”不仅是天地万物的根源,也是天地万物的法则,还是天地万物的归宿。“无”和“有”各是道的一面,“无”是道的本体,“有”是道的作用,但它们都不是有形的物体,仅仅只是概念而已。读这一章,可以参看第二十五章。第二章前一层次阐述相对主义的哲学观,体现了老子作为辩证法大师的思维方式。一切的概念和事物,都是相比较而产生和存在的。也就是说,只有在某一时间、某一空间,才能产生和存在,如果从更高的层次或换一个角度看,它们就改变了。一切事物都有互相对立又互相依存的两个方面。后一层次讲“圣人”治国之道。圣人治国,纯任自然,谦下不争,无为无欲。第八十一章与第二章有相同之处。第一层也是讲以辩证观点看待周围的人事,第二层也是说圣人的为人之道。从中可以看出道家的理想人格与儒家有为有欲有功的理想人格之区别。第八十章写老子小国寡民的社会理想。老子为什么会向往这样一种蒙昧的原始社会呢?其一与老子所处的东周末期的社会状况有关。其二,也是更重要的,与老子的哲学观有关。老子哲学讲“道”,道有一个重要性质即“朴”。朴就是混沌、自然、天性。从“朴”出发,老子主张恢复到结绳而治的原始社会。这种社会当然是倒退的,但我们不能苛求老子,因为从先秦到明末清初的思想家,没有哪一个能够超越历史向前看,把希望寄托在未来的。

**【思考与练习】**

1. 试对道家的圣人观与儒家的圣人观做一评价。
2. 谈谈对老子相对主义哲学观的看法。
3. 小国寡民思想对我国的思想、政治、文化有什么影响?

# 晏子论"和"与"同"

**【题解】**

此篇节选自《左传·昭公二十年》。《左传》原名《左氏春秋传》,又称《春秋左氏传》,或称《左氏春秋》。《左传》的作者,至今都是未解之谜。现在一般认为它非一时一人所作,成书时间大约在战国中期,其中主要部分可能是左丘明所写。

《左传》不仅是我国现存第一部叙事详细的编年体史书(最早的编年体史书为《春秋》,最大的编年体史书为《资治通鉴》),也是一部非常优秀的文学著作。比较以前任何一种著作,它的叙事能力有了惊人的提高,许多头绪纷杂、变化多端的历史大事件,在《左传》中都处理得有条不紊,繁而不乱。其中关于战争的描写,尤其出色,作者用笔简练而不乏文采,周密而有所侧重。在描述历史故事时,还十分注重故事的生动有趣,常常以较为细致生动的情节,表现鲜明的人物形象。《左传》的这种文史结合的叙事传统,无论对后来的历史著作还是文学著作的写作风格产生很大影响。

齐侯至自田①,晏子侍于遄台②。子犹驰而造焉③。公曰:"唯据与我和夫。"晏子对曰:"据亦同也,焉得为和④?"公曰:"和与同异乎?"对曰:"异。和如羹焉,水、火、醯、醢、盐、梅⑤,以烹鱼肉,燀之以薪⑥。宰夫和之,齐之以味,济其不及⑦,以泄其过⑧。君子食之,以平其心。君臣亦然。君所谓可而有否焉,臣献其否以成其可⑨;君所谓否而有可焉,臣献其可以去其否;是以政平而不干,民无争心⑩。故《诗》曰:'亦有和羹,既戒既平。鬷嘏无言,时靡有争⑪。'先王之济五味、和五声也⑫,以平其心,成其政也。声亦如味,一气,二体,三类,四物,五声,六律,七音,八风,九歌⑬,以相成也。清浊、大小,短长、疾徐,哀乐、刚柔,迟速、高下,出入、周疏,以相济也。君子听之,以平其心。心平,德和。故《诗》曰:'德音不瑕⑭。'今据不然。君所谓可,据亦曰可;君所谓否,据亦曰否。若以水济水,谁能食之?若琴瑟之专一,谁能听之?同之不可也如是。"

**【注释】**

① 齐侯:指齐景公。田:打猎。这里指打猎处。

② 晏子:名婴,字仲,谥平。原籍东莱夷维(今山东高密)。齐大夫晏桓子弱之子。约生于齐顷公十四年(周简王元年,前585年),卒于齐景公四十八年(周敬王二十年,前500年),事齐灵公、庄公、景公,他讽谏匡君,朝夕不怠,闻名于诸侯,是一位头脑清醒的政治家和思想家。治理齐国有一定业绩,品德高洁,哲学思想也有所创见,因此成为历史的名人。遄(chuán)台:齐国地名,在今山东临淄附近。

③ 子犹:齐国大夫梁丘据的字。造:到,往。

④ 羹:调和五味(醋、酱、盐、梅、菜)做成的带汁的肉。不加五味的叫大羹。

⑤ 醯(xī):醋。醢(hǎi):用肉、鱼等做成的酱。梅:梅子。

⑥ 燀(chǎn):烧火。

⑦ 济:增加,添加。

⑧ 泄:减少。过:过分,过重。

⑨ 献:进言指出。

⑩ 干:犯,违背。

⑪ 这四句诗出自《诗·商颂·烈祖》。戒:具备,意思是指五味全。平:和,指味道适中。鬷(zōng):通“奏”,进献。嘏(gǔ):通“假”,至,指神灵来到。无言:指肃敬。

⑫ 济:这里的意思是相辅相成。五味:指酸、甜、苦、辣、咸五种味道。五声:指宫、商、角、徵、羽五个音阶。

⑬ 一气:空气,指声音要用气来发动。二体:指舞蹈的文舞和武舞。三类:指《诗》中的风、雅、颂三部分。四物:四方之物,指乐器用四方之物做成。五声:即五音。六律:指用来确定声音高低清浊的六个阳声。七音:指宫、商、角、徵、羽、变宫、变徵七种音阶。八风:八方之风。九歌:可以歌唱的九功之德,即水、火、木、金、土、谷、正德、利用、厚生。

⑭ 这句诗出自《诗·豳风·狼跋》。德音:本指美德,这里借指美好的音乐。瑕:玉上的斑点,这里指缺陷。

**【提示】**

关于“和”与“同”的区别,《国语·郑语》周朝史伯有这样一段话,“夫和实生物,同则不继。以他平他谓之和,故能丰长而物归之;若以同裨同,尽乃弃矣。”在这之后,孔子又更进一步,把它们引入伦理学领域,作为识人的重要标准,得出“君子和而不同,小人同而不和”的论断。“和”与“同”的概念,始为西周末年太史伯所提出。认为“和”与“同”是既相区别又相联系的一对范畴,并提出“去同而取和”。当时人们将这种观点应用于人的审美活动,推崇多样性的统一,强调单调划一并没有美。到春秋时,晏婴又进一步发展了史伯的思想,从事物的相反相成、对立统一的角度来阐述“和”与“同”的关系。指出“和”是包含差异与对立的“和”,并且对立的因素相互作用、相互渗透,而事物的美就在这种“和”中得以充分之地显现。他还以“和”与“同”的关系来阐述音乐之美,指出美的旋律就是在各种音律的有规律的相成相济中表现出来的。这一范畴后来被人们所接受,并逐渐成为中国古代美学对于美的法则的认识。

简言之,“同”是相同东西的相加,“和”为不同事物的结合,“和”比“同”的高明处在于它承认差别,承认矛盾,这是“和”的基本前提。正因为有对立面的存在,有多样性的差异,也才有了“相成”和“相济”。

五音和谐才有美声,七色和谐才有美景,五味调和才有美食,“和而不同”中的“和”是“中和”,“中”者,恰到好处之谓也。

在“和”的观念指导下,中国人形成了自己独特的行为方式。国家兴盛的理想状态是和谐:君臣之间、官民之间、朝野之间、国与国之间,相互理解、支持、协调,利益趋于一致;文学艺术的最高境界也是和谐:有限和无限、虚与实、似与不似、刚与柔、抑与扬等等因素共存于一个统一体中,相互补充,相互调节;人们处理事务、人际关系也崇尚“和为贵”,用自我克制来消除矛盾、分歧,用相互切磋来发扬各自所长,通过寻找利益的一致之处,把各方的不同之处加以协调。

还应注的是到,“和”的最终旨归,是人的内心的心性平和,也就是说,它的最后落脚点,还是人自身的生存状态。因此,它是内向的,而不是外向的;是人本的,而不是物质的。

**【思考与练习】**

1. 晏子和谐思想的主旨是什么?在今天这样国际国内的大形势下,有什么现实意义。
2. 晏子是在谈政治、谈哲学、谈美学、谈烹饪,你读后有何启发?
3. 试析这段文字的艺术特色。

# 《论语》四则

**【题解】**

《论语》是我国先秦时期的一部语录体著作，记述了中国儒家学派宗师孔子及部分弟子的言论行事，主要体现了孔子的思想，是著名的儒学经典"十三经"之一，在中华文明史上产生了重大的影响。《论语》篇幅不长，内容却非常庞杂，涉及人生的方方面面，由之可以认识孔子的天命观、政治观、道德观、君臣观、教育观等。但其中贯穿着一个核心思想，那就是"仁"。"仁"的最初含义是指人与人之间的一种亲善关系，孔子把"仁"定义为"爱人"，并解释说："夫仁者，己欲立而立人，己欲达而达人"(《雍也》)，"己所不欲，勿施于人"(《颜渊》)。"仁"是孔子思想体系的理论核心，是中国儒家学派道德规范的最高原则，它是中华民族的价值根源，影响深远。历代《论语》的主要注本有：三国魏何晏《论语集解》、北宋邢昺《论语正义》、南宋朱熹《论语集注》、清刘宝楠《论语正义》、清程树德《论语集释》以及今人杨伯峻《论语译注》、杨逢彬《论语新注新译》等。

曾子①曰："吾日三省②吾身：为人谋而不忠乎③？与朋友交而不信乎④？传不习乎⑤？"(《学而》)

有子⑥曰："礼之用，和为贵⑦。先王之道⑧，斯为美⑨，小大由之⑩。有所不行⑪，知和而和⑫，不以礼节之⑬，亦不可行也。"(《学而》)

颜渊⑭问仁。子曰："克己复礼为仁⑮。一日克己复礼，天下归仁焉⑯。为仁由己⑰，而由人乎哉？"颜渊曰："请问其目⑱。"子曰："非礼勿视，非礼勿听，非礼勿言，非礼勿动⑲。"颜渊曰："回虽不敏⑳，请事斯语矣㉑！"(《颜渊》)

季康子问政于孔子㉒，孔子对曰："政者，正也㉓。子帅以正㉔，孰敢不正？"(《颜渊》)

**【注释】**

① 曾子：曾参(shēn)，字子舆。鲁国人，孔子弟子。

② 三：表示多次。省(xǐng)：自我省察。

③ 为人谋而不忠乎：替人谋事是否不够尽心？

④ 与朋友交而不信乎：与朋友交往是否不够诚实？信，诚信，诚实。

⑤ 传不习乎：老师传授的学业是否没有复习？传(chuán)，老师的传授。习，温习，复习。

⑥ 有子：孔子弟子，鲁国人。姓有，名若，字子有。

⑦ 和：和谐，恰当，原指音乐协调这里是"恰到好处"的意思。《礼记·中庸》云："喜怒哀乐之未发谓之中，发而皆中节谓之和。中也者，天下之大本也；和也者，天下之达道也。"今人杨树达《论语疏证》认为："事之中节者皆谓之和，不独喜怒哀乐之发一事也。"

⑧ 先王之道：过去圣明君王治理国家的准则。

⑨ 斯为美：以斯为美。斯，指代"和为贵"。

⑩ 小大由之：由，用。大事小事都以此为原则去做。

⑪ 有所不行：有的事情不按照"和为贵"的原则处理。有学者认为"小大由之，有所不行"连读，意思是："大小事情都遵循它，有的地方不照办。"

⑫ 知和而和:为和而和,为恰当而求恰当。

⑬ 以礼节之:用礼法制度来制约它。节,节制,规范。

⑭ 颜渊:名回,字子渊,鲁国人。孔子最得意的弟子,品德、学业均出色。

⑮ 克己复礼为仁:约束自己,使言语行动都合乎礼的要求,就是仁了。克,克制,约束。复,回复,归复。

⑯ 归仁于你:称誉你有仁德。归,归附。

⑰ 由己:全靠自己。

⑱ 目:要目,纲领。

⑲ 非礼勿视,非礼勿听,非礼勿言,非礼勿动:不合于礼的不要去看,不合于礼的不要去听,不合于礼的不要去说,不合于礼的不要去做。

⑳ 回:颜渊之名。不敏:迟钝,不聪敏。

㉑ 请事斯语矣:也要奉行您的这些教导。事,实行,实践。

㉒ 季康子:季孙氏,名肥,"康"是其谥号。鲁哀公时任上卿,极有权势。政:政事,政务。

㉓ 政者,正也:所谓政,就是端正。

㉔ 子帅以正:您自己带头端正。帅,通"率",表率,带头。

**【提示】**

第一则主要讲"礼"之功用。礼是我国奴隶社会和封建社会的等级制度以及与此相适应的一整套礼节仪式,是社会的上层建筑。周礼最突出的特点就是尊卑有序,贵贱有别。礼对于稳定西周宗法制的社会秩序,促进经济和文化的繁荣发展,发挥过积极的作用。由于礼过分强调人伦关系中的尊卑贵贱,也桎梏了人的个性与思想的自由发展。本章谈"礼"之功用,一是"和为贵",这是礼的至高境界。"和"不是"一团和气","和为贵"不能理解为放弃原则,不讲立场,它讲的是一种"度",即遇事以礼为规范,协调各种矛盾,使之关系和谐,不偏不倚,恰到好处,从而保持事物的稳定,促进事物的发展。二是"以礼节和"。意思是说,关系的调处,矛盾的解决,以是否符合"礼"作为一个基本的标准。不能讲无原则的退让和妥协。

第二则讲"仁"与"礼"的关系。"克己复礼为仁"可以从两个方面来理解:第一,外在和内在。孔子所主张的仁,从外在角度讲,强调继承学习周代礼制,讲求"中和",反对剥削;从内在角度讲,主张个体对于"仁"的理想人格的完善和追求,要讲求自我约束,言行举止符合礼法,此即所谓"克己复礼为仁"。第二,仪式和本质。一方面,要按照礼制的规定去实行仁,即把仁限制在礼的框架之内。如果越出了礼的界限,社会秩序便会混乱,至于具体如何去做,便是"非礼勿视,非礼勿听,非礼勿言,非礼勿动"的十六字方针。另一方面,礼的仪式必须要以仁的本质为内容,假若不讲仁德,礼的仪式宁可摒弃,己、礼、仁三者的关系是克己才能复礼,复礼才能为仁。"一日克己复礼,天下归仁焉"。礼即是仁。礼是仁的表现形式,仁是礼的实质内容。

第三则主要讲孔子推崇贤人政治,特别重视统治者个人以身作则的表率作用。孔子认为执政者的品德和作为决定着政治的成败好坏,所以他一直强调统治者的道德修养。《子路》篇中"其身正,不令而行;其身不正,虽令不从",即这个意思。

第四则强调人要时时刻刻注重加强自身修养,具体内容为"忠""信""习"三个方面,这样就可以把外在的道德约束转化为内在的自觉要求。世事纷繁,人们受各种欲望干扰,曾子强调"吾日三省吾身",恰好体现了儒家对个体人格的不懈追求。

**【思考与练习】**

1. 如何理解孔子思想体系中"仁"与"礼"的关系?

2. 找出《论语》中孔子其他弟子“问仁”的文字，与“颜渊问仁”一章对照来读，看孔子的回答有何不同，并体会其哲学含义。

3. 如何理解曾子所说的“吾日三省吾身”？

# 战国策·苏秦佩六国相印

## 【题解】

本文选自《战国策·秦策一》。《战国策》简称《国策》,起初又有《国事》《短长》《事语》《类语》《长书》《修书》等名称,是先秦历史散文的代表作品。全书共三十三篇,杂记战国时期诸侯国东周、西周及秦、齐、楚、赵、魏、韩、燕、宋、中山诸国之事,记事起自春秋,迄于秦并六国,大约240年(前460—前220)。作者不可考,近人罗根泽怀疑为汉代蒯通所作,大概是秦汉间人杂采各国史料编纂而成。《战国策》的基本内容是描写战国时代谋臣策士纵横捭阖的斗争及有关的谋议或辞说。它保存了纵横家的许多著作和言论,为司马迁著述《史记》所取材,具有很高的史料价值。《战国策》文章最长于说事,文气纵横,论述周密,善用譬喻,语言生动,对后世文学,尤其是议论文,产生了很深的影响。

苏秦始将连横,说秦惠王曰:"大王之国,西有巴、蜀、汉中之利,北有胡貉、代马之用,南有巫山、黔中之限,东有崤、函之固[①]。田肥美,民殷富,战车万乘,奋击百万,沃野千里,蓄积饶多,地势形便,此所谓天府,天下之雄国也[②]。以大王之贤,士民之众,车骑之用,兵法之教,可以并诸侯,吞天下,称帝而治。愿大王少留意,臣请奏其效[③]。"

秦王曰:"寡人闻之,毛羽不丰满者不可以高飞,文章不成者不可以诛罚,道德不厚者不可以使民,政教不顺者不可以烦大臣[④]。今先生俨然不远千里而庭教之,愿以异日[⑤]。"

苏秦曰:"臣固疑大王之不能用也。昔者神农伐补遂,黄帝伐涿鹿而禽蚩尤,尧伐驩兜,舜伐三苗,禹伐共工,汤伐有夏,文王伐崇,武王伐纣,齐桓任战而伯天下[⑥]。由此观之,恶有不战者乎[⑦]?古者使车毂击驰,言语相结,天下为一,约从连横,兵革不藏[⑧]。文士并饬[⑨],诸侯乱惑,万端俱起,不可胜理。科条既备,民多伪态,书策稠浊,百姓不足[⑩]。上下相愁,民无所聊,明言章理,兵甲愈起[⑪]。辩言伟服,战攻不息,繁称文辞,天下不治[⑫]。舌敝耳聋,不见成功,行义约信,天下不亲。于是乃废文任武,厚养死士,缀甲厉兵,效胜于战场[⑬]。夫徒处而致利,安坐而广地,虽古五帝、三王、五伯,明主贤君,常欲坐而致之,其势不能,故以战续之[⑭]。宽则两军相攻,迫则杖戟相撞,然后可建大功。是故兵胜于外,义强于内;威立于上,民服于下。今欲并天下,凌万乘,诎敌国,制海内,子元元,臣诸侯,非兵不可[⑮]!今之嗣主,忽于至道,皆惛于教,乱于治,迷于言,惑于语,沈于辩,溺于辞[⑯]。以此论之,王固不能行也。"

说秦王书十上而说不行。黑貂之裘敝,黄金百斤尽,资用乏绝,去秦而归。羸縢履蹻,负书担橐,形容枯槁,面目黧黑,状有归色[⑰]。归至家,妻不下纴,嫂不为炊,父母不与言[⑱]。苏秦喟然叹曰:"妻不以我为夫,嫂不以我为叔,父母不以我为子,是皆秦之罪也[⑲]。"乃夜发书,陈箧数十,得太公《阴符》之谋,伏而诵之,简练以为揣摩[⑳]。读书欲睡,引锥自刺其股,血流至足。曰:"安有说人主,不能出其金玉锦绣,取卿相之尊者乎?"期年,揣摩成,曰:"此真可以说当世之君矣[㉑]!"

于是乃摩燕乌集阙,见说赵王于华屋之下,抵掌而谈[㉒]。赵王大悦,封为武安君,受相印[㉓]。革车百乘,锦绣千纯,白璧百双,黄金万溢以随其后,约从散横,以抑强秦[㉔]。故苏秦相于赵而关不通[㉕]。

当此之时，天下之大，万民之众，王侯之威，谋臣之权，皆欲决于苏秦之策。不费斗粮，未烦一兵，未战一士，未绝一弦，未折一矢，诸侯相亲，贤于兄弟[26]。夫贤人在而天下服，一人用而天下从。故曰："式于政，不式于勇；式于廊庙之内，不式于四境之外[27]。"当秦之隆，黄金万溢为用，转毂连骑，炫熿于道，山东之国，从风而服，使赵大重[28]。且夫苏秦，特穷巷掘门、桑户棬枢之士耳，伏轼撙衔，横历天下，廷说诸侯之王，杜左右之口，天下莫之能伉[29]。

将说楚王，路过洛阳，父母闻之，清宫除道，张乐设饮，郊迎三十里。妻侧目而视，倾耳而听，嫂蛇行匍伏，四拜自跪而谢。苏秦曰："嫂何前倨而后卑也[30]？"嫂曰："以季子位尊而多金[31]。"苏秦曰："嗟乎！贫穷则父母不子，富贵则亲戚畏惧。人生世上，势位富贵，盖可忽乎哉[32]！"

**【注释】**

① 苏秦：字季子，战国时东周洛阳人，著名纵横家。连横：与"约纵"相对而言。战国时，合六国（齐、楚、燕、赵、韩、魏）以抗秦，称为约纵；秦与六国中个别国家联合打击其他国家，称为连横。苏秦以约纵得名，最初却主张连横。秦惠王：秦国国君，姓嬴名驷，秦孝公之子，公元前337年至公元前311年在位。巴：今重庆一带。蜀：今四川成都一带。汉中：今陕西南部、湖北西北部一带。当时三地未属秦而交通便利，故言西有其利。胡貉：我国古代西北各少数民族的统称。代马：代，今河北、山西二省北部，其地产良马。巫山：山名，今重庆巫山县东。黔中：战国时楚地，今湖南沅陵县西。限：险阻。崤（xiáo）：山名，今河南洛阳北。函：函谷关，今河南灵宝市南。

② 奋击：指奋力作战的武士。地势形便：地势险要，便于战守。天府：自然界肥沃丰饶的府库。

③ 少留意：稍稍注意。一种谦恭的辞令。奏：呈现，使见。效：效验，功效。

④ 文章：指法令。烦大臣：劳烦大臣。此指对外用兵。

⑤ 俨然：庄重的样子。愿以异日：愿以后再领教。

⑥ 神农：传说中的古帝名，即炎帝，教民务农。补遂：古国名，一作"辅遂"。黄帝：古帝号，姓公孙，又称"轩辕氏""有熊氏"。涿鹿：山名，今河北涿鹿东南。禽："擒"之古字。蚩尤：传说中九黎部落的首领，极暴虐，后为黄帝所擒杀。尧、舜、禹：均为传说中的远古帝王。驩兜（huān dōu）：相传为尧臣，凶恶，被尧放逐于嵩山。三苗：古代部族名，又称"有苗"，今长江中下游一带。共工：古代部族名。一说，古水官名。汤：子姓，名履，商朝开国君主。有：语助词，无实义。文王：姬姓，名昌，纣王时为西方诸侯之长。称"西伯"。崇：古国名，今陕西户县东。武王：文王之子，名发，灭商纣而建立周朝。齐桓：齐桓公，名小白，春秋五霸之一。任战：用战争手段。伯（bà）：通"霸"，称霸。

⑦ 恶有：岂有，哪有。

⑧ 车毂击驰：形容来往车辆多而行急。毂（gǔ），车轮的中心部分，中有圆孔，可以插轴。言语相结：指缔结盟约。兵革不藏：表示还有战争。

⑨ 饬：通"饰"，修饰文辞。

⑩ 科条：法令条规。书策稠浊：文件政令繁多杂乱。

⑪ 聊：依赖，依靠。明言章理：明著之言，彰显之理。

⑫ 伟服：指儒者所穿盛装。

⑬ 厉兵：磨砺兵器。

⑭ 五帝：说法不一，《史记》称五帝为黄帝、颛顼（zhuān xū）、高辛、尧、舜。三王：指夏、商、周三代的开国君王禹、汤、周武王（一说周文王）。五伯：即春秋五霸，齐桓公、晋文公、宋襄公、秦穆公、楚庄王。

⑮ 诎（qū）：同"屈"。子：以……为子。元元：百姓。

⑯ 嗣主：继世之君。惛：昏惑，不明。

⑰ 羸（léi）縢：缠着绑腿布以利远行。羸：缠绕。縢：绑腿布。履：穿。蹻（jué）：草鞋。橐（tuó）：盛物的袋子。黧（lí）：黑中带黄。归：当作"愧"。

⑱ 纴(rèn):织机。

⑲ 喟(kuì):叹息。

⑳ 陈:摆开。箧(qiè):书箱。太公:即吕尚,世称姜太公,曾辅佐文王获得天下。《阴符》:即《阴符经》,相传为太公所著的兵书。简练:精心研摩,熟练掌握。

㉑ 期(jī)年:满一年。

㉒ 摩:接近,迫近。燕乌集阙:关塞名,其地不详。抵掌:击掌。抵当作"抵(zhǐ)"。

㉓ 武安:赵国地名,故城在今河北省武安县西南。

㉔ 革车:兵车。纯(tún):量词,计布匹的单位。溢(yì):通"镒",古代重量单位,二十两为一镒。约从散横:连合六国,解散各国与秦国之间的联系。

㉕ 关不通:关指函谷关,是六国通秦的要道。六国共同抗秦,不与之交往,故函谷关交通断绝。

㉖ 贤于:胜于。

㉗ 式:用。

㉘ 转毂连骑:指随从车骑络绎不绝。炫熿:辉煌显耀。山东之国:华山以东的国家。

㉙ 穷巷:穷困的里巷。掘门:窟门。桑户:以桑木为门。棬(quān)枢:以曲木为门轴。此句形容苏秦出身的寒微。轼:古代车厢前用做扶手的横木。撙(zǔn):节制。衔:马勒。横历:横行。杜:堵塞。伉:通"抗",匹敌。

㉚ 倨:傲慢。

㉛ 季子:苏秦之字。一说,嫂呼小叔为季子。

㉜ 盖:通"盍",何。

## 【提示】

这篇文章描述当时著名策士苏秦游说各国,谋取富贵的经过。他起初持"连横"主张劝秦王发动战争征服六国,惠王厌恶辩士,没有采纳他的主张,致使苏秦陷入十分尴尬与落魄的境地。苏秦返乡后发愤苦读,潜研太公兵法,并仔细分析当时形势,提出"合纵"的主张。他游说燕、赵等国,献"合纵"之策,终于获得成功,直至最后身佩六国相印,衣锦还乡。

文章以苏秦说秦失败后研读《阴符》兵法,"简练以为揣摩"为行文的关键,前后对比,夹叙夹议,深刻揭示了苏秦这一策士的精神面貌;同时通过周围人在苏秦前后不同境遇时所表现出的态度的巨大变化,深刻反映出当时炎凉的世态和庸俗的社会人情。作者把苏秦置于变化着的世事当中,言语、行动符合人物的性格和事态的发展,人物形象塑造得十分成功。全文语言爽利,铺排夸饰,逻辑严密,富有气势,苏秦说秦王一节写得尤为精彩。

文章描述苏秦的政治活动,固然从一定程度上反映了当时的历史现实,但作者对苏秦热衷名利、追求富贵的人生态度采用一种欣赏的笔调加以描绘,却是值得我们注意的。

## 【思考与练习】

1. 本文反映了当时怎样的社会现实?
2. 文章是如何塑造苏秦这一人物形象的?找出最能体现苏秦追逐名利的两句话。请将苏秦的性格与价值观与《齐宣王见颜斶》中的颜斶的性格与价值观作一比较。
3. 分析本文的语言特色。

# 战国策·齐宣王见颜斶

## 【题解】

本文选自《战国策·齐策》。

齐宣王见颜斶，曰："斶前！"斶亦曰："王前！"宣王不悦。左右曰："王，人君也；斶，人臣也。王曰'斶前'，斶亦曰'王前'，可乎？"斶对曰："夫斶前为慕势，王前为趋士[①]。与使斶为慕势，不如使王为趋士。"王忿然作色曰："王者贵乎？士贵乎？"对曰："士贵耳，王者不贵！"王曰："有说乎？"斶曰："有。昔者秦攻齐，令曰：'有敢去柳下季垄五十步而樵采者[②]，死不赦！'令曰：'有能得齐王头者，封万户侯，赐金千镒。'由是观之，生王之头，曾不若死士之垄也。"宣王默然不悦。

左右皆曰："斶来，斶来！大王据万乘之地，而建千石钟，万石簴[③]；天下之士，仁义皆来役处；辩知并进，莫不来语；东西南北，莫敢不服。求万物无不备具，而百姓无不亲附。今夫士之高者，乃称匹夫，徒步而处农亩，下则鄙野、监门、闾里[④]。士之贱也亦甚矣！"

斶对曰："不然！斶闻古大禹之时，诸侯万国。何则？德厚之道，得贵士之力也。故舜起农亩，出于野鄙，而为天子。及汤之时，诸侯三千。当今之世，南面称寡者，乃二十四。由此观之，非得失之策与？稍稍诛灭，灭亡无族之时，欲为监门、闾里，安可得而有乎哉？是故《易传》不云乎：'居上位，未得其实，以喜其为名者，必以骄奢为行。据慢骄奢，则凶必从之。'是故无其实而喜其名者削[⑤]，无德而望其福者约，无功而受其禄者辱，祸必握。故曰：'矜功不立，虚愿不至。'此皆幸乐其名华，而无其实德者也。是以尧有九佐[⑥]，舜有七友，禹有五丞，汤有三辅，自古及今而能虚成名于天下者，无有。是以君王无羞亟问，不愧下学，是故成其道德而扬功名于后世者，尧、舜、禹、汤、周文王是也。故曰：'无形者，形之君也；无端者，事之本也[⑦]。'夫上见其原，下通其流，至圣明学，何不吉之有哉？老子曰：虽贵，必以贱为本；虽高，必以下为基。是以侯王称孤、寡、不谷。是其贱之本与？[⑧]非夫孤寡者，人之困贱下位也，而侯王以自谓，岂非下人而尊贵士与？夫尧传舜，舜传禹，周成王任周公旦，而世世称曰明主，是以明乎士之贵也。"

宣王曰："嗟乎！君子焉可侮哉，寡人自取病耳！及今闻君子之言，乃今闻细人之行[⑨]。愿请受为弟子。且颜先生与寡人游，食必太牢，出必乘车，妻子衣服丽都[⑩]。"颜斶辞去，曰："夫玉生于山，制则破焉，非弗宝贵矣，然太璞不完[⑪]；士生乎鄙野，推选则禄焉，非不得尊遂也。然而形神不全。斶愿得归，晚食以当肉，安步以当车，无罪以当贵，清静贞正以自虞[⑫]。制言者，王也；尽忠直言者，斶也。言要道已备矣，愿得赐归，安行而反臣之邑屋。"则再拜而辞去也。

(君子)曰："斶知足矣，归真返璞，则终身不辱也。"[⑬]

## 【注释】

① 趋：趋向，靠近。

② 柳下季：春秋鲁国贤人，展禽，字季，食邑于柳下，谥号为惠。垄：坟墓。

③ 簴(jù)：古代悬挂钟磬的立柱。

④ 鄙野:乡野之地。监门:守门人。闾里:乡里,泛指民间。

⑤ 削:削减,削弱。约:穷困窘迫。握:持。一说,通“渥”,厚,多。

⑥ 九佐:九位辅佐政事的贤臣。后文“七友”“五丞”“三辅”同。

⑦ 君:统治,主宰。

⑧ 《老子》三十九章:“故贵以贱为本,高以下为基。是以侯王自称孤、寡不谷。此非以贱为本邪?”

⑨ 细人:地位卑微的人。

⑩ 丽都:华美。

⑪ 太璞:未经雕琢的玉石。

⑫ 虞:通“娱”。

⑬ (君子)曰句,《老子》四十四章:“知足不辱,知止不殆,可以长久。”

**【提示】**

本文记述的是齐国高士颜斶(chù)同齐宣王的一次对话。齐宣王见颜斶,是宣王召见颜斶,不是颜斶主动找齐宣王进谏或论辩。何以见得?齐宣王最后对颜斶说“君子焉可侮哉?寡人自取病耳”清楚地表明是他召见颜,而且召见的目的是为了侮辱颜而不是向颜讨教。但结果却是宣王不仅被颜说服,而且还要求颜留在宫中,自己甘当颜的学生。

宣王与颜斶辩论的中心是“王贵还是士贵”,颜斶是怎样论证自己“士贵王不贵”的观点的?首先举历史事实证之。站在战国那个时代审视历史,天子越“贵士”归附的人就越多,诸侯国也就越多,反之就越少。这就是“得士”与“失士”的区别。接着引经据典,以《易传》与老子的论述,从实与名(贵士即有德有实,不贵士则无德、则徒有虚名)、有形与无形、贵与贱方面加以论证。在引经据典的过程中又几次引述历史事实。

颜斶拒绝齐宣王的一段话发人深省,充满哲理。他把自己比成一块山中的璞玉,璞玉的可贵就在于它纯乎自然,任何外在的力量施加于它,都会使它异化,破坏它的自然天性,让它形神不一。颜斶深知“伴君如伴虎”,不为齐王“食必太牢,出必乘车,妻子衣服丽都”所诱惑,他向往的是一种虽清贫却是自由自在、无拘无束、没有任何心理负担的生活。“晚食以当肉”几句,至今还可以作为警世的名言熟记。

颜斶是一个见识不凡、有着经邦治国之才却又不阿权贵、孤高傲慢,淡泊名利的隐士。《战国策》的编纂者是十分欣赏颜斶的,称赞他的选择是一种使自己终身不受侮辱的归真返璞的明智之举。“归真返璞”是老庄的人生哲学,它的真谛就是保持人的最纯朴的本性和独立的人格,使之不受世俗的污染和侵蚀。中国历代正直的不愿在官场同流合污的士大夫,莫不受到这种人生哲学的巨大影响。

**【思考与练习】**

1. 颜斶留,为国效劳是对的;去,回归自然也是对的。这是各人的选择,无可厚非。重要的是他的“贵士”的人才观和治国思想是否为后人所理解与遵循。你能发表一下意见吗?

2. “璞”和“真”指什么?你是怎样理解“返璞归真”这一人生哲学的?你以为在人类文明不断进步的形势下,人性怎样才能不被异化?

# 庄子·秋水(节选)

## 【题解】

庄子(约前369—前286)名周,战国时宋国蒙城(今河南商丘东北)人。庄子是老子以后道家学派的主要代表人物,世并称为"老庄"。庄子鄙弃功名利禄,主张清静无为。庄子继承了老子对"道"的许多见解,但更强调"道"与人的主体性关系。庄子不把探求宇宙本原及其发展作为终极目标,而是把道化为心灵的境界,追求精神上的绝对自由。庄子是我国古代辩证法大师,又是我国浪漫主义文学的鼻祖,他的寓言思想深邃,充满哲理,又汪洋恣肆、仪态万方,具有超现实的丰富想象。《庄子》一书今存郭象注本三十三篇。其中《内篇》七篇,为庄子所作,《外篇》十五篇、《杂篇》十一篇可能为庄子后学所记。

秋水时至,百川灌河,泾流之大,两涘渚崖之间,不辩牛马[①]。于是焉河伯欣然自喜,以天下之美为尽在己。顺流而东行,至于北海,东面而视,不见水端。于是焉河伯始旋其面目,望洋向若而叹曰:"野语有之曰:'闻道百,以为莫己若'者,我之谓也[②]。且夫我尝闻少仲尼之闻,而轻伯夷之义者,始吾弗信,今我睹子之难穷也,吾非至于子之门则殆矣,吾长见笑于大方之家。"[③]

北海若曰:"井蛙不可以语于海者,拘于虚也;夏虫不可以语于冰者,笃于时也;曲士不可以语于道者,束于教也[④]。今尔出于崖涘,观于大海,乃知尔丑,尔将可与语大理矣。天下之水,莫大于海;万川归之,不知何时止而不盈;尾闾泄之,不知何时已而不虚;春秋不变,水旱不知[⑤]。此其过江河之流,不可为量数。而吾未尝以此自多者,自以比形于天地,而受气于阴阳,吾在于天地之间,犹小石小木之在大山也。方存乎见小,又奚以自多?计四海之在天地之间也,不似礨空之在大泽乎[⑥]?计中国之在海内,不似稊米之在大仓乎[⑦]?号物之数谓之万,人处一焉;人卒九州,谷食之所生,舟车之所通[⑧],人处一焉。此其比万物也,不似豪末之在于马体乎[⑨]?五帝之所连,三王之所争,仁人之所忧,任士之所劳,尽此矣[⑩]!伯夷辞之以为名,仲尼语之以为博。此其自多也,不似尔向之自多于水乎?"

河伯曰:"然则吾大天地而小豪末,可乎?"

北海若曰:"否。夫物,量无穷,时无止,分无常,终始无故[⑪]。是故大知观于远近,故小而不寡,大而不多,知量无穷[⑫]。证曏今故,故遥而不闷,掇而不跂,知时无止[⑬]。察乎盈虚,故得而不喜,失而不忧,知分之无常也。明乎坦涂,故生而不说,死而不祸,知终始之不可故也[⑭]。计人之所知,不若其所不知;其生之时,不若未生之时[⑮];以其至小,求穷其至大之域,是故迷乱而不能自得也。由此观之,又何以知毫末之足以定至细之倪[⑯]!又何以知天地之足以穷至大之域!"

## 【注释】

① 时:定时,指按照季节。泾流:水流。涘:水边。辩:通"辨"。

② 焉:句中语气词。河伯:黄河之神。旋:改变。若:海神名。

③ 少:用作意动词,以为……少,小看之意。轻:用作意动词,以为……轻,轻视。伯夷:商诸侯孤竹君的长子,与其弟叔齐互让君位,逃亡到周。周武王伐纣,他和弟弟叔齐以为臣伐君不义。殷商亡后,他二人不食周粟,饿死在首阳山。大方之家:方,犹道也。大方之家,即大道之家。"道",道家哲学

的核心。

④ 语于:谈及。拘于虚:眼界受狭小居处、环境的局限。虚,通"墟",住处。笃:守,限制。曲士:指见识浅陋之乡下人。

⑤ 尾闾:神话中排泄海水的地方。

⑥ 礨(lěi)空:石上的小孔穴。大泽:大湖。

⑦ 中国:当时指黄河中下游一带。海内:世界。稊(tí)米:一种形似稗的草,其实如小米,比小米小。

⑧ 号:称。处一:占一份。卒:尽,遍及。谷食之所生:稻谷等食物生长的地方。舟车之所通:车船通行的地方。

⑨ 豪末:毫毛之末。豪,通作"毫"。

⑩ 五帝:传说中的黄帝、颛顼、帝喾、尧、舜。连:继承。三王:夏启、商汤王、周武王。夏禹传位于益,禹之子启杀益夺取王位,商汤灭夏桀,武王灭商纣。任士:以治理天下为己任的人。

⑪ 量:容量。分:得与失的禀分。故:通"固",固定、静止。

⑫ 观于远近:既看到远也看到近。

⑬ 证曏(xiàng)今故:以今古事例证明。曏:明。故:古。今故:犹言今古。闷:厌倦。掇:拾取,这里指就近的意思,引申表示时间短暂。跂(qǐ):通"企",企求的意思。全句的意思是寿命久远不感到厌倦,生命只在近前却不会企求延寿,因为知道时间的推移是没有止境的。

⑭ 明乎坦涂:明白人从生到死没有阻隔,死与生都是必然的。涂,通"途"。说(yuè):喜悦。

⑮ 其生之时,不若未生之时:人生存的时间,远远不如人不在世的时间长。

⑯ 至细之倪:事物最细小的限度。倪,端倪,界限。

## 【提示】

《秋水》由两大部分组成,前一部分写北海若与河伯的对话,是全文的主体。后一部分写了六个寓言。北海若与河伯的对话有七个片段,本文只选了前两个片段。至"不似尔向之自多于水乎"为第一个片段,写河伯的小却自以为大,对比北海若的大却自以为小,说明认识事物的相对性观点。后面为第二个片段。以准确认识事物和判定大小极其不易,说明认知常受事物自身的不定性与事物总体的无穷性所影响。文章强调了认识事物的复杂性,即事物本身的相对性和认知过程的变异性,但作者过分强调了事物变化的不定因素,未能揭示出认知过程中相对与绝对间的辩证关系,导向了不可知论。又以"齐一"的观点,泯灭了事物之间的区别,否定了人认知世界、努力改变世界与现实的必要性。但其"齐物"思想对人以淡泊宁静的心态对待生命过程中的荣辱得失无疑是很有作用的,同时,"齐物"论也是一种重要的美学思想。

庄子善于用生动的寓言来阐明事理,将抽象的哲理化为具体的形象。本文虚构了河神与海神两个艺术形象,河伯是受生活环境的局限而自满自足的俗人的代表,北海若是视野广阔见解不凡的老庄学派的代表。文章借他们对话中的寓言故事来阐述庄子的认识论。文章由景入事,由事入理,层层深入,让人读来趣味盎然。说理时善于运用对比与类比手法,使比较抽象的道理变得深入浅出。

## 【思考与练习】

1. 用自己的语言来阐述本文的思想,并给以评价。
2. 说说河神与海神两个艺术形象的现实意义。
3. 谈谈庄子寓言的风格及它对历代作家的影响。

# 离　骚(节选)

## 屈　原

**【题解】**

屈原(约前339—前278),名平,字原。今湖北秭归人,楚王同姓贵族,楚怀王时,曾任左徒、三闾大夫等职。他对内主张变法图强,对外主张联齐抗秦。因遭到小人诋毁和诽谤,被怀王疏远。顷襄王时,又被流放。最后在悲愤中自沉汨罗江。屈原是我国文学史上第一位留下姓名的诗人。他努力向民歌学习,创造了一种独特的新诗体——骚体诗,不仅突破了《诗经》四言诗的格式,而且以超现实的想象和夸张以及绚丽的文辞开创了我国浪漫主义文学流派。《离骚》是屈原的代表作,是我国古典文学中最长的抒情诗。一般认为作于怀王十六年之后,即屈原被疏,出使齐国期间。司马迁引刘安说:“离骚者,犹离忧也。”王逸解为别愁。诗由三个部分组成,第一部分从诗人自己的出生、世系、品行、修养写起,回忆辅助怀王进行政治改革和遭馋被疏的经历,表明自己坚定的信念。第二部分借女媭劝告,向重华陈词,总结历史教训,阐述了“举贤授能”的政治主张,描绘“上下求索”的幻想境界,表现对理想的追求。最后一部分写追求不得后,请巫神占卜降神、向巫神询问出路,表现出在去留问题上的矛盾心情。本节为第二部分的第二层。

跪敷衽以陈辞兮,耿吾既得此中正①。驷玉虬以乘鷖兮,溘埃风余上征②。朝发轫于苍梧兮,夕余至乎县圃③。欲少留此灵琐兮,日忽忽其将暮④。吾令羲和弭节兮,望崦嵫而勿迫⑤。路漫漫其修远兮,吾将上下而求索。饮余马于咸池兮,总余辔乎扶桑⑥。折若木以拂日兮,聊逍遥以相羊⑦。前望舒使先驱兮,后飞廉使奔属⑧。鸾皇为余先戒兮,雷师告余以未具⑨。吾令凤鸟飞腾兮,继之以日夜。飘风屯其相离兮,帅云霓而来御⑩。纷总总其离合兮,斑陆离其上下。吾令帝阍开关兮,倚阊阖而望予⑪。时暧暧其将罢兮,结幽兰而延伫⑫。世溷浊而不分兮,好蔽美而嫉妒⑬。

**【注释】**

① 衽(rèn):衣襟。耿:明亮。中正:指正道。明汪瑗《楚辞集解》:“中者无过不及之谓,正者不偏不倚之谓,指已所陈之词得圣人中正之道也。”

② 驷:古代以四匹马驾车,这四匹马叫驷。这里作动词,驾乘四马。鷖(yī):凤凰别名。溘埃风:迅速地乘着尘风向天上飞行。溘(kè),忽。

③ 轫:停车时用来阻止车轮转动的木块。行车时先把轫移开。所以“发轫”引申为启程的意思。苍梧:九疑山。县圃:神山,在昆仑之上。

④ 灵琐:指神山的门。琐,本指宫殿门上雕刻的花纹,这里指门。

⑤ 羲和:传说是给太阳驾车的神。王逸《楚辞章句》:“羲和,日御也。”弭节:停鞭徐行。崦嵫(yānzī):《章句》:“崦嵫日所入山也。”

⑥ 咸池:神话中的地名。《章句》:“咸池,日浴处也。”扶桑:神话中的树名,据说是太阳升起的地方。《十洲记》:“多生林木,叶如桑,又有椹树长者二千丈,大二千馀围,树两两同根偶生,更相依倚,是以名为扶桑也。”

⑦ 若木:神话中的树名。段玉裁《说文解字注》:"盖若木即谓扶桑。"拂日:意谓挡住太阳,不让它下落。相羊:通"徜徉",徘徊逗留。

⑧ 望舒:神话中给月亮驾车的人。《章句》:"望舒:月御也。"飞廉:神话中的风神。《章句》:飞廉,"风伯也。"

⑨ 鸾皇:凤中之皇。鸾,凤一类的鸟。先戒:在前面警戒。雷师:神话中的雷神。

⑩ 飘风:旋风。离:通"丽",附着。御:通"迓"。迎接。

⑪ 帝阍(hūn):天帝的守门人。阊阖:传说中的天门。

⑫ 暧暧(ài):昏暗不明的样子。指天色将晚。

⑬ 溷(hùn)浊:混乱污浊。

**【提示】**

神仙思想与信仰是浪漫主义文学的源头。屈原是一个集神仙信仰与爱国思想于一体的诗人。由于在现实社会中没有知己,十分苦闷,诗人于是开始游仙。这一层便是描绘"上下求索"的游仙情景。前六句写"上征",即开始游仙。中间大段具体写游仙。也许是屈原在人世间太孤独,所以他把自己在仙界漫游的场面写得极其恢宏热闹。羲和做他的御手,望舒做他的先驱,飞廉做他的后卫,鸾皇为他戒备,雷师为他安顿,旋风托举着他,云霓迎接着他。最后几句写"求索"失败,欲见"天帝"而不得,回归现实,再一次发出对黑暗世道的不平呼喊。

**【思考与练习】**

1. 以此节诗为例,体会楚辞的浪漫主义风格。
2. 结合屈原的生平,说说屈原在经历了漫漫的"上下求索"后,自沉汨罗的悲剧性格,并试作评价。
3. 能否对屈原的游仙做一点文化上的阐释?

# 礼记·大同

**【题解】**

《礼记》是儒家经典中的三《礼》之一。三《礼》即《仪礼》《周礼》《礼记》。“三礼”之名始于东汉。先秦至西汉的古籍里所称之《礼》《礼经》，是指《仪礼》，有十七篇，记古代的礼制，如冠礼、婚礼、丧礼、祭礼、士相见礼等。《周礼》是讲官制的，最早称《周官经》，西汉末刘歆奏请改称《周礼》。《仪礼》《周礼》均产生久远。《礼记》则是孔子的后学所记，后世多认为是荀子一派所为。荀子的学说出自礼乐，有融合各家的倾向，学风朴实。《礼记》的大部分内容是对《仪礼》的解释，可看作最早的《仪礼》解说本。

汉代《礼记》流传的是选本，有大、小戴本之分。大戴本为戴德所定，据说有85篇，后来遗失了，今流传的是辑佚本，39篇，称《大戴礼记》。小戴本为戴圣所定，49篇，即后世所称之《礼记》，西汉至东汉初只称作《记》。东汉马融传小戴《礼记》之学，弟子郑玄为之作注，于是《礼记》流传遂广，与《仪礼》《周礼》并行。

“礼”是先秦诸子讨论的最重要的议题。礼的学说有礼物、礼仪、礼意之分。礼物即钟鼎、笾豆一类与礼制相关的器物。礼仪即礼数制度，《仪礼》十七篇专讲古代的各种礼数。礼物、礼仪共同反映礼意。《礼记·郊特牲》说：“其数可陈也，其义难知也。知其义而敬守之，天子之所以治天下也。”可见讲礼重要的是要懂礼意。《礼记》解释了《仪礼》各篇，记述了孔子及其弟子的相关言论，又通论了礼意，所以三《礼》之中，《礼记》影响最大。

儒家极力倡导礼治，儒家所理想的礼制社会究竟是怎样的呢？《礼记》的《礼运》篇通过孔子与弟子问答的形式，专门论述了这些问题。

昔者仲尼与于蜡宾，事毕，出游于观之上，喟然而叹①。仲尼之叹，盖叹鲁也。言偃在侧曰：“君子何叹？”②孔子曰：“大道之行也，与三代之英，丘未之逮也，而有志焉。”③

大道之行也，天下为公。选贤与能，讲信修睦。故人不独亲其亲，不独子其子，使老有所终，壮有所用，幼有所长，矜寡孤独废疾者皆有所养④。男有分，女有归⑤。货恶其弃于地也，不必藏于己；力恶其不出于身也，不必为己⑥。是故谋闭而不兴，盗窃乱贼而不作，故外户而不闭，是谓大同⑦。

今大道既隐，天下为家⑧。各亲其亲，各子其子，货力为己；大人世及以为礼，城郭沟池以为固，礼义以为纪，以正君臣，以笃父子，以睦兄弟，以和夫妇，以设制度，以立田里，以贤勇知，以功为己⑨。故谋用是作，而兵由此起⑩。禹、汤、文、武、成王、周公，由此其选也。此六君子者，未有不谨于礼者也⑪。以著其义，以考其信，著有过，刑仁讲让，示民有常，如有不由此者，在势者去，众以为殃，是谓小康⑫。

**【注释】**

① 与：参与。蜡(zhà)：古代国君的年终祭祀。宾：陪祭者，以国中有地位的人充任。观(guàn)：门阙，宫殿或宗庙前面的大门楼。

② 言偃：字子游，吴国人，孔子学生。

③ 这句话是孔子感叹自己没赶上看到实行大道的时代和三代贤明的君主，只能看到典籍上的记载。大道：指五帝时代所遵行的礼乐标准。三代：指夏、商、周三代。英：英明的君主。有志：有志于此。

④ 与(與)：通“举(舉)”。亲其亲：与亲属保持亲近。子其子：养育自己的儿子。矜(guān)：同“鳏”，老

而无妻。寡:老而无夫。孤:幼而无父。独:老而无子。废疾:残废的人。有所养:有所供养。

⑤ 分:职务,职分。归:归于适合的人家。

⑥ 货:财物。恶(wù):嫌恶。力:劳力。身:自身。

⑦ 谋闭:阴谋闭藏。大同:和平、平等,这是儒家的理想社会。

⑧ 隐:隐没,消失。天下为家:天下成为一人的私家。

⑨ 大人:指天子诸侯。世及:犹世袭。沟池:护城河。固:指坚固的防守设备。纪:法纪。田里:阡陌闾里。贤勇知:重用有勇有智之人。知,通"智"。以功为己:认为功绩是自己的。

⑩ 用是:因此。兵:指战书。

⑪ 谨于礼:以严肃的态度对待礼制。

⑫ 著其义:表彰人们合乎礼法的行为。考其信:成全人们讲求信用的事。著有过:明白地指出过失。刑仁讲让:以仁爱为准则,讲求谦让。刑同"型",准则。常:常法。由:用。此:指礼。在势者:管理者,统治者。小康:小小的安康,含有不及大同的意思。

**【提示】**

本文选录的是《礼运》的开头三章。

学习本篇,最重要的是弄清什么是大同社会、什么是小康社会,而要搞清小康社会,就必须搞清"礼"是什么。

大同社会的政治是"大道政治";社会性质是"天下为公";领导人的产生是"选贤与能"。大同社会的社会道德与社会风气是"讲信修睦";人生境界是"不独亲其亲,不独子其子""货恶其弃于地也……不必为己";社会保障是"老有所终……女有归";社会治安很好:"谋闭而不兴,盗窃乱贼而不作,故外户而不闭"。"天下为公"是大同社会区别于其他社会最根本的特点。大同社会对后世的思想家产生了深远重大的影响。

文章用对比的手法描绘了小康社会的状况:小康社会的性质是"天下为家";领导人的产生是靠"世及"即世袭。社会风气与人生境界是:"各亲其亲,各子其子,货力为己","以功为己";社会不安宁:"谋用由是作,而兵由此起"。"天下为家"是小康社会区别于大同社会最本质的特点,它标志着人类历史已由原始共产主义进入了私有制社会。周天子之下诸侯国林立,阶级产生,剥削产生,原始社会的社会关系遭到了全面的破坏。

为了维护小康社会的秩序,使小康社会在"家天下"的前提下平衡地生存、健康地发展,最大可能地向大同社会靠拢,必须以"礼"作为治国治人伦的纲纪:以"礼"来端正君臣、父子、兄弟、夫妇之间的关系,以"礼"来设立国家制度,以"礼"来分配生产资料——"立田里",以"礼"来任用和表彰人才——"贤勇智"。"三代之英"即是执行"礼"的典范,故孔子为之感叹并有志于彼。

那么"礼"到底是什么?同学们可参看本教材《中国文化概述》第一部分关于礼仪文化的论述。人生而有欲,欲而不得则争之,为了排解纷争,则要用"礼"来制衡与约束。可见"礼"起于人欲,本于人情,完全是承以"天道"。《荀子·富国》云:"礼者,贵贱有等,长幼有差,贫富轻重皆有称者也"。可见"礼"的实质是给人划分等级,划分等级的目的是为了稳定"家天下"的社会秩序。在封建社会里任何违背"礼"的言行都是被视为大逆不道的。

**【思考与练习】**

1."天下为公"的大同理想对历代思想家产生过什么重大影响。

2.就本文理解"礼"的含义并剖析"礼"的积极与消极作用。

3.本文主要的写作特色?

# 史记·周亚夫传

司马迁

## 【题解】

本文节选自《史记》卷五十七《绛侯周勃世家》。作者司马迁(公元前145—前87),字子长,西汉夏阳(今陕西韩城)人,出身史学世家。十岁即随任太史令的父亲移居京城长安。二十岁时,漫游大江南北,探访史迹,搜求遗闻,了解民情风俗,扩大了胸襟与视野,为撰写《史记》准备了条件。其父去世,他继承父业,并利用有利条件,博览皇家藏书。以后六七年间,全力撰写《史记》,但"草创未就",突遭李陵之祸,并被处以腐刑。在"肠一日而九回"的惨淡心境下,司马迁忍辱负重,继续撰述,终于完成了"究天人之际,通古今之变,成一家之言"的巨著《史记》。

《史记》共一百三十篇,五十二万字,记述从传说中的黄帝到汉武帝时期三千多年的历史,分为本纪、表、书、世家和列传五部分,是我国第一部纪传体通史。《史记》叙事生动,语言传神,行文气势磅礴,且富抒情色彩,又是一部优秀的传记文学著作。所以,鲁迅盛赞《史记》是"史家之绝唱,无韵之《离骚》",高度概括了它的史学和文学成就。

绛侯复就国①。孝文帝十一年卒,谥为武侯。子胜之代侯。六岁,尚公主,不相中,坐杀人,国除②。绝一岁,文帝乃择绛侯勃子贤者河内守亚夫,封为条侯,续绛侯后③。

条侯亚夫自未侯为河内守时,许负相之④,曰:"君后三岁而侯。侯八岁为将相,持国秉,贵重矣,于人臣无两。其后九岁而君饿死。"亚夫笑曰:"臣之兄已代父侯矣,有如卒,子当代,亚夫何说侯乎?然既已贵如负言,又何说饿死?指示我。"许负指其口曰:"有从理入口,此饿死法也⑤。"居三岁,其兄绛侯胜之有罪,孝文帝择绛侯子贤者,皆推亚夫,乃封亚夫为条侯,续绛侯后。

文帝之后六年,匈奴大入边⑥。乃以宗正刘礼为将军,军霸上⑦;祝兹侯徐厉为将军,军棘门;以河内守亚夫为将军,军细柳:以备胡。上自劳军⑧。至霸上及棘门军,直驰入,将以下骑送迎。已而之细柳军,军士吏被甲,锐兵刃,彀弓弩,持满⑨。天子先驱至,不得入。先驱曰:"天子且至!"军门都尉曰:"将军令曰:'军中闻将军令,不闻天子之诏。'"居无何,上至,又不得入⑩。于是上乃使使持节诏将军:"吾欲入劳军。"亚夫乃传言开壁门。壁门士吏谓从属车骑曰:"将军约,军中不得驱驰。"于是天子乃按辔徐行⑪。至营,将军亚夫持兵揖曰:"介胄之士不拜,请以军礼见。"天子为动,改容式车⑫。使人称谢:"皇帝敬劳将军。"成礼而去。既出军门,群臣皆惊。文帝曰:"嗟乎,此真将军矣!曩者霸上、棘门军,若儿戏耳,其将固可袭而虏也⑬。至于亚夫,可得而犯邪!"称善者久之。月余,三军皆罢。乃拜亚夫为中尉。

孝文且崩时,诫太子曰:"即有缓急,周亚夫真可任将兵。"文帝崩,拜亚夫为车骑将军。

孝景三年,吴楚反⑭。亚夫以中尉为太尉,东击吴楚。因自请上曰:"楚兵剽轻,难与争锋。愿以梁委之,绝其粮道,乃可制。"上许之。太尉既会兵荥阳,吴方攻梁,梁急,请救。太尉引兵东北走昌邑,深壁而守。梁日使使请太尉,太尉守便宜,不肯往⑮。梁上书言景帝,景帝使使诏救梁。太尉不奉诏,坚壁不出,而使轻骑兵弓高侯等绝吴楚兵后食道。吴兵乏粮,饥,数欲挑战,终不出。夜,军中惊,内相攻击扰乱,至于太尉帐下。太尉终卧不起。顷之,复定。后吴奔壁东南陬,太尉使备西北⑯。已而其精兵果奔西北,不得入。吴兵既饿,乃引而去。太尉出精兵追击,大破之。吴王濞弃其军,而与壮士数千人亡走,保于江南丹徒。汉兵因乘胜,遂尽虏之,降其兵,购吴王千金。月余,越人斩吴王头以告。凡相攻守三月,而吴楚破平。于是诸将乃以太尉计谋为是。由此梁孝王与太尉有郤⑰。

## 【注释】

① 绛侯:周亚夫之父周勃的封号。绛,古县名,在今山西省曲沃县。复就国:有人控告,"逮捕勃治之",尔后平反。参看《史记》。

② 尚:古代娶帝王之女为妻称"尚"。坐:犯……罪。国除:封国被削除。

③ 绝一岁:过了一年。

④ 未侯:没有被封为侯。许负相之:名叫许负的人给他看面相。

⑤ 从理:竖纹。从(zòng),通"纵"。

⑥ 文帝之后六年:汉文帝刘恒曾改元,"后六年"指的是改元的第六年,即前 158 年。

⑦ 宗正:管理皇族事务的官。军:驻扎。

⑧ 上自劳军:皇帝亲自慰劳军队。

⑨ 被(pī):通"披"。彀(gòu)弓弩,持满:拉开弓箭,使弓张满。彀,拉开。

⑩ 居无何:过了不久。

⑪ 按辔徐行:控制着车马,慢慢行进。

⑫ 天子为动,改容式车:皇帝被感动了,容颜变得严肃起来,俯身抚着车前横木,表示敬意。

⑬ 曩(nǎng):先前。

⑭ 吴楚反:以吴王刘濞为首的七国发动叛乱,历史上称为"七国之乱"。

⑮ 便(biàn)宜:合符时宜之事。一说指便宜行事。守便宜:即采取自行决断处理的办法,指没有听从梁王的调度。

⑯ 陬:隅,角。

⑰ 有郤(xì):有矛盾。

## 【提示】

《周亚夫传》是《史记》中的优秀篇章之一,它主要通过记述周亚夫"军细柳"及平定"吴楚之乱"的历史事件,生动塑造了一位治军谨严、足智多谋的英雄人物。

公元前 158 年,匈奴大举入边,形势危急。汉文帝令刘礼率军驻霸上,徐厉率军驻棘门,周亚夫率军驻细柳,并亲自前往三处,慰劳将士。在此,作者先只用一句"至霸上及棘门军,直驰入,将以下齐送迎"做衬笔,略写文帝至霸上及棘门军的情形,再入正文,详写文帝至细柳劳军:开始是"天子先驱至,不得入",继而是"上至,又不得入",最后是天子不得不"按辔徐行",并"改容式车"。通过一系列的人物对话和动作,巧妙描写了周亚夫治军的谨严。这一历史事件,后来以"细柳""细柳营""细柳兵"等词语成为诗文中常用的典故。

文章最后一段,描写了周亚夫用智谋和胆略击败"吴楚之乱"的历史事件,充分显示出他不仅严于治军,而且善于实战,刻画出一位优秀的军事将领形象。

## 【思考与练习】

1. 在依法治国的当下,读此文有什么启发?
2. 本文成功地运用了"陪衬"的写作技巧,阅读原文,说说这一技巧反映在哪些地方?
3. 人物传记重在以典型事例塑造典型形象,以生动具体的细节描写突出人物的个性。请你学习《周亚夫传》的写法,写一篇人物传记。

# ※上山采蘼芜[1]

**【题解】**

本篇选自《玉台新咏》。这是一首汉乐府民歌,《乐府诗集》未收,《玉台新咏》作《古诗》,《太平御览》作《古乐府》。诗作由弃妇与前夫在途中偶遇时的问答之辞构成,作品通过弃妇的不幸遭遇,反映了封建社会妇女受压迫受损害的悲惨地位。“缣”与“素”的对比,体现了民歌作者健康的价值取向。

上山采蘼芜,下山逢故夫。
长跪问故夫:“新人复何如?”
“新人虽言好,未若故人姝。
颜色类相似[2],手爪不相如[3]。”
“新人从门入,故人从閤去[4]。”
“新人工织缣[5],故人工织素[6]。
织缣日一匹,织素五丈余。
将缣来比素,新人不如故。”

**【注释】**

① 蘼芜(mí wú):一种香草,也叫江蓠,叶子风干可作香料。
② 颜色:容貌。
③ 手爪:指纺织等女工手艺。
④ 閤(gé):旁门,小门。
⑤ 缣(jiān):黄绢,价值较贱。
⑥ 素:白绢,价值较贵。

# ※《山海经》三则

**【题解】**

《山海经》是我国最早的以记载山水为内容的地理志，其中包括了丰富的神话传说。《山海经》共十八卷，分《山经》五卷和《海经》十三卷。关于《山海经》的成书年代及作者至今尚无定论。今人有一说可供参考：此经非出自一人一时之手，可能草创于唐虞，成书于夏，完善于春秋战国，两汉魏晋又续增益。《山海经》经文较短，仅三万字，但具有很高的学术价值。涉及地理、历史、宗教、民俗、动物、植物、医药、矿物等多方面内容，可谓一部百科全书。是后世研究上古社会的重要文献。也是文学爱好者不可不读的神话读物。

## 精卫填海①

发鸠之山，其上多柘木，有鸟焉，其状如乌，文首，白喙，赤足，名曰“精卫”，其鸣自詨。② 是炎帝之少女，名曰女娃。③ 女娃游于东海，溺而不返，故为精卫。常衔西山之木石，以堙于东海。④

## 夸父逐日⑤

夸父与日逐走，入日。渴，欲得饮，饮于河、渭；河、渭不足，北饮大泽。⑥ 未至，道渴而死。弃其杖，化为邓林。⑦

## 鲧禹治水⑧

洪水滔天，鲧窃帝之息壤以堙洪水，不待帝命。⑨ 帝令祝融杀鲧于羽郊。⑩ 鲧复生禹，帝乃命禹卒布土，以定九州。

**【注释】**

① 选自《山海经・山经・北山经》。

② 发鸠之山：旧注认为在今山西省长子县西。柘木：柘树，桑树的一种。乌：乌鸦。文首：头上有花纹。喙：鸟嘴。詨(xiào)：呼叫。“精卫”原是这种鸟叫的声音。这里是说它的鸣声是自己呼叫自己。

③ 炎帝：即神农氏。传说他发明了农业、医药。炎帝与黄帝为中华民族的共同远祖。

④ 堙(yīn)：填塞。

⑤ 夸父逐日：选自《山海经・海经・海外北经》。

⑥ 河、渭：黄河、渭河。大泽：大湖。传说纵横有千里，在雁门山北。

⑦ 邓林：地名。在今大别山附近。据毕沅考证：邓、桃音近，“邓林”即“桃林”。(见《山海经》毕沅校本)

⑧ 鲧(gǔn)禹治水：选自《山海经・海经・海内经》。

⑨ 帝：指天帝。息壤：一种神土。息有自己生长的意思，自己长生不止，所以能堵塞洪水。

⑩ 祝融：火神。羽郊：羽山的近郊。

# 思旧赋

## 向　秀

**【题解】**

本文选自《文选》。向秀(约227—272),字子期,河内怀(今河南武陟县西南)人,魏晋时期竹林七贤之一。竹林七贤是魏正始时期的一个名士集团,他们大都旷放不羁,悠游竹林,清谈玄理,酣歌纵酒,琴诗自娱,此即所谓的魏晋风度、名士风流。面对大动乱,嵇康等提出"越名教而任自然"的玄学思想,把玄学深入到自我意识和精神境界的问题中去,对知识分子的精神面貌产生了极大的影响。

向秀与嵇康、吕安友善,三人常悠游于竹林中,灌园锻铁,自得其乐,旁若无人;三人"并有拔俗之韵",是竹林精神坚守者。向秀喜好老庄哲学,曾注《庄子》,"妙析奇致,大畅玄风",吕安谓之"庄周不死"。后郭象"述而广之",成书《庄子注》。又有《难养生论》一篇,存《嵇康集》中。景元四年(263)嵇康被诛,在司马氏的强权下,为保全性命,向秀赴洛阳应郡举,做了司马氏的官。归来途中,经山阳旧居,故地重游,万般情思,涌向笔端,写下了这篇纸短情长的抒情小赋《思旧赋》。由于对屈服于司马氏强权的不甘和愧疚,他"在朝不任职,容迹而已",卒于官。

余与嵇康、吕安,居止接近;其人并有不羁之才①。然嵇志远而疏,吕心旷而放,其后各以事见法②。嵇博综技艺,于丝竹特妙③。临当就命,顾视日影,索琴而弹之④。余逝将西迈,经其旧庐⑤。于时日薄虞渊,寒冰凄然⑥。邻人有吹笛者,发声寥亮⑦。追思曩昔游宴之好,感音而叹,故作赋云:

将命适于远京,遂旋反而北徂⑧。济黄河以泛舟兮,经山阳之旧居⑨。瞻旷野之萧条兮,息余驾乎城隅。践二子之遗迹兮,历穷巷之空庐⑩。叹《黍离》之愍周兮,悲《麦秀》于殷墟⑪。惟古昔以怀今兮,心徘徊以踌躇⑫。栋宇存而弗毁兮,形神逝其焉如⑬?昔李斯之受罪兮,叹黄犬而长吟;悼嵇生之永辞兮,顾日影而弹琴⑭。托运遇于领会兮,寄馀命于寸阴⑮。听鸣笛之慷慨兮,妙声绝而复寻⑯。停驾言其将迈兮,遂援翰而写心⑰。

**【注释】**

① 嵇康(223—263),字叔夜,曾任中散大夫,世称嵇中散。竹林七贤的领袖,是曹魏宗室的姻亲,"刚肠疾恶",忤世违俗。司马氏集团为了篡夺曹魏政权,打着名教的幌子,"诛夷名族,宠树同己",嵇康便提出"越名教而任自然","非汤武而薄周礼",无情戳穿了司马氏统治理论的虚伪,公然反对司马氏阴谋篡魏,拒绝与司马氏合作,为司马氏所不容,加之钟会谮言以及吕安一案牵连,而遭杀身之祸。吕安,字仲悌,东平(今山东东平)人,与嵇康亲善,有俊才,妻美,其兄吕巽(xùn)淫其妻,反诬吕安不孝,嵇康为吕安保明其事,司马氏将二人并诛。

② 志远:志向高远。心旷:心性旷达。疏、放:同义,任意,无拘束。

③ 博综:犹博通,指多才多艺。丝竹:指弦乐和管乐。

④ "临当"句:《晋书》卷四十九《嵇康传》:"康将刑东市,太学生三千人,请以为师,弗许。康顾视日影,索琴弹之,曰:'昔袁孝尼尝从吾学《广陵散》,吾每靳固之。《广陵散》于今绝矣!'时年四十。海内之士,莫不痛之。"

⑤ 《文选》李善注:"言昔逝将西迈,今返经其旧庐。"逝:发语词。西迈:指赴洛阳。洛阳在山阳西南,故云。旧庐:旧居,即山阳竹林。

⑥ 薄:迫近。虞渊:传说为日没处。

⑦ 寥亮:声音清晰响亮。

⑧ 曩(nǎng):往昔,从前。将命:奉命。适:往。远京:指洛阳。旋反:亦作旋返,回还,指从洛阳回去。北徂(cú):北行。山阳在洛阳东北,故云。徂:往。

⑨ 济:渡河。泛:同"汎",漂浮,浮游。

⑩ 历:经。穷巷:冷僻简陋的小巷。

⑪ 此句用典。"黍离"典出《小序》详见本书13页。"麦秀"典出《史记·宋微子世家》:"箕子朝周,过故殷虚,感宗室毁坏,生禾黍,箕子伤之,欲哭则不可,欲泣为其近妇人,乃作《麦秀》之诗以歌咏之……殷民闻之,皆为流涕。"愍(mǐn),同情。

⑫ 此句点明了援古证今。抚今追昔,不仅"心徘徊以踌躇"。惟:想,思念。古昔:指上文的殷商旧事。

⑬ 焉如:何往。

⑭ 此句典出《史记·李斯列传》。"于是二世乃使高案丞相狱,治罪,责斯与子由谋反状。……斯出狱,与其中子俱执,顾谓其中子曰:'吾欲与若复牵黄犬,俱出上蔡东门逐狡兔,岂可得乎?'遂父子相哭,而夷三族。"

⑮ 运遇:命运,遭遇。《文选》李善注:"运遇,五行运转,遇人所遇之吉凶也。"领会:谓遭遇。李善注引司马彪曰:"领会,言人运命,如衣领之相交会,或合或开。"

⑯ 寻:连续。

⑰ 援翰:提笔

**【提示】**

这篇小赋分为"序言"和"正文"两部分,259字,然而赋短情长,字里行间流淌出对往昔山阳竹林的怀念,对蒙冤惨死的故友的追思,对司马氏屠杀贤士的愤恨,对自己臣服于司马氏的愧疚,抒发了亡国之悲,歌颂了嵇康视死如归的英勇气度,寓情于景,寄意遥深。

鲁迅《为了忘却的记念》:"青年时期读向子期《思旧赋》,很奇怪他为什么只有寥寥几行,刚开头却又煞了尾。""短歌微言不能长",作者在司马氏权势的高压之下,为避免政治迫害,真相与真情都不能明言,悼念亡友,只能用简短和隐晦的文字,因此事件的叙述极其简练概括和典型,说嵇康与吕安"各以事见法",究竟何事,却故意不讲,让读者自己去想这"事"是何等荒唐,屠杀者是何等残暴!写嵇康临刑前的从容表现也只选取了最典型的情节"临当就命,顾视日影,索琴而弹之"。文章融情于景。小序和正文中两叙笛声。由笛声到琴韵,勾勒出亡友彻悟命运之后的豁达与从容。嵇康临刑前"目送归鸿,手挥五弦",以琴声来超越生死,发出大音希声的绝响,旧居邻家笛声复起,"妙声绝而复寻",象征嵇康虽死犹生,精神不死。其他景物描写也渲染了浓郁的悲凉气氛。用典是此赋的重要特色。"叹《黍离》之愍周兮,悲《麦秀》于殷墟",以两个典故来哀叹嵇康故居的寥落,表达悼念故友之情,抒发对曹魏政权破亡的悲哀,同时隐含了对司马氏篡位阴谋和屠杀异己暴行的揭露和控诉。用李斯蒙冤而死的典故,喻嵇康也是蒙冤而死。李斯一生有功有名有为,临死时彻悟了政治的险恶,其黄犬之叹令人想起庄子辞却楚相时"我宁游戏污渎之中自快,无为有国者所羁"的自白!嵇康"越名教而任自然",便能从容不迫、风骨凛然地面对死亡,进入超越生死的境界。

**【思考与练习】**

1. 熟记文中的典故,说说这些典故的人文意蕴。
2.《思旧赋》的艺术特点。
3. 课下查找竹林七贤的资料,并读一读你最感兴趣的一两位名士的作品。

# 悼亡诗(其一)

## 潘　岳

**【题解】**

本文选自《文选》。潘岳(247—300),字安仁,荥阳中牟(今河南中牟县)人。少有才华,“乡邑号为神童”。12岁便得到父亲好友、晋代名儒杨肇的赏识,许以婚姻。弱冠之年步入仕途,政治方面有一定才能,但仕途坎坷,因为露才扬己,为人所忌,二十年辗转下僚。在森严的门阀制度下和险恶的政治斗争中,一批名士被送上刑场,潘岳“性轻躁,趋势利”,趋附权臣贾谧,为“二十四友”之首,又参与劝说淮南王允诛杀赵王伦的阴谋,终于被杀。文学方面潘岳是西晋文学的代表作家,与陆机齐名,有“岳藻如江,濯美锦而增绚”的美誉。潘岳“善为哀诔之文”,其《悼亡诗》《怀旧赋》《寡妇赋》《哀永逝文》等都以善叙哀情著称。有《潘黄门集》。

“才比宋玉,貌似潘安”,潘岳一生充满传奇,除文采斐然外,还很英俊,南朝宋·刘义庆《世说新语·容止》:“潘岳妙有姿容,好神情。”千百年来,他已成为妇孺皆知的美男子代称。潘岳与杨氏夫妻情深。妻子不幸早亡后,潘岳对她念念不忘,作了三首有名的《悼亡诗》来怀念妻子,情感真挚,从此“悼亡诗”就成为伤悼亡妻诗作的专称。

荏苒冬春谢,寒暑忽流易①。之子归穷泉,重壤永幽隔②。私怀谁克从,淹留亦何益③。僶俛恭朝命,回心反初役④。望庐思其人,入室想所历⑤。帏屏无仿佛,翰墨有余迹⑥。流芳未及歇,遗挂犹在壁⑦。怅怳如或存,回遑忡惊惕⑧。如彼翰林鸟,双栖一朝只;如彼游川鱼,比目中路析⑨。春风缘隙来,晨霤承檐滴⑩。寝息何时忘,沉忧日盈积⑪。庶几有时衰,庄缶犹可击⑫。

**【注释】**

① 荏苒(rěn rǎn):(时间)渐渐过去。常形容时光易逝。谢:代谢。指冬春的相互更替。流易:演变,变换。这两句意思是说,一年很快地就过去了。古代礼制,妻死夫服丧一年,这首诗是作于妻亡一周年时。

② 之子:那人,指亡妻。穷泉:犹九泉,指墓中。重(chóng)壤:地下,泉下。这两句是说生死永隔。

③ 私怀:私自想念。怀,念,思。李善注:《神女赋》曰:情独私怀,谁者可语。淹留:羁留;逗留。

④ 僶俛(mǐn miǎn):努力,勤奋。李善注:《毛诗》曰:僶俛从事,不敢告劳。恭朝命:恭奉朝廷的命令。回心:改变心意。把心从哀念亡妻的情绪中转过来。初役:指原任职务。役,职任,职务。李善注:役谓所任也。

⑤ 庐:住所。想所历:想亡妻生前在室内的生活经历。

⑥ 帏:帐幔。仿佛:似有若无的样子;隐约的样子。《汉书·外戚传》:“上思念李夫人不已,方士齐少翁言能致其神,乃夜张灯烛,设帷帐,陈酒肉,而令上居他帐,遥望好女如李夫人之貌,还幄坐而步。又不得就视。”翰墨:笔墨。指用笔墨所写的文字。

⑦ “流芳”“遗挂”,都承翰墨而言,言亡妻笔墨遗迹,挂在墙上,还有余芳。流芳:散发香气。歇:消失;衰谢。

⑧ 怅怳(huǎng):恍惚。怳,心神不定的样子;失意的样子。回遑(huáng):彷徨,犹疑不定。忡(chōng):

忧。惕:惧。

⑨ 翰林:鸟栖之林。翰:双栖的禽鸟。比目:即比目鱼。《本草纲目·鳞四·比目鱼》:“比,并也。鱼各一目,相并而行也。”析:分开,分散。

⑩ 隟:即“隙”,壁缝。霤(liù):屋檐水。

⑪ 沈忧:深忧。沈,同“沉”,深。

⑫ 庶几:希望,但愿。衰:减退。指思念亡妻之情。“庄缶”:庄子的妻子死了,他不但不哭,反而鼓盆而歌。(见《庄子·至乐》)缶:瓦质的打击乐器。诗末尾是说深忧逐日累积,片刻也不能忘,但愿有时衰减,可以像庄周那样达观。

**【提示】**

本篇是《悼亡诗》三首中的第一首。是诗人为哀悼亡妻所作。

汉魏六朝,社会的大乱离、大死亡使得魏晋人更加珍爱生命,潘岳的悼亡诗悲怨地为妻子唱着生命的挽歌,表达了他对那个时代的无穷悲怆。首先全诗给读者展示了一个充满永恒哀伤的时空。诗人从空间落笔,庐舍、居室、帷屏、翰墨、流芳、遗挂、檐头的滴水等,这些连续的空间场景中弥漫着强烈的物是人非之感,渲染了冷清凄凉的气氛,衬托了诗人丧妻的悲痛和孤独。与此同时,诗歌又从时间的角度来表现丧妻之痛的深广,冰雪消融,春风吹拂,晨霤滴沥,诗人沉浸于悲哀之中不觉冬去春来,时节交替,光阴流逝了,诗人的哀思淹没在时间的长河中。庄周悼妻的达观,只能是自己无法企及的慰藉。其次作者睹物思人,即景生情,悼亡的深情流动于字句之间:如“之子归穷泉”一句的凄苦无望,“私怀谁克从”一句的沉痛感触,“望庐思其人”一句的隐然作痛,“如彼翰林鸟”一句的孤苦无依,“寝息何时忘”一句的哀思无极等。另外作者还运用两个比喻,通俗浅近,却准确地表达了诗人的沉痛心情。自己与妻子曾像双栖双飞的翰林鸟和双游双嬉的比目鱼一样,如今只剩下孤零零的一半,怎么能不哀伤?

全诗委婉缠绵,诗句清新婉丽。情之深,思之痛,李商隐《哭刘蕡》中的那句“只有安仁能作诔,何曾宋玉解招魂”,正是感同身受后的无比推崇。由于受“诔缠绵而凄怆”这种固有文体风格的限制,在一些地方有“为文而造情”(《文心雕龙·情采》)的痕迹。唐朝诗人元稹对潘安的悼亡诗有个评价“潘岳悼亡犹费词”,潘岳在诗中极力铺写,反而掩盖了真情。

**【思考与练习】**

1. 王隐《晋书》:“潘岳善属文,哀诔之妙,古今莫比,一时所推”,结合本诗,谈谈潘岳“哀诔文”的价值所在。
2. 课下找来唐元稹悼念亡妻之诗《遣悲怀》之一阅读,可比较潘、元二人诗的异同。

   昔日戏言身后意,今朝皆到眼前来。衣裳已施行看尽,针线犹存未忍开。
   尚想旧情怜婢仆,也曾因梦送钱财。诚知此恨人人有,贫贱夫妻百事哀。

# 《世说新语》三则

刘义庆

## 【题解】

这三则选自南朝宋刘义庆撰、梁刘峻(字孝标)注《世说新语》(中华书局)。

刘义庆(403—444),江苏彭城(今江苏徐州)人,南朝宋武帝刘裕的侄子,袭封临川王,曾任荆州刺史、江州刺史,官至尚书左仆射、中书令,谥为临川康王。《宋书·刘道规传》附《刘义庆传》说他为人"性简素,寡嗜欲,爱好文义",喜与文学之士交游,"招聚文学之士,近远必至"。他的著作丰富,有《徐州先贤传》十卷,《集林》二百卷,志怪小说《幽明录》,还仿班固《典引》作《典叙》。使他名垂千古的是《世说新语》十卷。

《世说新语》又称《世说》《世说新书》,是魏晋南北朝志人小说的代表作。其内容主要是记录汉末、三国至魏晋时期士族阶层的逸闻轶事和玄虚清淡,涉及各类人物共一千五百多个,可以说这是一部魏晋名士的群像谱。《世说新语》依内容分为德行、言语、方正、雅量、容止、任诞等36类,每类收有若干则故事,每则文字长短不一,全书共一千多则。《世说新语》艺术成就较高,语言简约含蓄,生动隽永,透出种种机智和幽默。鲁迅曾评价其"记言则玄远冷隽,记行则高简瑰奇"(《中国小说史略》)。《世说新语》对后世影响十分深刻,不仅模仿它的小说不断出现,而且不少戏剧、小说也都取材于它。至今仍在海内外广为流传。

管宁、华歆共园中锄菜,见地有片金,管挥锄与瓦石不异,华捉而掷去之①。又尝同席读书,有乘轩冕过门者②,宁读如故,歆废书出看,宁割席分坐,曰:"子非吾友也!"(德行第一)

谢太傅盘桓东山时,与孙兴公诸人泛海戏③。风起浪涌,孙、王诸人色并遽,便唱使还④。太傅神情方王,吟啸不言⑤。舟人以公貌闲意说,犹去不止。既风转急,浪猛,诸人皆喧动不坐。公徐云:"如此,将无归。"众人即承响而回。于是审其量,足以镇安朝野。(雅量第六)

王子猷居山阴⑥,夜大雪,眠觉,开室,命酌酒,四望皎然。因起仿偟,咏左思《招隐》诗,忽忆戴安道⑦。时戴在剡,即便夜乘小船就之⑧。经宿方至,造门不前而返⑨。人问其故,王曰:"吾本乘兴而行,兴尽而返,何必见戴?"(任诞第二十三)

## 【注释】

① 管宁:字幼安(158—241),北海朱虚(今山东临朐东南)人,自幼好学,饱读经书,不慕名利,先后谢绝魏文帝、魏明帝的征召,隐居不仕。华歆:字子鱼(157—231),平原高唐(今山东禹城西南)人,东汉末举孝廉,官至尚书令,魏文帝时为相国,晋封安乐乡侯,魏明帝时晋封博平侯,卒谥敬侯。捉:拾取。

② 轩冕:古时大夫以上官员的轩车和冕服。后来也借指官位爵禄、国君或显贵者。

③ 谢太傅:即谢安,字安石,号东山,东晋政治家、军事家,官至宰相,死后追封太傅兼庐陵郡公,世称谢太傅。盘桓:徘徊,逗留。泛海:坐船出海。谢安年轻时无意仕途,曾隐居于会稽郡(今浙江绍兴)的

东山,时常和孙兴公、王羲之等畅游山水、谈文论诗。

④ 遽:形容神色惊惧、慌张。唱:通“倡”,倡导、提议。

⑤ 神情:精神兴致。王:通“旺”,高涨。吟啸:同“啸咏”。啸是吹口哨,咏是歌咏,即吹出曲调。啸咏是当时文士的一种习俗,更是名士表现傲世不羁的一种方式。

⑥ 王子猷(yóu):即王徽之,王羲之之子,字子猷。山阴:今浙江绍兴。

⑦ 戴安道:即戴逵,字安道,东晋哲学家、艺术家,博学多才,能文善琴工书画,终生隐居不仕。

⑧ 剡(shàn):即会稽郡的剡县(今浙江嵊州)。

⑨ 宿(xiǔ):夜。造门不前:到了(戴安道)家门口没有进去。

## 【提示】

《世说新语》是研究魏晋名士风流的珍贵史料,对魏晋名士的种种活动如清淡、品题,种种性格如任诞、简傲,种种追求以及种种嗜好,都有十分生动的描写。它对人物的描写各有不同,但都重在表现人物个性,往往通过独特的言谈举止写出人物的独特性格,使之气韵生动、活灵活现、跃然纸上。这些人物形象,从不同侧面折射出那个时代上层社会、士族阶层的风尚。

《世说新语》刻画人物形象的表现手法灵活多样,善用对照、比喻、夸张等文学技巧。本篇所选三则中,第一则通过管宁与华歆两人在两个生活场景中的不同表现,显示出二人的德行高下。管宁真正能够做到淡泊名利、心静如水,而华歆则用心不专,容易受外界诱惑和干扰。第二则记述谢安和孙绰等人泛舟海上遇到风浪,谢安“貌闲意说”“吟啸不言”,孙绰等人却“色并遽”“喧动不坐”,通过同一环境中几个人的不同表现形成鲜明对比,显示出谢安临危若安、镇静自若的“雅量”。第三则以简约之笔通过对王子猷眠觉开室、酌酒赏雪、咏诗忆友、夜乘小船、造门而返等一系列行为的记叙,形神毕现、气韵生动地描绘了王子猷不求实际结果、但重兴致和过程的性情,十分鲜明地体现出魏晋士人所崇尚的任诞放浪、率情任性、潇洒自适的个性风度。

## 【思考与练习】

1. 阅读以下选文,品味魏晋名士风度以及《世说新语》的表现手法。

①时人目王右军:“飘如游云,矫若惊龙。”(容止第十四)

②戴安道既厉操东山,而其兄欲建式遏之功。谢太傅曰:“卿兄弟志业,何其太殊?”戴曰:“下官不堪其忧,家弟不改其乐。”(栖逸第十八)

③刘伶恒纵酒放达,或脱衣裸形在屋中,人见讥之。伶曰:“我以天地为栋宇,屋室为裈衣,诸君何为入我裈中?”(任诞第二十三)

④王戎有好李,卖之,恐人得其种,恒钻其核。(俭啬第二十九)

2. 有许多至今广泛应用的成语、典故皆是出自《世说新语》,例如:难兄难弟、管中窥豹、一往情深、望梅止渴、管宁割席、咏絮之才等。课外阅读《世说新语》,积累其他成语、典故。

# 《搜神记》二则

## 干　宝

**【题解】**

这两篇分别选自干宝的志怪小说《搜神记》卷十一和卷十九。干宝，字令升，新蔡（今河南新蔡县）人，东晋初年的史官，著有《晋纪》二十卷，“其书简略，直而能婉，咸称良史”（《晋书》）。《晋书》称干宝“性好阴阳术数”，为“明神道之不诬”而作《搜神记》。《搜神记》是魏晋志怪小说的代表，也是中国“童年期”小说的代表，在小说发展史上占有重要地位。凡志怪小说都带有明显的宗教倾向，宣扬巫鬼方术观念，但《搜神记》在“明神道之不诬”的同时，还记载了许多优秀的民间传说，这些民间传说，或讲为民除害，或讲坚贞爱情，或讲真挚友谊，或讲传统孝道，或讲不信鬼、不怕鬼，以下两则就属之列。

### 乐羊子妻

河南乐羊子之妻者，不知何氏之女也，躬耕养姑。①尝有他舍鸡谬入园中，姑盗杀而食之。妻对鸡不食而泣，姑怪问其故，妻曰：“自伤居贫，使食有他肉。”姑竟弃之。后盗有欲犯之者，乃先劫其姑，妻闻，操刀而出。盗曰：“释汝刀。从我者可全，不从我者，则杀汝姑！”妻仰天而叹，刎颈而死。盗亦不杀姑。太守闻之，捕杀盗贼，赐妻缣帛，以礼葬之。②

### 李寄斩蛇

东越闽中有庸岭，高数十里。③其西北隰中有大蛇④，长七八丈，大十余围。土俗常惧，东冶都尉及属城长吏多有死者。祭以牛羊，故不得福。或与人梦，或下谕巫祝，欲得啖童女十二三者。都尉令长并共患之，然气厉不息。⑤共请求人家生婢子，兼有罪家女养之。⑥至八月朝祭，送蛇穴口，蛇出吞啮之。⑦累年如此，已用九女。尔时预复募索，未得其女⑧。将乐县李诞，家有六女，无男。其小女名寄，应募欲行，父母不听。寄曰：“父母无相，惟生六女，无有一男，虽有如无。女无缇萦济父母之功，既不能供养，徒费衣食，生无所益，不如早死。⑨卖寄之身，可得少钱，以供父母，岂不善耶？”父母慈怜，终不听去。寄自潜行，不可禁止。寄乃告请好剑及咋蛇犬。⑩至八月朝，便诣庙中坐，怀剑将犬。先将数石米糍，用蜜麨灌之，以置穴口。⑪蛇便出，头大如囷，目如二尺镜，⑫闻糍香气，先啖食之。寄便放犬，犬就啮咋，寄从后斫得数创。疮痛急，蛇因踊出，至庭而死。寄入视穴，得其九女髑髅，悉举出，咤言曰：“汝曹怯弱，为蛇所食，甚可哀愍。”⑬于是寄女缓步而归。越王闻之，聘寄女为后，拜其父为将乐令，母及姊皆有赏赐。自是东冶无复妖邪之物，其歌谣至今存焉。

**【注释】**

① 姑：丈夫的母亲，即婆婆。

② 缣(jiān)帛:此总称丝织物。

③ 东越:西汉小国,为越王勾践之后。在今浙江东南及福建一带。闽中:郡名,治所在东冶(今福建福州),为东越国辖境。庸岭,又名乌岭,在今福建省邵武市西北。

④ 隰(xí):低湿的地方。

⑤ 气厉:指疾疠灾疫。厉,通"疠"。

⑥ 家生婢子:家中奴婢所生之女。

⑦ 朝:即每个月的初一。

⑧ 尔时:此时。预复募索:又提前寻求。

⑨ 缇(tí)萦:人名。姓淳于,汉临淄人。其父五女无男,获罪下狱,当受肉刑,她随父至长安,上书自愿入宫为婢,以赎父罪。汉文帝怜之,诏除肉刑,其父得免。

⑩ 咋(zé):咬。

⑪ 糍:用糯米蒸制的食品。麨(chǎo):炒麦磨成的粉。

⑫ 囷(jūn):谷囤,圆形的谷仓。

⑬ 髑髅:死人的骨头。咤言:悲哀地说。咤,哀叹。

**【提示】**

《乐羊之妻》通过"不食而泣"和"刎颈而死"两个十分典型的事件塑造了一个人格高尚、性情刚烈的孝妇形象。《李寄斩蛇》通过主人公大胆应募、计杀大蛇的故事,塑造了不信邪异、智勇双全、为民除害的小姑娘李寄的形象。《搜神记》虽然在中国小说史上有着极重要的地位,但它毕竟只是"初级阶段"的小说,这不仅是因为它的篇幅短小,更是因为它的情节粗略,类似故事梗概,刻画人物的手段比较单一,对事件的铺叙、渲染不够,对人物活动的环境也很少描写。以上两篇相比,前一篇只取了人物的两个片段,虽很典型,毕竟构不成情节;虽也有人物的行动和某个细节描写,但毕竟太粗略。后一篇则有比较完整的情节,且环境的渲染、氛围的制造、悬念的设置以及地方官吏表现出的庸碌无能、李寄富有个性的语言,都对李寄形象的刻画起了很好的作用。

**【思考与练习】**

1. 鲁迅把唐以前的小说称为"古小说"。所谓古小说,即不够成熟的小说。请以这两个短篇为例,谈谈"古小说"与以后的小说在小说形态上的差异。
2. 试分析这两篇小说蕴含的人文意义。

# 《归园田居》(其二)

## 陶渊明

**【题解】**

这两首诗选自逯钦立编《先秦汉魏晋南北朝诗》。陶渊明(365—427),一名潜,字元亮,号五柳先生,私谥靖节先生,浔阳柴桑(今江西九江西南)人。出身没落的官僚家庭,青少年时家境就很贫困。二十九岁至四十二岁之间,断断续续做了几任小官。最后一次在任了八十多天的彭泽县令后,挂冠归去。从此隐居乡里,躬耕田园二十年。陶渊明的隐退,固然和当时的政治黑暗、官场污浊有关,但"性本爱丘山"应该是主要原因。陶渊明本人及其诗文,在唐以前并没有得到应有的重视,自唐开始,其人生和诗文的价值才日益彰显出来,对他的研究也延续了千年至今而不衰。陶渊明是中国文学史上真正与自然融为一体的作家。他成功地将"自然"提升为一种美的至境,将玄言诗所表达的玄理,改为日常的生活哲理,并开创了田园诗这种新题材。他淡然质朴的人格与他平淡清新的作品一起,为后世的士大夫筑起了一个温馨的精神家园。

野外罕人事,穷巷寡轮鞅①。白日掩荆扉,虚室绝尘想。时复墟里中,披草共来往②。相见无杂言,但道桑麻长。桑麻日已长,我土日已广。常恐霜霰至,零落同草莽。

**【注释】**

① 寡轮鞅:指缺少车马。轮,车轮。鞅,驾车时马颈上套用的皮带,即马颈套。

② 墟里人:田野农夫。墟,土丘。披:穿着。草:指农夫穿的草衣。

**【提示】**

陶渊明是士大夫中归隐田园并真正亲自参加农业劳动的第一人,也是以自己的田园生活为内容,真切地写出躬耕之甘苦的第一位士大夫。这首诗描写的就是自己归耕的心态。前四句写离开官场后的境况,强调环境与心境的宁静协调。因为卸职回到了又"野"又"穷"的乡村,所以既没有公务缠绕又没有贵人造访,自己因而可以清静地掩上"荆扉",断绝一切俗念,在"虚室"里做自己想做的事。中间四句写归田后的生活,突出自己与邻里乡亲的和谐关系。走的是田间小路,穿的是粗麻衣服,诗人成了真正的农民,乡亲们也把他当成自己队伍里的一员,所谈也是农家的话题。最后四句承上,由话题的变化写到心态的变化,强调自己作为一个农人现在最关心的是天气对农作物的影响。字里行间,可以感到诗人的喜悦和担忧。开垦了荒地,长上了好庄稼,却就是"恐"自然灾害的侵袭。用家常话写家常事,诗意盎然,久而弥淳,陶渊明就是这样自然质朴而又魅力无穷。

# 《饮酒》(其八)

## 陶渊明

青松在东园，众草没其姿。
凝霜殄异类，卓然见高枝[①]。
连林人不觉，独树众乃奇。
提壶挂寒柯，远望时复为。
吾生梦幻间，何事绁尘羁[②]。

**【注释】**

① 殄(tiǎn)：灭绝。异类：与松不同的草木。卓：直立。

② 绁(xiè)尘羁：绁，捆索。绁尘羁指牵挂在人事纷扰之中。

**【提示】**

陶渊明喜欢秋菊，也喜欢青松。这首诗就是以青松自比，写自己高洁的品格。前两句，是对青松的描写和赞扬。将青松与众草、异类与高枝对比，在对比之中，显出青松的特立独行、高洁不俗，众草的"无耻"，异类的无能。一般的人并不认识青松、不了解它，不懂得它的"独"与"奇"，他们被众草掩盖了真相，遮挡了视线，只有诗人懂得青松在"凝霜"之中傲然挺立的品格从而亲近它、抚慰它，在松下饮酒，将酒壶挂在松枝上并时时在远处眺望它。"远望时复为"即"时复为远望"。最后两句是由青松得到的启迪。梦幻，喻人生短暂。尘羁，指仕途。生命如此有限，又何必将自己束缚在违背个性的尘网之中！此应该是诗人的有感而发。质性自然的诗人挂冠归田，寻找像青松一样特立独行的人生，又何必在意"众草"是怎么看的呢！

**【思考与练习】**

1. 另选读两首陶渊明的田园诗，结合《归园田居》之二，说说陶渊明是如何将单调又艰辛的农业劳动诗化了的？从他诗化的描写中可以体验出陶渊明怎样的人格和心境？
2. 青松是陶公的物化，陶公是青松的人化。物我互化，主客混同。请你模仿这种手法和形式，写一首抒情诗。

# 积雨辋川庄作①

## 王　维

**【题解】**

本诗选自《王右丞集》。作者王维(701—761),字摩诘,唐代诗人、画家。祖籍太原祁州(今山西祁县)。唐玄宗开元九年(721)中进士第,为大乐丞。累迁至给事中,终尚书右丞,故世称"王右丞"。有《王摩诘文集》和《王右丞集》。

王维是唐代山水田园诗派的代表诗人,是盛唐诗歌李杜之外的另一大宗。苏轼曾说:"味摩诘之诗,诗中有画;观摩诘之画,画中有诗。"(《东坡题跋·书摩诘蓝田烟雨图》)此语道出了王维诗歌的非凡意蕴。深湛的艺术修养,对于自然的爱好和长期山林生活的经历,使他对自然美具有敏锐独特而细致入微的感受,因而笔下的山水景物特别富有神韵,常常是略事渲染,便表现出深长悠远的意境,耐人玩味。他的诗句常常是看上去自然流畅,毫无雕饰,待细细品来,愈觉其笔触凝练精到,用心良苦。

积雨空林烟火迟②,蒸藜炊黍饷东菑。漠漠水田飞白鹭,阴阴夏木啭黄鹂。山中习静观朝槿,松下清斋折露葵③。野老与人争席罢④,海鸥何事更相疑⑤。

**【注释】**

① 辋川庄:在今陕西蓝田终南山下。辋川庄原为初唐诗人宋之问别墅,后王维购得。王维在此度过了三十多年亦官亦隐的岁月。

② 烟火迟:因久雨空气湿润,烟火上升缓慢。藜:一种可食的野菜。黍:谷物名,古时为主食。饷:送饭食到田头。菑(zī):初耕的田地,此处泛指农田。

③ 槿(jǐn):植物名。落叶灌木,其花朝开夕谢。古人常以此物悟人生枯荣无常之理。清斋:素食,长斋。露葵:冬葵,古时蔬菜名。

④ 野老:村野老人,此处是诗人自称。争席:《庄子·杂篇》载,杨朱去见老子时,旅店的人争着给他让座,他从老子处学道返回时,客人们不仅不给他让座,反而与他"争席"了。意为与人没有隔阂了。

⑤ "海鸥"句:《列子·黄帝篇》载:海上有人与鸥鸟相亲近,互不猜疑。一天,父亲要他把海鸥捉回家来,他又到海滨时,海鸥便飞得远远的。这里借海鸥喻人事。

**【提示】**

这首诗表现了诗人隐居山林、脱离尘俗的闲情逸致,是王维田园诗的代表作。首联写田家生活,先写空林烟火。王维笃信佛教,他的诗好用"空"字写意。"空"不仅写出了终南山山林空旷之状,更含有遁入空门和四大皆空之意。一个"迟"字,把阴雨天的炊烟描摹得十分传神,也生动地表现了山民们闲散安逸的生活情状。再写农家早炊、饷田以至田头野餐,秩序井然而富有生活气息。颔联写眼所见之广漠空蒙的平畴上,白鹭翩翩起飞,意态闲静潇洒;听到的是蔚然深秀的密林中,黄鹂互相唱和,歌喉甜美快活。一看一听,两种景象互相映衬,互相配合,把积雨天气的辋川山野写得画意盎然。如果说农家无忧无虑的劳动生活已引起诗人的欣羡之情,那么,黄鹂、白鹭自由自在的飞鸣,更令诗人陶醉不已。这两联不是对客观景物的简单描摹,它透露了田园生活在诗人心灵处引起的感应。下面两联抒写诗人隐居山林的禅寂生活之乐。诗人独处空山之中,幽栖松林之下,参木槿而悟人生短暂,采露葵以供清斋素食。这情调,在一般世人看来,未免过分孤独寂寞,然而心境恬淡的诗人,却从中领略到极大的兴味!所以他快慰地宣称:我早已摒弃机巧之心,断绝尘俗之念,随缘任遇,于人无碍,与世无争了,还有谁会无端地猜忌我呢?

**【思考与练习】**

1. 简述这首诗的意境,说明它是如何运用视听相悦、动静结合的艺术手法的?
2. 阅读王维的其他诗作,说说陶渊明诗对王维创作的影响。

# 把酒问月

## 李　白

**【题解】**

本篇选自《李太白全集》。李白(701—762),字太白,号青莲居士。祖籍陇西成纪(今甘肃天水),生于碎叶城(今吉尔吉斯斯坦托克马克),自幼随父迁居绵州昌隆县(今四川江油)。青年时仗剑出蜀,遍游各地。天宝初入长安,供奉翰林,不久遭谗去职。安史之乱时,曾为永王李璘幕僚,后因李璘起事失败受牵连获罪,被放逐夜郎,途中遇赦东还。晚年生活穷苦,死于当涂。李白的身上兼有儒家的济世、道家的隐逸、游侠的重义等多重思想元素。求仕与求仙、政治抱负与神仙信仰和谐地统一在他的身上,"功成身退"是支配他一生的主导思想。李白是中国文学史上继屈原之后最杰出的浪漫主义诗人,被誉为"诗仙",是"盛唐气象"的代表,与现实主义诗人杜甫齐名,并称"李杜"。他存诗900余首,或写对国事的关注,或抒不得志的苦闷,或表达朋友之间的情谊,或流露游仙生活的快乐,或讽刺权贵,或讴歌河山。其诗风格飘逸、豪迈、雄奇。想象神奇瑰丽,感情热烈奔放,尤擅七言歌行及五七言绝句。

青天有月来几时?我今停杯一问之。人攀明月不可得,月行却与人相随。皎如飞镜临丹阙,绿烟灭尽清辉发。但见宵从海上来,宁知晓向云间没?白兔捣药秋复春,嫦娥孤栖与谁邻[①]?今人不见古时月,今月曾经照古人。古人今人若流水,共看明月皆如此。唯愿当歌对酒时[②],月光长照金樽里。

**【注释】**

① 白兔捣药:中国古代神话传说,月宫中有白兔捣药。嫦娥:亦作恒娥、姮娥,《淮南子·览冥》载:后羿之妻。后羿从西王母处得到不死之药,嫦娥偷吃,遂奔月宫。

② 对酒当歌:面对着酒宴和歌舞。当,面对。曹操《短歌行》诗云:"对酒当歌,人生几何?"此处略用其字面,流露出同一种人生感喟。

**【提示】**

《把酒问月》这诗题本身就是诗人绝妙的自我造像,一种风流自赏与怀才不遇之意溢于言表。开篇从停杯问月写起,首起二句语序倒装,问句先出,以突如其来的一问摄起全篇,极富气势感。以下大抵两句换境换意,尽情咏月抒怀。三、四两句,一冷一热,一离一即。紧接二句用比喻、映衬、点染等手法描绘月色之美,仿佛就在眼前。下文又以一问将明月的形象推远,月出东海而逝于西天,循环不已,使人浮想联翩。后二句在对仙女、玉兔的同情之中,流露出诗人孤苦失意的情怀。面对浩渺的宇宙,诗人在浓郁的诗情中融进了富有哲理的探求,今月古月实为一个,亘古如斯,而今人古人则代代更迭,只如逝水。此四句把宇宙无穷而人生短暂之意渲染得淋漓尽致。最后两句则回到及时行乐、不负明月的主题上来,与篇首停杯问月相照应,意味隽永。全诗围绕"酒""月"二字生发,从酒写到月,从月归到酒;其中将人与月反反复复加以对照,又穿插景物描绘和神话传说,塑造了一个美好而神秘的明月意象,于中也显露出一个孤高出尘的诗人自我。全诗随兴挥洒,意绪多端,既回环错综,又自然浑成;四句转韵,平仄互换,抑扬顿挫,声调谐美。

**【思考与练习】**

1. 本诗塑造了怎样的明月意象和诗人的自我形象?
2. 仔细体会本诗的构思运笔之妙,分析本诗的浪漫主义精神和创作手法。
3. 把本诗和张若虚的《春江花月夜》以及苏轼的《水调歌头》(明月几时有)结合起来品读,试比较三人的咏月抒怀,以及三者所表现的宇宙与人生哲理的异同。

# 新婚别

## 杜 甫

**【题解】**

本诗选自《杜少陵集详注》。本篇与《新安吏》《潼关吏》《石壕吏》以及《垂老别》《无家别》六篇，是诗人杜甫在唐肃宗乾元二年(759)年春写成的两组组诗，分别称之为“三吏”“三别”。当时是安史之乱爆发的第四年，唐军围攻叛军受挫，大将郭子仪退守河阳，洛阳震动，时局紧张。杜甫于乾元元年由左拾遗出任华州司功参军，冬末曾到洛阳探望故乡，又由洛阳回到华州任所。“三吏”“三别”六首诗写了沿途的所见所感，真实反映出战乱时代广大人民所遭受的苦难，表现出作者对人民的高度同情和对时局的深切忧虑。

这两组诗都是“即事名篇”的新乐府诗，思想性和艺术性达到了高度的结合，标志着诗人创作道路的转变和前进，是古典诗歌现实主义作品的典范之作。

兔丝附蓬麻，引蔓故不长①。嫁女与征夫，不如弃路旁。
结发为君妻，席不暖君床②。暮婚晨告别，无乃太匆忙③！
君行虽不远，守边赴河阳。妾身未分明，何以拜姑嫜④？
父母养我时，日夜令我藏⑤。生女有所归，鸡狗亦得将⑥。
君今往死地，沉痛迫中肠。誓欲随君去，形势反苍黄⑦。
勿为新婚念，努力事戎行。妇人在军中，兵气恐不扬⑧。
自嗟贫家女，久致罗襦裳⑨。罗襦不复施，对君洗红妆⑩。
仰视百鸟飞，大小必双翔。人事多错迕，与君永相望。

**【注释】**

① 兔丝：即菟丝子，一年生草本植物，茎细柔，缠绕于其他植物上向上生长。蓬、麻：均矮小植物。蔓：植物的藤。

② 结发：古代男子二十岁，女子十五岁，开始用簪子别起头发，表示已经成年，可以结婚。

③ 无乃：难道不是。

④ 身：指在家庭中的名分。古礼规定：新妇于婚后三天，祭家庙，拜公婆，婚礼既毕，名分始定。姑嫜：亦作“姑章”，指公婆。

⑤ 藏：指深居闺阁之中。

⑥ 归：古代指女子出嫁。得将：一作“相将”，跟随，相随。

⑦ 形势：情势。苍黄：同“仓皇”，匆忙，窘迫。

⑧ 妇人二句：言家属随军，恐怕要影响士气。典出《汉书·李陵传》：“陵曰：‘吾士气少衰而鼓不起者，何也？军中岂有女子乎？’……陵搜得，皆剑斩之。”

⑨ 致：备办。罗襦裳：丝织品的短衣和裙子，这里指新娘嫁衣。

⑩ 施：穿在身上。

⑪ 错迕(wǔ):错杂交迕。指不如意。

**【提示】**

这首诗采用独白的形式,以新妇的口吻,曲折而深刻地抒写出新婚之时夫妻便生离死别的深沉悲哀,表现出新妇的深明大义,反映出当时离乱的社会现实,抒发了诗人忧时伤世的复杂心情。

全诗分为三个层次。第一层从"兔丝附蓬麻"到"何以拜姑嫜",写新娘子诉说自己嫁给征夫,"暮婚晨辞别"的不幸命运。第二层从"父母养我时"到"形势反苍黄",展示新娘子欲追随丈夫而去却又担心情势窘迫、多所不便的矛盾心理。第三层从"勿为新婚念"到"与君永相望",写新娘子一变哀怨沉痛的诉说而为积极坚定的鼓励,决定不随丈夫而去,并且鼓励丈夫一心作战,表达了自己对爱情的坚贞和生死不渝。三层之间并非重复平列,而是逐层深入、提高,展现出女主人公性格及心理的发展变化。新娘子以比喻开起,语气略嫌羞涩,说话吞吞吐吐,这非常符合新娘子的身份和当时的处境。经过一番痛苦的倾诉和内心激烈的思想斗争,女主人公最终从个人的不幸和对丈夫的依恋中跳脱出来,放远眼光,明确表明了自己的立场:"勿为新婚念,努力事戎行。"至此,一个性格饱满、真实感人的女主人公形象得到了升华,作品的主旨也得到了深化。

该诗艺术上的成功之处不仅在于精心塑造了一位深明大义的新娘子形象,诗人细致地描绘了新娘的心理变化过程,并适当运用了浪漫主义的笔法,给新娘的形象倾注了理想的色彩。人物语言个性化,是本诗的又一艺术特色;而用韵一韵到底,一气呵成,更有利于主人公的诉说,也更有利于读者的倾听。

**【思考与练习】**

1. 分析女主人公的性格是如何逐步发展的。
2. 体味本诗个性化的语言。
3. 把本诗与《垂老别》《无家别》两首诗联系起来读,体会杜甫诗歌的人民性特点。
4. 这是一首五言古诗,体会它与律诗、绝句等格律诗在创作手法上的不同。

# 张中丞传后叙[①]

韩　愈

**【题解】**

本文选自《韩昌黎文集校注》。韩愈(768—824),字退之,邓州南阳(今河南南阳)人。韩氏郡望为昌黎,因称"韩昌黎";曾任吏部侍郎,称"韩吏部";死后谥曰"文",称"韩文公"。自幼孤苦好学,锐意进取。贞元八年(792)进士,几度为节度使幕僚。贞元十九年(803),升任监察御史,因上书请免租赋被贬为阳山(今广东阳山)令。宪宗元和元年(806)被召回长安任国子监博士。元和十二年(817),因随裴度平定淮西藩镇吴元济之乱,迁为刑部侍郎。元和十四年(819),因谏阻宪宗奉迎佛骨,贬为潮州(今广东潮州)刺史。穆宗时,累官至吏部侍郎、京兆尹。长庆四年(824)卒。

韩愈在政治上有所建树,他反对分裂割据,维护统一安定,又力主改革弊政;在文化史上也影响重大,他一生为张扬儒道、辟除佛老而奋斗;韩愈更以文学成就传颂古今,他首先是中国历史上第一流的散文家,是成就卓著、影响深远的唐代"古文运动"的领袖,他大力倡导散体"古文"、批判浮靡雕琢的骈体,主张"辞必己出""唯陈言之务去",推进和完成了自南北朝后期已开始的革正文体、文风和文学语言的"运动",写出了不少内容充实、文笔生动的散文。韩愈的诗也相当有名,他另辟蹊径,"以文为诗",以怪为美,和孟郊一起形成了别具一格的"韩孟诗派",对后来的宋诗影响很大。有《昌黎先生集》。

元和二年四月十三日夜,愈与吴郡张籍阅家中旧书,得李翰所为《张巡传》[②]。翰以文章自名,为此传颇详密[③]。然尚恨有阙者:不为许远立传,又不载雷万春事首尾[④]。

远虽材若不及巡者,开门纳巡,位本在巡上,授之柄而处其下,无所疑忌,竟与巡俱守死,成功名[⑤]。城陷而虏[⑥]。与巡死先后异耳。两家子弟材智下,不能通知二父志,以为巡死而远就虏,疑畏死而辞服于贼[⑦]。远诚畏死,何苦守尺寸之地,食其所爱之肉,以与贼抗而不降乎[⑧]?当其围守时,外无蚍蜉蚁子之援,所欲忠者,国与主耳,而贼语以国亡主灭[⑨]。远见救援不至,而贼来益众,必以其言为信。外无待而犹死守,人相食且尽,虽愚人亦能数日而知死处矣[⑩]。远之不畏死亦明矣。乌有城坏其徒俱死,独蒙愧耻求活?虽至愚者不忍为[⑪]。呜呼!而谓远之贤而为之邪!

说者又谓远与巡分城而守,城之陷,自远所分始[⑫]。以此诟远,此又与儿童之见无异[⑬]。人之将死,其藏腑必有先受其病者;引绳而绝之,其绝必有处[⑭]。观者见其然,从而尤之,其亦不达于理矣[⑮]。小人之好议论,不乐成人之美,如是哉[⑯]!如巡、远之所成就,如此卓卓,犹不得免,其他则又何说?

当二公之初守也,宁能知人之卒不救,弃城而逆遁[⑰]?苟此不能守,虽避之他处何益?及其无救而且穷也,将其创残饿羸之余,虽欲去,必不达[⑱]。二公之贤,其讲之精矣[⑲]。守一城,捍天下,以千百就尽之卒,战百万日滋之师,蔽遮江淮,沮遏其势[⑳]。天下之不亡,其谁之功也!当是时,弃城而图存者,不可一二数;擅强兵坐而观者,相环也[㉑]。不追议此,而责二公以死守,亦见其自比于逆乱,设淫辞而助之攻也[㉒]。

愈尝从事于汴、徐二府,屡道于两府间,亲祭于其所谓双庙者[㉓]。其老人往往说巡、远时事,云:南霁云之乞救于贺兰也,贺兰嫉巡、远之声威功绩出己上,不肯出师救[24]。爱霁云之勇且壮,不听其语,强留之,具食与乐,延霁云坐[25]。霁云慷慨语曰:"云来时,睢阳之人,不食月余日矣。云虽欲独食,义不忍;虽食,且不下咽!"因拔所佩刀,断一指,血淋漓,以示贺兰。一座大惊,皆感激为云泣下[26]。云知贺兰终无为云出师意,即驰去。将出城,抽矢射佛寺浮图,矢著其上砖半箭,曰:"吾归破贼,必灭贺兰,此矢所以志也[27]。"愈贞元中过泗州,船上人犹指以相语[28]。城陷,贼以刃胁降巡,巡不屈,即牵去,将斩之;又降霁云,云未应。巡呼云曰:"南八,男儿死耳,不可为不义屈[29]!"云笑曰:"欲将以有为也[30]。公有言,云敢不死!"即不屈。

张籍曰:有于嵩者,少依于巡;及巡起事,嵩尝在围中[31]。籍大历中于和州乌江县见嵩,嵩时年六十余矣[32]。以巡初尝得临涣县尉,好学无所不读[33]。籍时尚小,粗问巡、远事,不能细也。云:巡长七尺余,须髯若神[34]。尝见嵩读《汉书》,谓嵩曰:"何为久读此?"嵩曰:"未熟也。"巡曰:"吾于书读不过三遍,终身不忘也。"因诵嵩所读书,尽卷不错一字。嵩惊,以为巡偶熟此卷,因乱抽他帙以试,无不尽然[35]。嵩又取架上诸书试以问巡,巡应口诵无疑。嵩从巡久,亦不见巡常读书也。为文章,操纸笔立书,未尝起草。初守睢阳时,士卒仅万人,城中居人户,亦且数万[36]。巡因一见问姓名,其后无不识者。巡怒,须髯辄张。及城陷,贼缚巡等数十人坐,且将戮。巡起旋,其众见巡起,或起或泣[37]。巡曰:"汝勿怖,死,命也。"众泣不能仰视。巡就戮时,颜色不乱,阳阳如平常[38]。远宽厚长者,貌如其心。与巡同年生,月日后于巡,呼巡为兄。死时年四十九。嵩贞元初死于亳、宋间[39]。或传嵩有田在亳、宋间,武人夺而有之。嵩将诣州讼理,为所杀[40]。嵩无子,张籍云。

**【注释】**

① 张中丞:即张巡(709—757),"安史之乱"中抗敌将领,生前曾诏拜御史中丞,故称"张中丞"。邓州南阳(今河南南阳市)人,开元末进士,由太子通事舍人出任清河令,调真源令。安禄山反,起兵抗击,转战于雍丘、宁陵一带。肃宗至德二年(757)正月,叛军以重兵猛攻睢阳(今河南商丘),睢阳太守许远告急,张巡率部前往援救,与许远一起坚守孤城达十个月之久,阻遏叛军不得南进江、淮,支援官军收复两京。终因兵尽粮绝,城池失守,许远被俘,张巡与部将三十六人就义。张巡死后,有人诬其降贼,亲见其战守事迹的李翰因撰《张巡传》(宋代犹存,今已佚)上肃宗,为之辩诬。至大历年间,对张巡、许远的种种诽谤继续流传,韩愈遂作此文作进一步的驳斥,对《张巡传》又作了必要的事实补充。

② 元和:唐宪宗李纯年号;元和二年,即公元807年。张籍:字文昌,原籍吴郡(今江苏苏州),唐代著名诗人,韩愈的朋友。李翰:字子羽,张巡友人,曾亲见睢阳战事,撰《张巡传》。

③ 以文章自名:《旧唐书·文苑传》:翰"为文精密,用思苦涩"。

④ 阙:通"缺",缺失,不足。许远:字令威,杭州盐官(今浙江海宁)人。安史乱时,任睢阳太守,后与张巡合守孤城,城破被俘,叛军持送洛阳,途中被杀。雷万春:与南霁云同是张巡部将。一说,下文两次提到南霁云事迹,此处"雷万春"三字当是"南霁云"之误,如此,方与后文相应。首尾:始末。

⑤ 材:才能。纳:接纳。张巡是县令,许远是睢阳太守兼本州防御史,地位比张巡高,但把统军权柄授予张巡。柄:权柄。竟:最终。俱守死:一起守城,一起死难。

⑥ "城陷而虏"句:肃宗至德二载(757)十月,睢阳城陷,张巡、许远等被俘。张巡与部将36人被斩,许远被押送到洛阳邀功,后被害于偃师。

⑦ 两家子弟:指张巡之子张去疾、许远之子许岘。通知:通晓;透彻了解。就虏:接受俘虏的待遇。辞服于贼:向敌人请降。

⑧ "食其"句:睢阳被围时,城中粮尽,鼠雀亦尽,最后以妇女和老弱男子充饥。当时,张巡曾杀爱妾、许远曾杀奴仆以充军粮。《新唐书·忠义传》:"巡士多饿死,存者皆瘦伤气乏。巡出爱妾……乃杀以

大飨，坐者皆泣，巡强令食之。远亦杀奴僮以哺卒。”

⑨ 蚍蜉蚁子之援：形容极微小的援助。蚍蜉（pí fú）：黑色大蚁。蚁子：幼蚁。安史之乱后，玄宗逃往西蜀，长安、洛阳沦陷，叛军可能以“国亡主灭”为词，招降张、许。现已无考。

⑩ 且：将要。数（shǔ）日：计算日子。

⑪ 乌：何，哪。坏：房屋倒塌，这里指城池失陷。

⑫ “说者”句：张巡和许远各守睢阳城的一方，张巡守东北，许远守西南。城破时叛军先从西南处攻入，所以有这种议论。说者：发议论的人，指张去疾等非议许远的人。

⑬ 诟（gòu）：辱骂，诽谤。

⑭ “人之”句：用两个比喻，说明睢阳城的陷落，由于粮尽援绝，兵力不支，而不是防守上的疏忽。藏腑：同“脏腑”，泛指人体内部器官。病：害。引：拉 。

⑮ 尤之：责怪它们（指受病的器官和绳子断裂处）。

⑯ “小人”句：语本《论语·颜渊》：“子曰：‘君子成人之美，不成人之恶，小人反是。’” 如是哉：竟然到这样的地步。

⑰ 初守：守城初期。宁能：岂能，怎能。卒：最终。逆遁：预先退逃。

⑱ 将：率领。创残饿羸（léi）之余：指受伤残废、饥饿疲弱的士兵。去：逃走。创：受伤。羸：瘦弱。

⑲ 讲：考虑，谋划。精：精细，周密。

⑳ 就尽之卒：将要死亡的士兵。日滋之师：日益增多的军队。蔽遮江河：（睢阳是战略要地，守住睢阳就能）掩蔽江淮流域。沮（jǔ）遏其势：阻止叛军的攻势。

㉑ 弃城而图存者：安禄山反后，山南东道节度使鲁炅弃南阳奔襄阳，灵昌太守许叔冀奔彭城等。擅强兵坐而观者：睢阳被围时，御史大夫、河南节度使贺兰进明在临淮、灵昌太守许叔冀在谯郡、唐将尚衡在彭城，皆拥兵自重，坐视不救。擅：专有。

㉒ 自比于逆乱：自列于逆乱者之中。比：并，比同。逆乱：指安史叛军。设淫辞：捏造荒谬的言辞。

㉓ “愈尝”句：韩愈曾先后在汴州、徐州任推官之职。从事：唐时称幕僚为从事。此处用作动词，任职。屡道：几次经过。双庙：肃宗收复两京，褒奖死难功臣，下诏追赠张巡为扬州大都督，许远为荆州大都督后，并在睢阳立庙，岁时致祭，称为双庙。

㉔ 南霁云：魏州顿丘（今河南清丰西南）人。安禄山反，钜野尉张沼起兵讨贼，拔以为将，后为尚衡前峰，被遣至睢阳与张巡议事，为张巡所留。贺兰：指贺兰进明，贺兰为复姓。嫉：妒忌。

㉕ 具食与乐：准备了酒食与歌舞。延：邀请。

㉖ 感激：感动，奋激。

㉗ 矢：箭。浮图：佛塔。著：同“着”，射中。志：记号。这里用作动词，作标记。

㉘ 贞元：唐德宗李适（kuò）年号（785—805）。泗州：今江苏盱眙县。州治在临淮（今江苏泗洪东南），泗州的治所为贺兰屯兵的临淮。

㉙ 南八：即南霁云，其在兄弟中排行第八，故称。

㉚ 将以有为：保全性命以图有所作为。

㉛ 起事：指起兵讨伐安禄山叛军。尝在围中：曾在围城（睢阳）之中。尝，曾经。

㉜ 大历：唐代宗李豫年号（766—779）。和州乌江县：在今安徽和县。

㉝ “以巡”句：当初因为从巡有功，得授临涣县（今安徽亳州东）尉。以，因。

㉞ 须髯若神：形容胡须俊美。在颐（下巴）为须，在颊为髯。

㉟ 他帙（zhì）：其他各卷。帙，书套，这里借指书。

㊱ 仅：将近；几乎。言其多。居人：等于说“居民”。唐代避唐太宗李世民讳，常以“人”代“民”。且：将近。

㊲ 起旋：起身小便。旋，小便。一说起身环顾四周。

㊳ 颜色不乱：指脸色不变。颜色，脸色。阳阳：镇定安详的样子。

㊴ 亳（bó）：亳州，今安徽亳州市。宋：宋州，今河南商丘市，州的治所就是睢阳。

㊵ 诣（yì）州讼理：到州府去诉讼。诣：到，往。讼理：诉讼。

## 【提示】

《张中丞传后叙》名为《后叙》，实为长篇大幅地补李文之不足。全文由两大部分组成，第一部分就事议论，集中批驳对张巡、特别是对许远的攻讦，第二部分补叙能够反映人物精神风采的琐碎事件。文章既辩驳了对张巡、许远的种种责难和谬说，又赞扬了张巡、许远、南霁云等人死守睢阳的历史功绩，突出了他们的忠勇品质和英雄气节，从而表达维护国家统一和反对藩镇割据逆乱的政治主张，对当时唐王朝削平藩镇、维护统一有直接意义。

本文叙议结合，章法浑成。文章前半篇以驳议为线索，针对几个辱没张巡、许远功绩的错误观点，一一加以辩驳，其间夹以叙事；后半篇重在叙事，补叙南霁云的事迹和张、许轶事。本文虽前议后叙，但有融会贯通之妙，因为作品始终围绕着赞美英雄功绩、斥责小人谬说这一主题，另外全篇以开头所提"然尚恨有阙者"展开以及前后呼应，也使全文浑然一体。其次，场面生动，形象传神。如南霁云乞师贺兰的片段情景，通过大的场面渲染，典型的言谈，以及拔刀断指、箭射佛塔两个动作细节，突出了生动饱满的英雄形象；张巡就义时的场面描写，使人物的音容情态毕肖，个性十分突出。一个大义凛然，视死如归的英雄形象跃然纸上。最后全文语言精练，生动而有气势。字里行间充溢着坚持道义、力辨是非的斗争精神，流露出一种豪情和气势。

## 【思考与练习】

1. 苏轼在《韩文公庙碑》里用这样四句著名的话来评价韩愈："文起八代之衰，道济天下之溺，忠犯人主之怒，而勇夺三军之帅。"结合韩愈作品，了解一代文化伟人的成就和人格。
2. 阅读韩愈的诗《左迁至蓝关示侄孙湘》，体会它与本文的相通之处：贯穿全篇的道义感和无畏精神。

   一封朝奏九重天，夕贬潮阳路八千。
   欲为圣明除弊事，肯将衰朽惜残年。
   云横秦岭家何在，雪拥蓝关马不前。
   知汝远来应有意，好收吾骨瘴江边。

3. 请具体品析一下本文的写作特点，并对张、许、南三位历史人物作一评价，分析他们忠烈品格形成的文化根源。

# 钴鉧潭西小丘记

## 柳宗元

**【题解】**

本篇选自《柳河东集》。作者柳宗元(773—819),字子厚。河东(今山西永济)人。唐代文学家、哲学家。唐德宗贞元九年(793)中进士。十四年登博学鸿词科,授集贤殿正字。后任过蓝田县尉和监察御史里行等职。顺宗永贞元年(805),参加以王叔文为首的革新政治集团,任礼部员外郎。不久,革新失败,被贬为永州司马。十年后,改任柳州刺史。宪宗元和十四年(819)病逝于柳州。后人因他是河东人,称他为柳河东。又因官终柳州刺史,称他为柳柳州。柳宗元与韩愈同为唐代古文运动的倡导者,他非常重视文学的社会作用,主张文体和文风的革新。他的论文思想深刻、逻辑性强;寓言文笔犀利,讽喻尖锐;传记写人状物,生动形象;山水游记刻画入微,寄托深远,富于诗情画意,尤为后人传诵。有《柳河东集》。柳宗元贬居永州达十年之久,他为排遣政治上受打击的愤懑不平,经常出游,写了不少游记,最著名的是《永州八记》,本文是其中的第三篇。

得西山后八日,寻山口西北道二百步,又得钴鉧潭①。西二十五步,当湍而浚者,为鱼梁②。梁之上有丘焉,生竹树。其石之突怒偃蹇负土而出争为奇状者,殆不可数③。其嵚然相累而下者,若牛马之饮于溪④;其冲然角列而上者,若熊罴之登于山⑤。

丘之小不能一亩,可以笼而有之⑥。问其主,曰:"唐氏之弃地,货而不售⑦。"问其价,曰:"止四百。"余怜而售之⑧。李深源、元克己时同游,皆大喜,出自意外⑨。即更取器用,铲刈秽草,伐去恶木,烈火而焚之⑩。嘉木立,美竹露,奇石显。由其中以望,则山之高,云之浮,溪之流,鸟兽之遨游,举熙熙然回巧献技,以效兹丘之下⑪。枕席而卧,则清泠之状与目谋,潆潆之声与耳谋,悠然而虚者与神谋,渊然而静者与心谋⑫。不匝旬而得异地者二,虽古好事之士,或未能至焉⑬。

噫!以兹丘之胜,致之沣、镐、鄠、杜⑭,则贵游之士争买者,日增千金而愈不可得。今弃是州也,农夫渔父过而陋之,贾四百,连岁不能售⑮。而我与深源、克己独喜得之,是其果有遭乎⑯!书於石,所以贺兹丘之遭也。

**【注释】**

① 西山:在永州西五里,即今湖南零陵县城郊。寻:沿着。钴鉧(gǔmǔ)潭:钴鉧,熨斗。在湖南零陵县城郊柳侯祠附近的愚溪中。潭的形状像熨斗,故而得名。

② 湍:急流。浚:深。鱼梁:拦水堰,用土石筑成。中间留有空洞,安放竹制的捕鱼器具,用以捕鱼。

③ 突怒:突起的样子。偃蹇:高耸的样子。负:背。殆:几乎,差不多。

④ 嵚(qīn)然:形容山石突起的样子。嵚:山高而峻险。相累:互相重叠。

⑤ 冲然:向前突起的样子。角列:卓然特立,像兽角那样斜列。

⑥ 不能:不足,不到。

⑦ 货而不售:想卖而没有卖出。货、售,出卖、卖出。

⑧ 售:买。古代买、卖都可以说“售”。

⑨ 李深源、元克己:柳宗元的友人。

⑩ 更取器用:交互拿器具。刈(yì):割。秽草:荒草、杂草。烈:用作动词,使火烧得很烈。

⑪ 举:全,都。熙熙然:和洽的样子。回巧献技:呈现出各种巧妙和技艺。效:呈现。

⑫ 清泠:指水清凉明净。谋:合。漕漕:水的回流之声。悠然:形容虚空。渊然:形容静默。

⑬ 匝旬:满十天。匝,周;圈。得异地者二:指作者发现西山和小丘两处优美奇特的地方。

⑭ 致之:把它搬到。沣(fēng):沣水,在酆邑,周文王都城所在地,在今陕西户县东。镐(hào):周武王都城所在地,今陕西西安市西南。鄠(hù):今陕西户县。杜:杜陵,今陕西西安市东南。

⑮ 过而陋之:走过而瞧不起它。陋,用作动词,以之为陋。贾:通“价”。

⑯ 遭:遭际,遇合。

**【提示】**

本文记叙了得丘的经过,描写了小丘周围奇异清丽而充满生机的景色,以及作者追求旷达静默的心境。文章开头照应《永州八记》的前两篇《始得西山宴游记》和《钴鉧潭记》,点出西山、钴鉧潭和小丘的发现经过及其方位、距离,既像一幅精确的导游图,引导我们随作者的生花妙笔欣赏奇石异景,又为后面“不匝旬而得异地者二”埋下了伏线。接下去,写石之“异”:先总写一笔,“其石之突怒偃蹇负土而出争为奇状者,殆不可数”,不但写出了石数之多、石态之奇,而且化静为动,传达了奇石的情感。继之用肖其貌、传其神的描写,把无生命的奇石,写得生机勃勃,大有呼之欲出之势。然后笔意一转,写如此奇景不为人赏识,“止四百”仍“货而不售”,于是作者买下了小丘,与同游者挥铲去秽,使小丘“嘉木立,美竹露,奇石显”,变成了游览休憩之地。再借我“由其中以望”,写石之情,高山、浮云、溪流、鸟兽,都“回巧献技”,具有无限佳趣。作者“枕席而卧”,所见、所闻、所感,一连四个“谋”字,将景与意的妙合自然,不着痕迹地表现了出来。作者应心适意,不禁发出“虽古好事之士,或未能至焉”的赞叹。

作者置身小丘,触景生情,想到自己放逐边地、幽寂独处的遭际,不胜感慨。先对小丘未能在繁华的京城郊区,远弃荒僻之地表示痛惜,转过来又对小丘得到他与同游者的赏识而表庆贺,收束全文。

整篇文章埋伏照应,妙在布置自然,浑化无迹。

**【思考与练习】**

1. 作者借对“小丘”景物的描写抒发了一种什么样的思想情感?
2. 细读全文,体会作者是如何紧抓住事物的特征写情状物的。
3. 结合柳宗元《永州八记》中其他的篇章,体会一下柳宗元山水游记的艺术风格。

# 长恨歌

## 白居易

**【题解】**

本篇选自《全唐诗》。白居易(772—846),字乐天,祖籍太原(今属山西),后迁居下邽(guī)(今陕西渭南)。二十八岁中进士,授翰林学士,曾任左拾遗、左赞善大夫、江州司马及杭州、苏州刺史,官终刑部尚书。白居易曾任的左赞善大夫只是一个讽谏太子过失、不得过问朝政的五品小官,而他却僭职请求严惩刺杀宰相武元衡的凶手,为此他被贬为江州司马。被贬江州,是白居易思想的转折点,他不得不重新审视自己为官的准则,并逐渐产生了退隐的念头。此后虽又做了十几年的官,但混乱的朝政使白居易归隐的思想日渐强烈,终于在57岁时托病免官。免官后定居洛阳。晚年与如满和尚结香火社,自号香山居士。

白居易一生留下近3000篇诗作,并提出了一整套诗歌创作理论。他把诗比作果树,他提出的"根情、苗言、华声、实义"的著名论点揭示了诗歌的本质。他的"文章合为时而著,歌诗合为事而作"的现实主义主张直接指导和推进了"新乐府运动"的形成和发展。白居易早年的诗歌多为讽喻诗,广泛反映了人民生活的痛苦,对统治阶级进行了无情的揭露和批判。晚年以创作闲适诗为主。但是最受欢迎的是被他称作"感伤"类的《长恨歌》与《琵琶行》。

汉皇重色思倾国,御宇多年求不得①。杨家有女初长成,养在深闺人未识。天生丽质难自弃,一朝选在君王侧②。回眸一笑百媚生,六宫粉黛无颜色③。春寒赐浴华清池,温泉水滑洗凝脂④。侍儿扶起娇无力,始是新承恩泽时⑤。云鬓花颜金步摇,芙蓉帐暖度春宵⑥。春宵苦短日高起,从此君王不早朝。承欢侍宴无闲暇,春从春游夜专夜。后宫佳丽三千人,三千宠爱在一身⑦。金屋妆成娇侍夜,玉楼宴罢醉和春⑧。姊妹弟兄皆列土,可怜光彩生门户⑨。遂令天下父母心,不重生男重生女。骊宫高处入青云,仙乐风飘处处闻⑩。缓歌慢舞凝丝竹,尽日君王看不足⑪。渔阳鼙鼓动地来,惊破霓裳羽衣曲⑫。九重城阙烟尘生,千乘万骑西南行⑬。翠华摇摇行复止,西出都门百余里⑭。六军不发无奈何,宛转娥眉马前死⑮。花钿委地无人收,翠翘金雀玉搔头⑯。君王掩面救不得,回看血泪相和流。黄埃散漫风萧索,云栈萦纡登剑阁⑰。峨嵋山下少人行,旌旗无光日色薄⑱。蜀江水碧蜀山青,圣主朝朝暮暮情。行宫见月伤心色,夜雨闻铃肠断声⑲。天旋日转回龙驭,到此踌躇不能去⑳。马嵬坡下泥土中,不见玉颜空死处。君臣相顾尽沾衣,东望都门信马归㉑。归来池苑皆依旧,太液芙蓉未央柳㉒。芙蓉如面柳如眉,对此如何不泪垂。春风桃李花开日,秋雨梧桐叶落时。西宫南内多秋草,落叶满阶红不扫㉓。梨园弟子白发新,椒房阿监青娥老㉔。夕殿萤飞思悄然,孤灯挑尽未成眠。迟迟钟鼓初长夜,耿耿星河欲曙天㉕。鸳鸯瓦冷霜华重,翡翠衾寒谁与共㉖。悠悠生死别经年,魂魄不曾来入梦㉗。临邛道士鸿都客,能以精诚致魂魄㉘。为感君王辗转思,遂教方士殷勤觅㉙。排空驭气奔如电,升天入地求之遍㉚。上穷碧落下黄泉,两处茫茫皆不见㉛。忽闻海上有仙山,山在虚无缥缈间。楼阁玲珑五云起,其中绰约多仙子㉜。中有一人字太真,雪肤花貌参差是㉝。金阙西厢叩玉扃,转教小玉报双成㉞。闻道汉家天子使,九华帐里梦魂惊㉟。揽衣推枕起徘徊,珠箔银屏迤逦开㊱。云鬓半偏新睡觉，花冠不整下堂来。风吹仙袂飘飖举，犹似霓裳羽衣舞。玉容寂寞泪阑干，梨花一枝春带雨。含情凝睇谢君王，一别音容两渺茫。昭阳殿里恩爱绝，蓬莱宫中日月长[37]。回头下望人寰处，不见长安见尘雾。惟将旧物表深情，钿合金钗寄将去[38]。钗留一股合一扇，钗擘黄金合分钿[39]。但教心似金钿坚，天上人间会相见。临别殷勤重寄词，词中有誓两心知[40]。七月七日长生殿，夜半无人私语时[41]。在天愿作比翼鸟，在地愿为连理枝[42]。天长地久有时尽，此恨绵绵无绝期。

【注释】

① 汉皇：此处借汉武帝指唐玄宗李隆基。倾国：《汉书·外戚传》载，汉武帝的乐人李延年擅长歌舞，为引荐其妹而吟唱于汉武帝前，云："北方有佳人，遗世而独立。一顾倾人城，再顾倾人国……"。后世遂以"倾城""倾国"作为美人的代称。御宇：统治天下。

② 杨家有女：指杨玉环。她是蜀州司户杨玹的女儿，幼时寄养在叔父杨玄珪家，小名玉环。开元二十三年册封为玄宗第十八子李瑁的妃子。后被玄宗看中，送入太真宫当女道士，改号太真。天宝四年正式册封为贵妃。养在深闺人未识：这里是为玄宗的丑事遮丑，有意遮盖了这段不体面的历史。难自弃：难以被埋没。侧：旁边。

③ 六宫：周制，天子有六寝，王后有六宫，后世总称后妃所居之地为六宫。粉黛：本指化妆用品，这里代指妃嫔宫女。无颜色：指六宫嫔妃和杨贵妃一比，都显得暗淡无光了。

④ 华清池：唐玄宗在骊山建华清宫，内有华清池，是温泉浴池。凝脂：形容皮肤像凝固的动物脂肪一样细腻白净。《诗经·卫风·硕人》："肤如凝脂。"

⑤ 承恩泽：指杨贵妃得到玄宗的宠爱。

⑥ 金步摇：妇女的一种头饰。用金丝串珍珠而成，随步摇晃，故称"步摇"。芙蓉帐：绣有荷花图案的帐子。

⑦ 后宫：宫中嫔妃所居之处。三千：极言其多。

⑧ 金屋：豪华富丽的住处。《汉武故事》载，汉武帝年幼时，姑母问他要不要其女阿娇为妻，武帝说："若得阿娇，当以金屋贮之。"后来便以"金屋"比喻男人所宠爱的女子之住所。玉楼：对高楼的美称，与上句之"金屋"相对。列土：分封土地和官职。

⑨ 可怜：可爱，可羡。

⑩ 骊宫：指骊山华清宫。仙乐：指美妙动听的音乐。

⑪ 凝丝竹：指管弦发出缓缓的乐声。凝，《文选》卷二十八李善注谢朓《鼓吹曲》："徐引声谓之凝。"丝，弦乐器。竹，管乐器。

⑫ 渔阳：唐郡名，是范阳节度使所辖之地，在天津市蓟县北京市平谷一带。鼙(pí)鼓：古代军中用的一种鼓。《霓裳羽衣曲》：舞曲名，原是印度乐曲，本名《菩萨蛮》，后经玄宗润色而成一种新曲。此处代指玄宗与贵妃醉生梦死的享乐生活。

⑬ 九重：指皇帝居住的地方，古代皇宫有九重门。城阙：指京城长安。烟尘生：因发生战乱而烟尘弥漫。千乘万骑：这里是泛指，实际上玄宗仓皇出走时，扈从者甚少。西南行：指奔向成都。

⑭ 翠华：皇帝的仪仗中用翠羽装饰的旗帜或车盖。都门：都城之门，这里指长安西边的延秋门。百余里：这里指到达京城长安百余里外的马嵬坡。

⑮ 六军：古代天子有六军，这里泛指皇帝的护从队伍。不发：不肯前进。

⑯ 花钿：嵌有金花的首饰。委地：丢落在地上。翠翘：妇女首饰。明彭大翼《山堂肆考》："翡翠鸟尾上长毛曰翘，美人首饰如之，因名翠翘。"金雀：妇女头上插戴的首饰。玉搔头：即玉簪。刘歆撰，葛洪辑《西京杂记》："武帝过李夫人，取玉簪搔头，自是后宫人搔头皆用玉。"

⑰ 黄埃散漫：形容黄土漫天飞扬。云栈：高入云天的栈道。山路险峻，架木为路以通往来叫栈道，又叫阁道。萦纡：曲曲折折。剑阁：大小剑山之间的栈道名，又名剑门关，是到蜀川的必由之路。

⑱ 峨嵋山：在四川西南部。玄宗到达成都而止，并不曾去峨嵋山。这里泛指蜀道艰难。

⑲ 行宫:皇帝的临时住地。夜雨闻铃:郑处诲《明皇杂录》补遗:"明皇既幸蜀,西南行,初入斜谷,霖雨涉旬,于栈道雨中闻铃音,与山相应。上既悼念贵妃,采其声为《雨霖铃曲》以寄恨焉。"这句暗咏其事。

⑳ 天旋地转:肃宗至德二年(757),郭子仪收复长安,局势好转。回龙驭:玄宗返回京城。龙驭,皇帝的车驾。此:指马嵬坡,在今陕西省兴平市西三十五里,杨贵妃缢死处。

㉑ 信马:指无心驾马,听任马儿自己行走。

㉒ 苑:养禽兽种花木的园子。这里指皇帝狩猎、游玩的园林。太液:池名,在汉朝建章宫内,故址在今陕西西安市东。未央:汉宫名,故址在今西安市西北。

㉓ 西宫南内:古代称皇帝宫殿之内的范围为大内,简称内。西宫即西内。玄宗自蜀回京后不再称帝。先住在宫城南面的兴庆宫,后迁入宫城西面的太极宫。

㉔ 梨园:唐玄宗于开元二年从各地教坊挑选三百人,教于梨园,称之为"皇帝梨园子弟",后世沿用梨园为戏院或戏曲界的别称。椒房:以椒和泥涂壁,取其芳香而温暖。阿监:宫中的女郎。青娥:年轻的宫女。

㉕ 钟鼓:晚上报更的钟鼓声。初长夜:刚刚开始变长的秋夜。

㉖ 鸳鸯瓦:两片嵌合成对的瓦。

㉗ 魂魄:古人认为人有三魂七魄,能离形体而存在者为魂,依形体而存在者为魄。

㉘ 临邛(qióng):今四川邛崃市。鸿都:后汉京城洛阳的宫门名。

㉙ 方士:这里指通晓占卜法术的人。殷勤觅:专心致志地寻找。

㉚ 排空驭气:在空中腾云驾雾。

㉛ 碧落:道家称天界为"碧落"。

㉜ 五云:五色的云彩。绰约:柔美轻盈的样子。

㉝ 太真:参见注释②。参差是:差不多是。

㉞ 扃(jiōng):门扇上的环扣,也指门户。小玉、双成:古代传说中的仙女名。小玉是吴王夫差的女儿,双成是西王母的侍女。诗中借指杨贵妃在仙界中的侍女。

㉟ 使:派来的使者。九华帐:指华贵、精美的彩帐。九,表示繁多。

㊱ 珠箔:珠帘。银屏:以银丝花纹镶嵌的屏风。迤逦开:指原来挂着的珠帘和屏风一道一道地接连打开。

㊲ 昭阳殿:汉朝后宫的一座内殿,曾为赵飞燕所住,这里借指杨贵妃生前居住的宫殿。蓬莱宫:蓬莱是传说中东海三神山之一,据说山上有仙人宫室,都用金玉做成。这里指杨贵妃魂魄所在的仙境。

㊳ 旧物:指生前玄宗送给她的定情物品。钿盒:用黄金珠宝镶嵌的盒子。

㊴ 擘:分开。

㊵ 重寄词:再三请使者传话给玄宗。

㊶ 长生殿:唐朝华清宫里的一座殿堂。据陈鸿《长恨歌传》,唐玄宗与杨贵妃天宝十年七月七日曾在长生殿"密相誓心,愿世世为夫妇"。

㊷ 比翼鸟:一种雌雄相并而飞的鸟。《尔雅·释地》:"南方有比翼鸟焉,不比不飞,其名谓之鹣鹣。"连理枝:两树不同根而枝干彼此联结交错在一起。和"比翼鸟"一样,都用来比喻男女牢固不可分的爱情。

## 【提示】

《长恨歌》作于元和元年(806)年底。当时白居易正任盩厔县(今陕西周至县)尉。一日与友人陈鸿、王质夫谈及李隆基与杨玉环之事,王质夫当即建议白居易将此事写成诗歌以传后世。白居易欣然允诺,遂写下了这首千古传唱的《长恨歌》。

《长恨歌》是一首带有浓郁抒情气息的历史题材的叙事诗。其情节为:汉皇纳妃、李杨淫乐、安史之乱、马嵬兵变、杨妃殒命、蜀地思念、长安伤怀、道士寻妃、赠物寄词。《长恨歌》的情节是经过精心选择的,比如诗人更改了杨玉环曾是唐玄宗儿媳妇这样一个重要事实,而把杨写成一个"养在深闺人不识"的处女(由此可以看出文学与历史的区别)。在情节的处理上也有详有略,对于安史之乱这样关键性的情节,诗人点到即止,只有一句(想一想这样写的好处)。

以杨玉环死为界,白居易将李杨两人分为前期和后期。前期的唐玄宗,"重色"是其重要特点。由重色到荒政、由荒政到致乱、由致乱到"倾国"。后期的唐玄宗由重色变成了重情。诗人以浓彩重墨写了唐玄宗的蜀地思念和长安思念。反复描摹反复渲染,使作品具有一种荡气回肠的力量。以蜀地的景物衬托哀思,以长安宫廷内的景物衬托孤独。一切景物都著上了主人公主观的感情色彩。杨玉环生前是一个主动承恩、以色邀宠的妃子。杨进宫后每天侍宴、侍游、侍夜"无闲暇",诗人抓住其"丽""媚""娇"大肆渲染。此时的杨玉环虽然很美,但那是雍容华贵之美、矫揉造作之美、搔首弄姿之美,是"娇无力"之美。死后的杨玉环变成了一个钟情不渝的仙女。当仙女杨玉环得知"汉家天子使"到来时,一"惊"二"徘徊"三"下堂来",几个动作极好地揭示了杨思念天子的心理,赠物寄词更将杨的心灵世界提到了一个新的高度。此时的杨玉环明显区别于生前,那种凄凉苍白之美、自然本态之美、不加修饰之美,引起人们对她的极大同情。诗人在刻画李杨两人形象时,有意识地采用了前后对照的手法。例如写唐玄宗的思念和孤独时,将"鸳鸯瓦冷霜华重、翡翠衾寒谁与共"等诗句与前面的"春从春游夜专夜""芙蓉帐暖度春宵"对照;写杨太真时将"云鬓半偏""花冠不整""梨花春雨"与前面的扭捏作态对照,既引起人们的同情,又让人对他们的结局进行反思。

《长恨歌》的主题是双重的,讽刺的是"乐",同情的是"恨"。"乐"是"恨"之根。虽然同情性大于讽刺性,但作品还是很好地揭示了"生于忧患、死于安乐"的道理。由此也可以看出白居易否定骄奢淫逸,崇尚纯情自然的审美追求,这与他现实主义的一贯文学主张是一致的。李杨作为一对帝妃,没有忧患意识,耽于安乐,忘记了自己的责任而酿成了安史之乱。他们断送了国家的前途,也断送了自己的爱情。"长恨"就是他们为自己的行为付出的代价。虽然《长恨歌》是一篇文学作品,但白居易笔下主人公的故事也足以警诫后人。

**【思考与练习】**

1. 叙事诗的目的虽然是叙述故事,但也必须注重抒情,这是诗歌的本质特点决定的,而景物描写又对抒情起了重要的作用。试分析该篇是如何将叙事、写景、抒情完美结合起来的。
2. 说说最后一层的浪漫主义描写对塑造杨玉环形象和突出"长恨"主题的作用?没有最后一层行吗?
3. 白居易的诗以浅近平易、流畅通俗为特点,但其俗是雅中之俗,俗中有悠长的回味,而不是像当下有些流行文艺那般庸俗与媚俗。请以《长恨歌》为例具体分析。
4. 延伸阅读:

**马 嵬**

袁 枚

莫唱当年长恨歌,人间亦自有银河。
石壕村里夫妻别,泪比长生殿上多。

《长恨歌》是叙事诗,《马嵬》是议论诗。《长恨歌》表达了白居易的审美观与价值观,《马嵬》则表现了袁枚的历史观,请予以具体分析。你认为袁枚的历史观进步吗?

# 寄李儋元锡

## 韦应物

**【题解】**

此诗选自《韦苏州集》。韦应物(737—约793),京兆长安(今陕西西安)人,中唐著名诗人。出身望族,少为唐玄宗侍卫。安史之乱起后,始入太学折节读书。代宗朝入仕途,历任洛阳丞、滁州刺史、江州刺史、苏州刺史等官职,罢官后,闲居苏州诸佛寺,直至终年。他早期的诗歌不乏昂扬开朗的人生意气,带有刚健明朗的盛唐余韵;后期向往闲适隐逸生活,诗歌有意效法陶渊明的冲和平淡之风,往往能"发纤穠于简古,寄至味于淡泊",气貌高古,清雅闲淡,自成一家之体。

去年花里逢君别,今日花开已一年。
世事茫茫难自料,春愁黯黯独成眠。
身多疾病思田里,邑有流亡愧俸钱。
闻道欲来相问讯,西楼望月几回圆。

**【注释】**

① 李儋、元锡:诗人好友,李儋时任殿中侍御史。此诗写作前一年即建中四年(783)春天,诗人与李儋相聚相别于广陵;同年元锡(字君贶)别韦应物离开滁州,不详所往。也有注本认为李儋字元锡。

**【提示】**

这是一首寄赠友人之作,写于兴元元年(784)春,时韦应物仍在滁州刺史任上。

首联,以花里逢别起,即景勾起往事,以花开一年比衬,不仅显出时光之迅速,更流露出别后境况萧索的无限感慨,即景生情,以乐景衬哀情。颔联紧承上句,抒写世事难料的愁绪,这种愁绪既关乎友情更包含着难言的复杂况味。在韦应物任职滁州的一年中,他亲身接触到人民生活的疾苦,对朝政紊乱、军阀嚣张、国家衰弱、民生凋敝有了更深切的认识。就在这年冬天,长安发生了朱泚叛乱,唐德宗仓皇出逃。在写作此诗时,长安尚为朱泚盘踞,皇帝逃难于奉先情况不明,韦应物派人北上探听消息,至此时探者还没有回来。"世事茫茫"既是指国家前途之迷茫,也是个人命运之迷茫,眼前又是美好的春天,但是诗人的忧愁是那般深重。其中叠词"茫茫""黯黯"的使用,更加重了心绪之愁苦。颈联抒写内心的矛盾,一方面诗人伤身体多病思归隐田园;另一方面目睹治下尚未安定、百姓流离失所而不忍离去,表现了一个有良知的地方官吏在当时的社会背景下,既欲全身远祸又体恤牵挂百姓的真实心理和两难处境,"愧俸钱"三字尤其显示其责任心。宋代胡仔曰:"士君子当以此切切存心,彼一意供租敛、事土木、视民如仇者,得无愧此?"明代王世贞赞曰:"身多疾病二语,格调非匹而语意亦佳。"尾联抒写听闻朋友要来探望,翘首而待,却几度月缺月圆,不见踪影,流露出淡淡的惆怅与失望。

这首诗对仗工整,章法细密,写得真挚诚恳,平易亲切。尤其是“身多疾病思田里,邑有流亡愧俸钱”两句,返躬自责,历来受到人们的赞扬,被誉为“不负心语”(沈德潜)、“仁者之言”(范仲淹)。

**【思考与练习】**

1. 请以此诗为例,谈谈韦应物诗歌的艺术特色。
2. 韦应物另有一首《观田家》:“仓廪无宿储,徭役犹未已。方惭不耕者,禄食出闾里。”对百姓终岁辛劳而生活艰辛充满同情,对自身不耕而获充满愧疚之情。请结合两首作品,谈谈你的阅读感受。

# 隋　宫

## 李商隐

**【题解】**

本篇选自《全唐诗》。李商隐(约813—约858),字义山,号玉谿生、樊南生。怀州河内(今河南沁阳)人,祖辈迁荥阳(今属河南)。他初学古文,十九岁以文才得到牛党令狐楚的赏识,改从令狐楚学骈文章奏,被引为幕府巡官,并经令狐绹推荐,二十五岁举进士。次年李党的泾原节度使王茂员爱其才,辟为书记,以女妻之。当时牛、李党争剧烈,不幸卷入党争旋涡的李商隐,在政治上受到排挤,一生困顿失意,在各藩镇幕府中过着清寒的幕僚生活,潦倒至死。李商隐是晚唐重要诗人之一,他和杜牧齐名,被誉为"小李杜";与温庭筠风格相近,合称"温李"。李商隐的诗,多抒写时代离乱的感慨和个人失意的心情,其中以借古讽今的咏史诗和朦胧缠绵的爱情诗最具特色。有《李义山诗集》和《樊南文集》。

晚唐是咏史诗创作的繁盛期。咏史诗以历史故事或传说为题材,借咏叹历代兴衰人事来讽喻现实,抒发感慨。李商隐的咏史诗以史鉴今,借古喻今,托古讽今,以深刻的思想内涵和精妙的艺术风姿成为晚唐咏史诗潮流中最为绚丽夺目的浪花。《隋宫》即是李商隐的咏史诗之一。

紫泉宫殿锁烟霞,欲取芜城作帝家。①
玉玺不缘归日角,锦帆应是到天涯。②
于今腐草无萤火,终古垂杨有暮鸦。③
地下若逢陈后主,岂宜重问后庭花。④

**【注释】**

① "紫泉"二句:写长安宫殿空锁烟霞之中,隋炀帝却穷奢极欲,欲取江都作为帝家。紫泉:即紫渊。为避唐高祖李渊之讳,改"渊"为"泉"。紫泉(渊)宫殿,指隋炀帝的长安宫殿。芜城:指扬州。因南朝刘宋诗人鲍照写过一篇《芜城赋》而闻名。

② "玉玺"二句:若不是隋朝的皇印落入唐高祖李渊手里,炀帝的游踪将会遍及全国。玉玺:皇帝的玉印。日角:指人的额骨突出饱满如太阳。这里以日角作为李渊的代称。(李渊未起兵前,唐俭说他日角龙庭,有帝王之相。见《旧唐书·唐俭传》)。玉玺归日角:指唐朝兴起,代替了隋朝。锦帆:指炀帝所乘龙舟。

③ "于今"句:《隋书·炀帝记》载:炀帝于洛阳景华宫征得火虫数斛(隋以十斗为一斛)之多,夜里放出,光遍山谷。在江都也修了"放萤院",放萤取乐。无萤火 ,极讽隋炀帝的荒淫侈靡。终古一句:隋炀帝开运河,沿河筑堤,旁种杨柳,后人称为隋堤。作者巧妙地用了"于今无"和"终古有",暗示萤火虫"当日有",暮鸦"昔时无",渲染了亡国后凄凉景象。

④ "地下"二句:讥刺隋炀帝荒淫失国,重蹈陈后主覆辙。《隋遗录》卷上:"帝(在扬州),昏湎滋深,往往为妖祟所惑。尝游吴公宅鸡台,恍惚间与陈后主相遇,尚唤帝为殿下(陈后主死于隋文帝仁寿四年,时炀帝为太子)。后主……舞女数十许罗侍左右,中一人迥美。帝屡目之。后主云:'殿下不识此人

耶？即丽华也。'……(炀帝)因请丽华舞《玉树后庭花》。丽华辞……再三索之，乃徐起，终一曲。……后主问帝：'龙舟之游乐乎？始谓殿下致治在尧、舜之上，今日复此逸游，大抵人生各图快乐，曩时何见罪之深耶？……帝忽寤，叱之……随叱声恍然不见。"陈后主，即陈叔宝。陈朝的最后一个皇帝。隋文帝开皇九年(589年)，隋灭陈，陈叔宝投降。岂宜，岂当，揣测的语气。后庭花，即《玉树后庭花》，舞曲名，陈后主所制。反映淫靡的宫廷生活，被后人斥为"亡国之音"。

## 【提示】

"以史为鉴，可知兴替；以人为鉴，可明得失。"(《新唐书・魏徵传》)李商隐一生先后经历了穆、敬、文、武、宣五个昏庸之主，目睹了晚唐社会的种种腐败，一生都在朝廷牛李党争中挣扎，所以李商隐的咏史诗多写衰落的王朝，借对历史上因荒淫无道导致朝代短命的君主的讽刺来隐喻历史的教训。《隋宫》中的隋炀帝、陈后主皆是因奢淫昏聩而乱政亡国的反面典型，诗人以此警诫晚唐的那些荒淫奢华的统治者，更能起到振聋发聩的作用。全诗以隋炀帝荒淫生活和游乐无度为吟咏对象。首联说隋炀帝的长安宫殿已经够美了，但他还想取扬州作"帝家"。颔联将隋炀帝杨广纵情游乐与李渊灭隋掌玺二事勾连在一起，揭示了穷奢极欲与国破身亡的必然联系。颈联以紫泉宫的今昔对比感叹历史上不可能有天长地久的富贵，与李白《登金陵凤凰台》中"吴宫花草埋幽径，晋代衣冠成古丘"意思相仿。并且以陈后主这个荒淫失国的昏君作陪衬，进一步对隋炀帝进行讽刺性，极为惊警。全诗流露出无穷的盛衰兴亡之慨。

此诗一个主要的特色是以史鉴今，托古讽今，对隋炀帝、陈后主荒淫相继、重蹈覆辙的历史作出批评和反思，为当下统治者敲响了警钟。其次，此诗措辞婉转，含蓄深沉。

## 【思考与练习】

1. 结合全诗，谈谈你对尾联"地下若逢陈后主，岂宜重问后庭花"的理解。
2. 阅读刘禹锡《金陵怀古》，体会本诗与《金陵怀古》所传达的思想有何相通之处？

潮满冶城渚，日斜征虏亭。
蔡洲新草绿，幕府旧烟青。
兴废由人事，山川空地形。
后庭花一曲，幽怨不堪听。

# 清平乐

## 李　煜

**【题解】**

此词选自《南唐二主词》。作者李煜(937—978),字重光,初名从嘉,自号钟隐、钟隐白莲居士,徐州(今属江苏)人,南唐中主李璟第六子。李煜于宋建隆二年(961)继位于金陵,在位十五年,称臣于宋。开宝八年(975)宋师长驱渡江、攻陷金陵,李煜肉袒出降,虽受封为违命侯,实为阶下囚。太平兴国三年(978),为宋太宗赵光义用牵机药毒死,时年四十二,世称李后主。李煜作为皇帝是昏庸的,作为艺术家是天才的。李煜工书法、善绘画、谙于音律,精于鉴赏,诗、文均有较高造诣,词的成就尤高。他的歌词创作以亡国为界,可以分为前后两期,前期词多表现宫廷享乐生活,风格浮靡;后期词多抒写身世之感、亡国之痛,字字血泪,情真语挚。王国维《人间词话》云:“词至李后主而眼界始大,感慨遂深,遂变伶工之词而为士大夫之词。”揭示了李煜入宋后词作一洗早先的宫体与倡风,改为抒写个体生命的独特体验和人生的巨大转变。

别来春半,触目愁肠断。砌下落梅如雪乱,拂了一身还满。　　雁来音信无凭,路遥归梦难成。离恨恰如春草,更行更远还生。

**【提示】**

这是一首伤春念远之词,有论者认为系李煜忆念其弟从善入宋不归的作品。

起首点明伤别念远之旨。离别已久,满目春光更添无限离愁。眼前落梅凋残如雪,一句“拂了一身还满”可见词人伫立梅下已久,无限伤春伤别意绪于字里行间流露而出。

下阕直抒胸臆,不仅音信全无,更兼归梦难成,满怀离愁无处寄托,正如眼前遍地春草,无边无际、绵延无尽。离恨本是抽象的、不可言说的情感,诗人却用精妙的比喻将其具体化、形象化。以春草喻离愁,自然贴切而新颖巧妙:一言其多,无穷无尽;二言其广,无边无际;三言其不尽,枯而复生、旋生旋灭。《楚辞》淮南小山《招隐士》即有“王孙游兮不归,春草生兮萋萋”之句,可知春草自古就与思念远人紧密相连。加之此词语言本色而不雕琢,纯用口语,丽质天成。唐圭璋先生评价此作“即景生情,妙在无一字一句之雕琢,纯是自然流露,风神秀绝”。

**【思考与练习】**

此词写得平白如话,但浅中见深,平中见奇,令人回味。你可结合自己喜欢的句子分析之。当下许多流行歌词也平白如话,可是却浅到底、俗到底,没有任何值得回味的地方,你也可分析一下原因。

# 八声甘州

柳　永

**【题解】**

本词选自《全宋词》。作者柳永,生卒年不详,字耆卿,原名三变,福建崇安人。仁宗景祐初进士,官至屯田员外郎,世称柳屯田。柳永一生落拓不遇,遂流连坊曲,独擅于词,所作多反映中下层市民生活和自己的身世穷愁之感、羁旅行驿之愁。柳永是北宋第一个民间职业词人,也是大量创制慢词的第一人。其词工于铺叙,音律和谐,善用口语、俚语,通俗晓畅,影响深远。有《乐章集》。

对潇潇暮雨洒江天,一番洗清秋[①]。渐霜风凄紧,关河冷落,残照当楼。是处红衰翠减,苒苒物华休[②]。惟有长江水,无语东流。　　不忍登高临远,望故乡渺邈,归思难收。叹年来踪迹,何事苦淹留?想佳人、妆楼颙望,误几回、天际识归舟[③]。争知我、倚阑干处,正恁凝愁[④]!

**【注释】**

① 潇潇:雨势急骤貌。

② 是处红衰翠减:到处花叶凋零。翠,一作"绿"。李商隐《荷花诗》:"此花此叶常相映,翠减红衰愁煞人。"苒(rǎn)苒句:谓景物逐渐衰残。苒苒,义同"荏苒",形容时光消逝。物华,美好的景物。

③ 颙(yóng)望:凝望,呆望。颙,一作"长"。"误几回"句:多少回错把远处驶来的船只当作所爱之人的归舟。谢朓《之宣城郡出新林浦向板桥》云:"天际识归舟,云中辨江树。"温庭筠《望江南》云:"过尽千帆皆不是。"此反用谢意而比温语曲折,失望之感更为突出。

④ 恁(nèn):如此,这么。

**【提示】**

本词于秋光中叹羁旅行役之苦、抒发离愁别绪,情景合一,境界高远,是柳永的代表作。

上片写景。用"对"字领起,以层层铺叙的笔法,描绘了萧飒苍茫的秋景。起首二句,交代登临的地点、时间、天气,写出清爽明净的秋江雨景。"渐霜风"三句,放眼万里河山,收至落日楼头,由下而上,笔势磅礴纵横。无边秋景,恰如渐渐袭来的寒风,直逼入作者之眼,更堆积于游子之胸,"是处"以下四句,则由远而近。前两句,写物华凋残,传悲秋之情思。后两句言江水"无语",暗喻游子语塞胸腔,却无人相语。下片抒情。先以"不忍"三句倾吐强烈的思乡之情。登高本为望乡,然有乡难归,有家未回,乡愁更添一重,遂"不忍登高临远"。"叹年来"二句,自叹自悲,何事飘零,冷暖自知!"想佳人"四句,遥想亲人苦盼,如痴如狂。从对方落笔,反衬游子思乡之切,更见二人心心相印。最后两句,以自己倚栏凝望的形象收束全篇,并呼应篇首。

**【思考与练习】**

1. 品味此词与柳永其他写羁旅别愁词的异同,体会此词的思想感情。
2. 苏轼曾云:“人皆言柳耆卿词俗,然如‘霜风凄紧,关河冷落,残照当楼’,唐人佳处,不过如此。”细细品味本词,谈谈你对苏轼之言的看法。

# ※老　樵

## 吕南公

**【题解】**

吕南公,生卒年不详,活动于北宋熙宁、元祐前后,字次儒。是曾巩的朋友,有《灌园集》,收入《四库全书》。这首古体诗通过对老樵担柴赶路、卖柴索价两个场面的描写,表现了下层百姓生活的困苦。“街东少年”和老樵家的“病妇”形成鲜明的对照。

何山老翁鬓垂雪,担负樵苏清晓发。
城门在望来路长,樵重身羸如疲鳖[①]。
皮枯亦复汗淋沥,步强遥闻气呜咽[②]。
同行壮俊常后追,体倦心烦未容歇。
街东少年殊傲岸,和袖高扉厉声唤[③]。
低眉索价退听言,移刻才蒙酬与半。
纳樵收值不敢缓,病妇倚门待朝爨[④]。

**【注释】**

① 羸(léi):瘦、弱。
② 步强:勉强赶路。
③ 和袖高扉:两手笼在袖子里,在大门口一站。
④ 爨(cuàn):烧饭。句意谓等米下锅。

# 唐崇徽公主手痕①

## 欧阳修

**【题解】**

欧阳修(1007—1072),北宋政治家、史学家、文学家,唐宋古文八大家之一。字永叔,号醉翁、六一居士,吉州吉水(今属江西)人。天圣进士。官馆阁校勘,因直言论事贬知夷陵。庆历中任谏官,支持范仲淹的“庆历新政”,被诬贬知滁州。官至翰林学士 、枢密副使、参知政事。王安石推行新法时,对青苗法有所批评。谥文忠。欧阳修在中国文学史上有重要的地位。他大力倡导诗文革新运动,改革了唐末到宋初的形式主义文风和诗风,荐拔和指导了王安石、曾巩、苏洵、苏轼、苏辙等散文家,对他们的散文创作发生过很大的影响。他的文风一直影响到元、明、清各代。欧阳修的诗歌创作成就虽不及散文,但也很有特色。他在一些诗中议论时事,抨击腐败政治,也以诗抒写个人情怀和山水景物。诗作风格多样。学习韩愈“以文为诗”,有议论化、散文化的特点。语言流畅自然。其词婉丽,承袭南唐余风。与宋祁合修《新唐书 》,并独撰《新五代史》。又喜收集金石文字,编为《集古录》,对宋代金石学颇有影响。有《欧阳文忠集》。

故乡飞鸟尚啁啾,何况悲笳出塞愁。
青冢埋魂知不返,翠崖遗迹为谁留②。
玉颜自古为身累,肉食何人与国谋③。
行路至今空叹息,岩花野草自春秋。

**【注释】**

① 崇徽公主:唐代宗时与回鹘和亲,以崇徽公主嫁其可汗。《唐会要》卷六载:“公主,仆固怀恩女,大历四年五月二十四日出嫁回鹘可汗。”手痕:在今甘肃灵台。传说公主出嫁回鹘时,路经此地,以手掌托石壁,遂有手痕。

② 青冢:原指西汉时期远嫁匈奴的王昭君之墓,此处代指崇徽公主的埋身之地。诗人沿用了杜甫歌咏王昭君的“环佩空归月夜魂”(《咏怀古迹》)诗意,表达了对崇徽公主远嫁回鹘的深深同情。

③ 玉颜:代指美丽的女子。肉食何人:肉食人,居官享俸者。

**【提示】**

这首诗表达了欧阳修对崇徽公主远嫁的同情,并且触及这个悲剧发生的政治原因,启发人们对这些女子的个人悲剧加以政治上的思考,激起人们对许多只在其位不谋其政的肉食者的愤慨。首联以鸟的“啁啾”声和“悲笳”声衬托出当年崇徽公主远嫁时的凄凉情景,“何况”进一步加强凄凉气氛。颔联“青冢”代指崇徽公主的埋身之地,“魂”,让诗情在凄凉之中增添了深婉幽怨的色彩。唐朝因借助回鹘之力平定了“安史之乱”,承应了许多屈辱的条件。后来回鹘不断骚扰唐朝疆土,奸淫抢掳,以至于威逼与崇徽公主成亲。崇徽公主不愿远嫁,但代宗软弱,朝纲不振,不得不向外屈服,实行和亲政策。宫廷中的女子,上至公主、下至宫女,都没有自我选择的余地,从王昭君到崇徽公主,他们的命运无不与当政者的政治相关联,最后沦为政治的牺牲品。作者此处并非一味怀古,而是意在借古讽今,隐晦地痛斥苟且偷安、忍辱求和的宋家王朝,只不过作者借崇徽公主和亲之事,抒发内心的愤懑之情。颈联对"玉颜"反为"身累","肉食"不与"国谋"的矛盾现象发出尖锐犀利的诘问,深切痛快,发人深省,古今罕见。故《朱文公语录》推崇这段议论道:"以诗言之,第 一等诗;以议论言之,第一等议论也。"末联,作者笔锋一转,发出了一声无奈的叹息。一年又一年,行人从"青冢"边路过,叹息之情萦绕心怀,而路边的"岩花野草"依然年复一年的春生秋落,历史就是如此循环往复,令人怅惘又无奈。

【思考与练习】

1. 如何理解"玉颜自古为身累,肉食何人与国谋"这句话的深刻含义。

2. 结合王昭君、崇徽公主等和亲女子的故事,谈谈你对封建社会中这种外交政策的认识。

# 超然台记

## 苏　轼

**【题解】**

本文选自《苏轼文集》。苏轼(1037—1101)字子瞻,号东坡居士,四川眉州人。与其父苏洵、弟苏辙同列唐宋八大家。宋仁宗嘉祐二年(1057)进士。

神宗时因与主持新政的王安石政见不合,自请外放,出为杭州通判,后改知密州(山东诸城)、徐州(江苏徐州)、湖州(浙江湖州)。元丰二年(1079),御史劾以作诗讪谤朝廷,贬为黄州(湖北黄冈)团练副史(副武官)。哲宗元祐间,被召回京,累迁翰林学士。后因与司马光政见不合,出知杭州。绍圣初,又以为文讥刺先朝罪名先后远谪广东定州、惠州、儋州。1100年,徽宗继位,苏轼得以北归。次年病逝江苏常州。南宋时谥文忠。苏轼任地方官期间,关心百姓生计,颇有政绩。苏轼在文学艺术等多个方面都有杰出成就。其文与欧阳修并称"欧苏",其诗与黄庭坚并称"苏黄",其词与辛弃疾并称"苏辛"。书法绘画亦为世所珍视。苏轼的作品多大气磅礴,风格豪迈,个性鲜明,理趣横生,对后世影响十分深远。

苏轼一生在新党与旧党的斗争中几经沉浮、屡受挫折打击,但他性格乐观开朗,襟怀坦荡磊落,始终对生活充满热情。他逆境中求生存,抑郁中求达观的人生态度堪为后世子孙学习。

凡物皆有可观。苟有可观,皆有可乐,非必怪奇玮丽者也。铺糟啜醨,皆可以醉,果蔬草木,皆可以饱。① 推此类也,吾安往而不乐?

夫所谓求福而辞祸者,以福可喜而祸可悲也。人之所欲无穷,而物之可以足吾欲者有尽。美恶之辨战乎中,而去取之择交乎前,则可乐者常少,而可悲者常多,是谓求祸而辞福。夫求祸而辞福,岂人之情也哉?物有以盖之矣。② 彼游于物之内,而不游于物之外;物非有大小也,自其内而观之,未有不高且大者也。彼挟其高大以临我,则我常眩乱反覆,如隙中之观斗,又焉知胜负之所在?③ 是以美恶横生,而忧乐出焉;可不大哀乎!

余自钱塘移守胶西,释舟楫之安,而服车马之劳;去雕墙之美,而蔽采椽之居;背湖山之观,而行桑麻之野。④ 始至之日,岁比不登,盗贼满野,狱讼充斥;而斋厨索然,日食杞菊,人固疑余之不乐也。处之期年,而貌加丰,发之白者,日以反黑。⑤ 余既乐其风俗之淳,而其吏民亦安予之拙也,于是治其园圃,洁其庭宇,伐安丘、高密之木,以修补破败,为苟全之计。⑥ 而园之北,因城以为台者旧矣;稍葺而新之,时相与登览,放意肆志焉。南望马耳、常山,出没隐见,若近若远,庶几有隐君子乎?⑦ 而其东则卢山,秦人卢敖之所从遁也。⑧ 西望穆陵,隐然如城郭,师尚父、齐桓公之遗烈,犹有存者。⑨ 北俯潍水,慨然太息,思淮阴之功,而吊其不终。⑩ 台高而安,深而明,夏凉而冬温。雨雪之朝,风月之夕,余未尝不在,客未尝不从。撷园蔬,取池鱼,酿秫酒,瀹脱粟而食之。⑪ 曰:乐哉游乎!方是时,余弟子由适在济南,闻而赋之,且名其台曰"超然"。以见余之无所往而不乐者,盖游于物之外也!

**【注释】**

① 铺(bù):吃。醨(lí):薄酒。

② 盖:掩盖、蒙蔽。

③ 眩:眼花缭乱。

④ 钱塘:县名,为杭州府治所在地。苏轼曾为杭州太守,衙署在钱塘。胶西:山东胶河以西的胶县、高密等地。这里指密州,治所在山东诸城。雕墙:用彩画装饰的墙壁。

⑤ 期(jī):年:满一年。

⑥ 安丘、高密:都是县名,今属山东。苟全之计:指临时性的修整计划。

⑦ 马耳山:在山东诸城西南五十里,蜂形如马耳。常山:在诸城南二十里。传说秦、汉间有很多高士隐居于此。

⑧ 卢敖:战国时燕人,后被秦始皇任为博士,使入东海求仙人不得,逃至卢山隐居。卢山本名故山,以卢敖得名,据说山上有卢敖洞。

⑨ 穆陵:关名,故址在山东临朐县东南沂山上。师尚父,姓吕氏,名尚,又名姜尚,姜太公,字子牙。商朝末年人,先后辅佐文王和周武王,并帮助武王伐纣,灭亡商朝。是西周的开国元勋和齐国的缔造者,西周初年被周文王封为"太师",并被尊为师尚父。齐桓公:名小白,春秋五霸之一,公元前685年—前643年在位。遗烈:功绩。

⑩ 潍水:在山东的东部安丘五十里。秦末,韩信击齐,楚将龙且率兵二十万救齐,韩信决沙袋,河水猛涨,龙且兵溃。韩信曾封淮阴侯,后被吕后所杀。

⑪ 秫(shú)酒:黄米酒。瀹(yuè):煮。

**【提示】**

本文写于密州任上。全文探讨的是"物"与"乐"的关系。主要围绕只要能超然物质利益之外,便能无往而不乐这一中心思想议论抒情。一开头就提出"凡物皆有可观,苟有可观,皆有可乐"的观点。先讲福与祸之间的关系和人们对物质利益应取的态度,指出一味"求福而辞祸"便可以转化为"求祸而辞福",这是因为物皆有尽而人欲无穷。解决的办法只能限制人的欲望,无视物的大小,"游于物之外"而勿"游于物之内",否则就会在物质利益诱惑下,乱了方寸,自讨苦吃。"游",从庄子《逍遥游》来,带有强烈的审美意蕴。被物质利益束缚的游,是不自由的游,拘束的游,有限的游,营营的游;超然物质利益之外的游则是自由的游、真正的游、无穷的游、逍遥的游。接着写自己在密州安朴守拙、悠然自得的生活情趣,描绘了一幅官民相安的画图。再接着写在这种人生意趣中修补破败、整治旧台、放意肆志的情景。登斯台,心骛八极,与古贤人相会,可谓"心旷神怡,宠辱皆忘"。可见苏轼的安朴守拙并不是抱残守缺,而是在现有的条件下积极主动去创造,由此可看出他对生活的热情与乐观旷达的人生态度。正因为有这样积极的人生态度,故简陋的土台能够给他带来别人感受不到的快乐:一乐风景好;二乐朋友多;三乐园蔬池鱼秫酒脱粟之美。最后写其弟为台取名为"超然",并照应文章开头。全文都是在庄子辩证思想和佛道淡泊虚静的人生理念中建构的。

文章结构严密,自然流畅简洁。说理与抒情融为一体,兼有写景。在洒脱旷达的情怀中含有一种深沉的哲理思索。

**【思考与练习】**

1. 找出全文的中心词、中心句。

2."游于物之内"与"游于物之外"有什么不同?谈谈你的认识。

3.苏轼的诗文常充满哲理,请试以本文为例做一分析。

4.阅读苏轼在黄州写的《定风波》和《承天寺夜游》:

## 定风波

三月七日，沙湖道中遇雨，雨具先去，同行皆知狼狈，余独不觉。已而遂晴。故作此。

莫听穿林打叶声，何妨吟啸且徐行。竹杖芒鞋轻胜马，谁怕？一蓑烟雨任平生。　料峭春风吹酒醒，微冷，山头斜照却相迎。回首向来萧瑟处，归去，也无风雨也无晴。

## 承天寺夜游

元丰六年十月十二日夜，解衣欲睡，月色入户，欣然起行。念无与为乐者，遂至承天寺寻张怀民。怀民亦未寝，相与步于中庭。庭下如积水空明，水中藻荇交横，盖竹柏影也。何夜无月？何处无竹柏？但少闲人如吾两人者耳。

《超然台记》主要是就在密州为官的感受而立论，《定风波》与《承天寺夜游》主要是就眼前的景物而写，三文反映出的人生态度是否相通？并谈谈这种相通之处与作者的人生经历、人生态度、个性气质之间的密切联系。人的一生总会遇到坎坷与烦恼，人处在坎坷与烦恼中时，要学会自我解脱。自我解脱，实际上是一种人生态度，结合以上作品对苏轼的人生态度作一评价。

# 孤雁儿

## 李清照

**【题解】**

本篇选自《全宋词》。李清照(1084—1155?)号易安居士,山东章丘(今属山东济南)人,是我国历史上杰出的女词人。父李格非为当时著名学者,少时就受到良好的文化教育。夫赵明诚为金石考据家,两人共同致力于书画金石的搜集整理并时常互相唱和。金兵入据中原,夫妇相继南渡,明诚病死,李清照独自一人在杭州、金华一带漂泊,晚境极其孤苦。所作词,前期多写其悠闲生活、自然风物及离别之思,词风清丽明快;后期多写家破人亡之痛,有时也表现对中原的怀念,情调感伤凄婉,形式上善用白描手法,自辟途径,语言清丽。论词强调协律,崇尚典雅、情致,提出词"别是一家"之说,反对以诗文之法作词。并能诗,留存不多,部分篇章感时咏史,情辞慷慨,与其词风不同。有《易安居士文集》《易安词》,已散佚。后人有《漱玉词》辑本。今人有《李清照集校注》。

世人作梅词,下笔便俗。予试作一篇,乃知前言不妄耳。

藤床纸帐朝眠起,说不尽、无佳思①。沉香断续玉炉寒,伴我情怀如水②。笛声三弄,梅心惊破,多少春情意③。　　小风疏雨萧萧地,又催下、千行泪④。吹箫人去玉楼空,肠断与谁同倚⑤?一枝折得,人间天上,没个人堪寄。

**【注释】**

① 纸帐:纸制之帐。这里的床,指用藤竹编成的轻便单人床。帐,是指当时在文人高士中流行的一种特制的用坚韧的茧纸作的帐子。

② 玉炉:玉制香炉,也泛称高级香炉。

③ 三弄:古笛有《梅花三弄》。

④ 萧萧:《花草粹编》作"潇潇"。

⑤ 吹箫人:《列仙传》载:秦穆公之女弄玉向萧史学吹箫,结为夫妇,穆公为之作台,后双双骑凤凰登仙。肠断:指人极度哀伤,柔肠愁断之意。

**【提示】**

《孤雁儿》原名《御街行》,出自柳永《乐章集》。《古今词话》无名氏《御街行》词有"听孤雁声嘹唳"句,故更名《孤雁儿》。

此词虽云梅词,实际上系借梅抒怀人之思。

上片,由"朝眠起"听笛引起"春情意"。床、帐、香炉,是一般闺情词的常见意象,此词也从这些物事写起,渐次写入抒情主人公的内心世界。宋人林洪在《山家清事》的"梅花纸帐"条目中描写道:于独床四周立柱,挂瓶,插梅数枝;床后设板,可靠以清坐;床角安竹书柜,床前置香鼎;床上有大方目顶,用细白楮(纸的代称)作帐罩之。词咏梅而从纸帐着笔,很可能指的就是"梅花纸帐”。这种床帐，暗示着主人清雅淡泊的志趣。此处床帐喻抒情主人公简陋的生活，在简陋清贫之中充满“无佳思”的幽怨。以下写香。炉寒香断，渲染了一种凄冷的心境。“薄雾浓云愁永昼，瑞脑销金兽”(李清照《醉花阴》)展示的那种朦胧而甜蜜的惆怅已经消失，只有似断仍连的袅袅微香，伴随她绵长、凄清的似水情怀。沉寂中，是谁吹起了梅花三弄？它惊破梅心，预示了春的消息，也吹燃了词人深埋心中的思念之情。“春情”此处指思夫思乡之情。

下片，由天气景象引起“人去玉楼空”之叹，并承上片之梅韵抒发“人间天上”的悲伤。充弥天地的是萧萧的小风疏雨，雨又化作了泪！尽管大自然按照自己的规律，冬尽春来，而生命的春天，却已随“吹箫人去”。引用萧史之典，暗示她以往夫唱妇随的幸福生活，突出今天“人去楼空”的悲伤。最后落题怀人。既化用陆凯“折梅逢驿使，寄与陇头人。江南无所有，聊赠一枝春”诗意，又承上片的《梅花三弄》之曲。词人与丈夫阴阳之隔，纵有红梅报春，但天上人间，又如何传递春的消息！

显然，这首词写于李清照晚年，赵明诚去世之后，开咏梅词之生面。全词以“梅”为线索，相思之情，被梅笛挑起，又因折梅无人堪寄而陷入无可排释的绵绵幽恨之中。

**【思考与练习】**

阅读下面李清照的《武陵春》：

风住尘香花已尽，日晚倦梳头。物是人非事事休，欲语泪先流。　　闻说双溪春尚好，也拟泛轻舟。只恐双溪舴艋舟，载不动许多愁。

这两首词，一写早春，一写暮春。但抒发的愁情却是一致的。请分析各自的妙处。

# ※汉宫春

## 葛长庚

**【题解】**

葛长庚(1194—?),南宋著名道士,字如晦,号海琼子,自取道名曰玉蟾。祖籍福建闽清,生于琼州(今海南海口市)。能诗赋,又长于作画。为道教内丹理论家。其内丹学说的中心为"精""气""神"说。其理论多融佛家与理学思想。

潇洒江梅,似玉妆珠缀,密蕊疏枝。霜风应是,不许蝶近蜂欺。嫣然自笑,与山礬[①]、共水仙期。还亦有、青松翠竹,同今凛冽年时。　　何事向人如恨,带苍苔,半倚临水荒篱。孤山嫩寒放晓,尚记前诗。黄昏顾影,说横斜、清浅今谁。[②]他自是,移春手段,微云淡月应知。

**【注释】**

① 山礬:花名,今称山矾。初春开花,花白而香,叶密枝肥,木高数尺。

② 下阕用的是北宋隐逸诗人林逋之典。林逋终生未仕,也未有妻室。隐居杭州孤山,20年不曾下山,以赏梅养鹤为乐事,人称"梅妻鹤子"。工于行书,诗亦多奇句。其《山园小梅》是咏梅诗之精品,历代文人争相吟诵和引用。诗为:"众芳摇落独暄妍,占尽风情向小园。疏影横斜水清浅,暗香浮动月黄昏。霜禽欲下先偷眼,粉蝶如知合断魂。幸有微吟可相狎,不许檀板共金樽。"

# 念奴娇①

## 辛弃疾

**【题解】**

本词选自《稼轩长短句》。辛弃疾（1140—1207），南宋杰出词人，字幼安，号稼轩，历城（今属山东济南）人。出生时，山东已为金人占领，二十一岁参加抗金义军。二十二岁时，带领五十人马，于五万金兵中俘获叛徒张安国，星夜兼程，投归南宋，历任湖北、江西、湖南、福建、浙东安抚使等职，在任职期间，采取积极措施，招纳流亡，训练军旅，打击豪强，安定民生。辛弃疾一生坚决主张抗金北伐，以恢复中原为己志，矢志不渝，为此屡遭朝中主和派的排挤与打击，曾落职闲居江西上饶、铅山一带前后达二十年之久。晚年韩侂（tuō）胄当政，他以六十四岁再起为浙东安抚使、镇江知府，不久罢归。辛弃疾是南宋最伟大的爱国词人，其词着力抒写渴望统一的报国热情，倾诉壮志难酬的抑郁悲愤，闲居后也写了一些脍炙人口的田园词，与苏轼并称为“苏辛”。词风多样，或慷慨豪迈，或沉郁悲壮，或清新自然，或婉转细腻，有《稼轩长短句》传世。

登建康赏心亭，呈史留守致道。

我来吊古，上危楼，赢得闲愁千斛。虎踞龙蟠何处是②？只有兴亡满目。柳外斜阳，水边归鸟，陇上吹乔木。片帆西去，一声谁喷霜竹③。　　却忆安石风流，东山岁晚，泪落哀筝曲④。儿辈功名都付与，长日惟消棋局⑤。宝镜难寻，碧云将暮，谁劝杯中绿⑥？江头风怒，朝来波浪翻屋。

**【注释】**

① 赏心亭：位于建康下水门城上，宋代丁晋公谓创建。《景定建康志》卷二十二载：“赏心亭在下水门之城上，下临秦淮，尽观览之胜。”呈史留守致道：一作“呈史致道留守”。史致道为当时建康行宫留守。

② 虎踞龙蟠：形容建康地势险要、气势峥嵘，据《金陵图经》记载，“石头城在建康府上元县西五里。诸葛亮谓吴大帝曰：'秣陵地形，钟山龙蟠，石城虎踞，真帝王之都也。'”

③ 霜竹：秋天之竹，借以指笛。

④ “却忆”三句：言谢安一代风流，晚年仍不免忧谗畏讥，致有泪落哀筝之悲。安石：即谢安，字安石，东晋杰出政治家。风流：指谢安风采照人，英才盖世。东山岁晚：此处以东山代指谢安，安早年无意仕宦，寓居于会稽东山（今浙江上虞西南），与王羲之、支遁、许询等人一道寄情山水、吟咏诗文，过着隐逸闲居生活，直至升平四年八月出任征西大将军桓温的司马一职，当时年已四十了。泪落哀筝曲：《晋书·桓伊传》记载，孝武帝末年，谢安因功高权重受到猜忌，一次孝武帝设宴款待大将桓伊，谢安在座，桓伊擅长弹筝，在席上为孝武帝唱一曲《怨诗》：“为君既不易，为臣良独难。忠信事不显，乃有见疑患。”借以表白谢安对皇帝的忠心和忠而见疑的委屈，声节慷慨，谢安深受感动，泪下沾襟，孝武帝亦颇有愧色。

⑤ “儿辈”二句：公元383年前秦军南下，江东大震，谢安力持镇定，使弟谢石、侄谢玄等拒敌，于淝水一战大破前秦军。捷报传来，谢安正与客人下棋，阅后默然无言，继续下棋。客问之，他从容答道：“小儿辈遂已破贼。”

⑥ “宝镜”三句：隋末王度《古镜记》载，王度从汾阴侯生处得到一面古镜，能辟邪镇妖，携之外出，先后

照出老狐与大蛇所化之精怪，并消除了疫病，出现了一系列奇迹。后其弟王绩出外游历山水，借用古镜随身携带，一路上又消除了许多妖怪。最后王绩回到长安，把古镜还给王度。后古镜自匣中突然失踪。又，唐李濬《松窗杂录》载，有渔人于秦淮河得一古铜镜，能照见五脏六腑，渔人大惊，失手将宝镜坠入水中，后遍寻不得。

【提示】

东汉末的王粲作了一篇《登楼赋》以后，登楼望乡、登楼怀古等就成了文人常写的题材。辛弃疾这首吊古伤今之词，约作于乾道四年(1168)或五年(1169)。乾道三年(1167)抗战派人物史致道知建康府事，兼沿江水军制置使兼提举学事，其时辛弃疾任建康府通判。

上片叙登楼所见，抒历史兴亡之慨。起句突兀苍凉，词人为吊古而来却"赢得闲愁千斛"。辛弃疾好用"闲愁"抒怀，《摸鱼儿·更能消几番风雨》结尾："闲愁最苦。休去倚危栏，斜阳正在烟柳断肠处。"两词"闲愁"，均用轻松笔调写请缨无路、报国无门之大愁。"千斛"极见愁情之深重。接下来落实"吊古伤今"。六朝的帝王曾凭借建康"虎踞龙盘"的险要形势，做过一番大业，但今天王者气象已黯然不存，惟有留下的兴废遗迹令人不胜盛衰之叹。显然词人是借六朝以说北宋，"兴亡满目"也偏重于说亡。主和派压制主战派，焉能不亡？再接着，描绘极目所见，渲染一种极其悲凉凄楚的气氛。情哀则景哀，所有的景物都著上了抒情主人公主观的感情色彩。下片用典。"却忆安石风流"几句化用谢安典故，借谢安曾经忠而被谤、信而见疑的经历，抒写自己相似的人生悲慨，表达自己之心曲。此时词人归宋已经六年，因为归正人的身份为朝廷见疑而不得重用。词中写谢安听哀筝落泪，实际是借古人酒杯浇自己之块垒，曲折隐晦地表达未见重用、志不得伸的情怀。"小儿辈遂已破敌"之典本意在于表现谢安之从容风度，这里词人只取其字面含义，说谢安将功业悉数交付儿辈，沉溺棋局中不问世事。实际是借以表达自己收复中原的壮志未酬、虚度年华的愁苦心曲。接下来，词人用宝镜之典。喻宝镜失而难寻，自己的报国忠心无人查鉴，而主和派的投降阴谋也不能昭然天下。光阴荏苒，更无人一起饮酒消愁。结末，词意更进一层，从赏心亭极目远眺，但见江头风大浪急，有使房屋倾倒之势，暗喻国势岌岌可危。姜夔说："一篇全在结尾，如截奔马。"

【思考与练习】

1. 此词上片写景吊古，下片以典抒怀。全词豪放中见沉郁，谈谈你的看法。
2. 词人用典，或自比，或他比，大多是为了抒发胸怀。仔细品味此词的用典，说说它们的含义。

# 水调歌头①·泛湘江

## 张孝祥

**【题解】**

本词选自《全宋词》。张孝祥(1132—1169),字安国,乌江(今安徽和县)人。宋高宗时,考取进士第一。累迁中书舍人、直学士院、领建康留守,后任荆南、荆湖北路安抚使,他的一些措施在当时受到了老百姓的欢迎。张孝祥是南宋初年一位积极主张抗金,有抱负有理想的词人,他的词作含蕴而俊爽,空灵而有奇气。有《于湖集》一卷。

据《宋史》记载,宋孝宗乾道元年(1165),张孝祥在广南西路(今广西和广东西南部及海南一带)经略安抚使任上"治有声绩",被谗言落职,宋孝宗乾道二年(1166),他从桂林罢官北归,此词正是作者北归途中,在湘江上泛舟时的作品。

泛湘江

濯足夜滩急,晞发北风凉②。吴山楚泽行遍,只欠到潇湘③。买得扁舟归去,此事天公付我,六月下沧浪④。蝉蜕尘埃外,蝶梦水云乡⑤。　制荷衣,纫兰佩,把琼芳⑥。湘妃起舞一笑,抚瑟奏清商⑦。唤起九歌忠愤,拂拭三闾文字,还与日争光⑧。莫遣儿辈觉,此乐未渠央⑨。

**【注释】**

① 水调歌头:词牌名。相传隋炀帝开汴河时曾制《水调歌》,唐人演为大曲。《歌头》是大曲开始的第一章。

② 濯足:《楚辞·渔父》:"沧浪之水浊兮,可以濯吾足。"濯,洗。晞:晒干。《楚辞·少司命》:"晞汝发兮阳之阿。"北风凉:语出《诗经·邶风·北风》:"北风其凉。"这两句均表示高洁。

③ 吴山楚泽:泛指南方的山水。潇湘:潇、湘,湖南二水名,合流后称湘江。

④ 沧浪:水名。《楚辞·渔父》里有《沧浪歌》,这里借指湘江。

⑤ "蝉蜕"句:语出《史记·屈原贾生列传》,意思是以蝉脱皮,浮游于尘埃之外,赞美屈原为人不肯同流合污。作者用此借以自喻。"梦蝶"句:语出《庄子·齐物论》:"昔者庄周梦为蝴蝶,栩栩然蝴蝶也。"作者用此典,以表示自己放浪于江湖之间的闲适心情。

⑥ 制荷衣:用荷叶制成衣服。《楚辞·离骚》:"制芰荷以为衣兮,集芙蓉以为裳。"纫兰佩:把兰草串起来佩带。《楚辞·离骚》:"扈江离与辟芷兮,纫秋兰以为佩。"把琼芳:手里拿着美丽的花草。语出《楚辞·东皇太一》:"瑶席兮玉瑱,盍将把兮琼芳。"

⑦ 湘妃:指《楚辞·九歌》里《湘君》《湘夫人》两篇中的女神。相传是舜帝的两位妃子,后来自沉湘江而死,故称湘妃。清商:悲哀的调子。

⑧ 九歌:本是屈原作品的篇名,此处用来泛指屈原的作品。忠愤:指屈原因忠被谤而愤怨的心情。三闾:指屈原,他曾做过三闾大夫,故称。

⑨ "莫遣"句:典出《世说新语·言语》记王羲之曰:"年在桑榆,自然至此,正赖丝竹陶写,恒恐儿辈觉,损欣乐之趣。"意指词人正陶醉于游湘江的幻境中,惟恐有人打扰。未渠央:无尽。

**【提示】**

当时词人正落职北归经过湘江，正是仕途失意之时，所以他很自然地想起了遭际与自己有几分相似，同时又与洞庭有着特殊关系的历史名人——屈原。词人以独特的艺术视角，化用《楚辞》和《史记·屈原贾生列传》里的语意，既赞美了屈原的高洁情怀，又展示了自己的怨愤不平，和愿把富贵功名、宠辱得失抛到九霄云外的超然心志。

词的开头“濯足”二句，化用屈原作品的词语，既借以表示了自己高洁的情怀，又切合舟行途中的情景。“吴山”二句抒发了作者渴望到潇湘的心愿，而“六月下沧浪”正好给了词人一次实现理想的机会。接下来，词人角度一转，借用典故和屈原作品的成句，抒写了自己愿像屈原一样处浊世而不同流的志趣和旷达自适的心情。结尾二句将失意的怨愤寓于欢乐的氛围中，余韵不尽。

**【思考与练习】**

1. 指出这首词哪些句子是化用《楚辞》而来的，它们在该词中表达的是什么意思，有什么样的作用。
2. 阅读下面这首张孝祥的词，结合课文谈谈张孝祥词的艺术特色。

**浣溪沙**

霜日明霄水蘸空，鸣鞘声里绣旗红，淡烟衰草有无中。　万里中原烽火北，一尊浊酒戍楼东，酒阑挥泪向悲风。

# 长歌行[①]

## 陆　游

**【题解】**

陆游(1125—1210),南宋诗人。字务观,号放翁,越州山阴(今浙江绍兴)人,12岁即能诗文。宋高宗绍兴二十三年试礼部,名在前列,因语触秦桧而被黜免,直至秦桧死后,35岁方始出仕。宋孝宗时赐进士出身。陆游具有多方面文学才能,尤以诗的成就为最,在生前即有"小李白"之称。自言"六十年间万首诗",今尚存九千三百余首。陆游是我国伟大的爱国诗人,爱国是他诗歌创作最重要的主题。他的爱国诗抒写抗金杀敌的豪情和对敌人、卖国贼的仇恨,风格雄奇奔放,沉郁悲壮。他也写有一些隐逸情趣的诗,风格清新淡泊。陆游亦工词,词作量不如诗篇巨大,但和诗同样贯穿了气吞残虏的爱国主义精神。陆游不仅是南宋一代诗坛领袖,而且在中国文学史上享有崇高地位。一生著述丰富,有《剑南诗稿》《渭南文集》等数十种存世。

人生不作安期生,醉入东海骑长鲸;
犹当出作李西平,手枭逆贼清旧京[②]。
金印煌煌未入手,白发种种来无情[③]。
成都古寺卧秋晚,落日偏傍僧窗明[④]。
岂其马上破贼手,哦诗长作寒螀鸣[⑤]?
兴来买尽市桥酒,大车磊落堆长瓶[⑥]。
哀丝豪竹助剧饮,如巨野受黄河倾[⑦]。
平时一滴不入口,意气顿使千人惊。
国仇未报壮士老,匣中宝剑夜有声[⑧]。
何当凯旋宴将士,三更雪压飞狐城[⑨]。

**【注释】**

① 长歌行:乐府旧题,属平调曲。

② 这二句是说,人生在世,不能出世成仙,应当为国破敌。安期生:古时仙人。《史记·封禅书》:"臣尝游海上,见安期生。安期生食巨枣,大如瓜。安期生仙者,通蓬莱中,合则见人,不合则隐。"枭:枭首,杀头后将头高挂在木杆上。唐德宗建中四年(783),朱泚反叛,占据首都长安,次年,李晟(西平)收复长安,朱泚被杀。逆贼:本指朱泚,这里暗喻金人。清:肃清。旧京:故都,本指长安,这里暗喻北宋汴京。

③ 这两句是说,功名未就,而年齿已衰。金印:古代文武大臣所佩黄金印信。煌煌:光辉的样子。种种:头发短的样子。

④ 秋:一作"旧"。偏傍:偏偏靠近。傍,一作"照"。

⑤ 这两句话是说,难道像我这样能上马破敌的人,就只好老是吟咏一些像寒蝉悲鸣那样凄楚的诗吗?岂其:表示反诘语气。岂:难道。手:这里指人,以部分代全体。哦:吟咏。寒螀:一种体形较小,呈青

红色的蝉。

⑥ 兴来:酒兴起来。市桥:成都濯锦江上的一座桥。磊落:错落不齐的样子。长瓶:指酒瓶。

⑦ 哀丝豪竹:动听的管弦乐。哀:即悲。豪:即壮。喻指诗人跌宕起伏的心情。剧饮:痛饮。巨野:巨野泽。古时今山东巨野境内的大湖泊。据《史记·河渠书》记载,汉武帝元光年间(前134—前129),黄河从瓠子决口,水向东流,注入巨野泽。这里用来形容剧饮,有如黄河决口,注入巨野。

⑧ 匣:指剑鞘。有声:传说宝剑可以通灵,在匣中能够自己发出声音表示斗志或警戒。

⑨ 这两句是说,什么时候部队能够收复失地,哪怕是三更天下着大雪,也要大摆庆功宴。何当:如何能。飞狐:古代关隘名,在今河北涞源,当时被金人占领。

**【提示】**

此诗被称作是陆诗的“压卷”之作。淳熙元年(1174)九月,陆游离蜀州通判任,回成都,客居僧寺多福院作此诗,当时诗人五十岁。诗的中心句为“手枭逆贼清旧京”。全诗都是围绕这一爱国主题展开。“不作”“犹当”点明了自己报国志向和情怀,气势激昂。接着逆转,写自己还未能像李晟那样得到指挥千军万马的“金印”,却已白发种种,只能闲居寺院打发时日。情感由高昂变压抑。“秋晚”“落日”句,不在写景象之恬静,而在将情感一抑再抑,突然又似烈马长啸,“岂其”的反诘句将诗情又推向高处:难道我这个马上破贼的战士,就只能无休止地像寒蝉悲鸣一样吟诗吗?再接着用一长串写酒的句子贯通意脉。抱负不能实现,悲愤需酒宣泄。“兴来”“顿使”,指郁积多时的悲愤到了非宣泄不可的时候。这一长串句子,极尽夸张之能事,气度似李白,寓意却大不一样。“国仇未报壮士老”直抒胸臆,与诗前边的“金印”“白发”句照应,诗情复跌,结末又高扬,抒发“烈士暮年,壮心不已”的复国之志。全诗在一个博大的境界和“凯旋”的幻想之中结束。

**【思考与练习】**

1. 结合陆游的身世与思想,分析此诗的情感起伏线索。
2. 假如没有写酒的六句诗,这首诗中抒情主人公的形象就逊色多了,分析这六句在全诗中的作用。在古诗词中,酒是一个不可或缺的意象,你还可以举几个其他诗例,认识诗中的酒文化,说说酒对形成诗歌风格的作用。

# [双调·夜行船]《秋思》[离亭宴煞][1]

## 马致远

**【题解】**

马致远(1250—1321),大都(今北京)人,元代前期著名的杂剧、散曲作家。其名不详,以字行于世,晚自号东篱,取效法陶渊明之意,一说字千里。青年时颇有政治抱负,但仕途坎坷;中年时始中进士,曾出任江浙行省务官,后在大都任工部主事;晚年淡泊名利,以清风明月为伴,自称"东篱本是风月主,晚节园林趣"。马致远在当时有"曲状元"之称,与关汉卿、郑光祖、白朴并称"元曲四大家"。他的杂剧作品见于著录的有15种,今存《汉宫秋》《荐福碑》《岳阳楼》《青衫泪》《陈抟高卧》《任风子》6种,另有与人合写的《黄粱梦》,其中历史剧《汉宫秋》是他的代表作。现存散曲作品总数超过关汉卿、白朴二人作品总和,近人辑为《东篱乐府》一卷,多表现愤世、恋情与自然风光等内容,风格豪放清逸,语言本色遒劲,其小令《天净沙·秋思》被誉为"秋思之祖"。

蛩吟罢一觉才宁贴,鸡鸣时万事无休歇[2]。争名利何年是彻[3]?看密匝匝蚁排兵,乱纷纷蜂酿蜜,急攘攘蝇争血。裴公绿野堂,陶令白莲社[4]。爱秋来时那些:和露摘黄花,带霜烹紫蟹,煮酒烧红叶。想人生有限杯,浑几个重阳节[5]?人问我顽童记者:便北海探吾来,道东篱醉了也[6]!

**【注释】**

① "夜行船":"双调"曲牌名。"秋思":是此套数的内容标题。这组套数是由以《夜行船》为总纲,下接《乔木查》《庆宣和》《落梅花》《风入松》《拨不断》等五支曲子和结尾的《离亭宴煞》所组成。

② 蛩(qióng):蟋蟀。宁帖:舒服,惬意。

③ 彻:了结,到头。

④ 裴公绿野堂:指裴度所筑的绿野草堂,裴度在唐宪宗时官至宰相,被封为晋国公,后因不满宦官擅权,于洛阳午桥筑别墅"绿野草堂",寄情山水,不问世事。陶令白莲社:指陶渊明隐居庐山之麓,与白莲社高贤交往。白莲社:东晋时,由庐山东林寺高僧慧远发起组织。

⑤ 浑:还有。

⑥ 此句意为:童子记着,不管是谁来看我,都说我醉了不能接待。"人问我顽童记者"句又作"嘱咐你个顽童记者"。记者:记着。者:语助词。北海:此处用孔融典故,东汉末北海太守孔融,生性好客,曾说:"座上客常满,樽中酒不空,平生愿足。"

**【提示】**

这是马致远[双调·夜行船]《秋思》套曲的最后一首。此曲可分为前后两层。前面一层表现纷纷扰扰的官场名利争斗,"看密匝匝"三句铺排而下,鼎足对的使用在句式上造成一种急促激荡之势,以蚂蚁排兵、蜜蜂酿蜜、苍蝇争血三个比喻形象地揭示出官场中人对名利的趋之若鹜与斗争的残酷无情。第二层表现远离官宦的山林高士的生活。作者连用裴公绿野堂和陶潜白莲社两个典故，表现淡泊恬静的心态，此外更集中笔墨描绘深秋景致和隐士生活："和露摘黄花"，三句，虽是取自于目前之景，但是赋予了这些景致晶莹剔透的美感，色彩绚丽，情致动人。前后两层展现了两种截然不同的人生境界：表明了作者彻悟人生之后对现实的彻底否定。

整首曲子辛辣地嘲讽了争名夺利的蝇营狗苟之徒，尖锐地指斥了元朝官场的黑暗，道出了当时许多正直的知识分子的心声，在民族压迫和阶级压迫极为残酷的元代，表现出深刻的现实批判意义。曲作更以其独特的艺术魅力，达到了元曲创作的高峰，备受推崇，成为千古名篇。元末便赢得了曲学专家周德清"万中无一"的美誉。

**【思考与练习】**

元代传统文人积极进取与超脱放旷重叠交织的悲剧性人格，在马致远的散曲创作中表现得最为鲜明突出。他的著名套数[双调·夜行船]《秋思》，在表面的放逸潇洒之下激荡着愤世嫉俗的深沉感情，具有强烈的现实针对性和批判意义。请结合该套曲中的另外两首（见下），谈谈你对这套被誉为"万中无一"的佳作的认识。

**[双调·夜行船]《乔木查》**

想秦宫汉阙，都做了衰草牛羊野。不恁么渔樵没话说。纵荒坟横断碑，不辨龙蛇。

**[双调·夜行船]《拨不断》**

利名竭，是非绝。红尘不向门前惹，绿树偏宜屋角遮，青山正补墙头缺；更那堪竹篱茅舍。

# [双调·雁儿落兼得胜令][1]《退隐》

## 张养浩

**【题解】**

张养浩(1270—1329)字希孟,号云庄,济南(今山东)人,他"幼年好学,读书不辍",二十岁被荐为东平(今属山东)学正。后历任县尹、监察御史、礼部尚书等官。为官清正廉明、直言敢谏。元英宗时曾上疏谏元夕内廷张灯为鳌山,后感仕途险恶,弃官归隐奉养老父。后朝廷七次征召,"皆不赴"。文宗天历二年(1329),关中大旱,特拜陕西行台中丞,前往救灾,到任四月,就积劳成疾,卒于任上。著有《云庄休君自适小乐府》,多为辞官归隐后所写,大多写寄情林泉之乐,但也不乏关怀民瘼(mò)之作,与一般市井勾栏作家不同。《太和正音谱》谓其曲"如玉树临风"。

云来山更佳,云去山如画。山因云晦明,云共山高下。倚仗立云沙,回首见山家[2]。野鹿眠山草,山猿戏野花。云霞,我爱山无价,看时行踏,云山也爱咱[3]。

**【注释】**

① 双调:宫调名。雁儿落兼得胜令:曲牌名,是由雁儿落、得胜令二曲连成的带过曲。

② 倚仗:同"倚杖",拄着拐杖。云沙:云海。山家:山那边的景象,家,通"价",估量某种光景的词,犹言这般、那般,这样、那样。

③ 行踏:行走。

**【提示】**

上曲围绕着云、山展开,句句写云山,而句句景致不同。白云缭绕之际山气缥缈空灵,白云散去之时山色清朗如画。山因云而明暗,云伴山而高低。构思巧妙而落笔不凡,深得云山的真趣,描绘了一幅云、山变幻流动的图画。下曲流露了作者不尽的陶醉之情。作者拄杖伫立于云山之际,回首而望,鹿眠山草,猿戏野花,野鹿悠闲,山猿嬉戏,一动一静,各适其性。最后四句直抒胸臆,云、山胜景,无论是静态的欣赏或者是动态的行踏都美不胜收。"无价"是得自然之真谛的中肯评价,汲汲于官场利禄的人是不能领悟大自然此等妙趣,也不能作出如此中肯的评价的。我爱山,山也爱咱,物我浑然一体、情景妙合无垠。曲中山、云二字反复出现,造成一种回环往复的隽永韵味,语言清新,流利自然。

**【思考与练习】**

1. 请将本曲与张养浩的名作[中吕·山坡羊]《潼关怀古》结合起来读,体会作家多样的风格。[中吕·山坡羊]《潼关怀古》:"峰峦如聚,波涛如怒,山河表里潼关路。望西都。意踟蹰,伤心秦汉经行处。宫阙万间都做了土。兴,百姓苦。亡,百姓苦。"
2. 唐李白《独坐敬亭山》诗云:"相看两不厌,只有敬亭山。"宋辛弃疾《贺新郎》词云:"我见青山多妩媚,料青山见我应如是。"请仔细体会上述诗词曲之间的审美意蕴。

# [黄钟·人月圆]《山中书事》[1]

## 张可久

**【题解】**

张可久，生卒年不详，字小山，约活动于1280年至1348年前后，元代散曲家。曾任过典史一类小吏，仕途不得意。平生好遨游，足迹遍及江南各地。晚年居杭州。有《苏堤渔唱》《小山乐府》等散曲集。今存小令855首，套数9篇，为元人中专攻散曲并存世作品最富者。他的散曲取材广泛，举凡写景抒怀、男女恋情、叹世归隐、咏物写景、酬唱赠答等文人生活的各个方面，几乎都有所涉及，其中不乏愤世嫉俗的悲叹怅恨之作。其中咏景之作最清且丽，华而雅，显示了散曲雅化的趋势。张可久享誉当时，是一代曲风转捩的关键人物。元代前期散曲崇尚自然真率，后期则追求清丽雅正，张可久以他的创作实践在这一转变中起了重要作用，他的作品在后期被视为典范。

兴亡千古繁华梦，诗眼倦天涯[2]。孔林乔木，吴宫蔓草，楚庙寒鸦[3]。数间茅舍，藏书万卷，投老村家[4]。山中何事？松花酿酒，春水煎茶。

**【注释】**

① 黄钟：宫调名。人月圆：曲牌之名。

② 诗眼：诗人的洞察力，眼中有诗情。倦天涯：走遍天涯都是如此。

③ 孔林：孔子的墓地，在今山东曲阜，因广有古树林木，故称孔林，相传树木为孔子弟子从各自的乡土携树所植。吴宫：三国时吴国的宫殿，李白《登金陵凤凰台》云："吴宫花草埋幽径，晋代衣冠成古丘。"此处化用其意。楚庙：战国时楚国的宗庙。

④ 投老：到老，告老。

**【提示】**

本曲题为"山中书事"，实为怀古之辞，并借历史兴亡抒写自己勘破世情、隐居山林的恬淡情怀。前五句咏史，起句总写千古兴亡盛衰之虚幻，气魄宏大，劈空飞来，一个"倦"字，背后隐藏着作者多少风尘奔波之苦与落拓不遇之悲。接着作者一连列举孔林乔木、吴宫蔓草、楚庙寒鸦三个意象，将古往今来一切煊赫的功业统统抹杀，对儒家圣贤孔子、天下三分时的吴国、春秋战国时期的南方大国楚国，都予以否定。后六句转入对隐逸与耕读生活的铺写："数间茅舍，藏书万卷"是作者的家产，"数间"与"万卷"相对照，显示出物质的清贫与精神的富有；"松花酿酒，春水煎茶"，是作者的生活，显示出身心的闲适与心境的淡泊。全曲将圣人、帝王的业绩与隐士的生活对照，抒发了不屑功名与宁静淡泊的人生志向和生活情趣。

**【思考与练习】**

1. 曲中熔铸前人诗、词典故而融化无迹，试加以分析。

2. 请将张可久的名作[中吕·卖花声]《怀古》与本曲结合起来阅读,体会其中的思想感情。

[中吕·卖花声]《怀古》:“美人自刎乌江岸,战火曾烧赤壁山,将军空老玉门关。伤心秦汉,生民涂炭,读书人一声长叹。”

# ※雪中登黄鹤楼

## 杨　基

**【题解】**

杨基(1322？—1378?),字孟载,号眉庵,元末明初苏州吴县(今江苏苏州)人。明太祖洪武元年,起为荥阳知县。六年,奉命使湖广。累官至山西按察使。后因为人进谗言而罢官。杨基善文章,兼工书画。与明初高启、张羽、徐贲称为“吴中四杰”。著有《眉庵集》。

黄鹤楼前水平岸,　春雪当空舞凌乱。
东风知我欲登楼,　助以琼瑶作奇观。
昔人黄鹤去不回,　我骑白凤横江来;
遥看历历汉阳树,　一色尽是梨花开。①
人间何处最奇绝,　百尺栏干满江雪。
气压滕王阁上云,　兴高庾亮楼中月。②
瀛洲咫尺非难到,　鹤背琪花落纱帽。
载酒谁能问谪仙,　题诗未必无崔颢。
江上得此清无敌,　顷刻银蟾荡瑶碧。
更看仙人紫衣裘,　卧听吕岩吹铁笛。③

**【注释】**

① 昔人黄鹤:取自于唐崔颢《黄鹤楼》之诗句:“昔人已乘黄鹤去,此地空余黄鹤楼。”下句的“历历汉阳树”取自崔颢《黄鹤楼》“晴川历历汉阳树”之诗句。历历,分明可数。

② 庾亮:东晋重臣,任征西将军时镇守武昌,曾于中秋之夜登临黄鹤楼之旁的南楼,与僚属们吟诗饮宴,谈笑甚欢。

③ 吕岩:字洞宾,号纯阳子,自称回道人,道教八仙之一,传说他在黄鹤楼前吹过铁笛。

# ※牡丹亭·游园

汤显祖

**【题解】**

汤显祖(1550—1616),字义仍,号若士,又号海若,自称清远道人。江西临川(今江西抚州)人。少年即享文名。三十四岁始中进士,先后任南京太常博士、礼部主事、浙江遂昌知县等职。因直言敢谏,不阿附权贵,故仕途多舛。四十七岁时愤而辞官。汤显祖是明代最杰出的戏剧家,他的"临川四梦"是中国戏剧史上的瑰宝,而尤以《牡丹亭》最为著名。《牡丹亭》又名《还魂记》,写杜丽娘为追求爱情因梦而死,死而复生,终于同书生柳梦梅结为夫妻的故事。《游园》是第十出《惊梦》中的前半段。作者通过杜丽娘要求冲破封建礼教牢笼的强烈愿望和对自由爱情的热烈追求,表达了"崇尚真性情,反对假道学"的进步思想。曲文典雅,富有情采,情节离奇,不落窠臼。作品重内容而反对死守格律,有浓厚的浪漫主义色彩。

[商调引子]【绕地游】[①](旦上)梦回莺啭,乱煞年光遍[②]。人立小庭深院。(贴)注尽沉烟,抛残绣线,恁今春关情似去年[③]?

〔乌夜啼〕(旦)"晓来望断梅关,宿妆残。[④](贴)你侧着宜春髻子,恰凭阑[⑤]。(旦)剪不断,理还乱,闷无端。(贴)已分付催花莺燕,借春看[⑥]。"(旦)春香,可曾叫人扫除花径?(贴)分付了。(旦)取镜台衣服来。(贴取镜台衣服上)"云髻罢梳还对镜,罗衣欲换更添香[⑦]。"镜台衣服在此。

【步步娇】袅晴丝吹来闲庭院,摇漾春如线[⑧]。停半晌,整花钿,没揣菱花,偷人半面,迤逗的彩云偏[⑨]。(行介)步香闺怎便把全身现!(贴)今日穿插的好[⑩]。

【醉扶归】(旦)你道翠生生出落的裙衫儿茜,艳晶晶花簪八宝填,可知我常一生儿爱好是天然[⑪]。恰三春好处无人见,不提防沉鱼落雁鸟惊喧,则怕的羞花闭月花愁颤[⑫]。

(贴)早茶时了,请行。(行介)你看:"画廊金粉半零星,池馆苍苔一片青。踏草怕泥新绣袜,惜花疼煞小金铃[⑬]。"(旦)不到园林,怎知春色如许!

【皂罗袍】原来姹紫嫣红开遍,似这般都付与断井颓垣。良辰美景奈何天,赏心乐事谁家院[⑭]!恁般景致,我老爷和奶奶再不提起。(合)朝飞暮卷,云霞翠轩;雨丝风片,烟波画船,——锦屏人忒看的这韶光贱[⑮]!

(贴)是花都放了,那牡丹还早。

【好姐姐】(旦)遍青山啼红了杜鹃,荼蘼外烟丝醉软[⑯]。春香呵,牡丹虽好,他春归怎占的先!(贴)成对儿莺燕呵。(合)闲凝眄,生生燕语明如剪,呖呖莺歌溜的圆。

(旦)去罢。(贴)这园子,委是观之不足也。(旦)提他怎的?(行介)

【隔尾】观之不足由他缱,便赏遍了十二亭台是枉然[⑰]。倒不如兴尽回家闲过遣。(作到介)(贴)"开我西阁门,展我东阁床[⑱]。瓶插映山紫,炉添沉水香[⑲]。"小姐,你歇息片时,俺瞧老夫人去也。(下)

**【注释】**

① [商调引子][绕地游]:商调是宫调的名称,相当于现代音乐中的D调或bE调。引子:是南曲中专用的曲调(北曲无引子),凡角色上场,一般先唱引子。[绕地游],就是属于引子的曲牌名。

② 乱煞年光遍:到处都是缭乱人心的春天景象。

③ 贴:"贴旦"的省称,次要的女脚色。沉烟:熏用的香料,即下文提到的沉水香,也叫沉香。

④ 乌夜啼:词牌名。明清传奇有时说白中也采用诗词的形式,交替吟诵。梅关:今江西大庾岭,从宋代开始,设有梅关。宿妆残:隔夜的梳妆已呈现残乱的样子。

⑤ 宜春髻子:相传立春那天,妇女剪采绸作燕子状,戴在髻上,上贴"宜春"两字。

⑥ 已分付催花莺燕,借春看:已经吩咐催促花开的莺燕将春色借来观赏。

⑦ "云髻罢梳还对镜"两句:唐代薛逢《宫词》诗的诗句。

⑧ 袅晴丝:晴空中的游丝在随风飘舞。

⑨ 没揣:"没揣的"省文,不意间,蓦然地。菱花:镜子。古时铜镜,有的背面铸有菱花花纹,叫作菱花镜。迤逗:挑逗,惹引。

⑩ 穿插:穿戴。

⑪ 翠生生:形容光洁鲜艳。出落的:衬托得。茜:红色,红艳艳。花簪八宝填:镶嵌着各种宝石的簪子。填,镶嵌。

⑫ 沉鱼落雁:形容女子惊人之美。典出《庄子・齐物论》:"毛嫱、丽姬,人之所美也,鱼见之深入,鸟见之高飞。"后人化用其意。

⑬ 惜花疼煞小金铃:形容极端珍惜花草。典出《开元天宝遗事》:"天宝初,宁王……于后园中纫红丝为绳,密缀金铃,系于花梢之上。每有鸟雀翔集,则令园吏掣铃索以惊人。盖惜花之故也。"

⑭ "良辰美景奈何天"两句:语出谢灵运《拟魏太子邺中集诗序》:"天下良辰、美景、赏心、乐事,四者并难。"

⑮ 锦屏人:深闺的女人。忒(tè):太。韶光:春光。

⑯ 荼蘼(mí):蔷薇科落叶灌木,晚春开花。

⑰ 缱(qiǎn):缠绵,留恋。

⑱ "开我西阁门"两句:语出《木兰辞》"开我东阁门,坐我西阁床。"

⑲ 映山紫:即映山红,杜鹃花的一种。

# 晚游六桥待月记[①]

## 袁宏道

**【题解】**

本文选自《袁宏道集笺校》卷一〇,又名西湖。袁宏道(1568—1610),字中郎,号石公,湖北公安人。万历二十年进士,曾任吴县(今江苏苏州)知县,官至吏部郎中。著有《袁中郎全集》。袁宏道与其兄宗道、弟中道同为晚明文学革新公安派领袖,时称“公安三袁”,袁宏道的影响和成就最高。“三袁”力矫前后七子所倡导的“文必秦汉,诗必盛唐”的复古主义文风之流弊,提出“性灵说”,主张文学创作要“独抒性灵,不拘格套”。所作多追求闲适情趣,风格清新明快。

西湖最盛,为春,为月。一日之盛,为朝烟,为夕岚。

今岁春雪甚盛,梅花为寒所勒,与杏桃相次开发,尤为奇观。石篑数为余言:“傅金吾园中梅,张功甫家故物也,急往观之。[②]”余时为桃花所恋,竟不忍去。湖上由断桥至苏堤一带,绿烟红雾,弥漫二十余里[③]。歌吹为风,粉汗为雨,罗纨之盛,多于堤畔之草,艳冶极矣[④]。

然杭人游湖,止午、未、申三时[⑤]。其实湖光染翠之工[⑥],山岚设色之妙,皆在朝日始出,夕舂未下[⑦],始极其浓媚。月景尤不可言,花态柳情,山容水意,别是一种趣味。此乐留与山僧、游客受用,安可为俗士道哉!

**【注释】**

① 六桥:指的是西湖苏堤上的映波、锁澜、望山、压堤、东浦、跨虹六座桥。

② 石篑(kuì):即陶望龄。字周望,号石篑,浙江绍兴人,曾任国子祭酒,是袁宏道的朋友。傅金吾:姓傅,“金吾”是官名。汉宫有“执金吾”,明代亲军中有“金吾卫”。傅氏生平不详。张功甫:即张镃,字功甫,号约斋,南宋将领张俊之孙。官至奉议郎直秘阁,善画竹石古木。曾建“玉照堂”,内中多植梅花。

③ 断桥:又名段家桥,位于白堤东头。西湖内有两条大堤,一为白堤,是白居易任杭州刺史时所筑;一为苏堤,是苏轼任杭州知府时所筑。

④ 罗纨(wán):借指穿着艳冶的仕女、游人。

⑤ 止午、未、申三时:指在上午十一点到下午五点这段间。古人把一昼夜分为子、丑、寅、卯、辰、巳、午、未、申、酉、戌、亥十二个时辰,每个时辰相当于现在的两个小时。午,上午十一点到下午一点;未,下午一点到三点;申,下午三点到五点。

⑥ 工:精巧。

⑦ 夕舂:这里指夕阳。《淮南子·天文训》:“日至于渊虞,是谓高舂;至于连石,是谓下舂。”高诱注:“连石,西北山。言欲将冥,下象息舂,故曰下舂。”这里夕舂意同“下舂”。

**【提示】**

本文堪称明代小品文的珍品。明神宗万历二十五年(1597),袁宏道游览杭州西湖,写了十六篇游记,这里选的是其中之一。先写三花齐放,朋友劝其去观梅花和西湖的桃花景致及游览场面,接着写西湖月景,既惜墨如金又形象别致,给读者留有极大的想象空间。写作手法也很有特色。第一自然段,为了突出自己对桃花情有独钟,作者先说梅与杏桃相次开放,但自己不为这种三花齐放的奇观所动;再写梅花地点的不同寻常——“傅金吾园中梅,张功甫家故物也”,明朝的梅花宋时种,此梅已具有文物价值。可是仍不从朋友“急往观之”的劝告。经过这样的双重衬托铺垫,作者对桃花的喜爱以及独特的审美情趣就不言而喻了。第二自然段,又以杭人与山僧游客对比,进一步衬托出自己不同流俗的审美追求。这种审美追求正显示了袁宏道闲适淡泊、宁静致远的性情,与他的文学主张也是一脉相承的。本文语言极优美极简洁。

**【思考与练习】**

1. 品味“绿烟红雾,弥漫二十余里”,“花态柳情,山容水意”这些写景语言,体会它们的妙处。
2. 本文结构章法上有何特点?这种章法对体现作者独为“桃花所恋”和“别是一种趣味”有何作用?

# 湖心亭看雪

## 张　岱

**【题解】**

本文选自《西湖寻梦》。张岱(1597—1679),字宗子,又字石公,号陶庵。祖籍四川,后迁居山阴(浙江绍兴)。出身世宦及书香家庭,自幼博览群书,精于史学及诗文,但科场不利,终身未仕,性格落拓不羁,喜欢游山玩水。亲历山河变色、夷狄交侵的痛苦,为完成史学著作《石匮书》,甘愿忍受极度的贫困。张岱是晚明小品文的代表作家,著有《陶庵梦忆》《西湖梦寻》《琅嬛文集》和有明一代史书《石匮书》200 卷。湖心亭,曾名湖心寺,建于明朝嘉靖年间,后曾重修。湖心亭位于西湖外湖中央的一个小绿洲上,与三潭印月、阮公墩鼎足相对,成一个品字形。

崇祯五年十二月,余住西湖。大雪三日,湖中人鸟声俱绝。是日,更定矣,余拏一小舟,拥毳衣炉火,独往湖心亭看雪①。雾凇沆砀,天与云与山与水,上下一白。湖上影子,惟长堤一痕、湖心亭一点、与余舟一芥、舟中人两三粒而已②。到亭上,有两人铺毡对坐,一童子烧酒炉正沸。见余,大喜曰:“湖上焉得更有此人!”拉余同饮。余强饮三大白而别③。问其姓氏,是金陵人,客此。及下船,舟子喃喃曰:“莫说相公痴,更有痴似相公者。”

**【注释】**

① 更定:亦叫定更。古时一夜分五更,更定就是一更开始的时候,相当于现在的晚上八时左右。拏(ná):牵引,这里是引舟前行的意思。毳(cuì)衣:用细毛编织的衣服。鸟兽的细毛叫毳。

② 雾凇:在有雾的寒冷天气中,凝聚于树木枝叶上或者其他物体上的白色松散像雪的东西,即如树挂之类,沆砀:雾气混濛,白茫茫一片的样子。

③ 大白:酒杯名 三大白即三杯。

# 警世通言·俞伯牙摔琴谢知音

## 冯梦龙

**【题解】**

本篇选自冯梦龙的《警世通言》。冯梦龙(1574—1646),字犹龙,别号甚多。长洲(今苏州)人。明崇祯中贡生,曾任福建寿宁知县,为官口碑甚好。清兵入关,他刊印几种小册子,鼓动抗清情绪,终忧愤而卒。冯梦龙是明末杰出的通俗文学家。当时的苏州,商品经济十分活跃,冯梦龙早年时常出入青楼酒馆,熟悉市民生活,这为他以后致力于通俗文学的研究、搜集与写作提供了帮助。他将宋元明五百年间的话本及拟话本小说加以整理,编辑出版了著名的《三言》——古今小说(即《警世通言》《醒世恒言》《喻世明言》)。《三言》是迄今为止中国古代通俗短篇小说保存最多的集子,共收入话本小说 120 篇,称得上是中国古代话本拟话本的总汇,其中不乏许多优秀的民间传说。冯梦龙也是明末戏剧家,自作和删改多种剧目,如《双雄记》《新灌园》《女丈夫》等。

话说春秋战国时,有一名公,姓俞名瑞,字伯牙,楚国郢都人氏,即今湖广荆州府之地也。那俞伯牙身虽楚人,官星却落于晋国,仕至上大夫之位。因奉晋主之命,来楚国修聘。伯牙讨这个差使,一来,是个大才,不辱君命,二来,就便省视乡里,一举两得。当时从陆路至于郢都。朝见了楚王,致了晋主之命。楚王设宴款待,十分相敬。那郢都乃是桑梓之地,少不得去看一看坟墓,会一会亲友。然虽如此,各事其主,君命在身,不敢迟留。公事已毕,拜辞楚王。楚王赠以黄金采缎,高车驷马。伯牙离楚一十二年,思想故国江山之胜,欲得恣情观览,要打从水路大宽转而回①。乃假奏楚王道:“臣不幸有犬马之疾,不胜车马驰骤。乞假臣舟楫,以便医药。”楚王准奏。命水师拨大船二只,一正一副。正船单坐晋国来使,副船安顿仆从行李。都是兰桡画桨,锦帐高帆,甚是齐整。群臣直送至江头而别。

只因览胜探奇,不顾山遥水远。

伯牙是个风流才子。那江山之胜,正投其怀。张一片风帆,凌千层碧浪,看不尽遥山叠翠,远水澄清。不一日,行至汉阳江口。时当八月十五日,中秋之夜。偶然风狂浪涌,大雨如注,舟楫不能前进,泊于山崖之下。不多时,风恬浪静,雨止云开,现出一轮明月。那雨后之月,其光倍常。伯牙在船舱中,独坐无聊。命童子焚香炉内,“待我抚琴一操。以遣情怀”。童子焚香罢,捧琴囊置于案间。伯牙开囊取琴,调弦转轸,弹出一曲。曲犹未终,指下“刮喇”的一声响,琴弦绝了一根。伯牙大惊,叫童子去问船头②:“这住船所在是甚么去处?”船头答道:“偶因风雨,停泊于山脚之下,虽然有些草树,并无人家。”伯牙惊讶。想道:“是荒山了。若是城郭村庄,或有聪明好学之人,盗听吾琴,所以琴声忽变,有弦断之异。这荒山下,那得有听琴之人?哦,我知道了。想是有仇家差来刺客,不然,或是贼盗伺候更深,登舟劫我财物。”叫左右:“与我上崖搜检一番。不在柳阴深处,定在芦苇丛中。”左右领命,唤齐众人,正欲搭跳上崖③。忽听岸上有人答应道:“舟中大人,不必见疑。小子并非奸盗之流,乃樵夫也。因打柴归晚,值骤雨狂风,雨具不能遮蔽,潜身岩畔。闻君雅操，少住听琴。”伯牙大笑道：“山中打柴之人，也敢称听琴二字！此言未知真伪，我也不计较了。左右的，叫他去罢。”那人不去，在崖上高声说道：“大人出言谬矣！岂不闻‘十室之邑，必有忠信。’‘门内有君子，门外君子至。’大人若欺负山野中没有听琴之人，这夜静更深，荒崖下也不该有抚琴之客了。”伯牙见他出言不俗，或者真是个听琴的，亦未可知。止住左右不要啰唣，走近舱门，回嗔作喜的问道：“崖上那位君子，既是听琴，站立多时，可知道我适才所弹何曲？”那人道：“小子若不知，却也不来听琴了。方才大人所弹，乃孔仲尼叹颜回，谱入琴声。其词云：‘可惜颜回命蚤亡，教思想鬓如霜。只因陋巷箪瓢乐，’——到这一句，就绝了琴弦，不曾抚出第四句来。小子也还记得：——‘留得贤名万古扬。’”

伯牙闻言，大喜道：“先生果非俗士，隔崖窎远，难以问答。”命左右：“掌跳，看扶手，请那位先生登舟细讲。”左右掌跳，此人上船，果然是个樵夫。头戴箬笠，身披草衣，手持尖担，腰插板斧，脚踏芒鞋。手下人那知言谈好歹，见是樵夫，下眼相看。“咄，那樵夫！下舱去，见我老爷叩头。问你甚么言语，小心答应。官尊着哩。”樵夫却是个有意思的，道：“列位不须粗鲁，待我解衣相见。”除了斗笠，头上是青布包巾；脱了蓑衣，身上是蓝布衫儿；搭膊拴腰，露出布裩下截[④]。那时不慌不忙，将蓑衣、斗笠、尖担、板斧，俱安放舱门之外。脱下芒鞋，蹝去泥水，重复穿上，步入舱来。官舱内公座上灯烛辉煌。樵夫长揖而不跪，道：“大人施礼了。”俞伯牙是晋国大臣，眼界中那有两接的布衣[⑤]。下来还礼，恐失了官体，既请下船，又不好叱他回去。伯牙没奈何，微微举手道：“贤友免礼罢。”叫童子看坐的。童子取一张杌坐儿置于下席。伯牙全无客礼，把嘴向樵夫一努道：“你且坐了。”你我之称，怠慢可知。那樵夫亦不谦让，俨然坐下。伯牙见他不告而坐，微有嗔怪之意。因此不问姓名，亦不呼手下人看茶。默坐多时，怪而问之：“适才崖上听琴的，就是你么？”樵夫答言：“不敢。”伯牙道：“我且问你，既来听琴，必知琴之出处。此琴何人所造？抚他有甚好处？”正问之时，船头来禀话，风色顺了，月明如昼，可以开船。伯牙分付：“且慢些！”樵夫道：“承大人下问。小子若讲话絮烦，恐担误顺风行舟。”伯牙笑道：“惟恐你不知琴理。若讲得有理，就不做官，亦非大事，何况行路之迟速乎！”樵夫道：“既如此，小子方敢僭谈。此琴乃伏羲氏所琢，见五星之精，飞坠梧桐，凤皇来仪。凤乃百鸟之王，非竹实不食，非梧桐不栖，非醴泉不饮。伏羲氏知梧桐乃树中之良树，夺造化之精气，堪为雅乐，令人伐之。其树高三丈三尺，按三十三天之数，截为三段，分天、地、人三才。取上一段叩之，其声太清，以其过轻而废之；取下一段叩之，其声太浊，以其过重而废之；取中一段叩之，其声清浊相济，轻重相兼。送长流水中，浸七十二日，按七十二候之数。取起阴干，选良时吉日，用高手匠人刘子奇斲成乐器。此乃瑶池之乐，故名瑶琴。长三尺六寸一分，按周天三百六十一度。前阔八寸，按八节；后阔四寸，按四时；厚二寸，按两仪。有金童头，玉女腰，仙人背，龙池，凤沼，玉轸，金徽。那徽有十二，按十二月；又有一中徽，按闰月。先是五条弦在上，外按五行金木水火土，内按五音宫商角徵羽。尧舜时操五弦琴，歌‘南风’诗，天下大治。后因周文王被囚于羑里，吊子伯邑考，添弦一根，清幽哀怨，谓之文弦。后武王伐纣，前歌后舞，添弦一根，激烈发扬，谓之武弦。先是宫商角徵羽五弦，后加二弦，称为文武七弦琴。此琴有六忌，七不弹，八绝。何为六忌？一忌大寒，二忌大暑，三忌大风，四忌大雨，五忌迅雷，六忌大雪。何为七不弹？闻丧者不弹，奏乐不弹，事冗不弹，不净身不弹，衣冠不整不弹，不焚香不弹，不遇知音者不弹。何为八绝？总之清奇幽雅，悲壮悠长。此琴抚到尽美尽善之处，啸虎闻而不吼，哀猿听而不啼。乃雅乐之好处也。”伯牙听见他对答如流，犹恐是记问之学。又想道：“就是记问之学，也亏他了。我再试他一试。”此时已不似在先你我之称了。又问道：“足下既知乐理，当时孔仲尼鼓琴于室中，颜回自外入。闻琴中有幽沉之声，疑有贪杀之意。怪而问之。仲尼曰：‘吾适鼓琴，见猫方捕鼠，欲其得之，又恐其失之。此贪杀之意，遂露于丝桐。'始知圣门音乐之理,入于微妙。假如下官抚琴,心中有所思念,足下能闻而知之否?"樵夫道:"《毛诗》云:'他人有心,予忖度之。'大人试抚弄一过,小子任心猜度。若猜不着时,大人休得见罪。"伯牙将断弦重整,沉思半晌。其意在于高山,抚琴一弄。樵夫赞道:"美哉洋洋乎,大人之意,在高山也。"伯牙不答。又凝神一会,将琴再鼓。其意在于流水。樵夫又赞道:"美哉汤汤乎,志在流水!"只两句道着了伯牙的心事。伯牙大惊,推琴而起,与子期施宾主之礼。连呼:"失敬失敬!石中有美玉之藏。若以衣貌取人,岂不误了天下贤士!先生高名雅姓?"樵夫欠身而答:"小子姓钟,名徽,贱字子期。"伯牙拱手道:"是钟子期先生。"子期转问:"大人高姓,荣任何所?"伯牙道:"下官俞瑞,仕于晋朝,因修聘上国而来。"子期道:"原来是伯牙大人。"伯牙推子期坐于客位,自己主席相陪。命童子点茶,茶罢,又命童子取酒共酌。伯牙道:"借此攀话,休嫌简亵。"子期称"不敢"。童子取过瑶琴,二人入席饮酒。伯牙开言又问:"先生声口是楚人了,但不知尊居何处?"子期道:"离此不远,地名马安山集贤村,便是荒居。"伯牙点头道:"好个集贤村。"又问:"道艺⑥何为?"子期道:"也就是打柴为生。"伯牙微笑道:"子期先生,下官也不该僭言,似先生这等抱负,何不求取功名,立身于廊庙,垂名于竹帛,却乃赍志林泉,混迹樵牧,与草木同朽,窃为先生不取也。"子期道:"实不相瞒,舍间上有年迈二亲,下无手足相辅。采樵度日,以尽父母之余年。虽位为三公之尊,不忍易我一日之养也。"伯牙道:"如此大孝,一发难得。"二人杯酒酬酢了一会。子期宠辱无惊,伯牙愈加爱重。又问子期:"青春多少?"子期道:"虚度二十有七。"伯牙道:"下官年长一旬。子期若不见弃,结为兄弟相称,不负知音契友。"子期笑道:"大人差矣。大人乃上国名公,钟徽乃穷乡贱子,怎敢仰扳,有辱俯就!"伯牙道:"相识满天下,知心能几人?下官碌碌风尘,得与高贤结契,实乃生平之万幸。若以富贵贫贱为嫌,觑俞瑞为何等人乎!"遂命童子重添炉火,再爇名香,就船舱中与子期顶礼八拜。伯牙年长为兄,子期为弟。今后兄弟相称,生死不负。拜罢,复命取暖酒再酌。子期让伯牙上坐。伯牙从其言。换了杯箸,子期下席。兄弟相称,彼此谈心叙话。正是:

合意客来心不厌,知音人听话偏长。

谈论正浓,不觉月淡星稀,东方发白。船上水手都起身收拾篷索,整备开船。子期起身告辞。伯牙捧一杯酒递与子期。把子期之手叹道:"贤弟,我与你相见何太迟,相别何太早!"子期闻言,不觉泪珠滴于杯中。子期一饮而尽。斟酒回敬伯牙。二人各有眷恋不舍之意。伯牙道:"愚兄余情不尽,意欲曲延贤弟同行数日,未知可否?"子期道:"小弟非不欲相从。怎奈二亲年老,'父母在,不远游。'"伯牙道:"既是二位尊人在堂,回去告过二亲,到晋阳来看愚兄一看,这就是'游必有方'了。"子期道:"小弟不敢轻诺而寡信。许了贤兄,就当践约。万一禀命于二亲,二亲不允,使仁兄悬望于数千里之外,小弟之罪更大矣。"伯牙道:"贤弟真所谓至诚君子。也罢,明年还是我来看贤弟。"子期道:"仁兄明岁何时到此?小弟好伺候尊驾。"伯牙屈指道:"昨夜是中秋节,今日天明,是八月十六日了。贤弟,我来仍在仲秋中五六日奉访。若过了中旬,迟到季秋月分,就是爽信,不为君子。"叫童子:"分付记室将钟贤弟所居地名及相会的日期,登写在日记簿上⑦。"子期道:"既如此,小弟来年仲秋中五六日准在江边侍立拱候,不敢有误。天色已明,小弟告辞了。"伯牙道:"贤弟且住。"命童子取黄金二笏不用封帖,双手捧定道:"贤弟,些须薄礼,权为二位尊人甘旨之费。斯文骨肉,勿得嫌轻⑧。"子期不敢谦让,即时收下。再拜告别,含泪出舱,取尖担挑了蓑衣斗笠,插板斧于腰间,掌跳搭扶手上崖。伯牙直送至船头,各各洒泪而别。

不题子期回家之事。再说俞伯牙点鼓开船,一路江山之胜,无心观览,心心念念,只想着知音之人。又行了几日。舍舟登岸。经过之地,知是晋国上大夫,不敢轻慢,安排车马相送。直至晋阳,回复了晋主,不在话下。

光阴迅速,过了秋冬,不觉春去夏来。伯牙心怀子期,无日忘之。想着中秋节近,奏过晋主,给假还乡。晋主依允。伯牙收拾行装,仍打大宽转,从水路而行。下船之后,分付水手,但是湾泊所在,就来通报地名。事有偶然,刚刚八月十五夜,水手禀复,此去马安山不远。伯牙依稀还认得去年泊船相会子期之处。分付水手,将船湾泊,水底抛锚,岸边钉橛。其夜晴明,船舱内一线月光,射进朱帘。伯牙命童子将帘卷起,步出舱门,立于船头之上,仰观斗柄。水底天心,万顷茫然,照如白昼。思想去岁与知己相逢,雨止月明。今夜重来,又值良夜。他约定江边相候,如何全无踪影,莫非爽信!又等了一会,想道:"我理会得了。江边来往船只颇多。我今日所驾的,不是去年之船了。吾弟急切如何认得。去岁我原为抚琴惊动知音。今夜仍将瑶琴抚弄一曲。吾弟闻之,必来相见。"命童子取琴桌安放船头,焚香设座。伯牙开囊,调弦转轸,才泛音律,商弦中有哀怨之声。伯牙停琴不操。"呀,商弦哀声凄切,吾弟必遭忧在家。去岁曾言父母年高。若非父丧,必是母亡。他为人至孝,事有轻重,宁失信于我,不肯失礼于亲,所以不来也。来日天明,我亲上崖探望。"叫童子收拾琴桌,下舱就寝。伯牙一夜不睡。真个巴明不明,盼晓不晓。看看月移帘影,日出山头。伯牙起来梳洗整衣,命童子携琴相随,又取黄金十镒带去。"倘吾弟居丧,可为赙礼。"踹跳登崖,行于樵径,约莫十数里,出一谷口。伯牙站住。童子禀道:"老爷为何不行?"伯牙道:"山分南北,路列东西。从山谷出来,两头都是大路,都去得。知道那一路往集贤村去?等个识路之人,问明了他,方才可行。"伯牙就石上少憩。童儿退立于后。不多时,左手官路上有一老叟,髯垂玉线,发挽银丝,箬冠野服,左手举藤杖,右手携竹篮,徐步而来。伯牙起身整齐,向前施礼。那老者不慌不忙,将右手竹篮轻轻放下,双手举藤杖还礼,道:"先生有何见教?"伯牙道:"请问两头路,那一条路,往集贤村去的?"老者道:"那两头路,就是两个集贤村。左手是上集贤村,右手是下集贤村。通衢三十里官道。先生从谷出来,正当其半。东去十五里,西去也是十五里。不知先生要往那一个集贤村?"伯牙默默无言,暗想道:"吾弟是个聪明人,怎么说话这等糊涂!相会之日,你知道此间有两个集贤村,或上或下,就该说个明白了。"伯牙却才沉吟。那老者道:"先生这等吟想,一定那说路的,不曾分上下,总说了个集贤村,教先生没处抓寻了。"伯牙道:"便是。"老者道:"两个集贤村中,有一二十家庄户,大抵都是隐遁避世之辈。老夫在这山里,多住了几年,正是'土居三十载,无有不亲人。'这些庄户,不是舍亲,就是敝友。先生到集贤村必是访友。只说先生所访之友,姓甚名谁,老夫就知他住处了。"伯牙道:"学生要往钟家庄去。"老者闻钟家庄三字,一双昏花眼内,扑簌簌掉下泪来,道:"先生别家可去,若说钟家庄,不必去了。"伯牙惊问:"却是为何?"老者道:"先生到钟家庄,要访何人?"伯牙道:"要访子期。"老者闻言,放声大哭道:"子期钟徽,乃吾儿也。去年八月十五采樵归晚,遇晋国上大夫俞伯牙先生。讲论之间,意气相投。临行赠黄金二笏。吾儿买书攻读,老拙无才,不曾禁止。旦则采樵负重,暮则诵读辛勤,心力耗废,染成怯疾,数月之间,已亡故了。"伯牙闻言,五内崩裂,泪如涌泉,大叫一声,傍山崖跌倒,昏绝于地。钟公用手搀扶,回顾小童道:"此位先生是谁?"小童低低附耳道:"就是俞伯牙老爷。"钟公道:"元来是吾儿好友。"扶起伯牙苏醒。伯牙坐于地下,口吐痰涎,双手捶胸,恸哭不已。道:"贤弟呵,我昨夜泊舟,还说你爽信,岂知已为泉下之鬼!你有才无寿了!"钟公拭泪相劝。伯牙哭罢起来,重与钟公施礼。不敢呼老丈,称为老伯,以见通家兄弟之意。伯牙道:"老伯,令郎还是停柩在家,还是出瘗郊外了?"钟公道:"一言难尽。亡儿临终,老夫与拙荆坐于卧榻之前。亡儿遗语嘱付道:'修短由天,儿生前不能尽人子事亲之道,死后乞葬于马安山江边。与晋大夫俞伯牙有约,欲践前言耳。'老夫不负亡儿临终之言。适才先生来的小路之右,一丘新土,即吾儿钟徽之冢。今日百日之忌,老夫提一陌纸钱,往坟前烧化[9]。何期与先生相遇！”伯牙道：“既如此，奉陪老伯，就坟前一拜。”命小童“代太公提了竹篮。”钟公策杖引路，伯牙随后，小童跟定。复进谷口。果见一丘新土，在于路左。伯牙整衣下拜：“贤弟，在世为人聪明，死后为神灵应。愚兄此一拜，诚永别矣！”拜罢，放声又哭。惊动山前山后，山左山右，黎民百姓，不问行的住的，远的近的，闻得朝中大臣来祭钟子期，回绕坟前，争先观看。伯牙却不曾摆得祭礼，无以为情。命童子把瑶琴取出囊来，放于祭石台上，盘膝坐于坟前，挥泪两行，抚琴一操。那些看来，闻琴韵铿锵，鼓掌大笑而散。伯牙问：“老伯，下官抚琴，吊令郎贤弟，悲不能已，众人为何而笑？”钟公道：“乡野之人，不知音律。闻琴声以为取乐之具，故此长笑。”伯牙道：“原来如此。老伯可知所奏何曲？”钟公道：“老夫幼年也颇习。如今年迈，五官半废，模糊不懂久矣。”伯牙道：“这就是下官随心应手一曲短歌以吊令郎者。口诵于老伯听之。”钟公道：“老夫愿闻。”伯牙诵云：

忆昔去年春，江边曾会君。今日重来访，不见知音人！但见一抔土，惨然伤我心。伤心伤心复伤心，不忍泪珠纷！来欢去何苦，江畔起愁云。子期子期兮，你我千金义，历尽天涯无足语，此曲终兮不复弹，三尺瑶琴为君死！

伯牙于衣夹间取出解手刀，割断琴弦，双手举琴，向祭石台上，用力一摔，摔得玉轸抛残，金徽零乱。钟公大惊问道：“先生为何摔碎此琴？”伯牙道：

摔碎瑶琴凤尾寒，子期不在对谁弹！春风满面皆朋友，欲觅知音难上难。

钟公道：“原来如此，可怜可怜！”伯牙道：“老伯高居，端的在上集贤村，还是下集贤村？”钟公道：“荒居在上集贤村第八家就是。先生如今又问他怎的？”伯牙道：“下官伤感在心，不敢随老伯登堂了。随身带得有黄金二镒，一半代令郎甘旨之奉，一半买几亩祭田，为令郎春秋扫墓之费。待下官回本朝时，上表告归林下。那时却到上集贤村，迎接老伯与老伯母同到寒家，以尽天年。吾即子期，子期即吾也。老伯勿以下官为外人相嫌。”说罢，命小童取出黄金，亲手递与钟公，哭拜于地。钟公答拜。盘桓半晌而别。

这回书，题作《俞伯牙摔琴谢知音》。后人有诗赞云：

势利交怀势利心，斯文谁复念知音！伯牙不作钟期逝，千古令人说破琴。

**【注释】**

① 大宽转：绕路，迂回，兜个大圈子。

② 船头：船上水手们的头目。

③ 跳：就是跳板。一头放在船上，一头放在岸边，临时搭上，以便接运上下的旅客。

④ 搭膊：即褡膊，又称褡裢，布制的长带形的袋，口在当中，可以系在腰间，也可以手提或是肩负，里面放置钱物。

⑤ 两接：即两截，指穿的衫和裤，这是古时普通人民的服装。

⑥ 道艺：从《论语》“志于道”“游于艺”引申而来，这里指学问和技能。

⑦ 记室：从前掌管章表、书记的官，相当于现今秘书一类的人员。

⑧ 笏：笏是古代人朝见时执在手中的一种仪式用具，这里是指的黄金的样式。古代使用黄金的单位称为镒，一镒二十四两，因铸成笏形，故一镒又称一笏。

⑨ 一陌：陌的本意，在计算上是百的成数。一陌本是一百张，通常指的一刀或者一垛。这里作一串或一挂解释。

**【提示】**

俞伯牙和钟子期的故事最早见于先秦典籍《吕氏春秋》《荀子》《列子》。但是这些典籍中的钟俞故事只有一个梗概和轮廓，且传播不广。钟俞事迹走出文人的书斋经传，演变成为一个具有广泛覆盖面和人文意蕴的经典故事，为广大的民众所接受和熟悉，归功于明末通俗文学家冯梦龙编辑的话本小说《三言》。

小说颂扬的是心心相印的友情。伯牙由起初瞧不起子期到主动与子期结为兄弟是有一个过程的：先是听子期如数家珍般地对答了"琴之出处"的问题；再是子期应俞伯牙之请，听出了高山流水之音；最后是为子期的孝心所感动。两人约好一年后再见，不料子期病故。俞伯牙摔碎瑶琴，给钟父留下黄金二镒，并表示将辞官侍奉钟父母。小说情节简单，但铺叙得好，渲染得好，对话描写符合人物身份心理。一个"情"字贯穿始终，读来使人深深地为"情"所动。

钟俞的友谊，是一种理想化和审美化了的友谊，寄托着中国人对纯真友谊的企盼之情。它不带一点世俗功利的成分，超越了贫富贵贱身份地位的界限，是纯以才学相交、心神相交、信义相交的"君子之交"。钟俞之交带有深深的文人归隐的情结。因琴结缘、因琴相知，这使得钟俞的友谊极富文人气息。钟子期具有不同于一般山野樵夫的高深艺术修养与学识，他实际上是一位隐士。而俞伯牙不走旱路走水路，钟情于自然山水，并且以为只要能在琴上找到知音，"就不做官，亦非大事"；他最后向钟父表白将"上表告归林下"，进一步张扬了人生得一知己足矣，又何必留恋庙堂的隐逸文人的人生哲学。钟俞之交使知音故事具有了永久的普世价值。钟俞以自己的行动向后人诠释了"诚信"的厚重含义，从而将琴上的"知音"上升到心灵相通的"知己"层面，上升到人格修养、道德理念的人文伦理层面。为了一句对朋友的诺言，官可以不做、钱可以不要；为了一句诺言，可以超越血缘、身份、地位，"生死不负"，演绎出大孝至爱的故事。这种源远流长的人类诚信美德，在当今中国市场经济的形势下，更彰显出它不朽的光芒。

**【思考与练习】**

1. 从文化与道德两个层面，揭示知音故事的意义，并结合现实，谈谈你读了此故事的感想。
2. 你以为武汉作为知音故事的发源地，应如何打好"知音"牌？
3. 阅读下面《吕氏春秋》中有关钟子期与俞伯牙事迹的记载，探究冯梦龙是怎样对古籍中记载的故事进行加工改造，敷衍成话本小说的。

伯牙鼓琴，钟子期听之。方鼓琴而志在太山，钟子期曰："善哉乎鼓琴，巍巍乎若太山！"少选之间，而志在流水。钟子期又曰："善哉乎鼓琴，汤汤乎若流水！"钟子期死，伯牙破琴绝弦，终身不复鼓琴，以为世无足复为鼓琴者。

# 桃花扇·却奁[1]

孔尚任

**【题解】**

本文选自《桃花扇》。孔尚任(1648—1718),字聘之,又字季重,号东塘,别号岸堂,自称云亭山人,山东曲阜人。清初著名诗人、戏曲作家。青年时代曾努力仕进,但未能成功。其一生的升沉荣辱与康熙皇帝有着直接的关系。1684年,康熙南巡过曲阜祭祀孔子时,孔尚任因御前讲经而蒙受康熙称许,被指定吏部破格任用,成为国子监博士。多年之后转为户部官员。1699年6月,孔尚任磨砺十载、三易其稿的《桃花扇》定稿,一些王公官员竟相借抄,康熙也索去阅览。次年春,《桃花扇》上演,引起朝野轰动,孔尚任也随之不明不白地被罢官。《桃花扇》是继《长生殿》之后康熙剧坛上最成功、最有影响的传奇。世人以孔尚任与洪昇并论,称"南洪北孔"。主要作品诗文集《长留集》,还有传奇《小忽雷》和《湖海集》等。

《桃花扇》共有40出,是一部最接近历史真实的历史剧,演的是南明弘光小朝廷的兴亡始末。全剧以侯方域和李香君的爱情故事、离合之情为线索,展示弘光小王朝从建立到迅速覆灭的兴亡过程,集中地反映了明末腐朽、动荡的社会现实及统治阶级内部的矛盾与斗争,在清代传奇中,这是一部思想和艺术达到完美结合的杰出作品。

剧情梗概是:明代末年,复社中坚侯方域在南京邂逅秦淮名妓李香君,侯方域赠扇李香君,二人相恋,在杨龙友的促成下结合。阮大铖匿名托杨龙友赠送丰厚妆奁以拉拢侯方域,李香君知晓后坚决退回。弘光皇帝即位后,阮大铖被起用,他趁机陷害复社文人,迫使侯方域离开南京,并设计买李香君送给淮阳督抚田仰作妾。李香君誓死不从,撞头自尽未遂,血溅诗扇,杨龙友把斑斑血迹画成了桃花。李香君托人将桃花扇寄与在扬州的侯方域。清兵南下,南明灭亡,李香君、侯方域先后避难于栖霞山,相遇于白云庵,在张道士的点醒下双双入道。《桃花扇》有"末世百象图"之说,内容庞杂,人物众多,场面宏阔,情节起伏。孔尚任的褒贬、爱憎颇有分寸,表现出清醒、超脱的历史态度。剧中不仅表现了对历史的反思,而且展示出国家与君、臣、民的关系,其意义超越了单纯的明清易代的兴亡之悲。

癸未三月[2]

(杂扮保儿掇马桶上)龟尿龟尿,撒出小龟;鳖血鳖血,变成小鳖。龟尿鳖血,看不分别;鳖血龟尿,说不清白。看不分别,混了亲爹;说不清白,混了亲伯。(笑介)胡闹,胡闹!昨日香姐上头,乱了半夜;今日早起,又要刷马桶,倒溺壶,忙个不了。那些孤老、表子,还不知搂到几时哩[3]。(刷马桶介)

【夜行船】(末)人宿平康深柳巷,惊好梦门外花郎[4]。绣户未开,帘钩才响,春阻十层纱帐。

下官杨文骢,早来与侯兄道喜[5]。你看院门深闭,侍婢无声,想是高眠未起。(唤介)保儿,你到新人窗外,说我早来道喜。(杂)昨夜睡迟了,今日未必起来哩。老爷请回,明日再来罢。(末笑介)胡说!快快去问。(小旦内问介)保儿!来的是那一个?(杂)是杨老爷道喜来了。(小旦忙上)倚枕春宵短,敲门好事多。(见介)多谢老爷,成了孩儿一世姻缘。(末)好

说。(问介)新人起来不曾?(小旦)昨晚睡迟,都还未起哩。(让坐介)老爷请坐,待我去催他。(末)不必,不必。(小旦下)

【步步娇】(末)儿女浓情如花酿,美满无他想,黑甜共一乡[6]。可也亏了俺帮衬,珠翠辉煌,罗绮飘荡,件件助新妆,悬出风流榜。

(小旦上)好笑,好笑!两个在那里交扣丁香,并照菱花,梳洗才完,穿戴未毕。请老爷同到洞房,唤他出来,好饮扶头卯酒[7]。(末)惊却好梦,得罪不浅。(同下)(生、旦艳妆上)

【沈醉东风】(生)这云情接着雨况,刚搔了心窝奇痒,谁搅起睡鸳鸯。被翻红浪,喜匆匆满怀欢畅。(合)枕上余香,帕上余香,消魂滋味,才从梦里尝。

(末、小旦上)(末)果然起来了,恭喜,恭喜!(一揖,坐介)(末)昨晚催妆诗句[8],可还说的入情么。(生揖介)多谢!(笑介)妙是妙极了,只有一件。(末)那一件?(生)香君虽小,还该藏之金屋。(看袖介)小生衫袖,如何着得下?(俱笑介)(末)夜来定情,必有佳作。(生)草草塞责,不敢请教。(末)诗在那里?(旦)诗在扇头[9]。(旦向袖中取出扇介)(末接看介)是一柄白纱宫扇。(嗅介)香的有趣。(吟诗介)妙,妙!只有香君不愧此诗。(付旦介)还收好了。(旦收扇介)

【园林好】(末)正芬芳桃香李香,都题在宫纱扇上;怕遇着狂风吹荡,须紧紧袖中藏,须紧紧袖中藏。

(末看旦介)你看香君上头之后,更觉艳丽了[10]。(向生介)世兄有福,消此尤物。(生)香君天姿国色,今日插了几朵珠翠,穿了一套绮罗,十分花貌,又添二分,果然可爱。(小旦)这都亏了杨老爷帮衬哩。

【江儿水】送到缠头锦,百宝箱,珠围翠绕流苏帐,银烛笼纱通宵亮,金杯劝酒合席唱。今日又早早来看,恰似亲生自养,赔了妆奁,又早敲门来望。

(旦)俺看杨老爷,虽是马督抚至亲,却也拮据作客,为何轻掷金钱,来填烟花之窟[11]?在奴家受之有愧,在老爷施之无名;今日问个明白,以便图报。(生)香君问得有理,小弟与杨兄萍水相交,昨日承情太厚,也觉不安。(末)既蒙问及,小弟只得实告了。这些妆奁酒席,约费三百余金,皆出怀宁之手。(生)那个怀宁?(末)曾做过光禄的阮圆海。(生)是那皖人阮大铖么[12]?(末)正是。(生)他为何这样周旋?(末)不过欲纳交足下之意。

【五供养】(末)羡你风流雅望,东洛才名,西汉文章[13]。逢迎随处有,争看坐车郎[14]。秦淮妙处,暂寻个佳人相傍,也要些鸳鸯被、芙蓉妆;你道是谁的,是那南邻大阮,嫁衣全忙。

(生)阮圆老原是敝年伯,小弟鄙其为人,绝之已久[15]。他今日无故用情,令人不解。(末)圆老有一段苦衷,欲见白于足下。(生)请教。(末)圆老当日曾游赵梦白之门,原是吾辈[16]。后来结交魏党,只为救护东林,不料魏党一败,东林反与之水火[17]。近日复社诸生,倡论攻击,大肆殴辱,岂非操同室之戈乎[18]?圆老故交虽多,因其形迹可疑,亦无人代为分辩。每日向天大哭,说道:"同类相残,伤心惨目,非河南侯君,不能救我。"所以今日谆谆纳交[19]。(生)原来如此,俺看圆海情辞迫切,不觉可怜。就便真是魏党,悔过来归,亦不可绝之太甚,况罪有可原乎。定生、次尾,皆我至交,明日相见,即为分解[20]。(末)果然如此,吾党之幸也。(旦怒介)官人是何说话,阮大铖趋附权奸,廉耻丧尽;妇人女子,无不唾骂。他人攻之,官人救之,官人自处于何等也?

【川拨棹】不思想,把话儿轻易讲。要与他消释灾殃,要与他消释灾殃,也提防旁人短长。官人之意,不过因他助俺妆奁,便要徇私废公;那知道这几件钗钏衣裙,原放不到我香君眼里。(拔簪脱衣介)脱裙衫,穷不妨;布荆人,名自香[21]。

(末)阿呀!香君气性,忒也刚烈。(小旦)把好好东西,都丢一地,可惜,可惜!(拾介)(生)好,好,好!这等见识,我倒不如,真乃侯生畏友也[22]。(向末介)老兄休怪,弟非不领教,但恐为女子所笑耳。

【前腔】(生)平康巷,他能将名节讲;偏是咱学校朝堂,偏是咱学校朝堂,混贤奸不问青黄。那些社友平日重俺侯生者,也只为这点义气;我若依附奸邪,那时群起来攻,自救不暇,焉能救人乎。节和名,非泛常;重和轻,须审详。

(末)圆老一段好意,也还不可激烈。(生)我虽至愚,亦不肯从井救人[23]。(末)既然如此,小弟告辞了。(生)这些箱笼,原是阮家之物,香君不用,留之无益,还求取去罢。(末)正是"多情反被无情恼,乘兴而来兴尽还。"(下)(旦恼介)(生看旦介)俺看香君天姿国色,摘了几朵珠翠,脱去一套绮罗,十分容貌,又添十分,更觉可爱。(小旦)虽如此说,舍了许多东西,到底可惜。

【尾声】金珠到手轻轻放,惯成了娇痴模样,辜负俺辛勤做老娘。

(生)些须东西,何足挂念,小生照样赔来。(小旦)这等才好。

(小旦)花钱粉钞费商量,

(旦)裙布钗荆也不妨[24]。

(生)只有香君能解佩,

(旦)风标不学世时妆[25]。

**【注释】**

① 桃花扇:侯方域送给李香君的题诗之扇,作为贯穿全剧的道具和主线,它既是侯、李爱情离合的象征,又是南明兴亡的历史见证。《却奁》为《桃花扇》第七出。说的是已诛宦官魏忠贤的干儿子阮大铖想巴结复社名士侯方域,趁侯方域与李香君成婚之时,托杨文聪送去三百银子的妆奁与酒席。李得知后,义正词严,历数权奸劣迹,退却妆奁。以后阮便借机报复侯与李。奁(lián):古代妇女梳妆用的镜匣。这里指妆奁,即嫁妆。

② 癸未:这里指明崇祯十六年(1643),为明朝灭亡的前一年。

③ 孤老:指嫖客。

④ 平康:唐代长安里名,为妓女聚居之处,新科进士往往游乐于此。后多泛指妓院。花郎:卖花之人。

⑤ 杨文骢:即杨龙友,明末诗人、书画家,阮大铖的盟友,马士英的妹夫,又同复社文人交好,同时还是李香君养母的相好。弘光朝官兵备副使,分巡常、镇二府,后因抗清兵败不屈而被杀。侯兄:侯方域,字朝宗,明末复社著名人物,曾为史可法幕府于扬州。祖父及父辈都是东林党人。少年时即有才名,长于古文,时人以他和方以智、冒辟疆、陈贞慧合称复社"四公子"。

⑥ 黑甜共一乡:指熟睡。俗以熟睡为黑甜乡。

⑦ 丁香:此处借指形似丁香花蕾的衣扣。菱花:指代背面镂铸有菱花图案的铜镜。扶头:一作清醒头脑,振奋精神;一作酒名。卯酒:早晨卯时前后饮的酒。

⑧ 诗句:指杨龙友在侯、李成婚时所赠之诗:"生小倾城是李香,怀中婀娜袖中藏。缘何十二巫峰女,梦里偏来见楚王。"

⑨ 诗在扇方:批侯方域题在扇子上的定情诗:"夹道朱楼一径斜,王孙初御富平车。青溪尽是辛夷树,不及东风桃李花。"

⑩ 上头:本为古代婚礼仪式之一。这里指古代女子婚后梳成发髻,以示嫁做人妇。

⑪ 马督抚:即马士英,时任凤阳总督,弘光朝总揽朝政,以贪邪称世。

⑫ 阮大铖(chéng):号圆海,怀宁(今安徽安庆)人,官兵部尚书。因依附阉宦魏忠贤,专意报复东林党与复社诸人,品格卑劣,为世所不齿,后降清,从攻仙霞岭而死。一说为清军所杀。

⑬ 东洛才名：西晋左思十年写成《三都赋》，时人竞相传抄，使得洛阳纸贵，左思因此扬名。西汉文章：西汉赋的成就辉煌，成为汉代文学最具有代表性的文学样式，是中国文学史上光辉一页。

⑭ 争看坐车郎：西晋潘安才高貌美，每每坐车出游，城中女子争相观看，并投以瓜果。

⑮ 年伯：古时称父亲的同年之人为"年伯"。阮大铖与侯方域父亲侯恂同年。

⑯ 赵梦白：即赵南星，明熹宗时官吏部尚书，反对宦官专权祸国，为魏忠贤所忌，矫旨削籍，贬戍代州（今山西代县）而死。

⑰ 东林：即东林党，晚明以江南士大夫为主、由一些不满朝政的中下级官吏、中小地主和地主阶级知识分子形成的一股反对宦官专权的政治集团。因其代表人物顾宪成、高攀龙等在无锡东林书院讲学，"讲习之余，往往讽议朝政，裁量人物"而得名。

⑱ 复社：明末文社，以江南士大夫为核心、代表中小地主利益的政治、文学团体，主要领导人为张溥、张采，以东林党后继为己任，声势遍及海内，为魏忠贤阉党所忌。

⑲ 纳交：献财物礼品以相交接。

⑳ 定生、次尾：陈贞慧，字定生，明末清初散文家；吴应箕，字次尾，明末诗人学者。二人均为复社后期著名人物。曾共议声讨阮大铖，由吴应箕起草《留都防乱檄》，揭贴于南京，为阮大铖所恨。

㉑ 布荆：布裙、荆钗，古代贫穷妇女的服饰。

㉒ 畏友：能严于律己、正言劝人、刚直不阿、令人敬畏的朋友。

㉓ 从井救人：比喻做无济于人而有损于己的事。语出《论语·雍也》："仁者，虽告之曰：'井有仁焉。'其从之也？"此处指不顾自己的名节而去救助他人。

㉔ 花钱粉钞：古代妇女用于花粉装饰的费用，此处指妆奁之资。

㉕ 解佩：借指却奁。佩：古代男子衣带上的装饰之物。屈原《九歌·湘君》有"遗余佩兮澧浦"之句。风标：风度品格。

**【提示】**

《桃花扇》是一出"借离合之情，写兴亡之感"的传奇。孔尚任在力求遵循历史真实的原则下，以侯、李爱情为线索，展现出南明弘光小王朝的兴亡之迹。侯、李两人的爱情始终被置于南明政治斗争的漩涡和南明政权从初建到覆亡的过程中。《却奁》一出，在全剧中的地位十分重要，正是在这一出，侯、李二人被卷入了政治斗争的漩涡，也是这一出，揭示了弘光小王朝建立前南京的政治形势，也为后来阮大铖得势后施行报复，迫使侯、李分离立下了张本。

李香君是《桃花扇》中最有光彩的人物，她命运坎坷却情操高尚。虽身为妓女，地位卑贱，却忠于爱情、关心国事、深明大义。《却奁》一出，集中刻画了李香君的思想、眼光、气节、品德。李香君头脑清醒，正直刚强，毅然却奁，怒斥权奸害民误国，使阮大铖卑劣的用心落空，也使清流文人相形见绌。侯方域是一个风流倜傥，虽有几分纨绔气却关心国事的清流文人代表。但与李香君相比，则显得软弱动摇，头脑也不够清醒。

几百年过去了，李香君不为金钱所诱、坚守节操的人格与品行至今仍然值得我们敬仰和学习。

**【思考与练习】**

1. 本剧为什么以"桃花扇"命名？有什么象征意义、历史内涵？

2. 比较李香君与侯方域在"却奁"一事中的表现，并分析两人性格。

3. 这出戏是怎样把人物放在历史的大背景中来塑造的？

4. 比较阅读《却奁》与侯方域《李姬传》中的相关内容，谈谈孔尚任在人物形象塑造方面的艺术加工及其效果。

# 聊斋志异·席方平

蒲松龄

## 【题解】

本文选自《聊斋志异》。作者蒲松龄(1640—1715),字留仙,一字剑臣,号柳泉,世称聊斋先生,山东淄博蒲家庄人。蒲松龄出身较为贫困的知识分子家庭,十九岁举童子试,此后屡试不中,七十一岁才成贡生。他工于诗文,善制俚曲,是清代杰出的小说家。《聊斋志异》是一部优秀的文言短篇小说集,共十六卷,近五百篇,借谈狐说鬼讽喻当时社会现实,寄托自己的爱憎、希望、理想和愤懑之情,以深刻的思想和精湛的技艺铸就了我国文言短篇小说的高峰。除了《聊斋志异》,蒲松龄还著有《聊斋诗文集》《聊斋俚曲集》《农桑经》等。

席方平,东安人[①]。其父名廉,性戆拙。因与里中富室羊姓有郤,羊先死;数年,廉病垂危,谓人曰:"羊某今贿嘱冥使搒我矣。"俄而身赤肿,号呼遂死。席惨怛不食,曰:"我父朴讷,今见陵于强鬼;我将赴地下,代伸冤气耳。"自此,不复言,时坐时立,状类痴,盖魂已离舍矣。

席觉,初出门,莫知所往,但见路有行人,便问城邑。少选,入城[②]。其父已收狱中。至狱门,遥见父卧檐下,似甚狼狈;举目见子,潸然涕流。便谓:"狱吏悉受赇嘱,日夜搒掠,胫股摧残甚矣[③]。"席怒,大骂狱吏:"父如有罪,自有王章,岂汝等死魅所能操耶[④]!"遂出,抽笔为词。值城隍早衙,喊冤以投[⑤]。羊惧,内外贿通,始出质理[⑥]。城隍以所告无据,颇不直席[⑦]。席忿气无所复伸,冥行百余里,至郡,以官役私状,告之郡司[⑧]。迟之半月,始得质理。郡司扑席,仍批城隍覆案[⑨]。席至邑,备受械梏,惨冤不能自舒。城隍恐其再讼,遣役押送归家。役至门辞去。席不肯入,遁赴冥府,诉郡邑之酷贪。冥王立拘质对。二官密遣腹心,与席关说,许以千金。席不听。过数日,逆旅主人告曰:"君负气已甚,官府求和而执不从。今闻于王前各有函进,恐事殆矣。"席以道路之口,犹未深信。俄,有皂衣人唤入。升堂,见冥王有怒色,不容置词,命笞二十。席厉声问:"小人何罪?"冥王漠若不闻。席受笞,喊曰,"受笞允当,谁教我无钱耶!"冥王益怒,命置火床。两鬼捽席下,见东墀有铁床,炽火其下,床面通赤。鬼脱席衣,掬置其上,反复揉捺之。痛极,骨肉焦黑,苦不得死。约一时许,鬼曰:"可矣。"遂扶起,促使下床着衣,犹幸跛而能行。复至堂上。冥王问:"敢再讼乎?"席曰:"大怨未伸,寸心不死,若言不讼,是欺王也。必讼!"又问:"讼何词?"席曰:"身所受者,皆言之耳。"冥王又怒,命以锯解其体。二鬼拉去,见立木,高八九尺许,有木板二,仰置其下,上下凝血模糊。方将就缚,忽堂上大呼"席某",二鬼即复押回。冥王又问:"尚敢讼否?"答云:"必讼!"冥王命捉去速解。既下,鬼乃以二板夹席,缚木上。锯方下,觉顶脑渐辟,痛不可禁,顾亦忍而不号。闻鬼曰:"壮哉此汉!"锯隆隆然,寻至胸下。又闻一鬼云:"此人大孝无辜,锯令稍偏,勿损其心。"遂觉锯锋曲折而下,其痛倍苦。俄顷,半身辟矣。板解,两身俱仆。鬼上堂大声以报。堂上传呼,令合身来见。二鬼即推令复合,曳使行。席觉锯锋一道,痛欲复裂,半步而踣。一鬼于腰间出丝带一条授之曰:"赠此以报汝孝。"受而束之,一身顿健,殊无少苦。遂升堂而伏。冥王复问如前;席恐再罹酷毒,便答:"不讼矣。"冥王立命送还阳界。

隶率出北门，指示归途，反身遂去。席念阴曹之暗昧尤甚于阳间，奈无路可达帝听；世传灌口二郎为帝勋戚，其神聪明正直，诉之当有灵异[10]。窃喜两隶已去，遂转身南向。奔驰间，有二人追至，曰："王疑汝不归，今果然矣。"捽回复见冥王。窃意冥王益怒，祸必更惨，而王殊无厉容，谓席曰："汝志诚孝。但汝父冤，我已为若雪之矣。今已往生富贵家，何用汝鸣呼为。今送汝归，予以千金之产，期颐之寿，于愿足乎[11]？"乃注籍中，嵌以巨印，使亲视之。席谢而下。鬼与俱出，至途，驱而骂曰，"奸猾贼！频频翻复，使人奔波欲死。再犯，当捉入大磨中细细研之！"席张目叱曰："鬼子胡为者！我性耐刀锯，不耐挞楚。请反见王。王如令我自归，亦复何劳相送。"乃返奔。二鬼惧，温语劝回。席故蹇缓，行数步，辄憩路侧。鬼含怒不敢复言。约半日，至一村，一门半辟，鬼引与共坐。席便据门阈，二鬼乘其不备，推入门中[12]。惊定自视，身已生为婴儿。愤啼不乳，三日遂殇。魂摇摇不忘灌口。约奔数十里，忽见羽葆来，旛戟横路[13]。越道避之，因犯卤簿，为前马所执，縶送车前[14]。仰见车中一少年，丰仪瑰玮[15]。问席："何人？"席冤愤正无所出，且意是必巨官，或当能作威福，因缅诉毒痛。车中人命释其缚，使随车行。俄至一处，官府十余员，迎谒道左，车中人各有问讯。已而，指席谓一官曰："此下方人，正欲往愬，宜即为之剖决。"席询之从者，始知车中即上帝殿下九王，所嘱即二郎也。席视二郎，修躯多髯，不类世间所传。

九王既去，席从二郎至一官廨，则其父与羊姓并衙隶俱在。少顷，槛车中有囚人出，则冥王及郡司、城隍也[16]。当堂对勘，席所言皆不妄，三官战栗，状若伏鼠。二郎援笔立判；顷之，传下判语，令案中人共视之。判云："勘得冥王者：职膺王爵，身受帝恩。自应贞洁，以率臣僚；不当贪墨，以速官谤[17]。而乃繁缨棨戟，徒夸品秩之尊；羊狠狼贪，竟玷人臣之节[18]。斧敲斫，斫入木，妇子之皮骨皆空；鲸吞鱼，鱼食虾，蝼蚁之微生可悯。当掬西江之水，为尔湔肠；即烧东壁之床，请君入瓮[19]。城隍、郡司：为小民父母之官，司上帝牛羊之牧[20]。虽则职居下列，而尽瘁者不辞折腰；即或势逼大僚，而有志者亦应强项[21]。乃上下其鹰鸷之手，既罔念夫民贫，且飞扬其狙狯之奸，更不嫌乎鬼瘦[22]。惟受赃而枉法，真人面而兽心。是宜剔髓伐毛，暂罚冥死；所当脱皮换革，仍令胎生。隶役者：既在鬼曹，便非人类。只宜公门修行，庶还落蓐之身，何得苦海生波，益造弥天之孽[23]？飞扬跋扈，狗脸生六月之霜；隳突叫号，虎威断九衢之路[24]。肆淫威于冥界，咸知狱吏为尊；助酷虐于昏官，共以屠伯是惧[25]。当于法场之内，剁其四肢；更向汤镬之中，捞其筋骨。羊某：富而不仁，狡而多诈。金光盖地，因使阎摩殿上，尽是阴霾；铜臭熏天，遂教枉死城中，全无日月。余腥犹能役鬼，大力直可通神。宜籍羊氏之家，以赏席生之孝。即押赴东岳施行[26]。"又谓席廉："念汝子孝义，汝性良懦，可再赐阳寿三纪[27]。"因使两人送之归里。

席乃抄其判词，途中父子共读之。既至家，席先苏；令家人启棺视父，僵尸犹冰，俟之终日，渐温而活。及索抄词，则已无矣。自此，家日益丰；三年间，良沃遍野。而羊氏子孙微矣，楼阁田产，尽为席有。里人或有买其田者，夜梦神人叱之曰："此席家物，汝乌得有之！"初未深信；既而种作，则终年升斗无所获，于是复鬻归席。席父九十余岁而卒。

异史氏曰："人人言净土[28]，而不知生死隔世，意念都迷，且不知其所以来，又乌知其所以去；而况死而又死，生而复生者乎？忠孝志定，万劫不移，异哉席生，何其伟也！"

【注释】

① 东安：县名，在今湖南南部。

② 少选：同"稍旋"，一会儿。

③ 赇(qiú)嘱：意同"贿嘱"。赇，贿赂。

④ 操：把持、掌握。

⑤ 城隍:传说的守护城池之神,这里指县邑城隍。早衙:旧时官府的主官,每天上下午坐堂两次,处理政务或案件,叫"坐衙"。早衙,指上午坐堂问事。

⑥ 质理:审问。

⑦ 不直席:不认为席方平有理。

⑧ 冥行:摸黑走路。

⑨ 扑:打、击。

⑩ 灌口二郎:神话中的人物。朱熹《朱子语类》谓蜀中灌口二郎庙所祀者,当是蜀郡守李冰之次子。《西游记》《封神演义》中二郎神名杨戬,疑从李冰次子故事演变而来。传说杨戬是玉帝的外甥,所以下文说"为帝勋戚"。

⑪ 期(jī)颐之寿:百年的寿数。《礼记·曲礼》:"百年曰期颐。"

⑫ 阈(yù):门槛。

⑬ 羽葆:以鸟羽为饰的仪仗。

⑭ 卤簿:古时帝王或贵官出行时的仪仗队。

⑮ 瑰玮:奇伟的意思。

⑯ 槛车:一种四面围有栏杆的防止犯人逃逸的囚车。

⑰ 贪墨:同"贪冒",意近贪污。《左传·昭公十四年》:"贪以败官为墨。"杜预注:"墨,不洁之称。"速:招致。官谤:居官不称职而受到责难。

⑱ 繁(pán)缨棨戟:繁缨,马腹下的带饰。棨戟,有缯衣或涂漆的木戟,用为仪仗。羊狠狼贪:比喻冥王的凶狠和贪婪。语出《史记·项羽本纪》:"因下令军中曰:'猛如虎,很(狠)如羊,贪如狼,彊不可使者皆斩之。'"

⑲ 请君入瓮:作法自毙的意思。《新唐书·周兴传》载:酷吏周兴犯罪,武后命来俊臣审理。来俊臣与周兴推事对食,问兴曰:"囚多不服,奈何?"兴曰:"易耳!内之大瓮,炽炭周之,何事不承?"俊臣即索瓮且炽火,徐谓兴曰:"有诏按君,请尝之。"

⑳ 司上帝牛羊之牧:执掌代天帝管理人民之事。司,主管,主持。牛羊,比喻人民。牧,本是饲养牛羊等牲畜,引申为治理,这里指治理者。《孟子·公孙丑下》:"今有受人之牛羊而为之牧之者,则必为之求牧与刍矣。"此借其意,喻指地方官吏应解除民困。

㉑ 强项:直梗着脖子,形容倔强、不屈服、刚直不阿。《后汉书·董宣传》载,东汉董宣为洛阳令,杀湖阳公主恶奴,光武帝怒,令小黄门挟持董宣向公主叩头谢罪。董宣两手据地,终不肯俯首。光武帝称之为"强项令"。

㉒ 上下其鹰鸷之手:意谓玩弄手法,暗中作弊。春秋时,楚国攻郑,穿封戌生俘郑国守将皇颉,而公子围与之争功,请伯州犁裁处。伯州犁让俘虏本人作证,但却有意偏袒公子围。伯州犁审问皇颉时"上其手"(高举其手),向他暗示王子围地位尊贵;"下其手"(下垂其手),向他暗示穿封戌地位低微。皇颉会意,竟承认自己是被公子围所俘。伯州犁就这样上下其手,使贵者占贱者之功。见《左传·襄公二十六年》。狙(jū)狯(kuài):像猴子一样狡诈。狙,一种性情狡猾的猕猴。狯,狡猾。

㉓ 落蓐之身:蓐,产褥。落蓐,指人的生产。落蓐之身,指人身。

㉔ 狗脸生六月之霜:形容隶役脸上惨白,一种阴险狠恶的样子。相传战国时,邹衍事燕惠王,被人陷害下狱。邹衍在狱仰天而哭,时正炎夏,忽然降霜。见《文选·江淹〈诣建平王上书〉》李善注引《淮南子》。隳突叫号:暴跳如雷的样子。隳突,意为冲撞毁坏。

㉕ 屠伯:宰牲的能手,喻指滥杀的酷吏。《汉书·严延年传》谓严为河南太守,酷刑滥杀,每"传属县囚,会论府上,流血数里,河南号曰屠伯"。

㉖ 东岳:泰山。迷信传说。泰山之神总管天地人间的生死祸福,并施行赏罚。

㉗ 纪:古代以十二年为一纪。

㉘ 净土:佛教认为西方极乐世界清净自然,没有一丝杂秽,所以称为净土。

**【提示】**

本篇通过席方平为父申冤到冥府和城隍、郡司、冥王斗争到底的故事，托之鬼神，实指现实，借阴司的暗昧来批判封建官吏与豪绅地主狼狈为奸、贪赃枉法以及官僚机构内部的相互勾结、沆瀣一气，残酷压迫老百姓。二郎神的判词不啻是控诉腐朽官场和黑暗社会的檄文。作品赞扬了席方平的孝行和刚毅果敢、万劫不移的反抗精神，同时也看到了他个人的反抗并不能改变现状，而把希望寄托于九王殿下和灌口二郎。这既反映了作者的某些思想局限，也反映了封建社会的“清官”政治对作者的影响。

作品矛盾集中，情节曲折，人物个性鲜明丰满。席方平为父申冤共告状四次，每次都形成一个首尾完整的小故事。第一次，席方平得知“狱吏悉受赇嘱”，其父饱受摧残，于是讼于城隍，结果“城隍以所告无据，颇不值席”。第二次，席方平“以官役私状，告之郡司”，然而郡司“仍批城隍复案”，导致席方平再度蒙冤。第三次，席方平向冥王申述冤情，谁料遭到酷刑压制，还被强行发还阳世投胎为婴。第四次，投胎为婴的席方平，愤而绝食自尽，“魂遥遥不忘灌口”，幸遇九王。九王嘱二郎神判断其案，终于为席方平及其父申冤雪恨。这四个小故事犹如四个环环环相扣的情节链条，在编排组合全文情节的过程中，不断突出主题思想，不断展现人物个性。四次告状的故事情节，不仅反复渲染了席方平的纯孝至善，伸张正义、不畏强暴的高尚气节以及抗争到底、万死不辞的勇敢精神，更展现了席方平在同贪墨官府作斗争的过程中思想性格的发展变化。席方平原本对官府、对法纪纲常充满了信任，三次告状的惨败使他对官府的态度从信任、抱怨、斗争变为失望，他已经清醒地认识到贪赃枉法不是个别官吏的偶然行径，而是整个官府的真正面目，从而发出“阴曹之暗昧尤甚于阳间”的痛心感叹，不得不将申冤的希望寄托于理想中的天神。

**【思考与练习】**

1. 作品充分运用了想象和夸张，对席方平在阴间遭受的各种酷刑作了十分细致的描写和渲染。这对于凸现席方平的性格以及表达主题思想有何作用？
2. 蒲松龄自序《聊斋志异》云：“集腋为裘，妄续幽冥之录；浮白载笔，仅成孤愤之书；寄托如此，亦足悲矣！嗟乎！惊霜寒雀，抱树无温；吊月秋虫，偎阑自热。知我者，其在青林黑塞间乎！”结合本篇，谈谈你的理解。
3. 中国民间敬鬼神，而鬼神文化相当复杂，不能简单地以“消极”或“积极”蔽之，试结合本篇谈谈你的看法。

# 红楼梦·秋爽斋偶结海棠社

曹雪芹

**【题解】**

本文节选自《红楼梦》(人民文学出版社)第三十七回,全名为《秋爽斋偶结海棠社,蘅芜苑夜拟菊花题》。

曹雪芹(约1715—约1763),名霑,字梦阮,号雪芹,又号芹圃、芹溪。祖籍辽阳(一说沈阳,一说铁岭),先世原是汉族,后为满洲正白旗包衣(家奴)。曾祖父曹玺,祖父曹寅,父辈的曹颙和曹頫相继担任江宁织造达六十馀年之久,颇受康熙皇帝恩宠,成为江南名门望族。曹雪芹少年时代在南京过着锦衣玉食的贵族生活。雍正初年,由于皇室内部矛盾斗争的牵连,曹家遭受一系列打击,其父曹頫被革职入狱,家产抄没,举家迁到北京,曹家从此境遇潦倒,日渐衰落。这一重大转折,使曹雪芹深切地体验到人生的悲哀和世道的无情,对封建社会也有了更清醒、更深刻的认识。他蔑视权贵,远离官场,过着贫困如洗的日子。晚年移居北京西郊,生活更加艰难,但他以坚韧的毅力,专心致志地从事《红楼梦》的写作和修订,"于悼红轩中披阅十载,增删五次,纂成目录,分出章回"。乾隆二十七年(1762),幼子的夭亡,使他陷于过度的忧伤和悲痛,卧床不起,不久病逝。

曹雪芹工诗善画,多才多艺,最伟大的贡献在于他创作了小说《红楼梦》。《红楼梦》成书于清代乾隆年间,又名《石头记》《情僧录》《风月宝鉴》《金陵十二钗》等。全书一百二十回,一般认为后四十回是高鹗(1738—1815)所补。《红楼梦》既是一曲封建家族与封建末世的悲歌,也是一曲青年女性与人生幻灭的悲歌。《红楼梦》塑造了众多鲜明生动的艺术形象,蕴含着极其丰富深刻的思想内容,结构巧妙,叙事高超,语言独特,是我国古代最伟大的章回体古典长篇小说之一。鲁迅曾说:"自有《红楼梦》出来以后,传统的思想和写法都打破了。"(《中国小说的历史的变迁》)

(宝玉)……一面说,一面同翠墨往秋爽斋来,只见宝钗、黛玉、迎春、惜春已都在那里了。

众人见他进来,都笑说:"又来了一个。"探春笑道:"我不算俗,偶然起个念头,写了几个帖儿试一试,谁知一招皆到。"宝玉笑道:"可惜迟了,早该起个社的。"黛玉说道:"你们只管起社,可别算上我,我是不敢的。"迎春笑道:"你不敢,谁还敢呢。"宝玉道:"这是一件正经大事,大家鼓舞起来,别你谦我让的。各有主意,自管说出来,大家平章①。宝姐姐也出个主意,林妹妹也说个话儿。"宝钗道:"你忙什么,人还不全呢。"一语未了,李纨也来了,进门笑道:"雅的很哪!要起诗社,我自荐我掌坛。前儿春天,我原有这个意思的。我想了一想,我又不会作诗,瞎闹什么,因而也忘了,就没有说。既是三妹妹高兴,我就帮你作兴起来②。"

黛玉道:"既然定要起诗社,咱们都是诗翁了,先把这些姐妹叔嫂的字样改了才不俗。"李纨道:"极是,何不大家起个别号,彼此称呼倒雅。我是定了'稻香老农',再无人占的。"探春笑道:"我就是'秋爽居士'罢。"宝玉道:"居士,主人到底不恰,且又瘰赘③。这里梧桐芭蕉尽有,或指梧桐芭蕉起个倒好。"探春笑道:"有了,我最喜芭蕉,就称'蕉下客'罢。"众人都道别致有趣。黛玉笑道:"你们快牵了他去,炖了脯子吃酒。"众人不解。黛玉笑道:"古人曾云'蕉叶覆鹿'④。他自称'蕉下客',可不是一只鹿了?快做了鹿脯来。"众人听了都笑起来。探春因笑道:"你别忙中使巧话来骂人,我已替你想了个极当的美号了。"又向众人道:"当日娥皇女英洒泪在竹上成斑,故今斑竹又名湘妃竹。如今他住的是潇湘馆，他又爱哭，将来他想林姐夫，那些竹子也是要变成斑竹的。以后都叫他作‘潇湘妃子’就完了。”大家听说，都拍手叫妙。林黛玉低了头方不言语。李纨笑道：“我替薛大妹妹也早已想了个好的，也只三个字。”惜春迎春都问是什么。李纨道：“我是封他‘蘅芜君’了，不知你们如何。”探春笑道：“这个封号极好。”……李纨道：“二姑娘四姑娘起个什么号？”迎春道：“我们又不大会诗，白起个号作什么？”探春道：“虽如此，也起个才是。”宝钗道：“他住的是紫菱洲，就叫他‘菱洲’，四丫头在藕香榭，就叫他‘藕榭’就完了。”

李纨道：“就是这样好。但序齿我大，你们都要依我的主意，管教说了，大家合意。我们七个人起社，我和二姑娘四姑娘都不会做诗，须得让出我们三个人去。我们三个人各分一件事。”……宝玉道：“既这样，咱们就往稻香村去。”李纨道：“都是你忙，今日不过商议了，等我再请。”宝钗道：“也要议定几日一会才好。”探春道：“若只管会的多，又没趣了。一月之中，只可两三次才好。”宝钗点头道：“一月只要两次就够了。拟定日期，风雨无阻。除这两日外，倘有高兴的，他情愿加一社的，或情愿到他那里去，或附就了来，亦可使得，岂不活泼有趣。”众人都道：“这个主意更好。”

探春道：“只是原系我起的意，我须得先做个东道主人，方不负我这兴。”李纨道：“既这样说，明日你就先开一社如何？”探春道：“明日不如今日，此刻就很好。你就出题，菱洲限韵⑤，藕榭监场。”迎春道：“依我说，也不必随一人出题限韵，竟是拈阄公道。”李纨道：“方才我来时，看见他们抬进两盆白海棠来，倒是好花。你们何不就咏起他来？”迎春道：“都还未赏，先倒做诗。”宝钗道：“不过是白海棠，又何必定要见了才做。古人的诗赋，也不过都是寄兴寓情耳。若都是等见了做，如今也没这些诗了。”迎春道：“既如此，待我限韵。”说着，走到书架前抽出一本诗来，随手一揭，这首竟是一首七言律，递与众人看了，都该做七言律。迎春掩了诗，又向一个小丫头道：“你随口说个字来。”那丫头正倚门立着，便说了个“门”字。迎春笑道：“就是门字韵，‘十三元’了⑥。头一个韵定要这‘门’字。”说着，又要了韵牌匣子过来⑦，抽出“十三元”一屉，又命那小丫头随手拿四块。那丫头便拿了“盆”“魂”“痕”“昏”四块来。宝玉道：“这‘盆’‘门’两个字不大好作呢！”

侍书一样预备下四份纸笔，便都悄然各自思索起来。独黛玉或抚梧桐，或看秋色，或又和丫鬟们嘲笑。迎春又令丫鬟炷了一支“梦甜香”。原来这“梦甜香”只有三寸来长，有灯草粗细，以其易烬，故以此烬为限，如香烬未成，便要罚。一时探春便先有了，自提笔写出，又改抹了一回，递与迎春。因问宝钗：“蘅芜君，你可有了？”宝钗道：“有却有了，只是不好。”宝玉背着手，在回廊上踱来踱去，因向黛玉说道：“你听他们都有了。”黛玉道：“你别管我。”宝玉又见宝钗已誊写出来，因说道：“了不得！香只剩了一寸了，我才有了四句。”又向黛玉道：“香就完了，只管蹲在那潮地下做什么？”黛玉也不理。宝玉道：“可顾不得你了，好歹也写出来罢。”说着也走在案前写了。李纨道：“我们要看诗了，若看完了还不交卷是必罚的。”宝玉道：“稻香老农虽不善作，却善看，又最公道，你就评阅优劣，我们都服的。”众人都道：“自然。”于是先看探春的稿上写道是：

**咏白海棠限门盆魂痕昏**

斜阳寒草带重门，苔翠盈铺雨后盆。
玉是精神难比洁，雪为肌骨易销魂。
芳心一点娇无力，倩影三更月有痕。
莫谓缟仙能羽化，多情伴我咏黄昏。

次看宝钗的是：

珍重芳姿昼掩门，自携手瓮灌苔盆。

胭脂洗出秋阶影,冰雪招来露砌魂。
淡极始知花更艳,愁多焉得玉无痕。
欲偿白帝凭清洁[8],不语婷婷日又昏。

李纨笑道:“到底是蘅芜君!”说着又看宝玉的,道是:

秋容浅淡映重门,七节攒成雪满盆。
出浴太真冰作影,捧心西子玉为魂。
晓风不散愁千点,宿雨还添泪一痕。
独倚画栏如有意,清砧怨笛送黄昏[9]。

大家看了,宝玉说探春的好,李纨才要推宝钗:“这诗有身分。”因又催黛玉。黛玉道:“你们都有了?”说着提笔一挥而就,掷与众人。李纨等看他写道是:

半卷湘帘半掩门,碾冰为土玉为盆。

看了这句,宝玉先喝起彩来,只说“从何处想来!”又看下面道:

偷来梨蕊三分白,借得梅花一缕魂。

众人看了也都不禁叫好,说“果然比别人又是一样心肠。”又看下面道是:

月窟仙人缝缟袂,秋闺怨女拭啼痕。
娇羞默默同谁诉,倦倚西风夜已昏。

众人看了,都道是这首为上。李纨道:“若论风流别致,自是这首,若论含蓄浑厚,终让蘅稿。”探春道:“这评的有理,潇湘妃子当居第二。”李纨道:“怡红公子是压尾,你服不服?”宝玉道:“我的那首原不好,这评的最公。”又笑道:“只是蘅潇二首还要斟酌。”李纨道:“原是依我评论,不与你们相干,再有多说者必罚。”宝玉听说,只得罢了。李纨道:“从此后我定于每月初二、十六这两日开社,出题限韵都要依我。这其间你们有高兴的,你们只管另择日子补开,那怕一个月每天都开社,我只不管。只是到了初二、十六这两日,是必往我那里去。”宝玉道:“到底要起个社名才是。”探春道:“俗了又不好,忒新了,刁钻古怪也不好。可巧才是海棠诗开端,就叫个海棠社罢。虽然俗些,因真有此事,也就不碍了。”说毕大家又商议了一回,略用些酒果,方各自散去。也有回家的,也有往贾母王夫人处去的。当下无话。

……

宝玉回来,先忙着看了一回海棠,至房内告诉袭人起诗社的事。袭人也把打发宋妈妈与史湘云送东西去的话告诉了宝玉。宝玉听了,拍手道:“偏忘了他。我自觉心里有件事,只是想不起来,亏你提起来,正要请他去。这诗社里若少了他还有什么意思。”袭人劝道:“什么要紧,不过玩意儿。他比不得你们自在,家里又作不得主儿。告诉他,他要来又由不得他;不来,他又牵肠挂肚的,没的叫他不受用。”宝玉道:“不妨事,我回老太太打发人接他去。”正说着,宋妈妈已经回来,回复道生受,与袭人道乏[10],又说:“问二爷做什么呢,我说和姑娘们起什么诗社做诗呢。史姑娘说,他们作诗也不告诉他去,急的了不的。”宝玉听了立身便往贾母处来,立逼着叫人接去。贾母因说:“今儿天晚了,明日一早再去。”宝玉只得罢了,回来闷闷的。

次日一早,便又往贾母处来催逼人接去。直到午后,史湘云才来,宝玉方放了心,见面时就把始末原由告诉他,又要与他诗看。李纨等因说道:“且别给他诗看,先说与他韵。他后来,先罚他和了诗:若好,便请入社;若不好,还要罚他一个东道再说。”史湘云道:“你们忘了请我,我还要罚你们呢。就拿韵来，我虽不能，只得勉强出丑。容我入社，扫地焚香我也情愿。”众人见他这般有趣，越发喜欢，都埋怨昨日怎么忘了他，遂忙告诉他韵。史湘云一心兴头，等不得推敲删改，一面只管和人说着话，心内早已和成，即用随便的纸笔录出，先笑说道：“我却依韵和了两首，好歹我却不知，不过应命而已。”说着递与众人。众人道：“我们四首也算想绝了，再一首也不能了。你倒弄了两首，那里有许多话说，必要重了我们。”一面说，一面看时，只见那两首诗写道：

**归海棠和韵**

神仙昨日降都门，种得蓝田玉一盆。
自是霜娥偏爱冷，非关倩女亦离魂[11]。
秋阴捧出何方雪，雨渍添来隔宿痕。
却喜诗人吟不倦，岂令寂寞度朝昏。

其二

蘅芷阶通萝薜门，也宜墙角也宜盆。
花因喜洁难寻偶，人为悲秋易断魂。
玉烛滴干风里泪，晶帘隔破月中痕。
幽情欲向嫦娥诉，无奈虚廊夜色昏。

众人看一句，惊讶一句，看到了，赞到了，都说：“这个不枉作了海棠诗，真该要起海棠社了。”史湘云道：“明日先罚我个东道，就让我先邀一社可使得？”众人道：“这更妙了。”因又将昨日的与他评论了一回。

至晚，宝钗将湘云邀往蘅芜院去安歇。湘云灯下计议如何设东拟题。宝钗听他说了半日，皆不妥当，因向他说道：“既开社，便要作东。虽然是玩意儿，也要瞻前顾后，又要自己便宜，又要不得罪了人，然后方大家有趣。你家里你又做不得主，一个月统共那几吊钱，你还不够盘缠呢。这会子又干这没要紧的事，你婶子听见了，越发抱怨你了。况且你就都拿出来，做这个东道也是不够。难道为这个家去要不成？还是往这里要呢？”一席话提醒了湘云，倒踌蹰起来。宝钗道：“这个我已经有个主意。我们当铺里有个伙计，他家田上出的很好的肥螃蟹，前儿送了几个来。现在这里的人，从老太太起连上屋里的人，有多一半都是爱吃螃蟹的。前日姨娘还说要请老太太在园里赏桂花吃螃蟹，因为有事还没有请呢。你如今且把诗社别提起，只管普通一请。等他们散了，咱们有多少诗做不得的。我和我哥哥说，要几篓极肥极大的螃蟹来，再往铺子里取上几坛好酒，再备上四五桌果碟，岂不又省事又大家热闹了。”湘云听了，心中自是感服，极赞他想的周到。宝钗又笑道：“我是一片真心为你的话。你千万别多心，想着我小看了你，咱们两个就白好了。你若不多心，我就好叫他们办去的。”湘云忙笑道：“好姐姐，你这样说，倒多心待我了。凭他怎么糊涂，连个好歹也不知，还成个人了？我若不把姐姐当作亲姐姐一样看，上回那些家常话烦难事也不肯尽情告诉你了。”宝钗听说，便叫一个婆子来：“出去和大爷说，依前日的大螃蟹要几篓来，明日饭后请老太太、姨娘赏桂花。你说大爷好歹别忘了，我今儿已请下人了。”那婆子出去说明，回来无话。

这里宝钗又向湘云道：“诗题也不要过于新巧了。你看古人诗中那些刁钻古怪的题目和那极险的韵了[12]，若题过于新巧，韵过于险，再不得有好诗，终是小家气。诗固然怕说熟话，更不可过于求生，只要头一件立意清新，自然措词就不俗了。究竟这也算不得什么，还是纺绩针黹是你我的本等[13]。一时闲了，倒是于你我深有益的书看几章是正经。”湘云只答应着，因笑道：“我如今心里想着，昨日做了海棠诗，我如今要做个菊花诗如何？”宝钗道：“菊花倒也合景，只是前人太多了。”湘云道:“我也是如此想着,恐怕落套。”宝钗想了一想,说道:“有了,如今以菊花为宾,以人为主,竟拟出几个题目来,都是两个字:一个虚字,一个实字,实字便用‘菊’字,虚字就用通用门的。如此又是咏菊,又是赋事,前人也没做过,也不能落套。赋景咏物两关着,又新鲜,又大方。”湘云笑道:“这却很好。只是不知用何等虚字才好。你先想一个我听听。”宝钗想了一想,笑道:“《菊梦》就好。”湘云笑道:“果然好。我也有一个,《菊影》可使得?”宝钗道:“也罢了。只是也有人做过,若题目多,这个也搭的上。我又有了一个。”湘云道:“快说出来。”宝钗道:“《问菊》如何?”湘云拍案叫妙,因接说道:“我也有了,《访菊》如何?”宝钗也赞有趣,因说道:“越性拟出十个来,写上再来。”说着,二人研墨蘸笔,湘云便写,宝钗便念,一时凑了十个。湘云看了一遍,又笑道:“十个还不成幅,索性凑成十二个便全了,也和人家的字画册页一样。”宝钗听说,又想了两个,一共凑成十二。又说道:“既这样,索性编出他个次序先后来。”湘云道:“如此更妙,竟弄成个菊谱了。”宝钗道:“起首是《忆菊》;忆之不得,故访,第二是《访菊》;访之既得,便种,第三是《种菊》;种既盛开,故相对而赏,第四是《对菊》;相对而兴有余,故折来供瓶为玩,第五是《供菊》;既供而不吟,亦觉菊无彩色,第六便是《咏菊》;既入词章,不可不供笔墨,第七便是《画菊》;既然画菊,如是碌碌,究竟不知菊有何妙处,不禁有所问,第八便是《问菊》;菊如解语,使人狂喜不禁,便越要亲近他,第九便是《簪菊》;如此人事虽尽,犹有菊之可咏者,《菊影》《菊梦》二首续在第十第十一;末卷便以《残菊》总收前题之感。这便是三秋的妙景妙事都有了。”湘云依说将题录出,又看了一回,又问“该限何韵?”宝钗道:“我平生最不喜限韵的,分明有好诗,何苦为韵所缚。咱们别学那小家派,只出题不拘韵。原为大家偶得了好句取乐,并不为此而难人。”湘云道:“这话很是。这样大家的诗还进一层。但只咱们五个人,这十二个题目,难道每人做十二首不成?”宝钗道:“那也太难人了。将这题目誊好,都要七言律,明日贴在墙上。他们看了,谁做那一个就做那一个。有力量者,十二首都做也可;不能的,一首不成也可。高才捷足者为尊。若十二首已全,便不许他后赶着又做,罚他就完了。”湘云道:“这倒也罢了。”二人商议妥帖,方才息灯安寝。要知端的,下回分解。

【注释】

① 平章:品评,议论。

② 作兴:开展,组织。

③ 瘰(luǒ)赘:累赘。

④ 蕉叶覆鹿:《列子·周穆王》载,郑国有个樵夫打死了一只鹿,恐人看见,急忙藏在隍(无水池)中,覆之以蕉(同樵),后来忘了藏鹿的地方,便以为是一场梦。后人常用“蕉鹿”比喻世事变幻。这里黛玉只是取蕉下有鹿的字面意思来打趣探春。

⑤ 限韵:古时作诗,限定只能在某一韵部中用韵,或在某一韵部中只能用某几个字作韵脚。

⑥ 门字韵、十三元:近体诗所用的诗韵,分一〇六韵部,各部都以该韵部的第一个字作为此韵部的名称。“十三元”即上平声中以“元”字起首的第十三韵部的简称。“门字韵”就是用“十三元”韵部中的“门”字作韵。

⑦ 韵牌匣子:古时作诗把每个字做成小牌,按韵部分屉,置于一箱匣内,叫韵牌匣子。

⑧ 白帝:古代神话传说中的五天帝之一,掌管西方之神,五行属白,季节属秋,故常以白帝代指秋天。

⑨ 清砧:清冷的捣衣声。古时妇女为远行之人作寒衣多于秋夜将衣捣平,故砧声多用以表达妇女秋夜捣衣怀念远人的意境。

⑩ 生受:这里是道谢语,难为、有劳的意思。道乏:道谢语,因为别人为自己出力而向别人慰问,表示感谢。

⑪ 霜娥：即青女，古代神话传说中司霜雪的女神。倩女离魂：见唐代陈玄祐传奇《离魂记》所记故事。

⑫ 险韵：诗韵各韵部因所属字数的多少不同，特别是容易用来押韵的字多少不同，有宽韵、窄韵和险韵之分；险韵即指最难押的韵部。

⑬ 纺绩针黹(zhǐ)：纺绩，纺线、织布；针黹，缝纫、刺绣。这都是古代封建礼教要求女子所做的闺中之活。

【提示】

大观园里以林黛玉、薛宝钗等为代表的一群青年女性不仅容貌美丽，而且多才多艺。第三十七回《秋爽斋偶结海棠社，蘅芜苑夜拟菊花题》以及后面第三十八回《林潇湘魁夺菊花诗，薛蘅芜讽和螃蟹咏》不以情节和人物描写取胜，而以充分展示她们诗情雅趣、文采风流见长。第三十七回写探春提议由众姊妹及宝玉结成诗社，以白海棠为题，每人做诗一首。这是元妃省亲、大观园题诗(第十七回所写)之后又一次重要的咏诗活动。林黛玉、薛宝钗等大观园中的贵族小姐，虽然都过着锦衣玉食的生活，但能不落庸俗，以结社吟诗的方式丰富自己的精神生活。这群十几岁的青春少年，个个都能即兴赋诗，对于写诗、论诗也都有自己不同一般的见解。这种高雅的生活情趣与丰富的文化素养，与她们从小就受到良好的传统文化熏陶分不开。

薛宝钗以为诗应"立意清新，自然措词"。"立意"是从构思和内容上说的，"措词"是从语言和风格上说的。诗是语言高度凝练的艺术，一首好诗，必须朦胧含蓄，要有丰富的诗韵诗味，要有"象外之象，景外之景"(司空图《诗品》)。这几首《咏白海棠》诗，大都是托物寄情言志，每一首都"诗如其人"，寄慨含蓄深远，令人品味不尽。但是由于受"门""盆""魂""痕""昏"韵的限制，这些诗在内容上又有大同小异之感。

这些诗，既表现了大观园群芳各自的才思与情趣，在思想、艺术上也很符合人物的性格，对于小说的人物形象刻画有一定意义。同时作者还巧妙地将人物各自不同的遭遇和命运含蓄地隐寓诗中，体现出《红楼梦》独特的构思艺术。林黛玉是一个最富有诗人气质的少女。她的诗一挥而就，起笔别致，构思精巧，形象鲜明，表现出她的才思敏捷、任情适性、鄙视庸俗而又多愁善感的性格。薛宝钗作为一个典型的封建大家族闺秀，她的诗温柔敦厚，雅致沉着，表现出她的美丽娴雅、端庄大方、矜持自信，语言上也洗尽纤巧靡艳。贾探春的诗是她才志高远、文采精华的写照，她把自己的情操赋予了白海棠，实际上是借白海棠咏叹自己。而李纨、探春和宝玉评诗的分歧，也表现了各自的思想性格、审美情趣的不同。

【思考与练习】

1. 这几首诗，句句在写海棠，却无一首有海棠二字，真是"不着一字，尽得风流"(司空图《诗品》)。试从"立意清新，自然措词"与含蓄几方面品味探春等人的"咏白海棠"诗，并找出你最喜欢的诗句。
2. 宝钗与湘云拟"咏菊花"诗题时，对湘云说："我平生最不喜限韵的，分明有好诗，何苦为韵所缚。咱们别学那小家派，只出题，不限韵。原为大家偶得好句取乐，并不为此难人。"结合探春几人咏的海棠诗，说说薛宝钗这一见解有无道理?
3. 品味"咏菊花"十二个诗题，自选一题，试作一首。
4. 课后阅读《红楼梦》第三十八回《林潇湘魁夺菊花诗，薛蘅芜讽和螃蟹咏》，试比较赏析林黛玉、薛宝钗等女子所写的咏菊诗。
5. 人类文明的进步，在一定程度上是以牺牲传统文化为代价的。在一个普及了电脑、手机的令人头晕目眩的高科技世界里,青少年再也没有吟诗作赋的才能和“闲情逸趣”。动态的活动太多,静态的陶冶太少。高科技加上俗文化,使许多人忽视了对雅文化的追求和学习。我们选择这章小说做教材,正是基于这种考虑。读完这章小说,不知同学们有何感想?你不钦羡薛宝钗、林黛玉她们高雅的生活情趣与文化素养吗?

# 祭妹文

## 袁 枚

**【题解】**

选自《小仓山房集》。袁枚(1716—1797),字子才,号简斋,别号随园老人,浙江钱塘(今杭州)人。乾隆进士,曾官江宁知县。不久辞官,定居江宁(南京市),筑园林于小仓山,号随园,优游其中五十年不复仕。故自号仓山居士、随园老人。袁枚独立不羁的个性,对假道学的深恶痛绝,表现出封建社会末期个性解放思想的再次苏醒。作为"性灵说"的倡导者和代表人物,他极力主张为文要有真"性情"。他以诗闻名,提倡"作诗不可无我"。笔触相当广泛,反映现实、咏物怀古、描绘山川和表现个人志趣,大多不受传统思想束缚和正宗格调限制。有《小仓山房集》《随园诗话》和笔记小说《子不语》等。袁枚与纪昀齐名,时称南袁北纪。

本文是袁枚哀悼胞妹袁机的一篇祭文。祭文出现于汉代,是我国古代的一种特有文体。它由古时祝文演变而来,是在告祭死者或天地、山川等神祇时所诵读的文章。体裁有韵文和散文两种。袁枚的《祭妹文》、韩愈的《祭十二郎文》、欧阳修的《泷冈阡表》,历来被认为是祭文中的绝唱。

乾隆丁亥冬,葬三妹素文于上元之羊山,而奠以文曰:①

呜呼！汝生于浙而葬于斯,离吾乡七百里矣。②当时虽觭梦幻想,宁知此为归骨所耶?③

汝以一念之贞,遇人仳离,致孤危托落。④虽命之所存,天实为之;然而累汝至此者,未尝非予之过也。予幼从先生授经,汝差肩而坐,爱听古人节义事;一旦长成,遽躬蹈之。⑤呜呼！使汝不识诗书,或未必艰贞若是。⑥

予捉蟋蟀,汝奋臂出其间;岁寒虫僵,同临其穴。⑦今予殓汝葬汝,而当日之情形,憬然赴目。⑧予九岁,憩书斋,汝梳双髻,披单缣来,温《缁衣》一章。⑨适先生奓户入,闻两童子音琅琅然,不觉莞尔,连呼则则。⑩此七月望日事也,汝在九原,当分明记之。⑪予弱冠粤行,汝掎裳悲恸。⑫逾三年,予披宫锦还家,汝从东厢扶案出,一家瞠视而笑,不记语从何起,大概说长安登科,函使报信迟早云尔。⑬凡此琐琐,虽为陈迹,然我一日未死,则一日不能忘。⑭旧事填膺,思之凄梗,如影历历,逼取便逝。⑮悔当时不将嫛婗情状,罗缕纪存。⑯然而汝已不在人间,则虽年光倒流,儿时可再,而亦无与为证印者矣。

汝之义绝高氏而归也,堂上阿奶仗汝扶持,家中文墨,眣汝办治。⑰尝谓女流中最少明经义、谙雅故者;汝嫂非不婉嫕,而于此微缺然。⑱故自汝归后,虽为汝悲,实为予喜。予又长汝四岁,或人间长者先亡,可将身后托汝,而不谓汝之先予以去也！

前年予病,汝终宵刺探,减一分则喜,增一分则忧。后虽小差,犹尚殗殜,无所娱遣。⑲汝来床前,为说稗官野史可喜可愕之事,聊资一欢。⑳呜呼！今而后,吾将再病,教从何处呼汝耶！

汝之疾也,予信医言无害,远吊扬州。汝又虑戚吾心,阻人走报。及至绵惙已极,阿奶问:"望兄归否?"强应曰:"诺!"㉑予已先一日梦汝来诀,心知不祥,飞舟渡江。果予以未时还家,而汝以辰时气绝。㉒四支犹温,一目未瞑,盖犹忍死待予也。㉓呜呼痛哉！早知诀汝,则予岂肯远游?即游,亦尚有几许心中言,要汝知闻,共汝筹画也。㉔而今已矣！㉕除吾死外,当无见期。吾又不知何日死,可以见汝;而死后之有知无知,与得见不得见,又卒难明也。㉖然则抱此无涯之憾,天乎人乎，而竟已乎！[27]

汝之诗，吾已付梓；汝之女，吾已代嫁；汝之生平，吾已作传；惟汝之窀穸，尚未谋耳。[28]先茔在杭，江广河深，势难归葬，故请母命而宁汝于斯，便祭扫也。[29]其旁葬汝女阿印，其下两冢，一为阿爷侍者朱氏，一为阿兄侍者陶氏。[30]羊山旷渺，南望原隰，西望栖霞，风雨晨昏，羁魂有伴，当不孤寂。[31]所怜者，吾自戊寅年读汝哭侄诗后，至今无男；两女牙牙，生汝死后，才周晬耳。[32]予虽亲在未敢言老，而齿危发秃，暗里自知，知在人间，尚复几日？[33]阿品远官河南，亦无子女，九族无可继者。[34]汝死我葬，我死谁埋？汝倘有灵，可能告我？

呜呼！身前既不可想，身后又不可知；哭汝既不闻汝言，奠汝又不见汝食。纸灰飞扬，朔风野大，阿兄归矣，犹屡屡回头望汝也。[35]呜呼哀哉！呜呼哀哉！

**【注释】**

① 乾隆丁亥：乾隆三十二年，即1767年。三妹素文：名机，字素文，别号青琳居士，幼读书，能诗。素文未出生时，其父母曾与高姓指腹为婚，高氏子成人后，却是市井无赖，极多劣迹。高氏提出了解除婚约，但袁素文囿于封建礼教，竟执意不肯。婚后，素文备受凌辱，终因不堪肆虐而返居娘家。自此忍辱含垢，年仅四十岁便凄楚谢世。乾隆三十二年丁亥，袁枚为她营葬。作者另有《女弟素文传》叙其身世。上元：县名，今江苏省南京市。羊山：今南京市东。

② 浙：指杭州。斯：指羊山。

③ 当时：指袁机初生的时候。觭(jī)梦：据梦之所得而占梦。

④ 遇人：嫁人，即“遇人之不淑”(《诗经・王风・中谷有蓷》)的省语，意谓嫁了个不好的人。仳(pǐ)离：离弃，指妇女被遗弃而离去。孤危：孤独忧伤。托落：落拓、失意。

⑤ 差(cī)肩：比肩、并肩。遽：遂，就。躬蹈：亲身实践。

⑥ 使：假使。艰贞：在艰难时坚贞不移。

⑦ 同临其穴：同到埋葬蟋蟀的穴边凭吊。临，哭吊死者。

⑧ 殓(liàn)：给尸体穿衣入棺。憬(jǐng)然：醒悟的样子。

⑨ 单缣：细绢做的单衣。《缁(zī)衣》：《诗经・郑风》里的一篇。

⑩ 奓(zhā)户：开门。琅琅然：读书的声音。莞(wǎn)尔：微笑。则则：同“啧啧”，赞叹的声音。

⑪ 望日：阴历每月十五日。九原：犹“九泉”，指地下。

⑫ 弱冠：男子成年。粤行：乾隆元年(1736)，作者二十一岁，经广东前往广西去看叔父袁鸿。粤，广西包括在古代“百粤”范围之内。掎(jǐ)：拉住。恸：痛哭。

⑬ 披宫锦：指中进士。唐朝进士及第，披宫袍，后人就称中进士为“披宫锦”。下文“长安登科”即指这件事。瞠(chēng)视：瞪着眼看。函使：送信的人。云尔：如此说。用在说话之后，表示如此而已。

⑭ 琐琐：细小的(事)。

⑮ 膺(yīng)：胸。凄梗：悲咽，哭不出来。梗，阻塞。逼取便逝：想要抓住它们则消失了。

⑯ 婴婗(yì ní)：婴儿。这里指幼年时期。罗缕：详细。

⑰ 义绝：断绝情谊。阿奶：指袁枚的母亲章氏。下文“汝嫂”，指袁枚的妻；“阿爷”，指袁枚的父亲；“阿兄”，指袁枚自己。这些称呼都是用向袁机说话的口气。眣(shùn)：以目示意。

⑱ 雅故：过去的文章典故。婉嫕(yì)：柔顺和静。微缺然：稍有点欠缺。

⑲ 小差(chài)：病稍减。殗殜(yè dié)：病不甚重，半起半卧。

⑳ 稗官野史：小说和非正式的史书。愕(è)：惊异。

㉑ 无害：没有危险，不碍事。吊：探访古迹。虑戚吾心：怕我担心。绵惙(chuò)：病情严重，气息微弱，病势危急。

㉒ 未时：下午一至三时。辰时：上午七至九时。

㉓ 瞑：闭紧眼睛。

㉔ 几许：多少，这里指许多。

㉕ 已矣：完了。

㉖ 卒：终究。

㉗ 而竟已乎：终于这样完了吗？

㉘ 付梓：指书稿付印。梓，梓木，古代刻书印刷的雕版。窀穸（zhūn xī）：墓穴。

㉙ 先茔：祖先的坟墓。杭：杭州。江广河深：由南京到杭州，乘船要先经长江，后经运河，所以这样说，意为路途遥远，运输不便。宁：此指安葬。

㉚ 阿印：袁机有两个女儿，阿印是其一，早死。阿爷：指作者的父亲袁滨，早已去世。侍者：指妾。阿兄：指作者自己。

㉛ 旷渺：空旷辽阔。原隰（xí）：平原和低洼的地方。栖霞：山名，在江苏南京市东北。羁魂：客死者的魂魄。羁，寄居在外，也指旅居的人。

㉜ 戊寅年：乾隆二十三年（1758），作者此年丧子。袁机有哭侄诗。周晬（zuì）：小儿周岁。

㉝ 亲在未敢言老：父母在，自己不称老，这是古礼。齿危：牙齿松动。

㉞ 阿品：作者堂弟，名树，字东芗，时任河南正阳县令。阿品是袁树的小名。九族：以自己为本位，上推至四世的高祖（父、祖、曾祖、高祖），下推至四世的玄孙（子、孙、曾孙、玄孙）为九族。

㉟ 朔风野大：北风大而猛烈。

**【提示】**

这篇祭文从兄妹之间的亲密关系着眼，选取自己所见、所闻、所梦之事，对妹妹袁机的一生做了“如影历历”的描述，渗透着浓厚的哀悼、思念之情感。

文章以时间顺序为经，以兄妹之间的亲密关系为纬，结构精巧，别具匠心。全文可分为三大部分：开头第一段为第一部分，叙述葬妹的时间、地点，交代因葬妹而撰文设祭。第二段至第八段是第二部分，抒写对亡妹的怀念。最后结尾一段是第三部分，写祭时所想、所见及祭毕而归的情景。第二部分是全文的主体部分。作者先用两段文字概述亡妹的不幸遭遇，指出了“识诗书”是亡妹一生悲剧的根源。虽然作者在这里还没有明确地反对礼教，但他对于传统文化中宣扬的妇女贞节等封建道德观念，毫不隐讳地表示了怀疑，这与袁枚一贯的离经叛道精神和文学上“性灵”的主张是相吻合的。紧接着的以下五段则按时间叙事：第四段写儿时几件小事，表现兄妹间的亲密无间；第五段写妹归居母家以后的情况，表现妹之才德和兄妹相依之情；第六、七段写妹病逝和自己因远游而未及诀别的无限憾恨；第八段写对亡妹身后事的处理以及想象中的自己将来身后的悲哀。

本文在写作上的突出特点就是以情感人。具体体现有二：一是寓情于事。文中所记的许多小事都渗透着作者怀念、同情和悲痛的情感。二是情见于辞。即在叙事中穿插一些抒情性的语句来直抒胸臆。例如，写回忆儿时的共同生活、写袁机绝高氏而归对自己的帮助、写自己病中受到袁机的关心、写袁机病危及去世、写为袁机办理后事联想到自己无子，都是在叙事过程中充分表达自己的哀痛心情，感人至深。

细节描写对刻画人物形象表现兄妹感情起了起了重要作用。此外，文章的语言通俗平易，注重形象，质朴真挚，清新自然。

**【思考与练习】**

1. 袁枚之三妹只是一个普通的女性，没有可以载入史册的壮举。袁枚是怎样复活了一个普通的充满人情味的三妹?

2. 比较本文与《祭十二郎文》的异同。
3. 课下查找资料,举几个被封建礼教毒害或迫害致死的妇女的例子,充分认识礼教违反人性和歧视妇女的本质。

# 游媚笔泉记

## 姚 鼐

**【题解】**

本文选自《惜抱轩文集》(商务印书馆《四部丛刊》本)。姚鼐(1731—1815),字姬传,一字梦榖,安徽桐城人,清代著名散文家,诗文并治,兼善书画。因其书斋名为惜抱轩,故世称惜抱先生、姚惜抱。出生于世代官宦之家,乾隆二十八年(1763)中进士,授翰林院庶吉士,官至兵部主事、礼部仪制司主事、刑部广东司郎中,后充任四库全书馆纂修官。自40余岁辞去官职,远绝仕禄,历主江宁(今南京)、扬州等地书院四十余年,奖掖后进,门生众多。嘉庆二十年(1815)七月,偶染微疾,迁延数月,竟至不治,于九月二十三日卒于江宁钟山书院。姚鼐是桐城派(桐城派在清朝康熙年间由安徽桐城人方苞开创,经刘大櫆、姚鼐等人继承和发展,成为清代影响最大的散文派别)的集大成者,主张"道与艺合,天与人一","义理、考据、辞章"合一,把散文的艺术要素提炼为"神、理、气、味、格、律、声、色"八字。他比较全面地总结了我国古代散文的创作经验,并作出了新的理论贡献,壮大了古文的声势,在桐城派中地位最高,对后世影响很大。姚鼐的古文以神韵为宗,以丰韵见长。治学以经为主,兼及子史、诗文。一生成就卓著,著有《惜抱轩诗文集》《惜抱轩书录》《惜抱尺牍》《老子章义》《庄子章义》《九经说》等,并选编有《古文辞类纂》和《五七言今体诗钞》等。

桐城之西北,连山殆数百里,及县治而迤平①。其将平也,两崖忽合,屏矗墉回,崭横若不可径②。龙溪曲流,出乎其间③。

以岁三月上旬,步循溪西入。积雨始霁,溪上大声潨然十余里,旁多奇石、蕙草、松、枞、槐、枫、栗、橡,时有鸣巂④。溪有深潭,大石出潭中,若马浴起,振鬣宛首而顾其侣⑤。援石而登,俯视溶云,鸟飞若坠⑥。复西循崖可二里,连石若重楼,翼乎临于溪右。或曰:"宋李公麟之'垂云沜'也。"⑦或曰:"后人求李公麟地不可识,被而名之。"⑧石罅生大树,荫数十人。前出平土,可布席坐。南有泉,明何文端公摩崖书其上,曰"媚笔之泉"⑨。泉漫石上为圆池,乃引坠溪内。

左丈学冲于池侧方平地为室,未就,邀客九人饮于是⑩。日暮半阴,山风卒起,肃振岩壁,榛莽群泉、矶石交鸣⑪。游者悚焉,遂还⑫。是日,董坞先生与往,鼐从,使鼐为之记⑬。

**【注释】**

① 殆:大概,近乎。县治:县城官署所在地。迤(yí):曲折绵延、地势渐平的样子。

② 屏:屏障。墉(yōng):城墙,高墙。崭:山高而险峻。径:通行、通过。

③ 龙溪:溪名。因溪水来自附近的龙眠山而得名。

④ 潨(cóng):拟声词,形容水流的声音。巂(guī):鸟名,即子规,杜鹃。

⑤ 鬣(liè):即马鬃,马颈上的长毛。宛首:回头。

⑥ 溶云:浮动而融成一片的白云。鸟飞若坠:鸟儿飞过,影子落进水里。

⑦ 可:大约。翼乎:像鸟儿展翅的样子。李公麟:(1049—1106),字伯时,安徽桐城人,宋熙宁三年(1070)进士,北宋著名文人画家。元符三年(1100)以病告退,隐居桐城龙眠山,因号龙眠居士,又号

龙眠山人,世称李龙眠。垂云沜(pàn):李公麟在龙眠山的居所。沜同"泮",水边。

⑧ 被:加上,附会。

⑨ 何文端:即明人何如宠(1569—1642),字康侯,号芝岳,安徽桐城人。博学多才,明神宗万历二十六年(1598)进士,官至礼部尚书、户部尚书、武英殿大学士等。南明福王时,追赠太傅,谥"文端"。摩崖:在山崖石壁上镌刻文字。

⑩ 左丈学冲:即左世容,字学冲,安徽桐城人,清乾隆三年(1738)举人,曾任江苏武进县教谕。与姚鼐家比邻而居,姚鼐为他的诗文作过序。晚年筑室于媚笔泉,自号笔泉。丈:古代对年长或长辈男子的尊称。左学冲与姚鼐的伯父、父亲友善,年辈长于姚鼐。

⑪ 卒(cù):忽然。榛莽:丛生的草木。肃:(山风)肃杀悲凉。矶(jī):水边突出的岩石或石滩。

⑫ 悚(sǒng):惊恐、恐惧。

⑬ 薑(jiāng)坞:即姚鼐的伯父姚範(1702—1771),字南菁,安徽桐城人,号薑坞,学者称其为"薑坞先生"。博览群书,乾隆七年(1742)进士,授翰林院编修,充三礼馆纂修。后辞官,主讲于天津、扬州书院。姚鼐少年时多得力于他的教诲。

## 【提示】

这篇游记是乾隆二十九年(1764)也即姚鼐中进士的第二年,他跟从世父(即姚範)自天津归于故里之后写的。媚笔泉在安徽桐城县西北龙眠山。其时,左学冲筑室居于媚笔泉,"邀编修府君(即姚範)及鼐游于泉上,鼐归为作记。先生大乐而时诵之"。本文记述了龙眠山之游,描述了媚笔泉优胜的地理位置及其幽静秀美的自然景色与人文景观。

题为媚笔泉,却先写桐城西北的形胜,简笔勾勒龙眠山和龙溪,次写循溪西入,沿途所见之景物风光,而后才落笔于媚笔泉,让人在"曲径探幽"中体会到自然与人生的哲理。写媚笔泉,一是"泉漫石上为圆池",但终"引坠溪内";二是左学冲筑室未就而邀客相饮;并以山风骤起,游者惊然而归结尾,隐约含蓄地表现了作者当年积极入世、不意隐逸的情怀。

全文始终突出以"水"为描写中心,从"龙溪曲流"到"循溪西入"、溪声沨然、"溪有深潭",再到"南有泉""泉漫石上为圆池",收笔于"榛莽群泉、矶石交鸣",而其他景物描写也与水相连,构思巧妙,脉络分明,浑然一气。全文仅有二百七十字,却写了十几种景物,还写到了李公麟、何文端、左学冲等桐城名人。自然山水再奇特,假如没有文化名人的踪迹,终觉缺少一种韵味。媚笔泉正是因为有了桐城的诸位名人才更具魅力。文章语言洗练典雅而富有声色,对山川景物的摹写穷幽尽妙。例如写"溪上大声沨然十余里",又"时有鸣巂",水流声与鸟鸣声交相呼应,烘托出一种幽静的气氛,创造出令人寻幽访胜的意境。再如写潭中石头,善于化静为动,以形传神。运用比喻、拟人等修辞手法,把"大石出潭中"写成"若马浴起,振鬣宛首而顾其侣";又把"援石而登,俯视溶云"比喻成"鸟飞若坠";把山崖上的"连石"比喻成"若重楼,翼乎临于溪右"。形象的比喻使景物跃然纸上,让人犹如身临其境。文末又以"山风卒起""游者悚焉"加以渲染,使全文不仅有听觉与视觉的交错,而且与游人的心情变化相融,创造出引人入胜的意境。

文章对遣词造句也十分讲究,句式短,节奏明快,富有声韵,深得刘大櫆"因声求神"的要领。姚鼐弟子方东树称老师的文章为"净洁精微",这四个字正好用来评《游媚笔泉记》。

## 【思考与练习】

1. 这篇游记的艺术特点体现在哪些方面?
2. 比较阅读姚鼐《登泰山记》等其他山水游记,体会姚鼐散文的艺术风格与创作主张。

# 满江红·小住京华

## 秋 瑾

**【题解】**

本篇写于秋瑾赴日留学的前一年，抒发其爱国情怀，选自《秋瑾集》。

秋瑾(1875—1907)，字竞雄，号鉴湖女侠。浙江山阴(今绍兴)人。清末著名的女革命家，诗人。1904 年赴日留学。1905 年加入同盟会。1906 年创办《中国女报》。1907 年在绍兴主持徐锡麟创办的大通学堂，组织光复军，并与徐共谋组织反清起义，事泄被捕，慷慨就义。秋瑾工诗善词，其作品不乏忧国伤时之作，风格雄健，深沉激昂。

小住京华，早又是、中秋佳节。为篱下，黄花开遍，秋容如拭。四面歌残终破楚，八年风味徒思浙[①]。苦将侬、强派作蛾眉，殊未屑[②]！　身不得，男儿列；心却比，男儿烈。算平生肝胆，因人常热。俗子胸襟谁识我？英雄末路当磨折。莽红尘、何处觅知音？青衫湿[③]！

**【注释】**

① 四面歌残终破楚：《史记·项羽本纪》有"夜闻汉军四面皆楚歌"事，作者在此引用典故说明当时中国任列强宰割、危机四伏的严重局势：帝国主义列强不断入侵，清廷腐败无能，丧权辱国，一系列不平等条约的签订，使中国逐渐陷入四面楚歌的悲惨境地。八年风味徒思浙：作者 1896 年与王廷钧在湖南结婚，1903 年写作此词，时间相距八年。思浙，是指思念家乡，心忧祖国。作者在此感叹自己虽忧国忧民，但八年婚后生活却无所事事，难有作为。

② 侬：我。殊：很。屑：顾惜，重视。

③ 莽：无边无际。青衫湿：引用白居易《琵琶行》里的"座中泣下谁最多？江州司马青衫湿"句，作者以此表达自己在无边无际的人世间找不到知音的孤独与痛苦。

**【提示】**

全词情感深挚，朴实自然，豪放沉郁。上阕抒发作者对国势日蹙的忧愤之情。前五句具体交代写作的时间、地点、心情。"秋容如拭"决非泛泛吟花伤秋之情，而是因中国"四面歌残终破楚"的衰败时局而黯然神伤。虽然秋瑾有一腔报国热望，但是老天爷偏让她做女儿身，长在封建世家，嫁于官宦之门，包办婚姻、封建礼教的束缚使她"八年风味徒思浙"。于是她在悲叹自己虚度年华的同时，发出了"苦将侬、强派作蛾眉，殊未屑"的沉痛感喟。下阕的情感更为强烈深沉。"身不得"两句对仗工整、铿锵有力，凸现出作者不逊须眉的气概。作者虽然一心为国为民，但是包括自己丈夫在内的广大臣民都无视国家危亡，俗不可耐。他们不仅没有秋瑾的满腔血性，反而对秋瑾诸多非难指责。作者悲悼自己在如此泱泱大国却难觅知己，不禁潸然泪下。挽救国家危亡是秋瑾一生的信念和追求。她热切地找寻着志同道合的革命伙伴，后来在北京结识思想进步的吴芝瑛女士，并在吴的支持下留学日本，参加了同盟会，最后为革命事业献出了年轻的生命。

**【思考与练习】**

1. 说明“身不得,男儿列;心却比,男儿烈”所包含的思想情感。
2. 体味秋瑾在词中表现出的以民族兴亡为己任的崇高精神,谈谈秋瑾理想与精神的现实意义。

# ※田园诗五首

**【题解】**

顾况，唐代诗人，字逋翁，今浙江省海盐县人。肃宗至德二年中进士。为官郁郁不得志，后归隐茅山，自号华阳真逸。有《华阳集》。其诗喜用口语，不避俚语，质朴平易。

王建，中唐与张籍齐名的乐府诗人。字仲初，今河南省许昌人。曾在幽燕一带从军达十三年之久。任过县尉、陕西司马等职。王建用较多的机会接触民众，诗歌的主要成就在乐府诗上。有《王司马集》。其诗善采口语，明白易懂。

范成大，南宋诗人，字致能，号石湖居士。苏州人。高宗绍兴年间进士。曾出使金，慷慨陈词，不辱使命。晚年退居故乡石湖，死后谥文穆。成大素有文名，以善写田园诗著名，为“南宋四大家”之一。有《石湖居士诗集》《石湖词》《吴船录》。

张雨，字伯雨，号句曲外史，法名嗣真，为元代茅山派著名道士。钱塘人。诗、书、画俱佳，尤以诗著称。其诗格调清丽。有《玄品录》五卷，诗集《句曲外史集》传世。

## 江　村

**杜　甫**

清江一曲抱村流，长夏江村事事幽。自去自来梁上燕，相亲相近水中鸥。老妻画纸为棋局，稚子敲针作钓钩。但有故人供禄米，微躯此外更何求。

## 过山农家

**顾　况**

板桥人渡泉声，茅檐日午鸡鸣。莫嗔焙茶烟暗，却喜晒谷天晴[①]。

## 雨过山村

**王　建**

雨里鸡鸣一两家，竹溪村路板桥斜。妇姑相唤浴蚕去，闲着中庭栀子花[②]。

## 晚春田园杂兴（其三）

**范成大**

蝴蝶双双入菜花，日长无客到田家。鸡飞过篱犬吠窦，知有行商来买茶[③]。

## 湖州竹枝词

**张　雨**

临湖门外是侬家,郎若闲时来吃茶。黄土筑墙茅盖屋,门前一树紫荆花。

**【注释】**

① 嗔(chēn):责怪。焙(bèi):用微火烘烤。

② 浴蚕:以盐水选蚕种。

③ 窦:地窖或孔穴。

# 中国现当代文学概述

## 中国现代文学

“中国现代文学”是相对于“传统”中国文学而言的。中国现代文学从1917年开始，到1949年为止，大体上每十年为一个发展阶段。

第一阶段：1917—1927年期间的文学，叫五四文学，也叫20年代文学。第二阶段：1928—1937年左翼革命文学、人文主义文学并存的30年代文学。第三阶段：1937—1949年以全民族的抗战文学为开端以及继承、发展的多地域、多元化、大众化的40年代文学。

“现代”作为时间的标志，既表明了中国现代文学与中国传统文学有联系性，又表明了中国现代文学是与中国传统文学有着本质区别的一种新型的文学。它不仅是时间概念上的划定的1917—1949年这一通常所说的“现代”阶段的文学，更是现代性质意义上所指的区别于传统文学的新的文学。胡适在1917年1月《新青年》杂志发表的《文学改良刍议》在中国文学史上竖起一个鲜明的界碑，标志着中国古典文学的结束，现代文学的起始。现代文学即是用现代文学语言与文学形式，表达现代中国人的思想、感情、心理的文学，艺术形式与表现手法都对传统文学进行了革新。产生了话剧、新诗、现代小说、杂文、散文诗、报告文学等新的文学体裁，在叙述角度、抒情方式、描写手段及结构组成上，都具有现代的特点，从而与世界文学潮流相一致。

## 中国现代文学鲜明特质

从1917年初倡导文学革命到1949年7月中华全国文学艺术工作者代表大会召开，这32年是中国文学史上一个崭新的时期。这一时期的文学，同几千年的中国古代文学和戊戌变法前后至五四运动前的中国近代文学不同，有自己鲜明的特质，即新的文学价值观念，新的文学表现形态，新的文学审美品格。

第一，从“载道”到“立人”。中国古代正统的文学价值观念，是以维护封建制度及其伦理道德为其基本标准的。那时文学被当作“明道”“载道”的工具，“代圣贤立言”成为创作的最高准则。在这种文学价值观念的指导下，许多作品充满着强烈的贵族意识。它们主要描写帝王将相、才子佳人的生活和情感，将上流社会作为主要的描写对象和服务对象。“发乎情，止乎礼义”，作家的人格追求也大多规范在封建伦理道德之内。文学的忧患意识和使命感，往往与忠君思想结合在一起。近代文学中虽然出现某些新的思想萌芽，但其基本价值观念仍然没有超越封建伦理思想的樊篱。“五四”新文学家摒弃了陈腐的文学价值观念，要求重新估价一切，把人的价值、人的尊严、人的自由平等、人的解放，作为最高价值标准。从此，文学不再是载道的工具，而是谋求人的解放的武器，作家不再是封建势力的附庸，而是独立的不依傍于他人的精神个体。创作主体的精神得到解放。新文学家的人格能量和创作才情得到极大发挥。

由于文学价值观念的变化，新文学所关注的不再是上流社会的生活和情趣，而是大多数普通人的平凡的社会人生。广大的农民群众是中国社会的主体,是思想启蒙的主要对象,又是后来崛起的中国革命和民族解放斗争的主力军,具有民主主义倾向和社会主义倾向的积极分子,在思想革命、社会革命和民族革命中占有特殊的地位。因此,勤劳质朴、备受剥削压迫而又逐渐觉醒并走上抗争之路的农民和先进的知识分子,成了新文学最基本的主人公。文学的服务对象和描写对象的巨变,是文学价值观念巨变的必然结果,从一个侧面体现出中国新文学的时代新质。

第二,从"文言文"到"白话文"。文学价值观的革新,要求与之相适应的新的文学表现形态也随之变化。文言文是封建思想文化的载体和社会交际的工具,以古典的诗、词、曲、文为正宗的中国传统文学正是文言文运用的典范。这种单调呆板的表现形式和艰涩的语言材料,无法表现变化急剧、错综复杂的现实生活,无法反映千千万万普通人的生活情思,无法展现现代作家丰富多样的艺术个性;同时,由于一般民众文化程度的低下,也难以得到他们的理解和接受,作家唤醒民众、服务人民的历史使命也就难以完成。近代作家虽然倡导语言文体的革命,但未能结束文言文的正宗地位,新的语言体式也没有创造出来。新文学家顺着时代和广大民众的要求,以前所未有的气度和魄力,猛烈地抨击脱离现实生活、脱离人民群众的文言文,提倡新鲜活泼、明白晓畅的白话文。经过激烈的论争和成功的实践,白话文终于取代了文言文。这股语言革新的潮流汹涌澎湃,势不可挡,以致那些相当保守的旧派文人和报刊,也不得不废弃文言改用白话。新文学还大胆地学习、借鉴西方近现代的文学体式和艺术技法,逐渐推出白话体新诗、小诗、散文诗、现代小说、话剧、杂文、报告文学等一批新文体;在叙述视角、描写手段、心理刻画、抒情方式、时空结构等方面,也都进行了革新和创造,并沿着民族化和现代化相结合的道路不断发展,日臻成熟。文学语言的革新,众多文学体式的建构,极大地丰富了新文学的表现方式,并为人民大众理解和接受新文学创造了空前有利的条件。表现方式的多样性和丰富性,构成新文学的又一时代特质,而与传统旧文学明显地区别开来。

第三,从"中和之美"到"冲突之美":"中和之美"是我国封建社会最高的审美理想和审美规范。总体说来,它体现了封建的意识形态在审美领域对于人的个性和自由意志的压抑与禁锢。所谓"怨而不怒""哀而不伤""温柔敦厚",正从本质上表达了封建统治阶级现实政治和审美的需要。中国新文学在猛烈冲击古典审美规范的基础上,建立了以崇高美为主要特征的现代审美观念。新文学家将人生最有价值的东西毁灭给人看,借以反映"历史的必然要求"。他们敢于直面惨淡的人生,敢于正视淋漓的鲜血,真切地描写黑暗现实对理想的扼杀,描写下层民众精神愚昧和物质匮乏的双重痛苦,描写现代知识者人格心灵的分裂和冲突……多样的悲剧的确立,彻底打破了传统文学中东方式的"大团圆"结局。新文学所表现的强烈的悲剧意识和巨大的批判力量,它的冷峻悲凉的艺术格调,有力地激发着人们从"瞒和骗"的深渊中觉醒起来,投入改造社会也改造自己的壮丽事业,并在更高的审美层次上塑造自己。中国传统文学常常缺乏真正意义的悲剧意识。止于滑稽,伤于溢恶是较通常的表现形态。而且常常"辞气浮露""浅尝辄止",新文学家超越了传统的喜剧品格,从社会历史发展和人的解放的高度,认识假、恶、丑的虚妄可笑,以或激烈犀利,或轻松机智的态度,将无价值的东西撕破给人看,引起人们对丑恶事物的憎厌,达到对美的肯定。现代喜剧的荒诞意识及由此而形成的反讽形式,从又一个侧面展现出觉醒的现代知识者对行将天亡的假、恶、丑的理性批判精神,也是人类对自身弱点的省悟及超越。特别是悲喜剧双重意识的融合、渗透和有机转化,更体现出新文学审美品格的可贵特色。所有这一切,都反映出新文学的时代特质。

第四,从"封闭自守"到"走向世界":现代文学不是孤立的,它是在积极吸收其他国家文学精华基础上形成的，所以有人形象地说：中国现代文学是以外国文学为“父”，以中国文学为“母”的。现代文学也因此纳入世界文学的范畴中。

下面分文学题材加以概而述之。

## 现代诗歌

“五四”文学革命在创作上是以新诗为突破口的，而新诗的改良运动则是从诗歌的形式的解放入手的。早年梁启超设计“诗界革命”时，就是要以“新意境”“新语句”“古风格”来打破诗歌传统，但是由于在具体创作上的保守倾向，“诗界革命”最终止步于对于宋诗派的模仿。

以胡适为代表的“五四”新诗运动正是选择了梁启超后退之处，作为理论出发点与进攻方向。在胡适们主张建设“文学的国语、国语的文学”，提倡“作诗如作文”的背后，蕴涵着时代所要求的诗歌观念的深刻变化。胡适在提倡“诗体的解放”的同时，还提出了“诗的经验主义”，其核心就是他所说的“言之有物”，也即“要有我”与“要有人”，“有我就是要表现著作人的性情见解，有人就是要与一般的人发生交涉”。新诗的实验，一开始就遭到了“学衡派”“甲寅派”诸君子的反对，代表人物梅光迪、吴宓、林纾等人，他们以自己丰厚的国学修养和诗文造诣，指责新诗是“数典忘祖”“必死必朽”，同时他们也写作了大量的文言诗和古体诗。但是，尽管如此，新诗仍然在一片反对声中逐渐站稳了阵脚。从 1917 年《新青年》4 卷 1 号发表第一批新诗（其中有胡适的《鸽子》、刘半农的《相隔一层纸》、沈尹默的《月夜》等），到 1920 年胡适的《尝试集》出版，不过三年时间，新诗已经逐渐形成了自己的读者群，作品销量大增。

早期白话诗主要发表在《新青年》《新潮》《少年中国》《星期评论》《学灯》《觉悟》等“五四”新文化运动的重要阵地上。第一批白话诗人如胡适、刘半农、周作人、沈尹默、俞平伯、康白情都是新文化运动的骨干，他们创作的新诗，即使文化层次较低的读者，也容易接受。如刘半农 1920 年在伦敦写的白话情诗《教我如何不想她》，就以其明朗的意象、优美丰满的旋律和复沓的节奏，在接受者中获得广泛的传播。而且，刘半农还是在中国文字史上第一个使用“她”的人。

当时，就连李大钊、陈独秀、鲁迅也都曾创作过新诗，从某种意义上显现了新诗与“五四”思想革命的密切关联。1922 年，叶绍钧、刘延陵、朱自清等以“中国新诗社”名义创办第一个新诗刊物《诗》月刊。

早期新诗中，从旧诗、词、曲脱胎而出的白话诗歌作品有俞平伯的《冬夜》、康白情的《草儿》、周作人的《小河》、朱自清的《毁灭》。其中周作人的《小河》被胡适评为“新诗中的第一首杰作”。早期白话诗的特色主要表现为，一是用白描的手法描写具体生活场景或自然景物，显示出客观写实的倾向。二是通过托物寄兴，表现诗人对社会人生的感悟。在形式方面，早期白话诗主要表现出散文化的倾向，不讲究平仄，不刻意用韵，自然形成舒缓自如的内在节奏。

“开一代诗风”的新诗创作出现在 20 年代初。1921 年 8 月郭沫若的《女神》诗集出版，以狂飙突进的浪漫主义精神展示了新诗“是人格创造的表现”，艺术是“灵魂与自然的结合”。《女神》的抒情主人公首先是“五四”时期觉醒的中华民族的自我形象，也是大时代中诗人自我个性和灵魂的真实袒露，它自由的形式以及雄奇的风格为新诗开拓了道路。

1922 年，汪静之、冯雪峰、潘漠华、应修人等出版了他们的合集《湖畔》，同年还出版了汪静之的个人诗集《蕙的风》，1923 年又出版了合集《春的歌集》。文学史上遂以他们最初的诗集《湖畔》来命名，称这四位诗人为“湖畔诗人”。湖畔诗人是“五四”唤起的一代新人，所写的是“没有沾染旧文章习气老老实实的少年白话新诗”[3]。1923 年，冰心的《繁星》与《春水》，以及宗白华的《流云小诗》出版，引起了人们对“小诗体”的关注与兴趣。小诗是一种即兴式的短诗，是在周作人翻译的日本短歌、俳句和郑振铎翻译的泰戈尔《飞鸟集》的影响下产生的。主要作者除冰心与宗白华以外还有徐玉诺和何植三等人。小诗表现作者的刹那感受，寄寓人生的哲理或美的情思，由客观描写转向内心。这一时段对新诗歌发展作出贡献的还有冯至。他的诗歌将内心的激情外化为客观明净的形象或简单情节的娓娓叙述；形式上采用半格律体，诗行大致比较整齐、押韵，追求节奏的舒缓与音韵的柔美。冯至对新诗的另外一个重要贡献在于其“堪称独步”的叙事诗。主要作品有《帷幔》《蚕马》和《吹箫人的故事》。

新月派诗歌是中国新诗创作进入“诗歌自觉”时期的标志。1927 年之前，以北京《晨报副刊》“诗镌”为基本阵地，闻一多、徐志摩、朱湘、饶梦侃、孙大雨等组成前期“新月派”，一是要在新诗与旧诗之间架起一座桥梁；二是把创造的重心由“白话”转移到“诗”本身。强调诗歌的建筑美、音乐美、绘画美。追求情景交融，物我合一的自然意象，希望新诗成为“中西艺术结婚后产生的宁馨儿”。这一时期主要作品有闻一多的《红烛》《死水》，徐志摩的《雪花的快乐》《为要寻一个明星》、朱湘的《夏天》《草莽集》。

1932 年 9 月中国诗歌会成立，这是左联领导下的一个群众性诗歌团体。中国诗歌会的发起人有穆木天、蒲风、杨骚、任钧(卢森堡)等人。中国诗歌会的诗歌表现为这样的特点：一、及时、迅速地反映时代重大事件，表现工农大众及其斗争，强调诗歌对实际革命运动的直接鼓动作用，二、中国诗歌会强调“诗的意识形态化”，这自然大大加强了诗的理性化色彩与主观性；但作为诗歌的“主体”的，并非诗人自己，而是一个群体(革命队伍及其领导者革命政党)。强调“自我”在“集体”“小我”在“大我”中的融合。三、这一时期中国诗歌会诗人的创作，在艺术表现上，大都采取直接描摹现实的方式，如殷夫的《1929 年 5 月 1 日》详尽地再现了 1929 年“五一”游行的全过程。在诗歌形式方面，中国诗歌会诗人提出了“歌谣化”的主张，强调诗歌应当与音乐结合一起，而成为民众歌唱的东西。他们还出版“歌谣专号”等，希望诗歌成为群体的听觉艺术。主要的诗人、诗作有蒲风的《茫茫夜》《迎着狂风和暴雨》，穆木天的《在喀林巴岭上》，殷夫的《孩儿塔》等。

30 年代诗歌中，在中国诗歌会之外，值得注意的诗人有臧克家，他的诗歌与中国诗歌会有相通之处，臧克家这一时期的主要作品有：《烙印》《难民》《神女》《炭鬼》等。

后期新月派仍然坚持自我表现、超功利、贵族化的“纯诗”立场。以徐志摩为主要旗帜。林徽因、饶梦侃、陈梦家、李惟建都是开一代新诗风的诗人。后期新月派的主要作品有陈梦家选编的《新月诗选》、徐志摩《再别康桥》、孙大雨《自己的写照》、饶孟侃《弃儿》、卞之琳《一个和尚》、朱湘《十四行英体》、罗念生《自然》、李惟建《祈祷》。

1930 年代现代派诗人是由后期新月派和 20 年代末的象征诗派演变而来的。现代派诗人主要有戴望舒和“汉园三诗人”——何其芳、李广田、卞之琳，以及废名、林庚、李白风、金克木等。现代诗人中废名将诗禅传统、佛道精义融入诗歌，使诗歌想象驰骋，意境跳跃，这一时期废名的代表作有《十二月十九夜》。

1937 年“七七事变”以后，现代诗歌创作进入了一个新的阶段。这一时期抗日救亡的诗歌是诗坛的主旋律。主要作品有郭沫若的《战声集》、任钧的《为胜利而歌》、冯乃超的《宣言》、臧克家的《从军行》、徐迟的《最强音》、戴望舒的《元旦祝福》、何其芳的《成都，让我把你摇醒》、被称为“时代鼓手”田间的《给战斗者》等。

1930—1940 这十年的代表诗人应该是艾青。艾青的诗歌完成了中国新诗发展史历史上的“综合”。主要表现为：一方面坚持中国诗歌会“忠实于现实的，战斗的”传统，另一方面又克服并扬弃其“幼稚的叫喊”的弱点，进一步丰富和发展了新诗。艾青的诗歌从感觉出发，注重诗歌的色彩，强调捕捉瞬间感受，具有广阔的象征意义。代表作有《我爱这土地》《雪落在中国的土地上》《给太阳》等。

“七月诗派”是在艾青的影响下，以理论家兼诗人胡风为中心，以《七月》及以后的《希望》《诗垦地》《诗创作》《泥土》《呼吸》等杂志为基本阵地而形成的青年诗人群，代表诗人有鲁藜、绿原、冀汸、阿垅、曾卓、芦甸、孙钿、方然、牛汉等人，他们以提倡革命现实主义与自由诗体为主要旗帜，在抗日战争与解放战争时期的国民党统治区产生了巨大影响。但是在 1949 以后，“七月”诗人无一例外地成为“胡风反革命集团”冤案的成员，近 30 年时间中断了创作。七月诗派的诗歌创作，大都收集的胡风主编的《七月诗丛》(第一集十二册，第二集六册)、《七月新丛》与《七月文丛》中的诗集(约十八九册)中，1981 年又编辑出版了《白色花》，收集七月诗派的二十位诗人的作品(包括 1980 年以前的诗作)。

绿原，被公认为七月诗派的代表诗人之一，他的名篇有《给天真的乐观主义者们》《终点，又是一个起点》《伽利略在真理面前》《你是谁?》等；鲁藜则代表七月诗派的另一种风格，代表作《延安散歌》《红的雪花》《草》都是生长在新的土地上的“绿草”，清新而明丽；《泥土》表现了新的人生哲学，朴实而隽永。阿垅的《纤夫》、冀汸的《跃动的夜》、曾卓的《铁栏与火》、牛汉的《鄂尔多斯草原》，都是充满力度的足以显示“七月风”的佳作。

40 年代，在解放区和敌后根据地，文艺为无产阶级政治服务，为工农兵服务的主流意识形成。此时总的特点是“诗的歌谣化”“诗歌平民化”。具体表现为诗歌在此时的特点一是与“新歌谣”一样，歌颂新思想，新生活；二是诗人主体消失。诗歌主要表现群体情感，描写群众斗争和劳动生活。三是追求语言的朴实，尽量吸收口语、土语进入诗歌，节奏明快，韵律自然。李季的《王贵与李香香》堪称歌谣体新诗的代表作。

## 现代散文

中国“散文”一词出自罗大经的《鹤林玉露》，当然与我们现在所称谓的散文有很大的距离。现代中国文学的开始，应该说首先是从白话的诗歌和散文开始的。

“五四”时期，是散文革故鼎新自由发展的时期。1918 年 4 月《新青年》第 4 卷第 4 号起设立“随感录”栏目，专门刊发白话杂文，形成了(新青年)“随感录”作家群。主要作家有李大钊、陈独秀、钱玄同、刘半农。鲁迅是《新青年》作家的主将，又是《语丝》派的坛主之一。他 1920 年写的《野草》引起文坛普遍注意并长久被视为散文诗经典的作品。而写于 1926 年的《朝花夕拾》则表现另一种优美余裕的风致。鲁迅和他的杂文、散文，更成为这一时期文学的绝美景观。同时，李大钊、陈独秀主持的《每周评论》，李辛白主持的《新生活》，瞿秋白、郑振铎主持的《新社会》，邵力子主持的《民国日报》副刊《觉悟》等，都开辟了“随感录”专栏。自《新青年》到《莽原》《语丝》，直至 30 年代以后的《萌芽》《太白》《中流》，可以找出一条散文发展轨迹。

“言志派”是 30 年代中国文坛与左翼、京派等文学思潮并行的散文派别。其代表人物是周作人和林语堂，他们一北一南，桴鼓相应，搅动了整个文坛。这时，沈启无编选的晚明小品集《近代散文抄》以公安、竟陵两派为中心，收录十七个人的一百七十二篇作品。这个选本与周作人的《中国新文学的源流》，一个作品，一个理论，相互配合，直接推动了晚明小品热和言志派文学思潮的形成。言志派散文代表作家有周作人、冰心、朱自清、俞平伯、钟敬文、废名(冯文炳)、丰子恺、林语堂、梁实秋、梁遇春、钱钟书等。

周作人是现代散文的大家。他最早从西方引入“美文”的概念，提倡“记述的”“艺术的”叙事抒情散文,“给新文学开辟了一块新的土地”;以后,他又形成了一整套散文理论,中心是强调以自我为中心,提倡“言志”的小品文,认为这种小品文是“个人的文学尖端”。周作人写于20年代的《北京的茶食》《故乡的野菜》《苦雨》《喝茶》《乌篷船》等,都是现代散文的名粹。许多日常生活的小事,一经过他的笔墨点染,就有特别的情趣。

俞平伯的散文多收在《杂拌儿》《燕知草》等集中。如《陶然亭的雪》《清河坊》《西湖的六月十八夜》等,在20年代曾受到读者的喜爱。钟敬文在他的第一本散文集《荔枝小品》的题记里曾承认“我的文章,很与周作人先生的相像”。他善于写咏物小品,如《荔枝》《茶》《黄叶小谈》;也写许多情思清朗的游记,如《钱塘江的夜潮》《太湖游记》等,追求平远清隽的美学风格。冯文炳的每一个集子,几乎都是周作人写的序。他的作品专写农村乡镇宁静生活里的人事,对小人物充满同情。《竹林的故事》等名为小说,实际上是散文。以冲淡为表,传达出朴素哀伤的情愫。

“五四”散文创作,坚持缜密、追求隽美的作家人数比冲淡一派多,他们主要是文学研究会的作家。冰心的“冰心体”散文满蕴着温柔,微带着忧愁的清丽风格,得到了许多青年的喜爱。她的《往事(一)·七》《山中杂记之七——说几句爱海的孩子话》都空灵缠绵,纤细澄澈。

朱自清是极少数能用白话写出脍炙人口名篇的散文家之一。《桨声灯影里的秦淮河》《绿》《荷塘月色》是他写景抒情的名篇。《背影》以白描的手法叙说父亲送别儿子的一段场景,以不可言说的典型的细节注入对父亲的至深亲情,也从另一个侧面揭示了旧家庭已经无力呵护自己的子女,只能任由他们去漂泊的无奈。

梁遇春的散文受英国的Essay影响很大。《春醪集》《泪与笑》收入他1920年代创作的随笔。梁遇春耽于思索,喜欢用絮语笔调,随意坦诚中不乏睿智与思辨。

文学研究会的其他散文作家有:许地山、叶圣陶、郑振铎、茅盾。作为成熟的散文家,茅盾的作品在30年代数量更多。

文学研究会中的早期共产党人瞿秋白的《饿乡纪程》《赤都心史》是纪实散文,是中国现代报告文学的先声。他后期的杂文可与鲁迅媲美,他的临终绝笔《多余的话》,读来令人回肠荡气,显现出崇高悲凉的雄浑格调,某些地方可以与辛亥革命时期的烈士散文媲美。

“五四”时期,创造社作家郁达夫坦诚、率真的散文,使他成为是独树一帜的作家。他认为,现代散文“更带有自叙传的色彩”。他的《归航》《给一个文学青年的公开状》《一个人在途上》都写得恣肆酣畅情感充沛。

林语堂曾是“语丝”的主要撰稿人,20年代提倡“幽默”“闲适”,活跃了散文创作,拓宽了散文文体探索的道路。1932年9月,林语堂创办了《论语》半月刊,1932年和1934年,又先后创办了《人间世》与《宇宙风》两刊,都以发表小品文为主。30年代是林语堂散文创作的高峰期,从1932年《论语》创刊,到1936年去美国,他的散文有《剪拂集》《大荒集》《我的话》等。他认为“宇宙之大,苍蝇之微,皆可取材”。以自由主义立场写“热心冷眼看人生”的文章,在当时的散文随笔中也是别一种风格。

30年代,左翼作家由于政治立场的不同,以及与当局的不合作态度,某种程度上处于国民党当局的限制与围剿之中。尽管如此,左翼作家还是创办了许多文学期刊,如《海燕》《萌芽月刊》《北斗》《文学》《杂文》《芒种》等。同时也培养了新的杂文、散文作者,影响比较大的有瞿秋白、茅盾、唐弢、徐懋庸、聂绀弩等。他们的杂文基本上都如“鲁迅风”,简明、犀利,贴切、泼辣。如唐弢的《谈礼教》《看到想到》,徐懋庸的《泼“臭料”》《上帝的心》等都是比较好的作品。聂绀弩(1903—1986)是此期重要的杂文作者之一。他成名于30年代早期,大量创作杂文是在抗战以后。结集出版的有《历史的奥秘》《蛇与塔》《早醒记》与《血书》等。

散文作家、作品还有茅盾的《风景谈》《白杨礼赞》，艾芜的《漂泊杂记》《山中牧歌》，吴组缃的《黄昏》《泰山风光》，萧红的《过夜》《蹲在洋车上》等。

30年代，聚居北京的"京派"作家写出了大量优秀的散文作品。何其芳、李广田、吴伯箫、师陀、沈从文、萧乾，都是京派卓有建树的散文家。何其芳的散文集《画梦录》，追求纯粹的柔和和纯粹的美丽。他的《梦后》《岩》《黄昏》《雨前》都是精致的美文。李广田与何其芳、卞之琳合出过《汉园集》。李广田写于抗战前的《画廊集》《银狐集》《雀蓑集》等，描写故乡的野花、草叶，村俗风景，文笔淳厚，自然平和，"使人在平庸的事物里，找到美和真实"。与李广田风格相近的，还有吴伯箫。他这一时期所写的散文多收人《羽书》。《山屋》《马》《羽书》是他的可读的篇什。

此外，还有"开明派"散文家叶圣陶、夏丏尊、丰子恺，他们都是上海立达学园的同事，1924年创办刊物《一般》。叶圣陶此时的散文大多收入《未厌居习作》，夏丏尊是丰的老师，他的著名作品有《白马湖之冬》《钢铁假山》《猫》等等。丰子恺20年代中期开始写小品，结集的有《缘缘堂随笔》。他的特殊之处在于以佛理的眼光去观察生活，在世俗中发现事理，将琐屑的事物叙说的娓娓动听。笔调平易朴实，文章萧疏淡远。他也写关注现实，描写灾难的散文如《肉腿》《吃瓜子》《穷小孩的跷跷板》等。

40年代，在国统区艰苦环境下坚持杂文创作的作家、主要作品有聂绀弩的《蛇与塔》《历史的奥秘》《早醒记》等，冯雪峰的《乡风与市风》《有进无退》等。

1937年到1941年"孤岛时期"的上海，值得注意的作家是张爱玲，她的散文大多收入《流言》。抗战时期的散文作家较为突出的作品有梁实秋的《雅舍小品》，沈从文《湘行散记》《湘西》，萧红《怀念鲁迅先生》，巴金《醉与梦》《黑土》《龙・虎・狗》等。

解放区杂文主要集中在1942年的延安文艺座谈会以前的一段时间，当时的《解放日报》《谷雨》《抗战文艺》都刊载过杂文，重要作品有王实味的《野百合花》，丁玲的《三八节有感》，萧军的《论同志之"爱"与"耐"》，艾青的《了解作家与尊重作家》。在"延安整风"运动中和以后的岁月里，这些作品都成为批判的对象。

"延安整风"和毛泽东的《在延安文艺座谈会上的讲话》发表后，散文、杂文的政治化倾向越来越明显。

## 现代小说

在中国文学历史上，小说取得文学的正宗地位，是从"五四"开始的。1918年5月鲁迅发表于《新青年》第四卷第五期的《狂人日记》，是现代文学史上第一篇用白话创作的短篇小说。《狂人日记》后至1922年，鲁迅连续写了15篇小说，于1923年8月结集为《呐喊》，1924年到1925所写的11篇小说编辑为《彷徨》。《呐喊》和《彷徨》标志着中国现代小说的成熟。。

"五四"时期，新文化运动除旧布新的巨大力量，引出了一批"问题小说"。"问题小说"的主要成绩是建立了现代市镇和乡土文学的基本叙述模式。罗家伦的《是爱情还是痛苦》、俞平伯的《花匠》、叶圣陶的《这也是一个人?》等显露了"问题小说"的端倪。冰心的《斯人独憔悴》正式开创了"问题小说"的先河。"问题小说"主要作家、作品有冰心的《超人》《去国》，王统照的《沉思》《湖畔儿语》等。王统照还是中国现代文学史上长篇小说的最初的实践者，他的《一叶》是现代文学最早的长篇小说之一。"问题小说"的大部分作家后来都成为倾向于现实主义人生派写实小说作家。如叶圣陶就是从"问题小说"起步，成为"五四"人生派的代表作家。他的《隔膜》《一个朋友》《苦菜》都与"改造国民性"有相通之处。

人生派写实小说在叶圣陶以外，主要由文学研究会的乡土小说作家群组成。这些作家的成熟作品都产生于“五四”之后，以王鲁彦的《柚子》、彭家煌《怂恿》成就最大，其他如台静农《地之子》、许钦文《故乡》、蹇先艾《朝雾》、许杰《惨雾》等，都有自己的特点，显示了乡土作家的雄厚实力和20年代中期写实小说的初步规模。

“五四”时期，在小说领域将“表现自我”的主观性推至极端的，是以创造社作家为主的浪漫主义抒情小说流派。创造社的作家强调小说的主观性与抒情性，作品大多有一个抒情主人公的自我形象。作者不是通过刻画人物去教化读者，而是以直接抒发主人公的强烈感情去打动读者。郭沫若1920年写的《未央》《鼠灾》就初具“自叙传”的抒情小说特征，但“自叙传”的抒情小说作为潮流涌起，还是以郁达夫的1921年出版的小说集《沉沦》开始的。主要作家、作品有郁达夫的《沉沦》、陶晶孙的《音乐会小曲》、叶鼎洛的《前梦》、叶灵凤的《女娲氏之遗孽》等。

“五四”时期，也以写个人心路著称，与创造社无师承关系的有两位女作家，庐隐与冯沅君，前者有《海滨故人》等，后者有《隔绝》等。

此外，乡土小说以书写田园风光见长的是冯文炳，代表作品有《竹林的故事》。许地山的人生传奇小说也值得重视，他的《命命鸟》《缀网劳蛛》运用象征和隐喻展示命运，表达了作家对宗教的内在体验。他写于30年代的《春桃》，描写历经磨难的一个捡破烂女子，如何面对本以为死于战争、却又回归的残废丈夫，最终选择一女二男的生活方式的故事。

“五四”时期的通俗小说实际上是站在传统与现代的交界线上的，它依靠现代印刷走向读者，成为商品，但在道德观念和文学形式上却滞后于时代。新旧小说对于读者的争夺相当激烈。虽然新小说气势逼人，崛起迅速，但并不能完全占领图书市场。通俗小说作品在市民中仍然拥有较大的读者群。虽然它们在与新小说的争斗中败落下来，但也在试图加强自身的“现代性”。因此逐渐形成了现代小说雅俗分流、相互渗透的格局。通俗小说主要有这样几种类型：一是社会小说，如海上说梦人(朱瘦菊)的《歇浦潮》、毕依虹的《人间地狱》、包天笑的《上海春秋》、徐卓呆的《浴堂里的哲学家》，张恨水的《南国相思谱》等；二是武侠小说，如平江不肖生(向恺然)的《江湖奇侠传》《近代侠义英雄传》等；三是历史演义，如蔡东藩的《历朝通俗演义》、包天笑的《留芳记》等。

30年代中国小说繁盛一时，小说大家除鲁迅外，茅盾、老舍、巴金先后出版了长篇小说代表作(茅盾的《子夜》、老舍的《骆驼祥子》、巴金的《激流三部曲》之一的《家》)，对中国现代长篇小说的发展起到了重要的促进作用。青年小说家登上文坛后，锐意明显，创作丰硕。这个时期的小说大致有三个板块，即以“左联”为核心的左翼作家、远离文学党派和商业机制的“京派”和接近市场与读者的“海派”。

“左联”和左翼小说主要有：蒋光慈的《少年漂泊者》，通过少年汪中的流浪历程，展现了“五四”到“五卅”时期的社会矛盾与斗争。《短裤党》，较早地描写了工人运动中的共产党员与先进工人。大革命失败后，他又写了《野祭》《冲了云围的月亮》，迅速反映了青年知识分子分化的状况。柔石的《疯人集》、长篇《旧时代之死》、中篇《三姊妹》等，以青年婚姻恋爱为题材，以浪漫的笔致描绘他们的苦闷。后期的代表作品有中篇《二月》和短篇《人鬼和他的妻的故事》《为奴隶的母亲》等，小说纯熟地表现青年知识者的追求，开掘下层劳动人民悲苦的命运。其他作家、作品有丁玲《水》《母亲》，描写辛亥革命后，新型女性如何走过坎坷不平的叛逆道路。张天翼的《包氏父子》《清明时节》，显示了作家讽刺艺术个性的形成。蒋牧良的《赈米》《伙食尾子》《生死朋友》《旱》等，描写农村、旧军队与城市公务员生活，与张天翼取材颇为接近；此外，吴组缃的《樊家铺》《一千八百担》，叶紫的《丰收》，艾芜的《南行记》，萧红的《生死场》、萧军的《八月的乡村》，都是

“左翼”文学的重要成果。

30年代，在北方，“京派”作家的创作非常活跃。主要有沈从文、废名、萧乾、芦焚、杨振声、李健吾、朱光潜、林徽因等。京派小说崇尚诚实、从容、宽厚的审美风格，题材新鲜，结构完整，文字流丽。主要有沈从文的湘西系列（包括《边城》《长河》《龙朱》《八骏图》等），废名的《莫须有先生传》《桥》，萧乾的《篱下》《车子的命运》《皈依》，芦焚《谷》《人下人》，杨振声的《报复》《抛锚》，李健吾的《心病》《陷阱》《坛子》，林徽因的小说集《模影零篇》等。京派小说和其他独立作家的小说都对小说的发展起到了艺术上的拓展作用。此外，坚持自己独立的人生派小说写作的主要作家、作品有：叶圣陶的《倪焕之》、许地山的《铁鱼底鳃》、李劼人的《死水微澜》《大波》等。

海派小说的主要特点是：受市民审美趣味的牵制，作品世俗化、商业化，“都市男女”是海派文学的新主题。张资平写出《苔莉》后，独自向海派发展。较值得一看的作品是《最后的幸福》《长途》《上帝的儿女们》等。另一个色调复杂的海派作家是叶灵凤，因发表《女娲氏之遗孽》成名，主要小说集有《菊子夫人》《鸠绿媚》《红的天使》等。在报刊上连载过《时代姑娘》等三部通俗长篇。30年代在上海风靡一时的“新感觉派”是第二代海派，也是中国最完整的一支现代派小说。“新感觉派”出场，表明中国在引进西方现代主义文学已经进入独立阶段。“新感觉派”是第一次用现代人的眼光打量上海，以现代的形式表达东方大都会的城与人的神韵。主要作家、作品有：刘呐鸥的小说集《都市风景线》，穆时英的《公墓》《上海的狐步舞》《黑牡丹》《白金的女体塑像》，施蛰存的短篇集《上元灯》。

从抗战爆发到40年代，国家分为国统区、解放区与沦陷区，形成了国统区的讽刺和追忆小说、解放区的新现实主义小说和沦陷区的洋场通俗先锋混合小说。它们之间不断渗透，相互影响，到五六十年代或终止，或变形，或延续。

暴露与讽刺的小说主要有：张天翼的《华威先生》，以提供了一个“包而不办”的抗战文化官僚的典型形象而著称。沙汀的短篇《在其香居茶馆里》，长篇《淘金记》，以及《丁跛公》《在祠堂里》描写旧中国农村的黑暗，展示了旧中国罪恶的根源，具有深沉滞重的悲剧感。艾芜的三个长篇《丰饶的原野》《山野》《故乡》。钱钟书的短篇小说集《人・兽・鬼》和长篇小说《围城》。姚雪垠的《差半车麦秸》、丘东平的《一个连长的战斗遭遇》。

国统区先锋与通俗两栖的作家是徐讦和无名氏。

解放区小说大多属于新现实主义，因背景的特别而没有先锋小说。作品大多描写解放区的新人。农村题材作品主要有孙犁的《荷花淀》《丈夫》等，康濯的《我的两家房东》，丁玲的《太阳照在桑干河上》，周立波的《暴风骤雨》，欧阳山的《高干大》等。农村题材小说最重要的作家是赵树理。他的小说采用评书的写作手法，风格明快、简约、富有幽默感，实现了艺术性与大众性的比较完美的结合。主要作品有《小二黑结婚》《李有才板话》等。军事战争题材作品有刘白羽的《无敌三勇士》，邵子南的《地雷阵》，柯蓝的《洋铁桶的故事》，马烽、西戎的《吕梁英雄传》，孔厥、袁静的《新儿女英雄传》等。

40年代在沦陷区上海等城市，小说呈现出先锋和现代通俗小说并行的局面。张爱玲的小说，既贴近都市生活，又展示人性丑陋，故事通俗，手法先锋，因而雅俗共赏，如《金锁记》《红玫瑰与白玫瑰》《连环套》表现女性的痛苦、挣扎与毁灭；《倾城之恋》反映在现代环境下依然顽固存在的封建心灵的文化错位。苏青用平实的写实笔调创作的自传体小说《结婚十年》，以一个女性的笔触大胆描写男女情事，得到了市民的青睐。从1944年初版至1948年，竟印行了18版，苏青由是成为典型的畅销书作家。

## 现代戏剧

中国传统戏剧主要是京剧以及与其模式相近的地方戏,如越剧、黄梅戏、秦腔、汉剧等。话剧是西方戏剧的一种形式,是一种以言语、动作为主要表现手段,注重布景、道具、化装、服饰、表演的写实性的新的戏剧形式。中国现代话剧的探索是从留日学生李叔同、欧阳予倩组织的春柳社开始的。由于春柳社以及后来的新剧同志会、春阳社、进化团的努力,话剧从国外演到国内,地域不断扩大,获得了全国性的影响。

1910年底,由任天知发起,汪仲贤、欧阳予倩、陈大悲等参与的"进化团"是现代文学史上第一个新剧团体。他们打出"天知派新戏"的旗帜,演出的《血蓑衣》《东亚风云》《新茶花》等话剧,遍演大江南北。"天知派新戏"以宣传革命,批判封建统治为己任,把戏剧的教化功能发挥到了极致。他们的演出,实际上包含了后来不断出现的广场剧的主要特点。

1914年在中国第一个现代大都市上海,出现了一批以"职业化""商业性"为特征的剧团,主要有新民社、春柳社、民鸣社、开明社、文明社等。此时明显的变化是教化功能逐步淡化,突出了戏剧的表演性和娱乐性。由于过分迁就市民趣味,艺术上粗制滥造而最终走向衰落。

"五四"新文化运动中,戏剧再次勃兴。作为传播思想、组织社会、改善人生的工具,提倡现实主义,打破"大团圆"结局。以1918年《新青年》4卷6期推出的"易卜生专号"为开端,迅速形成了介绍外国戏剧理论、翻译和改编外国戏剧的高潮。在引进外国戏剧的同时,重新估价中国传统戏剧,将其提到正宗文学的地位。1922年冬蒲伯英、陈大悲主持创办的北京人艺戏剧专门学校,是中国第一所专门培养职业戏剧人才的学校。

"五四"时期活跃在戏剧艺术上的作家、作品主要有胡适《终身大事》,陈大悲《幽兰女士》,欧阳予倩《泼妇》,洪深《赵阎王》,田汉《获虎之夜》《南归》《古潭的声音》,白薇《琳丽》,熊佛西《一片爱国心》,丁西林《压迫》。

郭沫若是中国现代历史剧的开拓者。他早期的"女神三部曲"《棠棣之花》《湘累》《女神之再生》,或取材于神话,或取材于历史故事,但往往凭借主观想象构撰剧情。

30年代,中国现代戏剧有了重大发展,以"左联"成员为主的上海艺术剧社提出"普罗戏剧"(无产阶级戏剧)的口号,1930年8月以艺术剧社为中心,联合其他戏剧团体成立了"中国左翼剧作家联盟"。1936年为成立抗日民族统一战线,成立了上海戏剧协会,提出"国防戏剧"的口号。演出了《放下你的鞭子》《赛金花》《上海屋檐下》等优秀剧目。

30年代出现了话剧历史上第一个大师级的作家曹禺,标志着现代话剧的成熟。曹禺的话剧作品主要有《雷雨》《日出》《原野》。40年代以后曹禺的作品有《北京人》《家》等作品。这一时期活跃的戏剧家有夏衍、李健吾、宋之的、陈白尘。

"七七事变"揭开了抗战戏剧的序幕,话剧舞台发生了深刻的变化。"广场戏剧"的出现,打破了舞台与观众的界限,观众与演员之间,产生了心灵感应与情感交流,戏剧的政治教化功能与宣泄功能得到统一。这时主要的作品有《保卫卢沟桥》《台儿庄》《八百壮士》等。

40年代,特别是"延安文艺座谈会"以后,在解放区的戏剧舞台上,出现了秧歌剧、新歌剧。主要有《兄妹开荒》《夫妻识字》《白毛女》《赤叶河》等。

在抗战相持阶段,大后方和上海孤岛话剧运动则再度兴起,"剧场戏剧"主要表现为历史剧的繁荣、正面描写知识分子的作品和讽刺喜剧的活跃。历史剧的兴起与繁荣,主要作品有《武则天》(宋之的)、《石达开的末路》(陈白尘)、《正气歌》(吴祖光)、《屈原》(郭沫若)、《碧血花》(阿英)

等。正面描写知识分子的戏剧有《长夜行》(于伶)、《少年游》(吴祖光)、《法西斯细菌》(夏衍)、《万世师表》(袁俊)等。讽刺喜剧主要作品有《魔窟》《乱世男女》《结婚进行曲》《升官图》(陈白尘)、《残雾》(老舍)、《三块钱国币》《妙峰山》(丁西林)等。沦陷区职业性、商业性剧场演出的繁荣,促进了剧场戏剧创作的发展。

## 中国当代文学

1949 年迄今为止的中国文学,被称之为当代文学。"当代文学"的提法,最早出现于 1950 年代后期的大学中文系的教材中。

中国当代文学大致可以分为两个大的阶段:1949 年—1979 年为第一阶段,这一阶段可以以 1966 年为界,分为前"文革"文学与"文革"文学;1979 至今为第二个阶段。大致以 1990 年为界,1990 年前,为新时期文学,1990 年之后为后新时期文学。

具体而言,第一个阶段的文学总体呈现一种颂歌的态势,无论是"文化大革命"前,还是"文化大革命"期间,颂歌成为文学的主调。前十七年的作品,基本都是歌颂新建立的共和国,歌颂新社会的新面貌,歌颂社会主义各种政治运动,毛泽东文艺思想贯穿于作家的整个创作过程,为什么人的问题成为文学创作的首要问题。集体的"大我"取代了作家以个人为主体的"小我"。"文化大革命"十年的文学分为两个不同的层面:颂歌文学、斗争意识成为文学的主调——歌颂"高大全"式的英雄人物,张扬其阶级立场、战斗姿态与牺牲精神。与公开发表的颂歌文学异质的是"地下文学",这部分作品成为以后文学变革的先声与前奏。

第二阶段的文学总体上呈现多元化的格局。从 70 年代末开始,一体化文学格局逐渐解体,大多数作家渴望"自由创作",文学创作呈现出探索性、多样化、审美化的局面。随着改革开放的进程,西方的文学艺术理论如象征主义、表现主义、意识流文学、存在主义、新小说派、垮掉的一代、魔幻现实主义、黑色幽默、荒诞派戏剧等等,都迅速被译介到国内。由此开阔了作家的视野。改革开放使作家不仅获得了审视历史与现实的环境,也或多或少地找到了可资借鉴与反思的工具。从作家群体看,回归的一代、知青作家、新生代作家、女性作家各自呈现出不同的文学创作与文学接受方式。1970 年代末期,朦胧诗、伤痕文学、反思文学、寻根文学、先锋文学、新启蒙文学、现代派文学纷纷登场。报告文学因其纪实性与文学性的融合特点,而得一时风气之先,大为活跃。

进入 90 年代以后,借助大众传媒的崛起,文学市场化、通俗化趋势日益明显。文学潮流日趋淡化,文学反思历史、介入社会的方式,不再是集体的、大众的、歌颂的,而是转变为个人的、自我的、批判的,个人经验的表现与传达成为文学创作特别是小说创作的重要方法。在日渐走向媒体、走向大众、走向通俗的过程中,文学创作出现了新写实主义、都市生活、市民趣味的作品,市民、白领、个体户迅速成为文学表现的对象,当然,反思历史仍然是这段时间重要的文学主题。

进入 21 世纪之后,除了传统文学样式的创作之外,"写底层"成为很多作家的选择,"非虚构写作"逐渐活跃,反映农村生活、留守儿童、农民工生活的写作得到读者的青睐,这部分作品不仅仅以纸质书籍的形式出售,更多地以网络媒体、平台、公众号等形式传达给读者。

下面我们分文学题材加以概而述之。

### 一、当代诗歌

1949 年 10 月,中华人民共和国成立,中国进入了新的历史发展阶段。一段时间内,一以胜利者的姿态出现的政治抒情诗、颂歌成为诗歌的主要形式。概念化的叙事、标语式的抒情、散文化、口号式的语言成为诗歌重要的时代特色。1950年代诗歌的写实倾向包括两个方面,一方面叙事诗都停留于人物、事件、场景的框架,一方面抒情诗都停留于抒写集体的和阶级的情感。政治抒情诗主要有胡风的《时间开始了》、石方禹的《和平最强音》、贺敬之的《放声歌唱》、郭小川的《致青年公民》;叙事诗主要作品有李季的《菊花石》《杨高传》,田间的《长诗三首》《英雄赞歌》,臧克家的《李大钊》,郭小川的《将军三部曲》《一个和八个》,闻捷的《复仇的火焰》等。这时,还有部分青年诗人深入基层,深入生活,写出了清新、自然的诗歌,他们多以自己生活过的边疆、少数民族地区为背景进行写作,运用民间神话、传说,隐喻、象征等手法,尽可能地避免肤浅的场景描写和虚浮政治演绎。如闻捷的《天山牧歌》、公刘的《佧佤山组诗》等。

1950年代的"胡风冤案"和"反右运动"给当代诗歌的创作带来了巨大的负面影响。

1966—1976年十年,报刊登载的所谓诗歌大多是对领袖的衷心赞颂,或是充满着火药气味的口号。除去一篇张永枚的《西沙之战》,几乎很难找到其他诗歌作品。一些受到迫害、失去写作权利的诗人如牛汉、曾卓、绿原等在流放期间写的诗作,"文化大革命"后才得以发表。

"文化大革命"期间进行创作的还有处于当时"革命浪潮"中的"知青"和中学生,影响比较大的有食指的《四点零八分的北京》《相信未来》《海洋三部曲》等。"文化大革命"期间诗歌写作形成规模的是"白洋淀诗群"。"白洋淀诗群"主要由一批北京到白洋淀地区插队的知青根子(岳重)、多多(栗士征)、芒克(姜世伟)、林莽(张建中)等与其他地区的知青北岛、江河、严力、郑义等人组成。主要作品发表在民间刊物《今天》上,还有《芒克诗选》(出版于1989)、根子的《白洋淀》、《三月与末日》,多多的《里程》、《行礼38行》。他们的诗歌创作,可以视为1980年代后的"朦胧诗"先声,也是1990年代大陆民间诗刊的源头。

"文化大革命"以后,特别是1980年代,诗歌的创作环境得到明显改善。诗人可以多方面地获取诗歌"资源"。"五四"以来的新诗得以重新审视,西方诗歌作品、诗歌理论和诗歌流派以及港台地区的诗歌作品与理论不失时机地涌入大陆,促进了诗歌的发展。诗歌刊物也明显增多。

1980年代初,诗歌创作主要是"归来者"的诗歌和朦胧诗。归来者主要指因"胡风集团冤案"、1957年"反右"和"文化大革命"搁笔的诗人,如艾青、绿原、曾卓、公刘、邵燕祥、流沙河、牛汉、郑敏、蔡其娇、昌耀等。他们的诗歌,或反思历史与"文革"灾难,或沉思知识分子命运,或探索生命的悲剧意义,具有很高的社会价值。作品有艾青《归来的歌》,曾卓《悬崖边的树》、绿原的《又一个哥伦布》、黄永玉的《天安门即事》、公刘的《哦,大森林》、邵燕祥《历史的耻辱柱》、牛汉的《麂子,不要朝这里奔跑》、昌耀的《慈航》等。

与归来者并行的是"新潮诗歌"即"朦胧诗"。"朦胧诗"主要指北岛、舒婷等青年诗人的创作,1978年12月,民间诗刊《今天》创刊号出版。虽然到它停刊的1980年只出了9期,可"朦胧诗"的主要作品都已经在此刊登载。除了刊物之外,"朦胧诗"人还在"今天丛书"名目下印行了北岛的诗集《陌生的海滩》、江河的《从这里开始》、芒克的《心事》。"朦胧诗"的主要代表诗人与作品有北岛的《回答》、《结局或开始》,舒婷、《双桅船》、《致橡树》,顾城《黑眼睛》,江河《纪念碑》、《葬礼》,杨炼的《大雁塔》、《诺日朗》。

"朦胧诗"尚未退潮时,一批更年轻的诗人开始涉足诗坛,他们大多出生于1960年代,对于"文化大革命"的认识没有"归来者"与"知青诗人"那样的切身感受,对于西方新的文艺理论思潮的接受却相当迅速。1950年代以来判断事物的善与恶、美与丑、光明与黑暗的"二元对立"模式被打破,诗歌的语言和文本被迅速改变。1984年前后,出现了被称为"后朦胧诗"或者"第三代诗"的诗人、诗作、诗歌社团、诗歌刊物。主要成员有韩东、于坚、吕德安、小君、小海、陆忆敏、朱朱等，创办的民间刊物为《他们》。

1984 年开始，四川成为“新生代”诗歌最活跃的地区。“新生代诗人群有：“海上诗群”如默默、刘漫流、孟浪、王寅、陈东东等。“非非主义”及其周伦佑、蓝马；“整体主义”以及石光华、杨远宏、刘太亨等；“新传统主义”以及廖亦武、欧阳江河等；“莽汉主义”以及万夏、李亚伟、胡冬等。“女性诗歌”如翟永明、陆忆敏、唐亚平、伊蕾等。1980 年代末到 90 年代值得注意的诗人、作品还有海子和他的《太阳·七部书》，骆一禾的《世界的血》《大海》，西川的组诗《厄运》《芳名》，王家新的《瓦雷金诺叙事曲》《词语》，于坚的《感谢父亲》《0 档案》，陈东东的《独坐酒亭，我们该这样去读古诗》，臧棣的《燕园纪事》，陈超的《风车》，伊沙的《结结巴巴》《饿死诗人》，等等。

1990 年以后，随着市场经济的出现，诗歌刊物逐渐萎缩，诗歌出版较少。但是，在互联网的推动下，“70 后”诗人逐渐登上诗坛。1996 年，陈卫人等在《黑蓝》上发表文章提出“70 后的概念”。1999 年，《70 年代》诗报在陕西问世。2000 年，《诗歌与人》《诗文本》等民间刊物与《草地》《诗歌月刊》等官办刊物也开始广泛宣传 70 后诗歌群体以及作品。此后“70 后”作为一个完整的诗歌群体被学术界接受并开始对诗界产生影响。

2000 年和 2001 年《诗歌与人》刊物推出了“中国 70 年代出生的诗人诗歌展”和《70 后诗人诗选》等作品。“70 后”的主要诗人有尹丽川、沈浩波、胡续冬、姜涛、冷霜、李建春、小引、亦来、黄礼孩、李红旗、梦亦非、刘春、蒋浩、李郁葱、王艾、朵渔、吕约等。随着时间的推移，“80 后”“90”后诗人开始进入诗坛，作品清新与叛逆同在，探索与继承并行。主要诗人有春树，李傻傻、唐不遇、阿斐、王东东、甫跃成、胡桑、谈骁等。

近十年主要诗人及诗歌作品有沈浩波的《文楼村记事》，晏榕的《东风破》，臧棣的《情感教育入门》，韩东的《韩东的诗》，张执浩《高原上的野花》，余秀华的《摇摇晃晃的人间》，等等。

## 二、当代散文

中国散文历史源远流长，1950 年代初，纪实性的通讯、报告文学、特写在散文中占据绝对分量，有两大主题：一是歌颂新时代，描写社会主义建设的场面；一是表现朝鲜战争的英雄行为。主要作家有巴金、刘白羽、杨朔、黄钢、菡子等。其中以魏巍、杨朔的创作影响为大。50 年代中期，中央实行“百花齐放，百家争鸣”的文艺方针，在 1956—1957 短暂时间里，散文在题材、风格等方面显现出“复兴”的迹象，出现如老舍的《养花》，丰子恺的《南颖访问记》《庐山面目》，钦文的《鉴湖风景入画》，方令孺的《在山阴道上》，姚雪垠的《惠泉吃茶记》，秦牧的《社稷坛抒情》，杨朔的《香山红叶》，魏巍的《我的老师》，川岛的《记重印游仙窟》等作品。

散文的另一次“复兴”是在 1960 年代初。从 1961 年元月起，《人民日报》在第 8 版开辟“笔谈散文”专栏，接着其他报纸也开始谈论散文的创作和题材。冰心、吴伯箫、秦牧、徐迟、黄秋耘、川岛、郭预衡、萧云儒等都发表了自己的见解。因此有人称 1961 年为“散文年”。两年的时间里的散文成绩表现为：形成了一支“散文作家”队伍；发表、出版了体现当时水准的作品；杨朔、秦牧、刘白羽散文模式的形成。同时散文局限也明显存在：作家的艺术方法的选择和借鉴受到限制；对于苦难现实的掩饰。这段时间散文的主要作家、作品有《花城》(秦牧)、《东风第一枝》(杨朔)、《红玛瑙集》(刘白羽)、《花》(曹靖华)、《樱花赞》(冰心)、《北极星》(吴伯箫)、《风帆》(袁鹰)、《初晴集》(菡子)、《珠江岸边》(陈残云)等。

“文化大革命”中，散文这种以心灵、情感为主要因素的文学艺术样式，基本没有好的作品出现。唯有丰子恺于 1971—1973 年间利用子夜时分偷偷写成的《缘缘堂续笔》，是一本“使心地暂时脱离尘世”的好作品。

1970年代后期,文学刊物逐渐恢复。但此时的散文依然是因袭了50年代的写作模式,颂歌赞语不绝,点睛语言纷呈,艺术创新不足。主要作家、作品有陈建功的火红的《袖标》、那家伦的《攀登》、李若冰的《火红的枣林沟》、余秋雨的《路》。

1980年代开始时,作为60年代初散文“复兴标志”的杨朔、秦牧、刘白羽的散文仍在读者中有很大影响,作家也在沿袭他们的模式。如贾平凹最初的《丑石》《月迹》等,仍然不脱杨朔散文的模式。散文面临突破60年代的模式、回归个人体验、创新散文艺术的重任。

1980年代前期,散文把“心交给读者”,“讲真话”的呼声非常强烈,出现了一些反思“文化大革命”灾难,描述知识分子心路历程的散文。杨绛的《干校六记》、陈白尘的《云梦断忆》,从不同侧面展示了“文化大革命”带来的民族灾难,给人以强烈的震撼。特别是巴金的《随想录》,无情地拷问现实、拷问自己,说真话、抒真情,扭转了散文创作“假、大、空”的模式,是新时期散文的扛鼎之作。不久,散文中出现了侧重书写“自我”经验的作品,这些作品由对社会主题的呼唤转向对个人心境、情感的表达,语言也更加注重个性,如孙犁的《晚华集》、张洁《拣麦穗》、唐敏的《心中的大自然》等,都是这方面的上乘之作。

1980年代,散文在不同程度上其实都继承了鲁迅散文的内在精神与风格。很多优秀作者几乎都受到过鲁迅思想的辐射。邵燕祥、何满子、高尔泰、钱理群、林贤治都有鲁迅的风骨。直面人生、审视自我,普遍有着受难的意识。与其说是指向荒诞的存在,不如说也在无情地冷观自己。

1980年代中期以后,散文的“自我表现”逐渐推向深入,面向人的感觉、情绪、意识流,着力表现现代人的内心世界,创作出一批“朦胧散文”,也称“新散文”。主要作家有赵玫、周佩红、刘烨园、黑孩等。

1980年代末到90年代末,散文更加多元化,余秋雨、王充闾等的“文化散文”,张中行、贾植芳等的“学者散文”,周国平等“哲理散文”,史铁生、叶广芩等的“生命散文”,刘小枫、张承志等的“宗教散文”,唐敏、叶梦等的“女性散文”,大仙、王俊义等的“现代散文”等等,在更广阔的意义上拓宽了散文的创作题材。在散文艺术的探索方面进行了积极的努力。有的作家将小说、戏剧的创作方法引进散文,使散文的形式、语言、结构都发生了很大变化。

20世纪90年代是当代中国社会的转型时期,随着商业文化全面展开,出现了散文写作的“文化化”和“世俗化”的倾向,文化闲谈和都市闲情充斥大小报刊的副刊和各种文学杂志,并且成为20世纪90年代散文创作的两大流行主题。《大家》杂志社从1998年第1期打出了“新散文”的旗号,旨在“倡导注重散文文体的自觉探索,注重审美经验的独到发现的写作”。“新散文”的作者都是20世纪80年代成长起来的、富有个性的诗人,他们之所以弃诗而专门从事散文的创作,主要是由于诗歌这一文体已无法表达他们丰富驳杂的内心世界,而长诗又难以发表和出版,于是他们将其饱满的激情、深邃的思想倾泻于散文之中,突破诗与散文的文体界限,进行了一种将诗内在的品质和散文文体形式相融合的跨文体的写作实验。

另外还有,于坚的《翠湖记》《城市记》《火车记》《绳子记》和散文集《棕皮手记》等“手记”式的散文随笔,钟鸣的《鼠王》《皮脸怪》《叩头虫》等“动物随笔”和陈东东的“幻术人物速写”都被认为是寓言式写作。他们的写作都非常讲究外在的形式美,结构完美,词语雅致。海男的散文集《空中花园》和《屏风中的声音》是女性自我情感、自我体验的率真表达,是一种主观的、情绪化的内心独白。

21世纪以来,出现了长篇散文和小说化的散文的创作,前者以张锐锋等人为代表,后者以格致等人为代表。

这一时期的散文主要有史铁生的《史铁生散文》，韩少功的《山南水北》，宁肯《未选择的路》，洪烛的《母亲，》刘亮程《一个人的村庄》，李娟的《我的阿勒泰》，周晓枫的《有如候鸟》，李修文的《山河袈裟》，舒飞廉的《云梦从出草记》，等等。

## 三、当代小说

1949到1965年间的小说，题材雷同，形态单一，工业题材主要表现作为"领导阶级"的工人的劳动生活，如萧军的《五月的矿山》、周立波的《铁水奔流》、艾芜的《百炼成钢》、草明的《火车头》等。农村小说主要反映农业合作化、大跃进，如柳青的《创业史》、周立波的《山乡巨变》、赵树理的《三里湾》等。

历史小说主要表现"革命历史"题材，追求"史诗效应"。如杜鹏程的《保卫延安》、梁斌的《红旗谱》、吴强的《红日》、欧阳山的《三家巷》、杨益言、罗广斌等的《红岩》、李建彤的《刘志丹》等。还出现了为数不多的以抒情性叙事方式来表现革命历史的短篇小说，如茹志鹃的《百合花》、刘真的《核桃的秘密》等。在主流之外，那些受到批评的小说也反映了生活的真实。主要作品如萧也牧的《我们夫妇之间》，路翎的《洼地上的"战役"》等。

"文化大革命"期间走红小说有浩然的《金光大道》、《艳阳天》，谌容的《万年青》、张抗抗的《分界线》等。

1970年代文学期刊开始恢复，但此时对作品的评判依然恪守政治第一，艺术第二的标准。政治高于艺术。这时的作品叙述的多是各条战线的阶级斗争和工人、农民比知识分子更高明的故事。主要出现了以下作品，韩少功的《红炉上山》、陈忠实的《无畏》、贾平凹的《弹弓和南瓜的故事》等。

"新时期"以来，小说创作取得长足的发展。80年代前期，"伤痕文学"的重要作品有刘心武的《班主任》、卢新华的《伤痕》、张弦的《记忆》、郑义的《枫》《许茂和他的女儿们》等，"改革文学"主要有蒋子龙的《乔厂长上任记》、张洁的《沉重的翅膀》、李国文的《花园街5号》、贾平凹的《鸡窝洼人家》等。"反思文学"坚持小说的"问题意识"，通过表现人物命运，来反思1949以来的政治运动和"文化大革命"灾难。作品有方之的《内奸》、高晓声的《漏斗户主》、宗璞的《我是谁》、王蒙的《布礼》《蝴蝶》，谌容的《人到中年》，古华的《芙蓉镇》、张一弓的《犯人李铜钟的故事》等。

1980年代中后期，小说出现了新的潮流，比较重要的有"寻根小说""先锋小说""新写实小说""新历史小说"等。"寻根文学"的提法出现于1984年。当时，以"知青作家"为主体的中、青年作家曾经围绕文学"寻根"相互讨论。他们希望通过借鉴西方现代文学来解决新时期文学的发展的难题，以中国人的感受来改造西方的观念和形式，以便孕育出别开生面的文学成果。许多作家在小说艺术上进行探索，把对生活场景、细节的描写同象征、寓言相结合。强化叙述意识，强调语言节制、平淡、简洁。主要作品有汪曾祺的《受戒》《大淖记事》，莫言《红高粱》，韩少功的《爸爸爸》《女女女》，阿城的《棋王》《遍地风流》，郑义的《远村》《老井》，郑万隆的《异乡异闻》，王安忆的《小鲍庄》等。

"先锋小说"主要在于它的探索性，实验性。摒弃传统小说人物、情节、环境的三要素，变时空结构为心理结构，淡化人物，虚化情节。多用象征。叙述方式荒诞不经。如王蒙对"意识流"的运用，宗璞对于荒诞、变形手法的运用，其他作家非理性手法的运用，都表现了作家的实验意识与先锋思想。主要作家、作品有刘索拉的《你别无选择》，马原的《冈底斯的诱惑》《虚构》，李陀的《七奶奶》《自由落体》,余华的《十八岁出门远行》《河边的错误》,格非的《迷舟》,孙甘露的《信使之函》,苏童的《罂粟之家》、《妻妾成群》,叶兆言的《枣树的故事》,残雪的《苍老的浮云》、王蒙新时期的短篇小说等。有的人把莫言、韩少功的小说也归入先锋文学之列。

"新写实小说"的创作方法仍然以写实为主要特征,但特别注重还原生活的原生态,直面现实,直面人生。"新写实小说"的"新"主要是针对五六十年代的写实小说状况而言的。与传统的小说强调"典型化"和表现历史本质不同的"新写实小说",注重普通人日常的琐碎生活,表现个人的孤独、无助,采取一种还原生活的写作方式。主要作品有刘震云的《单位》《一地鸡毛》,刘恒的《狗日的粮食》《伏羲伏羲》,李晓的《机关轶事》,池莉的《烦恼人生》等。

与"新写实小说"相关的还有新历史小说的提法,写作理念、方法与新写实小说近似。主要作家有苏童的《我的帝王生涯》《紫檀木球》,乔梁的《灵旗》等。

除纳入文学思潮的作家外,其他重要作家、作品还有史铁生的《我的遥远的清平湾》《务虚笔记》,张炜《古船》《九月寓言》,贾平凹的《浮躁》《废都》,张承志的《黑骏马》《金牧场》《心灵史》等。

1990 年代文学中,女性文学兴起,女作家以其特有的才情和敏感赋予了当代文学以独特的内涵,同时也推动了文学现代化的进程。女性小说作家值得重视的有铁凝、王安忆、林白、陈染、徐小斌、张欣、海男、徐坤、虹影等。主要作品有铁凝的《大浴女》、王安忆的《长恨歌》、林白的《一个人的战争》、陈染的《私人生活》、毕淑敏的《红处方》等。

1990 年代"新生代"作家的小说主要呈现三个方面:其一是技术型,他们继续 80 年代先锋小说家的探索,主要作家、作品有:毕飞宇、鲁羊的《在北京奔跑》、东西《没有语言的生活》等;其二是私人型,重在表达纯粹私人化的生活体验,个体边缘性的生活经验在文本中被强调到了极端的地位。代表作家有林白的《一个人的战争》、陈染的《私人生活》、海男《坦言》《粉色》等;其三是写实型,以对当下现实的书写为主,作品透出浓重的时代心理气息,主要作家有韩东《我们的身体》《交叉跑动》、朱文《我爱美元》《什么是垃圾,什么是爱》,李冯的《今夜无人入睡》、张生《全家福》、海力洪的《药片的精神》、贺亦《火焰的形状》等。

进入新世纪之后,小说创作有了更广阔的空间,长篇小说发展迅速,据统计现在一年创作的长篇小说已经超过了整个"文化大革命"前 17 年小说的总和。长篇小说追求历史性、艺术性、创造性的特点显得较为突出。主要作品有莫言的《生死疲劳》《晚熟的人》《蛙》,韩少功《日夜书》《修改过程》,余华的《兄弟》《第七天》,贾平凹的《秦腔》《暂座》,阿来的《云中记》,苏童的《河岸》,宁肯《天·藏》,阎连科的《风雅颂》,熊肇正《张居正》,亦夫的《吕镇》,李洱的《应物兄》,金宇澄《繁花》,哈金的《等待》,王小妮的《人鸟低飞》,林白的《妇女闲聊录》,邵丽的《金枝》,等等。

## 四、当代戏剧

1949 年以后,强调戏剧反映社会生活、戏剧要配合工厂、农村、机关、学校的政治斗争与生活,在这种观念支配下老舍创作了《龙须沟》、曹禺创作了《明朗的天》。1958 年以后,戏剧界提出了"回忆革命史,歌颂大跃进"和"写中心,演中心,画中心"的口号。相对比较有艺术性的作品,历史剧有老舍的《茶馆》、郭沫若的《蔡文姬》、田汉的《关汉卿》、曹禺的《剑胆篇》《王昭君》等。表现现实的作品有《霓虹灯下的哨兵》《年青的一代》《千万不要忘记》等。

"文化大革命"十年,戏剧舞台一片凋敝,在"三突出"的原则下,只产生了《沙家浜》《红灯记》《智取威虎山》《龙江颂》《杜鹃山》《海港》《红色娘子军》《白毛女》八个"革命样板戏",公式化、概念化、标准化的弊端显而易,见新时期以来,戏剧重新焕发出活力,出现了许多优秀的作品。

1977年王景愚、金振家编剧的《枫叶红了的时候》就率先以喜剧的形式嘲讽“四人帮”的倒行逆施。接着,《丹心谱》《于无声处》《曙光》等相继在舞台上出现。

中共十一届三中全会以后的十年中,戏剧发展总体上有几种倾向:一、反思极“左”路线的危害,强调人的价值,如《报春花》(崔德志)、《未来在召唤》(赵梓雄)、《救救她》(赵国庆)等。二、描写历史的重大事件,歌颂老一辈革命家,注重历史的真实性,对历史是非和经验做出了鲜明的评价,如白桦的《曙光》、沙叶新的《陈毅市长》、王德英、靳洪的《彭大将军》等。三、把握时代主旋律,呼吁体制改革,批判腐败现象,如宗福先、贺国甫的《血,总是热的》、梁秉坤的《谁是强者》等。四、张扬作家主体意识,重视艺术思维与艺术形式的创新,探索戏剧的多样化,引入现代艺术手法(如荒诞、象征、夸张等抽象手法)进行戏剧改革,如高行健的《车站》《绝对信号》《野人》,苏叔阳的《太平湖》、刘树纲《一个死者对生者的访问》、锦云《狗儿爷涅槃》、魏名伦的荒诞川剧《潘金莲》等。

1990年代以后,戏剧文学的变化更突飞猛进,京剧的复苏、地方剧种的活跃、小剧场的演出都是戏剧繁荣的表现。“先锋戏剧”开始出现,特别是小剧场演出,标志着戏剧和商业的结合。1991年孟京辉在中央戏剧学院发起组织实验戏剧集体,举办“实验戏剧十五天”演出季获得成功。1995年底北京人艺小剧场建成开放后,许多年轻富有朝气的创作者陆续演出了自己的作品,得到了观众和市场最初的检阅。进入90年代后期,部分坚持下来的戏剧工作者,仍活跃在创作、制作一线。牟森的《红鲱鱼》(1995年)、《倾诉》(1997年),孟京辉的《恋爱的犀牛》(1999年)和《臭虫》(2000年)。

《切·格瓦拉》几乎是以“终结者”的姿态宣告了小剧场话剧“试验”“先锋”阶段的终结,如果说《盗版浮士德》堪称迄今为止中国小剧场话剧史上运作最为成功的一部商业剧,而《切》则使一部戏剧上升为“一次社会事件”,把戏剧作为文艺社会论坛的功能放大到极致。2000年之后,戏剧进入沉寂期,主要作品有陈颢的《钦差大臣》、查明哲的《纪念碑》、李刘乙的《新北京人》、张广天的《圣人孔子》、金海曙编剧、林兆华导演的《赵氏孤儿》,温方伊《蒋公的面子》等

## 五、当代电影文学

1949年中华人民共和国成立后,文学艺术与“资产阶级”的斗争首先在电影界拉开序幕。1951年对于电影《武训传》展开了大讨论,它不是从艺术的审美出发,而是由政治家发动的名为讨论,实为批判的政治运动。从此,电影界动辄得咎,发展缓慢。虽然出现了如《中华儿女》《白毛女》《翠岗红旗》《南征北战》《董存瑞》《柳堡的故事》《上甘岭》等一批优秀影片,但在艺术创造方面比起国外同期电影有很大差距。直到1959年,以庆祝中华人民共和国成立十周年为契机,摄制了《林则徐》、《老兵新传》、《林家铺子》、《战火中的青春》、《五朵金花》等影片,才形成电影创作的第一次高潮。60年代初,由于文艺政策的调整,这一艺术高潮得以向纵深发展,形成一场有理论主张有艺术实践的电影艺术创新运动,以《早春二月》、《舞台姐妹》、《农奴》、《小兵张嘎》、《枯木逢春》等影片为代表

“文化大革命”十年,电影是重灾区,除去拍摄纪录影片以外,就只上映了由样板戏拍成的电影和少数几部配合当时意识形态斗争的片子如《决裂》《春苗》。

粉碎“四人帮”以后,电影界拨乱反正,艺术生产力得到大解放。从80年代中期开始兴起电影创作新高潮。老导演如谢晋、谢铁骊、成荫、凌子风等老当益壮,中青年导演吴贻弓、谢飞、李前宽、丁荫楠、吴天明等成为中坚力量,《天云山传奇》《巴山夜雨》《人到中年》《邻居》《沙鸥》《城

南旧事》《孙中山》《野山》《芙蓉镇》《开国大典》《大决战》等优秀作品不胜枚举。80年代中期以来中国电影在反映生活的深度、广度,在实现题材、风格、样式的多样化方面,在电影语言的探索和创新方面都达到前所未有的高度。

1984年前后,电影界出现了一批富有探索精神的年轻导演,即所谓的"第五代导演",包括陈凯歌、张艺谋、田壮壮、吴子牛、黄建新等。他们在电影艺术上的创新和探索,主要表现于造型语言和视听方式,追求主体性的审美感受,以及运用象征手法,在精心结构的画面意向中,体现出深沉的历史文化意蕴。"第五代导演"的电影作品主要有:陈凯歌的《黄土地》《霸王别姬》;张艺谋的《红高粱》《秋菊打官司》《菊豆》《大红灯笼高高挂》;田壮壮的《盗马贼》和《猎场札撒》《摇滚青年》等。

1990年代以后,第六代导演逐渐登上影坛。他们大多出生于六十年代,毕业于北京电影学院或中央戏剧学院,如王小帅、娄烨,贾樟柯、张元、王全安等。他们的作品主要有《周末情人》《头发乱了》《冬春的日子》《巫山云雨》《小武》《过年回家》《北京杂种》《苏州河》《月蚀》等,叙述琐碎平庸的日常生活,传达当下个体人生的都市生活体验,或是深入到潜意识、隐意识的层面,探索当下人的个体精神状态。

2000年后的中国电影可以说杂色互现,知名导演走向了模仿好莱坞耗资巨大的电影制作,如陈凯歌的《无极》、张艺谋的《满城尽带黄金甲》等;部分学院派导演的电影关注平民生活,社会变革给普通人带来的冲击,如王全安的《图雅的婚事》《团圆》、贾樟柯《三峡好人》、王小帅的《青红》等;部分学习"实验电影"的年轻人拍出了展现琐屑生活,反蒙太奇结构的电影,师丹青《高音LA》、郑重的《金鱼》、张懿是《蝾螈》、侯炜的《迷失》、李巨川的《抚摩》等。

中国现当代文学史,与中国现当代社会波澜壮阔的发展同步,是世界文学不可分割的重要组成部分,未来必将对世界产生更大的影响。

# 离 婚

鲁 迅

**【题解】**

本篇选自鲁迅的《彷徨》。鲁迅(1881—1936),姓周,原名樟寿,字豫才,后改名为树人。浙江绍兴人,中国现代著名作家,现代文学的奠基人。“鲁迅”是他从发表《狂人日记》起使用的笔名。鲁迅出生于一个没落的封建大家庭,13岁时家道中落,饱受世态炎凉之苦。1898年考入南京江南水师学堂,翌年春转入江南陆师学堂附设的矿务铁路学堂。1902年开始留学日本,1909年回国,先后在杭州、绍兴任教。1912年应教育总长蔡元培之邀到北京国民政府教育部供职。1918年5月,发表了中国现代文学史上第一篇真正具有现代品格的白话小说《狂人日记》,显示了文学革命的实绩。1926年因卷入北京女师大风潮而遭当局通缉,遂赴厦门大学任教。1927年又应邀前往广州中山大学任教。1927年10月定居上海。开始了他生命中最后十年的辉煌。鲁迅从一个“我以我血荐轩辕”的爱国民主主义作家,经历了血与火的考验,逐步成长为一位无产阶级革命作家,中国新文化革命的主将和旗手。“横眉冷对千夫指,俯首甘为孺子牛”是他一生的光辉写照。

作为一代文学大师,鲁迅在多个领域都取得了杰出的文学成就。他出版了小说集《呐喊》《彷徨》,标志着中国现代小说开始走向成熟;他创作了历史小说集《故事新编》,成为中国现代历史文学中一个独特的创造;他完成了散文诗集《野草》和回忆性散文集《朝花夕拾》,建构了中国现代散文的两大基本体式;他编著了中国第一部小说史《中国小说史略》,是中国第一位小说史家;他后期创作的大量杂文,把杂文这一形式提高到一个前所未有的高度,充分发挥了它的战斗功能,并使“鲁迅风”杂文成为中国现代文学中一道绮丽的风景线。此外,他还翻译了大量的外国文艺作品和文艺论著,为中国文学的现代转型奠定了坚实的基础。

“阿阿,木叔!新年恭喜,发财发财!”

“你好,八三!恭喜恭喜!……”

“唉唉,恭喜!爱姑也在这里……”

“阿阿,木公公!……”

庄木三和他的女儿——爱姑——刚从木莲桥头跨下航船去,船里面就有许多声音一齐嗡的叫了起来,其中还有几个人捏着拳头打拱;同时,船旁的坐板也空出四人的坐位来了。庄木三一面招呼,一面就坐,将长烟管倚在船边;爱姑便坐在他左边,将两只钩刀样的脚正对着八三摆成一个“八”字。

“木公公上城去?”一个蟹壳脸的问。

“不上城,”木公公有些颓唐似的,但因为紫糖色脸上原有许多皱纹,所以倒也看不出什么大变化,“就是到庞庄去走一遭。”

合船都沉默了,只是看他们。

“也还是为了爱姑的事么?”好一会,八三质问了。

“还是为她。……这真是烦死我了,已经闹了整三年,打过多少回架,说过多少回和,总是不落局……”

"这回还是到慰老爷家里去?……"

"还是到他家。他给他们说和也不止一两回了,我都不依。这倒没有什么。这回是他家新年会亲,连城里的七大人也在……"

"七大人?"八三的眼睛睁大了。"他老人家也出来说话了么?……那是……其实呢,去年我们将他们的灶都拆掉了[①],总算已经出了一口恶气。况且爱姑回到那边去,其实呢,也没有什么味儿……"他于是顺下眼睛去。

"我倒并不贪图回到那边去,八三哥!"爱姑忿忿地昂起头,说,"我是赌气。你想,'小畜生'姘上了小寡妇,就不要我,事情有这么容易的?'老畜生'只知道帮儿子,也不要我,好容易呀!七大人怎样?难道和知县大老爷换帖[②],就不说人话了么?他不能像慰老爷似的不通,只说是'走散好走散好'。我倒要对他说说我这几年的艰难,且看七大人说谁不错!"

八三被说服了,再开不得口。

只有潺潺的船头激水声;船里很静寂。庄木三伸手去摸烟管,装上烟。

斜对面,挨八三坐着的一个胖子便从肚兜里掏出一柄打火刀,打着火绒,给他按在烟斗上。

"对对[③]。"木三点头说。

"我们虽然是初会,木叔的名字却是早已知道的。"胖子恭敬地说。"是的,这里沿海三六十八村,谁不知道?施家的儿子姘上了寡妇,我们也早知道。去年木叔带了六位儿子去拆平了他家的灶,谁不说应该?……你老人家是高门大户都走得进的,脚步开阔,怕他们甚的!……"

"你这位阿叔真通气,"爱姑高兴地说,"我虽然不认识你这位阿叔是谁。"

"我叫汪得贵。"胖子连忙说。

"要撇掉我,是不行的。七大人也好,八大人也好。我总要闹得他们家败人亡!慰老爷不是劝过我四回么?连爹也看得赔贴的钱有点头昏眼热了……"

"你这妈的!"木三低声说。

"可是我听说去年年底施家送给慰老爷一桌酒席哩,八公公。"蟹壳脸道。

"那不碍事。"汪得贵说,"酒席能塞得人发昏么?酒席如果能塞得人发昏,送大菜又怎样[④]?他们知书识理的人是专替人家讲公道话的,譬如,一个人受众人欺侮,他们就出来讲公道话,倒不在乎有没有酒喝。去年年底我们敝村的荣大爷从北京回来,他见过大场面的,不像我们乡下人一样。他就说,那边的第一个人物要算光太太,又硬……。"

"汪家汇头的客人上岸哩!"船家大声叫着,船已经要停下来。

"有我有我!"胖子立刻一把取了烟管,从中舱一跳,随着前进的船走在岸上了。

"对对!"他还向船里面的人点头,说。

船便在新的静寂中继续前进;水声又很听得出了,潺潺的。八三开始打瞌睡了,渐渐地向对面的钩刀式的脚张开了嘴。前舱中的两个老女人也低声哼起佛号来,她们撷着念珠,又都看爱姑,而且互视,努嘴,点头。

爱姑瞪着眼看定篷顶,大半正在悬想将来怎样闹得他们家败人亡;"老畜生","小畜生",全都走投无路。慰老爷她是不放在眼里的,见过两回,不过一个团头团脑的矮子:这种人本村里就很多,无非脸色比他紫黑些。

庄木三的烟早已吸到底,火逼得斗底里的烟油吱吱地叫了,还吸着。他知道一过汪家汇头,就到庞庄;而且那村口的魁星阁也确乎已经望得见[⑤]。庞庄,他到过许多回,不足道的,以及慰老爷。他还记得女儿的哭回来,他的亲家和女婿的可恶,后来给他们怎样地吃亏。想到这里,过去的情景便在眼前展开,一到惩治他亲家这一局,他向来是要冷冷地微笑的,但这回却不,不知怎的忽而横梗着一个胖胖的七大人，将他脑里的局面挤得摆不整齐了。

船在继续的寂静中继续前进；独有念佛声却宏大起来；此外一切，都似乎陪着木叔和爱姑一同浸在沉思里。

“木叔，你老上岸罢，庞庄到了。”

木三他们被船家的声音警觉时，面前已是魁星阁了。

他跳上岸，爱姑跟着，经过魁星阁下，向着慰老爷家走。朝南走过三十家门面，再转一个弯，就到了，早望见门口一列地泊着四只乌篷船。

他们跨进黑油大门时，便被邀进门房去；大门后已经坐满着两桌船夫和长年。爱姑不敢看他们，只是溜了一眼，倒也并不见有“老畜生”和“小畜生”的踪迹。

当工人搬出年糕汤来时，爱姑不由得越加局促不安起来了，连自己也不明白为什么。“难道和知县大老爷换帖，就不说人话么？”她想。“知书识理的人是讲公道话的。我要细细地对七大人说一说，从十五岁嫁过去做媳妇的时候起……”

她喝完年糕汤；知道时机将到。果然，不一会，她已经跟着一个长年，和她父亲经过大厅，又一弯，跨进客厅的门槛去了。

客厅里有许多东西，她不及细看；还有许多客，只是红青缎子马褂发闪。在这些中间第一眼就看见一个人，这一定是七大人了。虽然也是团头团脑，却比慰老爷们魁梧得多；大的圆脸上长着两条细眼和漆黑的细胡须；头顶是秃的，可是那脑壳和脸都很红润，油光光地发亮。爱姑很觉得稀奇，但也立刻自己解释明白了：那一定是擦着猪油的。

“这就是‘屁塞’[⑥]，就是古人大殓的时候塞在屁股眼里的。”七大人正拿着一条烂石似的东西，说着，又在自己的鼻子旁擦了两擦，接着道，“可惜是‘新坑’[⑦]。倒也可以买得，至迟是汉。你看，这一点是‘水银浸’[⑧]……”

“水银浸”周围即刻聚集了几个头，一个自然是慰老爷；还有几位少爷们，因为被威光压得像瘪臭虫了，爱姑先前竟没有见。

她不懂后一段话；无意，而且也不敢去研究什么“水银浸”，便偷空向四处一看望，只见她后面，紧挨着门旁的墙壁，正站着“老畜生”和“小畜生”。虽然只一瞥，但较之半年前偶然看见的时候，分明都见得苍老了。

接着大家就都从“水银浸”周围散开；慰老爷接过“屁塞”，坐下，用指头摩挲着，转脸向庄木三说话。

“就是你们两个么？”

“是的。”

“你的儿子一个也没有来？”

“他们没有工夫。”

“本来新年正月又何必来劳动你们。但是，这是只为那件事，……我想，你们也闹得够了。不是已经有两年多了么？我想，冤仇是宜解不宜结的。爱姑既然丈夫不对，公婆不喜欢……也还是照先前说过那样：走散的好。我没有这么大面子，说不通。七大人是最爱讲公道话的，你们也知道。现在七大人的意思也这样：和我一样。可是七大人说，两面都认点晦气罢，叫施家再添十块钱：九十元！”

“……”

“九十元！你就是打官司打到皇帝伯伯跟前，也没有这么便宜。这话只有我们的七大人肯说。”

七大人睁起细眼，看着庄木三，点点头。

爱姑觉得事情有些危急了，她很怪平时沿海的居民对他都有几分惧怕的自己的父亲，为什么在这里竟说不出话。她以为这是大可不必的；她自从听到七大人的一段议论之后，虽不很懂，但不知怎的总觉得他其实是和蔼近人，并不如先前自己所揣想那样的可怕。

"七大人是知书识理，顶明白的，"她勇敢起来了。"不像我们乡下人。我是有冤无处诉；倒正要找七大人讲讲。自从我嫁过去，真是低头进，低头出，一礼不缺。他们就是专和我作对，一个个都像个'气杀钟馗'[9]。那年的黄鼠狼咬死了那匹大公雞，那里是我没有关好吗？那是那只杀头癞皮狗偷吃糠拌饭，拱开了鸡橱门。那'小畜生'不分青红皂白，就夹脸一嘴巴……"

七大人对她看了一眼。

"我知道那是有缘故的。这也逃不出七大人的明鉴；知书识理的人什么都知道。他就是着了那滥婊子的迷，要赶我出去。我是三茶六礼[10]定来的，花轿抬来的呵！那么容易吗？……我一定要给他们一个颜色看，就是打官司也不要紧。县里不行，还有府里呢……"

"那些事是七大人都知道的。"慰老爷仰起脸来说。"爱姑，你要是不转头，没有什么便宜的。你就总是这模样。你看你的爹多少明白；你和你的弟兄都不像他。打官司打到府里，难道官府就不会问问七大人么？那时候是，'公事公办'，那是，……你简直……"

"那我就拚出一条命，大家家败人亡。"

"那倒并不是拚命的事，"七大人这才慢慢地说了。"年纪轻轻。一个人总要和气些：'和气生财'。对不对？我一添就是十块，那简直已经是'天外道理'了。要不然，公婆说'走！'就是走。莫说府里，就是上海北京，就是外洋，都这样。你要不信，他就是刚从北京洋学堂里回来的，自己问他去。"于是转脸向着一个尖下巴的少爷道，"对不对？"

"的的确确。"尖下巴少爷赶忙挺直了身子，毕恭毕敬地低声说。

爱姑觉得自己是完全孤立了；爹不说话，弟兄不敢来，慰老爷是原本帮他们的，七大人又不可靠，连尖下巴少爷也低声下气地像一个瘪臭虫，还打"顺风锣"。但她在胡里胡涂的脑中，还仿佛决定要作一回最后的奋斗。

"怎么连七大人……"她满眼发了惊疑和失望的光。"是的……我知道，我们粗人，什么也不知道。就怨我爹连人情世故都不知道，老发昏了。就专凭他们'老畜生''小畜生'摆布；他们会报丧似的急急忙忙钻狗洞，巴结人……"

"七大人看看，"默默地站在她后面的"小畜生"忽然说话了。"她在大人面前还是这样。那在家里头，简直闹得六畜不安。叫我爹是'老畜生'，叫我是口口声声'小畜生'，'逃生子[11]'。"

"那个'娘滥十十万人生'的叫你'逃生子'？"爱姑回转脸去大声说，便又向着七大人道，"我还有话要当大众面前说说哩。他那里有好声好气呵，开口'贱胎'，闭口'娘杀'。自从结识了那婊子，连我的祖宗都入起来了。七大人，你给我批评批评，这……"

她打了一个寒噤，连忙住口，因为她看见七大人忽然两眼向上一翻，圆脸一仰，细长胡子围着的嘴里同时发出一种高大摇曳的声音来了。

"来～～～兮！"七大人说。

她觉得心脏一停，接着便突突地乱跳，似乎大势已去，局面都变了；仿佛失足掉在水里一般，但又知道这实在是自己错。

立刻进来一个蓝袍子黑背心的男人，对七大人站定，垂手挺腰，像一根木棍。

全客厅里是"鸦雀无声"。七大人将嘴一动，但谁也听不清说什么。然而那男人，却已经听到了，而且这命令的力量仿佛又已钻进了他的骨髓里，将身子牵了两牵，"毛骨耸然"似的；一面答应道——

“是。”他倒退了几步，才翻身走出去。

爱姑知道意外的事情就要到来，那事情是万料不到，也防不了的。她这时才又知道七大人实在威严，先前都是自己的误解，所以太放肆，太粗卤了。她非常后悔，不由的自己说——

“我本来是专听七大人吩咐……”

全客厅里是“鸦雀无声”。她的话虽然微细得如丝，慰老爷却像听到霹雳似的了；他跳了起来。

“对呀！七大人也真公平；爱姑也真明白！”他夸赞着，便向庄木三，“老木，那你自然是没有什么说的了，她自己已经答应。我想你红绿帖[12]是一定已经带来了的，我通知过你。那么，大家都拿出来……”

爱姑见她爹便伸手到肚兜里去掏东西；木棍似的那男人也进来了，将小乌龟模样的一个漆黑的扁的小东西[13]递给七大人。爱姑怕事情有变故，连忙去看庄木三，见他已经在茶几上打开一个蓝布包裹，取出洋钱来。

七大人也将小乌龟头拔下，从那身子里面倒一点东西在掌心上；木棍似的男人便接了那扁东西去。七大人随即用那一只手的一个指头蘸着掌心，向自己的鼻孔里塞了两塞，鼻孔和人中立刻黄焦焦了。他皱着鼻子，似乎要打喷嚏。

庄木三正在数洋钱。慰老爷从那没有数过的一叠里取出一点来，交还了“老畜生”；又将两份红绿帖子互换了地方，推给两面，嘴里说道——

“你们都收好。老木，你要点清数目呀。这不是好当玩意儿的，银钱事情……”

“呃啾”的一声响，爱姑明知道是七大人打喷嚏了，但不由得转过眼去看。只见七大人张着嘴，仍旧在那里皱鼻子，一只手的两个指头却撮着一件东西，就是那“古人大殓的时候塞在屁股眼里的”，在鼻子旁边摩擦着。

好容易，庄木三点清了洋钱；两方面各将红绿帖子收起，大家的腰骨都似乎直得多，原先收紧着的脸相也宽懈下来，全客厅顿然见得一团和气了。

“好！事情是圆功了。”慰老爷看见他们两面都显出告别的神气，便吐一口气，说。“那么，嗡，再没有什么别的了。恭喜大吉，总算解了一个结。你们要走了么？不要走，在我们家里喝了新年喜酒去：这是难得的。”

“我们不喝了。存着，明年再来喝罢。”爱姑说。

“谢谢慰老爷。我们不喝了。我们还有事情……”庄木三，“老畜生”和“小畜生”，都说着，恭恭敬敬地退出去。

“唔？怎么？不喝一点去么？”慰老爷还注视着走在最后的爱姑，说。

“是的，不喝了。谢谢慰老爷。”

一九二五年十一月六日

**【注释】**

① 灶都拆掉了：拆灶为浙江东部农村一种旧俗，当民间发生纠纷时，一方将对方家里的锅灶拆毁，以此表示对对方的极大侮辱。

② 换帖：旧时异姓朋友结为兄弟，互相交换写有姓名、生辰、籍贯、家世等项内容的帖子，彼此交换保存，称为换帖。

③ “对对”是“对不起对不起”之略,或“得罪得罪”的合音,未详。——作者原注。

④ 大菜:当时对西餐的俗称。

⑤ 魁星阁:供奉魁星的阁楼。魁星原是我国古代天文学中所谓二十八宿之一奎星的俗称,后被附会为主宰科考和文运兴衰的神。

⑥ 屁塞:古时人死后常用小型的玉石等塞在死者的口、鼻、耳、肛门等处,据说可以保持尸体长久不腐烂。塞在肛门处的叫“屁塞”。

⑦ 新坑:从古人墓葬中发掘出的金石玉器,出土时间久远的称“旧坑”,新近出土的称“新坑”。

⑧ 水银浸:古人大殓时常用水银粉涂尸以防腐烂,陪葬器物发掘中时有浸染了水银斑点的,称为“水银浸”。

⑨ 气杀钟馗:钟馗为中国古代传说中的人物,相貌丑陋而善捉鬼。相传他曾考中秀才,后因相貌丑陋而为皇帝所弃,气得暴跳如雷,自刎而死。民间用“气杀钟馗”表示凶恶丑陋的相貌。

⑩ 三茶六礼:旧俗中娶妻多以茶为聘礼,所以女子受聘亦称受茶。六礼指纳采、问名、纳吉、纳征、请期、迎亲六种仪式。这里意指明媒正娶。

⑪ 逃生子:私生儿。——作者原注。

⑫ 红绿帖:旧时男女订婚时两家交换的帖子。

⑬ 小乌龟……小东西:指鼻烟壶。

**【提示】**

《离婚》是鲁迅继《祝福》之后又一篇描写辛亥革命后农村妇女悲剧命运的著名短篇小说。小说的主人公爱姑在婆家受尽了虐待和凌辱,被另有新欢的丈夫所抛弃。她忍无可忍,毅然站出来申诉自己历来所受的屈辱,控告婆家的压迫虐待,斥责丈夫的卑劣行径。但是这种大胆的反抗在强大的封建势力的压迫下仍然以失败告终。作者通过爱姑的悲剧,旨在说明辛亥革命虽然推翻了封建帝制,但远远没有完成反封建的历史任务,革命后的农村封建势力依然强大,封建思想、封建观念的影响依然深远,农民并没有得到解放。

作者在小说里塑造了一个与《祝福》中逆来顺受的祥林嫂不同的农村妇女形象。她大胆、泼辣、倔强,甚至有点粗野。她不甘心忍受婆家的压迫与凌辱,敢于在地主老爷面前申诉自己的冤屈,甚至声言为了自己的正当权益,要拼出一条命,闹得她婆家家破人亡,理直气壮,毫无顾忌,表现了极大的勇气和坚定的信念。但是爱姑又有她幼稚和脆弱的一面,她缺乏斗争的锻炼和经验,见识也有限。她把希望寄托在封建势力的代表七大人身上,指望七大人为她“说公道话”,对他心怀敬畏,抱着幻想。所以当七大人向她要起威严时,她就屈服了。这说明农村封建势力的强大,也说明爱姑自身的脆弱。她的民主意识和反抗精神一闪而逝。这个人物的悲剧有着极大的典型意义。作者通过对爱姑性格两面性的描写,入木三分地批判了辛亥革命的软弱性和不彻底性。

小说以爱姑的抗争和思想发展为中心线索,穿插了她的父亲庄木三、地主绅士慰老爷、七大人等人的活动,所有的场面和情节都经过了作者精心的提炼和安排,彼此映衬,相互呼应,内涵丰富。小说语言精练,人物的对话生动活泼,富有个性化色彩。

**【思考与练习】**

1. 爱姑的抗争失败的主客观原因是什么?小说的题目为“离婚”,爱姑是想离婚还是不想离婚?作品的批判意义何在?
2. 试举例分析这篇小说人物对话的特色。

# ※铸　剑(节选)

鲁　迅

**【题解】**

本篇选自鲁迅短篇小说集《故事新编》。《故事新编》收录了鲁迅在1922年—1935年间创作的短篇小说八篇:《补天》《奔月》《理水》《采薇》《铸剑》《出关》《非攻》《起死》。1936年1月由上海文化生活出版社初版,列为巴金所编的《文学丛刊》之一。《故事新编》主要以神话为题材,故事有趣,想象丰富,是鲁迅作品中仅有的以远古时代为背景,用浪漫主义手法创作的小说,也是鲁迅最后的创新之作。八篇小说中有五篇写于鲁迅生命的最后时期,在他身心交瘁之中,作品的整体风格显现出前所未有的从容、幽默和洒脱。尽管骨子里依旧藏着鲁迅固有的悲凉,却多以诙谐的"游戏笔墨"写成,呈现出或隐或现、或浓或淡的"庄严"与"荒诞",这表明鲁迅的思想与艺术都达到了一个新的境界。

鲁迅1927年作于"三·一八"惨案背景下的小说《铸剑》,发表时原名《眉间尺》,取材于干将铸剑、其子报仇(见《列异传》与《搜神记》)的故事,作品写的主要是这个传说的后半段。鲁迅在这个复仇故事中贯穿了他一贯的改造国民性的启蒙主义主线,但小说结尾"三头共葬"的情节却表现出作者对启蒙神话的深刻怀疑,在倡导启蒙的同时又超越了启蒙,进入一个形而上的哲学层面,即对生命意识觉醒与升华的歌颂和礼赞。

## 一

眉间尺刚和他的母亲睡下,老鼠便出来咬锅盖,使他听得发烦。他轻轻地叱了几声,最初还有些效验,后来是简直不理他了,格支格支地径自咬。他又不敢大声赶,怕惊醒了白天做得劳乏,晚上一躺就睡着了的母亲。

"尺儿,你在做什么?"他的母亲已经醒来了,在床上问。

"老鼠……"他慌忙站起,回转身去,却只答了两个字。

"是的,老鼠。这我知道。可是你在做什么?杀它呢,还是在救它?"

他没有回答。松明烧尽了;他默默地立在暗中,渐看见月光的皎洁。

"唉!"他的母亲叹息说,"一交子时[①],你就是十六岁了,性情还是那样,不冷不热地,一点也不变。看来,你的父亲的仇是没有人报的了。"

他看见他的母亲坐在灰白色的月影中,仿佛身体都在颤动;低微的声音里,含着无限的悲哀,使他冷得毛骨悚然,而一转眼间,又觉得热血在全身中忽然腾沸。

"父亲的仇?父亲有什么仇呢?"他前进几步,惊急地问。

"有的。还要你去报。我早想告诉你的了;只因为你太小,没有说。现在你已经成人了,却还是那样的性情。这教我怎么办呢?你似的性情,能行大事的么?"

"能。说罢,母亲。我要改过……"

"自然。我也只得说。你必须改过……那么,走过来罢。"

他走过去;他的母亲端坐在床上,在暗白的月影里,两眼发出闪闪的光芒。

“听哪!”她严肃地说,“你的父亲原是一个铸剑的名工,天下第一。他的工具,我早已都卖掉了来救了穷了,你已经看不见一点遗迹;但他是一个世上无二的铸剑的名工。二十年前,王妃生下了一块铁[②],听说是抱了一回铁柱之后受孕的,是一块纯青透明的铁。大王知道是异宝,便决计用来铸一把剑,想用它保国,用它杀敌,用它防身。不幸你的父亲那时偏偏入了选,便将铁捧回家里来,日日夜夜地锻炼,费了整三年的精神,炼成两把剑。

“当最末次开炉的那一日,是怎样地骇人的景象呵!哗拉拉地腾上一道白气的时候,地面也觉得动摇。那白气到天半便变成白云,罩住了这处所,渐渐现出绯红颜色,映得一切都如桃花。我家的漆黑的炉子里,是躺着通红的两把剑。你父亲用井华水[③]慢慢地滴下去,那剑嘶嘶地吼着,慢慢转成青色了。这样地七日七夜,就看不见了剑,仔细看时,却还在炉底里,纯青的,透明的,正像两条冰。

“大欢喜的光采,便从你父亲的眼睛里四射出来;他取起剑,拂拭着,拂拭着。然而悲惨的皱纹,却也从他的眉头和嘴角出现了。他将那两把剑分装在两个匣子里。

“‘你只要看这几天的景象,就明白无论是谁,都知道剑已炼就的了。’他悄悄地对我说。‘一到明天,我必须去献给大王。但献剑的一天,也就是我命尽的日子。怕我们从此要长别了。’

“‘你……’我很骇异,猜不透他的意思,不知怎么说的好。我只是这样地说:‘你这回有了这么大的功劳……’

“‘唉!你怎么知道呢!’他说。‘大王是向来善于猜疑,又极残忍的。这回我给他炼成了世间无二的剑,他一定要杀掉我,免得我再去给别人炼剑,来和他匹敌,或者超过他。’

“我掉泪了。

“‘你不要悲哀。这是无法逃避的。眼泪决不能洗掉运命。我可是早已有准备在这里了!’他的眼里忽然发出电火似的光芒,将一个剑匣放在我膝上。‘这是雄剑。’他说。‘你收着。明天,我只将这雌剑献给大王去。倘若我一去竟不回来了呢,那是我一定不再在人间了。你不是怀孕已经五六个月了么?不要悲哀;待生了孩子,好好地抚养。一到成人之后,你便交给他这雄剑,教他砍在大王的颈子上,给我报仇!’”

“那天父亲回来了没有呢?”眉间尺赶紧问。

“没有回来!”她冷静地说。“我四处打听,也杳无消息。后来听得人说,第一个用血来饲你父亲自己炼成的剑的人,就是他自己——你的父亲。还怕他鬼魂作怪,将他的身首分埋在前门和后苑了!”

眉间尺忽然全身都如烧着猛火,自己觉得每一枝毛发上都仿佛闪出火星来。他的双拳,在暗中捏得格格地作响。

他的母亲站起了,揭去床头的木板,下床点了松明,到门背后取过一把锄,交给眉间尺道:“掘下去!”

眉间尺心跳着,但很沉静的一锄一锄轻轻地掘下去。掘出来的都是黄土,约到五尺多深,土色有些不同了,似乎是烂掉的材木。

“看罢!要小心!”他的母亲说。

眉间尺伏在掘开的洞穴旁边,伸手下去,谨慎小心地撮开烂树,待到指尖一冷,有如触着冰雪的时候,那纯青透明的剑也出现了。他看清了剑靶,捏着,提了出来。

窗外的星月和屋里的松明似乎都骤然失了光辉,惟有青光充塞宇内。那剑便溶在这青光中,看去好像一无所有。眉间尺凝神细视,这才仿佛看见长五尺余,却并不见得怎样锋利,剑口反而有些浑圆，正如一片韭叶。

“你从此要改变你的优柔的性情，用这剑报仇去！”他的母亲说。

“我已经改变了我的优柔的性情，要用这剑报仇去！

“但愿如此。你穿了青衣，背上这剑，衣剑一色，谁也看不分明的。衣服我已经做在这里，明天就上你的路去罢。不要记念我！”她向床后的破衣箱一指，说。

眉间尺取出新衣，试去一穿，长短正很合式。他便重行叠好，裹了剑，放在枕边，沉静地躺下。他觉得自己已经改变了优柔的性情；他决心要并无心事一般，倒头便睡，清晨醒来，毫不改变常态，从容地去寻他不共戴天的仇雠。

但他醒着。他翻来复去，总想坐起来。他听到他母亲的失望的轻轻的长叹。他听到最初的鸡鸣；他知道已交子时，自己是上了十六岁了。

## 二

当眉间尺肿着眼眶，头也不回的跨出门外，穿着青衣，背着青剑，迈开大步，径奔城中的时候，东方还没有露出阳光。杉树林的每一片叶尖，都挂着露珠，其中隐藏着夜气。但是，待到走到树林的那一头，露珠里却闪出各样的光辉，渐渐幻成晓色了。远望前面，便依稀看见灰黑色的城墙和雉堞[4]。

和挑葱卖菜的一同混入城里，街市上已经很热闹。男人们一排一排的呆站着；女人们也时时从门里探出头来。她们大半也肿着眼眶；蓬着头；黄黄的脸，连脂粉也不及涂抹。

眉间尺预觉到将有巨变降临，他们便都是焦躁而忍耐地等候着这巨变的。

前面的人圈子动摇了，挤进一个黑色的人来，黑须黑眼睛，瘦得如铁。他并不言语，只向眉间尺冷冷地一笑，一面举手轻轻地一拨干瘪脸少年的下巴，并且看定了他的脸。那少年也向他看了一会，不觉慢慢地松了手，溜走了；那人也就溜走了；看的人们也都无聊地走散。只有几个人还来问眉间尺的年纪，住址，家里可有姊姊。眉间尺都不理他们。

他向南走着；心里想，城市中这么热闹，容易误伤，还不如在南门外等候他回来，给父亲报仇罢，那地方是地旷人稀，实在很便于施展。这时满城都议论着国王的游山，仪仗，威严，自己得见国王的荣耀，以及俯伏得有怎么低，应该采作国民的模范等等，很像蜜蜂的排衙[5]。直至将近南门，这才渐渐地冷静。

他走出城外，坐在一株大桑树下，取出两个馒头来充了饥；吃着的时候忽然记起母亲来，不觉眼鼻一酸，然而此后倒也没有什么。周围是一步一步地静下去了，他至于很分明地听到自己的呼吸。

天色愈暗，他也愈不安，尽目力望着前方，毫不见有国王回来的影子。上城卖菜的村人，一个个挑着空担出城回家去了。

人迹绝了许久之后，忽然从城里闪出那一个黑色的人来。

“走罢，眉间尺！国王在捉你了！”他说，声音好像鸱鸮。

眉间尺浑身一颤，中了魔似的，立即跟着他走；后来是飞奔。他站定了喘息许多时，才明白已经到了杉树林边。后面远处有银白的条纹，是月亮已从那边出现；前面却仅有两点燐火一般的那黑色人的眼光。

“你怎么认识我？……”他极其惶骇地问。

“哈哈！我一向认识你。”那人的声音说。“我知道你背着雄剑，要给你的父亲报仇，我也知道你报不成。岂但报不成;今天已经有人告密,你的仇人早从东门还宫,下令捕拿你了。"

眉间尺不觉伤心起来。

"唉唉,母亲的叹息是无怪的。"他低声说。

"但她只知道一半。她不知道我要给你报仇。"

"你么?你肯给我报仇么,义士?"

"阿,你不要用这称呼来冤枉我。"

"那么,你同情于我们孤儿寡妇?……"

"唉,孩子,你再不要提这些受了污辱的名称。"他严冷地说,"仗义,同情,那些东西,先前曾经干净过,现在却都成了放鬼债的资本。我的心里全没有你所谓的那些。我只不过要给你报仇!"

"好。但你怎么给我报仇呢?"

"只要你给我两件东西。"两粒燐火下的声音说。"那两件么?你听着:一是你的剑,二是你的头!"

眉间尺虽然觉得奇怪,有些狐疑,却并不吃惊。他一时开不得口。

"你不要疑心我将骗取你的性命和宝贝。"暗中的声音又严冷地说。"这事全由你。你信我,我便去;你不信,我便住。"

"但你为什么给我去报仇的呢?你认识我的父亲么?"

"我一向认识你的父亲,也如一向认识你一样。但我要报仇,却并不为此。聪明的孩子,告诉你罢。你还不知道么,我怎么地善于报仇。你的就是我的;他也就是我。我的魂灵上是有这么多的,人我所加的伤,我已经憎恶了我自己!"

暗中的声音刚刚停止,眉间尺便举手向肩头抽取青色的剑,顺手从后项窝向前一削,头颅坠在地面的青苔上,一面将剑交给黑色人。

"呵呵!"他一手接剑,一手捏着头发,提起眉间尺的头来,对着那热的死掉的嘴唇,接吻两次,并且冷冷地尖利地笑。

他在暗中向王城扬长地走去,发出尖利的声音唱着歌:

哈哈爱兮爱乎爱乎!
爱青剑兮一个仇人自屠。
夥颐连翩兮多少一夫。
一夫爱青剑兮呜呼不孤。
头换头兮两个仇人自屠。
一夫则无兮爱乎呜呼!
爱乎呜呼兮呜呼阿呼,
阿呼呜呼兮呜呼呜呼![6]

## 三

游山并不能使国王觉得有趣;加上了路上将有刺客的密报,更使他扫兴而还。那夜他很生气,说是连第九个妃子的头发,也没有昨天那样的黑得好看了。幸而她撒娇坐在他的御膝上,特别扭了七十多回,这才使龙眉之间的皱纹渐渐地舒展。

午后，国王一起身，就又有些不高兴，待到用过午膳，简直现出怒容来。

"唉唉！无聊！"他打一个大呵欠之后，高声说。

上自王后，下至弄臣，看见这情形，都不觉手足无措。白须老臣的讲道，矮胖侏儒的打诨，王是早已听厌的了；近来便是走索，缘竿，抛丸，倒立，吞刀，吐火等等奇妙的把戏，也都看得毫无意味。他常常要发怒；一发怒，便按着青剑，总想寻点小错处，杀掉几个人。

偷空在宫外闲游的两个小宦官，刚刚回来，一看见宫里面大家的愁苦的情形，便知道又是照例的祸事临头了，一个吓得面如土色；一个却像是大有把握一般，不慌不忙，跑到国王的面前，俯伏着，说道：

"奴才刚才访得一个异人，很有异术，可以给大王解闷，因此特来奏闻。"

"什么?!"王说。他的话是一向很短的。

"那是一个黑瘦的，乞丐似的男子。穿一身青衣，背着一个圆圆的青包裹；嘴里唱着胡诌的歌。人问他。他说善于玩把戏，空前绝后，举世无双，人们从来就没有看见过；一见之后，便即解烦释闷，天下太平。但大家要他玩，他却又不肯。说是第一须有一条金龙，第二须有一个金鼎。……"

"金龙？我是的。金鼎？我有。"

"奴才也正是这样想。……"

"传进来！"

话声未绝，四个武士便跟着那小宦官疾趋而出。上自王后，下至弄臣，个个喜形于色。他们都愿意这把戏玩得解愁释闷，天下太平；即使玩不成，这回也有了那乞丐似的黑瘦男子来受祸，他们只要能挨到传了进来的时候就好了。

并不要许多工夫，就望见六个人向金阶趋进。先头是宦官，后面是四个武士，中间夹着一个黑色人。待到近来时，那人的衣服却是青的，须、眉、头发都黑；瘦得颧骨、眼圈骨、眉棱骨都高高地突出来。他恭敬地跪着俯伏下去时，果然看见背上有一个圆圆的小包袱，青色布，上面还画上一些暗红色的花纹。

"奏来！"王暴躁地说。他见他家伙简单，以为他未必会玩什么好把戏。

"臣名叫宴之敖者[⑦]；生长汶汶乡[⑧]。少无职业；晚遇明师，教臣把戏，是一个孩子的头。这把戏一个人玩不起来，必须在金龙之前，摆一个金鼎，注满清水，用兽炭煎熬。于是放下孩子的头去，一到水沸，这头便随波上下，跳舞百端，且发妙音，欢喜歌唱。这歌舞为一人所见，便解愁释闷，为万民所见，便天下太平。"

"玩来！"王大声命令说。

并不要许多工夫，一个煮牛的大金鼎便摆在殿外，注满水，下面堆了兽炭[⑨]，点起火来。那黑色人站在旁边，见炭火一红，便解下包袱，打开，两手捧出孩子的头来，高高举起。那头是秀眉长眼，皓齿红唇；脸带笑容；头发蓬松，正如青烟一阵。黑色人捧着向四面转了一圈，便伸手擎到鼎上，动着嘴唇说了几句不知什么话，随即将手一松，只听得扑通一声，坠入水中去了。水花同时溅起，足有五尺多高，此后是一切平静。

许多工夫，还无动静。国王首先暴躁起来，接着是王后和妃子，大臣，宦官们也都有些焦急，矮胖的侏儒们则已经开始冷笑了。王一见他们的冷笑，便觉自己受愚，回顾武士，想命令他们就将那欺君的莠民掷入牛鼎里去煮杀。

但同时就听得水沸声；炭火也正旺，映着那黑色人变成红黑，如铁的烧到微红。王刚又回过脸来，他也已经伸起两手向天，眼光向着无物，舞蹈着，忽地发出尖利的声音唱起歌来：

哈哈爱兮爱乎爱乎!
爱兮血兮兮谁乎独无。
民萌冥行兮一夫壶卢。
彼用百头颅,千头颅兮用万头颅!
我用一头颅兮而无万夫。
爱一头颅兮血乎呜呼!
血乎呜呼兮呜呼阿呼,
阿呼呜呼兮呜呼呜呼!

随着歌声,水就从鼎口涌起,上尖下广,像一坐小山,但自水尖至鼎底,不住地回旋运动。那头即随水上上下下,转着圈子,一面又滴溜溜自己翻筋斗,人们还可以隐约看见他玩得高兴的笑容。过了些时,突然变了逆水的游泳,打旋子夹着穿梭,激得水花向四面飞溅,满庭洒下一阵热雨来。一个侏儒忽然叫了一声,用手摸着自己的鼻子。他不幸被热水烫了一下,又不耐痛,终于免不得出声叫苦了。

黑色人的歌声才停,那头也就在水中央停住,面向王殿,颜色转成端庄。这样的有十余瞬息之久,才慢慢地上下抖动;从抖动加速而为起伏的游泳,但不很快,态度很雍容。绕着水边一高一低地游了三匝,忽然睁大眼睛,漆黑的眼珠显得格外精采,同时也开口唱起歌来:

王泽流兮浩洋洋;
克服怨敌,怨敌克服兮,赫兮强!
宇宙有穷止兮万寿无疆。
幸我来也兮青其光!
青其光兮永不相忘。
异处异处兮堂哉皇!
堂哉皇哉兮嗳嗳唷,
嗟来归来,嗟来陪来兮青其光!

头忽然升到水的尖端停住;翻了几个筋斗之后,上下升降起来,眼珠向着左右瞥视,十分秀媚,嘴里仍然唱着歌:

阿呼呜呼兮呜呼呜呼,
爱乎呜呼兮呜呼阿呼!
血一头颅兮爱乎呜呼。
我用一头颅兮而无万夫!
彼用百头颅,千头颅……

唱到这里,是沉下去的时候,但不再浮上来了;歌词也不能辨别。涌起的水,也随着歌声的微弱,渐渐低落,像退潮一般,终至到鼎口以下,在远处什么也看不见。

"怎了?"等了一会,王不耐烦地问。

"大王,"那黑色人半跪着说。"他正在鼎底里作最神奇的团圆舞,不临近是看不见的。臣也没有法术使他上来,因为作团圆舞必须在鼎底里。"

王站起身,跨下金阶,冒着炎热立在鼎边,探头去看。只见水平如镜,那头仰面躺在水中间,两眼正看着他的脸。待到王的眼光射到他脸上时,他便嫣然一笑。这一笑使王觉得似曾相识,却又一时记不起是谁来。刚在惊疑，黑色人已经掣出了背着的青色的剑，只一挥，闪电般从后项窝直劈下去，扑通一声，王的头就落在鼎里了。

仇人相见，本来格外眼明，况且是相逢狭路。王头刚到水面，眉间尺的头便迎上来，狠命在他耳轮上咬了一口。鼎水即刻沸涌，澎湃有声；两头即在水中死战。约有二十回合，王头受了五个伤，眉间尺的头上却有七处。王又狡猾，总是设法绕到他的敌人的后面去。眉间尺偶一疏忽，终于被他咬住了后项窝，无法转身。这一回王的头可是咬定不放了，他只是连连蚕食进去；连鼎外面也仿佛听到孩子的失声叫痛的声音。

上自王后，下至弄臣，骇得凝结着的神色也应声活动起来，似乎感到暗无天日的悲哀，皮肤上都一粒一粒地起粟；然而又夹着秘密的欢喜，瞪了眼，像是等候着什么似的。

黑色人也仿佛有些惊慌，但是面不改色。他从从容容地伸开那捏着看不见的青剑的臂膊，如一段枯枝；伸长颈子，如在细看鼎底。臂膊忽然一弯，青剑便蓦地从他后面劈下，剑到头落，坠入鼎中，淜的一声，雪白的水花向着空中同时四射。

他的头一入水，即刻直奔王头，一口咬住了王的鼻子，几乎要咬下来。王忍不住叫一声“阿唷”，将嘴一张，眉间尺的头就乘机挣脱了，一转脸倒将王的下巴下死劲咬住。他们不但都不放，还用全力上下一撕，撕得王头再也合不上嘴。于是他们就如饿鸡啄米一般，一顿乱咬，咬得王头眼歪鼻塌，满脸鳞伤。先前还会在鼎里面四处乱滚，后来只能躺着呻吟，到底是一声不响，只有出气，没有进气了。

黑色人和眉间尺的头也慢慢地住了嘴，离开王头，沿鼎壁游了一匝，看他可是装死还是真死。待到知道了王头确已断气，便四目相视，微微一笑，随即合上眼睛，仰面向天，沉到水底里去了。

……

一九二六年十月作

**【注释】**

① 子时：古代采用地支记时，夜晚十一时至次日凌晨一时称为子时。

② 王妃生下了一块铁：清代陈元龙《格致镜原》卷三十四引《列士传》佚文：“楚王夫人于夏纳凉，抱铁柱，心有所感，遂怀孕，产一铁；王命莫邪铸为双剑。”

③ 井华水：清晨第一次汲取的井水。

④ 雉堞：俗称城垛，指城上排成锯齿状的矮墙。

⑤ 蜜蜂的排衙：蜜蜂早晚两次群集在蜂房外面，如朝见蜂王一般。这里用来形容人群的拥挤喧闹。排衙，旧时衙署中下属依次参谒长官的仪式。

⑥ 关于这首歌和下文中的几段歌，鲁迅在1936年3月28日给日本人增田涉的信中说：“在《铸剑》里，我以为没有什么难懂的地方。但要注意的，是那里面的歌，意思都不明显，因为是奇怪的人和头颅唱出来的歌，我们这种普通人是难以理解的。”

⑦ 宴之敖者，作者虚拟的人名。1924年9月，鲁迅辑成《俟堂砖文杂集》一书，题记后用宴之敖者作为笔名，后未再用。

⑧ 汶汶乡：作者虚拟的地名。

⑨ 兽炭：古时豪富之家用木炭屑做成各种兽的形态，作燃料用，称兽炭。

# 附　三王墓[1]

## 干　宝

楚干将莫邪为楚王作剑,三年乃成。王怒,欲杀之。剑有雌雄。其妻重身当产[2],夫语妻曰:"吾为王作剑,三年乃成。王怒,往,必杀我。汝若生子是男,大[3],告之曰:'出户,望南山,松生石上,剑在其背。'"于是即将雌剑[4],往见楚王。王大怒,使相之[5]:"剑有二,一雄一雌。雌来,雄不来。"王怒,即杀之。

莫邪子名赤,比后壮[6],乃问其母曰:"吾父所在?"母曰:"汝父为楚王作剑,三年乃成。王怒,杀之。去时嘱我:'语汝子:出户,望南山,松生石上,剑在其背。'"于是子出户,南望,不见有山,但睹堂前松柱下石低之上,即以斧破其背,得剑。日夜思欲报楚王[7]。

王梦见一儿,眉间广尺,言欲报仇。王即购之千金。儿闻之,亡去[8]。入山,行歌[9]。客有逢者[10],谓:"子年少,何哭之甚悲耶?"曰:"吾干将莫邪子也。楚王杀吾父,吾欲报之!"客曰:"闻王购子头千金,将子头与剑来,为子报之。"儿曰:"幸甚!"即自刎,两手捧头及剑奉之,立僵[11]。客曰:"不负子也。"于是尸乃仆[12]。

客持头往见楚王,王大喜。客曰:"此乃勇士头也。当于汤镬煮之[13]。"王如其言。煮头三日三夕,不烂。头踔出汤中[14],踬目大怒[15]。客曰:"此儿头不烂,愿王自往临视之,是必烂也。"王即临之。客以剑拟王[16],王头随堕汤中。客亦自拟己头,头复堕汤中。三首俱烂,不可识别。乃分其汤肉葬之,故通名"三王墓"。今在汝南北宜春县界[17]。

**【注释】**

① 本篇选自干宝的《搜神记》。写干将为楚王铸剑被杀,儿子为父报仇的传说。
② 重(chóng)身:指怀孕。
③ 大:长成大人。
④ 将:携带。
⑤ 相(xiāng):察看。
⑥ 比:等到。
⑦ 低:当作"砥",指柱础。"之上"疑为衍文。报:报仇。
⑧ 眉间广尺:两眉间宽有一尺。亡去:逃走。
⑨ 行歌:边走边唱。
⑩ 客:指山中侠客。
⑪ 立僵:直立不倒。僵,僵硬。
⑫ 不负:不辜负。仆:倒。
⑬ 汤镬(huò):沸水锅。镬,古代似鼎而无足的锅。
⑭ 踔(chuō):跳。
⑮ 踬(zhì 至)目:疑当作"瞋目",睁圆眼睛。
⑯ 拟:比画,对准。
⑰ 汝南:郡名。宜春县:在今河南汝南县西南。

# ※麻 将

## 梁实秋

**【题解】**

梁实秋(1903—1987),北京人,祖籍浙江余杭,原名梁治华,字实秋。1923年毕业于清华大学,次年入哈佛大学研究院,1926年回国任教于东南大学,为新月社主要成员,1949年去台湾执教与写作。翻译莎士比亚全部剧著与三卷诗歌,著有《雅舍小品》《雅舍杂文》等。梁实秋的散文清丽隽永、简洁深邃、独具风采。本文选自《梁实秋文集》,写作者在"麻将"上的经历和见闻,表明了对麻将这种"游戏"的态度,从某种程度上揭示了一种"麻将"文化。

我的家庭守旧,绝对禁赌,根本没有麻将牌。从小不知麻将为何物。除夕到上元开赌禁,以掷骰子状元红为限,下注三十几个铜板,每次不超过一二小时。有一次我斗胆问起,麻将怎个打法,先君正色曰:"打麻将吗,到八大胡同去![①]"吓得我再也不敢提起麻将二字。心里留下一个并不正确的印象,认为麻将与八大胡同有什么密切的关联。

后出国留学,在轮船的娱乐室内看见有几位同学作方城戏,才大开眼界,觉得那一百三十六张骨牌倒是很好玩的。有人热心指点,我也没学会。这时候,麻将在美国盛行,很多美国人家里都备有一副,虽然附有说明书,一般人还是不易得其门而入。我们有一位同学在纽约居然以教人打牌为副业,电话召之即去,收入颇丰,每小时一元。但是为大家所不齿,认为他不务正业,贻笑士林。

科罗多大学有两位教授,姊妹俩,老处女,请我和闻一多到她们家里晚餐,饭后摆出了麻将,作为余兴。在这一方面我和闻一多都是属于"四窍已通其三"的人物——一窍不通,当时大窘。两位教授不能了解,中国人竟不会打麻将?当晚四个人临时参看说明书,随看随打,谁也没能规规矩矩的和下一把牌,窝窝囊囊的把一晚消磨掉了。以后再也没有成局。

麻将不过是一种游戏,玩玩有何不可?何况先者不免。梁任公先生即是此中老手[②]。我在清华念书的时候,就听说任公先生有一句名言:"只有读书可以忘记打牌,只有打牌可以忘记读书。"读书兴趣浓厚,可以废寝忘食,还有工夫打牌?打牌兴亦不浅,上了牌桌全神贯注,焉能想到读书?二者的诱惑力、吸引力,有多么大,可以想见。书读多了,没有什么害处,顶多变成不更事的书呆子,文弱书生。经常不断的十圈二十圈麻将打下去,那毛病可就大了。有任公先生的学问风操,可以打牌,我们没有他那样的学问风操,不得藉口。

胡适之先生也偶然喜欢摸几圈。有一年在上海,饭后和潘光旦、罗隆基、饶子离和我,走到一品香开房间打牌。硬木桌上打牌,滑溜溜的,震天价响,有人认为痛快。我照例作壁上观。言明只打八圈。打到最后一圈已近尾声,局势十分紧张。胡先生坐庄,潘光旦坐对面,三副落地,吊单,显然是一副满灌的大牌。"扣他的牌,打荒算了。"胡先生摸到一张白板,地上已有两张白板。"难道他会吊孤张?"胡先生口中念念有词,犹豫不决。左右皆曰:"生张不可打,否则和下来要包!”胡适先生自己的牌也是一把满灌的大牌,且早已听张,如果扣下这张白板,势必拆牌应付,于心不甘。犹豫了好一阵子,“冒一下险,试试看”。拍的一声把白板打了出去!“自古成功在尝试”,这一回却是“尝试成功自古无”了。潘光旦嘿嘿一笑,翻出底牌,吊的正是白板。胡先生包了。身上现钱不够,开了一张支票,三十几元。那时候不算是小数目。胡先生技艺不精,没得怨。

抗战期间,后方的人,忙的是忙得不可开交,闲的是闷得发慌。不知是谁诌了四句俚词:一个中国人,闷得发慌。两个中国人,就好商量。三个中国人,作不成事。四个中国人,麻将一场。四个人凑在一起,天造地设,不打麻将怎么办?雅舍也备有麻将,只是备不时之需。有一回有客自重庆来,第二天就回去,要求在雅舍止宿一夜。我们没有招待客人住宿的设备,颇有难色,客人建议打个通宵麻将。在三缺一的情形下,第四者若是坚不下场,大家都认为是伤天害理的事。于是我也不得不凑一角。这一夜打下来,天旋地转,我只剩得奄奄一息,誓言以后在任何情形之下,再也不肯做这种成仁取义的事。

麻将之中自有乐趣。贵在临机应变,出手迅速。同时要手挥五弦目送飞鸿,有如谈笑用兵[③]。徐志摩就是一把好手,牌去如飞,不加思索。麻将就怕“长考”。一家长考,三家暴躁。以我所知,麻将一道要推太太小姐们最为擅长。在桌牌上我看见过真正春笋一般的玉指洗牌砌牌,灵巧无比。(美国佬的粗笨大手砌牌需要一根大尺往前一推,否则牌就摆不直!)我也曾听说某一位太太有接连三天三夜不离开牌桌的纪录。(虽然她最后崩溃以至于吃什么吐什么!)男人们要上班,就无法和女性比。我认识的女性之中有一位特别长于打麻将,经常午间起床,午后二时一切准备就绪,呼朋引类,麻将开场,一直打到夜深。雍容俯仰,满室生春。不仅是技压侪辈,赢多输少。我的朋友卢冀野是个倜傥不羁的名士,他和这位太太打过多少麻将,他说:“政府于各部会之处应再添设一个‘俱乐部’,其中设麻将司,司长一职非这位太太莫属矣。”甘拜下风的不只是他一个人。

路过广州,耳畔常闻噼噼啪啪的牌声,而且我在路边看见一辆停着的大卡车,上面也居然摆着一张八仙桌,四个人露天酣战,行人视若无睹。餐馆里打麻将,早已通行,更无论矣。在台湾,据说麻将之风仍然很盛。有中国人的地方就有麻将,有些地方的寓公寓婆亦不能免,麻将的诱惑力太大。王尔德说过:“除了诱惑之外,我什么都能抵抗。”

我不打麻将,并不妄以为自己志行高洁。我脑筋迟钝,跟不上别人反应的速度,影响到麻将的节奏。一赶快就出参差。我缺乏机智,自己的一副牌都常照顾不来,遑论揣度别人的底细,既不知己又不知彼,如何可以应付大局?打牌本是寻乐,往往是寻烦恼,又受气又受窘,干脆不如不打。费时误事的大道理就不必说了。有人说卫生麻将又有何妨?想想看,鸦片烟有没有卫生鸦片,海洛因有没有卫生海洛因?大凡卫生麻将,结果常是有碍卫生。起初输赢小,渐渐提升。起初是朋友,渐渐成赌友,一旦成为赌友,没有交情可言。我曾看见两位朋友,都是斯文中人,为了甲扣了乙一张牌,宁可自己不和而不让乙和,事后还扬扬得意,以牌示乙,乙大怒。甲说在牌桌上损人不利己的事是可以做的,话不投机,大打出手,人仰桌翻。我又记得另外一桌,庄家连和七把,依然手顺,把另外三家气得目瞪口呆面如土色。结果是勉强终局,不欢而散。赢家固然高兴,可是输家的脸看了未必好受。有了这些经验,看了牌局我就怕,作壁上观也没兴趣。何况本来是个穷措大,“黑板上进来,白板上出去”也未免太惨[④]。

对于沉湎于此道中的朋友们,无论男女,我并不一概诅咒。其中至少有一部分可能是在生活上有什么隐痛,藉此忘忧,如同吸食鸦片一样久而上瘾,不易戒掉。其实要戒也很容易,把牌和筹码以及牌桌一起蠲除,洗手不干便是[⑤]。

**【注释】**

① 八大胡同:北京地名,清朝后期至民国年间,妓院聚居于此。

② 梁任公:梁启超,号任公。

③ 手挥五弦,目送飞鸿:挥动手指弹琴,眼睛追着看天空的飞鸟,比喻挥洒自如,得心应手,也作目送手挥。见三国时嵇康《兄秀才公穆入军赠诗》:“目送归鸿,手挥五弦。俯仰自得,游心太玄。”

④ 穷措大:旧时对穷困读书人的蔑称。

⑤ 蠲(juān):除去,减免。

# 《日出》第一幕(节选)

## 曹　禺

**【题解】**

曹禺(1910—1996),原名万家宝,字小石。出身一个官僚家庭,原籍湖北潜江。1930年在清华大学西洋文学系就读时,广泛地接触了莎士比亚、易卜生、奥尼尔等的西方戏剧。1933年,他完成了他的第一部多幕话剧剧本《雷雨》,引起轰动。此后,他又相继创作了《日出》《原野》等话剧剧本,确立了中国现代话剧大师的地位。抗战期间,先后创作了《蜕变》《北京人》等作品,并改编了巴金的小说《家》。1949年当选为第一届中国文联常委,后任中央戏剧学院副院长,1950年任北京人民艺术剧院院长。在此期间创作了多幕话剧《明朗的天》、历史剧《胆剑篇》(与梅阡、于是之合作)等。1978年完成历史剧《王昭君》。后历任中国文联执行主席、全国人大常委会委员、中国剧协主席、中国作协理事、北京市文联主席等职。他的早期戏剧创作标志着中国现代话剧的成熟。他吸收了传统戏剧和西洋戏剧的双重营养,善于运用各种创作技巧,擅长对戏剧冲突的把握和人物心理的刻画,个性化的人物语言和戏剧氛围的诗化处理是其剧作独具一格的要素。对于人性和人的命运的探索是其剧作的永恒主题。

### 人物

陈白露——在××旅馆住着的一个女人,二十三岁。

方达生——陈白露从前的"朋友",二十五岁。

王福升——××旅馆的茶房。

潘月亭——大丰银行经理,五十四岁。

黑　三——一个地痞,小东西的养父。

小东西——一个刚到城里不久的女孩子,十五六岁。

### 时间和地点

第一幕　早春,某日晨五时。——在××旅馆的一间华丽的休息室内。

是××大旅馆一间华丽的休息室,正中门通甬道,右——左右以台上演员为准,与观众左右相反——通寝室,左通客厅,靠前偏右有一扇狭长的弧形窗户。窗外密密麻麻矗立着一座座高楼,虽在白昼,正面一边是宽阔的窗,屋里也嫌过于阴暗。除了天明斜射过来的晨光使这间屋有些光明之外,整天是见不着一线自然的光亮的。

屋内一切陈设俱是现代式的:生硬而肤浅,刺激人的好奇心,并不给人舒适之感。正中立着烟几,围着它横地竖地摆着方的,圆的,长的小凳和沙发。上面凌乱地放些颜色艳丽的坐垫。沿着那不见楞角的窗户,是一条水浪纹的沙发。左边有立柜、镜台和一张小几,上面放着些女人的化妆品。墙上挂着几张裸体油画、风景画,地下零零散散的是报纸、画报。在沙发上、小柜上搁放女人的衣帽、围巾、手套等物。食柜上陈列着酒瓶、玻璃杯、暖壶、茶碗。右角立一架落地灯,灯旁有一张圆形小儿,嵌着一层一层的玻璃,放些烟具和当时女人喜好的零碎东西,如洋娃娃、米老鼠之类。

正中悬一架银熠熠的钟,指着五点半,是夜色将尽的时候。幕开时,室内只有沙发旁的阅读灯射出一圈亮光。窗前的黄幔幕垂下来,屋内的陈设看不十分清晰。

缓慢的脚步声由甬道传进来。正中的门,呀地开了一半。一只秀美的手伸进来拧开中间的灯,室内豁然明亮,陈白露走进来。她的眼明媚动人,举动机警,一种嘲讽的笑总挂在嘴角。神色不时地露出倦怠和厌恶;这种生活的倦怠是她那种漂泊人特有的性质。她爱生活,她也厌恶生活。她曾经如一个未经世故的傻女孩子,带着如望万花筒那样的惊奇,和一个画儿似的男人飞出这笼。终于,像寓言中那习惯于金丝笼的鸟,已失掉在自由的树林里盘旋的能力和兴趣,又回到自己的丑恶的生活圈子里。当然她并不甘心这样生活下去,她很骄傲,她生怕旁人刺痛她的自尊心。但她只有等待,等待着有一天幸运会来叩她的门,她能意外地得一笔财富,使她能独立地生活着。然而也许有一天,她所等待的叩门声突然在深夜响了,她走去打开门,发现那来客,是那穿着黑衣服的,不做一声地走进来。她也会毫无留恋地和他同去,她知道生活中意外的幸福或快乐毕竟是意外,而平庸,痛苦,死亡永不会放开人的。

她现在拖着疲乏的步向台中走。打了个呵欠。

**陈白露** (走了两步,回过头)进来吧!(掷下皮包,一手倚着当中沙发的靠背。蹙着眉,脱下银色的高跟鞋,松了一口气,快意地揉抚着自己尖瘦的脚。真的,好容易到了家,索性靠在柔软的沙发上舒展一下。"咦!"忽然她发现背后的那个人并没有跟进来。她套上鞋,倏地站起,转过身,腿还跪在沙发上,笑着向房门。)咦!你怎么还不进来呀?(果然,有个人进来了。约莫有二十五六岁的光景,脸色不好看,皱着眉,穿一身半旧的西服。不知是疲倦,还是厌恶,他望着房内乱糟糟的陈设,一言不发地立在房门口。但是女人误会了意思,她眼盯住他,看出他是一副惊疑的神色。)走进来点,怕什么呀?

**方达生** (冷冷地)不怕什么。(忽然不安地)你这屋子没有人吧?

**陈白露** (看看四周,故意)谁知道?(望着他)大概是没有人吧!

**方达生** (厌恶)真讨厌。这个地方到处都是人。

**陈白露** (有心难为他,自然也因为他的态度使她不愉快)有人又怎样?住在这个地方还怕人?

**方达生** (望望女人,又望望周围)这几年,你原来住在这么个地方!

**陈白露** (挑衅地)怎么,这个地方不好么?

**方达生** (慢声)嗯——(不得已地)好!好!

**陈白露** (笑着看男人那样呆呆地失了神)你怎么不脱大衣?

**方达生** (突然收敛起来)哦,——?大衣?(想不起话来)是的,我没有脱,没有脱。

**陈白露** (笑出声,看他怪好玩的)我知道你没有脱。我问你为什么这样客气,不肯自己脱?

**方达生** (找不出理由,有点窘迫)也许,也许是因为不大习惯进门就脱衣服。(忽然)嗯——是不是这屋子有点冷?

**陈白露** 冷?——冷么?我觉得热得很呢。

**方达生** (想法躲开她的注意)你看,你大概是没有关好窗户吧?

**陈白露** (摇头)不会。(走到窗前,拉开幔子,露出那流线状的窗户)你看,关得好好的。(望着窗外,忽然惊喜地)喂,你看!你快来看!

**方达生** (不知为什么,慌忙跑到她面前)什么?

**陈白露** (用手在窗上的玻璃划一下)你看,霜!霜!

**方达生** (扫了兴会)你说的是霜啊!你呀,真——(底下的话自然是嫌她有点心浮气躁,但他没有说,只摇摇头)

**陈白露** (好奇地)怎么,春天来了,还有霜呢。

**方达生** (对她没有办法,小孩子似地)嗯,奇怪吧!

**陈白露** (兴高采烈地)我顶喜欢霜啦!你记得我小的时候就喜欢霜。你看霜多美,多好看!(孩子似地,忽然指着窗)你看,你看,这个像我么?

**方达生** 什么?(伸过头去)哪个?

**陈白露** (急切地指指点点)我说的是这窗户上的霜,这一块!(男人偏看错了地方)不,这一块,你看,这不是一对眼睛!这高的是鼻子,凹的是嘴,这一片是头发。(拍着手)你看,这头发,这头发简直就是我!

**方达生** (着意比较,寻找那相似之点,但是——)我看——(很老实地)并不大像。

**陈白露** (没想到)谁说不像?(孩子似地执拗着,撒着娇)像!像!像!我说像!它就像!

**方达生** (逆来顺受)好,像,像得很。

**陈白露** (得意)啊,你说像吧!(又发现了新大陆)喂,你看,你看,这个人头像你,这个像你。

**方达生** 像我?

**陈白露** (奇怪他会这样问)嗯,自然啦,就是这个。

**方达生** (如同一个瞎子)哪儿?

**陈白露** 这块!这块!就是这一块。

**方达生** (看了一会,实在看不出一点相似处,简单地)我,我看不大出来。

**陈白露** (败兴地)你这个人!还是跟从前一样的别扭,简直是没有办法。

**方达生** 是么?(微笑)今天我看了你一夜晚,就刚才这一点,还像从前的你。

**陈白露** 怎么?

**方达生** (露出愉快的颜色)还是从前那点孩子气。

**陈白露** 你……你说(低声地)还有从前那点孩子气?(她仿佛回忆着,蹙着眉头。她打一个寒战,现实像一只铁掌又把她抓回来)

**方达生** 嗯,怎么?你怎么?

**陈白露** (方才那一阵兴奋如一阵风吹过去,她突然感觉老了许多,几秒钟前那种娇痴可喜的神态不见了,她叹一口气,苍老地)达生,我从前有过这么一个时期,是一个孩子么?

**方达生** (明白她的心情,鼓励地)只要你肯跟我走,你现在还是孩子,过真正的自由的生活。

**陈白露** (摇头,久经世故地)哼,自由!哪儿有自由?

**方达生** (望着女人巧妙地吐出烟圈,忽然,忍不住叹一声,同情而忧伤地)真的,我想不到,竹均,你居然会变——

**陈白露** (放下烟)等一等,你叫我什么?

**方达生** (吃了一惊)你的名字,你不愿意听么?

**陈白露** (回忆)竹均,竹均,仿佛有多少年没有人这么叫我了。达生,你再叫我一遍。

**方达生** (受感动)怎么,竹均——

**陈白露** (回味男人叫的情调)甜得很,也苦得很。你再这样叫我一声。

**方达生** (不懂女人的意思)哦,竹均,你不知道我心里头——(忽然)这里真没人么?

**陈白露** 没有人,当然没有人。

**方达生** (难过地)我看你现在这个样子。你不知道我的心,我的心里头是多么……(忽然来了勇气)嗯——对了。你是比以前改变多了。你简直不是我以前想的那个人。你说话,走路,态度,行为,都,都变了。我一夜晚坐在舞场观察你。你完全不是从前那样天真的女孩子,你变了。你现在简直叫我失望,失望极了。

**陈白露** （故作惊异）失望？

**方达生** （痛苦）失望，嗯，失望，我没有想到我跑到这里，你已经变成这么随便的女人。我是看不下去你这种样子。我在几千里外听见关于你种种的事情，我不相信。我不相信我从前最喜欢的人会叫人说得一个钱也不值。我来看你，我发现你在这么一个地方住着。一个单身的女人，自己住在旅馆里，交些个不三不四的朋友，这种行为简直是，放荡！堕落！——你要我怎么说呢？

**陈白露** （立起，故意冒了火）你怎么敢当着面说我堕落！在我的屋子里你怎么敢说对我失望！你跟我有什么关系，你敢这么教训我？

**方达生** （觉得已得罪了她）自然现在我跟你没有什么关系。

**陈白露** （不放松）难道从前我们有什么关系？

**方达生** （嗫嚅）呃，自然也不能说有。（低头）不过你应该记得你是很爱过我。并且你也知道我这一次到这里来是为什么？

**陈白露** （顽石一般）为什么，我不知道！

**方达生** （恳求地）我不喜欢看你这样，跟我这样装糊涂！你自然明白，我要你跟我回去。

**陈白露** （睁着大眼睛）回去？回到哪儿去？你当然晓得我家里现在没有人。

**方达生** 不，不，我说你回到我那里，我要你，我要你嫁给我。

**陈白露** （恍然大悟的样子）哦，你昨天找我，原来是要给我说媒，要我嫁人啊？（方才明白的语调）嗯！——

**方达生** （还是那股别扭劲儿）我不是给你说媒，我要你嫁给我，那就是说，我做你的丈夫，你做我的——

**陈白露** 得了，得了，你不用解释。“嫁人”这两字，我们女人还明白怎么讲。可是，我的老朋友，就这么爽快么？

**方达生** （取出车票）车票就在这里。要走，天亮以后，坐早十点的车，我们就可以离开这儿。

**陈白露** 我瞧瞧。（拿过车票）你真买了两张，一张来回，一张单程，——哦，连卧铺都有了。（笑）你真周到。

**方达生** （急煎煎地）那么你是答应了，没有问题了。（拿起帽子）

**陈白露** 不，等等，我只问你一句话——

**方达生** 什么？

**陈白露** （很大方地）你有多少钱？

**方达生** （没想到）我不懂你的意思。

**陈白露** 不懂？我问你养得活我么？（男人的字典没有这样的字，简直是惊吓得说不出话来）咦？你不要这样看我！你说我不应该这么说话么？我要人养活我，你难道不明白？我要舒服，你不明白么？我出门要坐汽车，应酬要穿些好衣服，我要玩，我要跳舞，你难道听不明白？

**方达生** （冷酷地）竹均，你听着，你已经忘了你自己是谁了？

**陈白露** 你要问我自己是谁么？你听着：出身，书香门第，陈小姐；教育，爱华女校的高材生；履历，一阵子的社交明星，几个大慈善游艺会的主办委员；……父亲死了，家里更穷了，做过电影明星，当过红舞女。怎么，这么一套好身世，难道我不知道自己是谁？

**方达生** （不屑地）你好像很自负似的。

**陈白露** 嗯，我为什么不呢？我一个人闯出来。自从离开了家乡，不靠亲戚，不靠朋友，能活就活，不能活就算。到了现在，你看我不是好好活着，我为什么不自负？

**方达生** 可是你以为你这样弄来的钱是名誉的么?

**陈白露** 可怜,达生,你真是个书呆子。你以为这些有名誉的人物弄来的钱就名誉么?我这里很有几个场面上的人物,你可以瞧瞧,种种色色:银行家,实业家,做小官的都有。假若你认为他们的职业是名誉的,那我这样弄来的钱要比他们还名誉得多。

**方达生** 我不明白你究竟是什么意思,也许名誉的看法——

**陈白露** 嗯,也许名誉的看法,你跟我有些不同。我没故意害过人,我没有把人家吃的饭硬抢到自己的碗里。我同他们一样爱钱,想法子弄钱,但我弄来的钱是我牺牲过我最宝贵的东西换来的。我没有费着脑子骗过人。我没有用着方法抢过人。我的生活是别人甘心愿意来维持,因为我牺牲过我自己。我对男人尽过女子最可怜的义务,我享着女人应该享的权利!

**方达生** (望着女人明灼灼的眼睛)可怕,可怕!——你怎么现在会一点顾忌也没有,一点羞耻的心也没有。你难道不知道金钱一迷了心,人生最可宝贵的爱情,就会像鸟儿似地从窗户飞了么?

**陈白露** (略带酸辛)爱情?(停顿,掸掸烟灰,悠长地)什么是爱情?(手一挥,一口烟袅袅地把这两个字吹得无影无踪)你是个小孩子!我不跟你谈了。……

**方达生** (立起)竹均!(拿起帽子)

**陈白露** 你这是做什么?

**方达生** 我们再见了。

**陈白露** 哦,再见了。(夸张的悲戚,拉住他的手)那么,我们永别了!

**方达生** (几乎要流眼泪)嗯,永别了!

**陈白露** (看他到门口)你真预备要走么?

**方达生** (孩子似的)嗯。

**陈白露** 那么,你大概忘了你的来回车票。

**方达生** 哦!(走回来)

**陈白露** (举着车票)你真要走么?

**方达生** 嗯,竹均!(回头,用手帕偷偷揩去忍不住的眼泪)

**陈白露** (两手抓着他的肩膊)你怎么啦?傻孩子,眼睛都挂了灯笼了么?你真不害羞,眼泪是我们女人的事!好了,(如哄小兄弟一样)我的可怜虫,叫我气哭了,嗯?我给你擦擦,你看,那么大的人!多笑话!不哭了,不哭了!是吧?(男人经过了这一番抚慰,心中更委屈起来,反而抽咽出了声音。白露大笑,推着他坐下)达生,你看你让我跟你说一句实在话。你先不要这样孩子气,你想,你要走,你就能随便走么?

**方达生** (抬起头)怎么?

**陈白露** (举车票)这是不是你的车票?

**方达生** 嗯,怎么?

**陈白露** 你看,这一下(把车票撕成两片)好不好?(扔在痰盂里)我替你保存在这里头。好不好?

**方达生** 你,你怎么——

**陈白露** 你不懂?

**方达生** (眉梢挂着欢喜)怎么,竹均,你又答应我了么?

**陈白露** 不,不,你误会我的意思,我没有答应你。我方才是撕你的车票,我不是撕我的卖身契。我是一辈子卖给这个地方的。

**方达生** 那你为什么不让我走?

**陈白露** (诚恳地)你以为世界上就是你一个人这样多情么? 我不能嫁给你,难道就是我恨了你? 你连跟我玩一两天,谈谈过去的情分都没有了么? 你有点太古板,不结婚就不能做一个好朋友? 难道想想我们以往的情感,就不能叫我们留恋一点么? 你一进门,就斜眼看着我,东不是,西不是的,你说我这个不对,那个不对。你说了我,骂了我,你简直是瞧不起我,你还要我立刻嫁给你。还要我二十四小时内答复你,哦,还要我立刻跟你走。你想一个女子就是顺从得该像一只羊,也不至于可怜到这步田地啊!

**方达生** (憨直)我向来是这个样子。我不会表示爱情,你叫我跪着,说些好听的话,我是不会的。……

〔她关上门。过度兴奋使她无力地倚在门框上。同时疲乏仿佛也在袭击着她,她是真有些倦意了。一夜晚的烟酒和激动吸去了她大半的精力,她打一个呵欠,手背揉着青晕更深了的眼睛。她走到桌前,燃着一支香烟。外面遥遥又一声鸡鸣。她回过头,凝望窗外漫漫浩浩一片墨影渐渐透出深蓝的颜色。她丢下香烟,轻快地走到窗前,将电灯熄灭,打开窗子,很朦胧地映入对面一片楼顶稜稜角角的轮廓,顶上仿佛晾着裤褂床单一类的东西,掩映出重重叠叠的黑影。她立在窗口,斜望出去,深深吸进一口凉气,不自主地打一个寒战。远处传来低沉的工厂的汽笛声,哀悼似地长号着。

〔屋内光影暧昧,不见轮廓。这时由屋的左面食物柜后悄悄爬出一个人形,倚着柜子立起,颤抖着,一面蹑足向门口走,预备乘机偷逃。白露这时觉得背后窸窸窣窣有人行走。她回转头,看过去,那人仿佛钉在那里,不能动转。

**陈白露** (低声)有贼。

**那　人** (低声)别叫,别叫!

**陈白露** 谁? 你是谁?

**那　人** (缩做一团,喘气,颤抖)小……姐! 小……姐!

**陈白露** (胆子大了些)你是干什么的?

**那　人** 我……我……(抽咽)

〔白露赶紧跑到墙边开灯,室内大放光明。在她面前,立着一个瘦弱胆怯的女孩子,约莫有十五六岁,两根小辫垂在胸前,头发乱蓬蓬的,惊惶地睁着两个大眼睛望着白露,眼泪在睫毛下挂着。她穿一件满染油渍,肥大绝伦的蓝绸褂子,衣裙同袖管几乎拖曳地面。裤子也宽大无比,裤管在地上摩擦着。这一身衣服使她显得异样怯弱渺小,如一个婴儿裹在巨人的袍褂里。因为寒冷和恐惧,她抖得可怜。在她亮晶晶的双眼里,流露出天真和哀求。她低下头,一寸一寸地向后蹒跚,手里提着裤子,提心吊胆,怕一不谨慎,跌在地上。

**陈白露** (望着这可笑又可怜的动物)哦,原来是这么一个小东西!

**小东西** (惶恐而忸怩)是,小姐。(小东西一跛一跛地向后退,一不小心踏在自己的裤管上,几乎跌倒)

**陈白露** (忍不住笑——但是故意地绷起脸)啊,你怎么会想到我这里,偷东西? 啊! (佯为怒态)小东西,你说!

**小东西** (手弄着衣裙)我……我没有偷东西。

**陈白露** (指着)那么,你这衣服偷的是谁的?

**小东西** (低头估量自己的衣服)我,我偷的是我妈妈的。

**陈白露** 谁是你妈妈?

**小东西** (望白露一眼,呆呆地撩开眼前的头发)我妈妈! ——我不知道我妈妈是谁。

**陈白露** (笑了——依然忖度她)你这个糊涂孩子,你怎么连你妈妈都不知道。你妈妈住在什么地方?

**小东西** (指屋顶)在楼上。

**陈白露** 在楼上。(她恍然明白了)哦,你在楼上,谁叫你跑出来的?

**小东西** (声音细得快听不见)我,我自己。

**陈白露** 为什么?

**小东西** (胆怯)因为……他们……(低下头去)

**陈白露** 怎么?

**小东西** (恧然[①])他们前天晚上——(惧怕使她说不下去)

**陈白露** 你说,这儿不要紧的。

**小东西** 他们前天晚上要我跟一个黑胖子睡在一起。我怕极了,我不肯,他们就——(抽咽)

**陈白露** 哦,他们打你了。

**小东西** (点头)嗯,拿皮鞭子抽。昨天晚上他们又把我带到这儿来,那黑胖子又来了。我实在是怕,我吓得叫起来,那黑胖子气走了,他们……(抽咽)

**陈白露** (泫然)他们又打你了。

**小东西** (摇头,眼泪流下来)没有,隔壁有人,他们怕人听见。堵住我的嘴,掐我,拿(哭起来)……拿……拿烟签子扎我。(忍住泪)您看,您看!(伸出臂膊,白露执着她的手。太虚弱了,小东西不自主地跪下去,但膝甫触地,"啊"的一声,她立刻又起来)

**陈白露** (抱住她)你怎么啦?

**小东西** (痛楚地)腿上扎的也是,小姐。

**陈白露** 天!(不敢看她的臂膊)你这只臂膊怎样会这样!……(想找出什么包扎一下)

**小东西** 不要紧的,小姐,不要紧的。(盖上自己的臂膊)他们怕我跑,不给我衣服,叫我睡在床上。

**陈白露** 你跑出去的时候,他们干什么?

**小东西** 在隔壁抽烟打牌。我才偷偷起来,把妈妈的衣服穿上。

**陈白露** 你怎么不一直跑出去?

**小东西** (仿佛很懂事的)我上哪儿去?我不认识人,我没有钱。

**陈白露** 不过,你的妈妈呢?

**小东西** 在楼上。

**陈白露** 不是,我说你的亲妈妈,生你的妈妈。

**小东西** 她?(眼眶含满了泪)她早死了。

**陈白露** 父亲呢?

**小东西** 前个月死的。

**陈白露** 哦!(回过身去)——可是你怎么跑到我这里来?他们很容易找着你的。

**小东西** (恐惧到了极点)不,不,不!(跪下)小姐,您修个好吧,不要叫他们找着我,那他们会打死我的。(拉着小姐的手)小姐,小姐,您修个好吧!(叩头)

**陈白露** 你起来。(把她拉起来)我没有说把你送回去。你先坐着,让我们想个法子。

**小东西** 好,好,小姐。(她忽然跑到门前把门关好)

**陈白露** 你干什么?

**小东西** 把门关严,人进不来。

**陈白露** 哦!(拍着她的肩)不要紧的。你先不要怕。

**小东西** (颤抖)嗯,不怕,我不怕。(又走了几步)

**陈白露** 你要到哪儿去？

**小东西** （低头）我想回去。

**陈白露** （奇怪）回去？还回到他们那里？

**小东西** （低头）嗯。

**陈白露** 为什么？

**小东西** 饿——实在饿。也许他们不知道我跑出来。天亮了，他们还会打我，可也许会给我吃的。

**陈白露** 呵，我多糊涂！你多少时没有吃东西？（一面跑到食物柜前）

**小东西** 两天多了。他们说，要等那黑胖子喜欢了，才给我吃。

**陈白露** 来，你先吃吧。

**小东西** （接过来）谢谢。……

〔潘经理进。大丰银行的经理潘月亭——一块庞然大物，头发已经斑白，行动很迟缓，然而见着白露，他的年纪，举动态度就突然来得如他自己的儿子一般年轻，而他的最小的少爷已经二十出头了。他的秃顶油亮亮的，眼睛瞢瞢的，鼻子像个狮子狗；有两撇胡子，一张大嘴；金质的牙时常在呵呵大笑的时刻，夸耀地闪烁着。他穿一身古铜色的獠羢皮袍。上面套着是缎坎肩。那上面挂着金表链和翠坠儿。他仿佛刚穿上衣服，领口还未系好，上一边的领子还折在里面，一只手拿着雪茄，皱着眉却又忍不住笑。那样尴尬的神气迎着白露。

**潘月亭** 白露，我知道你会找我来的！我等了你一夜晚，幸亏李石清来了，跟我谈谈银行的事，不然真不知道怎么过。我叫人看看你，没回来；叫人看看你，没回来。你看我请你吃饭，你不去；我请你跳舞，你不去；我请你——可是（非常得意）我知道你早晚会找我的。

**陈白露** （睨视）你这么相信你的魔力么？

**潘月亭** （自负地）可惜，你没有瞧见我年轻的时候，——（低声）我知道你想我，（自作多情）是不是？你想我。你说，你想我，是不是？（呵呵大笑）

**陈白露** 嗯！我想你——

**潘月亭** 是的，我知道，（指点着）你良心好。

**陈白露** 嗯，我想你给我办一件事。

**潘月亭** （故意皱起眉头）又是办事，又是办事。——你见着我，没有别的，你专门好管这些闲事。

**陈白露** 你怎么知道的？

**潘月亭** 福升全告诉我了。

**陈白露** 你管不管？

**潘月亭** （走近小东西）原来是这么个小东西。

**小东西** 是，老爷。

**陈白露** 你看她多么可怜。——她——

**潘月亭** 得了，我知道，反正总是那么一套。

**陈白露** （要挟地）月亭，你管不管？

**潘月亭** 我管！我管！

**陈白露** 小东西，你还不谢谢潘经理。

〔小东西正要跪下。

**潘月亭**　(拦住她)得了,得了。白露,你真会给我找麻烦。

**陈白露**　你听!(外面人声)他们好像就在门口。小东西,你到(指右面)那屋去。

〔小东西进右屋。

〔门外男(甲)声:是这个门口么?

〔门外男(乙)声:是!

**陈白露**　(向潘)他们大概指着我的这个门。

**潘月亭**　嗯!

〔门外男(甲)声:别含糊,你是看见她进了这个门?

〔门外男(乙)声:嗯。……

**陈白露**　月亭,你不能等他们进来,你打开门出去,叫他们滚蛋。

**潘月亭**　这帮人他们大概都认识我,叫他们走还容易。

**陈白露**　好,月亭,谢谢你,谢谢你,你真是个好人。……可是月亭,你当然知道这个小东西是金八看上的。

**潘月亭**　金八。什么?(手拿回来)

**陈白露**　她把金八得罪了。

**潘月亭**　什么,这是金八看上的人?

**陈白露**　福升没有告诉你?

**潘月亭**　没有,没有,你看你,险点做个错事!(逡巡退回)

**陈白露**　怎么,月亭,你改主意了?

**潘月亭**　白露,你不知道,金八这个家伙不大讲面子,这个东西有点太霸道。

**陈白露**　那么,你不管了?

**潘月亭**　不是我不管,是我不能管,并且这么一个乡下孩子,你又何必——

**陈白露**　月亭,你不要拦我,你不管就不管,不要拦我。

**潘月亭**　你看,你看,

〔门外男(丙)声:(粗暴地)敲门,她一定在这儿,一定在这儿。

〔门外男(甲)声:怎么?

〔门外男(丙)声:你看,这不是大妈的手绢?那孩子不是穿着大妈的褂子跑的么?

〔门外女人声:可不是,就是我的手绢。

〔门外男(甲)声:那一定是这个门,她一定在这里。开门,开门。

**陈白露**　(揶揄)你不怕啊!(正要开门迎出)

**潘月亭**　(拉住露的手)你别理他们!

〔门外人声:开门,开门,我们找人。

**陈白露**　月亭,你先进到那屋去,省得你为难,我要开门!

**潘月亭**　别,白露!

**陈白露**　你进去!(指左边)你进去,——我生气了!

**潘月亭**　好,我进去。

**陈白露**　快快。

〔潘进左门,白露立刻大开中门。

**陈白露**　(对门外)你们进来吧!你们找谁?

**门外男甲**　(穿着黑衣服,戴着黑帽子的)你管我找谁呢?(气汹汹地,对着后面的流氓们)进来,你们都进来,搜搜吧。

**陈白露** （忽然声色俱厉）站住，都进来？谁叫你们都进来？你吃些什么长大的？你们要是横不讲理，这个码头横不讲理的祖宗在这儿呢！（笑）你们是搜私货么？我这儿搜烟土有烟土，搜手枪有手枪。（挺起胸）不含糊你们！（指左屋）我这间屋里有五百两烟土，（指右屋）那间屋里有八十杆手枪。你们说，要什么吧？这点东西总够你们大家玩的吧。（门口的人一时吓住了。向门口）进来呀！诸位！（很客气地）你们怎么不进来呀？怎么那么大的人，怕什么呀！

**男(丙)** （懵懂地）进来就进来！这算个什么？

**男(甲)** 混蛋，谁叫你进来的？滚出去！

**男(丙)** （颟顸地[②]）滚就滚，这又算什么！

**男(甲)** （笑）您别，别多心。你这生的是哪一家子气！我们没有事也不会到这儿来打搅。我们跑丢了一个小孩子，一个刚混事由的。我们到这儿来也是看看，怕她藏在什么地方，回头吓着您。

**陈白露** （恍然）哦，你们这一大帮人赶到我这儿来，是为找一个小姑娘呀！

**男甲** （非常关心）那么您大概一定是看见她进来了。

**陈白露** 对不起，我没有看见。

**男甲** 可是在您门口我们找着她丢的一个手绢。

**陈白露** 那她要丢，我有什么法子？

**男甲** 您不知道，刚才还有人瞧见她进到您门里来。

**陈白露** 到我的屋子来！那我可说在头里，她要偷了我的东西，你们可得赔。

**男甲** 您别打哈哈。我们说不定都是一家子的人。您也帮个忙，我看得出来，您跟金八爷一定也是——

**陈白露** 金八爷？哦，你们也是八爷的朋友？

**男甲** （笑）够不上朋友，常给他老人家办点小事。

**陈白露** 那么，好极了，金八爷方才叫我告诉门口的人，叫你们滚开。

**男甲** 怎么？金八爷跟您会说——

**陈白露** （索性做到底）八爷就在这儿。

**男甲** （疑惑）在这儿！我们刚送八爷出旅馆。

**陈白露** 可是你们没有看见，他又进来了。

**男甲** 又进来了？（停顿，看出她的谎）那我们得见见，我们得把这件事禀告一下！（回向门口）你们说，对不对？

〔门口人声：对，对，我们得见见。

**陈白露** （镇静）不成！八爷说不愿见人。

**男甲** 他不会不见我。我要见他，我要见。

**陈白露** 不成，你不能见。

**男甲** 不能见，我也得见！（看见露向着右边小东西藏的屋子走）八爷大概就在这个屋子。

**陈白露** （忽然跑到左边潘藏匿的房屋门口。故意用两手抵着门框）好，你进到那屋子去吧！

**男甲** 哦，（过来）——八奶奶又要跟我们打哈哈，是不是？（向白露走来狞笑。凶恶地）躲开！躲开！

**陈白露** 你大概要做死！（回头向左门）八爷，八爷，你先出来，教训教训他们这帮混账东西。

〔门开，潘月亭披着一个睡衣出。

**潘月亭** （低声指着门内）白露，吵什么，八爷睡觉了。（望着男甲）咦。黑三？是你！你这是干什么?

**男甲** 哦,(想不到)潘四爷,你老人家也在这儿。

**潘月亭** 我刚跟八爷进来,到这儿来歇歇腿,抽口烟,你们在这儿是要造反,怎么啦?

**男甲** (嗫嚅)怎么,八爷是在这儿,(笑)——呃,在这儿歇着哪。

**潘月亭** 怎么,你要进来谈谈么?那么,请来坐坐吧!(大开门)我烧一口烟,叫金八起来,陪陪你好么?

**男甲** (赔着笑)潘四爷跟我们开什么心?

**潘月亭** 不坐坐么?门口那几位不进来歇歇?不么?

**男甲** 不,不,您看我们也是有公事——

**潘月亭** 好极了。你们要有事,那就请你们给我滚蛋,少在这里废话!

**男甲** (服从地)是,潘四爷,您别生这么大的气!我们得罪的地方,您可得多担戴着点。(忽然回头向门口的人们)你们看什么?你们这些混蛋还不滚!他妈的这些死人!

**陈白露** 好好,快滚吧。……(关上门)完了,(自语)我第一次做这么一件痛快的事。

**潘月亭** 完了,我第一次做这么一件荒唐事。

**陈白露** 好啦,走啦,请金八爷归位吧。

**潘月亭** 哼!“请神容易送神难。”用这个招牌,把他们赶走了倒容易。回头见着金八,我们说不定就有乱子,出麻烦。

**陈白露** 今天不管明天事。反正这事好玩得很。……太阳,太阳,——太阳都出来了。(跑到窗前)

**潘月亭** (干涩地)太阳出来就出来得了,这有什么喊头。

**陈白露** (对着日光,外面隐隐有雀噪声)你看,满天的云彩,满天的亮——喂,你听,麻雀!(窗外吱吱雀噪声)春天来了。(满心欢悦,手舞足蹈地)哦!我喜欢太阳,我喜欢春天,我喜欢年轻,我喜欢我自己!哦,我喜欢!(长长吸一口冷气)

## 【注释】

① 恧(nǜ)然:惭愧的样子。

② 颟顸(mān hān):不明事理,糊里糊涂。

## 【提示】

《日出》是曹禺的戏剧名作。剧情发生于20世纪30年代初期,北方某大都市的一家高级旅馆和一家三等妓院这样两个典型的环境之中。剧作家用极其简洁的笔法勾勒了出入于其间的众生相,并且把他(她)们分为“有余者”与“不足者”两个对立的世界。在“有余者”的世界里,有始终未出场,但却操纵着全局人物命运的半殖民地半封建社会金融买办兼流氓式的投机家金八;有追逐金钱与美色,最终被吞噬的银行经理潘月亭;有不择手段往上爬,却仍以失败告终的银行秘书李石清;有徐娘半老、故作娇态与天真的富孀顾八奶奶和她的“面首”、自称“中国第一美男子”的胡四;有满脑子金钱、地位和女人的留美博士张乔治;有渴望自己的女儿被财神看中的旅馆杂役工福升;有凶残的流氓打手黑三;等等。而在“不足者”的行列中,有沦落风尘被蹂躏得几乎麻木,但却有着一颗“金子般的心”的翠喜;有被逼做雏妓,最终悬梁自尽的“小东西”;有善良而无用的失业银行书记员黄省三等。上流社会的醉生梦死建筑在对底层民众的贪婪榨取基础上。通过两个世界的对照描写,曹禺满怀悲愤地表达了他对这个“损不足以奉有余”的现代都市社会的诅咒和抗议，告诉人们，当“日出东来，满天大红”之时，这种丑恶的社会制度终将不复存在。

高级交际花陈白露是《日出》中的主要人物，也是中国现代文学史上一个成功的艺术典型。她年轻漂亮、聪明自信，她喜欢太阳、春天、霜花，渴望独立自由的生活，向往美好的爱情。然而为了在污浊的社会中求得生存，她告别了学生时代的清纯，牺牲了女性的自尊，与魔鬼周旋，与恶狼共舞。她年轻时的朋友方达生的来访，唤醒了她对“过去的我”和“我的过去的故事”的回忆，但多年的寄生生活使她成了一只困在金丝笼中，丧失了自由飞翔能力的小鸟，她想“回家”却再也“回不去”了：“我是一辈子卖给这个地方的”。她厌恶黑暗却只能为黑暗所笼罩，她知道太阳一定会升起却“倦怠”于飞翔。她以生命为代价向这个黑暗腐朽的金钱社会做了最强烈的控诉。陈白露的悲剧实质是人的生命与自由被黑暗环境所毁灭的悲剧。

在第二幕的开头和全剧的结尾，曹禺精心设置了打夯的工人和他们的歌声，作为“日出”的象征，显然意在从劳动者“浩浩荡荡”的“大生命”中看到了希望，而全剧也为“日出”的意象所笼罩，具有了整体的象征性。

**【思考与练习】**

1. 以第一幕为例，分析陈白露这个人物形象及其性格特点。
2. “悲剧是将人生有价值的东西毁灭给人看”（鲁迅语）。请简要论述《日出》所蕴含的悲剧意义。

# ※吃 酒

## 丰子恺

**【题解】**

本文选自《缘缘堂续笔》。丰子恺(1898—1975),浙江桐乡人。名仁,又名婴行。自幼爱好美术,信奉佛教。1914年进浙江省立第一师范学校,从李叔同学习绘画、音乐,1921年赴日学习音乐和美术。回国后,曾任上海开明书店编辑及上海大学、复旦大学、浙江大学美术教授。1924年,与友人创办立达学园。抗战期间,辗转于西南各地,在一些大专院校执教。1943年起结束教学生涯,专门从事绘画和写作。新中国成立后,曾任上海中国画院院长、中国美术家协会上海分会主席、上海文学艺术界联合会副主席等。工绘画、书法,亦擅散文创作及文学翻译。著有《音乐入门》《缘缘堂随笔》《缘缘堂续笔》《丰子恺书法》等。《缘缘堂续笔》是作家在1971年—1973年间在凌晨时分偷偷写成的。这些写于"文革"时期的散文,却没有"文革"的痕迹。作者在《暂时脱离尘世》中写道:"苦痛、愤怒、叫嚣、哭泣,是附着在人世间的。我也在三十年间经历过来,此中况味尝得腻了。腻了还要在戏剧、小说中反复体验同样的刺激,真吃不消。我所喜爱的诗,不是鼓吹世俗人情的东西,是放弃俗念,使心地暂时脱离尘世的诗。"《吃酒》回忆了在几种不同的情境中与酒友吃酒的几个片断。写得情趣盎然。在"文革"的动乱岁月中,作者能保持这样闲适恬淡的心情,充满对生活的热情,实属难得。

酒,应该说饮,或喝。然而我们南方人都叫吃。古诗中有"吃茶",那么酒也不妨称吃。说起吃酒,我忘不了下述几种情境:

二十多岁时,我在日本结识了一个留学生,崇明人黄涵秋。此人爱吃酒,富有闲情逸致。我二人常常共饮。有一天风和日暖,我们乘小火车到江之岛去游玩。这岛临海的一面,有一片平地,芳草如茵,柳荫如盖,中间设着许多矮榻,榻上铺着红毡毯,和环境作成强烈的对比。我们两人踞坐一榻,就有束红带的女子来招待。"两瓶正宗,两个壶烧。"正宗是日本的黄酒,色香味都不亚于绍兴酒。壶烧是这里的名菜,日本名叫tsuboyaki,是一种大螺蛳,名叫荣螺(sazae),约有拳头来大,壳上生许多刺,把刺修整一下,可以摆平,像三足鼎一样。把这大螺蛳烧杀,取出肉来切碎,再放进去,加入酱油等调味品,煮熟,就用这壳作为器皿,请客人吃。这器皿像一把壶,所以名为壶烧。其味甚鲜,确是侑酒佳品。用的筷子更佳:这双筷用纸袋套好,纸袋上印着"消毒割箸"四个字,袋上又插着一个牙签,预备吃过之后用的。从纸袋中拔出筷来,但见一半已割裂,一半还连接,让客人自己去裂开来。这木头是消毒过的,而且没有人用过,所以用时心地非常快适。用后就丢弃,价廉并不可惜。我赞美这种筷,认为是世界上最进步的用品。西洋人用刀叉,太笨重,要洗过方能再用;中国人用竹筷,也是洗过再用,很不卫生,即使是象牙筷也不卫生。日本人的消毒割箸,就同牙签一样,只用一次,真乃一大发明。他们还有一种牙刷,非常简单,到处杂货店发卖,价钱很便宜,也是只用一次就丢弃的。于此可见日本人很有小聪明。且说我和老黄在江之岛吃壶烧酒,三杯入口,万虑皆消。海鸟长鸣,天风振袖。但觉心旷神怡,仿佛身在仙境。老黄爱调笑,看见年青侍女,就和她搭讪,问年纪,问家乡,引起她身世之感,使她掉下泪来。

于是临走多给小账，约定何日重来。我们又仿佛身在小说中了。

又有一种情境，也忘不了。吃酒的对手还是老黄，地点却在上海城隍庙里。这里有一家素菜馆，叫做春风松月楼，百年老店，名闻遐迩。我和老黄都在上海当教师，每逢闲暇，便相约去吃素酒。我们的吃法很经济：两斤酒，两碗“过浇面”，一碗冬菇，一碗十景。所谓过浇，就是浇头不浇在面上，而另盛在碗里，作为酒菜。等到酒吃好了，才要面底子来当饭吃。人们叫别了，常喊作“过桥面”。这里的冬菇非常肥鲜，十景也非常入味。浇头的分量不少，下酒之后，还有剩余，可以浇在面上。我们常常去吃，后来那堂倌熟悉了，看见我们进去，就叫“过桥客人来了，请坐请坐！”现在，老黄早已作古，这素菜馆也改头换面，不可复识了。

另有一种情境，则见于患难之中。那年日本侵略中国，石门湾沦陷，我们一家老幼九人逃到杭州，转桐庐，在城外河头上租屋而居。那屋主姓盛，兄弟四人。我们租住老三的屋子，隔壁就是老大，名叫宝函。他有一个孙子，名叫贞谦，约十七八岁，酷爱读书，常常来向我请教问题，因此宝函也和我要好，常常邀我到他家去坐。这老翁年约六十多岁，身体很健康，常常坐在一只小桌旁边的圆鼓凳上。我一到，他就请我坐在他对面的椅子上，站起身来，揭开鼓凳的盖，拿出一把大酒壶来，在桌上的杯子里满满地斟了两盅；又向鼓凳里摸出一把花生米来，就和我对酌。他的鼓凳里装着棉絮，酒壶裹在棉絮里，可以保暖，斟出来的两碗黄酒，热气腾腾。酒是自家酿的，色香味都上等。我们就用花生米下酒，一面闲谈。谈的大都是关于他的孙子贞谦的事。他只有这孙子，很疼爱他。说“这小人一天到晚望书，身体不好……”望书即看书，是桐庐土白。我用空话安慰他，骗他酒吃。骗得太多，不好意思，我准备后来报谢他。但我们住在河头上不到一个月，杭州沦陷，我们匆匆离去，终于没有报谢他的酒惠。现在，这老翁不知是否在世，贞谦已入中年，情况不得而知。

最后一种情境，见于杭州西湖之畔。那时我僦居在里西湖招贤寺隔壁的小平屋里，对门就是孤山，所以朋友送我一副对联，叫做“居邻葛岭招贤寺，门对孤山放鹤亭。”家居多暇，则闲坐在湖边的石凳上，欣赏湖光山色。每见一中年男子，蹲在岸上，向湖边垂钓。他钓的不是鱼，而是虾。钓钩上装一粒饭米，挂在岸石边。一会儿拉起线来，就有很大的一只虾。其人把它关在一个瓶子里。于是再装上饭米，挂下去钓。钓得了三四只大虾，他就把瓶子藏入藤篮里，起身走了。我问他：“何不再钓几只？”他笑着回答说：“下酒够了。”我跟他去，见他走进岳坟旁边的一家酒店里，拣一座头坐下了。我就在他旁边的桌上坐下，叫酒保来一斤酒，一盆花生米。他也叫一斤酒，却不叫菜，取出瓶子来，用钓丝缚住了这三四只虾，拿到酒保烫酒的开水里去一浸，不久取出，虾已经变成红色了。他向酒保要一小碟酱油，就用虾下酒。我看他吃菜很省，一只虾要吃很久，由此可知此人是个酒徒。

此人常到我家门前的岸边来钓虾。我被他引起酒兴，也常跟他到岳坟去吃酒。彼此相熟了，但不问姓名。我们都独酌无伴，就相与交谈。他知道我住在这里，问我何不钓虾。我说我不爱此物。他就向我劝诱，尽力宣扬虾的滋味鲜美，营养丰富。又教我钓虾的窍门。他说：“虾这东西，爱躲在湖岸石边。你倘到湖心去钓，是永远钓不着的。这东西爱吃饭粒和蚯蚓。但蚯蚓龌龊，它吃了，你就吃它，等于你吃蚯蚓。所以我总用饭粒。你看，它现在死了，还抱着饭粒呢。”他提起一只大虾来给我看，我果然看见那虾还抱着半粒饭。他继续说：“这东西比鱼好得多。鱼，你钓了来，要剖，要洗，要用油盐酱醋来烧，多少麻烦。这虾就便当得多：只要到开水里一煮，就好吃了。不须花钱，而且新鲜得很。”他这钓虾论讲得头头是道，我真心赞叹。

这钓虾人常来我家门前钓虾，我也好几次跟他到岳坟吃酒，彼此熟识了，然而不曾通过姓名。有一次，夏天，我带了扇子去吃酒。他借看我的扇子，看到了我的名字，吃惊地叫道：“啊！

我有眼不识泰山!”于是叙述他曾经读过我的随笔和漫画,说了许多仰慕的话,我也请教他姓名,知道他姓朱,名字现已忘记,是在湖滨旅馆门口摆刻字摊的。下午收了摊,常到里西湖来钓虾吃酒。此人自得其乐,甚可赞佩。可惜不久我就离开杭州,远游他方,不再遇见这钓虾的酒徒了。

写这篇琐记时,我久病初愈,酒戒又开。回想上述情景,酒兴顿添。正是“昔年多病厌芳樽,今日芳樽唯恐浅”。

# ※三　三(节选)

## 沈从文

**【题解】**

本篇选自《沈从文文集》第四卷。沈从文(1902—1988),现代著名作家、历史文物研究家。原名沈岳焕。湖南凤凰(今属湘西土家族苗族自治州)人。苗族。其作品主要有:短篇小说集《蜜柑》《雨后及其他》《石子船》《月下小景》《如蕤集》《八骏图》,中篇小说《一个母亲》《边城》,长篇小说《旧梦》《长河》,散文集《记胡也频》《记丁玲》《从文自传》《湘行散记》《湘西》等。他的小说取材广泛,描写了从乡村到城市各色人物的生活,其中以反映湘西下层人民生活的作品最具特色。他的创作表现手法不拘一格,文体不拘常例,故事不拘常格,成为现代文学史上不可多得的"文体作家"。他的散文也独具魅力,为现代散文增添了艺术光彩。一些后来的作家曾深受他创作风格的影响。代表作《边城》以兼具抒情诗和小品文的优美笔触,表现自然、民风和人性的美,提供了富于诗情画意的乡村风俗画幅,充满牧歌情调和地方色彩,形成别具一格的抒情乡土小说。《三三》与《边城》风格与题材类似。

杨家碾坊在堡子外一里路的山嘴路旁。堡子位置在山弯里,溪水沿了山脚流过去,平平的流到山嘴折弯处忽然转急,因此很早就有人利用它,在急流处筑了一座石头碾坊。这碾坊,不知从什么时候起,就叫杨家碾坊了。

一个堡子里只有这样一座碾坊,所以凡是堡子里碾米的事都归这碾坊包办。成天有人轮流挑了仓谷来,把谷子倒进石槽里去后,抽去水闸的板,枧槽里水冲动了下面的暗轮,石磨盘带着动情的声音,即刻就转动起来了。于是主人一面谈着一件事情,一面清理簸箩筛子,到后头上包了一块白布,拿着个长把的扫帚,追逐着磨盘,跟着打圈儿,扫除溢出槽外的谷米,再到后,谷子便成白米了。

到米碾好了,筛好了,把米糠挑走以后,主人全身是糠灰,常常如同一个滚到豆粉里的汤圆。然而这生活,是明明白白比堡子里许多人生活还从容,而为一堡子中人所羡慕的。

凡是到杨家碾坊碾过谷子的,都知道杨家三三。妈妈十年前嫁给守碾坊的杨,三三五岁,爸爸就丢下碾坊同母女,什么话也不说死去了。爸爸死去后,母亲作了碾坊的主人,三三还是活在碾坊里,吃米饭同青菜、小鱼、鸡蛋过日子,生活毫无什么不同处。三三先是眼见爸爸成天全身是糠灰;到后爸爸不见了,妈妈又成天全身是糠灰……于是三三在哭里笑里慢慢的长大了。

妈妈随着碾槽转,提着小小油瓶,为碾盘的木轴铁心上油,或者很兴奋的坐在屋角拉动架上的筛子时,三三总很安静的自己坐在另一角玩。热天坐到风凉处吹风,用包谷秆子作小笼,捉蝈蝈、纺织娘玩。冬天则伴同猫儿蹲在火桶里,拨灰煨栗子吃。或者有时候从碾米人手上得到一个芦管作成的唢呐,就学着打大傩的法师神气,屋前屋后吹着,半天还玩不厌倦。

这碾坊上游有一潭,四面是大树覆荫,六月里阳光照不到水面。碾坊主人在这潭中养得有几只白鸭子,水里的鱼也比上下溪里多。照当地习惯,凡靠自己屋前的水,也算是自己财产的一份。水坝既然全为了碾坊而筑成的,一乡公约不许毒鱼下网,所以这小溪里鱼极多。遇不甚面熟的人来钓鱼,看到潭边幽静,想蹲一会儿,三三见到了时,总向人说:“不行,这鱼是我家潭里养的,你到下面去钓吧。”人若顽皮一点,听了这个话等于不听到,仍然拿着长长的竿子,搁到水面上去安闲的吸着烟管,望着小姑娘发笑。三三急了,便高声喊叫她的妈:“娘,娘,你瞧,有人不讲规矩,钓我们的鱼,你来折断他的竿子,你快来!”娘自然是不会来干涉别人钓鱼的。

母亲就从没有照到女儿意思折断过谁的竿子,照例将说:“三三,鱼多咧,让别人钓吧。鱼是会走路的,上面堡子塘里的鱼,因为欢喜我们这里的水,都跑来了。”三三照例应当还记得夜间做梦,梦到大鱼从水里跃起来吃鸭子,听完这个话,也就没有什么可说了,只静静的看着,看这不讲规矩的人,到后究竟钓了多少鱼去。她心里记着数目,回头好告给妈妈。

有时因为鱼太大了一点,上了钩,拉得不合式,撇断了钓竿,三三可乐极了,仿佛娘不同自己一伙,鱼反而同自己是一伙了的神气。那时就应当轮到三三向钓鱼人咧着嘴发笑了。但是三三却常常急忙跑回去,把这件事告给母亲,母女两人同笑。

有时钓鱼的人是熟人,人家来钓鱼时,见到了三三,知道她的脾气,就照例不忘记问:“三三,许我钓鱼吧?”三三便说:“鱼是各处走动的,又不是我们养的,怎么不能钓!”同一件事情对待不同,原来是来人讲礼,三三也讲礼。

钓鱼的是熟人时,三三常搬了小小木凳子,坐在旁边看鱼上钩,且告给这人,另一时谁个把钓竿撇断的故事。到后这熟人回碾坊时,照例会把所得的大鱼分一些给三三家。三三看着母亲用刀剖鱼,掏出白色的鱼脬来,就放在地上用脚去踹,发声如放一枚小爆仗,听来十分快乐。鱼洗好后,揉了些盐,三三忙取麻线来把鱼穿好,挂到太阳下去晒。等待有客时,这些干鱼同辣子炒在一个碗里待客。母亲如想到折钓竿的话,将说:“这是三三的鱼。”三三就笑,心想着:“怎么不是三三的鱼?潭里的鱼若不是归我照管,早被村子里看牛孩子捉完了。”

三三如一般小孩,换几回新衣,过几回节,看几回狮子龙灯,就长大了。熟人都说看到三三是在糠灰里长大的。一个堡子里的人,都愿意得到这糠灰里长大的女孩子作媳妇,因为人人都知道这媳妇的妆奁是一座石头作成的碾坊。照规矩十五岁的三三,要招郎上门,也应当是时候了。但妈妈有了一点私心,记得一次签上的话语,不大相信媒人的话语,所以这碾坊还是只有母女二人,一时节不曾有谁添入。

这个夏天,母女两人一吃了晚饭,不到日黄昏,总常常过堡子里一个姓宋的熟人家去,陪一个行将远嫁的姑娘谈天,听一个从小寨来的人唱歌。有一天,照例又进堡子里去,却因为谈到绣花,要三三回碾坊来取样子,三三就一个人赶忙跑回碾坊来。快到屋边时,黄昏里望到溪边有两个人影子,有一个人到树下,拿着一根竿子,好像要下钩的神气。三三心想,这一定是来偷鱼的,因此照规矩喊着:“不许钓鱼,这鱼是有主人的!”一面想走上前去看是些什么人。

就听到一个人说:“谁说溪里的鱼也有主人?难道溪里活水也可养鱼吗?”

另一人又说:“这是碾坊里小姑娘说着玩的。”

先说话的一个人就笑了。

旋即又听到第二个人说:“三三,三三,你来,你鱼都被人捉完了!”

三三听到人家取笑她,声音好像是熟人,心里十分不平。就冲过去,预备看是谁在此撒野,以便回头告给母亲。走过去时,才知道那第二回说话的人是堡子里一个管事先生,另外是一个从没见过面的年轻男人。那男人手里拿的原来只是一个拐杖,不是什么钓竿。那管事先生认得三三,三三也认识他,所以当三三走近身时,就取笑说:

“三三,怎么鱼是你家里养的?你家养了多少鱼呀?”

三三见是堡子里管事先生,什么话也不说了,只低下头笑。头虽低低的,却望到那个好像从城里来的人白裤白鞋，且听到那个男子说："这女孩倒很聪明，很美，长得不坏。"管事的又说："这是我堡子里美人。"两人这样说着，那男子就笑了。

到这时，她猜测男子是对她望着发笑。三三心想："你笑我干吗？"又想："你城里人只怕狗，见了狗也害怕，还笑人，真亏你不羞。"她好像这句话已说出了口，为那人听到了，故打量趁此跑去。管事先生知道她要害羞跑了，便说："三三，你别走，我们是来看你碾坊的。你娘呢？"

"娘不在碾坊。"

"到堡子里听小寨人唱歌去了，是不是？"

"是的。"

"你怎么不欢喜听唱歌？"

"你怎么知道我不欢喜？"

管事先生笑着说："因为看你一个人回来，还以为你是听厌了那歌，担心这潭里鱼被人偷尽，所以赶回来看看，好小气！"

三三同管事先生说着，慢慢的把头抬起，望到那生人的脸目了，白白的脸好像在什么地方看见过，就估计：莫非这人是唱戏的小生，忘了擦去脸上的粉，所以那么白？……那男子见三三已不再怕人，就问三三：

"这是你的家吗？"

三三说："怎么不是我家！"

因为这答话很有趣味，那男子就说：

"你住在这个山沟边，不怕大水把你冲去吗？"

"嗨，"三三抿着小小美丽嘴唇，狠狠的望了这陌生男子一眼，心里想："狗来了，你这人吓倒落到水里，水就会冲去你。"想着当真冲去的情形，一定很是好笑，就不理会这两人，笑着跑去了。

到宋家时，宋家婶子正说起一件已经说了一会儿的事情，只听宋家妇人说：

"……他们养病倒稀奇，说是养病，日夜睡在廊下风里让风吹。……脸儿白得如闺女，见了人就笑。……谁说是团总的亲戚，团总见他那种恭敬样子，你还不见到。福音堂洋人还怕他，他要媳妇有多少！"

母亲就说："那么他养什么病？"

"谁知道是什么病？横顺成天吃那些甜甜的药，什么事情不做，在床上躺着。在城里是享福，来乡里也是享福。老庚说，害第三期的病，又说是痨病，说也说不清楚。谁清楚城里人那些病名字。依我想，城里人欢喜害病，所以病的名字特别多。我们不能因害病耽搁事情，所以除打摆子只发烧肚泻，别的名字的病，也就从不到乡下来了。"

另外一个妇人因为生过痨疬，不大悦服宋家妇人武断的话，就说："我不是城里人，可是也害城里人的病。"

"你舅妈是城里人！"

"舅妈管我什么事？"

"你文雅得像城里人，所以才生疬子！"

这样说着，大家全笑了起来。

母女两人回去时，在路上三三问母亲："谁是白白脸庞的人？"母亲就照先前一时听人说过的话，告给三三，堡子里如何来了一位城里的病人，样子如何俊，性情如何怪。一个乡下人，对于城中人隔膜的程度，在那些描写里是分明易见的，自然说得十分好笑。在平常某个时节，三三对于母亲在叙述中所加的批评与稍稍过分的形容，总觉得母亲说得极其俨然，十分有味，这时不知如何却不大相信这话了。

第二天,妈妈要三三送鸡子到寨子里去,三三不说什么,只摇头。妈妈既然答应了人家,就只好亲自送去。母亲走后,三三一个人在碾坊里玩,玩厌了,又到潭边去看白鸭,看了一会鸭子,等候母亲还不回来,心想莫非管事先生同妈妈吵了架,或者天热到路上发了痧?……心里老不自在,回到碾坊里去。

但是过了一会,母亲可仍然回来了,回到碾坊一脸的笑,跨着脚如一个男子神气。坐在小凳上,不住抹额头上汗水,告给三三如何见到那先生,那先生又如何要她坐到那个用粗布做成的软椅子上去,摇着荡着像一个摇网,怪舒服怪不舒服。又说到城里人说的三三为何不念书,城里女人全念书。又说到……

三三正因为等了母亲大半天,十分不高兴。如今听母亲说的话,莫名其妙,不愿意再听,所以不让母亲说完就走了。走到外边站在溪岸旁,望着清清的溪水,记起从前有人告诉她的话,说这水流下去,一直从山里流一百里,就流到城里了。她这时忖想……什么时候我一定也不让谁知道,就要流到城里去,一进城里就不回来了。但是如当真要流去时,她倒愿意那碾坊、那些鱼、那些鸭子,以及那一匹花猫,和她在一处流去。同时还有,她很想母亲永远和她在一处,她才能够安安静静的睡觉。

母亲看不见三三,站在碾坊门前喊着:

"三三,三三,天气热,你脸上晒出油了,不要远走,快回来!"

三三一面走回来,一面就自己轻轻的说:"三三不回来了!"

第二次送鸡蛋去时,三三也去了,那时是下午。吃过饭后不久,两人进了团总家的大院子。在东边偏院里,看到城里来的那个客,正躺在廊下藤椅上,眺望天上飞的老鹰。管事的不在家,三三认得那个男子,不大好意思上前去,就要母亲过去,自己站在月门边等候。母亲上前去时节,三三又为出主意,要妈妈站在门边大声说"送鸡蛋的来了",好让他知道。母亲自然什么都照三三主意做去。三三听母亲说这句话,说到第三次,才引起那个白白脸庞的城里人注意,自己就又急又笑。

三三这时是站在月门外边的。从门罅里向里面窥看,只见那白脸人站起身来又坐下去,正像梦里那种样子。同时就听到这个人同母亲说话,说起天气和别的事情,妈妈一面说话一面尽掉过头来望到三三所在的一边。白脸人以来她就要走去了,便说:

"老太太,你坐坐,我同你说说话。"

妈妈于是坐下了,可是同时那白脸的城里人也注意到那一面门边有一个人等候了,"谁在那里?是不是你的小姑娘?"

一看情形不妙,三三就想跑。可是一回头,却望到管事先生站在身后,不知已站了多久。打量逃走自然是难办到的,末后就被拉着袖子,牵进小院子来了。

听到那个人请自己坐下,听到那个人同母亲说那天在溪边看见自己的情形,三三眼望另一边,傍近母亲身旁,一句话不说,巴不得即刻离开,可是想不出怎么就可以离开。

坐了一会儿,出来了一个穿白袍戴白帽、装扮古怪的女人。三三先还以为是个男子,不敢细细的望。后来听这女人说话,且看她站在城里人身旁,用一根小小白色管子塞进那白脸男子口里去,又抓了男子的手捏着,捏了好一会,拿一支好像笔的东西,在一张纸上写了些什么记号。那先生问"多少'豆'"?就听她回答说:"'豆瘦'同昨天一样。"且因为另外一句话听到这个人笑,才晓得那是一个女人。这时似乎妈妈那一方面,也刚刚才明白这是一个女人,且听到说"多少'豆'",以为奇怪,所以两个互相望望,都抿着嘴笑了起来。

看着这母女生疏的情形，那白袍子女人也觉得好笑，就不即走开。

那白脸城里人说："周小姐，你到这地方来一个朋友也没有，就同这小姑娘做个朋友吧。她家有个好碾坊，在那边溪头，有一个动人的水车，前面一点还有一个好堰坝。你同她做朋友，就可到那儿去玩，还可以钓些鱼回来。你同她去那边林子里玩玩吧，要这小姑娘告你那些花名、草名。"

这周小姐就笑着过来，拖了三三的手，想带她走去。三三想不走，望着母亲，母亲却做样子努嘴要她去，不能不走。

可是到了那一边，两人即刻就熟了。那看护把关于乡下的一切，这样那样问了她许多。她一面答着，一面想问那女人一些事情。却找不出一句可问的话，只很稀奇的望到那一顶白帽子发笑。觉得好奇怪，怎么顶在头上不怕掉下来。

过后听到母亲在那边喊自己的名字，三三也不知道还应当同看护告别，还应当说些什么话，只说"妈妈喊我回去，我要走了"，就一个人忙忙的跑回母亲身边，同母亲走了。

过几天，那个白帽白袍的女人，却同寨子里一个小女孩子到碾坊来玩了。玩了大半天，说了许多话，妈妈因为第一次有这么一个稀客，所以走出走进，只想杀一只肥母鸡留客吃饭，但是又不敢开口，所以十分为难。

三三却把客人带到溪下游一点有水车的地方去，玩了好一阵，在水边摘了许多金针花，回来时又取了钓竿，搬个矮脚凳子，到溪边去陪白帽子女人钓鱼。

溪里的鱼好像也知道凑趣。那女人一根钓竿，一会儿就得了四条大鲫鱼，使她十分欢喜。到后应当回去了，女人不肯拿鱼回去，母亲可不答应，一定要她拿去。并且因为白帽子女人说南瓜子好吃，又另外取了一口袋的生瓜子，要同来的那个小女孩代为拿着。

再过几天，那白脸人同管事先生，也来钓了一次鱼，又拿了许多礼物回去。

再过几天，那病人却同女人一块儿来了，来时送了一些用瓶子装的糖，还送了些别的东西，使得主人不知如何措置手脚。因为不敢留这两个人吃饭，所以到临走时，三三母亲还捉了两只活鸡，一定要他们带回去。两人都说留到这里生蛋，用不着捉去，还不行。到后说等下一次来再杀鸡，那两只鸡才被开释放下了。

自从两个客人到来后，碾坊里有点不同过去的样子，母女两人说话，提到"城里"的事情，就渐渐多了。城里是什么样子，城里有些什么好处，两人本来全不知道。两人只从那个白脸男子、白袍女人的神气，以及平常从乡下听来的种种，作为想象的根据，摹拟到城里的一切景况，都以为城里是那么一种样子：有一座极大的用石头垒就的城，这城里就竖了许多好房子。每一栋好房子里面都住了一个老爷同一群少爷；每一个人家都有许多成天穿了花绸衣服的女人，装扮得同新娘子一样，坐在家里，什么事也不必做。每一个人家，房子里一定还有许多跟班同丫头，跟班的坐在大门前接客人的名片，丫头便为老爷剥莲心，去燕窝毛。城里一定有很多条大街，街上全是车马。城里有洋人，脚杆直直的，就在大街上走来走去。城里还有大衙门，许多官都如包龙图一样，威风凛凛，一天审案到夜，夜了还得点了灯审案。虽有一个包大人，坏人还是数不清。城里还有好些铺子，卖的是各样稀奇古怪的东西。城里一定还有许多大庙小庙，成天有人唱戏，成天也有人看戏。看戏的全是坐在一条板凳上，一面看戏一面剥黑瓜子。坏女人想勾引人就向人打瞟瞟眼。城门口有好些屠户，都长得胖墩墩的。城门口还坐有个王铁嘴，专门为人算命打卦。

这些情形自然都是实在的。这想象中的都市，像一个故事一样动人，保留在母女两人心上，却永远不使两人痛苦。她们在自己习惯生活中得到幸福，却又从幻想中得到快乐，所以若说过去的生活是很好的,那到后来可说是更好了。

但是,从另外一些记忆上,三三的妈妈却另外还想起了一些事情,因此有好几回同三三说话到城里时,却忽然又住了口不说下去。三三询问这是什么意思,母亲就笑着,仿佛意思就只是想笑一会儿,什么别的意思也没有。

三三可看得出母亲笑中有原因,但总没有方法知道这另外原因究竟是什么。或者是妈妈预备要搬进城里,或者是做梦到过城里,或者是因为三三长大了,背影子已像一个新娘子了,妈妈惊讶着,这些躲在老人家心上一角儿的事可多着呐。三三自己也常常发笑,且不让母亲知道那个理由。每次到溪边玩,听母亲喊"三三你回来吧",三三一面走一面总轻轻的说:"三三不回来了,三三永不回来了。"为什么说不回来,不回来又到什么地方去落脚,三三并不曾认真打量过。

又过了几天,母女二人在碾坊,因为谈到新娘子敷水粉的事情,想起白帽子女人的脸,一到乡下后就晒红了许多的情形,且想起那天曾答应人家的话了,所以妈妈问三三,什么时候高兴去寨子里看"城里人"。三三先是说不高兴,到后又想了一下,去也不什么要紧,就答应母亲,不拘哪一天去都行。既然不拘什么时候,那么,自然第二天就可以去了。

因为记起那白帽子女人说的话,很想来碾坊玩,所以三三要母亲早上同去,好就便邀客来,到了晚上再由三三送客回去。母亲却因为想到前次送那两只鸡,客人答应了下次来吃,所以还预备早早的回来,好杀鸡款客。

一早上,母女两人就提了一篮鸡蛋,向大寨走去。过桥,过竹林,过小小山坡,道旁露水还湿湿的。金铃子像敲钟一样,叮叮的从草里发出声音来,喜鹊喳喳的叫着从头上飞过去。母亲走在三三的后面,看到三三苗条如一根笋子,拿着棍儿一面走一面打道旁的草,记起从前团总家管事先生问过她的话,不知道究竟是什么意思。又想到几天以前,白帽子女人说及的话,就觉得这些从三三日益长大快要发生的事情,不知还有许多。

她零零碎碎就记起一些属于别人的印象来了……一顶凤冠,用珠子穿好的,搁到谁的头上?二十抬贺礼,金锁金鱼,这是谁?……床上撒满了花,同百果、莲子、枣子,这是谁?……这是谁?……那三三是不是城里人?……

若不是滑了一下,向前一窜,这梦还不知如何放肆做下去。

因为听妈妈口上连作呸呸,三三才回过头来,"娘,你怎么?想些什么?差点儿把鸡蛋篮子也摔了。你想些什么?"

"我想我老了,不能进城去看世界了。"

"你难道欢喜进城吗?"

"你将来一定是要到城里去的!"

"怎么一定?我偏不上城里去!"

"那自然好极了。"

两人又走着,三三忽然又说:"娘,娘,为什么你说我要到城里去?你怎么个想起这事情?"

母亲忙分辩说:"你不去城里,我也不去城里。城里天生是给城里人预备的;我们有我们的碾坊,自然不会离开的。"

不到一会儿,就望到大寨子那门楼了,门前有许多大榆树和梧桐。两人进了寨门向南走,快要走到时,就望见榆树下面,有许多人站立,好像在看热闹,其中还有些人,忙手忙脚的搬移一些东西,看情形一定是发生了什么事情,或者来了远客,或者还有别的原因。母女两人也不怎么出奇,依然慢慢的走过去。三三一面走一面说:"莫非是衙门的委员来了?娘,我在这里等你,你先过去看看吧。"母亲随随便便答应着,心里觉得有点蹊跷,就把篮子放下,要三三等着,自己赶上前去了。

这时恰巧有个妇人抱了自己孩子向北走,预备回家,看见三三了,就问:“三三,怎么你这样早,有些什么事?”但同时却看到了三三篮里的鸡蛋了,“三三,你送谁的礼呢?”

三三说:“随便带来的。”因为不想同这人说别的话,于是低下头去,用手盘弄那个盘云的葱绿围腰扣子。

那妇人又说:“你妈呢?”

三三还是低着头用手向南方指着,“过那边去了。”

那女人说:“那边死了人。”

“是谁死了?”

“就是上个月从城中搬来养病的少爷。只说是病,前一些日子还常常出外面玩,谁知忽然犯病就死了。”

三三听到这个,心里一跳,心想:“难道是真话吗?”

这时节,母亲从那边也知道消息了,匆匆忙忙的跑回来,心门口咚咚跳着,脸儿白白的,到了三三跟前,什么话也不说,拉着三三就走。好像是告三三,又像是自言自语的说:“就死了,就死了,真不像会死!”

但三三却立定了,问:“娘,那白脸先生死了吗?”

“都说是死了的。”

“我们难道就回去吗?”

母亲想想,“真的,难道就回去?”

因此母女两人又商量了一下,还是过去看看,好知道究竟是什么原因。三三且想见见那白帽子女人,找到白帽子女人一切就明白了。但一走进大门边,望见许多人站在那里,大门却敞敞的开着。两人又像怕人家知道他们是来送礼的,不敢进去。在那里就听许多人说到这个病人的一切,说到那个白帽子女人,称呼她为病人的媳妇,又说到别的。都显然证明这些人并不和这两个城里人有什么熟识。

三三脸白白的拉着妈妈的衣角,低声的说:“娘,走。”两人于是就走了。

到了磨坊,因为有人挑了谷子来在等着碾米,母亲提着蛋篮子进去了。三三站立溪边,眼望一泓碧流,心里好像掉了什么东西。极力去记忆这失去的东西的名称,却数不出。

母亲想起三三了,在里面喊着三三的名字,三三说:“娘,我在看虾米呢。”

“来把鸡蛋放到坛子里去,虾米在溪里可以成天看!”因为母亲那么说着,三三只好进去了。水闸门的闸板已提起,磨盘正开始在转动,母亲各处找寻油瓶,为碾盘轴木加油,三三知道那个油瓶挂在门背后,却不做声,尽母亲乱乱的各处去找。三三望着那篮子,就蹲到地下去数篮里的鸡蛋,数了半天。后来碾米的人,问为什么那么早拿鸡蛋往别处去,送谁,三三好像不曾听到这个话,站起身来又跑出去了。

1931 年 8 月写成于青岛

# 传家宝

## 赵树理

**【题解】**

本篇选自《赵树理选集》。赵树理(1906—1970),原名赵树礼。曾用笔名野小、尚在、常哉等。山西沁水人。父亲是一个农村通俗文艺的多面手,赵树理从小受到父亲的濡染。毛泽东《在延安文艺座谈会上的讲话》发表后,赵树理的《小二黑结婚》被认为是实践《讲话》方向的代表作品。50年代后任文化部戏曲改进局曲艺处长,兼《说说唱唱》《曲艺》主编,并担任全国文联委员、中国作协理事和中国曲艺工作者协会主席。1965年调山西文联工作。"文革"中受到残酷迫害,被殴致残致死。代表作品还有《李有才板话》《邪不压正》《登记》《锻炼锻炼》《套不住的手》和长篇小说《三里湾》等。此外有文艺论集《三复集》,长篇评书体小说《灵泉洞》(上),戏曲剧本《三关排宴》《十里店》等。他是来自民间、回归民间的作家,写农民的生活给农民看,自称"文摊"作家。他的语言通俗有趣,情节引人入胜,作品多配合共产党当时的农村政治斗争,本篇写于1949年4月。

### 一

有个区干部叫李成,全家一共三口人——一个娘、一个老婆,一个他自己。他到区上做工作去,家里只剩下婆媳两个,可是就只这两个人,也有些合不来。

在乡下,到了阴历正月初二,照例是女人走娘家的时候,在本年(一九四九年)这一天早饭时,李成娘又和媳妇吵起来:

李成娘叫着媳妇的名字说:"金桂! 准备准备走吧! 早点去早点回来!"她这么说了,觉着一定能叫媳妇以为自己很开明,会替媳妇打算。其实她这次的开明,还是为她自己打算:她有个女儿叫小娥,嫁到离村五里的王家寨,因为女婿也是区干部,成天不在家,一冬天也没顾上到娘家来。她想小娥在这一天一定要来,来了母女们还能不谈谈心病话? 她的心病话,除了评论媳妇的短处好像再没有什么别的,因此便想把媳妇早早催走,免得一会小娥回来了说话不方便。

金桂是个女劳动英雄,一冬天赶集卖煤,成天打娘家门过来过去,几时想进去看看就进去看看,根本不把走娘家当件稀罕事。这天要是村里没有事,她自然也可以去娘家走走,偏是年头腊月二十九,区上有通知,要在正月初二这一天派人来村里开干部会,布置结束土改工作,她是个妇联会主席,就不能走开。她听见婆婆说叫她走走娘家,本来可以回答一句"我还要参加开会",可是她也不想这样回答,因为她知道婆婆对她当干部这个事早就有一大堆不满意,这样一答话,保不定就会吵起来,因此就另找了个理由回答说:"我暂且不去吧! 来了客人不招待?"

婆婆说:"有什么客人? 也不过是小娥吧? 她来了还不会自己做顿饭吃?"

金桂说:"姐姐来了也是客人呀? 况且还有姐夫啦?"

婆婆不说什么了,金桂就要切白菜,准备待客用。她切了一棵大白菜,又往水桶里舀了两大瓢水，提到案板跟前，把案板上的菜搓到桶里去洗。

李成娘一看见金桂这些举动就觉着不顺眼：第一、她觉着不像个女人家的举动。她自己两只手提起个空水桶来，走一步路还得叉开腿，金桂提满桶水的时候也才只用一只手；她一辈子常是用碗往锅里舀水，金桂用的大瓢一瓢就可以添满她的小锅，这怎么像个女人？第二、她洗一棵白菜，只用一碗水，金桂差不多就用半桶，她觉着这也太浪费。既然不顺眼了，不说两句她觉得不痛快，可是该说什么呢？说个“不像女人吧”，她知道金桂一定不吃她的，因此也只好以“反对浪费”为理由，来挑一下金桂的毛病：“洗一棵白菜就用半桶水？我做一顿饭也用不了那么多！”

“两瓢水吧，什么值钱东西？到河里多担一担就都有了！”金桂也提出自己的理由。

“你有理！你有理！我说的都是错的！”李成娘说了这两句话，气色有点不好。

金桂见婆婆鼓嘟了嘴，知道自己再说句话，两个人就会吵起来，因此也就不再还口，沉住气洗自己的菜。

李成娘对金桂的意见差不多见面就有：嫌她洗菜用的水多、炸豆腐用的油多、通火有些手重、泼水泼得太响……不说好像不够个婆婆派头，说得她太多了还好顶一两句，反正总觉着不能算个好媳妇。金桂倒很大方，不论婆婆说什么，自己只是按原来的计划做自己的事，虽然有时候顶一两句嘴，也不很认真。她把待客用的菜蔬都准备好，洗了占不着的家具，泼了水，扫了地上的菜根葱皮，算是忙了一个段落。

把这段事情作完了，正想向婆婆说一声她要去开会，忽然觉得房子里总还有点不整齐，仔细一打量，还是婆婆床头多一口破黑箱子。这口破箱子，年头腊月大扫除她就提议放到床下，后来婆婆不同意，就仍放在床头上，可是现在看来，还是搬下去好——新毯子新被褥头上放个龇牙咧嘴的破箱子，像个什么摆设？她看了一会，跟婆婆商量说：“娘！咱们还是把这箱子搬下去吧？”

婆婆说：“那碍你的什么事？”

婆婆虽然说得带气，金桂却偏不认真，仍然笑着说：“那破破烂烂像个什么样子？你不怕我姐夫来了笑话？来，咱们搬了吧！”

婆婆仍然没好气，冷冰冰地说：“你有气力你搬吧！我跟你搬不动！”

她满以为不怕金桂有点气力，一个人总搬不下去，不想金桂仍是笑嘻嘻地答应了一声“可以”，就动手把箱子一拖拖出床沿，用胸口把一头压低了，然后双手抱住箱腰抱下地去，站起一腿又蹬得那箱子溜到床底。

金桂费了一阵气力，才喘了两口气，谁知道这一下就引起婆婆的老火来。婆婆用操场上喊口令的口气说：“再给我搬上来！我那箱子在那里摆了一辈子了！你怕丢人你走开！我不怕丢我的人！”金桂见婆婆真生了气，弄得摸不着头脑，只怪自己不该多事。婆婆仍是坚持“非搬上来不可”。

其实也不奇怪。李成娘跟这口箱子的关系很深，只是金桂不知道罢了。李成娘原是个很能做活的女人，不论春夏秋冬，手里没做的就觉着不舒服。她有三件宝：一把纺车，一个针线筐和这口黑箱子。这箱子里放的东西也很丰富，不过样数很简单——除了那个针线筐以外，就只有些破布。针线筐是柳条编的，红漆漆过的，可惜旧了一点——原是她娘出嫁时候的陪嫁，到她出嫁时候，她娘又给她作了陪嫁，不记得哪一年磨掉了底，她用破布糊裱起来，以后破了就糊，破了就糊，各色破布不知道糊了多少层，现在不只弄不清是什么颜色，就连柳条也看不出来了。里边除了针、钱、尺、剪、顶针、钳子之类，也没有什么别的东西。破布也不少，恐怕就有二三十斤，都一捆一捆捆起来的。这东西，在不懂得的人看来一捆一捆都一样，不过都是些破布片，可是在李成娘看来却不那样简单——没有洗过的，按块子大小卷；洗过的，按用处卷——那一捆叫补衣服、那一捆叫打褙[①]、那一捆叫垫鞋底：各有各的特点，各有各的记号——有用布条捆的，有用红头绳捆的，有用各种颜色线捆的，跟机关里的卷宗上编得有号码一样。装这些东西的黑箱子，原来就是李家的，可不知道是哪一辈子留下来的——榫卯完全坏了，角角落落都钻上窟窿用麻绳穿着，底上棱上被老鼠咬得跟锯齿一样，漆也快脱落完了，只剩下巴掌大小一片一片的黑片。这一箱里表都在数，再加上一架纺车，就是李成娘的全部家当。她守着这份家当活了一辈子，补补衲衲，哪一天离了也不行。当李成爹在的时候，她本想早给李成娶上个媳妇，把这份事业一字一板传下去，可惜李成爹在时，家里只有二亩山坡地，父子两个都在外边当雇汉，人越穷定媳妇越贵，根本打不起这主意。李成爹死后，共产党来了，自己也分得了地，不多几年定媳妇也不要钱了，李成没有花钱就和金桂结了婚，李成娘在这时候，高兴得面朝西给毛主席磕过好几个头[②]。一九里[③]，为了考试媳妇的针工，叫媳妇给她缝过一条裤子，她认为很满意，比她自己做得细致，可是过了几个月，发现媳妇爱跟孩子到地里做活，不爱坐在家里补补衲衲，就觉得有点担心，她先跟李成说："男人有男人的活，女人有女人的活……"李成说："我看还是地里活要紧！我自己是村里的农会主席，要多误些工，地里有个人帮忙更好。"半年之后，金桂被村里选成劳动英雄，又选成妇联会主席，李成又被上级提拔到区上工作，地里的活完全交给金桂做，家事也交给金桂管，从这以后，金桂差不多半年就没有拈过针，做什么事又都是不问婆婆自己就作了主，这才叫李成娘着实悲观起来。孩子在家的时候，娘对媳妇有意见可以先跟孩子说，不用直接打冲锋；孩子走了只留下婆媳两个，问题就慢慢出来了——婆婆只想拿她的三件宝贝往下传，媳妇觉着那里边没大出息，接受下来也过不成日子，因此两个人从此意见不合，谁也说不服谁。只要明白了这段历史，你就会知道金桂搬了搬箱子，李成娘为什么就会发那么大脾气。

金桂见婆婆的气越来越大，不愿意把事情扩大了，就想了个开解的办法，仍然笑了笑说："娘！你不要生气了！你不愿意叫搬下来，我还给你搬上去！"说着低下头去又把箱子从床底拖出来。她正准备往上搬，忽然听得院里有个小女孩叫着："金桂嫂！公所叫你去开会啦！区干部已经来了！"

## 二

这小女孩叫玉凤，和金桂很好，她在院里叫着"金桂嫂"就跑进来。李成娘一听说叫金桂去开会，觉着又有点不对头，嘴里嘟噜着说："天天开会！以后就叫你们把'开会'吃上！"

玉凤虽说才十三岁，心眼儿很多，说话又伶俐。她沉住气向李成娘说："大娘！你还不知道今天开会干什么吗？"

"我倒管他哩？"李成娘才教训过金桂，气色还没有转过来。

玉凤说："听说就是讨论你家的地！"

"那有什么说头？"

"听说你们分的地是李成哥自己挑的，村里人都不赞成。"

"谁说的？四五十个评议员在大会上给我分的地，村里谁不知道？挑的！……"玉凤本来是逗李成娘，李成娘却当了真。

李成娘认了真，玉凤却笑了。她说："大娘！你不是说开会不抵事吗？哈哈哈……"

李成娘这时才知道玉凤是逗她，自己也忍不住一边笑，一边指着玉凤说："你这小捣乱鬼！"

金桂把箱子从床下拖出来正预备往床上搬，玉凤就叫着进来了。她只顾听玉凤跟自己的婆婆捣蛋，也就停住了手站起来，等到自己的婆婆跟玉凤都笑了，自己也忍不住陪着她们笑了一声，笑罢了仍旧弯下腰去搬箱子。

李成娘这一会气已经消下去，回头看见床头上没有那口破箱子，的确比放上那口破箱子宽大得多，也排场得多，因此当金桂正弯腰去搬箱子的时候，她又变了主意："不用往上搬了，你去开你的会吧！"

金桂见婆婆的气已经消了，自然也不愿意再把那东西搬起来，就答应了一声"也好"，仍然把它推回床下去，然后又把床上放箱子的地方的灰尘扫了一下。她一边扫，一边问玉凤："区上谁来了？"

玉凤说："你还不知道？李成哥回来了。"

"你又说瞎话！"

"真的！他没有回家来吗？"

正说着，李成的姐姐小娥就走进来，大家说了几句见面话以后，金桂问："我姐夫没有来？"

小娥说："来了！到村公所开会去了！——你怎么没有去开会？"

金桂抓住玉凤一条胳膊又用一个拳头在她头上虚张声势地问她："你不是说是你李成哥回来了？"

玉凤缩住脖子笑着说："一提他你去得不快点？"

"你这个小捣乱鬼！"金桂轻轻在玉凤脊背上用拳头按了一下放了手，回头跟小娥说："姐姐！我要去开会，顾不上招呼你！你歇一歇跟娘两个人自己做饭吃吧！"小娥也说："好！你快去吧！"李成娘为了跟小娥说起心病话来方便，本来就想把金桂推走，因此也说："你去吧！你姐姐又不是什么生客！"金桂便跟玉凤走了，这时家里只留下她们母女两个。

小娥说："娘！我一冬天也顾不上来看你一眼！你还好吧？"

"好什么？活受啦吧！"

"我看比去年好得多，床上也有新褥新被了！衣裳也整齐干净了！也有了媳妇了……"

李成娘的心病话早就闷不住了，小娥这一下就给她引开了口。她把嘴唇伸得长长地哼了一声说："不提媳妇不生气。古话说：'娶个媳妇过继出个儿。'④媳妇也有本事孩子也有本事，谁还把娘当个人啦？"说着还落了几点老泪。她擦过泪又接着说："人家一手遮天了，里里外外都由人家管，遇了大事人家会跑到区上去找人家的汉。人家两个人商量成什么是什么，大小事不跟咱通个风。人家办成什么都对！咱还没有问一句，人家就说'你摸不着'！外边人来，谁也是光找人家！谁还记得有个咱？唉，小娥！你看娘还活得像个什么人啦？——说起心病来没个完，你还是先做饭吧！做着饭娘再慢慢告诉你！"

小娥说："一会再做吧，我还不饿哩！"

"先做着吧！一会他姐夫回来也要吃！"

小娥也不再推，一边动手做饭，一边仍跟娘谈话。她说："他姐夫给我们镇上的妇女讲话，常常表扬人家金桂，说她是劳动模范，要大家向她学习，就没有提到她的缺点，照娘这么说起来，虽说她劳动很好，可也不该不尊重老人啊？"

李成娘又把她那个嘴唇伸得长长地哼了一声说："什么好劳动？男人有男人的活，女人有女人的活，她那劳动呀，叫我看来是狗捉老鼠，多管闲事！娶过她一年了，她拈过几回针？纺过几条线？"

小娥笑着说："我看人家也吃上了，也穿上了！"

李成娘把下嘴唇伸得更长了些说："破上钱谁不会要派头？从前我一年也吃不了一斤油，人家来了以后是一月一斤。我在货郎担上买个针也心疼得不得了，人家到集上去鞋铺里买鞋，裁缝铺里做制服,打扮得很时行。”这老人家,说着就带了气,嗓子越提越高,“不嫌败兴!一个女人家到集上买着穿!不怕别人划她的脊梁筋[5]……”小娥见她动了气,赶紧劝她,又给她倒了碗水叫她润一润喉咙,又用好多别的话才算把她的话插断。

小娥很透脱,见娘对金桂这样不满意,再也不提金桂的事,却说着自己一冬天的家务事来消磨时间。可是女人家的事情,总与别的女人家有关系,因此小娥不论说起什么来,她娘都能和金桂的事往一处凑。比方小娥说到互助组,她娘就说“没有互助组来金桂也能往外边少跑几趟”;小娥提到合作社,她娘就说“没有合作社来金桂总能少花几个钱”;小娥说自己住在镇上很方便,她娘说就是镇上的方便才把金桂引诱坏了的;小娥说自己的男人当干部,她娘说就是李成当干部才把媳妇娇惯了的。

小娥见娘的话左右不摆脱金桂,就费尽心思捡娘爱听的说。她知道娘一辈子爱做针线活,爱纺棉花,就把自己年头一冬天做针线活跟纺棉花的成绩在娘面前夸一夸。她说她给合作社纺了二十五斤线,给鞋铺衲了八对千针底,给裁缝铺钉了半个月制服扣子。她说到鞋铺和裁缝铺,还生怕娘再提起金桂做制服和买鞋的事来,可是已经说开头了不得不说下去。她娘呢,因为只顾满意女儿的功劳,倒也没有打断女儿的话再提金桂的事,不过听到末了,仍未免又跟金桂连起来,她说:“看我小娥!金桂那东西能抵住我小娥一分的话,我也没有说的!她给谁纺过一截线?给谁做过一针活?”她因为气又上来了,声音提得很高,连门外的脚步声也没有听见,赶到话才落音,金桂就揭着门帘进来了,小娥的丈夫也跟在后面。

## 三

李成娘一见他们两个人进来,觉着“真他娘的不凑巧”。

小娥觉着不对,赶紧把话头引到另一边,她向自己丈夫说:“今天的会怎么散得这样快?”

她丈夫说:“这会只是和几个干部接一下头,到晚上才正式开会。”

只说了这么几句简单话大家坐下了,谁也再没有什么话说,金桂的脸色就很不平和。

金桂平常很大方,婆婆说两句满不在乎。可是这一次有些不同:小娥的丈夫是她的姐夫,可也是她的上级。她想婆婆在小娥面前败坏自己,小娥如何能不跟她自己的丈夫说?况且真要是自己的错误也还可说,自己确实没错只是婆婆的见解不对,她觉着犯不着受这冤枉。

小娥的丈夫见她们婆媳的关系这样坏,也断不定究竟哪一方面对。他平常很信任金桂,到处表扬她,叫各村的妇女向她学习,现在听见她婆婆对她十分不满意,反疑惑自己不了解情况,对金桂保不定信任太过,因此就想再来调查研究一番。他见大家都不说话,就想趁空子故意撩一撩金桂。他笑着问小娥:“你们背地里谈论人家金桂什么事,惹得人家鼓嘟着嘴!”

金桂还没有开口,李成娘就抢先说:“听见叫她听见吧,我又没有屈说了她!你问她一冬天拈过一下针没有?纺过一寸线没有?”

婆婆开了口,金桂脸上却又和气得多了。金桂只怕没有机会辩白引起上级的误会,如今既然又提起来了,正好当面辩白清楚,因此反觉着很心平。她说:“娘!你说得都对,可惜是你不会算账。”又回头向小娥的丈夫说:“姐夫你给我算着:纺一斤棉花误两天,赚五升米;卖一趟煤,或做一天别的重活,只误一天,也赚五升米!你说还是纺线呀还是卖煤?”

小娥的丈夫笑了。他用不着回答金桂就向小娥说:“你也算算吧!虽然都还是手工劳动,可是金桂劳动一天抵住你劳动两天!我常说的‘妇女要参加主要劳动’,就是说要算这个账!”

李成娘觉着自己输了,就赶紧另换一件占理的事。她又说:“哪有这女人家连自己的衣裳鞋子都不做，到集上买着穿？”她满以为这一下可要说倒她，声音放得更大了些。

金桂不慌不忙又向她说：“这个我也是算过账的：自己缝一身衣服得两天；裁缝铺用机器缝，只要五升米的工钱，比咱缝的还好。自己做一对鞋得七天，还得用自己的材料，到鞋铺买对现成的才用斗半米，比咱做的还好。我九天卖九趟煤，五九赚四斗五；缝一身衣服买一对鞋，一共才花二斗米，我为什么自己要做？”

等不得金桂说完，李成娘就又发急了。她觉着两次都输了，总得再争口气——嗓子再放大一点，没理也要强占几分。她大喊起来：“你做的对！都对！没有一件没理的！”又向女婿喊：“你们这些区干部，成天劝大家节约节约！我活了一辈子了，没有听说过什么是‘节约’，可是我一年也吃不了一斤油，我这节约媳妇来了是一月吃一斤。你们都会算账，都是干部！就请你们给我算算这笔账！”

她越喊得响亮，女婿越忍不住笑，等她喊完了，女婿已笑得合不上口。女婿说：“老人家，你不要急！我可以替你算算这笔账：两个人一月一斤油，一个人一天还该不着三钱，不能算多。‘节约’是不浪费的意思。非用不行的东西，用了不能算是浪费……”

李成娘说：“你们这些当干部的是官官相护！什么非用不行？我一辈子吃糠咽菜也活了这么大！”

金桂说：“娘！我不过年轻点吧，还不是吃糠长大的？这几年也不是光咱吃的好一点，你到村里打听一下，不论哪家一年还不吃一二十斤油？”

小娥的丈夫又帮助金桂说：“老人家！如今世道变了，变得不用吃糠了！革命就是图叫咱们不吃糠，要是图吃糠谁还革命哩？这个世道还是才往好处变，将来用机器种起地来，打下的粮食能抵住如今两三倍，不说一月吃一斤油，一天还得吃顿肉哩！”他这番话似乎已经把李成娘的气给平下去了，要是不再说什么也许就没事了，可是不幸又接着说了几句，就又引起了大事。他接着说：“老人家！依我说你只用好吃上些好穿上些，过几年清净日子算了！家里的事你不用管它！”

“你这区干部就说是这种理？我死了就不用管了，不死就不能由别人摆布我！”李成娘动了大气，也顾不上再和女婿讲客气。她说金桂不做活、浪费还都不是很重要的问题，最要紧的是恨金桂不该替她作了当家人，弄得她失掉了领导权。她又是越说越带气：“这是我的家！她是我娶来的媳妇！先有我来先有她来？”

小娥的丈夫说：“老人家！不是说不该你管，是说你上年纪了，如今新事情你有些摸不着！管不了！”

“管不了？娶过媳妇才一年啊！从前没有媳妇我也活了这么大！她有本事叫她另过日子去！我不图沾她的光！大小事不跟我通一通风，买个驴都不跟我商量！叫她先把我灭了吧！”

金桂向来还猜不到婆婆跟自己这样过不去，这会听婆婆这么一说，也真正动了点小脾气。她说：“娘！你也不用跟我分家了！你想管你就管，我落上一个清净算了！”说着就跑回自己房里去。小娥当她回房去寻死，赶紧跟在她后面。可是当小娥才跑到她门口，她却挟了个小布包返出来跑到婆婆的房子里，向婆婆说：“娘！让我交代你！”

小娥看见已经怄成气了，赶紧拉住金桂说：“金桂！不要闹！娘是老糊涂了，像……”

小娥的丈夫倒很沉得住气，他也不劝金桂也不劝丈母，倒向小娥说：“你不用和稀泥！我看就叫金桂把家务交代给老人家也好！老人家管住家务，金桂清净一点倒还能多做一点活！”又回头向金桂挤了挤眼说：“金桂你不要动气！说正经的，你说对不对？”

金桂见姐夫是帮自己，马上就又转得和和气气地顺着姐夫的话说：“谁动气来？”又向婆婆说:“娘！我不是跟你生气！我不知道你想管这个！你早说来我早就交代你了！”说着就打开小包,取出一本账和几叠票子来。

李成娘见媳妇拿出账本,还以为是故意难为她这不识字的人,就又说:“我不识字！不用拿那个来捉弄我！”

金桂仍然正正经经地说:“我才认得几个字？还敢捉弄人？我不是叫娘认字！我是自己不看账记不得！”

小娥的丈夫也爬到床边说:“让我帮你办交代！先点票子吧！”他点一叠向丈母娘跟前放一叠,放一叠报个数目——“这是两千元的冀南票,五张共是一万！”“这是两张两千的,一张一千的,十张五百的,也一万！”……他还没有点够三万,丈母娘早就弄不清楚了,可是也不好意思说接管不了,只插了一句话说:“弄成各色各样的有什么好处,哪如从前那铜元好数？”女婿没有管她说话是什么,仍然点下去,点完了一共合冀南票的五万五。

点过了票,金桂就接着交代账上的事。她翻着账本说:“合作社的来往账上,咱欠人家六万一。他收过咱二斗大麻子,一万六一斗,二斗是三万二。咱还该分两三万块钱红,等分了红以后你好跟他清算吧！互助组里去年冬天羊踩粪,欠人家六升羊工伙食米。咱还存三张旧工票,一张大的是一个工,两张小的是四分工,共是一个零四分,这个是该咱得米,去年秋后的工资低,一个工是二升半。大后天组里就要开会结束去年的工账,到那时候要跟人家找清……”

婆婆连一宗也没听进去,已经觉得很厌烦。她说:“怎么有这么多的穷事情？麻麻烦烦谁记得住？”

小娥听着也替娘发愁,见娘说了话,也跟着劝娘说:“娘！你就还叫金桂管吧,自己揽那些麻烦做甚哩？这比你黑箱子里那东西麻烦得多哩？”

李成娘觉着不止比箱子里的东西样数多,并且是包也没法包,卷也没法卷,实在不容易一捆一捆弄清楚。她这会倒是愿意叫金桂管,可也似乎还不愿意马上说丢脸话。

金桂仍然交代下去。她说:“不怕娘！只剩五六宗了——有几宗是和村公所的,有几宗是和集上的,差务账上,咱一共支过十个人工八个驴工,没有算账。咱还管过好几回过路军人饭,人家给咱的米票,还没有兑。这两张,每张是十一两。这五张,每张是……”

“实在麻烦,我不管了！你弄成什么算什么！我吃上个清净饭拉倒！”李成娘赌气认了输,把腿边的一堆票子往前一推。

小娥的丈夫哈哈大笑起来。他说:“我原来不是说叫你‘过几年清净日子算了’吗？”又向金桂说:“好好好！你还管起来吧！”又向小娥说:“我常叫你们跟金桂学习,就是叫学习这一大摊子！成天说解放妇女解放妇女,你们妇女们想真得到解放,就得多做点事、多管点事、多懂点事！咱们回去以后,我倒应该照金桂这样交代交代你！”

## 【注释】

① 打褙,就是用糨糊把破布裱起来,做鞋用。

② 指向毛主席像磕头。

③ 一九里,就是结婚后的九天里。

④ 这是当地流行的一句俗话。

⑤ 也是当地的俗话,意思是说不怕别人指着她的脊背笑话她。

## 【提示】

《传家宝》通过对一个家庭内部婆媳之间矛盾的描写,表现了解放区农村出现的生活风尚的变化和一代新人的成长。

小说的中心人物是婆婆李成娘和媳妇金桂,婆媳之间的矛盾冲突构成了小说的主要线索。婆婆李成娘是中国农村中勤俭持家又十分封闭守旧的传统妇女,她一生珍爱着三件宝:纺车、针线筐和破黑箱子,她希望这些"宝物"所代表的勤劳节俭同时也饱含辛酸的好家风,能一代一代的传下去。媳妇金桂则是摆脱了旧的生活轨道的农村新一代青年妇女,她既能和男人一样承担农业的主要劳动,又能积极投身于农村社会的政治活动中去。媳妇的所作所为,让当婆婆的看不顺眼,于是,一场冲突不可避免地在婆媳之间爆发。冲突的实质,是新旧两种观念和生活方式的交锋。李成娘最后改变了对媳妇的看法。作者意在说明:妇女真要得到解放,首先就要冲破旧观念、旧生活方式的束缚,"多做点事,多管点事,多懂点事"。

作品紧紧围绕婆媳各自代表的两种生活方式之间的矛盾展开情节,使冲突显得集中而强烈,读来饶有兴味。小说成功地运用了群众语言,特别是利用个性化的对话表现人物的心理,塑造人物的性格,增强了小说的艺术感染力。

**【思考与练习】**

1. 简要分析李成娘和金桂两个人物的性格特点。金桂是一种典型,爱姑是一种典型,请分析这两个典型形象的意义。
2. 以《传家宝》和你所读过的赵树理的其他作品为例,分析赵树理的创作风格。

# ※雪落在中国的土地上

艾　青

**【题解】**

本诗选自艾青的诗集《北方》。艾青(1910—1996),当代著名诗人,原名蒋海澄,浙江金华人,出身地主家庭,五岁前寄养于农妇家中,这段特殊的经历与感受成为诗人创作重要的题材来源与情感背景。1928 年考入杭州国立西湖艺术学院绘画系。次年赴法国留学。1932 年回国,加入中国左翼美术家联盟,同年 7 月被捕入狱,以在狱中写成的《大堰河——我的保姆》一诗成名。1957 年被错划为右派。1979 年平反后,发表了大量优秀的诗篇。他的作品被译成多国文字,享有广泛声誉。1985 年,获法国艺术最高勋章。本诗用"雪落在中国的土地上"象征日本帝国主义的入侵给祖国和人民带来的深重灾难,并把个人的命运同祖国、人民紧紧维系在一起。诗人以丰富的想象,塑造出了农民、少妇、母亲等一系列内涵丰富的形象,深化了诗的主题。

雪落在中国的土地上,
寒冷在封锁着中国呀……

风,
像一个太悲哀了的老妇,
紧紧地跟随着
伸出寒冷的指爪
拉扯着行人的衣襟,
用着像土地一样古老的话
一刻也不停地絮聒着……

那丛林间出现的,
赶着马车的
你中国的农夫
戴着皮帽
冒着大雪
你要到哪儿去呢?

告诉你
我也是农人的后裔——
由于你们的
刻满了痛苦的皱纹的脸

我能如此深深地
知道了
生活在草原上的人们的
岁月的艰辛。

而我
也并不比你们快乐啊
——躺在时间的河流上
苦难的浪涛
曾经几次把我吞没又卷起——
流浪与监禁
已失去了我的青春的
最可贵的日子，
我的生命
也像你们的生命
一样的憔悴呀。

雪落在中国的土地上，
寒冷在封锁着中国呀……
沿着雪夜的河流，
一盏小油灯在徐缓地移行，
那破烂的乌篷船里
映着灯光，垂着头
坐着的是谁呀？

——啊，你？
蓬发垢面的少妇，
是不是
你的家
——那幸福与温暖的巢穴——
已被暴戾的敌人
烧毁了么？
是不是
也像这样的夜间，
失去了男人的保护，
在死亡的恐怖里
你已经受尽敌人刺刀的戏弄？

咳，就在如此寒冷的今夜，
无数的

我们的年老的母亲，
都蜷伏在不是自己的家里，
就像异邦人
不知明天的车轮
要滚上怎样的路程……
——而且
中国的路
是如此的崎岖
是如此的泥泞呀。

雪落在中国的土地上，
寒冷在封锁着中国呀……
透过雪夜的草原
那些被烽火所啮啃着的地域，
无数的，土地的垦植者
失去了他们所饲养的家畜
失去了他们肥沃的田地
拥挤在
生活的绝望的污巷里：
饥馑的大地
朝向阴暗的天
伸出乞援的
颤抖着的两臂。

中国的苦痛与灾难
像这雪夜一样广阔而又漫长啊！
雪落在中国的土地上，
寒冷在封锁着中国呀……

中国，
我的在没有灯光的晚上，
所写的无力的诗句，
能给你些许的温暖么？

1937年12月28日作于夜间

# 受 戒(节选)

汪曾祺

**【题解】**

《受戒》节选自《北京文艺》1980年第10期。汪曾祺(1920—1997),江苏高邮人,当代著名作家、戏剧家,京派作家代表人物。1939年考入西南联合大学中文系学习,深受老师沈从文的影响。大学毕业后在昆明、上海任中学国文教员和历史博物馆职员,1940年开始发表小说。1946年起先后发表《戴车匠》《复仇》《绿猫》《鸡鸭名家》等短篇小说,引起文坛注目,1950年后在北京市文联、中国民间文艺研究会和北京京剧院工作。著有小说集《邂逅集》《羊舍的夜晚》《晚饭花集》《茱萸集》《汪曾祺短篇小说选》《汪曾祺自选集》、散文集《蒲桥集》《塔上随笔》、文学评论集《晚翠文谈》等,并创作了《沙家浜》《范进中举》等京剧剧本。大多数作品收入《汪曾祺全集》,并被译成多种文字介绍到国外。短篇小说《受戒》(1980年)和《大淖记事》(1981年)是他的获奖代表作。汪曾祺擅长以散文笔法写小说,常以家乡见闻和风物民俗为写作对象,被誉为“抒情的人道主义者,中国最后一个纯粹的文人,中国最后一个士大夫”。其作品在疏放中透出凝重,于平淡中显现奇崛,地方特色鲜明,乡土气息浓郁。

明海出家已经四年了。

他是十三岁来的。

这个地方的地名有点怪,叫庵赵庄。赵,是因为庄上大都姓赵。叫做庄,可是人家住得很分散,这里两三家,那里两三家。一出门,远远可以看到,走起来得走一会,因为没有大路,都是弯弯曲曲的田埂。庵,是因为有一个庵。庵叫菩提庵,可是大家叫讹了,叫成荸荠庵。连庵里的和尚也这样叫。“宝刹何处?”——“荸荠庵。”庵本来是住尼姑的。“和尚庙”“尼姑庵”嘛。可是荸荠庵住的是和尚。也许因为荸荠庵不大,大者为庙,小者为庵。

明海在家叫小明子。他是从小就确定要出家的。他的家乡不叫“出家”,叫“当和尚”。他的家乡出和尚。就像有的地方出劁猪的,有的地方出织席子的,有的地方出箍桶的,有的地方出弹棉花的,有的地方出画匠,有的地方出婊子,他的家乡出和尚。人家弟兄多,就派一个出去当和尚。当和尚也要通过关系,也有帮。这地方的和尚有的走得很远。有到杭州灵隐寺的、上海静安寺的、镇江金山寺的、扬州天宁寺的。一般的就在本县的寺庙。明海家田少,老大、老二、老三,就足够种的了。他是老四。他七岁那年,他当和尚的舅舅回家,他爹、他娘就和舅舅商议,决定叫他当和尚。他当时在旁边,觉得这实在是在情在理,没有理由反对。当和尚有很多好处。一是可以吃现成饭。哪个庙里都是管饭的。二是可以攒钱。只要学会了放瑜伽焰口,拜梁皇忏,可以按例分到辛苦钱。积攒起来,将来还俗娶亲也可以;不想还俗,买几亩田也可以。当和尚也不容易,一要面如朗月,二要声如钟磬,三要聪明记性好。他舅舅给他相了相面,叫他前走几步,后走几步,又叫他喊了一声赶牛打场的号子:“格当得——”,说是“明子准能当个好和尚,我包了!”要当和尚,得下点本,——念几年书。哪有不认字的和尚呢!于是明子就开蒙入学,读了《三字经》《百家姓》《四言杂字》《幼学琼林》《上论》《下论》《上孟》《下孟》,每天还写一张仿。村里都夸他字写得好，很黑。

舅舅按照约定的日期又回了家，带了一件他自己穿的和尚领的短衫，叫明子娘改小一点，给明子穿上。明子穿了这件和尚短衫，下身还是在家穿的紫花裤子，赤脚穿了一双新布鞋，跟他爹、他娘磕了一个头，就随舅舅走了。

他上学时起了个学名，叫明海。舅舅说，不用改了。于是“明海”就从学名变成了法名。

……

到了一个河边，有一只船在等着他们。船上有一个五十来岁的瘦长瘦长的大伯，船头蹲着一个跟明子差不多大的女孩子，在剥一个莲蓬吃。明子和舅舅坐到舱里，船就开了。

明子听见有人跟他说话，是那个女孩子。

“是你要到荸荠庵当和尚吗?”

明子点点头。

“当和尚要烧戒疤呕！你不怕?”

明子不知道怎么回答，就含含糊糊地摇了摇头。

“你叫什么?”

“明海。”

“在家的时候?”

“叫明子。”

“明子！我叫小英子！我们是邻居。我家挨着荸荠庵。——给你!”

小英子把吃剩的半个莲蓬扔给明海，小明子就剥开莲蓬壳，一颗一颗吃起来。

大伯一桨一桨地划着，只听见船桨拨水的声音:“哗——许！哗——许!”

……

明子老往小英子家里跑。

小英子的家像一个小岛，三面都是河，西面有一条小路通到荸荠庵。独门独户，岛上只有这一家。岛上有六棵大桑树，夏天都结大桑葚，三棵结白的，三棵结紫的；一个菜园子，瓜豆蔬菜，四时不缺。院墙下半截是砖砌的，上半截是泥夯的。大门是桐油油过的，贴着一副万年红的春联：

向阳门第春常在
积善人家庆有余

门里是一个很宽的院子。院子里一边是牛屋、碓棚；一边是猪圈、鸡窠，还有个关鸭子的栅栏。露天地放着一具石磨。正北面是住房，也是砖基土筑，上面盖的一半是瓦，一半是草。房子翻修了才三年，木料还露着白茬。正中是堂屋，家神菩萨的画像上贴的金还没有发黑。两边是卧房。扇窗上各嵌了一块一尺见方的玻璃，明亮亮的，——这在乡下是不多见的。房檐下一边种着一棵石榴树，一边种着一棵栀子花，都齐房檐高了。夏天开了花，一红一白，好看得很。栀子花香得冲鼻子。顺风的时候，在荸荠庵都闻得见。

……

因为照顾姐姐赶嫁妆，田里的零碎生活小英子就全包了。她的帮手，是明子。

这地方的忙活是栽秧、车高田水、薅头遍草，再就是割稻子、打场了。这几茬重活，自己一家是忙不过来的。……一听见非常脆亮的嗓子在一片浓绿里唱：

栀子哎开花哎六瓣头哎……
姐家哎门前哎一道桥哎……

明海就知道小英子在哪里，三步两步就赶到，赶到就低头薅起草来，傍晚牵牛“打汪”，是明子的事。——水牛怕蚊子。这里的习惯，牛卸了轭，饮了水，就牵到一口和好泥水的“汪”里，由它自己打滚扑腾，弄得全身都是泥浆，这样蚊子就咬不透了。低田上水，只要一挂十四轧的水车，两个人车半天就够了。明子和小英子就伏在车杠上，不紧不慢地踩着车轴上的拐子，轻轻地唱着明海向三师父学来的各处山歌。打场的时候，明子能替赵大伯一会，让他回家吃饭。——赵家自己没有场，每年都在荸荠庵外面的场上打谷子。他一扬鞭子，喊起了打场号子：

“格当得——”

这打场号子有音无字，可是九转十三弯，比什么山歌号子都好听。赵大娘在家，听见明子的号子，就侧起耳朵：

“这孩子这条嗓子！”

连大英子也停下针线：

“真好听！”

小英子非常骄傲地说：

“一十三省数第一！”

晚上，他们一起看场。——荸荠庵收来的租稻也晒在场上。他们并肩坐在一个石磙子上，听青蛙打鼓，听寒蛇唱歌，——这个地方以为蝼蛄叫是蚯蚓叫，而且叫蚯蚓叫“寒蛇”，听纺纱婆子不停地纺纱，“唦——”，看萤火虫飞来飞去，看天上的流星。

“呀！我忘了在裤带上打一个结！”小英子说。

这里的人相信，在流星掉下来的时候在裤带上打一个结，心里想什么好事，就能如愿。

……

“捱”荸荠，这是小英子最爱干的生活。秋天过去了，地净场光，荸荠的叶子枯了，——荸荠的笔直的小葱一样的圆叶子里是一格一格的，用手一捋，哔哔地响，小英子最爱捋着玩，——荸荠藏在烂泥里。赤了脚，在凉浸浸滑溜溜的泥里踩着，——哎，一个硬疙瘩！伸手下去，一个红紫红紫的荸荠。她自己爱干这生活，还拉了明子一起去。她老是故意用自己的光脚去踩明子的脚。

她挎着一篮子荸荠回去了，在柔软的田埂上留了一串脚印。明海看着她的脚印，傻了。五个小小的趾头，脚掌平平的，脚跟细细的，脚弓部分缺了一块。明海身上有一种从来没有过的感觉，他觉得心里痒痒的。这一串美丽的脚印把小和尚的心搞乱了。

……

明子常搭赵家的船进城，给庵里买香烛，买油盐。闲时是赵大伯划船；忙时是小英子去，划船的是明子。

从庵赵庄到县城，当中要经过一片很大的芦花荡子。芦苇长得密密的，当中一条水路，四边不见人。划到这里，明子总是无端端地觉得心里很紧张，他就使劲地划桨。

小英子喊起来：“明子！明子！你怎么啦？你发疯啦？为什么划得这么快？”

……

明海到善因寺去受戒。

“你真的要去烧戒疤呀？”

“真的。”

“好好的头皮上烧十二个洞，那不疼死啦？”

“咬咬牙。舅舅说这是当和尚的一大关，总要过的。”

"不受戒不行吗?"

"不受戒的是野和尚。"

"受了戒有啥好处?"

"受了戒就可以到处云游,逢寺挂褡。"

"什么叫'挂褡'?"

"就是在庙里住。有斋就吃。"

"不把钱?"

"不把钱。有法事,还得先尽外来的师父。"

"怪不得都说'远来的和尚会念经'。就凭头上这几个戒疤?"

"还要有一份戒牒。"

"闹半天,受戒就是领一张和尚的合格文凭呀!"

"就是!"

"我划船送你去。"

"好。"

小英子早早就把船划到荸荠庵门前。不知是什么道理,她兴奋得很。她充满了好奇心,想去看看善因寺这座大庙,看看受戒是个啥样子。

善因寺是全县第一大庙,在东门外,面临一条水很深的护城河,三面都是大树,寺在树林子里,远处只能隐隐约约看到一点金碧辉煌的屋顶,不知道有多大。树上到处挂着"谨防恶犬"的牌子。这寺里的狗出名的厉害。平常不大有人进去。放戒期间,任人游看,恶狗都锁起来了。

好大一座庙!庙门的门槛比小英子的肐膝都高。迎门矗着两块大牌,一边一块,一块写着斗大两个大字:"放戒",一块是:"禁止喧哗"。这庙里果然是气象庄严,到了这里谁也不敢大声咳嗽。明海自去报名办事,小英子就到处看看。好家伙,这哼哈二将、四大天王,有三丈多高,都是簇新的,才装修了不久。天井有二亩地大,铺着青石,种着苍松翠柏。"大雄宝殿",这才真是个"大殿"!一进去,凉飕飕的。到处都是金光耀眼。释迦牟尼佛坐在一个莲花座上,单是莲座,就比小英子还高。抬起头来也看不全他的脸,只看到一个微微闭着的嘴唇和胖墩墩的下巴。两边的两根大红蜡烛,一搂多粗。佛像前的大供桌上供着鲜花、绒花、绢花,还有珊瑚树,玉如意、整根的大象牙。香炉里烧着檀香。小英子出了庙,闻着自己的衣服都是香的。挂了好些幡。这些幡不知是什么缎子的,那么厚重,绣的花真细。这么大一口磬,里头能装五担水!这么大一个木鱼,有一头牛大,漆得通红的。她又去转了转罗汉堂,爬到千佛楼上看了看。真有一千个小佛!她还跟着一些人去看了看藏经楼。藏经楼没有什么看头,都是经书!妈吔!逛了这么一圈,腿都酸了。小英子想起还要给家里打油,替姐姐配丝线,给娘买鞋面布,给自己买两个坠围裙飘带的银蝴蝶,给爹买旱烟,就出庙了。

等把事情办齐,晌午了。她又到庙里看了看,和尚正在吃粥。好大一个"膳堂",坐得下八百个和尚。吃粥也有这样多讲究:正面法座上摆着两个锡胆瓶,里面插着红绒花,后面盘膝坐着一个穿了大红满金绣袈裟的和尚,手里拿了戒尺。这戒尺是要打人的。哪个和尚吃粥吃出了声音,他下来就是一戒尺。不过他并不真的打人,只是做个样子。真稀奇,那么多的和尚吃粥,竟然不出一点声音!她看见明子也坐在里面,想跟他打个招呼又不好打。想了想,管他禁止不禁止喧哗,就大声喊了一句:"我走啦!"她看见明子目不斜视地微微点了点头,就不管很多人都朝自己看,大摇大摆地走了。

第四天一大清早小英子就去看明子。她知道明子受戒是第三天半夜,——烧戒疤是不许人看的。她知道要请老剃头师傅剃头，要剃得横摸顺摸都摸不出头发茬子，要不然一烧，就会“走”了戒，烧成了一片。她知道是用枣泥子先点在头皮上，然后用香头子点着。她知道烧了戒疤就喝一碗蘑菇汤，让它“发”，还不能躺下，要不停地走动，叫做“散戒”。这些都是明子告诉她的。明子是听舅舅说的。

她一看，和尚真在那里“散戒”，在城墙根底下的荒地里。一个一个，穿了新海青，光光的头皮上都有十二个黑点子。——这黑疤掉了，才会露出白白的、圆圆的“戒疤”。和尚都笑嘻嘻的，好像很高兴。她一眼就看见了明子。隔着一条护城河，就喊他：

“明子！”

“小英子！”

“你受了戒啦？”

“受了。”

“疼吗？”

“疼。”

“现在还疼吗？”

“现在疼过去了。”

“你哪天回去？”

“后天。”

“上午？下午？”

“下午。”

“我来接你！”

“好！”

……

小英子把明海接上船。

小英子这天穿了一件细白夏布上衣，下边是黑洋纱的裤子，赤脚穿了一双龙须草的细草鞋，头上一边插着一朵栀子花，一边插着一朵石榴花。她看见明子穿了新海青，里面露出短褂子的白领子，就说：“把你那外面的一件脱了，你不热呀！”

他们一人一把桨。小英子在中舱，明子扳艄，在船尾。

她一路问了明子很多话，好像一年没有看见了。

她问，烧戒疤的时候，有人哭吗？喊吗？

明子说，没有人哭，只是不住地念佛。有个山东和尚骂人：

“俺日你奶奶！俺不烧了！”

她问善因寺的方丈石桥是相貌和声音都很出众吗？

“是的。”

“说他的方丈比小姐的绣房还讲究？”

“讲究。什么东西都是绣花的。”

“他屋里很香？”

“很香。他烧的是伽楠香，贵得很。”

“听说他会做诗，会画画，会写字？”

“会。庙里走廊两头的砖额上，都刻着他写的大字。”

“他是有个小老婆吗？”

“有一个。”

“才十九岁?”

“听说。”

“好看吗?”

“都说好看。”

“你没看见?”

“我怎么会看见? 我关在庙里。”

明子告诉她,善因寺一个老和尚告诉他,寺里有意选他当沙弥尾,不过还没有定,要等主事的和尚商议。

“什么叫‘沙弥尾’?”

“放一堂戒,要选出一个沙弥头,一个沙弥尾。沙弥头要老成,要会念很多经。沙弥尾要年轻,聪明,相貌好。”

“当了沙弥尾跟别的和尚有什么不同?”

“沙弥头,沙弥尾,将来都能当方丈。现在的方丈退居了,就当。石桥原来就是沙弥尾。”

“你当沙弥尾吗?”

“还不一定哪。”

“你当方丈,管善因寺? 管这么大一个庙?!”

“还早呐!”

划了一气,小英子说:“你不要当方丈!”

“好,不当。”

“你也不要当沙弥尾!”

“好,不当。”

又划了一气,看见那一片芦花荡子了。

小英子忽然把桨放下,走到船尾,趴在明子的耳朵旁边,小声地说:

“我给你当老婆,你要不要?”

明子眼睛鼓得大大的。

“你说话呀!”

明子说:“嗯。”

“什么叫‘嗯’呀! 要不要,要不要?”

明子大声地说:“要!”

“你喊什么!”

明子小小声说:“要——!”

“快点划!”

英子跳到中舱,两只桨飞快地划起来,划进了芦花荡。芦花才吐新穗。紫灰色的芦穗,发着银光,软软的,滑溜溜的,像一串丝线。有的地方结了蒲棒,通红的,像一枝一枝小蜡烛。青浮萍,紫浮萍。长脚蚊子,水蜘蛛。野菱角开着四瓣的小白花。惊起一只青桩(一种水鸟),擦着芦穗,扑鲁鲁鲁飞远了。

……

一九八〇年八月十二日,写四十三年前的一个梦

**【提示】**

《受戒》是一篇充满诗情画意的小说，表现的是纯朴健康的人性之美。汪曾祺用凝练而优美的笔触，勾勒了一幅清新隽永的苏北水乡风情水墨画，通过一个世俗化的佛门故事，描绘了"荸荠庵"的和尚以及庵赵庄普通百姓温馨的生活场景，表达了对淳朴的人性与民间日常生活的肯定与赞美，也含蓄地表现了对刻板教条的清规戒律的否定和嘲讽。

小说的标题是"受戒"，但小和尚明海(明子)"受戒"的场面一直到小说即将结尾时才出现，显然作者并没有将它当作情节建构的枢纽。真正的情节主线，是明子和小英子之间懵懂清纯、率真大胆的爱情。

与沈从文对其笔下的翠翠、夭夭等人物悲剧命运的叹惋怜惜不同，汪曾祺给予明子和小英子的，是毫不掩饰地喜爱和赞美。聪明善良的明子与天真活泼的小英子在共同劳动和嬉戏中，自然地萌发了朦胧而质朴的互相依恋的感情。他们的交往看起来那么平淡无奇，却格外浪漫动人。明子到善因寺"受戒"之后，也正是两人的感情走向成熟的时候，这样的结局安排，无疑具有一种强烈的反讽意味。

围绕明子和小英子的情感发展这一中心线索，小说着重表现了人性的解放。与沈从文笔下的湘西边城一样，汪曾祺描写的荸荠庵和庵赵庄，也是一个自给自足、淳朴原始的民间社会。在这里，人们遵循着千百年来的古老习俗和民间法则，没有受到多少伦理道德规范的制约和压迫。作者虽然写的是佛门故事，却既没有神秘玄妙的环境气氛，又没有刻板教条的清规戒律，读来丝毫感受不到佛门圣地的庄严压抑与清苦空寂，倒是充满了世俗生活的生机与乐趣。"当和尚"对当地人来说，不过是一种谋生的职业和手段。显然汪曾祺是想借佛门写人性的健康之美、自然之美，正如他所说的："我写《受戒》，主要想说明人是不能受压抑的，反而应当发掘人身上美的诗意的东西，肯定人的价值，我写了人性的解放。"

这种描写"人性的解放"的创作理念，今天看来再平常不过。但汪曾祺小说的深意不在讽刺佛教压抑人性，而在借佛门喻现实人生。在正常的人性被扭曲以至泯灭，人性的话题被视为"禁区"与"雷区"的"文化大革命"刚刚结束、思想文化界正将开展关于"人性""人道主义"大讨论的1980年，《受戒》的面世，对人们来说不啻是一种石破天惊的震撼，作者的真正用意在借此委婉地表达了对那个荒唐的时代的反思和批判。

淡化故事情节，追求小说与散文、诗歌的融合，是本文在文体风格上的一大特色。作者并不注重故事情节的完整和人物性格心理的刻画，而是大段插入对苏北水乡绮丽的自然风物和饶有趣味的生活习俗的描绘，尽情抒写日常生活中的美，看似随意，却犹如一幅浑然天成的水墨画，抑或一首清新质朴的田园诗。

小说语言凝练自然，如行云流水，具有诗歌一般优美的意境。人物的对话鲜活生动，富有生活气息。特别是小说的结尾，历来被视为情景交融的经典范例。

**【思考与练习】**

1. 这篇小说的标题为"受戒"，可刚刚"受戒"就"犯戒"，应当如何理解本文的主旨？
2. 谈谈本文大段插入对苏北水乡自然风物和生活习俗的描写的作用。并以本文为例，分析汪曾祺小说的文体风格。
3. 试分析本文的语言特点。

# 黄　鹂[①]

——病期琐事

孙　犁

**【题解】**

本文选自《晚华集》。孙犁(1913—2002)原名孙树勋,河北省安平人。1938年参加抗日战争,开始在报刊上发表文章。曾在延安鲁迅艺术学院任教,晋察冀根据地文联当编辑、记者。《荷花淀》是其新中国成立前的短篇代表作。新中国成立后曾任中国作家协会天津分会副主席,写有长篇小说《风云初记》、中篇《铁木前传》、出版短篇集《白洋淀纪事》等。他的作品语言清新,抒情意味浓厚,长于以从容轻巧的笔墨写风云变幻的题材,有"诗体小说"之美誉。孙犁在现代文学史上开"荷花淀"一派。

这种鸟儿,在我的家乡好像很少见。童年时,我很迷恋过一阵捕捉鸟儿的勾当。但是,无论春末夏初在麦苗地或油菜地里追逐红靛儿,或是天高气爽的秋季,奔跑在柳树下面网罗虎不拉儿的时候,都好像没有见过这种鸟儿。它既不在我那小小的村庄后边高大的白杨树上同鷩鸡儿一同鸣叫,也不在村南边那片神秘的大苇塘里和苇咋儿一块筑窠。

初次见到它,是在阜平县的山村。那是抗日战争期间,在不断的炮火洗礼中,有时清晨起来,在茅屋后面或是山脚下的丛林里,我听到了黄鹂的尖利的富有召唤性和启发性的啼叫。可是,它们飞起来,迅若流星,在密密的树枝树叶里忽隐忽现,常常是在我仰视的眼前一闪而过,金黄的羽毛上映照着阳光,美丽极了,想多看一眼都很困难。

因为职业的关系,对于美的事物的追求,真是有些奇怪,有时简直近于一种狂热。在战争不暇的日子里,这种观察飞禽走兽的闲情逸致,不知对我的身心情感,起着什么性质的影响。

前几年,终于病了。为了疗养,来到了多年向往的青岛。

春天,我移居到离海边很近,只隔着一片杨树林洼地的一幢小楼房里。有很长的一段时间,我一个人住在这里,清晨黄昏,我常常到那杨树林里散步。有一天,我发现有两只黄鹂飞来了。

这一次,它们好像喜爱这里的林木深密幽静,也好像是要在这里产卵孵雏,并不匆匆离开,大有在这里安家落户的意思。

每天,天一发亮,我听到它们的叫声,就轻轻打开窗帘,从楼上可以看见它们互相追逐,互相逗闹,有时候看得淋漓尽致,对我来说,这真是饱享眼福了。

观赏黄鹂,竟成了我的一种日课。一听到它们叫唤,心里就很高兴,视线也就转到杨树上,我很担心它们一旦要离此他去。这里是很安静的,甚至有些近于荒凉,它们也许会安心居住下去的。我在树林里徘徊着,仰望着,有时坐在小石凳上谛听着,但总找不到它们的窠巢所在,它们是怎样安排自己的住室和产房的呢?

一天清晨,我又到树林里散步,和我患同一种病症的史同志手里拿着一支猎枪,正在瞄准树上。

“打什么鸟儿？”我赶紧过去问。

“打黄鹂！”老史兴致勃勃地说，“你看看我的枪法。”

这时候，我不想欣赏他的枪技，我但愿他的枪法不准。他瞄了一会儿，黄鹂发觉飞走了。乘此机会，我以老病友的资格，请他不要射击黄鹂，因为我很喜欢这种鸟儿。

我很感激老史同志对友谊的尊重。他立刻答应了我的要求，没有丝毫不平之气。并且说：

“养病么，喜欢什么就多看看，多听听。”

这是真诚的同病相怜。他玩猎枪，也是为了养病，能在兴头儿上照顾旁人，这种品质不是很难得吗？

有一次，在东海岸的长堤上，一位穿皮大衣戴皮帽的中年人，只是为了讨取身边女朋友的一笑，就开枪射死了一只回翔在天空的海鸥。一群海鸥受惊远飏，被射死的海鸥落在海面上，被怒涛拍击漂卷。胜利品无法取到，那位女人请在海面上操作的海带培养工人帮助打捞，工人们愤怒地掉头划船而去。这给我留下了深刻的印象。回到房子里，无可奈何地写了几句诗，也终于没有完成，因为契诃夫在好几种作品里写到了这种人。我的笔墨又怎能更多地为他们的业绩生色？在他们的房间里，只挂着契诃夫为他们写的褒词就够了。

惋惜的是，我的朋友的高尚情谊，不能得到这两只惊弓之鸟的理解，它们竟一去不返。从此，清晨起来，白杨萧萧，再也听不到那种清脆的叫声。夏天来了，我忙着到浴场去游泳，渐渐把它们忘掉了。

有一天我去逛鸟市。那地方卖鸟儿的很少了，现在生产第一，游闲事物，相应减少，是很自然的。在一处转角地方，有一个卖鸟笼的老头儿，坐在一条板凳上，手里玩弄着一只黄鹂。黄鹂系在一根木棍上，一会儿悬空吊着，一会儿被拉上来。我站住了，我望着黄鹂，忽然觉得它的焦黄的羽毛，它的嘴眼和爪子，都带有一种凄惨的神气。

“你要吗？多好玩儿！”老头儿望望我问了。

“我不要。”我转身走开了。

我想，这种鸟儿是不能饲养的，它不久会被折磨得死去。这种鸟儿，即使在动物园里，也不能从容地生活下去吧，它需要的天地太宽阔了。

从此，有很长一段时间，我不再想起黄鹂。第二年春季，我到了太湖，在江南，我才理解了“杂花生树，群莺乱飞”这两句文章的好处[②]。

是的，这里的湖光山色，密柳长堤；这里的茂林修竹，桑田苇泊；这里的乍雨乍晴的天气，使我看到了黄鹂的全部美丽，这是一种极致。

是的，它们的啼叫，是要伴着春雨、宿露，它们的飞翔，是要伴着朝霞和彩虹的。这里才是它们真正的家乡，安居乐业的所在。

各种事物都有它的极致。虎啸深山，鱼游潭底，驼走大漠，雁排长空，这就是它们的极致。

在一定的环境里，才能发挥这种极致。这就是形色神态和环境的自然结合和相互发挥，这就是景物一体。典型环境中的典型性格，也可以从这个角度来理解吧。这正是在艺术上不容易遇到的一种境界。

一九六二年

**【注释】**

① 黄鹂：亦称“黄莺”。体长约 25 厘米，主食林中有害昆虫。雄鸟羽色金黄而有光泽，雌鸟羽色黄中带

绿。鸣声婉转,常被饲作观赏鸟。

② 杂花生树,群莺乱飞:南朝梁文学家丘迟《与陈伯之书》中有“暮春三月,江南草长,杂花生树,群莺乱飞”的名句。

【提示】

这篇散文以时间为序,以十分亲切的笔调,分别写了在抗日战争的阜平县、新中国成立后的青岛海边杨树林、青岛鸟市的鸟笼里和江南太湖之畔这四个地方看见的黄鹂鸟。通过在这四个地方看鸟的经历,作者领悟到人与鸟和谐相处的自然生态理念,看到了万物自由生存的“极致”环境。

全文语言优美流畅清淡。融记叙、抒情、议论于一体。在记叙的基础上,卒章升华主题。揭示出“形色神态和环境的自然结合”的哲理,引申出对典型这个文艺理论的认识。

此文虽写于20世纪六十年代,但对我们今天建立“和谐自然”“和谐社会”的理念也有帮助。

【思考与练习】

1. 文章的题材并不大,生发的主题却很深刻,试作一具体分析。
2. 插叙一则中年男子射杀海鸥的往事,对突出文章主题有作用?
3. “各种事物都有它的极致。虎啸深山,鱼游潭底,驼走大漠,雁排长空,这就是它们的极致。在一定的环境里,才能发挥这种极致。这就是形色神态和环境的自然结合和相互发挥,这就是景物一体。”结合现实谈谈你对这一段话的理解。

# ※神雕重剑(节选)

## 金　庸

**【题解】**

金庸(1924—　),本名查良镛,浙江海宁人,著名武侠小说作家,曾任浙江大学文学院院长。抗战期间毕业于东吴大学法学院,曾任上海《大公报》记者。1948年赴香港,创办《明报》,1955年开始创作武侠小说,处女作是《书剑恩仇录》,此后又创作了《射雕英雄传》《神雕侠侣》《天龙八部》《笑傲江湖》等作品,1972年完成《鹿鼎记》后封笔,共创作了15部武侠长篇小说,其作品的第一个字组合成一副对联为:"飞雪连天射白鹿,笑书神侠倚碧鸳。"金庸的武侠小说以其厚重的历史文化意蕴和卓越的描写成为台港武侠小说的杰出代表,在海内外华人中产生了广泛的影响。本篇节选自金庸的长篇武侠小说《神雕侠侣》第26回"神雕重剑",有删节,主要描写小说主人公杨过在神雕的帮助下苦练剑法。杨过练剑及领悟的过程蕴含哲理,耐人寻味。

如此过了多日,伤口渐渐愈合,身子也日就康复,每当念及小龙女,胸口虽然疼痛,但已远不如先前那么难熬难忍,他本性好动,长日在荒谷中与神雕为伴,不禁寂寞起来。

这一日见洞后树林苍翠,山气清佳,便信步过去观赏风景,行了一里许,来到一座峭壁之前。那峭壁便如一座极大的屏风,冲天而起,峭壁中部离地约20余米处,坐着一块三四丈见方的大石,便似一个平台,石上隐隐刻得有字。极目上望,瞧清楚是"剑冢"两个大字,他好奇心起:"何以剑亦有冢?难道是独孤前辈折断了爱剑,埋葬在这里?"走近峭壁,但见石壁草木不生,光秃秃的实无可容手足之处,不知当年那人如何攀缘上去。

瞧了半天,越看越是神往,心想他亦是人,怎能爬到这般的高处,想来必定另有妙法,倘若真的凭藉武功硬爬上去,那直是匪夷所思了。凝神瞧了一阵,突见峭壁上每隔数尺便生着一丛青苔,数十丛笔直排列而上。他心念一动,纵身跃起,探手到最低一丛青苔中摸去,抓出一把黑泥,果然是个小小洞穴,料来是独孤求败当年以利器所挖凿,年深日久,洞中积泥,因此生了青苔。

心想左右无事,便上去探探那剑冢,只是剩下独臂,攀缘大是不便,但是:"攀不上便爬上去,难道还有旁人来笑话不成?"于是紧一紧腰带,提一口气,蹿高数尺,左足踏在第一个小洞之中,跟着蹿起,右足对准第二丛青苔踢了进去,软泥迸出,石壁上果然又有一个小穴可以容足。

第一次爬了十来丈,已然力气不加,当即轻轻溜了下来,心想:"已有二十多个踏足处寻准,第二次便容易得多。"于是在石壁下运功调息,养足力气,终于一口气蹿上了平台。见自己手臂虽折,轻功却毫不减弱,也自欣慰,只见大石上"剑冢"两个大字之旁,尚有两行字体较小的石刻:

"剑魔独孤求败既无敌于天下,乃埋剑于斯。"

"呜呼!群雄束手,长剑空利,不亦悲夫!"

杨过又惊又羡,只觉这位前辈傲视当世,独往独来,与自己性子实有许多相似之处,但说到打遍天下无敌手,自己如何可及。现今只余独臂,就算一时不死,此事也已终身无望,瞧着两行石刻出了一会神,低下头来,只见许多石块堆着一个大坟。这坟背向山谷,俯仰空阔,别说剑魔本人如何英雄,单是这座剑冢便已占尽形势,想见此人文武全才,抱负非常,但恨生得晚了,无缘得见这位前辈英雄。

杨过在剑冢之旁仰天长啸,片刻间四下里回音不绝,想起黄药师曾说过"振衣千仞冈,濯足万里流"之乐,此际亦复有此豪情胜慨。他满心虽想瞧瞧冢中利器到底是何等模样,但总是不敢冒犯前辈,于是抱膝而坐,迎风呼吸,只觉胸腹间清气充塞,竟似欲乘风飞去。

忽听得山壁下"咕咕咕"的叫了数声,俯首望去,只见那神雕伸爪抓住峭壁上的洞穴,正自纵跃上来。它身躯虽重,但腿劲爪力俱是十分厉害,顷刻间便上了平台。

那神雕稍作顾盼,便向杨过点了点头,叫了几声,声音甚是特异。杨过笑道:"雕兄,只可惜我没公冶长的本事,不懂你言语,否则你大可将这位独孤前辈的生平说给我听了。"神雕又低叫几声,伸出钢爪,抓起剑冢上的石头,移在一旁。杨过心中一动:"独孤前辈身具绝世武功,说不定会留下甚么剑经剑谱之类。"但只见神雕双爪起落不停,不多时便搬开冢上石块,露出并列着的三柄长剑,在第一、第二两把剑之间,另有一块长条石块。三柄剑和石片并列于一块大青石之上。

杨过提起右首第一柄剑,只见剑下的石上刻有两行小字:

"凌厉刚猛,无坚不摧,弱冠前以之与河朔群雄争锋。"

再看那剑时,见长约四尺,青光闪闪,的确是利器。他将剑放回原处,拿起长条石片,见石片下的青石上也刻有两行小字:

"紫薇软剑,三十岁前所用,误伤义士不祥,乃弃之深谷。"

杨过心想:"这里少了一把剑,原来是给他抛弃了。不知如何误伤义士,这故事多半永远无人知晓。"出了一会神,再伸手去拿第二柄剑,只提起数尺,"呛啷"一声,竟然脱手掉下,在石上一碰,火花四溅,不禁吓了一跳。

原来那剑黑黝黝的毫无异状,却是沉重之极,三尺多长的一把剑,重量竟自不下七八十斤,比之战阵上最沉重的金刀大戟尤重数倍。杨过提起时如何想得到,出乎不意的手上一沉,便拿捏不住。于是再俯身拿起,这次有了防备,拿起七八十斤的重物自是不当一回事。见那柄剑锋都是钝口,剑尖更圆圆的似是个半球,心想:"此剑如此沉重,又怎能使得灵便?何况剑尖剑锋都不开口,也算得奇了。"看剑下的石刻时,见两行小字道:

"重剑无锋,大巧不工。四十岁前持之横行天下。"

杨过喃喃念着"重剑无锋,大巧不工"八字,心中似有所悟,但想世间剑术,不论那一门那一派的变化如何不同,总以轻灵迅疾为尚,这柄重剑不知怎生使法,缅怀昔贤,不禁神驰久之。

过了良久,才放下重剑,去取第三柄剑,这一次又上了个当。他只道这剑定然犹重前剑,因此提剑时力运左臂。那知拿在手里却轻飘飘的浑似无物,凝神一看,原来是柄木剑。年深日久,剑身剑柄均已腐朽,但见剑下的石刻道:

"四十岁后,不滞于物,草木竹石均可为剑。自此精修,渐进于无剑胜有剑之境。"

他将木剑恭恭敬敬的放于原处,浩然长叹,说道:"前辈神技,令人难以想象。"心想青石板之下不知是否留有剑谱之类遗物,于是伸手抓住石板,向上掀起,见石板下已是山壁的坚岩,别无他物,不由得微感失望。

那神雕"咕"的一声叫,低头衔起重剑,放在杨过手里;跟着又是"咕"的一声叫,突然左翅势夹劲风,向他当头扑击而下,顷刻间杨过只觉气也喘不过来,一怔之下,神雕的翅膀离他头顶约有一尺,便即凝住不动,"咕咕"叫了两声。

杨过笑道:"雕儿,你要试试我的武功么?左右无事,我便跟你玩玩。"但那七八十斤的重剑怎能施展得动，于是放下重剑，拾起第一柄利剑。神雕突然收拢双翼，转过了头不再理睬他，神情之间颇示不屑。

杨过立时会意，笑道："你要我使重剑？但我武功平常，在这绝壁之上跟你过招，决非雕兄敌手，可得容情一二。"说着换过了重剑，气运丹田，力贯左臂，缓缓挺剑刺出。神雕并不转身，左翅后掠，与那重剑一碰。杨过只觉一股极沉猛的大力从剑上传来，压得他无法透气，急忙动力相抗，"嘿"的一声，剑身晃了几下，但觉眼前一黑，登时晕了过去。

也不知过多少时候，这才悠悠醒转，只觉口中奇苦难当，同时更有不少苦汁正流入咽喉，睁开眼来，只见神雕衔着一枚深紫色的圆球，正喂入他口中。杨过闻到此物甚是腥臭，但想神雕通灵，所喂之物定然大有益处，于是张口吃了。只轻轻咬得一下，圆球外皮便即破裂，登时满口苦汁。

这汁液腥极苦极，难吃无比。杨过只想喷了出去，总觉不忍拂逆神雕美意，勉强吞入腹中。过了一会，略行运气，但觉呼吸顺畅，站起身来，抬手伸足之际非但不觉困乏，反而精神大旺，尤胜平时。他暗暗奇怪，按理被人强力击倒，闭气晕去，纵然不受重伤，也必全身酸痛，难道这深紫色的圆囊竟是疗伤的灵药么？

他俯身提起重剑，竟似轻了几分。便在此时，那神雕"咕"的一声，又是展翅击了过来。杨过不敢硬接，侧身避开，神雕跟着踏上一步，双翅齐至，势道极是威猛。杨过知它对己并无恶意，但想它虽然灵异，总是畜生，它身具神力，展翅扑击之时，发力轻重岂能控纵自如？若给翅膀扫上了，自空中坠下，那里还有命在？眼见双翅扫到，急忙退后两步，左足已踏到了平台的边缘。

那神雕竟是毫不容情，秃头疾缩迅伸，弯弯的尖喙竟自向他胸口直啄。杨过退无可退，只得横剑封架，它一嘴便啄在剑上。杨过只觉手臂剧震，重剑似欲脱手，眼见神雕跟着右翅着地横扫，往自己足胫上掠来。杨过吃了一惊，纵身跃起，从神雕头顶飞跃而过，抢到了内侧，生怕它顺势跟击，反手出剑，"噗"的一响，又与它尖嘴相交。杨过这一下死里逃生，吓出了一身冷汗，叫道："雕兄，你不能当我是独孤大侠啊！"只觉双足酸软，坐倒在地。神雕"咕咕"低叫两声，不再进击。

杨过无意中叫了那句"你不能当我是独孤大侠"，转念一想，此雕长期伴随独孤前辈，瞧它扑啄趋退间，隐隐然有武学家数，多半独孤前辈寂居荒谷，无聊之时便当它是过招的对手。独孤前辈尸骨已朽，绝世武功便此湮没，但从此雕身上，或能寻到这位前辈大师的一些遗风典型。想到此处，心中转喜，站起身来，叫道："雕兄，剑招又来啦！"重剑疾刺，指向神雕胸间。神雕左翅横展挡住，右翅猛击过来。

神雕力气实在太强，展翅扫来，疾风劲力，便似数位高手的掌风并力齐施一般，杨过手中之剑又太过沉重，生平所学的甚么全真剑法、玉女剑法等没一招施用得上，只有守则巧妙趋避，攻则呆呆板板的挺剑刺击。

斗得一会，杨过疲累了，便坐倒休息。他只一坐倒，神雕便走开两步。如此玩了一个多时辰，一人一雕才溜下平台，回入山洞。

次晨醒转，神雕已衔了三枚深紫色腥臭圆球放在他身边，杨过细加审视，原来是禽兽的胆囊，想到初遇神雕时它曾大食毒蛇，又与巨蟒相斗，想来必是蛇胆。又想毒蛇之胆不知是否也具剧毒，但昨日食后精神爽利，力气大增，反正自己体内就有情花和冰魄银针的剧毒，也不用多加理会，于是一口一个吃了，静坐调息。突然之间，平时气息不易走到的各处关脉穴道竟尔畅通无阻。杨过大喜，高声叫好。本来静坐修习内功，最忌心有旁骛，至于大哀大乐，更是凶险，但此时他喜极而呼，周身内息仍是绵绵流转，绝无阻滞。

他跃起身来，提起重剑，出洞又和神雕练剑。此时已去了几分畏惧之心，虽然仍是避多挡少，但在神雕凌厉无伦的翅力之间，偶然已能乘隙还招。

如此练剑数日，杨过提着重剑时手上已不如先前沉重，击刺挥掠，渐感得心应手。同时越来越觉以前所学剑术变化太繁，花巧太多，想到独孤求败在青石上所留“重剑无锋，大巧不工”八字，其中境界，远胜世上诸般最巧妙的剑招。他一面和神雕搏击，一面凝思剑招的去势回路，但觉越是平平无奇的剑招，对方越难抗御。比如挺剑直刺，只要劲力强猛，威力远比玉女剑法等变幻奇妙的剑招更大。他这时虽然只剩左手，但每日服食神雕不知从何处采来的蛇胆，不知不觉间膂力激增。

这日出外闲步，在山谷间见有三条大毒蛇死在地下，肚腹洞开，蛇身上被利爪抓得鲜血淋漓，知道自己所食果是蛇胆。只是这些毒蛇遍身隐隐发出金光，生平从所未见，自是不知其名，心想：神雕力气这样大，想必也是多食这些怪蛇的蛇胆之故。

过得月余，竟勉强已可与神雕惊人的巨力相抗，发剑击刺，呼呼风响，不自禁的大感欣慰。武功到此地步，便似登泰山而小天下，回想昔日所学，颇有渺不足道之感。转念又想，若无先前根底，今日纵有奇遇，也决不能达此境地，神雕总是不会言语的畜生，诱发导引则可，指教点拨却万万不能，何况神雕也不能说会甚么武功，只不过天生神力，又跟随独孤求败日久，经常和他动手过招，记得了一些进退扑击的方法而已。

这一日清晨起身，满天乌云，大雨倾盆而下。杨过向神雕道：“雕兄，这般大雨，咱们还练武不练?”神雕咬着他衣襟，拉着他向东北方行了几步，随即迈开大步，纵跃而行。杨过心想：“难道东北方又有甚么奇怪事物?”提了重剑，冒雨跟去。

行了数里，隐隐听到轰轰之声，不绝于耳，越走声音越响，显是极大的水声。杨过心道：“下了这场大雨，山洪暴发，可得小心些!”转过一个山峡，水声震耳欲聋，只见山峰间一条大白龙似的瀑布奔泻而下，冲入一条溪流，奔腾奋鸣，湍急异常，水中夹着树枝石块，转眼便流得不知去向。

这时雨下得更大了，杨过衣履尽湿，四顾水汽濛濛，蔚为奇观，但见那山洪势道太猛，心中微有惧意。

神雕伸嘴拉着他衣襟，走向溪边，似乎要他下去。杨过奇道：“下去干么？水势劲急，只怕站不住脚。”神雕放开他衣襟，“咕”的一声，昂首长啼，跃入溪中，稳稳站在溪心的一块巨石之上，左翅前扇，将上流冲下来的一块岩石打了回去，待那块岩石再次顺水冲下，又是挥翅击回，如是击了五六次，那岩石始终流不过它身边。到第七次顺水冲下时，神雕奋力振翅一击，岩石飞出溪水，掉在右岸，神雕随即跃回杨过身旁。

杨过会意，知道剑魔独孤求败昔日每遇大雨，便到这山洪中练剑，自己却无此功力，不敢便试，正自犹豫，神雕大翅突出，“刷”的一下，拂在杨过臀上。它站得甚近，杨过出其不意，身子直往溪中落去，忙使个“千斤坠”身法，落在神雕站过的那块巨石之上。双足一入水，山洪便冲得他左摇右晃，难于站稳。杨过心想：“独孤前辈是人，我也是人，他既能站稳，我如何不能?”当即屏气凝息，奋力与激流相抗，但想伸剑挑动山洪中夹带而至的岩石，却是力所不及了。

耗了一炷香时分，他力气渐尽，于是伸剑在石上一撑，跃到了岸上。他没喘息得几下，神雕又是挥翅拂来。这一次他有了提防，没给拂中，自行跃入溪心，心想：“这位雕兄当真是严师诤友，逼我练功，竟没半点松懈。它既有此美意，我难道反无上进之心?”于是气沉下盘，牢牢站住，时刻稍久，渐渐悟到了凝气用力的法门。山洪虽然越来越大，直浸到了腰间，他反而不如先前的难以支持。又过片刻，山洪浸到胸口，逐步涨到口边，杨过心道：“虽然我已站立得稳，总不成给水淹死啊!”只得纵跃回岸。

那知神雕守在岸旁,见他从空跃至,不待他双足落地,已是展翅扑出。杨过伸剑挡架,却被它这一扑之力推回溪心,扑通一声,跌入了山洪。

他双足站在溪底巨石,水已没顶,一大股水冲进了口中,若是运气将大口水逼出,那么内息上升,足底必虚,当下凝气守中,双足稳稳站定,不再呼吸。过了一会,双足一撑,跃起半空,口中一条水箭激射而出,随即又沉下溪心,让山洪从头顶轰隆轰隆的冲过,身子便如中流砥柱般在水中屹立不动。心中渐渐宁定,暗想:“雕兄教我在山洪中站立,若不使剑挑石,仍是叫它小觑了。”他生来要强好胜,便在一只扁毛畜生之前也不肯失了面子,见到溪流中带下树枝山石,便举剑挑刺,向上流反推上去。岩石在水中轻了许多,那重剑受水力一托,也已不如平时沉重,出手反感灵便。他挑刺掠击,直练到筋疲力尽,足步虚晃,这才跃回岸上。

他生怕神雕又要赶他下水,这时脚底无力,若不小休片时,已难与山洪的冲力抗拒,果然神雕不让他在岸上立足,一见他从水中跃出,登时举翅搏击。

杨过叫道:“雕兄,你这不要了我的命么?”跃回溪中站了一会,实在支持不住,终又纵回岸上,眼见神雕举翅拂来,却又不愿便此坐倒认输,只得挺剑回刺,三个回合过去,神雕竟然被他逼得退了一步。杨过叫道:“得罪!”又挺剑刺去,只听得剑刃刺出时嗤嗤声响,与往时已颇不相同。神雕见他的剑尖刺近,也已不敢硬接,迫得闪跃退避。

杨过知道在山洪中练了半日,劲力已颇有进境,不由得又惊又喜。自忖劲力增长,本来决非十天半月之功,何以在水中击刺半日,剑力竟会大进?想是那怪蛇的蛇胆定有强筋健骨的奇效,以致在不知不觉之间早已内力大增,此时于危急之际生发出来,自己这才察知。

他在溪旁静坐片刻,力气即复,这时不须神雕催逼,自行跃入溪中练剑。二次跃上时只见神雕已不在溪边,不知到了何处。眼见雨势渐小,心想山洪倏来倏去,明日再来,水力必弱,乘着此时并不觉得如何疲累,不如多练一会,当下又跃入溪心。

练到第四次跃上,便见岸旁放着两枚怪蛇的蛇胆,心中好生感激神雕爱护之德,便即吃了,又入溪心练剑。练到深夜,山洪却渐渐小了。

当晚他竟不安睡,在水中悟得了许多顺刺、逆击、横削、倒劈的剑理,到这时方始大悟,以此使剑,真是无坚不摧,剑上何必有锋?但若非这一柄比平常长剑重了数十倍的重剑,这门剑法也施展不出,寻常利剑只须拿在手里轻轻一抖,劲力未发,剑刃便早断了。

其时大雨初歇,晴空一碧,新月的银光洒在林之溪水之上。杨过瞧着山洪奔腾而下,心通其理,手精其术,知道重剑的剑法已尽于此,不必再练,便是剑魔复生,所能传授的剑术也不过如此而已。将来内力日长,所用之剑便可日轻,终于使木剑如使重剑,那只是功力自浅而深,全仗自己修为,至于剑术,却至此而达止境。

他在溪边来回闲步,仰望明月,心想若非独孤前辈留下这柄重剑,又若非神雕从旁诱导,自己因服怪蛇蛇胆而内力大增,那么这套剑术世间已不可再而得见。又想到独孤求败全无凭藉,居然能自行悟到这剑中的神境妙诣,聪明才智实是胜己百倍。

# 听听那冷雨

余光中

**【题解】**

本篇选自余光中散文集《听听那冷雨》。余光中(1928— ),台湾著名诗人、学者、文学评论家、翻译家。祖籍福建省永春县,生于江苏南京,曾就读于金陵大学、厦门大学外文系,后随父母去香港、台湾,就读并毕业于台湾大学外文系,1958年赴美留学,获得爱荷华大学艺术硕士学位,先后在美国多所大学,台湾、香港等地的多所大学任教。余光中是诗文兼具的作家,著有诗集《舟子的悲歌》《蓝色的羽毛》《钟乳石》《万圣节》《白玉苦瓜》等以及散文集《左手的缪斯》《逍遥游》《分水岭上》《记忆像铁轨一样长》《隔水呼渡》等十余种。余光中在文学评论、编辑和翻译方面也颇有建树。

惊蛰[①]一过,春寒加剧。先是料料峭峭,继而雨季开始,时而淋淋漓漓,时而淅淅沥沥,天潮潮地湿湿,即连在梦里,也似乎有把伞撑着。而就凭一把伞,躲过一阵潇潇的冷雨,也躲不过整个雨季。连思想也都是潮润润的。每天回家,曲折穿过金门街到厦门街迷宫式的长巷短巷,雨里风里,走入霏霏令人更想入非非。想这样子的台北凄凄切切完全是黑白片的味道,想整个中国整部中国的历史无非是一张黑白片子,片头到片尾,一直是这样下着雨的。这种感觉,不知道是不是从安东尼奥尼[②]那里来的。不过那一块土地是久违了,二十五年,四分之一的世纪,即使有雨,也隔着千山万山,千伞万伞。二十五年,一切都断了,只有气候,只有气象报告还牵连在一起。大寒流从那块土地上弥天卷来,这种酷冷吾与古大陆分担。不能扑进她怀里,被她的裾边扫一扫也算是安慰孺慕[③]之情吧。

这样想时,严寒里竟有一点温暖的感觉了。这样想时,他希望这些狭长的巷子永远延伸下去,他的思路也可以延伸下去,不是金门街到厦门街,而是金门到厦门。他是厦门人,至少是广义的厦门人,二十年来,不住在厦门,住在厦门街,算是嘲弄吧,也算是安慰。不过说到广义,他同样也是广义的江南人,常州人,南京人,川娃儿,五陵少年[④]。杏花春雨江南[⑤],那是他的少年时代了。再过半个月就是清明。安东尼奥尼的镜头摇过去,摇过去又摇过来。残山剩水犹如是,皇天后土犹如是。纭纭黔首[⑥]、纷纷黎民从北到南犹如是。那里面是中国吗?那里面当然还是中国,永远是中国。只是杏花春雨已不再,牧童遥指[⑦]已不再,剑门细雨渭城轻尘[⑧]也都已不再。然则他日思夜梦的那片土地,究竟在哪里呢?

在报纸的头条标题里吗?还是香港的谣言里?还是傅聪的黑键白键马思聪[⑨]的跳弓拨弦?还是安东尼奥尼的镜底勒马洲的望中?还是呢,故宫博物院的壁头和玻璃柜内,京戏的锣鼓声中太白和东坡的韵里?

杏花,春雨,江南。六个方块字,或许那片土就在那里面。而无论赤县也好神州也好中国也好,变来变去,只要仓颉[⑩]的灵感不灭,美丽的中文不老,那形象,那磁石一般的向心力当必然长在。因为一个方块字是一个天地。太初有字,于是汉族的心灵他祖先的回忆和希望便有了寄托。譬如凭空写一个“雨”字，点点滴滴，滂滂沱沱，淅淅沥沥，一切云情雨意，就宛然其中了。视觉上的这种美感，岂是什么 rain 也好 pluie[11] 也好所能满足？翻开一部《辞源》或《辞海》，金木水火土，各成世界，而一入“雨”部，古神州的天颜千变万化，便悉在望中，美丽的霜雪云霞，骇人的雷电霹雹，展露的无非是神的好脾气与坏脾气，气象台百读不厌门外汉百思不解的百科全书。

听听，那冷雨。看看，那冷雨。嗅嗅闻闻，那冷雨，舔舔吧，那冷雨。雨下在他的伞上这城市百万人的伞上雨衣上屋上天线上，雨下在基隆港在防波堤海峡的船上，清明这季雨。雨是女性，应该最富于感性。雨气空濛而迷幻，细细嗅嗅，清清爽爽新新，有一点点薄荷的香味，浓的时候，竟发出草和树沐发后特有的淡淡土腥气，也许那竟是蚯蚓和蜗牛的腥气吧，毕竟是惊蛰了啊。也许地上的地下的生命，也许古中国层层叠叠的记忆皆蠢蠢而蠕，也许是植物的潜意识和梦吧，那腥气。

第三次去美国，在高高的丹佛山居住了两年。美国的西部，多山多沙漠，千里干旱。天，蓝似盎格鲁·撒克逊人的眼睛；地，红如印第安人的肌肤；云，却是罕见的白鸟。落基山簇簇耀目的雪峰上，很少飘云牵雾。一来高，二来干，三来森林线以上，杉柏也止步，中国诗词里“荡胸生层云”[12]，或是“商略黄昏雨”[13]的意趣，是落基山上难睹的景象。落基山岭之胜，在石，在雪。那些奇岩怪石，相叠互倚，砌一场惊心动魄的雕塑展览，给太阳和千里的风看。那雪，白得虚虚幻幻，冷得清清醒醒，那股皑皑不绝一仰难尽的气势，压得人呼吸困难，心寒眸酸。不过要领略“白云回望合，青霭入看无”[14]的境界，仍须回中国。台湾湿度很高，最饶云气氤氲雨意迷离的情调。两度夜宿溪头，树香沁鼻，宵寒袭肘，枕着润碧湿翠苍苍交叠的山影和万籁都歇的岑寂，仙人一样睡去。山中一夜饱雨，次晨醒来，在旭日未升的原始幽静中，冲着隔夜的寒气，踏着满地的断柯折枝和仍在流泻的细股雨水，一径探入森林的秘密，曲曲弯弯，步上山去。溪头的山，树密雾浓，蓊郁的水汽从谷底冉冉升起，时稠时稀，蒸腾多姿，幻化无定，只能从雾破云开的空处，窥见乍现即隐的一峰半壑，要纵览全貌，几乎是不可能的。至少上山两次，只能在白茫茫里和溪头诸峰玩捉迷藏的游戏，回到台北，世人问起，除了笑而不答心自闲，故作神秘之外，实际的印象，也无非山在虚无之间罢了。云缭烟绕，山隐水迢的中国风景，由来予人宋画的韵味。那天下也许是赵家的天下，那山水却是米家的山水[15]。而究竟，是米氏父子下笔像中国的山水，还是中国的山水上纸像宋画。恐怕是谁也说不清楚了吧？

雨不但可嗅，可观，更可以听。听听那冷雨。听雨，只要不是石破天惊的台风暴雨，在听觉上总是一种美感。大陆上的秋天，无论是疏雨滴梧桐，或是骤雨打荷叶，听去总有一点凄凉，凄清，凄楚。于今在岛上回味，则在凄楚之外，更笼上一层凄迷了。饶你多少豪情侠气，怕也经不起三番五次的风吹雨打。一打少年听雨，红烛昏沉。再打中年听雨，客舟中江阔云低。三打白头听雨在僧庐下[16]。这便是亡宋之痛，一颗敏感心灵的一生：楼上，江上，庙里，用冷冷的雨珠子串成。十年前，他曾在一场摧心折骨的鬼雨中迷失了自己。雨，该是一滴湿漓漓的灵魂，窗外在喊谁。

雨打在树上和瓦上，韵律都清脆可听。尤其是铿铿敲在屋瓦上，那古老的音乐，属于中国。王禹偁[17]在黄冈，破如椽的大竹为屋瓦。据说住在竹楼上面，急雨声如瀑布，密雪声比碎玉。而无论鼓琴，咏诗，下棋，投壶[18]，共鸣的效果都特别好。这样岂不像住在竹筒里面，任何细脆的声响，怕都会加倍夸大，反而令人耳朵过敏吧。

雨天的屋瓦，浮漾湿湿的流光，灰而温柔，迎光则微明，背光则幽黯，对于视觉，是一种低沉的安慰。至于雨敲在鳞鳞千瓣的瓦上，由远而近，轻轻重重轻轻，夹着一股股的细流沿瓦槽与屋檐潺潺泻下，各种敲击音与滑音密织成网，谁的千指百指在按摩耳轮。“下雨了，”温柔的灰美人来了，她冰冰的纤手在屋顶拂弄着无数的黑键啊灰键，把晌午一下子奏成了黄昏。

在古老的大陆上，千屋万户是如此。二十多年前，初来这岛上，日式的瓦屋亦是如此。先是天黯了下来，城市像罩在一块巨幅的毛玻璃里，阴影在户内延长复加深。然后凉凉的水意弥漫在空间，风自每一个角落里旋起，感觉得到，每一个屋顶上呼吸沉重都覆着灰云。雨来了，最轻的敲打乐敲打这城市，苍茫的屋顶，远远近近，一张张敲过去，古老的琴，那细细密密的节奏，单调里自有一种柔婉与亲切，滴滴点点滴滴，似幻似真，若孩时在摇篮里，一曲耳熟的童谣摇摇欲睡，母亲吟哦鼻音与喉音。或是在江南的泽国水乡，一大筐绿油油的桑叶被啮于千百头蚕，细细琐琐屑屑，口器与口器咀咀嚼嚼。雨来了，雨来的时候瓦这么说，一片瓦说千亿片瓦说，轻轻地奏吧沉沉地弹，徐徐地叩吧挞挞地打，间间歇歇敲一个雨季，即兴演奏从惊蛰到清明，在零落的坟上冷冷奏挽歌，一片瓦吟千亿片瓦吟。

在日式的古屋里听雨，听四月，霏霏不绝的黄梅雨，朝夕不断，旬月绵延，湿黏黏的苔藓从石阶下一直侵到他舌底，心底。到七月，听台风台雨在古屋顶上一夜盲奏，千寻海底的热浪沸沸被狂风挟来，掀翻整个太平洋只为向他的矮屋檐重重压下，整个海在他的蜗壳上哗哗泻过。不然便是雷雨夜，白烟一般的纱帐里听羯鼓[19]一通又一通，滔天的暴雨滂滂沛沛扑来，强劲的电琵琶忐忐忑忑忐忐忑忑，弹动屋瓦的惊悸腾腾欲掀起。不然便是斜斜的西北雨斜斜刷在窗玻璃上，鞭在墙上打在阔大的芭蕉叶上，一阵寒潮泻过，秋意便弥漫旧式的庭院了。

在日式的古屋里听雨，春雨绵绵听到秋雨潇潇，从少年听到中年，听听那冷雨。雨是一种单调而耐听的音乐是室内乐是室外乐，户内听听，户外听听，冷冷，那音乐。雨是一种回忆的音乐，听听那冷雨，回忆江南的雨下得满地是江湖下在桥上和船上，也下在四川在秧田和蛙塘，下肥了嘉陵江下湿布谷咕咕的啼声。雨是潮潮润润的音乐下在渴望的唇上舔舔那冷雨。

因为雨是最最原始的敲打乐从记忆的彼端敲起。瓦是最最低沉的乐器灰蒙蒙的温柔覆盖着听雨的人，瓦是音乐的雨伞撑起。但不久公寓的时代来临，台北你怎么一下子长高了，瓦的音乐竟成了绝响。千片万片的瓦翩翩，美丽的灰蝴蝶纷纷飞走，飞入历史的记忆。现在雨下下来，下在水泥的屋顶和墙上，没有音韵的雨季。树也砍光了，那月桂，那枫树，柳树和擎天的巨椰，雨来的时候不再有丛叶嘈嘈切切，闪动湿湿的绿光迎接。鸟声减了啾啾，蛙声沉了阁阁，秋天的虫吟也减了唧唧。七十年代的台北不需要这些，一个乐队接一个乐队便遣散尽了。要听鸡叫，只有去《诗经》的韵里寻找。现在只剩下一张黑白片，黑白的默片。

正如马车的时代去后，三轮车的时代也去了。曾经在雨夜，三轮车的油布篷挂起，送她回家的途中，篷里的世界小得多可爱，而且躲在警察的辖区以外，雨衣的口袋越大越好，盛得下他的一只手里握一只纤纤的手。台湾的雨季这么长，该有人发明一种宽宽的双人雨衣，一人分穿一只袖子，此外的部分就不必分得太苛。而无论工业如何发达，一时似乎还废不了雨伞。只要雨不倾盆，风不横吹，撑一把伞在雨中仍不失古典的韵味。任雨点敲在黑布伞或是透明的塑料伞上，将骨柄一旋，雨珠向四方喷溅，伞缘便旋成了一圈飞檐。跟女友共一把雨伞，该是一种美丽的合作吧。最好是初恋，有点兴奋，更有点不好意思，若即若离之间，雨不妨下大一点。真正初恋，恐怕是兴奋得不需要伞的，手牵手在雨中狂奔而去，把年轻的长发和肌肤交给漫天的淋淋漓漓，然后向对方的唇上颊上尝凉凉甜甜的雨水。不过那要非常年轻且激情，同时，也只能发生在法国的新潮片里吧。

大多数的雨伞想不会为约会张开。上班下班，上学放学，菜市来回的途中，现实的伞，灰色的星期三。握着雨伞，他听那冷雨打在伞上。索性更冷一些就好了，他想。索性把湿湿的灰雨冻成干干爽爽的白雨，六角形的结晶体在无风的空中回回旋旋地降下来。等须眉和肩头白尽时，伸手一拂就落了。二十五年，没有受故乡白雨的祝福，或许发上下一点白霜是一种变相的自我补偿吧。一位英雄，经得起多少次雨季？他的额头是水成岩削成还是火成岩？他的心底究竟有多厚的苔藓？厦门街的雨巷走了二十年与记忆等长，一座无瓦的公寓在巷底等他，一盏灯在楼上的雨窗子里，等他回去，向晚餐后的沉思冥想去整理青苔深深的记忆。前尘隔海，古屋不再。听听那冷雨。

一九七四年春分之夜

**【注释】**

① 惊蛰：二十四节气之一，在公历3月5、6日或7日，春雷始鸣，蛰伏过冬的动物开始惊起活动。

② 安东尼奥尼：世界著名的意大利电影导演，20世纪电影的代表性人物，从20世纪40年代到80年代初，安东尼奥尼拍摄了近30部影片，其中《奇遇》《夜》《蚀》《红色沙漠》《放大》等作品已经成为电影史上的经典。

③ 孺慕：幼童爱慕父母之情。

④ 五陵少年：汉代长安北面有五座帝王陵墓，五陵附近是当时豪侠少年经常聚集之地。

⑤ 杏花春雨江南：元代诗人虞集诗《风入松》中的句子。

⑥ 黔首：古代对百姓的称呼。

⑦ 牧童遥指：杜牧《清明》有诗句"牧童遥指杏花村"。

⑧ 剑门细雨：陆游《剑门道中遇微雨》有诗句"细雨骑驴入剑门"。渭城轻尘：王维《送元二使安西》有诗句"渭城朝雨浥轻尘"。

⑨ 傅聪：当代著名钢琴家，翻译家傅雷之子。马思聪：当代著名小提琴家。

⑩ 仓颉(jié)：传说中创造汉字的人。

⑪ rain：英文"下雨"的意思。Pluie：法文"下雨"的意思。

⑫ 荡胸生层云：唐代大诗人杜甫诗《望岳》中的句子。

⑬ 商略黄昏雨：宋代词人姜夔词《点绛唇》中的句子。

⑭ 白云回望合，青霭入看无：王维诗《终南山》中的句子。

⑮ 米家的山水：宋代著名画家米芾与其子米友仁擅长山水画，自成一家。

⑯ "一打少年听雨"数句：出自宋代词人蒋捷词《虞美人》中的意境。

⑰ 王禹偁(chēng)(954—1001)：宋代文学家，贬低官黄州(今湖北黄冈)时曾作《黄州新建小竹楼记》。

⑱ 投壶：古代的一种游戏，在宴会上宾主用箭投向盛酒的壶口，以投中多少决胜负，负者饮酒。

⑲ 羯鼓：由西域传入，流行于我国唐代的一种打击乐器，形似现在的腰鼓，两头敲击，声音响亮。

**【提示】**

余光中因《乡愁》一诗而博得"乡愁诗人"的美誉，乡愁是他的诗文作品中一以贯之的永恒主题。《听听那冷雨》是余光中的散文代表作，它所抒发的，同样是一缕刻骨铭心而又剪拂不断的乡愁。这个老生常谈的题材，在余光中笔下不仅常写常新，而且越写越厚重。

余光中是一位具有浓重乡土情怀的作家，他1949年去台湾，二十五年背井离乡的经历积淀成了幽远而无法割舍的故土情思。他自己曾说"萦绕在我心头的仍旧是挥之不去的乡愁"，《听听那冷雨》写于20个世纪70年代中期。作者将满腔的乡愁，放置到宏阔的文化和历史空间来抒发，使愁情显得悠远深沉。文章以"听雨"为线索，通过对台湾春寒料峭中漫长雨季的细腻感受的描写，真切地勾勒出一个在冷雨中孑然独行的游子形象，委婉地传达出漂泊异乡者浓郁的孤独感和思乡之情，表现出远离故土的知识分子对中华传统文化的深情依恋和由衷的赞美，体现出作者强烈的故土情结和中国意识。余光中说:“我慢慢意识到,我的乡愁现在应该是对包括地理,历史和文化在内的整个中国的眷恋”。对“整个中国的眷恋”,这就是余光中的乡愁诗文高出他人的地方。

《听听那冷雨》在艺术上也具有鲜明的特色。

首先,由抒情主人公与作品的整个氛围营造了一个幽远深广、迷离温馨的思乡意境。通过雨中幽远的情思,作家把对少年生活的回忆、中国大陆古老的文明、古诗画的意境以及对现实生活的诸多感受汇集在一起,唱出了一曲委婉悠长的歌。其次,联想绮丽而自然多变,并大量采用了比喻、对照、烘托等表现手法,取得了良好的艺术效果。“雨不但可嗅,可观,更可以听。”由雨中的金门街到厦门街,想到金门和厦门;从常州人、南京人、川娃子、江南人,想到杏花春雨江南;从杏花、春雨、江南,想到方块字和中国古老的文化。时而过去,时而今天;时而台湾、大陆,时而美国、日本。通过这种意识流似的丰富联想,读者得以细细体会一个游子浓郁的思乡之愁,乡愁的内容也不断深化。而雨中的听觉、视觉、味觉、嗅觉等诸多感觉方式的奇妙结合,更是编织了一幅奇特的思乡图。再次,作品的文字华丽典雅而富于弹性,巧妙地融古典语汇与现代白话于一炉,具有极强的音乐感和节奏感。余光中有着深厚的古典文化修养,又接受了系统的白话文训练,在创作中自然得心应手、游刃有余。他在行文时,巧妙地将许多古诗名句嵌入其中而丝毫不露斧凿痕迹;运用长短相间的句式,富于变化,造成文章结构上的美感;又大量采用双声、叠韵、叠字、排比、对偶以及通感手法等艺术手段,营造出类似于打击乐的音响效果,增强了作品的音乐感和节奏感,使文章具有诗歌一般优美的意境和韵律,节奏明快而又典雅清丽。

**【思考与练习】**

1. 余光中的乡愁是一种文化上的乡愁,请结合本文具体分析。
2. 分析本文中“雨”的意象的丰富内涵。
3. 作者在文章中引用了大量的古典诗词,还运用了诸如对偶、排比、双声、叠字、通感等各种修辞手法,请分析这些艺术表现手段在文章中所起的作用。

# 江南小镇（节选）

余秋雨

**【题解】**

本篇选自《文化苦旅》。余秋雨（1946— ），浙江余姚人，当代著名艺术理论家、文化史学者、散文家。曾任上海戏剧学院院长、教授，上海写作学会会长。辞职后继续从事教学和写作。主要学术著作《戏剧理论史稿》为中国内地首部完整阐述世界各国戏剧文化和理论发展的著作，《戏剧审美心理学》是中国首部戏剧美学著作，散文集《文化苦旅》《文明的碎片》《秋雨散文》《山居笔记》。余秋雨以学者深厚的文化素养、深沉思考和独到的表现方式创作出别具一格的历史文化大散文，受到海内外华人的广泛赞誉。

## 一

我一直想写写“江南小镇”这个题目，但又难于下笔。江南小镇太多了，真正值得写的是哪几个呢？一一拆散了看，哪一个都构不成一种独立的历史名胜，能说的话并不太多；然而如果把它们全躲开了，那就是躲开了一种再亲昵不过的人文文化，躲开了一种把自然与人情搭建得无比巧妙的生态环境，躲开了无数中国文人心底的思念与企盼，躲开了人生苦旅的起点和终点，实在是不应该的。

我到过的江南小镇很多，闭眼就能想见，穿镇而过的狭窄河道，一座座雕刻精致的石桥，傍河而筑的民居，民居楼板底下就是水，石阶的埠头从楼板下一级级伸出来，女人正在埠头上浣洗，而离她们只有几尺远的乌篷船上正升起一缕白白的炊烟，炊烟穿过桥洞飘到对岸，对岸河边有又低又宽的石栏，可坐可躺，几位老人满脸宁静地坐在那里看着过往船只。比之于沈从文笔下的湘西河边由吊脚楼组成的小镇，江南小镇少了那种浑朴奇险，多了一点畅达平稳。它们的前边没有险滩，后边没有荒漠，因此虽然幽僻却谈不上什么气势；它们大多很有一些年代了，但始终比较滋润的生活方式并没有让它们保留下多少废墟和遗迹，因此也听不出多少历史的浩叹；它们当然有过升沉荣辱，但实在也未曾摆出过太堂皇的场面，因此也不容易产生类似于朱雀桥、乌衣巷的沧桑之慨。总之，它们的历史路程和现实风貌都显得平实而耐久，狭窄而悠久，就像经纬着它们的条条石板街道。

堂皇转眼凋零，喧腾是短命的别名。想来想去，没有比江南小镇更足以成为一种淡泊而安定的生活表征的了。中国文人中很有一批人在入世受挫之后逃于佛、道，但真正投身寺庙道观的并不太多，而结庐荒山、独钓寒江毕竟会带来基本生活上的一系列麻烦。“大隐隐于市”，最佳的隐潜方式莫过于躲在江南小镇之中了。与显赫对峙的是常态，与官场对峙的是平民，比山林间的衰草茂树更有隐蔽力的是消失在某个小镇的平民百姓的常态生活中。山林间的隐蔽还保留和标榜着一种孤傲，而孤傲的隐蔽终究是不诚恳的；小镇街市间的隐蔽不仅不必故意地折磨和摧残生命,反而可以把日子过得十分舒适,让生命熨贴在既清静又方便的角落,几乎能把自身由外到里溶化掉,因此也就成了隐蔽的最高形态。说隐蔽也许过于狭隘了,反正在我心目中,小桥流水人家,莼鲈之思,都是一种宗教性的人生哲学的生态意象。

当代大都市的忙人们在假日或某个其他机会偶尔来到江南小镇,会使平日的行政烦嚣、人事喧嚷、滔滔名利、尔虞我诈立时净化,在自己的鞋踏在街石上的清空声音中听到自己的心跳,不久,就会走进一种清空的启悟之中,流连忘返。……

## 二

像多数江南小镇一样,周庄得坐船去才有味道。我约了两个朋友从青浦淀山湖的东南岸雇船出发,向西横插过去,走完了湖,就进入了纵横交错的河网地方。在别的地方,河流虽然也可以成为运输的通道,但对普通老百姓的日常行旅来说大多是障碍,在这里则完全不同,河流成了人们随脚徜徉的大街小巷。一条船一家人家,悠悠走着,不紧不慢,丈夫在摇船,妻子在做饭,女儿在看书,大家对周围的一切都熟悉,已不愿东张西望,只听任清亮亮的河水把他们浮载到要去的地方。我们身边擦过一条船,船头坐了两位服饰齐整的老太,看来是走亲戚去的,我们的船驶得太快,把水沫溅到老太的新衣服上了,老太撩了撩衣服下摆,嗔色地指了指我们,我们连忙拱手道歉,老太立即和善地笑了。这情景就像街市间不小心碰到了别人随口说声"对不起"那样自然。

两岸的屋舍越来越密,河道越来越窄,从头顶掠过去的桥越来越短,这就意味着一座小镇的来临。中国很多地方都长久地时行这样一首儿歌:"摇摇摇,摇到外婆桥",不知多少人是在这首儿歌中摇摇摆摆走进世界的。人生的开始总是在摇篮中,摇篮就是一条船,它的首次航行目标必定是那座神秘的桥,慈祥的外婆就住在桥边。早在躺在摇篮里的年月,我们构想中的这座桥好像也是在一个小镇里。因此,不管你现在多大,每次坐船进入江南小镇的时候,心头总会渗透出几缕奇异的记忆,陌生的观望中潜伏着某种熟识的意绪。周庄到了,谁也没有告诉我们,但我们知道。这里街市很安静,而河道却很热闹,很多很多的船来往交错,也有不少船泊在岸边装卸货物,更有一些人从这条船跳到那条船,连跳几条到一个地方去,就像市井间借别人家的过道穿行。我们的船挤入这种热闹中,舒舒缓缓地往前走。与城市里让人沮丧的"塞车"完全不同,在河道上发觉前面停的一条船阻碍了我们,只须在靠近时伸出手来,把那条船的船帮撑持一下,这条船就会荡开去一点,好让我们走路。那条船很可能在装货,别的船来来往往你撑一下我推一把,使它的船身不停地晃晃悠悠,但船头系结在岸桩上,不会产生任何麻烦,装货的船工一径乐呵呵地忙碌着,什么也不理会。

小镇上已有不少像我们一样的旅游者,他们大多是走陆路来的,一进镇就立即领悟了水的魅力,都想站在某条船上拍张照,他们蹲在河岸上恳求船民,没想到这里的船民爽快极了,想坐坐船还不容易?不仅拍了照,还让坐着行驶一阵,分文不取。他们靠水吃饭,比较有钱,经济实力远超这些旅行者。近几年,电影厂常来小镇拍一些历史题材的片子,小镇古色古香,后来干脆避开一切现代建筑方式,很使电影导演们称心,但哪来那么多群众角色呢?小镇的居民和船民非常帮衬,一人拿了套戏装往身上一披,照样干活,你们拍去吧。我去那天,不知哪家电影厂正在桥头拍一部清朝末年的电影,桥边的镇民、桥下的船民很多都穿上了清朝农民的服装在干自己的事,没有任何不自然的感觉,倒是我们这条船靠近前去,成了擅闯大清村邑的番邦夷人。

从船上向河岸一溜看去,好像凡是比较像样的居舍门口都有自用码头。这是不奇怪的,河道就是通衢，码头便是大门，一个大户人家哪有借别人的门户迎来送往的道理？遥想当年，一家人家有事，最明显的标志是他家码头口停满了大大小小的船只，主人便站在码头上频频迎接。我们的船在一个不小的私家码头停下了，这个码头属于一所挺有名的宅第，现在叫做“沈厅”，原是明代初年江南首富沈万山的居所。

江南小镇历来有藏龙卧虎的本事，你看就这么些小河小桥竟安顿过一个富可敌国的财神！沈万山的致富门径是值得经济史家们再仔细研究一阵的，不管怎么说，他算得上那个时代既精于田产管理、又善于开发商业资本的经贸实践家。有人说他主要得力于贸易，包括与海外的贸易，虽还没有极为充分的材料佐证，我却是比较相信的。周庄虽小，却是贴近运河、长江和黄浦江，从这里出发的船只可以毫无阻碍地借运河而通南北，借长江而通东西，就近又可席卷富庶的杭嘉湖地区和苏锡一带，然后从长江口或杭州湾直通东南亚或更远的地方，后来郑和下西洋的出发地浏河口就与它十分靠近。处在这样一个优越的地理位置，出现个把沈万山是合乎情理的。这大体也就是江南小镇的秉性所在，它的厉害不在于它的排场，而在于充分利用它的便利而悄然自重，自重了还不露声色，使得我们今天还闹不清沈万山的底细。

系好船缆，拾级上岸，才抬头，却已进了沈厅大门。一层层走去，600 多年前居家礼仪如在目前。这儿是门厅，这儿是宾客随从人员驻留地，这儿是会客厅，这儿是内宅，这儿是私家膳室……全部建筑呈纵深型推进状，结果，一个相当狭小的市井门洞竟延伸出长长一串景深，既显现出江南商人藏愚守拙般的谨慎，又铺张了家庭礼仪的空间规程。但是，就整体宅院论，还是算敛缩俭朴的，我想一个资产只及沈万山一个零头的朝廷退职官员的宅第也许会比它神气一些。商人的盘算和官僚的想法判然有别，尤其是在封建官僚机器的缝隙中求发展的元明之际的商人更是如此，躺在江南小镇的一个小门庭里做着纵横四海的大生意，正是他们的“大门槛”。可以想见，当年沈宅门前大小船只的往来是极其频繁的，各种信息、报告、决断、使令、契约、银票都从这里大进大出，但往来人丁大多神色隐秘、缄口不言、行色匆匆。这里也许是见不到贸易货物的，真正的大贸易家不会把宅院当作仓库和转运站，货物的贮存地和交割地很难打听得到，再有钱也是一介商人而已，没有兵丁卫护，没有官府庇荫，哪能大大咧咧地去张扬？

我没有认真研究过沈万山的心理历程，只知道这位在江南小镇如鱼得水的大商贾后来在京都南京栽了大跟头，他如此精明的思维能力毕竟只归属于经济人格而与封建朝廷的官场人格处处抵牾，一撞上去就全盘散架。能不撞上去吗？又不能，一个在没有正常商业环境的情况下惨淡经营的商人总想与朝廷建立某种亲善关系，但他不懂，建立这种关系要靠钱，又不能全靠钱，事情还有远比他的商人头脑想象的更复杂更险恶的一面。话说明太祖朱元璋定都南京（即应天府）后要像模像样地修筑城墙，在募集资金中被舆论公认为江南首富的沈万山自然首当其冲。沈万山满腹心事地走出宅院大门上船了，船只穿出周庄的小桥小河向南京驶去。在南京，他爽快地应承了筑造京城城墙三分之一（从洪武门到水西门）的全部费用，这当然是一笔惊人的巨款，一时朝野震动。事情到此已有点危险，因为他面对的是朱元璋，但他未曾自觉到，只懂得像在商业经营中那样趁热打铁，晕乎乎、乐颠颠地又拿出一笔巨款要犒赏军队。这下朱元璋勃然大怒了，你算个什么东西，凭着有钱到朕的京城里摆威风来了？军队是你犒赏得了的吗？于是下令杀头，后来不知什么原因又改旨为流放云南。

江南小镇的宅院慌乱了一阵之后陷入了长久的寂寞。中国 14 世纪杰出的理财大师沈万山没有能够回来，他长枷铁镣南行万里，最终客死戍所。他当然会在陌生的烟瘴之地夜夜梦到周庄的流水和石桥，但他的伤痕累累的人生孤舟却搁浅在如此边远的地方，怎么也驶不进熟悉的港湾了。

沈万山也许至死都搞不清究竟是什么逻辑让他受罪的。周庄的百姓也搞不清,反而觉得沈万山怪,编一些更稀奇的故事流传百年。是的,一种对中国来说实在有点超前的商业心态在当时是难于见容于朝野两端的,结果倒是以其惨败为代价留下了一些纯属老庄哲学的教训在小镇,于是人们更加宁静无为了,不要大富,不要大红,不要一时为某种异己的责任感和荣誉感而产生焦灼的冲动,只让河水慢慢流,船橹慢慢摇,也不想摇到太远的地方去。在沈万山的凄楚教训面前,江南小镇愈加明白了自己应该珍惜和恪守的生态。

……

## 四

同里最吸引人的去处无疑是著名的退思园了。我可以毫不夸张地说,这是我见过的中国古典园林中特别让我称心满意的几个中的一个。我相信,如果同里镇稍稍靠近一点铁路或公路干道,退思园必将塞满旅游的人群。但从上海到这里毕竟很不方便,从苏州过来近一些,然而苏州自己已有太多的园林,柔雅的苏州人也就不高兴去坐长途车了。于是,一座大好的园林静悄悄地待着,而我特别看中的正是这一点。中国古典园林不管依傍何种建筑流派,都要以静作为自己的韵律。有了静,全部构建会组合成一种古筝独奏般的淡雅清丽,而失去了静,它内在的整体风致也就不可寻找。在摩肩接踵的拥挤中游古典园林是很叫人伤心的事,如有一个偶然的机会,或许是大雨刚歇,游客未至,或许是时值黄昏,庭院冷落,你有幸走在这样的园林中就会觉得走进了一种境界,虚虚浮浮而又满目生气,几乎不相信自己往常曾多次来过。在人口越来越多,一切私家的古典园林都一一变成公众游观处的现代,我的这种审美嗜好无疑是一种不切实际的奢侈愿望了,但竟然有时也能满足。去年冬天曾在上海远郊嘉定县小住了十几天,每天早晨和傍晚,当上海旅游者的班车尚未到达或已经离开的时候,我会急急赶到秋霞圃去,舒舒坦坦地享受一番园林间物我交融的本味。退思园根本没有上海的旅游班车抵达,能够遇到的游客大多是一些镇上的退休老人,安静地在回廊低栏上坐着,看到我们面对某处景点有所迟疑时,他们会用自我陶醉的缓慢语调来解释几句,然后又安静地坐下去。就这样,我们从西首的大门进入,向着东面一个层次一个层次地观赏过来。总以为看完这一进就差不多了,没想到一个月洞门又引出一个新的空间,而且一进比一进美,一层比一层奇。心中早已绷着悬念,却又时时为意外发现而一次次惊叹,这让我想到中国古典园林和古典剧曲在结构上的近似。难怪中国古代曲论家王骥德和李渔都把编剧与工师营建宅院苑榭相提并论。

退思园已有100多年历史,园主任兰生便是同里人,做官做得不小,授资政大夫,赐内阁学士,任凤颍六泗兵备道,兼淮北牙百局及凤阳钞关之职,有权有势地管过现今安徽省的很大一块地方。后来他就像许多朝廷命官一样遭到了弹劾,落职了,于是回到家乡同里,请本镇一位叫袁龙的杰出艺术家建造此园。园名“退思”,立即使人想起《左传》中的那句话:“林父之事君也,进思尽忠,退思补过。”但我漫步在如此精美的园林中,很难相信任兰生动用“退思补过”这一命题的诚恳。“退”是事实,“思”也是免不了的,至于是不是在思“补过”和“事君”则不宜轻信。眼前的水阁亭榭、假山荷池、曲径回廊根本容不下一丝愧赧。好在京城很远也管不到什么了。

任兰生是聪明的。“退思”云云就像找一个官场烂熟的题目招贴一下,赶紧把安徽官任上搜刮来的钱财幻化成一个偷不去抢不走、又无法用数字估价的居住地,也不向外展示,只是一家子安安静静地住着。即使朝廷中还有觊觎者,一见他完全是一派定居的样子,没有再到官场争逐的念头了,也就放下了心,以求彼此两忘。我不知道任兰生在这个园子里是如何度过晚年的,是否再遭到过什么凶险，却总觉得在这样一个地方哪怕住下几年也是令人羡慕的，更何况对园主来说这又是祖辈生息的家乡。任兰生没有料到，这件看来纯然利己的事情实际上竟成了他毕生最大的功业，历史因这座园林把他的名字记下了，而那些凌驾在他之上，或弹劾他而获胜的衮衮诸公们却早就像尘埃一样飘散在时间的流水之中。

就这样，江南小镇款款地接待着一个个早年离它远去的游子，安慰他们，劝他们好生休息，又尽力鼓励他们把休息地弄好。这几乎已成为一种人生范式，在无形之中悄悄控制着遍及九州的志士仁人，使他们常常登高回眸、月夜苦思、梦中轻笑。江南小镇的美色远不仅仅在于它们自身，而更在于无数行旅者心中的毕生描绘。

在踏出退思园大门时我想，现今的中国文人几乎都没有能力靠一人之力建造这样的归息之地了，但是哪怕在这样的小镇中觅得较简单的住所也好呀，为什么非要挤在大都市里不可呢？我一直相信从事文化艺术与从事经济贸易、机械施工不同，特别需重有一个真正安宁的环境深入运思、专注体悟，要不然很难成为名副其实的大家。……而且，由于作家艺术家驻足其间，许多小镇的文化品位和文化声望也会大大提高。如果说我们今天的江南小镇比过去缺了点什么，在我看来，缺了一点真正的文化智者，缺了一点隐潜在河边小巷间的安适书斋，缺了一点足以使这些小镇产生超越时空的吸引力的艺术灵魂。而这些智者，这些灵魂，现正在大都市的人海中领受真正的自然意义上的“倾轧”。

“日暮乡关何处是，烟波江上使人愁。”但愿有一天，能让飘荡在都市喧嚣间的惆怅乡愁收伏在无数清雅的镇邑间，而一座座江南小镇又重新在文化意义上走向充实。只有这样，中国文化才能在人格方位和地理方位上实现双相自立。

到那时，风景旅游和人物访谒会溶成一体，“梨花村里叩重门，握手相看泪满痕”的动人景象又会经常出现，整个华夏大地也就会铺展出文化坐标上的重峦叠嶂。

**【提示】**

《江南小镇》只是余秋雨系列性文化散文中一篇很普通的文章，但足以体现余秋雨文化散文的众多特点。他以柔丽凄迷的小桥流水为背景，表现清新婉约的江阴文化和世态人情，融入了深沉厚实的文化思考。

文章第一节一开头，就用四个“躲开了”的排比句，揭示出了江南小镇的文化特点。以下(包括第三节、第四节)不管是抒写景致风情还是人物遭际还是个人感怀，都融入了这种文化意蕴。作者写周庄，对周庄的小桥流水、民情风俗作了细腻生动的描写与渲染，并着重写了周庄河水哺育出的大商人沈万山。通过沈万山特殊又不幸的人生经历，揭示了在中国封建社会中晚期，“一种对中国来说实在有点超前的商业心态在当时是难于见容于朝野两端的”历史事实，留给后人“一些纯属老庄哲学的教训”和文化反思。写同里，作者在赞叹“退思园”“一进比一进美，一层比一层奇”的同时，更“赞赏”任兰生的“聪明”选择，并由任兰生的“退思园”生发出“一种人生范式”的文化感慨，指出后人因“退思园”记住了任兰生，不仅是因为“退思园”的深邃秀美，更因园主人和这园子所富有的独特的文化内涵。这种“顺则进，退则隐”的“人生范式”在封建社会士大夫中带有极大的普遍性和代表性。徜徉于同里这样清幽的所在，作者对提升江南小镇的文化品位作了既具理性又富于诗意的思考，期盼着“一座座江南小镇又重新在文化的意义上走向充实”。

全篇无不透露作者对江南小镇秀美优雅的风景、淡泊静定的生活，古老自然的生态、柔和友善的人情的向往。这一切，都会让像作者这样的都市忙人产生无限的向往。在这里它可以使人们“平日的行政烦嚣，人事喧嚷，滔滔名利，尔虞我诈立时得到净化”，让人不知不觉中走进一种清空的启悟中。记叙、议论、抒情融为一体,而尤以富有深度的议论见长。

**【思考与练习】**

1. “中国古典园林不管依傍何种建筑流派,都要以静作为自己的韵律。有了静,全部构建会组合成一种古筝独奏般的淡雅清丽,而失去了静,它内在的整体风致也就不可寻找。”你能体会这段文字的文化内涵和美学意蕴吗?这种“静”,对消除当下人们的浮躁心态有什么意义?
2. 欣赏和品味作品的写景与议论文字,从这些文字中你体悟到什么样的人文情感和文化内涵?
3. 你以为写作历史文化散文的作者必须具备怎样的主观条件?以本文为例,分析余秋雨散文的艺术特色。
4. 游览一个景点,写一篇具有文化意蕴的散文。

# ※静夜功课

## 张承志

**【题解】**

本文选自张承志《绿风土》。张承志，回族，祖籍山东济南，1948 年生于北京。曾获历史学博士学位。主要从事北方民族史研究，后退职写作。是新时期以来极少数始终坚持自己鲜明个性的作家之一。在他的内心，一直隐藏着某种对失败的英雄崇尚，对现实的某种超时间的思考，埋藏着自己独特的精神宇宙。1978 年开始发表作品。他的处女作蒙古文诗《做人民之子》和短篇小说《骑手为什么歌唱母亲》，获得 1978 年全国优秀短篇小说奖和全国少数民族文学创作荣誉奖。《黑骏马》《北方的河》是他走向高峰的标志，分获全国优秀中篇小说奖。1987 年出版长篇小说《金牧场》。1989 年出版第一本散文集《绿风土》，1991 年《心灵史》的出版，表明他对于宗教的完全皈依。已出版著作 30 余种，有小说集《张承志集》(1993)、《清洁的精神》(1994)、文集《张承志作品集》(1995)等。

子夜清时，匀如池水的夜静谧地等待着，悄悄拍了拍，知道小女儿这回真地睡熟了。

蹑脚摸索，漆黑不见门壁。摸索着突然踢了椅子一下，轰隆砰然的炸响惊得自己晕眩了刹那。屏息听听，暗幕中流响着母亲女儿的细微鼾息——心中松了一下。

摸至椅子坐下，先静静停了一停。

读书么？没有一个读的方向。

写么？不。

清冷四合。肌肤上滑着一丝触觉，清晰而神秘。我突然觉察到今夜的心境，浮凸微明的窗棂上星光如霜粉。

我悄悄坐下了，点燃一支莫合烟。

黑暗中晃闪着的一星红点，仿佛是一个异外的谁。或者那才是我。窗外阴云，室内沉夜；黑暗充斥般流溢着，不知是乌云正在浸入，还是浓夜正在漾出。其中那一点红灼是我的魂么，我觉得双目之下的自己的肉躯，已经半溶在这暗寂中了。

我觉得那红亮静止了，仿佛不愿扰乱此界的消融。于是我坐得牢些，不再去想书籍或纸笔。

这样，有生以来第一次看见了真正的夜。我惊奇一半感叹一半地看着，黑色在不透明的视野中撕絮般无声裂开，浪头泛潮般淹没。黑的粒子像溶了但未溶匀的染料，趁夜深下着暗力染晕着。溶散有致，潮伏规矩，我看见这死寂中的一种沉默的躁力，如一场无声无影的角斗。

手痉挛了一下，触着的硬硬边缘是昨夜读着的书，高渐离的故事。

远处窗外，遥遥有汽笛凄厉地撕裂黑布般的夜，绝叫着又隐入窗外沉夜。高渐离[①]的盲眼里，不知那永恒黑暗比这一个怎样；而那杀人呼救似的汽笛嘶叫，为什么竟像是高渐离的筑声呢。

我视界中的黑暗慢慢涌来，在我注视中闭合着这一抹余空——若是王侯根本不懂音乐呢——黑潮涨满了,思路断了。

我在暗影里再辨不出来,满眼丰富变幻的黑色里没有一支古雅的筑。

那筑是凶器……

我决心这样任意遐想一回。应该有这样的夜:独自一人闭锁黑暗中思索的夜。如墨终于染透了、晕匀了六合的纸,我觉得神清目明,四体休憩了。我静静地顺从地等着,任墨般的黑夜一寸寸浸透我这一具肉躯。

墨书者,我其中信任的只有鲁迅。

但这夜阵中不见他,不见他的笔。渐离毁筑,先生失笔,黑夜把一切利器都吞掉了。是的,我睁大双眼辨了许久,黑色的形形色色中并不见那支笔。只有墨,读不破的混沌溶墨。春秋王公显然是会欣赏音乐的,而到了民国官僚们便读不懂鲁迅的墨书。古之士子奏雅乐而行刺,选的是一种美丽的武道;近之士子咯热血而著书,上的是一种壮烈的文途——但毕竟是丈夫气弱了。

因为乌云般的黑暗在浸漫淹没,路被黑夜掩蔽得毕竟窄了。

我心中残存着一丝惊异,仍然默默坐在黑暗的闭室之中。黑暗温暖,柔曼轻抚,如墨的清黑涤过心肺,渐渐海上来,悄然地没了我的顶。

近日爱读两部书,一是《史记·刺客列传》,一是《野草》。可能是因为已经轻薄为文,又盼添一分正气弥补吧,读得很细。今夜暗里冥坐,好像在复习功课。黑暗正中,只感到黑分十色,暗有三重,心中十分丰富。秦王毁人眼目,尚要夺人音乐,这不知怎么使我想着觉得战栗。高渐离举起灌铅的筑扑向秦王时,他两眼中的黑暗是怎样的呢?鲁迅一部《野草》,仿佛全是在黑影下写成,他沉吟抒发时直面的黑暗,又是怎样的呢?

这静夜中的功课,总是有始无终。

慢慢地我习惯了这样黑夜悄坐。

我觉得,我深深地喜爱这样。

我爱这启示的黑暗。

我宁静地坐着不动,心里不知为什么在久久地感动。

黑暗依然温柔,涨满后的深夜里再也没有远处闯来的汽笛声。我身心溶尽,神随浪摇,这黑暗和我已经出现了一种深深的默许和友谊。

它不再是以前那种封闭道路的围困了。此刻,这凌晨的黑暗正像一个忠实的朋友,把我和我的明日默默地联系在一起。

1988 年 7 月

**【注释】**

① 高渐离:战国末燕人。擅长击筑(一种中国古代弦乐器)。燕太子丹派荆轲谋刺秦王政(即秦始皇),渐离到易水送行,他击筑,荆轲和歌。秦朝建立后,变姓名,为人佣保。秦始皇闻其善击筑,命人熏瞎双眼,使击筑。他在筑内暗藏铅块,扑击始皇,不中,被杀。

**【提示】**

《静夜功课》是张承志散文中的优秀篇什。

在夜阑人静的“清冷四合”中，亲人安睡，作家却张开思想的翅膀，任意遐想。高渐离的筑和鲁迅的笔，都曾经作为利器而存在，“古之士子奏雅乐而行刺，选的是一种美丽的武道；近之士子咯热血而著书，上的是一种壮烈的文途——但毕竟是丈夫气弱了”。张承志崇尚古代的英雄豪气，同时尊崇鲁迅的“直面黑暗”，为的是“弥补正气”，充溢豪情。

因为长久的阅读，《刺客列传》与《野草》已经融入骨髓，在一个偶然的、墨色浸透肉躯的深夜里重新回味，感动油然而生，顿觉“神清目明，四体休憩”。在这启示的黑暗里，独自神游，静夜中的功课，总是有始无终。它通向精神的高处，通向渺远的未来。

散文中想象与思辨结合，运用意识流的方法进行结构，节奏舒缓，语言精美。

**【思考与练习】**

1. 作者所说的“静夜功课”是什么功课？你是否有过这种静夜的功课？
2. 作者是用一种怎样的方式结构这篇散文的？

# 白色鸟

## 何立伟

**【题解】**

本篇选自《人民文学》1984年10期。何立伟(1954— ),湖南长沙人,当代作家。少年时在长沙市第一中学学习,“文革”中当过工人,后就读于湖南师范学院中文系。1983年发表第一篇短篇小说《石匠留下的歌》。1984年发表《白色鸟》,获得1984年全国优秀短篇小说奖。主要作品还有《淘金人》《小城无故事》,中篇小说《花非花》《苍狗》等。何立伟善于以简洁明快的语言描绘自然风光与浓郁的风俗乡情,创造一种诗化的意境,将凝重的情感与严肃的主题浓缩在作品诗化的意境之中。

夏天到来,
令我回忆。
——外国民歌《夏天的回忆》

设若七月的太阳并非如此热辣,那片河滩就不会这么苍凉这么空旷。惟嘶嘶的蝉鸣充实那天空,因此就有了晴朗的寂寞。又何况还是正午,云和风,统不知踅(xué)到哪个角弯里去了。

然而长长河滩上,不久即有了小小两个黑点;又慢慢晃动慢慢放大。在那黑点移动过的地方,就迤逦了两行深深浅浅歪歪趔趔的足印,酒盅似的,盈满了阳光,盈满了从堤上飘逸过来的野花的芳香。

还格格格格盈满清脆如葡萄的笑音。

却是两个少年!一个白皙,一个黝黑。疯疯癫癫走拢来。那白皙的,瘦,着了西装的短裤,和短袖海魂衫,皮带上斜斜插得有一把树丫做的弹弓。那黝黑的呢,缺了一颗门牙,偏生却喜欢咧开嘴巴打哈哈,而且赤膊。夏天的太阳,连他脚趾缝都晒黑了,独晒不黑他那剩下的一颗门牙。同时脑壳上还长了一包疖子,红肿如柿子的疖子。

少年边走边弯腰,汗粒晶晶莹莹种在了河滩上。

“唉呀,累。晒死人呐!”

“就歇歇憩吧。城里人没得用。”

在高高的河堤旁,少年坐下来歇憩。鼻翅就一扇一扇。河堤上或红或黄野花开遍了,一盏一盏如歌的灿烂!就把两只竹篮懒懒扔在了足旁。紫色的马齿苋,各个有了大半篮,这马齿苋,乡下人拿来摊在门板上晾晒干了,就炒通红通红的辣椒,嫩得很,爽口得很,城里人大约是难得一尝的。故而那白皙的少年,也就极欢喜外婆喷喷香香炒的马齿苋干菜,咽绿豆稀饭,外婆呢自然淡淡一笑:“这伢崽!”

“扯霸王草?”黝黑的少年提议道。

“要得。要得!”

“输了打手板心?”

“打手板心就打手板心!”

便一来一去扯霸王草,输赢并不要紧的,所要的是快活。蝉声嘶嘶嘶嘶叫得紧。太阳好大。

待这游戏玩腻了,又采马齿苋。满满的一篮子了,再也盛不下一点点了。就又坐下来歇憩。那白皙的少年解下弹弓,捡了颗石子努力一射,咚地在那河心地方,就起了小小一朵洁白水花。

“咦呀好远!”

“我要射到河边去。”

“吹牛皮。”

“我才不吹呐。”

而那河水,似乎有了伤痛,就很匆遽地流,粼粼闪闪。这是南方有名的一条河,日夜的流去流来无数美丽抑或忧伤的故事,古老而新鲜。间常一页白帆,日历一样翻过去了,在陡然剩下的寂寥里,细浪于是轻轻腾起,湿津津地舔着岸。有小鱼小虾蹦蹦跳跳。卵石好洁净。

“我现在要考一考你。”白皙的少年忽然说。

“考么子? 最不喜欢考试!”

“你看出来左边的岸和右边的岸,有哪样不同?”

“左边有苞谷地。右边没有。”

“不是问这个呐。”

“左边……有个排灌站。右边没有。”

“不是问这个呐!”

到后来那黝黑少年终于摇脑壳了。

“哎呀你,看呐,左岸要平一些,右岸要高一些。还没看出来?”

“吔,吔,真的咧!”

“这里头有道理。你晓得啵?”

就又把那生了疖子的脑壳摇来摇去:“讲 ,晓得就讲 。”

“我表哥,他讲这是地球自己转动造成的!”

“啧,啧,你晓得好多道理。”

白皙的少年于是笑。乌黑眼瞳也就熠熠地亮。然而忘记了,采马齿苋却是那乡下少年教会了他的;还教会了他如何烧苞谷吃,如何钓麻拐(田鸡)……人各有自己的聪明与骄傲,奈何不得的。

蝉声稍稍有了歇止。

“好安静。”

“是咧。”

“采了这样多的马齿苋。回去外婆会高兴咧!”

“当然啰。表扬你做得事啰!”

那白皙少年,于默想中便望到外婆高兴的样子。银发在眼前一闪一闪。怪不得,他是外婆带大的。童年浪漫如月船,泊在了外婆的臂弯里。臂弯是宁静又温暖。

却忽然一天,外婆就打起包袱到乡下来了。竟不晓得为什么。

方才吃午饭时候,有人隔了田塍喊外婆,声音好大。待外婆回来,就带了这黝黑的少年——他的朋友,叫他们一起去玩,远远地到河边上去玩。采马齿苋,划水,随便。总之要痛快玩它一下午。“听话,莫出事,没断黑不要回来。”一人给了一只大竹篮。其实头上太阳,正如烧红的一柄烙铁。白皙的少年好高兴,同时又惊诧。因为平日的下午外婆一定逼他睡午觉,一定不准他出来玩。

蝉声又抑扬了起来。一只两只野蜂在头上转,嗡嗡嘤嘤。黝黑的少年于是说:“划水好啵?”“划到对岸去?”“好的。”眯了眼睛望对面绿色的岸,和远远淡青的山。“好的,好的。”

“比赛?”

“比赛。”

“输了是狗变的?”

“狗变的就狗变的。”

黝黑的少年便笑了,缺了门牙的笑很羞涩很动人。

因此扑通地一齐扎到河里头去。河水清凉又温柔。轻轻托起一黑一白赤条条两个少年,轻轻忽开忽谢着一朵一朵漂亮的水花。那城里来的少年,几乎呛水了,因为他想要笑,因为他看到他的朋友,游泳的姿势应当叫作“狗爬式”,几多滑稽。又还从那缺了牙的口里,噗噗地朝他喷水。远处一页白帆,正慢慢慢慢吻过来。真好玩,真快活。

并且这边的岸,景致又不同。是泱泱的一片水草咧。水草几多葳蕤,后面呢则是芦苇林。汪汪的绿着,恰如少年的梦想。

“咦呀！这地方,几多好看。”

“城里来的才讲它好看。”

赤条条的少年站在岸上。一个白皙,一个黝黑。头发湿漉漉的。情绪倒比天空还要晴朗。

然而那白皙的少年,陡然闷声一喊,就朝后面倒退几步,踉踉跄跄。

——水草里头有条蛇!

“莫怕,”黝黑少年说,“莫怕,水蛇。”

同时猫腰下去,极快地捉住蛇尾随手一扬,那蛇便如闪电,倏忽落在了河里头。好吓人！白皙的少年出了大半身汗,立即对他的朋友生了景仰。

朋友就问他:“你眼睛好不好?”

“右边是一点二。”

“莫怕。明日我捉了金环蛇银环蛇,取了胆来给你吃,包你眼睛就好。”

自然又平添了若干的景仰。看到那缺了门牙像小小一眼鼠洞,便觉得又亲切,又好笑。

刚刚还要讲几句话,朋友忽然竖起食指止住了,耳语道:“莫作声。快看。”

“什么?”

“那边。”

“——咦呀!”

在那边,白皙的少年看见了两只水鸟。雪白雪白的两只水鸟,在绿生生的水草边,轻轻梳理那晃眼耀目的羽毛。美丽。安详。而且自由自在。

什么时候落下来的呢?

白皙的少年想:哎呀,要是把弹弓带过河来,几多好！然而立即又不敢这么想。因为那美丽和平自由的生命,实在整个的征服了他。便连气也不敢大声喘了。

四野好静。唯河水与岸呢呢喃喃。软泥上有硬壳的甲虫在爬动,闪闪的亮。水草的绿与水鸟的白,于是叫人感动。

“要捉住就好咧,养起它来天天看个饱。”黝黑的少年悄声道。

“嗯——”

“你不喜欢?”

“比你喜欢得多咧!”

黝黑的一笑,也就哑默无语了。疖子隐隐地痛。

那鸟恩恩爱爱,在浅水里照自己的影子。而且交喙,而且相互的摩擦着长长的颈子。便同这天同这水,同这汪汪一片静静的绿,浑然的简直如一幅画图了。

赤条条的少年,于是伏到草地里头觑。草好痒人,却不敢动,不敢稍稍对这画图有破坏。天蓝蓝地胶着光脊的背。

空气呢在燃烧。无声无息,无边无际。

忽然传来了锣声,哐哐哐哐哐,从河那边。

“做什么敲锣?”

“呵呀,忘呐,”黝黑的少年,立即皮球似的弹起来,满肚皮都是泥巴。“开斗争会! 今天下午开斗争会!”

啪啦啦啦,这锣声这喊声,惊飞了那两只水鸟。从那绿汪汪里,雪白地滑起来,悠悠然悠悠然远逝了。

天好空阔,夏日的太阳陡然一片辉煌。

**【提示】**

《白色鸟》可以称得上是一种诗化的小说。它淡化人物,虚化情节。摒弃了传统小说追求故事情节、刻画人物形象的模式,而向重感觉、重情调、重氛围的情绪——心理模式迈进。小说中一白一黑两个男孩,无名无姓,虽然两人各有所长,但作者并不着意刻画他们的性格,也不企图通过他们来叙述一个什么故事。作者只是描写两个孩子夏日里的几个游戏片段,尽力渲染那种呈原始状态的人性美、自然美,并且用“白色鸟”将这种美推向极致,创造人与自然相融相化的诗的意境。最后以象征“文化大革命”的斗争会的锣鼓声惊飞了白色鸟,破坏了人与自然的和谐宁静,揭示全文的主题,表达了作者对丑恶事物的强烈憎恶。

语言是形成作家独特风格的重要因素。《白色鸟》就是因了它的极有个性的创造性的语言才成为“诗化小说”的。作者打破语言的逻辑规范,以感觉化和情绪化的语言创造了类似唐人绝句的小说,读来有一种沁人肺腑之感。小说成功地运用了象征手法,无论是赤条条的两个少年,还是白色鸟,还是小说创造的整个画面、情调,都极富象征意味。正是这独特的语言风格和象征手法的运用,才使小说产生了韵外之致、象外之象,取得了良好的艺术效果。

**【思考与练习】**

1. 这篇小说与其他揭露“文化大革命”的“伤痕小说”在创作方法上有什么不同,你是否认同作者的这种审美追求? 为什么?
2. 具体分析小说的语言特色。你以为语言对形成作品风格有什么作用?
3. 领悟贯穿全篇的象征手法,领悟小说的主题。

# ※我很重要

## 毕淑敏

**【题解】**

本文选自《毕淑敏文集》。毕淑敏(1952— ),女,祖籍山东文登,1952年出生于新疆伊宁,1969年入伍,在西藏阿里高原部队当兵11年。1980年转业回北京。一级作家,内科主治医师、北师大文学硕士。曾获《小说月报》第四、五、六届百花奖、当代文学奖、北京文学奖、昆仑文学奖、解放军文艺奖、青年文学奖、台湾第17届联报文学奖等各种文学奖30余次。著有《毕淑敏文集》八卷,长篇小说《红处方》《血玲珑》《拯救乳房》《女心理师》(2007年4月出版),中短篇小说集《女人之约》《昆仑殇》《预约死亡》,散文集《婚姻鞋》《素面朝天》《保持惊奇》《提醒幸福》,短篇集《白杨木鼻子》等。本文颠覆了多年来集体重于个人的传统价值观。是一篇对个体生命的价值和意义进行思考的,带有浓郁哲理思辨色彩的散文;也是一篇对漠视人的尊严、人的生命的批判檄文。作者从人的自然属性和社会属性两个层面,诠释了作为个体生命的"我"存在的价值。"我很重要"是个性意识觉醒之后的大声呐喊,揭示出"珍视个体生命,热爱生活,努力实现自我生命价值"的深刻主题。

当我说出"我很重要"这句话的时候,颈项后面掠过一阵战栗。我知道这是把自己的额头裸露在弓箭之下了,心灵极容易被别人的批判洞伤。

许多年来,没有人敢在光天化日之下表示自己"很重要"。我们从小受到的教育都是——"我不重要"。

作为一名普通士兵,与辉煌的胜利相比,我不重要。

作为一个单薄的个体,与浑厚的集体相比,我不重要。

作为一位奉献型的女性,与整个家庭相比,我不重要。

作为随处可见的人的一分子,与宝贵的物质相比,我们不重要。

当我在国外的一份刊物上看到"一个人的价值胜于整个世界"的口号时,曾大惑不解。

我们——简明扼要地说,就是每一个单独的"我"——到底重要还是不重要?

我是由无数星辰日月草木山川的精华汇聚而成的。只要计算一下我们一生吃进去多少谷物,饮下了多少清水,才凝聚成一具美轮美奂(这个词本是形容建筑物的,在此是误用——编者)的躯体,我们一定会为那数字的庞大而惊讶。平日里,我们尚要珍惜一粒米、一叶菜,难道可以对亿万粒菽粟亿万滴甘露濡养出的万物之灵,掉以丝毫的轻心吗?

当我在博物馆里看到北京猿人窄小的额和前凸的吻时,我为人类原始时期的粗糙而黯然。他们精心打制出的石器,用今天的目光看来不过是极简单的玩具。如今很幼小的孩童,就能熟练地操纵语言,我们才意识到已经在进化之路上前进了多远。我们的头颅就是一部历史,无数祖先进步的痕迹储存于脑海深处。我们是一株亿万斯年苍老树干上最新萌发的绿叶,不单属于自身,更属于土地。人类的精神之火,是连绵不断的链条,作为精致的一环,我们否认了自身的重要,就是推卸了一种神圣的承诺。

回溯我们诞生的过程,两组生命基因的嵌合,更是充满了人所不能把握的偶然性。我们每一个个体，都是机遇的产物。

常常遥想，如果是另一个男人和另一个女人，就绝不会有今天的我……

即使是这一个男人和这一个女人，如果换了一个时辰相爱，也不会有此刻的我……

即使是这一个男人和这一个女人在这一个时辰，由于一片小小落叶或是清脆鸟啼的打搅，依然可能不会有如此的我……

一种令人怅然以至走入恐惧的想象，像雾霭一般不可避免地缓缓升起，模糊了我们的来路和去处，令人不得不断然打住思绪。

我们的生命，端坐于概率垒就的金字塔的顶端。面对大自然的鬼斧神工，我们还有权利和资格说我不重要吗？

对于我们的父母，我们永远是不可重复的孤本。无论他们有多少儿女，我们都是独特的一个。

假如我不存在了，他们就空留一份慈爱，在风中蛛丝般无法附丽飘荡。

假如我生了病，他们的心就会皱缩成石块，无数次向上苍祈祷我的康复，甚至愿灾痛以十倍的烈度降临于他们自身，以换取我的平安。

我的每一滴成功，都如同经过放大镜，进入他们的瞳孔，摄入他们心底。

假如我们先他们而去，他们的白发会从日出垂到日暮，他们的泪水会使太平洋为之涨潮。

面对这无法承载的亲情，我们还敢说我不重要吗？

我们的记忆，同自己的伴侣紧密地缠绕在一处，像两种混淆于一碟的颜色，已无法分开。你原先是黄，我原先是蓝，我们共同的颜色是绿，绿得生机勃勃，绿得苍翠欲滴。失去了妻子的男人，胸口就缺少了生死攸关的肋骨，心房裸露着，随着每一阵轻风滴血。失去了丈夫的女人，就是齐斩斩折断的琴弦，每一根都在雨夜长久地自鸣……

面对相濡以沫的同道，我们忍心说我不重要吗？

俯对我们的孩童，我们是至高至尊的唯一。我们是他们最初的宇宙，我们是深不可测的海洋。假如我们隐去，孩子就永失淳厚无双的血缘之爱，天倾东南，地陷西北，万劫不复。盘子破裂可以粘起，童年碎了，永不复原。伤口流血了，没有母亲的手为他包扎。面临抉择，没有父亲的智慧为他谋略……

面对后代，我们有胆量说我不重要吗？

与朋友相处，多年的相知，使我们仅凭一个微蹙的眉尖、一次睫毛的抖动，就可以明了对方的心情。假如我不在了，就像计算机丢失了一份不曾复制的文件，记忆库里留下不可填补的黑洞。夜深人静时，手指在揿了几个电话键码后，骤然停住，那一串数字再也用不着默诵了。逢年过节时，写下一沓沓的贺卡。轮到我的地址时，只有闭上眼睛……许久之后，将一张没有地址只有姓名的贺卡填好，在无人的风口将它焚化。

相交多年的密友，就如同沙漠中的古陶，摔碎一件就少一件，再也找不到一模一样的成品。

面对这般友情，我们还好意思说我不重要吗？

我很重要。

我对于我的工作我的事业，是不可或缺的主宰。我的独出心裁的创意，像鸽群一般在天空翱翔，只有我才捉得住它们的羽毛。我的设想像珍珠一般散落在海滩上，等待着我把它用金线串起。我的意志向前延伸，直到地平线消失的远方……没有人能替代我，就像我不能替代别人。

我很重要。

我对自己小声说。我还不习惯嘹亮地宣布这一主张，我们在不重要中生活得太久了。

我很重要。

我重复了一遍。声音放大了一点。我听到自己的心脏在这种呼唤中猛烈地跳动。

我很重要。

我终于大声地对世界这样宣布。片刻之后,我听到山岳和江海传来回声。

是的,我很重要。我们每一个人都应该有勇气这样说。我们的地位可能很卑微,我们的身份可能很渺小,但这丝毫不意味着我们不重要。

重要并不是伟大的同义词,它是心灵对生命的允诺。

对于一株新生的树苗,每一片叶子都很重要。对于一名孕育中的胚胎,每一段染色体碎片都很重要。甚至驰骋寰宇的航天飞机,也可以因为一个油封橡皮圈的疏漏而凌空爆炸,你能说它不重要吗?

人们常常从成就事业的角度,断定我们是否重要。但我要说,只要我们在时刻努力着,为光明在奋斗着,我们就是无比重要地生活着。

让我们昂起头,对着我们这颗美丽的星球上无数的生灵,响亮地宣布——

我很重要。

# ※命　运

## 席慕蓉

**【题解】**

席慕蓉(1943—　),当代女诗人、画家。内蒙古人。台湾师范大学艺术系毕业,后留学比利时。席慕蓉的诗多写爱情、乡愁、人生,清朗、空灵是她的总体风格。主要诗作有《七里香》《无怨的青春》《时光九篇》等。另还写了大量的散文作品。《命运》是一首思乡之诗。人在天涯,家在梦中。八千里外的离离芳草染绿了心中永远不会变色的“根”。全诗忧而不伤。

海月深深,
我窒息于湛蓝的乡愁里。
雏菊有一种梦中的白,
而塞外,
正芳草离离。

我原该在山坡上牧羊,
我爱的男儿骑着马来时,
会看见我的红裙飘扬、飘扬。
今夜扬起的是
欧洲的雾,
我迷失在灰黯的巷弄里。
而塞外,
芳草正离离。

# 永别了,地坛[①]

克　明

【题解】

本文选自中国出版集团中译出版社出版的《铁生 铁生》。克明(1951—　),蒙古族著名剧作家、诗人,国家一级词作家。代表作有:歌曲《呼伦贝尔大草原》《往日时光》《绿皮火车》;歌剧《天鹅》《公主图兰朵》;音乐剧《金色胡杨》《苏赫与白马》等。克明的笔下,有草原上奔驰的马驹、翱翔的雄鹰,有百转千回的河流、苍苍莽莽的森林,更有栩栩如生的蒙古额吉和英雄牧人。他的文字质朴洗练,气势雄壮,描绘了一幅幅史诗般壮阔的草原画卷。

我与铁生[②]是少年时代的同学,又是伙伴,他是清华附中初643班,我是初644班。两个班隔着一堵墙,一下课,大家争先恐后向外疯跑,去抢阳台下那副双杠玩。铁生是个很灵巧的人,双杠玩得很好,是他教会我双杠上的技巧。13岁,正是野草一样疯长的年龄,看他在双杠那里上下翻飞,不由得你不试一试。玩累了,两个人就坐在杠子上聊天,比比胸大肌,阳光下,操场边,很惬意。

铁生的班主任叫王玉田,是音乐教员,他的妻子叫董玉英,是我的班主任,也是我们两个班的语文老师。

王玉田老师把我选进清华附中的军乐队,我开始学习小号,每天长音、音阶、音程地练习,一年之后,竟很有长进,被选拔进清华大学的军乐团,经常参加各种演出,不知不觉,走上了艺术的道路。

能把我俩连在一起的,就是回家的路。每个星期,我们都在一起放学,一起穿过清华园,路过大礼堂前的草坪、二校门,坐上31路公共汽车,到平安里,再一起换上13路汽车,一起在北新桥下车。他家在王大人胡同,我家在雍和宫。我们一路聊着,欢笑着,走过了少年。

再后来,史无前例的革命开始了。我俩的出身都不好,也就一起被打入了另册。再后来,我就去了黑龙江兵团,当了一名锻工,从此天各一方,再没相见。

离开清华附中后,我一直很孤独,陪伴我的,只有怀里的小号。寂寞的时候,我常常在车间里吹奏,只有它,能消弭我的孤独,能让我想起过往。

后来的路,就是一连串的失败和人生的遭际。但因为有这号角,我的希望还不至于泯灭。终于,我以圆号考上黑龙江省艺校,坐进了乐队排练室。学校没有圆号教员,只好让中央音乐学院代培。我的老师是著名的夏之秋教授,我又是他的关门弟子,要求很严格,留的课程很多,每星期的练习曲压得我喘不过气来。北京的家很小,学院又不可能给我提供琴房,只好到地坛公园的西南角,找到一片松林,一块巨石,权当是我练功房,从早到晚,这里就回荡着圆号的乐声。

按常规,每天下午5点,我的课程就结束了,为放松一下心情,总会吹些歌曲,一般都是苏联歌,像《小路》《满洲里的山岗上》或《莫斯科郊外的晚上》之类,然后就可以回家了。那是初夏,公园里安静极了，只有阵阵鸟鸣陪伴着我。一天，我发现远远的有个人，坐在一只残疾车上望着我，也没有在意，收起谱台和圆号就回家了。第二天，在同一时刻，那个坐残疾车的人又来了，不过距离又近了一点。我没有想别的，又起身回家了。第三天，当我吹完最后一支曲子时，睁开了眼睛，那个人又来了，而且更近了，他冲我笑了笑，点点头："练完啦?"这是典型的北京人在打招呼。我赶紧回应着，掏出一支香烟，几乎在同一时间，他也把烟掏了出来。点上烟，也就聊了起来。

"您吹的这是什么号啊?"

"法国号，也叫圆号。"

"噢。您在哪儿工作啊?"

"呼伦贝尔民族歌舞团。"

"您是北京知青吧?"

我一哆嗦，烟差点掉地上……

"您是清华附中的吧?"

我极力在脑海中搜索着，他是谁?

"您是不是叫克明?"

我整个崩溃了！这是我的同学？校友？曾经一起演出过的队友?

"认不出了。"他摘下眼镜，"这回呢?"我还是认不出。因为总坐轮椅的人，脸庞会发胖，又有一副双拐在手，真让我想不起来了。"我是铁生啊!"我扔下烟："铁生?！你怎么这样啦？腿断啦?"他苦笑一下，"要是腿断了就好了，我的腰坏了！从这以下，废了……"

悲夫!

我心疼地看着他的腿。难道这就是我的史铁生？难道这就是在双杠上下翻飞的史铁生？而他却坦然地笑着、说着，还是小时候那种憨憨的笑，平静地告诉我，他的将来就要在这轮椅上度过，再也不会跑了……

两个少年的伙伴，像是两只淘气的小熊，相约到森林深处去采蜂蜜，迷失在浩瀚的黑森林里。多年后相逢，已是伤痕累累，疲惫不堪，互相讲着分别12年以来的经历，他讲他的黄土地，我讲我的蒙古草原。夜色渐渐降临，地坛里充盈着古柏的清香，有几只喜鹊嘹亮地叫着，叫着……

后来，我提议回母校看看，铁生的眼里放着光。1979年的春天，北京到处在建设，路很不好走。他的残疾车是那种最原始的，车把是直的，握在左手；右手是一个摇柄，像自行车的飞轮，用链条链接起来，用力一摇，车就走了。在那个年代，虽然吃力，但强于轮椅。1979年的时候，还没有二环路，城墙刚刚扒掉，我们得穿过护城河上的破木桥，再穿过地坛，走安德路，斜插到北太平庄，再走北医三院、航空学院、钢铁学院，就到了五道口了。风很大，他用左手把住方向，我在后面骑车推行，不一会儿就是一身汗。一边走，他一边给我讲陕北的故事，讲当地的风土人情和方言，讲他拦牛的故事，回忆着当年清华附中的血雨腥风。不知不觉，已经到了二校门。我们停下来，望着二校门原址上的毛主席塑像，良久无语。走过大礼堂时，我说看看水木清华吧，遂推到了湖边。他点起一支烟，静静地看着岸边的柳丝，荷花早没了，显得有点破败。铁生熄灭了烟，决绝地说："走，回学校!"

清华大学和清华附中之间，有个小门，在化学馆的旁边。铁生把车停下，跟我抱歉地说，帮我把尿壶倒掉吧！我低头一看，他双脚间有个白色的塑料尿壶，已经快满了。提起来，感觉有点温热，一根导尿管插进尿壶口。倒完尿，我拿着导尿管问他："这头在壶里，那头呢?"他说："在尿道里呗!"我又问："那这管子每天都用，万一不干净怎么办?"铁生说："那就感染呗，先是膀胱感染,控制不住,就会感染到肾,最后就是尿毒症。”我又问:“尿毒症厉害不?”铁生笑了:“尿毒症晚期就是死亡。”见到我惊愕的样子,他很轻松地说:“没事,我都好几次了,这不还挺好的吗?”

最先看到的是董玉英老师,她边笑边流着泪水,上下打量着铁生。更多的老师围拢过来,万邦儒校长和韩家鳌校长也来了,最后出现的是班主任王玉田老师,他愕然地注视着自己的学生,强忍泪水,用力握着铁生的手,摇着,摇着,半晌,说出一句话:“只要活着就好!”铁生也哭了,但只是流泪,不言语。不一会儿,又开始笑,那种孩童似的笑。我远远看着他,心想,真是个铁打的人啊!

再后来,我结束了学习,又回到了草原。但这重逢的日子,总在心头掠过。在地坛里,我们更多的是相对无言,他很沉静,总在默默地思索着、思索着,也许,是在结构一篇新的小说,也许,是回到那遥远的陕北,回到重重叠叠的山野村落,因为,那里有他的窑洞,有他的牛圈,有他破碎的青春。每当这个时候,我就看着他,也不说话,不打搅他,看他的目光远远地注视着什么……

世界上奇巧的事情很多,我们两家的住房就算一桩。我家原先住在雍和宫墙外的大西仓二号,这是寺庙的房产,在京的蒙古人大抵都住在寺庙附近,因为有许多家乡的青年出家当喇嘛,总会有一些亲情在走动。后来,我家搬到雍和宫的对面,环境也好些。铁生家原来在王大人胡同的前永康,生病后,就住进了我家原来的大西仓二号院。地坛重逢后,我送他回家,吃惊地发现,我们竟在一个院落里!从那以后,我经常去他家玩。那时,他的母亲已经去世,家里就是史大叔,妹妹史岚和他。两间北房,一个小院,很是惬意。

我平均每年一次探亲假,回到北京,常常带回些呼伦贝尔大草原的土特产,比如牛羊肉啊,呼伦池的鲤鱼和贝尔湖的白鱼等等,有时,还有大兴安岭的野鸡、榛子和飞龙,照例分做几份,母亲一份,大姐一份,弟弟一份,铁生一份。东西不多,是个心意。

记得八十年代,铁生已经是中国文学界的名人,高朋满座,访客巨多,真有点不胜烦扰。每次到铁生家,都能看见木门上的纸条,“各位访客,因为主人身体原因,请先预约”。可我从来不管这些,也不会像别人那样彬彬有礼地叩门或按门铃,上前就用马靴“铛铛”地踢门。每逢这个时候,史大叔都会说:“听听,准是克明来了,快开门!”一进屋,自然是欢声笑语,把礼物放下后,通常走向铁生,去看他的笑脸,去握紧他的手。

几年后,我再去他家的时候,发现家里多了一个眉清目秀的女人,她夹着一支拐杖,好像也有点轻度残疾,动作麻利地给我沏茶,又旋风一般地消失在里屋了。我呆在原处,悄声问道,这是谁啊?原来,这就是铁生后来的爱妻陈希米,刚刚从西安来,也是个文学青年,到北京,就是想认识铁生,嫁给铁生!我被这突然降临的幸福震蒙了,铁生也感觉不可思议。我悄悄说:“你还行吗?人家可是姑娘,你别做对不起人家的事啊?”铁生羞涩地望着我:“那你说怎么办啊?”

第2天,我去雍和宫粮站买切面,正好与史大叔同行。

“大叔,那女的走了吗?”

“没有,不走了。”

“那怎么办?人家可是黄花闺女啊!”

“谁说不是呢!唉,真是个好姑娘啊!

“克明,这事你怎么想?”

“大叔,要我说,这真是个好事!您想,您都这岁数了,还能陪铁生几年?再者说了,史岚是姑娘,早晚得嫁人,铁生这病又离不开人,妹妹能一辈子照看他吗?我们同学再好,也不可能长久地伺候他。如果她们俩成亲,您不就踏实了吗?只是铁生这身体,把姑娘耽误了,真对不起人家,有点自私了……”

“克明,你这话说到我心里去了,要真能成,铁生妈妈也就放心啦……”

那天买完切面回家后，我跟母亲说了这事，母亲听了，竟然落泪了：“唉，这是前世修来的福啊！天下竟有这样的奇女子……”我的哥哥克光也是残疾人，7岁那年患了小儿麻痹症，每天架着双拐，经常被路人耻笑、推打，为此，我总和别人打架。所以，母亲最心疼患有残疾的孩子，对铁生特别好。铁生能有这般结局，让我们两个家庭都看到了幸福和安宁！

在上海读大学时，我的美学老师是余秋雨。有一次讲到“终极关怀”这个课题时，他说，他最喜欢的小说家有两个人，一个是美国的海伦·凯勒，一个就是中国的史铁生。“当我们的文学还停留在讲故事的层级时，史铁生的小说已经驶入哲理的海洋！一个残疾人竟拥有如此健康强大的心智，在文学，在对生命的认知上，他的足迹比我们任何一个健康人走得都要远，我们只能望见他的背影……”

我曾问过铁生，你梦见过自己跑吗？他笑了，摇摇头。我又问，假如你的腰没坏，跟我一样拥有健康，你还能写出这么多小说吗？他说，这事儿咱不能假设。我都这样了，哪儿也去不了，只能坐在轮椅上想，坐在轮椅上写，所有的窗户都关上了，就剩下这一扇窗……

人，不逼到绝处是不会逢生的啊！我的哥哥也是残疾人，但他还能走动，所以，总也经不住诱惑。铁生经住了，他已跌入万丈深渊，只有一线光明在牵引他前行，要么生，要么死。他再也无法站立，他只能让文字载着他的思想去飞翔。世俗的诱惑那么美好，令人无法抗拒，所以，我们无法像铁生那样沉静下来，去拷问自己的灵魂。回想起我们大多数人的一生，其实都很平庸，下乡，插队，拼命工作，渴望能够有所转机，能被推荐上大学，能够参军，或者能够有机会去工厂，回到北京。回来后，又拼命复习，上大学。上了大学，又渴望能够分到好单位，分到房子，遇到心仪的美女，然后成家，抚养下一代；然后渴望挣更多的钱，过上体面的日子。汽车，美女，金钱，别墅，名气……我们都在世俗的海水里起伏沉沦，我们心中的那份童心，一点点销蚀殆尽，偶尔停下脚步，摸摸稀疏的发际，看看微起的肚腩，感慨自己的蹉跎时，蓦然回首，只见行走得最慢的铁生，摇着他的轮椅，早已化入天边的远山之中。

不幸。何为不幸？作为一个男人，你最大的不幸也就是成为铁生了，孤身奋战，孤身面对死亡，没有子嗣，没有轰轰烈烈的爱情故事奉献给社会去消遣，但他却让中国的文学抵达了峰巅，这难道不是人生之大幸吗？这难道不是非凡的一生吗？

又过了许多年，铁生走了。

从那以后，我再也不去地坛了。那里，再见不到他的轮椅，也没我的号声……古柏还在，巨石也许还在，但没了人，也就全没了意义。

去年，我们班在陕北插队的同学和董玉英老师聚在一起，聊起了陕北，聊起了插队的生活。我自然想起铁生，想起孙立哲，想起了我们的青春。回到草原，写下一首歌《塬上的星》，是为纪念。录音的时候，我给歌手张虎讲了北京知青的故事，讲了铁生，我说，这歌是献给他们的，假如能有来世，我背也背上铁生去塬上看星星。当录到“如果我再活一回，还想在塬上行”时，张虎突然蹲下，号啕大哭，再也无法唱下去了……

唢呐响起时，我看见了青春，看见我的同学们竞相迅跑在塬上，跑得最快的那个人，一定是铁生！

永别了，铁生！

永别了，我的地坛……

克　明

2019年5月1日 北京

## 【注释】

① 本文选自史铁生纪念文集《铁生 铁生》。2020年12月20日,史铁生逝世十周年追思会暨《铁生 铁生》首发式在北京中国现代文学馆举行。史铁生的亲属、中学同学和插队知青等近百位亲友参加,史铁生的母校清华附中副校长白雪峰也带领师生代表赶来参加纪念活动。此次追思会活动由北京市作家协会、“写作之夜”丛书编委会主办,北京高高国际文化传媒、中译出版社协办。史铁生的文坛老友刘恒、刘庆邦、徐小斌、格非、章立凡、郭路生(食指)等到会,中国作协副主席阎晶明、北京市作协主席刘恒、“写作之夜”丛书编委会负责人岳建一、画家邢仪、作家徐晓、诗人食指等与会者代表先后发言,王克明代表《铁生 铁生》主编也作了发言。演员濮存昕、主持人董浩在会上朗诵了史铁生作品的片段,铁生的“发小”、校友、本文作者克明专程从呼和浩特来京,担任追思会主持人。

《铁生 铁生》由史铁生的挚友孙立哲发起成立的“写作之夜丛书”编委会编辑、中国出版集团中译出版社出版。《铁生 铁生》是纪念史铁生的文章合集,共收入了52位作者的54篇文章,绝大部分是铁生走后十年来的回忆纪念文字。全套书分为“亲友篇”“学友篇”“文友篇”三卷。

② 史铁生(1951.1.4—2010.12.31),当代著名小说家、散文家,曾历任中国作家协会全国委员会委员、北京作家协会副主席、中国残疾人联合会副主席。1967年毕业于清华大学附中,1969年去延安地区插队,因腰腿病痛久治不愈导致双腿瘫痪,于1972年回到北京,后来又患肾病并发展到尿毒症,靠着每周3次透析维持生命,2010年12月31日因突发脑出血逝世。代表作有长篇小说《务虚笔记》《我的丁一之旅》、短篇小说《我的遥远的清平湾》《奶奶的星星》《命若琴弦》以及散文随笔《我与地坛》《病隙碎笔》《扶轮问路》等。

## 【提示】

本文是作者为著名作家史铁生逝世十周年而写的一篇怀念文章,情真意切,催人泪下。

史铁生一生命运多舛,病魔缠身,几乎每天都在与死神搏斗,却以顽强的毅力笔耕不辍,创作了大量作品,激励了无数读者,自称“职业是生病,业余在写作”。身体的残疾与病痛的折磨,构成了史铁生特殊的人生经历和个性化的形象标签,也成为激发他的思考与写作的原动力。因此,史铁生的作品,反复探讨着关于生与死、爱与感恩、人生的苦难与命运的轮回等富有哲学思辨意味的永恒而宏大的命题。

“身残志坚”“轮椅上的巨人”“不屈服于命运的强者”,是史铁生留给人们最鲜明突出的印象。作为史铁生的发小和清华附中的同学,克明对史铁生的了解,远比一般人更为具体、真切、细腻;曾经与史铁生朝夕相伴、促膝谈心,零距离地观察和体验史铁生的日常生活与精神世界,是克明得天独厚的优势。

在本文中克明用感性微观的视角,通过大量鲜活生动的日常生活细节描写和场景刻画,为我们展现和还原了一个有血有肉的、有人间烟火气的史铁生形象。

全文以时间为线索,通过“少年时代的欢乐与分别”“地坛重逢”“重回母校”“终于有了漂亮贤惠的爱人”等几个片段,串联起了作者与史铁生几十年交往的点点滴滴。文章关注的不是史铁生超凡脱俗的文学才华和深邃邈远的哲理思想,而是史铁生在强者的外表下,作为一个残疾人和危重病症患者,在日常生活中的种种艰辛、不幸、困窘和达观的人生态度。

苦难命运和坚强超脱的人生态度在铁生身上形成强烈对比,令作者感叹“我们只能望见他的背影”,也使文章结尾处生发的“人,不逼到绝处是不会逢生的啊”以及“何为不幸”的抒情和议论,显得自然贴切、水到渠成,具有强烈的感染力和说服力。它既是作者对史铁生坚韧不屈的优秀精神品质的由衷赞美,也是升华全文主题的点睛之笔。

“地坛”,是本文的一个重要的有象征意义的意象,它对于史铁生有着特殊意义。史铁生在人生最悲观绝望无助的时候，与地坛相遇，在这里经历了炼狱般的思想洗礼而获得新生，由此诞生的散文代表作《我与地坛》享誉文坛。地坛，早已成为史铁生写作生命中不可或缺的重要组成部分，成为见证他的精神人格力量的一个象征符号。在本文中，地坛是作者与史铁生离别多年后再度重逢的地方。“永别地坛”，既是作者对这位一生挚友的最深情的告白，也可见出他在布局谋篇上的匠心。

作为一篇叙事怀人散文，作者在平易朴实的记叙中，恰到好处地穿插抒情和议论，将写景、叙事、抒情和议论有机结合，极富感染力，给读者以强烈的情感冲击和心灵震撼。

本文的语言也颇具特色。通篇不事雕琢，平白如话，没有华丽的辞藻和繁复的修辞技巧。在一般性的客观陈述之外，大量运用感情色彩强烈的描述性语言，刻画人物的对话、神态、行动和环境，栩栩如生，质朴亲切。

**【思考与练习】**

1. “地坛”作为结构文章的重点意象有什么作用？题目“永别了，地坛”有什么深刻含义？
2. 最后一部分的议论对升华文章主题有什么作用？不要这一部分行吗？
3. 史铁生的一生能给你怎样的人生启迪？你是怎么理解人生的“幸”与“不幸”的？文章多处写到史铁生的“笑”，这对刻画史铁生的形象有什么作用？品味以下两段话的言外之意：“他的足迹比我们任何一个健康人走得都要远，我们只能望见他的背影……”。“我们都在世俗的海水里起伏沉沦，……只见行走得最慢的铁生，摇着他的轮椅，早已化入天边的远山之中。”
4. 反复阅读“又过了许多年，铁生走了”到文章结尾，体会祭文的语言特点和情感色彩。
5. 课外阅读史铁生的《我与地坛》和克明创作的知青歌曲《塬上的星》。

《塬上的星》

克明

高高塬上是星空
塬上的人儿站在云中
星河灿烂垂眼前
想起了从前你的身影
天上星星窑里的灯
照亮了天下受苦的人
抬头望见满天的星
不知道哪一双 哪双是你眼睛
火热的青春 曲折的人生
当年的笑声在心中
塬上真安静
塬上真安静
如果我再活一回
还想在塬上行
白羊肚的手巾扎头顶
登高看星星
登高看星星……

# 文学欣赏的基本理论

## 文学用形象反映社会生活

作为社会意识形态之一的文学,不仅具有同其他社会意识形态一样的共同性质,而且还有自身的显著特点。文学艺术自身的基本特点,在于用形象反映生活。不管是以抒情为主的作品(表现性文学)还是以叙事为主的作品(再现性文学),都得以塑造形象为己任。哲学和其他社会科学是通过对自然与社会诸现象的分析、综合、判断、推理,以概念、公式、定理或理论的形式给人们提供关于自然界和人类社会的规律性知识,直接揭示事物的本质,文学则不然,它也要揭示事物的本质规律,但不是以概念和理论的形式,而是通过对丰富多彩的社会生活(主要是人与人错综复杂关系)和自然景物的描绘,塑造鲜明的人物形象,构成生动的具体的生活图景,从而达到揭示事物本质的目的。它不是以"理"去教育人、说服人,而是以形象征服人、以"情"感染人,陶冶人。文学作品中的任何一个形象,都渗透着作者的感情。读一首诗、一部小说、一个剧本,首先引起人注意的是一个个生动具体的艺术形象,你会调动起以往的生活经验,把这些艺术形象按你自己的理解组成一幅幅具体的生活画面,从而产生如临其境、如见其人的感觉,面对这些画面你会激动、振奋、悲伤.愤怒,你会设身处地去体验这些形象所蕴含的感情并与作者与作品产生共鸣。可见文学作品中的一切都是从"形象"和"情感"衍生出来的,阅读文学作品就要牢牢抓住"形象"与"情感"这四个字。

文学与其他艺术不同,它是语言的艺术,用语言来塑造形象。语言艺术这一特质决定了阅读欣赏文学作品必须通过品味语言来实现。品味语言(语言的比喻意义、象征意义、引申意义、情感意义、审美意义),领悟形象,体验情感,这就是同学们要掌握的基本理论、基本规律、基本方法。而这些"基本",全都服从于文学的性质。

## 典型与意境

进行文学欣赏,需要对文学典型与文学意境的基本理论有所了解。

**典型** 典型是西方文论创立的一个美学概念,它是就叙事性作品而言的。小说、戏剧等叙事性文学作品要真实地再现典型环境中的典型人物。塑造典型人物(即典型形象)是叙事文学创作追求的目标。曹雪芹笔下的王熙凤、薛宝钗、林黛玉,鲁迅笔下的阿Q、祥林嫂、孔乙己、爱姑,之所以有经久不衰的艺术魅力和审美价值,就在于他们都是文学作品典型环境中典型人物的代表。

**典型环境** 环境是指人们现实生活的外部条件,而典型环境则是指作品中的人物性格赖以形成的外部条件。它包括作品所描绘的时间、空间等自然环境因素和历史背景、人际关系等社会环境因素。社会环境又包括总体大背景和具体小情景。自然环境与社会环境是交融一体、相辅相成的。自然环境的描写,往往是为了暗示和渲染某种社会情境,以构成故事展开的氛围,人物就是在这种典型环境和氛围中通过特定的情节来展示性格。文学作品中的典型人物是从现实生活中概括、创造出来的。人与人的关系本质上是一种社会关系，在现实生活里，每一个人都处于一定的社会关系之中，他的思想、个性、情感、习惯等，无不为这特定的社会关系所决定。特定的社会关系构成了人物活动的典型的社会环境。因此要衡量一个人物是否是典型人物，就必须看作品是否成功地创造了人物生活的典型环境，即总体大背景和具体小情境，揭示了该人物性格形成的社会根源。典型环境的特征大致可归纳为两点：其一，典型环境必须是独特鲜明的，必须能成为人物性格形成的依据。同一时代的优秀作品，其典型环境绝不会是千篇一律的，即使在同一部作品中，对于不同的典型人物来说，典型环境也是有区别的。其二，典型环境必须与时代脉搏息息相通，能从一个侧面反映出社会生活发展的总态势。但这个总态势是动态的，时空结构都处于不断的变动之中。

**典型情节**　塑造典型人物必须要有典型情节。情节是人物性格发展的历史，它展示了人物在一定环境中做了什么和怎样去做。例如他和周围的人物有什么关系，有什么矛盾，以及怎样对待和解决这些矛盾等等。情节服从于人物性格，并为塑造人物性格服务，因此情节是否"典型"，是否既在情理之中又在意料之外，是否一波未平一波又起，悬念设置是否得当，矛盾是否错综复杂又主线清晰，冲突是否尖锐集中又富于戏剧性，故事是否符合人物命运的安排和自身的逻辑等等，对人物的塑造都起着至关重要的作用。我们通常说某作家会编故事，也就是说该作家编的故事情节典型，引人入胜。典型环境和典型情节都是为塑造典型人物服务的。

**典型人物**　典型人物必须具有鲜明的个性。典型人物生活在典型环境中，他是社会上某一特定阶级、阶层、集团、群体的代表，他具有他所属的那个阶层、群体的共性，但又有自己鲜明的个性。只有共性没有个性不能成为典型人物，共性永远寓于个性之中。典型人物是不能复制和重合的，他是独一无二的，是"这一个"而不是那一个。在这样的典型环境中，他只能这么想、这么说、这么做，他的命运、结局只能如此，必然如此，如果不如此，那他也就不是"这一个"了。这就是典型人物的审美价值所在。例如：《犯人李铜钟的故事》中的主人公李铜钟，在那个特定的年代、在全村人断炊七天的严峻形势下，担着天大的干系向老战友借粮。李铜钟不是不明白此举对他将意味着什么，但是为了拯救全村人的性命，他"只有那条必然给他带来严重后果而又不能不走的道路好走了"。在当年那个浮夸吹牛蔚成风气的典型环境中，作为一个真正的共产党员，李铜钟只有这样做，也必然会这样做，如果不这样做，就违背了人物自身的逻辑，李铜钟也就不是"这一个"李铜钟了。

细腻真实地刻画人物的内心世界，是文学的优势，也是创造典型人物的重要手段。只有把对人物内心活动的描写和内心世界的揭示放在典型情境中，才能做到主客观的一致，在审美的尺度上把握好全局。比如《西厢记·长亭送别》这折戏，王实甫对莺莺怕别、恨别的心理揭示得十分到位，而这种对人物内心活动的揭示是放在老夫人逼张生进京赶考、在长亭为张生送别的典型情境中进行的，因而莺莺的这种心理也就显得合情合理，而这种合情合理的心理活动也使得莺莺这个人物形象变得更加典型。

**悲剧性格与喜剧性格**　文学作品中的典型人物是丰富多彩的，而悲剧性格与喜剧性格又有其独特的审美价值。悲剧的美学形态是崇高，主要功能在歌颂。文学作品中的悲剧人物大都是一些"将人生有价值的东西毁灭给人看"的崇高的英雄，当然也有一些是带有各种弱点的小人物，但他们都是"好人"。悲剧英雄是一些在特定的社会条件下代表历史发展必然要求的实践主体，是真善美的化身。他们大多具有一种"九死不悔"的精神，为了正义和大多数人的利益，他们敢于斗争，勇于献身，明知不可为而强为之，在与阻挡历史前进的社会势力或错误思潮斗争中遭到失败与牺牲，他们的灭亡是历史的必然要求和这种要求暂时不能实现的激烈的矛盾冲突的结果。悲剧英雄常常死得很悲壮,他们的“悲剧”结局震撼着人的心灵,让人们在痛彻心扉的同时进行必要的反思,并受到鼓舞,看到希望。例如《红岩》中的江姐等烈士,《犯人李铜钟的故事》中的李铜钟就是具有悲剧性格的典型人物。英国文艺复兴时期伟大的悲剧戏剧家莎士比亚笔下的哈姆雷特更是为世人所熟悉的悲剧形象。

喜剧的美学形态是诙谐,主要功能在讽刺,也有少数喜剧是歌颂型的。喜剧性格形成的基础是形式和内容、外表和内心、行动和语言的极端反差。这种反差常常令人发笑,这种笑有肯定性的笑和否定性的笑。对于被歌颂的人物,人们的笑是对“美”的一种肯定。这种人物,大多外貌丑陋但品德高尚或地位低下但才智高超,如京剧《徐九斤升官记》中的徐九斤、电视剧《宰相刘罗锅》中的刘罗锅等。喜剧更多的是用来讽刺。对于被鞭挞和讽刺的对象,人们的笑是一种对“丑”的否定。这种喜剧人物多是“将人生无价值的东西撕破给人看”的反面人物或落后人物。巴尔扎克的《欧也妮·葛朗台》中的葛朗台家产万贯,却极其吝啬,是个十足的喜剧人物。清代吴敬梓的讽刺小说《儒林外史》中刻画了众多的喜剧形象,其中的严监生是人所共知的。鲁迅《离婚》中的七大人就是一个带喜剧色彩的人物。七大人在处理爱姑拖了三年的离婚案时,不是玩屁塞就是打喷嚏,其表现不仅与事情的严肃性不合,也与爱姑想象中的七大人差距甚大,与他本人“和知县大老爷换帖”的身份不相称。赵树理《传家宝》中婆婆的自以为是与落后守旧使这个人物也带上了喜剧色彩,赵树理对她进行了善意的讽刺。

**意境** 意境是中国古代美学的重要理论,如果说典型论主要是就叙事性文学而言的,那么意境论则主要是就抒情性文学而言的。意境是意(情、志、理)与境(物象、环境、景物)的互相渗透、和谐统一,是一个无限广阔的充满情感活动的审美空间;或者说,意境是指抒情性作品中呈现的那种情景交融、虚实相生的形象系统及其所诱发和开拓的审美想象空间。

为了了解意境,必须先引进意象这个概念。但我们这里说的意象是泛化意象,是文艺作品中出现的一切艺术形象和语象的泛称,相当于“艺术形象”或“文学形象”而不是指的审美意象。这个泛化的意象通常指带有作家主观情感的单一事物的形象,在一篇作品中只具有个别的、局部的意义,而意境则是由若干具有内在联系的意象组合而呈现出的浑然一体的艺术境界,它是一种氛围、一种画面、一种情调、一种韵味。它往往是就一篇作品的整体而言的。例如马致远的《天净沙·秋思》,二十八个字,十一种意象,前面三句,每句并列地写了三种景物:枯藤、老树、昏鸦;小桥、流水、人家;古道、西风、瘦马。最后在夕阳西下的大背景下,勾画出一个浪迹天涯的断肠人的形象。如果我们将这十一种意象拆开来孤立地看,何美之有?不美又焉能动人?当我们把这些意象有机地串联在一起,让它组合成一幅完整的立体的图画时,立刻就会被这幅图画所创造的萧瑟苍凉的氛围、所传达的深远凝重的情调韵味、所抒发的愁肠百结的羁旅秋思,一句话,所表现的美所折服。这种由作品整体呈现出的美就是意境,它是一个和谐广阔的充满情感活动的审美空间。意境不是意象与意象之间的简单机械的相加,意境(作品那种整体的艺术氛围、情调)大于若干意象相加之和,这是因为具有内在联系的意象与意象组合后,可以产生一种新质,即格式塔质,意境的功能也可以说就是产生格式塔质。格式塔心理学以为:整体大于部分相加之和。格式塔质的产生是因为读者在阅读作品的过程中进行了一系列主动的心理活动,他能够对作品中各个部分、各种意象进行整合,即通过知觉、想象、体验等心理活动,在自己的头脑中将各种意象组合成新的整体,这个新的整体就是艺术欣赏中的格式塔质,也即意境。意境之美远远大于单个意象相加之美。

清末民初的大学者王国维是意境理论的集大成者,他有时把意境称作“境界”。王国维的《人间词话》把意境视为诗歌艺术的最高境界。他从创作方法上将景象描写分为“写境”(偏重于写实）与“造境”（偏重于想象），比如《两厢记·长亭送别》一折中，崔莺莺在饯别宴上唱道：“下西风黄叶纷飞，染寒烟衰草凄迷。”这几句唱词勾画出了一幅饯别宴的典型环境，虽带着主人公强烈的感情色彩，但基本上还是实有的景象，属于“写境”，后面莺莺又唱道：“泪添九曲黄河溢，恨压三峰华岳低。到晚来闷把西倚楼，见了些夕阳古道，衰草长堤。”这段唱词是莺莺借想象中的景象来抒发怕别、恨别的心情，衬托离别后的孤寂与凄凉，是莺莺所“造”之境。学会区分写境与造境，对欣赏作品的艺术性，体验主人公的心理、情感，无疑很有帮助。王国维从感情色彩上将景象分为“有我之境”与“无我之境”。“有我之境，以我观物，故物皆著我之色彩。”（王国维语）如《长恨歌》“黄埃散漫风萧索，云栈萦纡登剑图。蛾眉山下少行人，旌旗无光日色薄。……行宫见月伤心色，夜雨闻铃肠断声”这节文字，所有意象的色调都是灰暗的，都着上了唐明皇失去杨玉环后悲伤忧郁的主观感情。“无我之境”即“以物观物，故不知何者为我，何者为物”。无我之境“意与境妙合无垠，我与物浑然一体”，（王国维语），即“心凝形释，与万化冥合”（柳宗元《始得西山宴游记》），如李白《独坐敬亭山》：“众鸟高飞尽，孤云独去闲。相看两不厌，只有敬亭山。”李白坐在敬亭山真是进入了物我两忘的境界。

意境的创造有其自身的规律，主要有三方面，即情景交融、虚实相生、神形兼备。

情景交融：情与景是构成意境的核心元素，二者缺一不可。情与景不是生硬的凑合关系，情中含景，景中含情，情景必须相融相化，妙合无垠。离开了情，孤立自在的客观事物不能构成意境；离开了“景”，抽象的“意”与“情”也不能成为意境。意境中的“景”，是人化了的景、“人化的自然”；意境中的“情”，必须借助于景来表达和渲染，是充分“物化”了的情。没有景，无以抒情、表意、言志；而不带感情色彩的景在诗歌中也是不存在的，所谓“一切景语皆情语”也。

虚实相生：所谓“实”，就是可视可感的具体事物、环境；所谓“虚”，就是隐藏在“实”后面的情思意念。虚实相生一方面要化虚为实，使人的心态物化，将无形的情思用有形的景象来表现，另一方面要以实生虚，托物言志，化景物为情思。诗歌中所有的意象都是情景交融，虚实相生的复合物。虚实相生就是要让有限的“实”的文字，表达无限的“虚”的意蕴。虚是实的升华，体现着作家的创作用意，决定着意境的高下和审美效果，所以中国古典美学一贯崇虚、尚虚。

形神兼备：意境是神与形的统一体。所谓“形”，就是人和物的外在形式；所谓“神”，就是指人与物的品格、精神、风骨等本质特征。如果只有形似，那是肤浅的，也不能构成意境，只有以形传神，形神兼备，作品的人与物才是美的，才有审美价值。情景交融、虚实相生、神形兼备三者，情、虚、神是灵魂、目的；景、实、形是手段。贵情思、贵神似，轻形似、轻事实，这是诗歌创作与欣赏的总规律。

韵味无穷是意境的审美特征。朱光潜在谈到文学的审美性时说：“无穷之美，达之以有尽之言；所以有许多美，尽在不言中。文学作品之所以美，不仅在有尽之言而尤在无穷之意。”（《无言之美》）这番论述，正道出了这个特征。有意境的作品，总是以少总多、以一当十、平中见奇、浅中见深。读者阅读它，总能够通过有限的文字，看到象外之象，品到韵外之致，悟到文外之旨，总能够得到比作品本身多得多的内容。当读者透过作品描写的暗示性、比喻性、象征性，生发出无穷想象和品味到无穷意蕴的时候，他也就超越了个别的有限，进入了一般的无限，从而也就获得了韵味无穷不可言喻的审美感受。

## 审美意象

以上在介绍意境时谈到了意象，那是组成意境的元素，是抒情作品中单个的文学形象。我们现在谈的意象就不仅仅是抒情作品中的艺术形象,它是一种审美意象,这类审美意象在各类文学作品中都可能出现。审美意象的本质特征是哲理性、象征性。比如庄子《秋水》中的河伯与北海若两个形象就是带有寓意的哲理意象。审美意象的表现特征是象征性。何立伟《白色鸟》中的白色鸟与河滩等组成了极具象征性的意象群。王蒙《春之声》里的《春之声圆舞曲》以及闷罐车、火车头也都极富象征性。审美意象的形象特征是荒诞性。《西游记》中唐僧几徒弟无论在外形上还是在生活情理上都是荒诞不经的。谌容的《减去十岁》以写实的笔法写了一个在情理上荒诞不经的故事:由于"文化大革命"耽误了大家十年,因此"文革"后,每个人都减去十岁,每个人都以年轻十岁的心态开始新的人生。审美形象的理解特征是多义性。没有定解是文学作品的奥妙所在,无论是表现性作品还是再现性作品,人们对它的理解都往往是多义的。李商隐的多首《无题》诗都是朦胧多义的。北岛的《回答》通篇几乎就是用审美意象写成的。假如意象具有象征性,那么理解上就更多义了,因为象征在本质上是多义的和模棱两可的。

## 文学欣赏的性质与特点

作家创作文学作品是为了供人阅读欣赏。无人欣赏的作品,其价值功能便无法实现。读者欣赏文学作品,是为了满足自身的精神需要。所谓文学欣赏,是读者接受过程中的一种审美性的精神活动,是人们在阅读文学作品的过程中对艺术形象的想象、联想、感受和理解,以及在感情上交流的一种精神活动。读者与文学作品之间的关系是一种审美关系,这是文学欣赏的基本性质。读者在阅读文学作品时,头脑里会浮现出生动逼真的艺术形象,进入作品提供的特定情境,感受、体验和领悟作品的思想内涵和艺术魅力,从而产生情感上的共鸣,获得审美享受与愉悦。

文学欣赏的过程是人的主体性充分展开、人的本质力量充分展示的过程,是发现自我、确立自我的过程,是人的生命得到延续和高扬的过程。在现实社会中,人的正常的身心发展受到客观条件的种种制约而处于一种不自由的状态。在艺术活动中,人却可以从世俗生活中解脱出来,获得心灵的自由和解放,发现自身的价值和尊严。

通过对文学艺术的接受和欣赏,人们可以进入那物我一体的体验境界,进入那对"此在"的突破、对"彼在"占有的理想时空,以艺术的方式看到自己的智慧和创造力量,从而作为一个完整的人,占有自己全面的本质,占有整个自然和社会,从而实现自身的超越。

**文学欣赏的主观性和客观性**

文学欣赏是一种自由的审美体验活动,带有极大的主观性。文学欣赏是以作品为对象的,但不同的人从作品那儿获得的美感是不一样的。欣赏活动大多是以个体为单位进行的,而每个现实的欣赏个体的主观条件(文化水平、艺术修养、审美趣味、想象能力乃至人生经历、生活环境、家庭背景、社会地位、年龄、职业等)是千差万别、各不相同的。正由于欣赏主体之间存在着差异性,故他们对作品内涵的理解、得到的艺术美感就不可能完全一样,这里面不仅会有深浅高低的层次差别,甚至还可能出现大相径庭的情况,正所谓"有一千个读者,有一千个哈姆雷特"。此其一。文学作品本身常常具有含蓄性、朦胧性、模糊性,其象征意义、比喻意义往往是多重的,形象结构和意义结构往往不是一语可以道破、一眼可以望穿的,这也决定了读者对作品的阅读、欣赏是多元的。故强求读者对同一作品作单一的理解是不客观的,也是违背文学艺术原理的。这点在"审美意象"中已粗略谈到。此其二。

承认文学欣赏的主观性,并不意味着文学欣赏就没有客观性。

一篇作品或某一艺术形象，其意义如何、审美价值如何，总有一个基本的客观标准，这客观标准就是作品的艺术形象本身，就是大多数读者对它的反应和它产生的社会效果。任何文学作品一经问世，就成为一种客观存在，也就是说，读者的欣赏活动必须按照这个客观存在的事物本身进行，而不是抛开客观事物即作品本身所描绘的艺术形象和画面，天马行空，漫无边际地进行。即是说文学欣赏必须“缘文驰想”“沿波讨源”。而作为审美客体的作品、作品的形象也时时在规范和制约、诱导着读者的欣赏。

**文学欣赏的心理过程**

文学欣赏的过程是读者对作品进行艺术再创造的过程。

(1)感知与想象。再创造的第一个心理过程是感知。文学欣赏的感知特点为：以语言文字为媒介复呈表象，展开想象。文学是语言的艺术，它的形象不能直接诉诸视觉与听觉，这就决定了文学欣赏中的审美感知比其他艺术要复杂。欣赏文学作品时首先接触的是一个个文字符号，当读者感知了这些文字符号，受了语言文字的刺激，便能将它们所表示的抽象意义在脑中呈现为具体的形象，即呈现出原有的表象(记忆中所保持的客观事物的形象，即曾经感知过而现在不在感知范围中的事物)。语词的形象性便建立在表象回忆的基础上。

联想是一种由当前感知的事物回忆起有关的另一件事物的心理活动。在文学欣赏中，读者常常会由作品所描写的形象想到生活中相关的事物，由此得到美感。联想虽然也具有再创造的性质，但它毕竟主要还是依据作品的描写实现形象之间的联系、过渡和跳跃，还不是最有效地发挥欣赏主体再创造能力的心理功能。在欣赏活动中，最有效的发挥再创造功能的心理活动是想象。欣赏者要想把作品中的语言文字还原成画面，就必须展开想象。想象就是在头脑中改造记忆表象创造新形象的心理过程。由于文学的形象是间接形象，不可能直接看到和听到，读者欣赏时，只有把用语言文字描绘的情景，转化为视听可以感觉到的形象，转变成有声有色的立体画面，才能如闻其声、如见其人，产生身临其境的效果；由于文学的形象是间接的形象，故它给读者提供的想象空间无疑比其他艺术更大更广。文学与其他社会科学不一样，比如历史著作来不得半点虚构，法律条文来不得半点含糊，而文学的文本却具有不确定性与模糊性，它有许多空白留待读者去填补，这种空白谓之“召唤结构”，它“召唤”着读者调动自己以往的生活经验，通过联想、想象去填补其中的空白，使模糊的内容变得清晰起来，使文本中潜藏的“美”显现出来，使作品中的“哈姆雷特”变成自己心目中的哈姆雷特。这种主要通过联想、想象(当然还有感受、体验、理解)等心理活动，把作品中的艺术形象变为欣赏主体心目中的形象的过程，就是欣赏活动中的“再创造”。想象能力的高低强弱，标志着欣赏能力的高低强弱。知识越渊博、生活阅历越丰富、大脑中储存的表象越多，想象力也越强，他从作品得到的美感也越多。

(2)体验、品味。设身处地地去感受作者或人物的命运、言行和情感的心理活动为之体验。让自己进入作品所描写的特定情景之中，用心灵与作品的人物对话，从而体验作者的感情和作品人物的感情，与作品人物同忧同喜、同哭同笑、相融相化。体验的过程伴着咀嚼、体会，咀嚼体会即品味。品味的过程也是对作品的感受趋于细致、丰富的过程。优秀的文学作品往往是言有尽而意无穷的，但这无穷的意蕴又不是一眼看得穿的，需要反复品味，才能看到象外之象，品出韵外之致，把作品潜藏在字里行间深处的美和形象意义挖掘出来。体验、品味，都是一种情感活动。如果说，在想象阶段，欣赏主体的情感就已被调动起来了的话，那么在体验与品味阶段，情感活动无疑就更活跃更充分。情感贯穿于文学欣赏的全过程，没有情感的参与，就如没有想象的参与一样，文学欣赏也就不存在了。

(3)理解、判断。理解和判断是对作品及艺术形象深层本质的理性把握。感受、体验的过程是一个潜移默化的过程,是一个对作品和形象感情上认同的过程。在这个过程中,读者逐步把握了作品的思想与主题,进入了欣赏的理性阶段和高级阶段。欣赏如果仅仅停留在感受体验的阶段,那是浅层次的欣赏,因为“感觉到了的东西,我们不能立刻理解它,只有理解了的东西才更深刻地感觉它”(毛泽东《实践论》)。不理解的东西其价值也就不能实现。欲理解作品,就不能仅看到作品本身,还要把它放在深远阔大的历史文化背景下来审视、观照,并搞清楚这种历史文化背景对作家的影响,了解作家在这种社会现实、历史环境、文化氛围中形成的人格理想、政治态度、审美追求等,进而对作品所反映的生活是否真实、作家的人格理想和审美追求是否健康和高尚做出判断。理解和判断虽然仍带有情感性,但这时的情感已比较理性,已渐渐由形象思维进入理性思维。理解判断当然还不是文学评论,文学评论更带理论性和研究性,但理解和判断却是文学评论的前提。

“对于不辨音乐的耳朵说来,最美的音乐也毫无意义,音乐对它说来不是对象……因为对我说来任何一个对象的意义(它只是对那个与它相适应的感觉才有意义)都以我的感觉所能感知的程度为限。”这就是说,“如果你想得到艺术的享受,你本身就必须是一个有艺术修养的人。”(马克思《1844 年经济学—哲学手稿》)只有努力丰富自己的知识,积累自己的生活经验,大脑才能储存足够的表象和信息,表象和信息越多,想象力才会越丰富,艺术修养也就会越高,审美能力也就会越强,你从文学作品里得到的美感也就会越多。

# 文化视角中的中国文学精神

中国文学作为华夏文化的源头和颇具活力的重要组成部分，是世界上最辉煌、最悠久的文学之一。从有文字记载的历史来看，它业已走过了三千多年的坎坷路程，表现出顽强、旺盛的生命力和生生不息的延续性。歌德曾感叹：当中国人已拥有小说的时候，我们的祖先还在树林生活呢！著名的美学理论家宗白华先生指出："文学是民族的表征，是一切社会活动留在纸上的影子。"(《唐人诗歌中所表现的民族精神》)引人注目的中国文学拥有丰富绚烂的作品，它包括上古神话、西周中期至春秋中期的《诗经》，先秦诸子百家散文、汉赋、唐诗、宋词、元曲、明清小说戏曲以及近现代作品等。这些关涉各种文体、以现实主义和浪漫主义方法创作的文学模板，真实地记载和反映了自远古始，中华民族生存、劳动、爱情、斗争以及民情、风俗、礼仪的方方面面，保留了许许多多可以看出中华民族发展缩影、体现出华夏文化的基本精神和民族文化心理特征的珍贵历史资料，具有丰富的文学、哲学、文化学和美学价值。

纵观历史，在亚洲文化舞台上，中国一直充当着主角，中国文化如同浩荡东去的大江，深刻而强烈地影响着亚洲国家。日本、朝鲜、越南等均以中国文化为母体文化。孔子作为世界公认的思想伟人，他的学说已越出国境。屈原、李白、杜甫、白居易等都是享有世界声誉的大诗人。四大名著《三国演义》《红楼梦》《水浒传》《西游记》以及《聊斋志异》《金瓶梅》等被译成了各种文字，拥有世界读者。近现代中国文学在国外的影响也相当深远。中国文学当之无愧地成为世界文学宝库中一颗璀璨耀眼的瑰宝，成为人类文化史上的奇观。

中国文学不朽的艺术魅力和独特的价值，缘于他植根于肥沃的文化土壤，具有鲜明的民族意识和民族特色，明晰而客观地描述了中国人文精神的承传，闪烁着人文精神的灿烂光辉。立足于人文精神的平台来鉴赏中国文学，是本节的要旨。

中国人文精神是广义的人文思想体系。《易・贲》云："观乎天文，以察时变；观乎人文，以化成天下。"可见天文的作用是懂得大自然的规律，人文的作用是用以教化百姓，改造和提高人类自身。具体来说，"人文"是指一种理想人性。每一个人都应当思考：人应该成为什么样的人，什么样的人生是理想的人生，什么样的人格值得我们推崇，什么样的人生价值值得我们追求。

"文"，古代与"纹"通假，那么可以说人文就是通过某种方式使自己或别人实现理想化的人性。中国文人的理想人性就是外"儒"内"道"，由此升华出中国人的人道精神和人文传统。为了实现儒道统一的人生境界，中国文人采用了以尊重个体生命与实践群体纲常相结合的人生哲学、"兼济天下"与"独善其身"兼容的人生价值取向、以"出世"之心做"入世"之事的人文形式。把人的地位、尊严、价值、权利、自由和发展放在首位，这种社会文化情操，就是人文精神。它是人文主义的实践表现，具有广泛的应用价值和实践领域。在中国社会的文化背景中，中国文学所体现和实施的对人进行整体关怀的社会文化情操，即中国文学的人文精神。

中国文学的人文精神很丰富，它内化于知识分子的人格、信念、操守、道德规范、知识谱系之中，外化于他们的作品中。本节仅拟从社稷精神、人伦精神、自然精神、宗教精神四个方面谈谈中国文学的人文精神。

## 一　热爱祖国，关注社稷民生

这种精神，是以百分之九十以上的广大人民的根本利益为皈依的精神。它所反映的主要是国家与人民命运之间的关系。它主要反映在两方面：关注国计民生的社会责任感；抗击入侵、保卫国家的使命感，这两方面构成了这种精神最富有质感最有魅力的内涵。

**先说关注国计民生的社会责任感。**儒家学说是中国封建文化的核心文化，在政治上它主张实行仁政，强调“官德”，倡导积极入世，鼓励建功立业。封建社会中的士正是在儒家这种思想的积极影响下，以天下为己任，表现出了对社会、对民生、对国家命运的关注和责任。

先秦散文在发展阶段，就开始了对人的关注。《尚书》中体现的重民爱民思想是“民本”思想的先声。紧跟着的《国语》《左传》《战国策》及诸子散文，不仅关注人事和社会，而且开始对社会历史作进一步思考。

孟子是继孔子之后的“亚圣”，他的思想基础是“性善论”。“王道”“仁政”是他政治思想的核心。他的《尽心下》振聋发聩地指出了“民为贵，社稷次之，君为轻”。其“民贵君轻”的民本思想是诸子百家中最为珍贵的思想，对后人影响极大。

《诗经》是一部现实主义的诗歌总集，其《国风》中保存了不少具有浓厚民歌特色的劳动人民的口头创作，是《诗经》的精华。这些民歌反映了劳动人民在沉重的徭役、兵役负担下所遭受的痛苦折磨，表达他们对剥削压迫的不平和争取美好生活的信念。

屈原是我国文学史上的第一位爱国诗人。在社会动荡、小人得道、国君昏庸、救国无门的形势下，他怨而作《离骚》。在这首长诗中，屈原借游仙表现了他对祖国命运的担忧，对“民生之多艰”的哀痛，抒写了他为实现“美政”而上下求索、“虽九死而不悔”的精神，以及在极度的失望与孤寂中想远游又不忍抛下故国的复杂心情。《离骚》所体现的诗人的人格精神以及它所达到的浪漫主义的艺术高度，使它成为千古之绝唱。

杜甫是我国文学史上的伟大现实主义诗人。他的诗真实地记录了当时的社会现实、重要历史事件，反映了人民的疾苦，被公认为“诗史”。他的《三吏》《三别》《羌村三首》《哀江头》《北征》《自京赴奉先县咏怀五百字》《兵车行》等就是这方面的代表作。但是杜诗“史”的性质，主要的还不在于它记录了史的事实，而在于它描绘了比事件本身更为广阔、更为生动的生活画面，如《无家别》：

> 寂寞天宝后，园庐但蒿藜。我里百馀家，世乱各东西。存者无消息，死者为尘泥。贱子因阵败，归来寻旧蹊。久行见空巷，日瘦气惨凄。但对狐与狸，竖毛怒我啼。四邻何所有，一二老寡妻。

人们从这些经过艺术提炼而组成的画面中真切地看到了杜甫所处的时代，感受到了诗人强烈的社会责任感、与屈原相似的忧国忧民的炙热情怀，也感受到了仁政思想的传统精神。浓厚的忧患意识、对人民痛苦的切身感受，构成了杜诗苍凉沉郁的况味，正是在对这种况味的品析中，我们看到了杜甫不朽的人格。

白居易的讽喻诗和《新乐府》也充溢着一种关注现实、关注国计民生的精神。诗人在作品中所表现的对人民疾苦的同情、对达官贵人腐化生活和欺压人民恶行的批判，在我国古代作家中是非常突出的。

中国的古诗中还有一种咏史诗，咏史诗的作者大多也是一些有忧患意识的士，他们写这类诗的目的多为借古喻今，希望当朝统治者能以史为鉴，改革时弊。

现在让我们把镜头拉到近代，聚焦这个对现代中国有着重大影响的群星灿烂的文学时代。龚自珍面对衰世，激浊扬清，始终把文学作为批判现实、针砭时弊的武器。他的一系列散文无不贯穿着揭露专制制度腐朽本质及其必然灭亡命运的主题，洋溢着批判与变革的精神。如：《明良论四》《古史钩沉论一》《京师乐籍说》《乙丙之际箸议第七》《乙丙之际箸议第九》。他的诗与散文一样紧紧围绕现实政治这个中心，富有深刻的社会内容，具有警世、醒世作用，为有清以来所罕见。如《己亥杂诗》一二三首：

不论盐铁不筹河，独倚东南涕泪多。国赋三升民一斗，屠牛那不胜栽禾？

这是一首批评清朝赋税剥削太重，江南农业不堪重负的诗。诗人透过现象看本质的政治眼光、敢于揭露、敢于鞭挞的政治勇气由此诗可见一斑。

甲午战争到五四运动这一时期，资产阶级登上政治舞台，相继发动了改良主义运动和民主革命运动，文学成为资产阶级改良派和革命派进行维新与革命斗争的武器。黄遵宪被誉为“诗界革命”领袖，反帝卫国、变法图强是其诗的两大主题。黄遵宪早在《感怀》《杂感》《日本杂事诗》中即批判了陈腐事物，赞赏派遣留学生和日本明治维新等新事物，后来他更以饱满的热情讴歌变法维新，变法失败后仍充满坚定的信念，如《己亥杂诗》四十七首：

滔滔海水日趋东，万法从新要大同。后二十年言定验，手书心史井函中。

这是一位周游过列国的清朝外交官的预言，也是诗人耿耿不忘的心愿。20世纪初，资产阶级民主革命蓬勃发展，涌现出一批革命诗人，其中最突出的是巾帼英雄秋瑾。她在民主思潮的鼓荡下，只身赴日本留学，寻找救国救民之路。读她的诗，心中常会升起一种为国捐躯的悲壮，常会为她豪气冲天的雄直魅力所倾倒：

万里乘风去复来，只身东海挟风雷。忍看图画移颜色，肯使江山付劫灰。浊酒不销忧国泪，救时应仗出群才。拼将十万头颅血，须把乾坤力挽回。（《黄海舟中日人索句并见日俄战争地图》）

另外，梁启超、柳亚子、苏曼殊、陈去病、马君武等等都是极有朝气的革命诗人。

清代的小说成就斐然，《儒林外史》（吴敬梓）、《官场现形记》（李宝嘉）、《二十年目睹之怪现状》（吴沃尧）、《老残游记》（刘鹗）等四大讽刺小说，把笔触伸向科举制度和官僚政治体制，大胆地干预生活，无情地揭露腐儒的可笑、特别是官场的黑暗，淋漓尽致地描绘了种种腐化现象，可以说是作家表现出的是另一种形式的社会责任感和忧患意识。

辛亥革命不久，中国文坛上出现了一位伟大的作家鲁迅。鲁迅忧国忧民的精神集中表现在其对“国民性”和“改造国民性”的探讨上。早在日本留学期间，鲁迅就同友人讨论过怎样才是理想的人性、中华民族最缺乏的是什么、它的病根何在等问题。这些问题与鲁迅终生相伴，并成为他小说的永恒主题。鲁迅的小说着重体现了他作为思想家的探索和思考精神、作为文学家对生活的敏锐感受力和独特的审美力。他笔下的人物无论是祥林嫂还是爱姑，无论是闰土还是华老栓，无论是七斤还是赵七爷，无论是孔乙己还是陈士成，无不体现了“国民性”的落后一面，即根深蒂固的“奴性”。他借这些生动真实的艺术形象，来揭示和探究“病态社会”中“国民性”的病根，借以引起“疗救”的注意。而《狂人日记》中的狂人，则是一个封建社会叛逆者和启蒙主义者，鲁迅在这个形象上寄托了彻底的反封建精神和朦胧的希望。鲁迅的杂文是“匕首和投枪”，着重体现了他作为战士的战斗性。鲁迅作品的深刻思想性及批判性是中国文学人文精神中最可宝贵的。

在现当代文学中,茅盾、巴金、叶圣陶、曹禺以及方之、张一弓、刘新武、张洁、谌容、蒋子龙等等都是关注国计民生、极有社会责任感或改革勇气的作家。尤其是巴金,他在"文革"后写的《随想录》,以深沉的忧患意识和勇敢的自我解剖精神又一次反思民族的"劣根性",其意义不亚于鲁迅当年对"国民性"的探讨。

舒婷,这位知识青年出身的当代女诗人以一首《祖国呵,我亲爱的祖国》赋予中国文学爱国精神以新的内容,并将这种精神提升到了一个更高的层次。而北岛等朦胧诗派的崛起,则显示了"文革"后青年一代新的觉醒。

**再说抗击入侵、保卫国家的使命感。**中华民族有抗击侵略、保家卫国的优良传统,中国文学史上出现过许多爱国作家,他们在特定历史时期写的爱国诗文是中国文学宝库中最耀眼的明珠。但这里有必要对"爱国"的内涵作一简单的说明。正如国家是一个历史范畴一样,爱国主义也是一个历史范畴。屈原爱的是战国时七雄中的楚国、岳飞要恢复的是被金人占领的原属宋朝的疆土、于谦抗击的是企图入侵中原的瓦剌。国家是经济发展到一定阶段的必然产物,在不同的发展阶段其形态特征也不同。中国古代的国家是君国合一的国家,当经济发展到某一程度、社会进步到某一程度时,力量强的国君帝王就会为争夺更大的疆土和统治权而互相争伐,《三国演义》卷首说"话说天下大势,分久必合,合久必分",这分与合,便形成了历史或长或短、疆土或大或小的新的君国合一的国家(当然这些国家都是中国这个"大一统"版图内的国家)。忠君,是儒家道德规范的首条,在中国历史上忠君与爱国历来为一体。虽然分裂是暂时的,统一是主流,但天下之治日少而乱日多。当某个国家衰亡变迁之时,这个国家的文人就会以一种忠君与爱国相统一的精神和"天下兴亡,匹夫有责"的使命感,抒写许多表达爱国情感的作品。我们不能否认屈原、岳飞是铁骨铮铮的爱国英雄,我们当然也不能否认他们是爱国诗人。明乎这点,我们才能正确客观地看待历史文化意义上爱国主义。

中国文学的爱国主义源远流长,《诗经》中就有表现爱国主题的作品,《无衣》《采薇》等即是。屈原《九歌》中的《国殇》更是以挽歌的形式热情赞扬了在战场上为国捐躯的战士。

南宋,这个中国历史上的特殊朝代,诞生了灿若群星的爱国作家,他们的爱国诗词大大拓展了创作的领域,特别是陆游、辛弃疾二人更是把中国古代文学的爱国主义旗帜高扬到前所未有的高度。陆游从小受到父兄师长良好的爱国主义教育。一生坚决主张抗金,一直受到投降派打击,多次被罢官。晚年退居家乡,但收复中原之心愈坚。陆游一生写了许多抗金诗词,就是在退隐后的晚年,抗金仍然是他创作的主题。像《夜游宫·记梦》《诉衷情》《十一月四日风雨大作》《书愤》等大家非常熟悉的篇目都写在垂垂暮年。诗中表达的"当年万里觅封侯"的雄心,"尚思为国戍轮台"的渴望,"心在天山,身老沧州"的悲哀,组成了诗人生命高亢而又凄苍的韵律,而《示儿》作为诗人的"遗嘱",就更是他人生韵律中最能撩拨人心的音符:

死去元知万事空,但悲不见九州同。王师北定中原日,家祭无忘告乃翁。

与陆游同时的辛弃疾是南宋词坛爱国主义的典范。辛弃疾才兼文武,20岁出头就显示出了惊人的组织能力与军事领导能力。他曾带领50余人马冲人金营,于数万人中俘获起义军叛徒张安国,并当场号召了上万被张安国劫持的起义军士兵反正。辛弃疾南渡后,写了《十论》《九议》,力陈抗金之策,但南宋政府对他始终心存疑忌,他只有一年年地蹉跎年华。辛弃疾的词,豪放中见沉郁,这是因为他的词多关涉国家的前途命运、多抒发自己报国无门、请缨无路的孤愤。试看《水龙吟·登建康赏心亭》:

> 楚天千里清秋，水随天去秋无际。遥岑远目，献愁供恨，玉簪螺髻，落日楼头，断鸿声里，江南游子，把吴钩看了，栏干拍遍，无人会，登临意。　　休说鲈鱼堪脍，尽西风，季鹰归未。求田问舍，怕应羞见，刘郎才气。可惜流年，忧愁风雨，树犹如此。倩何人、唤取红巾翠袖，揾英雄泪。

腰佩着寒光闪闪的“吴钩”，遥望着半壁沦陷的江山，却不能前去杀敌，如此忧愁，何人能堪？

南宋的诗词人是一个生活在特殊年代的特殊群体，国难当头，他们很少有人能扯住自己的头发，离开这严酷的现实，他们大多数人都有着与国家同忧共患的意识。在辛弃疾生前与身后，形成了一个辛派词人群：张元幹、范成大、张孝祥、陈亮、刘过、刘克庄、陈人杰、刘辰翁、戴复古、吴潜、文天祥、文及翁、刘辰翁等都是优秀的爱国文人与遗民文人。仅举一首辛派词人陈亮的《水调歌头·送章德茂大卿使虏》：

> 不见南师久，漫说北群空。当场只手，毕竟还我万夫雄。自笑堂堂汉使，得似洋洋河水，依旧只流东。且复穹庐拜，会向藁街逢。　　尧之都，舜之壤，禹之封。于中应有，一个半个耻臣戎。万里腥膻如许，千古英灵安在，磅礴几时通？胡运何须问，赫日自当中。

跳出旖旎香泽的窠臼，心系天下大事，在纵横开阖、谈古论今之中贯穿着磅礴的浩然之气。“国家不幸词人幸，话到沧桑句便工。”南宋爱国文人的诗词虽多直抒胸臆，但那喷涌而出的爱国激情、高扬的爱国精神，在后人心中永远如江河倾泻、日月耀天。

晚清，抒写爱国诗歌又一次形成了高潮，并且这次高潮盖过了以往任何一次，因为这时期爱国的内涵有了质的变化，矛头直指入侵的帝国主义列强。魏源、林则徐、邓廷桢、张维屏、张际亮、朱琦、姚燮、鲁一同、金和等就是形成这次高潮中的朵朵绚丽的浪花。魏源是与龚自珍齐名的诗人，主张“师夷长技以制夷”，鸦片战争爆发后的两三年内，他集中地写下了《寰海》《秋兴》数十首律诗，广泛地反映了鸦片战争的具体内容和国家的颓败形势，堪称“诗史”。民族英雄林则徐是近代史上睁眼看世界的带头人。他的诗词与他的人一样，充满着忧时悯民的情怀和爱国主义精神，如“苟利国家生死以，岂因祸福趋避之”。张维屏的《三元里》则是一篇记录三元里人民彪炳史册抗英业绩的“诗报告”：

> 三元里前声若雷，千众万众同时来。因义生愤愤生勇，乡民合力强徒摧。家室田庐须保卫，不待鼓声群作气。妇女齐心亦健儿，犁锄在手皆兵器。乡分远近旗斑斓，什队百队沿溪山。众夷相视忽变色，黑旗死仗难生还。夷兵所恃惟枪炮，人心合处天心到。晴空骤雨忽倾盆，凶夷无所施其暴。岂特火器无所施？夷足不惯行滑泥。下者田塍苦踯躅，高者冈阜愁颠挤。……纷然欲遁无双翅，歼厥渠魁真易事。不解何由巨网开，枯鱼竟得攸然逝？魏绛和戎且解忧，风人慷慨赋同仇。如何全盛金瓯日，却类金缯岁币谋。

近代后期诗人中，丘逢甲的“台湾诗”是格外引人注目的，他是台湾人，清廷割让台湾，他抗日失败内渡。他的诗突出反映了失台的悲愤和光复的决心，诗中的切肤之痛，填海之志，让人产生强烈的共鸣。梁启超称赞他为“诗界革命一巨子。”仅录其“台湾诗”代表作一首：

> 春愁难遣强看山，往事惊心泪欲潸。四百万人同一哭，去年今日割台湾。（《春愁》）

把台湾看作祖国神圣不可分割的一部分，把“马关条约”的签订看作是全体台湾人民的“春愁”，这是多么高尚的思想境界！这种感天动地的爱国精神怎不让今天的分裂祖国分子汗颜？

20世纪30年代，当日本侵华战争全面爆发、日寇的铁蹄蹂躏着祖国的山川大地的时候，中华民族体现了空前的大团结，大家同仇敌忾、共赴国难，文艺家的笔触也纷纷伸向抗日救亡的领域。反映抗战主题的街头剧空前活跃,《放下你的鞭子》等至今让人记忆犹新。郭沫若这样"五四"时期登上诗坛的名人写出了新的"战声",王统照、艾芜、老舍等小说家也写成了抗战的诗篇,最令人注目的是如艾青、田间、臧克家、何其芳等一批青年诗人成为抗战诗坛上的先锋和主将。田间的长诗《给战斗者》《她也要杀人》,何其芳的《成都,让我把你摇醒》《革命——向旧世界进军》,臧克家的《淮上吟》《古树的花朵》,艾青的《雪落在中国的土地上》《复活的土地》都是极优秀的救亡作品。尤其是艾青的抒情长诗《向太阳》,以武汉为背景,真实地展现了抗战初期全国人民总动员,为神圣的民族解放事业努力奋斗的壮丽画面。这些诗无不体现了一个革命诗人的高度觉悟和以民族存亡为己任的使命感、唤起全民参战的责任感。兹录一首艾青的短诗《我爱这土地》,以窥抗战诗歌之一斑:

假如我是一只鸟,
我也应该用嘶哑的喉咙歌唱:
这被暴风雨所打击的土地,
这永远汹涌着我们的悲愤的河流,
这无止息地吹刮着的激怒的风,
和那来自林间无比温柔的黎明……
——然后我死了,
连羽毛也腐烂在土地里面。

为什么我的眼里常含着泪水?
因为我对这土地爱得深沉……

## 二 珍视真情,重视宗法人伦

**乡情、亲情**是中国传统文化培养出来的感情,是人们精神的支柱,心魂的依托。

中国的传统文化是"家国同构"的文化,家是小"国",国是大"家"。家国同构的文化是建立在宗法文化之上的。"宗",祖先也,同祖为宗、同姓曰宗。故乡就是以血缘为纽带的列祖列宗休养生息的地方。回乡与省亲是连在一起的,思乡是思父母、思妻子、思兄弟的同义语,因此爱故乡也就是爱祖先、爱有血缘关系的亲人,乡情也就是亲情。一个热爱祖国的人必然热爱故乡。数典忘祖是遭人唾弃的。故乡又是自己出生成长的地方。一方水土养一方人,故乡的山铸就了自己的性格,故乡的水滋养了自己的心灵,故乡是自己人生的开始,又是自己人生的归宿。落叶要归根,即使有生之年不能归根,死后灵柩也要回归故里安葬。因此故乡不论是穷是富、不论是远是近、不论是开放是闭塞,都具有无穷的吸引力,都让人感到亲切、令人梦魂牵绕。

儒家一贯重视对人性情感的培养,孔子儒学中的"敬""庄"原本来自对鬼神、天地、祖先的巫术礼仪和思想,孔子虽然把它们世俗化、理性化了,但仍保存着原始宗教的传统情感特征。其诚、义、信、忠、恕,也都是讲的人际关系的处理,含有情感培育的重要功能。孔子"父子、君臣、兄弟、夫妇、朋友"之"五伦"实在也是一种社会性——宗教性的情感。而"亲子之情"(孝)是作为人伦关系建立"人"——儒家思想的核心"仁"的根本。

在传统文化的滋养下,"思乡"成了中国文学的原型主题,常写不衰。思乡文学体现了中国人重乡情、重亲情的美德。思乡诗中有一些是专为戍边将士写的(谓之边塞诗),诗人常常将将士不可遏止的乡愁与建功立业的卫国之情交织在一起。对戍边者长期背井离乡的同情、对他们为国献身精神的讴歌是这类诗的基本主题。边塞诗,情调一般都比较苍凉和悲壮,而且诗人常常借助乐声来做思乡的触发物,如李益的《夜上受降城闻笛》:

回乐烽前沙似雪,受降城下月如霜。不知何处吹芦管,一夜征人尽望乡。

范仲淹的《渔家傲·塞下秋来风景异》也是借音乐声创造了与李诗相似的意境:"羌管悠悠霜满地,人不寐,将军白发征夫泪。"

乡愁,不独征人有,宦游的人也有,宋周邦彦的《苏幕遮》就是在京为官时写的思乡词,这里思乡与故交连在一起。淡淡的景物载着淡淡的乡思,进入了梦的境界。仅录下阕:

故乡遥,何日去?家住吴门,久作长安旅。五月渔郎相忆否,小楫轻舟,梦入芙蓉浦。

乡愁,不独宦人有,谪迁之人也有,李益谪迁江淮时曾写有一首情调凄楚的《春夜闻笛》,这里思乡与"唤春归"的亲人连在一起:

寒山吹笛唤春归,迁客相看泪满衣。洞庭一夜无穷雁,不待天明尽北飞。

乡愁,不独谪迁之人有,羁旅之人也有,如清杨延亮的《龟山夜泊》,这里思乡与写"家书"的家人连在一起:

昨夜曾驻马,今夕又停舟。谷响风敲梦,潮奔月涌愁。
家书凭旅燕,客况付浮鸥。诗罢重烧烛,苍茫感旧游。

乡愁,不独羁旅之人有,离乱中的人更有,安史之乱中,杜甫经过长时间颠沛,流落到了成都,他急切希望早日平定叛乱,返回故乡,《恨别》就写于这种情形下,这里思乡与兄弟连在一起:

洛城一别四千里,胡骑长驱五六年。草木变衰行剑外,兵戈阻绝老江边。
思家步月清宵立,忆弟看云白日眠。闻道河阳近乘胜,司徒急为破幽燕。

乡愁,凡客居的人都有。

人生在世,事业再辉煌或命途再坎坷,总有告老还家或希望有还家的一天。故乡、家,就是人生的最后驿站,当你在弥留之际,将要离开这个世界的时候,紧紧围绕在你身边的总是你的家人,所以王维一首《杂诗》、岑参一首《逢入京使》、张籍一首《秋思》,马致远一首《天净沙·秋思》,虽都极短,但却能那样强烈地拨动你的心弦,使你久久不能平静。中国人有句古话叫落叶归根,这古话积淀着一种深厚的传统文化,反映了中国人割舍不断的故乡情结。张翰在洛阳为官,秋天,面对瑟瑟秋风,他想起了苏州故乡,想起了故乡的菰菜和鲈鱼,说:"人生贵得适志,何能羁宦数千里以要名爵乎?"于是弃官回乡。官可以不做,家不能不回,这就是落叶归根。宋之问的《渡汉江》、贺知章的《回乡偶书》(二首)都是写的落叶归根。当代台湾诗人余光中的《乡愁》就更是"归根"的代表作,而他的《呼唤》将"母亲"与"五千年深的古屋"融为一体,则凝聚着更深沉的家国之情,体现着五千年文明的传承之光:

就像小的时候,
在屋后那一片菜花田里,
一直玩到天黑
太阳下山,汗已吹冷
总似乎听见,远远
母亲喊我吃饭的声音

可以想见晚年
大阳下山，汗已吹冷
五千年深的古屋里，
就亮起一盏灯
就传来一声呼叫
比小时候更安慰、动人
远远，喊我回家去

今天，中国五千年文明积淀成的乡情、亲情、孝情，浓缩成一句最亲切最普通的话："常回家看看"。那家，就是故乡，就是亲人。

**友情**，是中国人伦关系极重要的一部分，但中国人有中国人自己对友情的理解。孔子与儒学以为：人生应当少欲，但绝不能寡情；人生应当尚义，但不能重利。《庄子·山木》云："且君子之交淡若水，小人之交甘若醴。君子淡以亲，小人甘以绝。"中国人交朋友，贵在"神"交、"心"交。"在家靠父母，出门靠朋友"，朋友，即志同道合者也，"道不同，不相谋也。"朋友之交要纯净如水，倘若沾染上利与欲，那就不是真朋友，那就是小人之交。

中国文学以极大的热情讴歌人世间纯洁高尚的友情。写友情的文学都体现着一种重情尚义、心神相交的精神。《后汉书》记录了范式、张邵二人的友谊事迹，干宝的《搜神记》据此敷衍成《山阳死友传》。《死友传》写范张两人是太学同学，两人退学分手时约定，两年后某日范去张家拜访。约期将至，张催母亲准备肴馔，范果然如期而至。后张染病身亡，下葬那天，灵柩不肯落葬。范在家忽然梦见张死，于是穿上丧服往张墓飞奔而来。吊唁毕，范式亲自拉着绳索引柩，棺材这才往前移动。《搜神记》后，范张生死之交便成为典故，被后世广为传颂。语本《列子·汤问》记载了历史上另一个感人至深的"知音"故事："伯牙善鼓琴，钟子期善听。伯牙鼓琴，志在高山，子期曰：'善哉，峨峨兮若泰山！'志在流水，子期曰：'善哉，洋洋兮若江河！'伯牙所念，子期必得之。"明冯梦龙据此演义出了《俞伯牙摔琴谢知音》，课本已选此文。武汉市汉阳琴台公园据说就是伯牙鼓琴的地方，公园中伯牙、子期的大型雕塑，在向人们昭示着"知音"的难觅与可贵。关于友情，人们最熟悉的当莫过于刘关张"桃园三结义"的故事，可以说没有"桃园结义"，也就没有《三国演义》这本皇皇巨著。"桃园结义"在中国人心中已远远地超出了单纯的友谊范畴，人们赞美的已不仅仅是朋友或结拜兄弟之间的生死不渝、同甘共苦，而是白手起家共创大业的开拓精神、是事业有成后仍能团结进取的精神。刘关张三人的友谊所留下的人文财富是极其宝贵的。

诗是中国文人之间表达友情的一种特殊方式。李白与杜甫是一对心心相印的朋友，他二人虽诗的风格不同，经历也不大一样，待人处世的方式和人生追求也不完全一样，但两人对国计民生的关心是一样的，高尚纯洁的人格是一样的，这是他们二人成为挚友的基础。李杜二人相聚的时间不是很多，彼此用诗来传达友情，今能见到的李赠杜之诗有两首，其中一首是《沙丘城下寄杜甫》：

我来竟何事？高卧沙丘城。城边有古树，日夕连秋声。
鲁酒不可醉，齐歌空复情。思君若汶水，浩荡寄南征。

天宝五载(746)秋天，李杜两人自鲁郡石门一别以后，再也没有相见。这首诗就写于那次分别不久。诗写李白思念杜甫的心情，像浩浩荡荡的汶水一样，一刻也不能平静。杜甫为李白写的诗保存下来的就多一些，如《寄李十二白二十韵》《春日忆李白》《不见》《天末怀李白》《梦李白》(二

首)等,请看《梦李白》第二首:

> 浮云终日行,游子久不至。三夜频梦君,情亲见君意。
> 告归常局促,苦道来不易。江湖多风波,舟楫恐失坠。
> 出门搔白首,若负平生志。冠盖满京华,斯人独憔悴。
> 孰云网恢恢,将老身反累。千秋万岁名,寂寞身后事。

李白因参加李磷幕府,流放夜郎(贵州遵义附近)途中遇赦。杜甫不知李白已被赦还,忧思成梦,故有上作。诗中渗透着杜甫为李白担忧及不平的感情。

友情诗常表现诗人对对方的赞美的感情。如李白的《赠孟浩然》:

> 吾爱孟夫子,风流天下闻。红颜弃轩冕,白首卧松云。
> 醉月频中圣,迷花不事君。高山安可仰,徒此揖清芬。

王建的《十五夜望月寄杜郎中》表现的是对朋友深深的思念:

> 中庭地白树栖鸦,冷露无声湿桂花。今夜明月人尽望,不知秋思落谁家?

友情诗还常常蕴含着一种作者的身世之感或对时政的看法,如李白的《江夏别宋之悌》:

> 楚水清若空,遥将碧海通。人分千里外,兴在一杯中。
> 谷鸟吟晴日,江猿啸晚风。平生不下泪,于此泣无穷。

“泣”是要看对象的,因为与宋之悌是真朋友,58岁的李白才会把因“罪”流放夜郎的泪尽情地向他抛洒。李白《灞陵行送别》则是一首将别离的伤愁、自己的身世之感及对时局的忧虑几种况味交织一起的诗:

> 送君灞陵亭,灞水流浩浩。上有无花之古树,下有伤心之春草。我向秦人问路歧,云是王粲南登之古道。古道连绵走西京,紫阙落日浮云生。正当今夕断肠处,骊歌愁绝不忍听。

中国古诗中歌颂朋友间友情的诗汗牛充栋,而尤以唐诗为最。送别诗、赠题诗、怀人诗、寻友诗、吊唁诗等构成了诗坛一道亮丽的风景。天宝二年,贺知章请度为道士,皇太子以下百官隆重为其饯行,唐玄宗也亲自写诗送别贺知章人道归隐,这无疑大大调动了诗人写友情诗特别是写送别诗的热情。翻阅《全唐诗》,可以发现送别赠题怀人之诗几乎占了总数的一半,以至影响到后来诗歌创作的选材与走向。以至宋代诗词及元明清诗中仍有许多送别赠友的作品。试举一首宋葛长庚的《沁园春·暂聚如萍》:

> 暂聚如萍,忽散似云,无可奈何。向天涯海角,两行别泪,风前月下,一片离骚。啼罢栖乌,望穷芳草,此恨与之谁较多。昏黄后,对青灯感慨,白酒悲歌。　　梦中作梦知么,忆往事落花流水呵。更凭高眺远,沈腰不瘦,怅今怀昔,潘鬓须皤。去燕来鸿,寻梅问柳,寸念从他寒暑熬。消魂处,但烟光缥缈,山色周遭。

这首词把送别人的离愁渲染得淋漓尽致。中国人对友情的重视、对别离的感受,似乎都浓缩在这位葛姓道人的词中。生离死别是人间常事,但唯有中国人看得特别重。友情诗向世人昭示,中国是一个重情尚义的国度,“情”在中国人心中始终占有不可替代的地位;它们使中国的古诗有了更重的情感负荷、更浓的人文色彩。有了它们,中国的古诗才更加楚楚动人。

**人类感情中最神秘和最神圣的莫过于爱情。**爱情是文化、是历史、是社会风气,更是人本身,是人的自然属性与人的社会和历史属性的综合体现。自古以来,无数文人墨客对它进行了生动的描写和咏叹。

中国爱情文学主要体现了爱情主人公彼此忠诚的精神和反对封建礼教的叛逆精神。东汉民歌《上邪》就是一首很典型的忠诚于爱情的诗，它以一位初恋少女的口吻直率大胆地向对方表白自己的赤诚，赌咒发誓般的泼辣语言很具有民歌特色：

> 上邪！我欲与君相知，长命无绝衰。山无陵，江水为竭，冬雷震震，夏雨雪，天地合，乃敢与君绝！

《上邪》的可贵，就在于这位少女重的是"相知"，相知以外的诸如家庭、财产等任何其他条件都不在考虑之列，她的"誓言"完全是出自内心的，没有任何外力的胁迫。王实甫著名的元杂剧《西厢记》中有一句名言："愿普天下有情的都成了眷属"，这句名言是贯穿全剧的主旨，说明中国古代有见识的士也是把"情"放在能否成为"眷属"的首选条件，其他则都在次要或不予考虑。几百年来《西厢记》得到不同阶层读者观众的青睐，也正说明了大家对王实甫惟"情"的爱情婚姻观的赞同。彼此相知，有情，才能彼此忠实，才能像"春蚕到死丝方尽，蜡炬成灰泪始干"（李商隐《无题》）一样，至死不渝。在对待爱情问题上，中国人要比西方人慎重和严谨得多，这固然与应当遭到批判的强加于人的封建礼教有关，但也不能不承认这种与封建生产关系有关的人生态度、婚姻观、家庭观是中国人的一种传统美德。抽去其中的封建因素，就是社会进步到今天这个现代化的阶段，在爱情上彼此忠诚的美德依然应当提倡。

最早的诗歌总集《诗经》里爱情婚姻题材的作品比重特别大，而且大多写得比较质朴、大胆和热烈，足见古人对爱情婚姻问题的敏感和重视；也反映了春秋以前，礼教对百姓的约束远远没有后来的封建社会强固，妇女不仅可以相对自由地在外活动，而且可以相对自由地与男子来往。周代去古未远，原始群婚制的某些观念还部分地残存在人们头脑中。

随着封建制度的建立和强化，桎梏人性的封建礼教也逐渐成为带有强制性的朝野必须遵守的"法规"，反映男女青年追求自由爱情和美满婚姻的主体意识、反抗包办婚姻与门第观念的文学作品也就必然产生。东汉乐府民歌《孔雀东南飞》是中国文学史上第一首歌颂坚贞爱情、控诉封建礼教罪恶的叙事长诗。该诗百代不衰的生命力不在于这个凄美爱情故事的本身，也不仅仅在于它塑造了刘兰芝、焦仲卿这两个不朽的艺术形象，而在于它在封建社会初期就看到了封建礼教对美好人性的扼杀和吃人的本质。

东晋干宝的《搜神记》虽然是志怪小说，但在小说发展史上却有重要的地位。《搜神记》中有不少优秀的爱情短篇，如：《王道平妻》《相思树》《紫玉韩重》等。《王道平妻》写王道平与父喻私订终身，后王应征九年未归。父喻父母强迫其嫁予他人，父喻郁郁而死，王道平服役归家墓前吊唁，痛不欲生，父喻感其心诚，死而复生。《紫玉韩重》写吴王夫差小女紫玉与韩重私订终身，韩重去外地求学，嘱其父母为其求婚，吴王不许，紫玉气绝身亡。韩重三年后回来去墓前吊唁。紫玉的灵魂从坟墓中出来，邀请韩重与她一起回到坟中去，两人在坟中完成夫妻礼仪。临别紫玉赠韩重一颗大明珠。吴王诬陷韩重盗墓，紫玉之魂魄前来告诉吴王真相。《相思树》写宋康王依仗权势夺取舍人韩凭的妻子何氏。韩凭自杀，何氏也跳楼身亡。何氏遗书要求与韩凭合葬。宋康王不许，说：如果你们能使两座坟墓相合，我就不阻拦你们。不久，果然就有两棵大树分别从两座坟头长出来，树根在地下相交，树干在上空靠近，并有两只鸳鸯栖息在树上日夜悲鸣。这几篇作品虽然具有较强的志怪色彩，但其主题都在讴歌坚贞不渝的爱情，控诉包办婚姻的罪恶、批判门第观念。作者干宝是东晋史官，喜欢搜集民间野史，也许正是这才使他的观念里有比较多的人性的东西，懂得青年人应当有自由恋爱的权力，违背青年人意愿的专制婚姻无论对当事人还是对父母，都只能是一个悲剧。《搜神记》对爱情的浪漫主义描写，深深影响了后来爱情作品的创作模式。相同主题知名度很高的还有唐人陆玄佑的传奇《离魂记》。这一篇情节更加离奇，元代杂剧大家郑光祖据此改编成杂剧《倩女离魂》，进一步深化了批判封建礼教的主题。

明代剧作家汤显祖的《牡丹亭》在同类题材的文学作品中达到了一个新的思想高度。剧作通过对杜丽娘和柳梦梅爱情故事的叙述，强烈地呼唤一个个性解放时代的到来。明中叶，以李贽为代表的一批进步思想家，向统治阶级推崇的程朱理学发起了猛烈的冲击，《牡丹亭》就是艺术地反映了这场斗争。剧作中"情"与"理"的冲突与斗争就是现实社会中正在觉醒的人性、逐步解放的个性与僵化的程朱理学的冲突斗争。杜丽娘就是人性觉醒、个性解放的化身。

在中国文学史上，还没有哪一部写爱情的作品能像《红楼梦》那样深厚，还没有哪一个作家能把爱情放在如此广阔的社会背景下来展开和审视，还没有哪一个作家能通过爱情的主角串联起如此复杂的社会关系，曹雪芹虽然不能摆脱封建社会的节烈观、阶级观、禁欲观，但与其他古典文学作品中的爱情描写相比，它更自然、真实、更洒脱、更丰富，既不囿于陈腐，又不流于轻薄，卓然不群。作者在由兴至衰的大趋势中，用许多以情为核心的小故事，来衬托最动人的宝黛爱情故事。宝黛的爱情是建立在共同的反封建的思想基础上，它带有比其他优秀的爱情作品中的主人公更鲜明的叛逆性质。作者重笔浓墨刻画的林黛玉，使我们看到一种新型妇女思想意识的萌芽；作者呕心沥血塑造的贾宝玉，使我们看到了一种进步的妇女观、爱情观、价值观。作者通过宝黛爱情的悲剧所否定的是整个封建社会的文化根基和生产关系，他所表现出的民主思想和精神是空前的。

中国爱情文学还对不忠于爱情者进行了无情的鞭挞、对受到伤害的妇女表示了同情并对她们为了维护自己的人格尊严所做的抗争给予了高度的赞扬。《诗经》中的《氓》就是一篇谴责喜新厌旧、"二三其德"的负心汉，为遭遗弃的妇女鸣不平的作品。唐蒋防的《霍小玉传》被称为"唐人最精彩的动人之传奇"（明胡应麟语）小说塑造了负心的李益和痴情的霍小玉的形象，通过李益欺骗小玉和小玉因情死后变为厉鬼报复李益的故事，以天道报应的观念鞭挞了不恪守诺言的伪君子。这类题材中写得最惊心动魄的那就是明代拟话本《杜十娘怒沉百宝箱》（冯梦龙《警世通言》）。杜十娘虽是京城教坊的名妓，但性情十分刚烈。她怀抱百宝箱，纵身跳入滚滚江流，以死来抗议认钱不认情的富公子，抗议吃人的封建礼教的故事多少年来一直打动着读者的心。

## 三　钟情自然　寻求天人合一

中华民族的祖先一面塑造与"天"斗争的英雄（比如神话中的英雄），一面又力图在哲学上论证"天人同源""天人合一"。在对大量文学作品的阅读中，我们发现，讴歌山水是中国文学的重要主题。自古以来，中国文学很少不谈到自然的，中国文人极少不歌唱自然的。纵观整个中国文学，我们可以发现，中国人认为只有在自然中，才有安居之地；只有在自然中，才存在着真正的美。人与自然的和谐融洽才是最高的生存境界。中国古代士人挥之不去的自然情结当然各自有各自的主客观原因，但无一不受到儒、释、道传统文化的影响。

**儒家的比德自然。**儒家的哲学是入世的哲学、讲究功利，故儒家在亲近大自然时并不一味强调精神上的愉悦，而是常以自然之美来比附人格之美，谓之"比德"。生活在伦理型文化氛围中的人，一生主要围绕怎样做人，做个什么样的人，即人格的完善高尚来思考，以为外界万物都含有人格的意蕴。孔子欣赏山水，不仅是因为山水形态美而生喜爱心，更是因为自然山水已经是某种"善"的人格的象征。"仁者乐山，智者乐水"，是说仁厚之人，修养高深，学问渊博就像大山一样厚重、沉默,所以他乐山;智慧的人,洞察世间一切,为人处世就像流水一样自然舒展,宠辱不惊,所以他乐水。自然与品格联系在了一起。梅花好雪,秋菊傲霜,荷花出淤泥而不染,松柏拒严寒而长青,也非为艳羡它们美丽的形姿,而是文人借景抒情、托物言志,用以抒发自己的人格美、品德美罢了。《诗经》以自然物为比兴,《楚辞》以美人香草喻正道忠臣。林逋以山园小梅喻自己的高洁志趣、陆游以断桥野梅喻自己的寂寞孤傲、毛泽东以悬崖红梅喻共产党人的斗争意志,喻体相同,寓意有别,但都是一种人文精神的写照,都符合传统美学的"比德"观。由于中国文人与生俱来有一种自然情结,以为大自然的一草一木无不与自己的性情相通,因而"心欢山便翠,情悲月亦凉";"感时花溅泪,恨别鸟惊心"。他们托物以言志、借景以抒情,将景物看成是自己感情的载体、喻体,也常常把自己的感情移注到特定的景物上,使自然变成"人化的自然"。

**道家的审美自然。**老子《道德经》云:"人法地,地法天,天法道,道法自然。"老子的自然有这样三种含义:一指事物自然而然、不加雕琢的"本态";二指事物固有的内在规律;三指天地自然。这三点又是互相关联、密不可分的,即是说,老子的道既是自然的本质,又是自然的现象。故《老子》一书中虽然没有直接提到自然景物,但已体现了老子作为社会的人必须亲近自然,向天地自然回归的思想,而书中倡导的返璞归真,其实就是热爱自然重铸生命的同义语。庄子的"自然"思想比老子表现得更为直接明显。他曾满怀激情地说:"山林与,皋壤与,使我欣欣然而乐与!""天地有大美而不言"就是庄子最著名的美学命题。宇宙天地无声运行的节奏,自然万物无言生长的旋律,无不是自然之道这一"大美"的具体表现,"不言"才能达到"大美"。庄子还格外注重人的心灵、精神与大自然的契合。当人进入"天地与我并生,万物与我为一"的境界时,也就进入了审美人生的极致,也就得自然之真谛,道之真谛了。道家崇尚自然、返璞归真的哲学,深深地影响着中国文人的人生态度与审美趣味,可以说,中国文学的山水诗词、山水散文,无一不是道家审美观的产物。

**佛家的参悟自然。**相对于儒、道来讲,佛教是外来文化,但佛教在与儒道合流的过程中,已经中国化。在对自然的依赖上,佛教与道教一样。道人长期生活在远离世俗喧嚣的丛林险壑中,僧人也长期生活在高山峰峦里。道观与佛寺占据了我国绝大多数名胜,这不仅使我国自然景观中增加了独具魅力的人文景观,而且铸就了寺观主人主体心灵、现存生命与大自然的和谐统一。佛、道都把体验大自然的"真谛"看作修炼,而佛教却更注重内心的参悟,"直指人心,见性成佛"。佛教禅宗认为自然界是"法身"的变现,自然物象可以作为体悟佛陀的象征,只要你以一颗"真心"去感悟客观世界,就能在静观内省、沉思冥想中求得与自然的混一。在我国文学史上,受佛教思想影响的作家是很多的,东晋大诗人谢灵运就是著名的佛学家,他的山水诗是涅槃佛性论在文学审美活动中最为集中的体现者。盛唐大诗人王维的一生是亦官亦佛的一生,穿上朝服是官,脱下朝服是僧。他能用出家人的空灵之心去观察大自然、感受大自然,在六根清净中领悟人生、宇宙的因缘,开辟出重重崭新的艺术天地。

以上从传统文化方面简谈了中国士人和中国文学的山水情怀、自然情结。下面让我们穿越时间的隧道,略略回顾一下山水文学是如何发轫和发展的。对于山水景物的描写,早在《诗经》中就有。"蒹葭苍苍,白露为霜。所谓伊人,在水一方。"(《蒹葭》)就是十分有名的写景句子。但《诗经》中的山水描写只是一种比兴的手段,而不是诗的内容,山水由文学的道具变成文学的一个角色,真正作为审美观照的对象、作为歌咏描写的内容,是从汉魏六朝开始的。汉魏六朝,政权分裂、兵燹连年、经济凋敝、民不聊生,但这个时期人们的精神却极其自由,个性极其解放,首要标志便是玄学的建立与盛行。"玄"出自《老子》的"玄之又玄,众妙之门"。玄学奉《周易》《老子》《庄子》为经典，援引道家思想解释儒家经典，后来渐渐与佛教合流。玄学中人大都是一些有较高文化修养的名士，这些名士不务实事，啸聚竹林，每天以清谈老庄为能事，诗歌创作也以谈玄说理为主。玄学的哲学体系是建立在宇宙本体论上的，但中国哲学的明显特征是往往将对宇宙本体的探讨落实到对人生的探讨上，落实到对人生理想、人生态度的探讨上。正是在这个意义上，玄学不仅是一种本体的哲学，而且是一种审美的人生哲学。这种审美人生哲学最明显地体现在对隐逸生活的企慕、对自然山水的向往上。隐逸心理和隐逸行为造就了文学的自然情结、个性色彩，扩大了文学的审美视野。于是在谈玄说理诗之外，名士们又创作了不少以歌咏隐逸、描摹山水为主题的隐逸山水诗。如果说曹操的《观沧海》是中国诗歌史上第一首山水诗的话，那么玄学名士的隐逸山水诗真正开创了中国文学山水诗之一体。西晋诗人的多首《招隐诗》就已显露出山水描写的端倪，特别是左思的《招隐诗》很大程度上跳出了单纯说玄的窠臼，以生动的景物和环境描写，衬托出诗人的人生意趣与山水情怀，体现了一种典型的玄学审美品藻，呈现出晋宋间兴起的山水诗的早期形态。陶渊明是晋宋之交"赫赫有名的大隐"，也是田园诗的开创者。他的《归园田居》《饮酒》等诗将普通的物象在看似不经意的点染中变成了千古不朽的风景名画。他对清贫而怡然自得的生活、辛苦而充满诗意的劳动的描写，体现出出自玄言，又超越玄言的人生意蕴、价值取向。他那平淡质朴又韵味无穷的风格、笔调，对后来的王维、孟浩然、韦应物、柳宗元、苏轼、辛弃疾甚至龚自珍等都有过巨大影响。与陶渊明几乎同时的谢灵运也是对山水文学做出过杰出贡献的诗人，他的贡献在于他真正完成了由玄言诗向山水诗的过渡。中国文学与"自然"的姻缘从他而正式开始。他是中国山水诗的实际开拓者。得谢灵运之传承的是齐武帝时的谢朓，但谢朓诗的风格更加清新流利。

唐代，迎来了我国山水文学的鼎盛时期。宋代山水文学亦呈现出方兴未艾的势头，风格却比唐人更加平淡。元代的山水文学成就主要表现在散曲的创作上，由于元代社会的特殊性，元散曲中流露出前所未有过的浓郁的隐逸情结，艺术上追求自然酣畅。明代山水文学以小品文为胜，这些小品文甚至对近现代一些作家的创作风格都产生了很大影响。清代是又一个山水诗创作的高峰，其数量之多，成就之高可与唐诗媲美。

**山水文学的第一种精神是自然平淡空灵清新。**最能体现此种精神的是王维和孟浩然。由玄学名士开其端的隐逸山水诗到了王维、孟浩然那里已臻炉火纯青的境界。王孟皆受佛道之影响，王维尤笃信佛教。他的诗常将禅的静默观照与山水审美体验合而为一，创造出"诗中有画，画中有诗"的空明诗境，玲珑剔透而不可诠释：如《山中》《鹿柴》：

> 荆溪白石出，天寒红叶稀。山路元无雨，空翠湿人衣。
>
> 空山不见人，但闻人语响。返景入深林，复照青苔上。

王维好用"空"字写意，在对山水清晖和逸人高士的描写中，折射出幽幽的禅意禅趣；又于"色相皆空"的禅意禅趣中，领略大自然的缥缈神韵，洞彻人生的因缘真谛。同样是创造明秀的诗境，孟浩然的山水诗比王维更淳朴，更贴近生活，更接近陶诗的风格。他隐居鹿门，有真实的农村生活的体验；他漫游吴越，有真实的旅途生活的感受。孟浩然的诗就是孟浩然生活的真实反映，让人觉得自然亲切质朴。如《过故人庄》《宿建德江》：

> 故人具鸡黍，邀我至田家。绿树村边合，青山郭外斜。开轩面场圃，把酒话桑麻。待到重阳日，还来就菊花。
>
> 移舟泊烟渚，日暮客愁新。野旷天低树，江清月近人。

即兴而发，不事雕琢，随意点染的景物与幽幽的情思相融，冲淡闲远而意兴无穷。

唐代的山水田园诗人很多，除王、孟外，裴迪、储光羲、张子容、韦应物、常建等都是与王孟风格相似的诗人。多少年来，他们的山水诗像一股清泉，涤荡着人的灵魂，给人以美的享受。

**山水文学的另一种精神是博大雄浑豪迈。**把这种精神体现得淋漓尽致的是李白、苏轼、陆游。如果说，以王孟为首的山水田园诗人主要体现了自然的“无言”之美，在与天地万物“并生”“为一”，相融相化的审美观照中体验人生的话，那么以李苏为首的山水诗人主要体现了“道”即自然的“大美”，在天地万物的恢宏博大中铸造自己同样恢宏博大的内心世界。李白一生是在既求仕又求仙中度过的，而对他的创作产生巨大影响的却是求仙这一面。人们钟情于他的大气磅礴、钟情于他诗中体现的浪漫主义激情。例如《蜀道难》，诗人抓住蜀道既高且险的特点，极尽想象夸张之能事，在想象夸张中融入动人的神话传说，使飞流惊湍、奇峰险壑呈现出飞动的形状与灵魂。透过奇丽峭拔的山川景物，读者仿佛看到了诗人那落笔摇五岳，笑傲凌沧洲的高大形象。李白是我国古代诗人中受庄子影响最大的一个，庄子笔下的鲲鹏形象对形成李白壮美博大的审美观有重要的作用。这种审美观使他在描写自然山水时，总是从大处落笔，把自己的浩然气度贯穿其中。除《蜀道难》之外，李白其他山水诗均是极能体现他审美理想和人格精神的作品。

苏轼是以“旷达”著称的北宋文人，儒、释、道三家哲学对他都有影响，而后期佛道影响尤深，这使他培养了自己逆境中求生存、抑郁中求旷达的精神，也使他的作品显得大度和浪漫。他极善于把自己对生活的热情和体验通过诗文宣泄出来。他在《喜雨亭记》《凌虚台记》《超然台记》《放鹤亭记》《前赤壁赋》《后赤壁赋》等写景散文中表现出的对人生的哲理感悟和执着热情多少年来都让人钦佩不已。而他的“大江东去，浪淘尽、千古风流人物。”（《念奴娇・赤壁怀古》）；“凭空眺望，见长空万里，云无留迹。桂魄飞来光射处，冷浸一天秋碧。”（《念奴娇・凭空眺望》）的词句，更能唤起人们高山大河般壮阔、秋空圆月般明净的感情。

陆游天生是一“放翁”，一生以复国为志，这使它的田园山水诗也往往有李白样的狂放气度，又比李白多了些许请缨无路的压抑感。如《九月三日泛舟湖中作》：

> 儿童随笑放翁狂，又向湖边上野航。鱼市人家满斜日，菊花天气近新霜。重重红树秋山晚，猎猎青帘社酒香。邻曲莫辞同一醉，十年客里过重阳。

**把自然山水与人生遭遇、作家心境紧密相连，托物抒怀、以景比德，赋予自然以强烈的人文情怀是山水文学的又一种精神，**柳宗元的游记散文就是这方面的典范。翻阅这些主要作于永州贬所的记游之作，会突出地感觉到，其中呈现的大都是奇异美妙却遭人忽视、为世所弃或不为人知的自然山水。作者采用直接象征或衬托的手法，借“弃地”或“异”地来表现自己虽才华卓荦却不为世用而被远弃遐荒的悲剧命运，如《小石城山记》对小石城山的惋惜，《钴鉧潭西小丘记》对“唐氏之弃地”的同情，《始得西山宴游记》对西山“怪特”的赞美，都具有借题感慨的特点。山水游记是柳宗元悲剧人生和审美情趣的结晶。谪为“谬人”，聊为优游，将自己的人生消解在高山流水里，又在高山流水里找到生命的永恒，这，就是柳宗元。

## 四　崇尚神灵，超越生命时空

艺术起源与宗教起源几乎是同步的，许多艺术种类的出现都同宗教相伴随，文学自然也与宗教有不解之缘。

中国虽然不是一个宗教国家，但道教与佛教对中国文学艺术的影响却是巨大的。道教是中国土生土长的宗教，它创立于东汉末，与此同时从印度舶来了佛教。

**宗教与文学艺术都具有情感性特征**。宗教情感与文学情感的基础都源于现实世界人类的困惑。生与死、善与恶、灵与肉是人类无法回避和解决的问题。宗教与文学均设法寻求对世俗生活的超越、对死亡痛苦的解脱,以实现对人的终极关怀。人类通过宗教和文学得到心理安慰和精神寄托,并得以进入一种超越时空的逍遥永恒的境界。也正因此,宗教与文学都具有一种悲天悯人的情怀。

**宗教与文学艺术都是想象的产物,以虚拟为真实**。道教的最高信仰是神仙,佛教的最高信仰是佛陀。神仙佛陀都是想象的、心造的;想象也是文学艺术最重要的特征,作家只有"思接千载""视通万里",才能进入创作状态。想象(神游、心游)是宗教与文学艺术把握世界的共同方式,而且它们在想象时都具有一种迷狂性。

**与想象这种把握世界的方式相联系,宗教和文学都离不开具体的感性形象**。与哲学不同,它们很少有抽象的概念和深奥的理论,主要通过形象来表达自身。只不过文学通过语言这个媒介来塑造形象表达情感,而宗教,除了通过宗教文学作品来警示世人外(比如道教中的神仙传说、佛教中的诸多公案),还通过建筑、雕塑、绘画、歌舞等艺术形式来宣传自己的信仰和教义。

佛教与道教对中国士人的人格、信仰、志趣产生了深远的影响,是儒家功名政治之外士人们追求的另一目标,同时道教与佛教也对中国的文学艺术产生了深远的影响。可以说,若没有佛道的介入,中国也出不了这么多一流的诗人,中国古诗词也没有今天这样灿烂;中国也不可能有王实甫、吴承恩、曹雪芹等这样世界级的大作家,也产生不了那么多伟大的戏曲和小说。

最早的诗人屈原的一系列作品均受到神仙之说的启迪,"神仙"给了屈原创作的灵感,"神仙"使屈原描绘出了超越时空、斑驳陆离的画面。而神仙的学说恰是道教的渊源之一。在中国文学史上,大多数诗人都受到佛道影响,或多或少都写有带有佛道意蕴的诗,盛唐的王维与李白就是最典型的例子。王维,字摩诘。其名和字均取自于佛教的《维摩诘经》。王维自幼丧父,其母虔诚奉佛三十多年,这对王维有着深刻的影响。王维一生都过着亦官亦隐的生活,后期更遁入参禅悟道的空门中。品味一首《积雨辋川庄作》:

> 积雨空林烟火迟,蒸藜炊黍饷东菑。漠漠水田飞白鹭,阴阴夏木啭黄鹂。山中习静观朝槿,松下清斋折露葵。野老与人争席罢,海鸥何事更相疑。

"空"是王维诗作最爱用的字眼。"空"所体现的佛教哲理及悠悠的禅意、禅趣是唐诗味之不尽的重要美学因素。

李白是一个正式受过道箓的文人道士,谓之"诗仙"和"谪仙人"。李白从年轻时就开始访道、炼丹、求仙,直至晚年更笃。我们从李白的大量诗作中,可以看到李白对神仙世界的向往,对长生不死的追求。李白得到唐玄宗征召那年,登临泰山,写了一组游泰山的诗。泰山是古代帝王封禅之地,具有浓郁的道教氛围。且看《游泰山》第四首:

> 清斋三千日,裂素写道经。吟诵有所得,众神卫我形。云行信长风,飒若羽翼生。攀岩上日观,伏槛窥东溟。海色动远山,天鸡已先鸣。银台出倒景,白浪翻长鲸。安得不死药,高飞向蓬瀛。

李白的神仙信仰使其诗作呈现出神奇的景象、宏大的视野、绚丽的色彩、浪漫的风格,体现了典型的盛唐气象。

**佛道不仅为诗歌创作提供了许多神奇诡谲的意象,激发了诗人的想象力,影响了诗人创作的风格,也拓宽了诗的题材**。参禅悟道诗、步虚词、游仙诗、炼丹诗、宫观庙庵诗等的加入,使古诗词在内容上呈现出异彩纷呈的多元态势。试看一首白居易的《味道》:

叩齿晨兴秋院静，焚香冥坐晚窗深。七篇真诰论仙事，一卷檀经说佛心。
此日尽知前境妄，多生曾被外尘侵。自嫌习性犹残处，爱咏闲诗好听琴。

诗人否认“前境”与“外尘”，立志于“残”生向佛悟道。

唐许三畏的《游菖蒲废观》：

本是安期烧药处，今来改作坐禅宫。数声梵响满楼月，深谷猿声半夜风。
金简事移松阁迥，采云影散阆山空。我来不见修真客，却得真如问远公。

昔日安期生炼药的菖蒲观，而今变成了“禅宫”，不见了秦时的修真客，眼前的“数声梵响”仿佛在昭示佛道二教的兴衰变迁。

**佛道隐而不露、虚无空灵的美学深深地渗入到古诗词的创作中，从而在抒情诗与写景诗的园地开拓出一片全新的意境**。贾岛《寻隐者不遇》：

松下问童子，言师采药去。只在此山中，云深不知处。

诗题中的隐者不是和尚就是道士，其缥缈之形、高洁之神，宛然可感。

**佛道文化对格律诗的形成，对词牌的丰富也都有着重要贡献**。佛经的翻译推动了我国传统音韵学的变化，南朝齐梁之际“四声八病”的提出直接催生出中国诗歌中的“永明体”，并且最后发展成为格律诗，而格律诗占据了我国古代诗坛的半壁江山。

诞生于唐五代兴盛于两宋的词叫曲子词，因为它是配乐歌唱的。词调是填词时所依据的乐谱，每种词调都有一个特定的名称，谓之词牌。隋唐间，由于佛道音乐的繁盛，佛道典故大量进入词牌，大大地丰富了词牌的文化意蕴，增加了词牌的数量。如《献天花》《菩萨蛮》《南天竺》《毗沙子》《胡僧破》《达摩》《五天》等词牌均取之于佛教。清康熙五十四年刻印的《钦定词谱》收入词牌八百余种，至少有五六十种与道教典籍、道教传说有关，如《临江仙》《鹊桥仙》《忆秦娥》《女冠子》《潇湘神》《洞仙歌》等等。

**中国古代的短篇小说都充溢着浓厚的佛道气息**。从晋干宝的《搜神集》到唐传奇、到明冯梦龙的“三言”，再到短篇小说的高峰清蒲松龄的《聊斋志异》，可以说，没有佛道不成书。明清的四大名著及其他一些长篇小说也如此。以下仅以神魔小说《西游记》和世情小说《红楼梦》两部看看佛道对中国小说创作的影响。

明吴承恩《西游记》的产生有着深刻的宗教背景。汉末在巫术和原始宗教的基础上，诞生了道教，与此同时，印度的佛教也传入中国。佛教经过魏晋南北朝的发展，至隋唐进入了鼎盛时期。玄奘从印度取经回国，唐太宗为他设立译场，集中国内僧人与文人名士数千人，参加佛经翻译工作，佛经因而得到广泛传播。佛教的发展至元明不衰。道教由于是本土宗教，与中国的民情民俗关系更密切，故而更有群众基础。为了在中国传播、发展，佛教势必要吸收、借鉴道教的有关内容，道教在教理和仪式上也吸收、借鉴佛教，渐渐出现了佛道合一(中国思想史上的三教合一，其实更多的是佛道合一)的局面。《西游记》便是在这种特殊的文化背景下产生的。

唐僧是和尚，取经是佛门之事，但仅有佛教因素，吴承恩不可能写出《西游记》。《西游记》之所以能成为一本老少咸宜的不朽奇书，与道教的介入有着密切的关系。孙悟空虽为佛门弟子，但据吴承恩的描绘根子却在道家。花果山乃道教“十洲之祖脉，三岛之来龙”，悟空出世的方式也属道家：

盖自开辟以来，每受天真地秀，日月精华，感之既久，遂有灵通之意。
内育仙胞，一日迸裂，产一石卵，似圆球样大，因见风，化作一个石猴。

道教的最高理想是长生,悟空学长生之术也纯属道教的修炼方式,师父教的也是道教内丹的精、气、神。孙悟空头戴僧帽,但其天马行空、无拘无束、挥斥方遒、倜傥不羁的性格及七十二般变化与跟斗云均带有强烈的道家意味。孙悟空大闹天宫的故事无疑是《西游记》中最浪漫最为人津津乐道的故事,也是最具道教色彩的故事。作为小说花费笔墨最多的人物,孙悟空集佛道、人神、魔仙于一身,集中体现了宗教超越人类自身、超越有限、向往自由与永恒的理想和精神。

猪八戒、沙和尚二人在下凡之前任的也是道教官职。

亦佛亦道、佛道兼容是《西游记》的特点。唐僧虽手无缚鸡之力,却是一心向佛、虔诚坚定。虽然没有孙悟空到不了西天,但没有唐僧的坚韧不拔也同样到不了西天。唐僧是为了实现宗教信仰而百折不挠的宗教徒的化身。唐僧礼佛,悟空主道(外佛内道),闹出许多矛盾,但也正因此,两个形象才相得益彰。孙悟空一开始虽然学的是道教长生的营生,师父法号却为佛教的菩提。菩萨禅院的看门人居然是个道士,道士口中念的又是佛语。就连取经的唐僧,每次遇到道观时也要整衣瞻拜一番(由此来看余秋雨《道士塔》中所写敦煌石窟看门人却是个王道士也就不奇怪了)。孙悟空的对手都是神仙佛师的徒弟与坐骑,它们多是如来与观音为成全唐僧们的九九八十一难而设置的。当悟空降服不了这些魔怪时,不是去请观音,就是去求玉帝。孙悟空出身虽属道家,但书中多处都是贬道扬佛的。吴承恩有意使佛道形成一组矛盾,让孙悟空在清除这类坏道士的斗争中大显神威。

总之正是丰厚的宗教内涵才成就了《西游记》这部中国古代文学浪漫主义的第一大书。

清曹雪芹的《红楼梦》是一部现实主义巨著,但它与《西游记》一样,也是植根在中国传统文化根基上的,可以说,没有中国的传统文化,没有佛教和道教,同样也没有《红楼梦》。《红楼梦》正是构架在佛道这个传统文化根基上的。

神话本是道教的渊薮,盘古开天地、女娲补天及抟土造人等创世神话无疑对道教的形成有着重要意义,因此《红楼梦》(原名《石头记》)以女娲补天剩下的一块石头起始,以这块石头作为全书的主人公,并让神秘的一道一僧作为结构全书、主宰石头命运不可或缺的串场人物,这就不能不使全书带有浓郁的道教气息。或许这也受到《西游记》石猴形象的启示?大荒山、无稽崖、青梗峰等意象也由老子的"混沌说"演化而来的。小说开篇第一回有这样一段文字:"此回中凡有'梦'用'幻'等字,是提醒阅者眼目,亦是此书立意本旨。"《红楼梦》全书共写了十六个梦,其中多个梦都含有道教的隐喻意义。而深入阐述这"立意本旨"的正是跛足道人和即将跟着跛足道人出家的甄士隐。跛足道人那句句离不了神仙、宣扬人生虚无的《好了歌》和甄士隐对《好了歌》的解释揭示了全书的人物命运和"万境皆空"的主旨。贾宝玉历经十九年梦幻般的生活,目睹了大观园这个小社会的盛衰和形形色色人的嘴脸,最后看破红尘,仍与那一僧一道归于大荒,给人留下一个"假作真时真亦假,无为有处有还无"的回味和富贵如烟、人生如梦的感叹。尽管《红楼梦》以写实的方法摹尽了人世百态,表现了作者反抗封建礼教束缚,追求个性解放的初步民主主义思想,但最终没有跳出每个人都是这个世界来去匆匆的过客,人所经历的一切都由上天安排并且最后都归于幻灭这个宗教说教的窠臼。可以说《红楼梦》在某种意义上恰是唐人写梦传奇《枕中记》《南柯记》的升级版。

《红楼梦》同时也是构架在佛教文化之上的。没有佛教的转世投胎的理论也便没有《红楼梦》。佛教以为宇宙万物皆由因缘和合而生,在其未生之前本无此物,在其灭后也无此物,在其生后灭前,也不过是因缘和合下一时所有的幻想,究竟而无实体。贾宝玉只是女娲、石头与僧人因缘和合的产物,他在人间所经历的一切荣华富贵,只是一种幻相。作品将道教仙境涂上佛教"空"的色彩,以为大观园与太虚幻境一样,究竟而无实体,不过是一时的"假有"。曹雪芹将道人冠以“空空”二字，并在这部巨著的一开头就点明了“到头一梦”“万境皆空”的主旨，使全书在某种程度上成为一本宣扬佛教教义之书。佛教的因果报应的观念也从最夺目的王熙凤这一形象身上得到了淋漓尽致的体现。

与《西游记》一样，曹雪芹与高鹗在写作过程中也常将佛道杂糅一处，不分彼此。神仙是道教的专利，太虚幻境应指道教的天上仙境，神瑛侍者、绛珠草、警幻仙子也都应是道教仙境中的人事，而曹雪芹却偏让那位僧人来对道人讲述这些神仙的事迹，让那僧人带领道人往返于太虚幻境与凡尘之间。空空道人因抄了一遍《石头记》，却变成“情僧”。“空”是佛教概念，却用其来名道人。宝玉应考前，曾在“死”中见到癞头僧，病好后又在家中会见了癞头僧，口口声声喊他师父，并从此就“欲断尘缘”，而且就全书来看，和尚与宝玉的关系比那道士更直接，似此宝玉最后应出家做和尚，但皇上却赏了他一个“文妙真人”的号。真人，乃道教中修真得道与成仙的人，唐以后的历代帝王有赠封高道为真人的惯例。诸如此类佛道相混的描写，在《红楼梦》中比比皆是，折射出明清佛道相融的现实。

以前研究《红楼梦》，赋予它太多的政治内涵。其实，佛教的因缘轮回、万境皆空，道教的创世神话、太虚神仙，儒家的忠孝节义、功名政治(这是小说的内核)还有其他传统文化的方方面面，才共同铸就了中国古代这一伟大的巨著。

中国古典文学中还有许多宣扬佛道精神的戏曲，同学们可以自己下去作进一步了解。

无论是宗教中的文学，还是文学中的宗教，都体现一种超越自身、超越有限，追求无极、追求永恒的精神和理想。人类凭借这种精神和理想才能像德国哲学家海德格尔所说的在现实世界中“诗意地栖居”。

历史悠久、卷帙浩繁的中国文学，有着极丰富深厚的文化内涵，是中国文化的主要载体之一，是中国文化艺术性的反映。它始终贯穿着、体现着中国传统文化中优秀的人文精神。了解、继承并发扬这种优秀的人文精神，使之与时俱进，是大学语文教学的重要任务。

# 中国古典美学——儒释道美学

由孔子创始的儒家美学与老子创始的道家美学，经过后学传人的不断完善和文学艺术的不断实践，形成了儒道两家美学双峰并峙的局面。自东汉末期，经魏、晋、南北朝而到初唐，历时数百年，释迦牟尼佛教已经扎根中国，变成中国化的宗教——禅宗，于是中国古典美学又多了一家禅宗美学。在中国漫长的历史岁月中，儒释道三家美学互相对立又互相补充，共同形成了独具特色的中国古典美学。

## 一、儒家美学

儒家理想中的社会是一个严格按照等级制组织起来的社会，但又是一个彼此相亲相爱的社会。为了实现这样一个社会理想，儒家以为必须通过诗教、乐教来净化人的心灵，进而使每个个体意义上的人都能上升到圣贤的境界。基于此，孔子的审美观便是尚用崇实的审美观，儒家的美学便是经世致用的美学，有着明确的政治功利性。儒家以为诗歌的作用是“兴、观、群、怨”，作诗的目的是“事君”“事父”，对诗歌内容的要求是“思无邪”，对诗歌风格的要求是“中和”之美。

**诗的作用是“兴、观、群、怨”。**

《论语·阳货》：“诗，可以兴，可以观，可以群，可以怨。”兴，即用比兴的方法、文学的方法，用形象的语言引入正题；观，观察社会风尚、民俗民情；群，和谐人伦关系，沟通感情；怨，讥刺统治者为政之失。中国古代是一个宗法社会，家是小国，国是大家，家国同构。在这个社会里，一切都被伦理化了、政治化了，文学也因而被作为维系宗法社会统治的工具。宗法社会是人治的社会，“礼”正是为治人而设立的。但光有礼还不够，还必须辅之以“乐”。因为“礼”主“理”而“乐”主“情”。以“礼”正外，以“乐”正“内”。“乐”从一开始就成了“德”的载体，脱胎于“乐”的诗歌理所当然地也担当起“观群怨”的政治责任。古代帝王设立乐府，广采民谣正是基于诗具有既可以察民，又可以正已的功能。“兴观群怨”说，开中国古代审美理论之先河，在某种程度上揭示了文学审美的特征。“兴”是基础，观、群、怨都要通过兴才能实现。我们今天说的文学有审美、认识、教育三大功能，认识与教育作用必须通过审美来实现，正是对“兴观群怨”说的继承和发展。

**作诗的目的是“事君”“事父”。**

《论语·阳货》：“诗……迩之事父，远之事君。”汉代《毛诗序》：“经夫妇、成孝敬、厚人伦、美教化、移风俗。”以上两则论述，谈的是诗的伦理目的，而儒家的伦理目的与其政治目的是一致的。中国古代文化是一种宗法文化，这种文化是一种以氏族血缘为纽带、以父系家长为中心、以嫡长子继承制为基本特征的文化。家与国在组织制度上是同构的。父为“家君”，君为“国父”，君父同伦，家国同构。建立在氏族血缘关系基础上的孝道被视为中国人的道德本位，忠君则是孝道的延伸。因此儒家要求诗人肩负起巩固家国同构宗法社会的责任，用诗歌来教化百姓，以期通过“诗教”，让每一个人能准确地认识自己在家庭、家族和社会中的地位，自觉地尽到人臣、人父、人子、人妻的义务和责任，自觉地遵守和维护以“礼”为核心的人伦关系和社会风俗。曹丕说文章是“经国之大业，不朽之盛事”（《典论·论文》）；白居易“文章合为时而著，歌诗合为事而作”，主张“为君、为臣、为民、为物、为事而作，不为文而作也”，（《新乐府序》）都是儒家文学政治化观念的表现。

**儒家对诗歌内容评价的标准是"思无邪"。**"思无邪"三字原出于《诗经·鲁颂·駉》,用来表现牧马人放牧时专心致志的神态,孔子借用此三字作为对写诗的要求与评诗的标准:"《诗》三百,一言以蔽之,曰'思无邪'。"(《论语·为政》)当然,"思无邪"三字并不能概括《诗经》的思想内容,但由此可以看出孔子在诗歌内容表达上的标准和要求。"无邪"应该有两个意义,一个意义为诗的情感不能虚假。邪,古义即徐也。无虚徐即心无他骛。郑浩《论语集注述要》:"盖言诗三百篇,无论孝子、忠臣、怨男、愁女皆出于至情流溢,直写衷曲,毫无伪托虚徐之意。"一个意义为诗的内容应当纯正,选择材料和表达感情都必须符合礼教,有利于维护宗法社会的人伦秩序。一句话,"发乎情,止乎礼义。"

**儒家对诗歌风格的要求是"中和之美"("中和之美"也是儒家文艺批评的原则)。**

儒家在政治上和待人处事上一贯提倡中庸之道,表现在文学上则是中和之美,达到中和的美学手段则是"温柔敦厚"。《礼记·经解》云:"温柔敦厚,诗教也。"与其说温柔敦厚是诗教,是以它去教化人,不如说温柔敦厚是对诗歌风格的要求。但儒家对诗歌风格的要求是由诗歌教化的目的决定的,温柔敦厚作为诗教,要求诗歌创作必须符合儒家的伦理道德,符合礼教,维护"家天下"的统治。诗歌本有歌颂和暴露两方面的作用,但歌颂和暴露都有一定的分寸,歌颂过分,成了阿谀;暴露不当,有损礼制,必须把握"中和"这个度。"怨刺"和讽谏是可以的,但只能怨而不怒,"止乎礼义",用中和的统治者能接受的态度和委婉含蓄的言辞,进行适度地批评,不能过火,不能越线,更不能"犯上作乱"。

对于文章的艺术性,《论语·雍也》云:"质胜文则野,文胜质则史。文质彬彬,然后君子。"质朴胜过文采就粗鄙,文采超过质朴就死板。两者结合匀称,才是君子(的风度)。这段论述也是儒家主张中和之美的体现。

温柔敦厚作为实现中和之美的手段,寄教义于含蓄婉曲,这对于比兴的艺术方法的发展起了促进的作用。

总之孔子美学一方面十分注意审美对陶冶个体的心理功能,另一方面又十分注重审美对协调人群的社会作用,孔子美学的伦理学特征非常清楚。孔子经世致用的美学观在中国文学史上具有不可动摇的奠基作用,我国现实主义的文学传统正是来自孔子与儒家的这种审美思想。但是儒家把诗乐作为政治的工具与附庸,也束缚了作家的个性与文学的发展,

## 二、道家美学

老子是道家美学的奠基者、开创者,庄子则是道家美学的完成者,是整个道家美学最重要的代表。如果说儒家美学是由"礼"发端来的,那么道家美学则由"道"生发而来的。

**1. 由道的自然性质引申出中国古典美学上的自然说。**

自然的审美趣味一是朴。天地万物都具有自然之美,这种天然的美才是真美。《道德经》在许多章节都谈到"朴":"敦兮其若朴"(十五章)、"见素抱朴"(十九章)、"复归于朴"(二十八章)。《庄子·天道》也说:"朴素而天下莫能与之争美"。朴即是真,是未加雕琢的事物的本态,与伪、假对立。即"道",道是以"朴"的形式存在于人们不能感知之中。自然的审美趣味二是淡。《道德经》云:"道之出口,淡乎其无味"。(三十五章)道不需要任何雕饰,秉承道的精神写文章,就应当保留事物的原汁原味,写出事物的真实面貌。《庄子·天道》云:"夫虚静恬淡寂寞无为者,万物之本也。"道化生了万物,而万物的本态就是恬淡的,所以一个人活在世上,应恬于得失,淡于

名利。表现在文学创作上就是冲淡质朴。其实朴就是淡，淡就是朴，就是自然。《南史》里有这样一段记载：颜延之请鲍照评论他与谢灵运的优劣，鲍照回答颜延之："谢五言如初发芙蓉，自然可爱；君诗若铺锦列绣，亦雕缋满眼。"南朝梁钟嵘的《诗品》亦云："谢诗如芙蓉出水，颜如错彩镂金。"在中国古代诗论中，钟嵘可能是第一个提出自然审美标准的人。从钟嵘之后，人们就开始以自然或质朴平淡的标准来审视评价诗词创作了，"自然"也就成为文人士大夫们共同追求的审美标准和审美趣味，"清水出芙蓉，天然去雕饰"也成了评价文学作品的准绳。

所谓自然，就是浑然天成，没有人为造作的痕迹。它不是不要工巧，而是一种由工而拙的最高的艺术境界。绚烂至极，归于平淡，这就是老子所说的"大巧如拙"。清刘熙载《艺概》云："极炼如不炼，出色而本色，人籁悉归天籁。"看似不经意，实则是经过精心的构思和提炼，精湛的艺术功夫以朴实的自然形式表现出来。这种艺术的自然美，正是大巧之后的返璞归真。实践自然的审美标准的首推田园诗人陶渊明，陶渊明是"平淡之宗"。到了王维孟浩然，田园山水诗已臻于完美，自然平淡清新质朴的审美追求也进入了更高的境地并为后世诗人承袭和发展。

**2. 由道的虚无性质引申出美学上的"虚无"说和含蓄说。**

关于这点在后面的庄禅美学中再谈。

**3. 由道的辩证性质引申出艺术创作上的辩证法。**

道与生俱来就是辩证的。老子在论及"道"时，曾用"无"与"有"来概括，"无"与"有"本身就是一对矛盾的统一体。"无"指道无形无迹，"有"指道无处不在。无与有同是道的性质。"无为而无不为"是道的最高境界。道顺应自然规律不做什么，但世界上的事，没有一件不是它做出来的。道以为世间万事无不是相辅相成、对立统一的，并且无时无刻不在向对方转化—"有无相生，难易相成，长短相形，高下相倾，音声相和，前后相随"（二章）。道待人处事的准则是"既以为人已愈有，既以与人已愈多。"一个只知"为人""与人"的人，必然拥有整个天下和最多的朋友。

道的辩证思想同样适用于文学艺术。文学艺术中两种对立因素共同构成统一和谐的艺术整体，比如形神、虚实、略详、静动、柔刚、疏密、简繁、庄谐、隐显、平奇、张弛、淡浓、曲直……巧妙恰当地处理这些关系，是艺术品之所以高低优劣的重要原因。清刘熙载《艺概》是我国第一部以辩证思想研究创作规律的理论著作。其《词曲概》云："词之妙莫妙于不言言之，非不言也，寄言也。如寄深于浅，寄厚于轻，寄劲于婉，寄直于曲，寄实于虚，寄正于余，皆是。""古乐府中至语，本只是常语，一经道出，便成独得。词得此意，则极炼如不炼，出色而本色，人籁悉归天籁"。这些具有极高美学理论价值的论述，显然是建立在道的虚无性质与辩证性质上的。

道家的辩证思想深深影响着中国文人的思维方式，致使他们的不少作品充满了思辨的色彩，比如哲理诗就是辩证思维方式的产物（老子的《道德经》是中国文学史上最长的哲理诗）。宋代的许多诗人尤其是苏轼最擅长于写哲理诗。比如他的《题沈君琴》："若言琴上有琴声，放在匣中何不鸣？若言声在指头上，何不于君指上听？"这首诗探讨琴、声、手指三者之间的关系，说明世间万事万物都是有联系的，都是相互依存，互为因果的。

**4. 由道的主体性引申出 美学上的"物我同一"说。**

这点也放在后面再谈。

**5. 由道的"无为"品质引申出超功利的审美观。**

庄子审美自由论集中体现在"游"的理论上，"游"相当程度上道出了艺术审美的真谛。庄子的游是"无已""无待"的"心游""神游"，既无空间的限制也无时间的限制，是绝对自由的游，极尽人的精神的能动性，实现对客观世界的超越。心游需要想象，让精神在超越时空的宇宙间无拘无束的"逍遥"。这与文艺创作文艺欣赏中的"精骛八极，心游万仞""思接千载，视通万里"的"神思”相当一致。庄子的散文“汪洋辟阖,仪态万方”,就是超现实想象的产物。我国历代浪漫主义的作家作品大多受到庄子“心游”与想象方式的影响,也可以说,庄子是我国浪漫主义文学的开创者。心游首先要“涤除玄览”(《老子》十章),即洗垢除尘,深观远照。心游的是高境界是“物我同一”。庄子在《逍遥游》里构想了无功、无名、无已的神人、圣人、至人,又使他们成为他人生审美的对象—人混同于自然:“乘云气,御飞龙,而游乎四海之外”;“之人也,之德也,将磅礴万物以为一”。

“心游”,只求精神的愉悦,没有功利的目的。“游”从游戏而来,游戏本身是无目的的,所要的是快活。庄子以为人的审美活动与人世间的事物不相干,只有在审美过程中排斥一切功利目的,才能在时间和空间都无穷的宇宙间找到一种逍遥自在、适意自得的艺术人生境界。苏东坡说的:“无所往而不乐者,盖游于物之外也”也就是这个意思。审美是“无用”的,它与物质世界无关,是纯精神世界的事。唯其“无用”,人在精神上才能没有羁绊,不为物累,不为已累,完全摆脱“用”的左右,获得自由解放,在超越世俗的审美观照中获得美的享受,达到“无用之用”的美感效应。而无用恰恰是最大的用。苏东坡曾把人的心态分为“留意于物”和“寓意于物”,留意于物的心态是功利的,它以占有为目的;寓意于物的心态是审美的,它把外物作为欣赏的对象而非攫取的对象。当人把外物当作欣赏的对象而非攫取的对象时,他就拥有了整个世界,人的心灵就净化了,精神就自由了,情操就高尚了,审美的社会价值也就实现了,这难道不是“无用之用”吗?

## 三、禅宗美学及其与庄子美学之联系

隋唐以来的佛已经是儒化了和道化了的禅。禅理中有儒的方正,更有庄的通脱(这是促成三教合一的重要原因)。这就使中国佛即禅在某种程度上超越了宗教,迅速地与中国传统文化中的人文精神相吻合,适应了中国的国情,得到了中国普通百姓和士大夫的普遍认可。

比起儒学来,禅与庄在哲学领域有更多的相通性。这就自然使它们在美学领域有更明显的默契和相通,这也是人们往往在谈论艺术时将庄禅并举的原因。以下简要谈谈禅宗美学及其与庄子美学的主要相通点。

### 1. 超越语言文字,重视言外之意。

相传释迦牟尼在灵山会上,对着众多信徒,默然不说一句话,只轻轻地手拈一枝花,向大众环视一转,大家都不解其意,只有摩诃迦叶会心地一笑,于是释迦牟尼当众宣布:“吾有正法眼藏,涅槃妙心,实相无相,微妙法门,不立文字,教外别传,付与摩诃迦叶。”禅宗就是秉承释迦牟尼“不立文字,教外别传”宗旨的法门。禅宗的“不立文字,教外别传”的思想与老子的“道可道,非常道,名可名,非常名”有惊人的相似。老子以为道假若可以言说的话,那就不是我所说的那个永恒的、自然之道了;一个事物假若可以用名字来称谓的话,那就不是我所说的那个特定的事物了。可见禅宗与道家都认为本体是不可言说的,语言在表达本体时往往显得苍白无力。修道者必须摒弃语言,超越语言,学会从释迦看似与佛无关的拈花举动中悟出禅意来,学会从看似什么都没有的地方看到道的存在,以直达不可言说的本体。

“不立文字,教外别传”也与道家美学中的“虚无”说和含蓄说一脉相承。道家强调“无”,崇尚无,这是由道家的本体论思想和道的“自然”性质决定的。道“先天地生”,是从“寂兮寥兮”中“混成”的,也即是说道是出现在宇宙“无”时,混成之后的道超感觉超经验,无形无象、不可名状。在天地宇宙中,地球无声的运转,日月无语的升落,季节无言的交替,永远不会停止,也永远不会紊乱，这都是因为道的自然规律使然。既然一切事物都有自己的规律，人类就不须大动干戈地干预。故秉承道办事的圣人，也应当像地球日月一样“无为”“不言”，“处无为之事，行不言之教。”（《道德经》第二章）。由道出发的道家的美学自然也是“不言”的美学——“天地有大美而不言”（《庄子・知北游》）。“大音希声，大象无形。”（《道德经》第四十一章）符合道的美是最大最高境界的美，而这种最高境界的美是“希声”与“无形”的，是“惟恍惟惚”、含蓄蕴藉的。

道与禅在“不言”“不立文字”的美学观上走到了一起。不言、不立文字对文学艺术而言至少有两个方面的意义。

其一以少胜多，含蓄蕴藉。不立文字，当然不是不要文字。就创作者来讲，要以最简练最平实的语言表达最丰富最深刻的意蕴，做到平中见奇、浅中有深，有意识地把审美空间留大一点，写少一点、写曲一点，写含蓄一点、朦胧一点。过直、过平、过满、过露都是文之大忌。要以我少少许，胜人多多许。记得以前曾看过一首论画的诗：“莫以繁简论难易，刚道繁难简更难。君看萧萧只几叶，满堂风雨不胜寒”就是讲的这个道理。

其二言外之意、象外之象。创作者由于留有足够的审美空间，接受者在欣赏艺术作品的过程中，便常常会通过自己的感受与想象去填补这个空间。第一层是从有限看无限。这就是说，不能局限于文字，不要被文字的表层意义所束缚。文艺作品已表现的部分是有声有形的，但它们只是局部的、有限的，未表现的无声无形的部分才是全体和无限，它靠欣赏者的想象去填补，《庄子・外物》云：“言者所以在意，得意而忘言”，言只是手段、工具，意才是目的。工具常常显得笨拙，不能尽意，意常常在言外。文学作品内在的意蕴往往比语言文字直接表达出来的意思要深远丰富得多。朱光潜先生在《无言之美》中说：“无穷之意，达之以有尽之言，所以有许多意，尽在不言中。文学之所以美，不仅在有尽之言，而尤在无穷之意。推广地说，美术作品之所以美，不只是在已表现的一部分，尤其在未表现而含蓄无穷的一大部分。”第二层要从“无”看“有”，从虚看实，由此及彼，由表及里。做到“于无声处听惊雷”，于没有“字”处见出“风流”，于无画处看见妙境。这是更高一层的境界。

以下用两首禅诗来说明：“二八佳人刺绣迟，紫荆花下啭黄鹂。可怜无限伤春意，尽在停针不语时。”（《五灯会元》卷十九《中仁》）“一重山了一重云，行尽天涯转苦辛。蓦扎归来屋里坐，落花啼鸟一般春。”（《虚堂录》卷五）[①]这两首诗的意蕴远远不只是描写佳人刺绣时的情状和行路人行尽天涯的辛苦，阅读者必须透过诗所提供的画面看到它们的象外之象、文外之旨。前首以佳人喻学道者，以停针不语之状喻对佛旨禅境的怀想与领悟。后首喻求道开悟的过程，学道人不明白大道就在当下，就在普通的日常生活中，偏要千山万水地去寻求。等到历尽艰辛，回到屋里，才发现大道不在别处，就在门前的落花啼鸟中，所谓日用是道、触目菩提也。这两首诗，无一字在谈禅，但又无一字不在谈禅。假若只从字面去理解，就失之肤浅。这就是禅宗的“超乎象外，不落言筌”。[②]

文人诗词中，这种“超乎象外，不落言筌”的意蕴也随处可见，如周邦彦的《苏幕遮》：“五月渔郎相忆否？小楫轻舟，梦入芙蓉浦。”不言自己思乡，而言友人思己，正是禅诗言此意彼的写法。其淡雅、空灵、清新的情蕴，正是庄禅的美学意境。

**2. 明心见性、物我同一。**

与庄子哲学相通的禅宗以心作为本体，提出“直指人心，见性成佛”。“明心见性”是禅宗的终极关怀。所谓明心见性，就是指恢复人的“本来面目”，所谓本来面目，就是指人类在初始阶段不分善恶、是非、美丑、穷达，与自然混沌一体的面目。人与自然在开始时是处于原始的和谐之中,随着人类自我意识的觉醒,人成了自然的对立面,在逐物迷已、迷已逐物中恶性循环。禅宗的目的就是帮人消除对立,找回迷失的自我,回归与自然浑然一体的状态。禅宗里有这样一段有名的公案:五祖弘忍的得意弟子神秀写了一偈:“身是菩提树,心如明镜台。时时勤拂拭,莫使惹尘埃。”神秀的同学慧能和了一首为:“菩提本无树,明镜亦非台。本来无一物,何处惹尘埃”。五祖看了两人的偈,便把衣钵传给了慧能,慧能由是成为禅宗六祖。为什么?神秀的偈虽好,却身仍为身,树仍为树;心仍为心,镜仍为镜。而慧能的偈则在内心泯灭了身树、心镜的区别,使之合二为一了,慧能的偈更符合禅宗“明心见性”的原则。

道家主张“见素抱朴”,返璞归真。朴,即是天地乾坤未开时的混沌状态,即没有机巧拙笨、善恶是非的状态。生活在这种状态中的人,不为名利所累,精神上是绝对自由的。人的肉体不可能取得绝对自由,而得道者的精神却可以,即人的主观精神摆脱了外物束缚所达到的绝对自由的境界。这种境界追求的是一种宇宙精神和物我相融的心态,其基本特征是庄子所说的“天地与我并生,万物与我为一”。人混同于自然,在与大自然相融相化里齐生死、等荣辱、同贵贱。由以上论述可以看出禅宗的心性说与庄子的精神自由论在本质上的一致性,也可以看出道家的混沌说与庄子“齐物论”对禅宗的巨大影响。武汉古德寺的经堂大门上贴了这样一副对联“宠辱不惊闲看庭前花开花谢;去留无意漫随天外云卷云舒。”这副对子亦佛亦道,符合庄子的齐物论思想,也与禅宗明心见性的宗旨相契。

文学创作的主体需调动生活经验和储存的表象进行想象,从而使自己与创作的内容融为一体;文学欣赏的主体需通过想象将语言文字转化成画面,从而使自己与欣赏对象融为一体。创作者和欣赏者在进行创作和欣赏时只有像“神人”“圣人”“至人”一样无功、无名、无已,才能取得创作和欣赏的最大自由,进入“物我同一”的境界。《庄子·达生》中记载了一巧匠梓庆“削木为鐻”的故事。梓庆的作品之所以“见者惊犹鬼神”,就是因为他在从事创作时既“不敢怀庆赏爵禄”,又“不敢怀非誉巧拙”,根本不把功利放在心上,甚至“忘吾有四肢形体”,故而能赢得创作的最大自由,造出艺术上的珍品。台湾著名漫画家蔡志忠在谈到他创作的情景时说:“我的心从不为外物分散,世间的一切标准对我来说是不重要的,是得是失也不重要。重要的是当下,即刻,正在做我喜欢的事。只要坐在桌前,埋身进入工作之境,于是纸、笔、我便融为一体。在这其中没有纸、没有笔、没有我,恰似眼如耳、耳如鼻、鼻如口,无不同也。”明代著名道士、太极拳的发明者张三丰在《水石闲谈》中谈到欣赏琴声的情景时说:“静听琴声,如游太古,声籁俱沉,旷然遐思,超然绝俗,冷然善,悠然深,如我亦在鼓琴之间,忘乎尘事,与虞周相遇,与孔孟相见,伯牙子期又其后焉……”以上所引,说明无论是创作还是欣赏,都需“用志不分,乃凝于神”(《庄子·达生》)实现主体与客体的统一,推而广之,做一切事情都需“用志不分,乃凝于神”。

庄子的“心斋”“坐忘”也好,禅宗的“静虑”“顿悟”也好,都在注重心灵的主观的直觉。于事无心,无心于事。不是万物没有区别,而是在内心泯灭了它们的区别。中国的文学艺术就在这种直觉中,观照自然,观照人生,并将自己与天地万物融为一体。“心”将庄禅在美学上合拢了,心使中国文人真正具有自我意识、自我情感。

庄禅美学中那种物我同一、水月相忘的感觉和情趣在文学作品里随处可见。比如:柳宗元在《永州八记》的《钴鉧潭西小丘记》中这样描写自己在修整后的小丘休憩时的心态:“枕席而卧,则清冷之状与目谋,潽潽之声与耳谋,悠然而虚者与神谋,渊然而静者与心谋。”这时的柳宗元是一个忘却了官场的升降沉浮找回了自我的柳宗元,他的目、耳、神、心都与那个秀美的小丘融为一体了。盛唐王维的田园山水诗,几乎首首都浸润着庄禅随缘任运、水月相忘的意蕴,如《终南别业》:“中岁颇好道,晚家南山陲。兴来每独往,胜事空自知。行到水穷处,坐看云起时。偶然值林叟，谈笑无还期。”一切都随缘任运、一切都听其自然，水云林叟与自我都处在一种天然的和谐之中。中国古典美学的自然说、韵味说、妙悟说、神韵说等以及集这些理论之大成的意境说无不是在庄禅美学的基础上形成和发展起来的。

禅宗精神在诸多方面都继承和发展了道家精神，禅宗美学也继承和发展了道家尤其是庄子美学，并将它提升到一个更高的层面。我国的古典诗歌为什么到了唐代就进入了一个无与伦比的辉煌时期，这与禅宗的介入是不无关系的。

儒家美学与释道美学虽理论不同形态各异，但都是地道的中国美学，体现着鲜明的中华文化的特色。在当今外国文化及西方审美观得到许多青少年追逐之时，仍影响着中国人的审美情趣，影响着中国美学发展的方同，因为它们的根是植于生生不息的中华大地上的。

**【注释】**

① 《唐诗记事》卷二十八朱绎《春女怨》：“独坐纱窗刺绣迟，紫荆枝头啭黄鹂。可怜无限伤春意，尽在停针不语时。”

② 《庄子·外物》：“筌者所以在鱼，得鱼而忘筌……；言者所以在意，得意而忘言。”

# 宇宙与生命的诗意阐释

## ——《春江花月夜》赏析

《全唐诗》收张若虚的诗共二首,一首《代答闺梦还》,属一般水平;一首即《春江花月夜》,被闻一多称为"诗中的诗,顶峰上的顶峰"(《宫体诗的自赎》)。

我们今天所能见到的最早的《春江花月夜》载于《乐府诗集》卷四十七。这一卷收有清商曲辞·吴声歌曲《春江花月夜》共五家七篇,其中一篇就是张若虚的。其余为陈后主的一篇,隋炀帝两篇,隋诸葛颖一篇,唐张子容两篇。陈后主一篇亡佚,现将其余三人的《春江花月夜》依次录下:

暮江平不动,春花满正开。流波将月去,潮水带星来。
夜露含花气,春潭漾月辉。汉水逢游女,湘川值两妃。
花帆度柳浦,结缆隐梅洲。月色含江树,花影拂船楼。
林花发岸红,气色动江新。此夜江中月,流光花上春。分明石潭里,宜照浣纱人。
交甫怜瑶佩,仙妃难重期。沉沉绿江晚,惆怅碧云姿。初逢花上月,言是弄珠时。

读了以上五篇《春江花月夜》,便可看出张若虚的《春江花月夜》与它们的传承关系,它们为张若虚的《春江花月夜》提供了创作的素材。但张若虚的诗显然在意象的组合、意境的创造、题材的选择、主题的提炼、情感的抒发几方面远远超过了前几首,特别是它反映的宇宙意识和人生哲理,更是前几首诗所没有的。

诗人开篇就勾勒出游子思妇相思的大背景——一幅春江明月初升的壮丽图画:春水上涨、江潮连海(海,虚指),浩渺黝黑的海面上一轮圆月在潮水的涌动下,冉冉上升。月亮的清光似随潮水从东海涌入江面,春江无处不沐浴着明月的光辉。江水蜿蜒曲折绕过花草遍生的春之郊野,月光倾泻在花树上,似"霰";月光辐射在半空中,似"霜";月光与汀上的白沙融为一体,分不出哪是月光哪是白沙。无边的春江之夜没有一丝纤尘,唯有那轮圆月,梦幻一般,纯净、朦胧而又孤寂。"春江潮水"两句,言境界之广,"滟滟(水波动荡闪耀的样子)随波"两句言月耀江林,"月照花林""空里流霜"两句言月光之轻盈,"江天一色"句言月光之皎洁。"霰""霜"写月光之颜色与柔和的质地、并状其在广大的地域虽流动却无声的情景。诗人的笔触由远到近,由小至大,由动趋静,由下向上,由春、江、花、月、夜等多种景物慢慢集中到月。恢宏、博大、深邃、邈远的意境衬托着一轮孤月,多么引人遐想!

月是最能摄人魂魄的,理所当然地成了全诗的中心意象,成了下文中思妇游子情感的触发物。但诗人在描写完春江花月夜的景象后,没有立即引出思妇游子,而是先引入一段议论,以突出"月"的哲理意蕴和文化意蕴。无边的空间是"宇"、无尽的时间是"宙",如果说诗的第一层是把月放在无边的空间来写,写明月的光辉四处渗透、无所不在的话,那么第二层则是从无尽的时间来探讨人与月的关系。人类从初民起就亿万次地举头望月,圆月自有乾坤来就以它的光辉抚照人类。人类生生不息,代代繁衍,才得以与亘古不变年年相似的江月共存。"何人初见月"的"何人",不是指某一个人,它是一个博大的概念,可以理解为幼年时期的人类即初民。"何年初照人"的"何年",应指天宇生成之时。难怪古今评论家在评论此诗时无不注重此诗所表现的宇宙意识，无不注重它对人与自然关系的哲理探讨。第一、二层次，诗人就月完成了一个宇宙本体论的审美指向。

诗人为什么选择月作中心意象、作为相思的媒介和触发物？我们先从古老的中华文化的传承谈起。我们祖先(阴阳家、方士)从上古时期就开始对宇宙、天体感兴趣，就开始探求宇宙、天体、星象与人类的关系，开创了宇宙物理的理论，并创立了历法。战国时期的屈原在其《天问》中一口气发出了一百七十多个问题，其中前一半问题都是针对天体的，这可以看作是对阴阳家研究的继续。阴阳家和方士因探究天体而创立的宇宙物理的理论最终断送在将科学视为“奇技淫巧”和偏重人文为本位与人生修养的观念中。由方士与阴阳家开其端的理论物理科学虽然没有被子孙们深入探讨实验下去而停留在原始神秘的状态，但是却凝结成一种中国人的宇宙情结，这种情结集中体现在历代作家歌咏各种天象的诗文中。在诸种天象中，月又格外受人们的青睐，因而出现的频率最高。后代咏月的诗人都可以看作是承阴阳家和屈原而来。

我们再从原型心理学上来找答案。用瑞士心理学家荣格的原型理论来解释，月是集体无意识的原形意象。荣格以为人类一切文明，就其实质来说不过是集体无意识的表达。人类从初民起就亿万次地接受的心理经验，即原始体验，是作为历史长期投影在“种族记忆”中并沉淀在每个人无意识深处的。人类的原始体验意味着本真的、自然的、充分感性的集体生活。这种原始体验当其在现实中消逝时，又转而在人类的大脑中化为一种记忆的蕴藏，积淀为各种活生生的无意识原型，这就是集体无意识。集体无意识的内容主要是原型。那从大海尽头升起于广袤无垠的黝黑的天幕上的一轮明月，不是亿万次地引起人们的神秘感、好奇感和无穷的遐想吗？不是亿万次地激起人们的感情波澜吗？这亿万次的心理经验化为一种记忆与积淀，成了一种集体无意识与原型。可以说，“月”之所以成为文人创作的母题，正是一种原型意象也是一种原型主题，是极具文化意蕴与情感价值的。

荣格以为集体无意识的原型通过个人的情结而规定的心理反应显现叫作象征。艺术就是原型文化的象征，它同神话、宗教、梦幻一样表现着“永恒的真理。”圆月升起于高缈的天际，把它的清辉洒向人间，人间的一切都在它朦胧迷离的光照中。在人的眼中，它永远是那么妩媚、柔和；在人的心中，它永远象征着友情、亲情、爱情，象征着阖家团圆、亲人团聚。于是集体无意识的原型——月亮，通过张若虚的个人无意识，化为具有审美象征意义的画面：游子与思妇隔千里而共明月，相望而不相闻，相思而不相聚。“不知江月待何人”，进一步点出人与月这个原型的关系。“愁”，奠定了下文的感情基调。“谁家今夜扁舟子，何处相思明月楼”，“谁家”“何处”系泛指，包括天下所有有家不能归的游子与空栖玉楼的思妇。这六句逐步接近主题，引出主题。既然艺术是原型文化的象征，月是团圆的象征，爱情的象征，那么在春、江、花、月、夜中，月成为思妇与游子相思的媒介和纽带就最自然和恰当的了。诗人是怎样以月为媒介写思妇与游子相思的？写思妇：月就像一个十分有怜悯心的朋友一样，久久地在离人的妆镜台上“徘徊”，而且固执地要与她做伴，欲为她消除一点忧愁。从修辞上说，这是一种拟人的手法；从文化意蕴上讲，这正是中国人说的“天人感应”。在文学作品中常有天能干预人事，人能感动上天的描写。正因为思妇断肠的思念感动了月亮，月亮才起“可怜”之心“徘徊”不忍离去。但思妇并没有因月亮的好意而得到慰藉，月光越是相随，思念之心反而越切。思妇想撵走这牵人情思的月光，但玉户帘中卷也卷不去，捣衣砧上拂也拂不走。“卷”和“拂”两个表示动作的词把思妇的烦躁情态惟妙惟肖地刻画出来了。`月光下，鸿雁长飞，鱼龙潜跃，也不能稍去对心上人片言只语的问候。

明月楼上的思妇夜不成眠，扁舟子上的游子也同样。写游子：从月升到月落，游子静静地面对着沉沉的海雾，思绪的那一端始终在思妇的小楼上飘荡。“梦落花”，就是梦家乡、梦妻子，还含有时不我待的意思，这是诗的语言。春半花落，他多想越过从碣石到潇湘无限的路程(碣石潇湘，虚指，极言路途之遥远)，乘月还家，然而古往今来，为生计奔忙的人们有几人能乘月而归?"不知乘月几人归"，游子对人生发出了深沉的感叹。月已落天欲明，游子只有把自己深深的思念寄托在月亮余晖下的江树上。"落月摇情满江树"，此句很值得品味，不写人情而写月情，余韵袅袅，意味无穷。游子无边的惆怅、诗人无限的同情尽在其中矣。

写思妇与游子各用了八句，都是以景物来衬托人的心理。思妇思中带烦、游子思中带怨的心情被刻画得淋漓尽致。中国的文学作品有许多是描写春情的(专指男女之情)，春情也是中国文人创作的原型题材，诗人把游子与思妇的相互思念放在春天的大背景下来表现，是很符合中国传统文化的。

中国传统哲学把阴阳对立统一与调和看成宇宙万物的根本规律。《易传》云："一阴一阳之为道。"世界万物无不由阴阳构成。生命得以延续，全在于有阴阳男女雌雄之分。一阴一阳，构成生命的本原。思妇和游子，完成一个生命本原的审美指向。

在对作品反复的品味领略过程中不难发现，诗人写思妇与游子相思也是从空间和时间落笔的。写思妇，从明月楼上的妆镜台到长江边的捣衣砧，从愿逐月华到鸿雁长飞、鱼龙潜跃；写游子，从月升到月落，从春半到春去，从碣石潇湘到乘月欲归。以思妇与游子常年相望而不得相聚复归到无穷的时间与空间中。这种时空交错的手法无形之中与前面相呼应，进一步深化了诗人的宇宙意识。

从作品的审美意蕴来说，思妇与游子没有定指，唯其没有定指，作品抒发的相思之情才更具有普遍意义和震撼人心的力量，诗人的同情心才更显得博大和宏伟。艺术的本质就在于它超越了作家个人的生活领域而以艺术家的心灵向全人类的心灵说话，《春江花月夜》的作者正是这样。从作品的文化含意说，它蕴藏着一种神秘的东方文化。春、江、花、月、夜与游子思妇共同组成的深邃邈远的意境正象征着生命本原向宇宙本体的回归。

全诗紧扣春、江、花、月、夜这个大背景展开，一切都被这个特定的时序环境所包围所感染。全诗融情景理为一炉。写景虚实相生，恢宏隽永；写情幽怨缠绵，热烈深沉；写理明白浅显，深邃透析。月是中心意象与纽带。不借月，无以写景、无以抒情、无以议论，月贯通了情景理。月在一夜间经历了升起——高悬——西斜——落下的过程。在月的照耀下，江水、沙滩、天空、郊野、江树、花林、飞霜、白云、扁舟、小楼、妆台、砧石、鸿雁、鱼龙这一切意象以及痴情的思妇、漂泊的游子、隐逸于字里行间发宇宙人生之慨的江边望月人(即诗人)，组成了完整的和谐的绚丽多彩的诗歌形象，展现出一幅意趣横生充满人生哲理的画卷。掩卷闭目，我们仿佛看到了愁肠寸断相望不相闻的思妇和游子，得以在春江花月夜深邃邈远的意境中，体验玩味游子思妇那如长江一样绵绵不断的情思。

陈兆奎辑《王志》(王闿运)卷二《论唐诗诸家源流(答陈完夫问)》条云："张若虚《春江花月夜》用《西洲》格调，孤篇横绝，竟为大家。李贺、商隐，挹其鲜润；宋词、元诗，尽其支流，宫体之巨澜也。"暂且不说张若虚之诗究竟是不是宫体，只说"孤篇横绝，竟为大家"的评价，就已确定了张若虚在文学史上的地位。以一篇诗被尊为"大家"，这是文学史上绝无仅有的。

**附：**

## 春江花月夜[1]

春江潮水连海平，海上明月共潮生。
滟滟随波千万里，何处春江无月明[2]？

江流宛转绕芳甸，月照花林皆似霰[3]。
空里流霜不觉飞，汀上白沙看不见[4]。
江天一色无纤尘，皎皎空中孤月轮。
江畔何人初见月？江月何年初照人？
人生代代无穷已，江月年年只相似；
不知江月待何人？但见长江送流水。
白云一片去悠悠，青枫浦上不胜愁[5]。
谁家今夜扁舟子？何处相思明月楼？
可怜楼上月徘徊，应照离人妆镜台。
玉户帘中卷不去，捣衣砧上拂还来[6]。
此时相望不相闻，愿逐月华流照君[7]。
鸿雁长飞光不度，鱼龙潜跃水成文[8]。
昨夜闲潭梦落花，可怜春半不还家。
江水流春去欲尽，江潭落月复西斜。
斜月沉沉藏海雾，碣石潇湘无限路[9]。
不知乘月几人归？落月摇情满江树。

**【注释】**

① 《春江花月夜》是乐府《清商曲辞·吴声歌曲》旧题。据说为陈后主所创。张若虚，扬州人，初唐诗人。曾任兖州兵曹，官监察御史。《旧唐书·贺知章传》载："先是(中宗)神龙中，知章与越州贺朝，万齐融，扬州张若虚、邢巨，湖州包融，俱以吴越之士，文词俊秀，名扬于上京。"唐玄宗开元初，与贺知章、张旭、包融并称"吴中四士"。

② 滟滟(yàn)：水面动荡闪光貌。

③ 宛转：曲折。芳甸：遍生花草的平野。霰(xiàn)：小冰粒。

④ 汀(tīng)：水边平地，即河滩。月光照在河滩上，白沙融入月色，分不清哪是月色，哪是白沙，故曰看不见。

⑤ 青枫浦：今湖南浏阳有此地名，一名双枫浦。此处系泛指遥远的水边。浦：河口。

⑥ 捣衣砧：山村人在水边洗衣时用作捶衣的石头。

⑦ 逐：跟从。月华：月光。

⑧ 长飞：远飞。光不度：飞不出月的影子。水成文：水面激起波纹。

⑨ 闲潭：幽静的水潭，即下文的江潭。碣石：山名，在河北省昌黎县。潇湘：湖南二水名。潇湘二水在湖南零陵县合流。

# 水石闲谈(三十)

## 张三丰

**【题解】**

张三丰,大约于元延祐(1314—1320)至明永乐十五年(1417)在世,为元明之际著名道士,辽东懿州(今辽宁彰武)人。《明史・方伎》:张三丰,“名全一,一名君宝,‘三丰’其号也”。历史上有不少道士都以受到皇帝召见为荣,张三丰却不然。明太祖、明成祖屡次设法迎请,均不见。张三丰是武当道教的实际开创者。主张儒、释、道三家合一,儒道双修。张三丰精通武术,他编创的太极拳,源远流长,风靡全世界。张三丰还善诗词。本篇选自浙江古籍出版社(1990年)张三丰全集卷六《隐鉴・水石闲谈》。

张子游岳云之上,止吟风之馆,而与诸生言曰:今日山清人静,心远地偏,洵是难得风景,诸子各赋新诗,再命涵虚子一弹再鼓,以助吟兴,不亦乐乎?人即不能鼓琴,亦须善学听琴,以消其一切浻浻浊浊之私欲,糊糊涂涂之妄想。[①]静听琴声,如游太古,声籁俱沉,旷然遐思,超然绝俗,泠然善,悠然深,如我亦在鼓琴之间,忘乎尘事,与虞、周相遇,与孔、孟相见,伯牙、子期又其后焉,乃为上等幽人,否则俗人耳、浅人耳,何足共居!吾极爱此金秋之气,至清至肃,安得携一壶酒、一张琴、一枝笛,登陟乎高峰之顶,笑玩大地山河,烟蒙蒙,云淡淡,看日暧暧之村墟,波渺渺之长川。彼时笛声起乎林梢,琴声发乎石上,酒气通乎红泉碧嶂之间,山禽自鸣,空翠洒落,真快事也。不知诸子亦有此兴趣否?

**【注释】**

① 浻浻:原注音勿。

# 《人间词话》六则

王国维

**【题解】**

王国维(1877—1927),字静安,浙江海宁人。出身中小地主兼商人家庭。1892年考取秀才。曾两次赴日本留学居住达6年。先后在上海《时务报》《学术丛编》、南通师范学校、苏州师范学校工作和任教。1921年应邀任北京大学国学通讯导师。1923年应逊帝溥仪征召为南书房行走。1925年,应聘为清华学校(今清华大学)国学研究院导师。1927年6月2日自沉于颐和园昆明湖。

王国维青年时代赞成维新变法,向西方国家寻求真理,以新学家的面目出现在思想界。他信仰叔本华和康德的哲学思想和美学思想,把西方美学和文艺思想与中国古代美学和文艺思想融合起来进行研究。戊戌变法失败后,看不到前途而渐趋保守。辛亥革命后更以前清遗老自居。转而进行甲骨金石、经学史研究。王国维由于继承了清代乾嘉学派的优秀学风又与近代西方的科学方法相结合,在学术上取得了辉煌的成就,成为学贯中西的大学者。写于1908年的《人间词话》是他的主要美学著作。1912年写的《宋元戏曲考》是我国第一部古代戏曲艺术史专著。其著作集结为《王静安先生遗书》。

[一]词以境界为最上。有境界则自成高格,自有名句。五代北宋之词所以独绝者在此。

[二]有造境,有写境,此理想与写实二派之所由分。然二者颇难分别,因大诗人所造之境必合乎自然,所写之境亦必邻于理想故也。

[三]有有我之境,有无我之境。"泪眼问花花不语,乱红飞过秋千去","可堪孤馆闭春寒,杜鹃声里斜阳暮",有我之境也。"采菊东篱下,悠然见南山","寒波澹澹起,白鸟悠悠下",无我之境也。有我之境,以我观物,故物皆著我之色彩。无我之境,以物观物,故不知何者为我,何者为物。古人为词,写有我之境者为多。然未始不能写无我之境,此在豪杰之士能自树立耳。

[十八]尼采谓:一切文学余爱以血书者。后主之词,真所谓以血书者也。宋道君皇帝《燕山亭》词亦略似之。然道君不过自道身世之戚,后主则俨有释迦、基督担荷人类罪恶之意,其大小固不同矣。

[四十四]东坡之词旷,稼轩之词豪。无二人之胸襟而学其词,犹东施之效捧心也。

[二六]古今之成大事业、大学问者,必经过三种之境界。"昨夜西风凋碧树,独上高楼,望尽天涯路",此第一境也。"衣带渐宽终不悔,为伊消得人憔悴",此第二境也。"众里寻他千百度,回头蓦见,那人正在灯火阑珊处",此第三境也。此等语皆非大词人不能道。然遽以此意解释诸词,恐晏欧诸公所不许也。

# 外国文学史概述

外国文学包括西方文学(欧美文学)和东方文学(亚非文学)两部分。

## 西方文学

西方文学可分为七个发展时期:古代文学、中世纪文学、文艺复兴时期文学、17世纪古典主义文学、18世纪启蒙文学、19世纪文学、20世纪文学。其中,19世纪西方文学又分成三部分:19世纪浪漫主义文学、19世纪现实主义文学和19世纪后期非主流文学;20世纪西方文学又分成20世纪现实主义文学和20世纪现代主义文学两大部分。

### 一　古代文学

西方古代文学是氏族社会末期和奴隶制时期的产物,包括古希腊文学、罗马文学和早期基督教文学,它们分别体现出的世俗人本色彩和神圣超越色彩,成为西方文学的两大渊源。

古希腊文学以其"规范和高不可及的范本",为西方文学书写了第一个辉煌的篇章,并对后世文学产生了巨大影响。开阔的岛国环境、便利的交通、发达的奴隶制经济、相对民主自由的政治氛围,加上东方文化的影响,共同促成了古希腊文学的繁荣。公元前12世纪到公元前8世纪是古希腊文学的第一个发展时期,史称"荷马时代"或"英雄时代",主要成就是神话和史诗。古希腊神话是西方艺术的武库,其最突出的特点是神与人同形同性,洋溢着浓郁的人本主义色彩。荷马史诗以其巧妙的叙事结构、杰出的人物塑造、生动的"荷马式比喻"和丰富的社会生活内容而成为欧洲文学中最早的优秀作品;史诗包括《伊利亚特》(又译《伊利昂纪》)和《奥德赛》(又译《奥德修纪》)两部,相传由盲诗人荷马加工整理而成,故得名。公元前8世纪到公元前4世纪中叶是古希腊文学的第二个时期,主要成就是戏剧和文艺理论;抒情诗、散文、寓言也得到长足发展。此期出现的著名的三大悲剧诗人是:创作了三联剧《普罗米修斯》的"悲剧之父"埃斯库罗斯,创作了《俄狄浦斯王》和《安提戈涅》的"戏剧艺术的荷马"索福克勒斯,创作了《美狄亚》的"舞台上的哲学家"欧里庇得斯。作为古希腊最重要的喜剧作家,"喜剧之父"阿里斯托芬创作了《阿卡奈人》等作品。柏拉图和亚里士多德是西方古代文学理论的杰出代表。阿那克瑞翁、品达和被柏拉图誉为"第十位文艺女神"的萨福,代表着抒情诗方面的成就。《伊索寓言》对后世产生了深远影响。公元前4世纪末到公元前2世纪中叶是古希腊文学的"希腊化时期",文学成就主要体现为创作了《恨世者》的新喜剧作家米南德。

古罗马文学是在古希腊文学的影响下发展起来的,并以其独特贡献成为连接古希腊文学和欧洲近代文学的桥梁。普劳图斯(代表作《孪生兄弟》和《一坛金子》)代表了古罗马戏剧的杰出成就。维吉尔、贺拉斯和奥维德三大诗人则代表着古罗马诗歌方面的成就。其中,维吉尔是古罗马最伟大的诗人,他的史诗《埃涅阿斯纪》是欧洲文学史上第一部文人史诗;奥维德的神话诗《变形记》则以变形的手法赋予古老神话以新的内容。

早期基督教文学是古希腊文学和希伯来文学碰撞、交流的产物,最高成就是基督教正典《新约全书》(简称《新约》)。

## 二 中世纪文学

中世纪文学是欧洲历史上封建社会初期(5世纪—11世纪)和中期(12世纪—15世纪)的文学。中世纪的欧洲,基督教神学思想占统治地位,主宰了一切世俗文化,严重束缚了科学文化艺术的发展和生机。教会文学、骑士文学、英雄史诗(以《贝奥武甫》《罗兰之歌》等为代表)和市民文学(以《列那狐传奇》为代表)是中世纪的四种主要文学类型,宗教色彩(象征、寓意、梦幻、神秘色彩)和民间文学色彩是中世纪文学的突出特征。

作为一位划时代的巨匠,意大利人但丁以其长诗《神曲》在思想和艺术上宣告了旧时代的终结和新时代的开端。《神曲》分为《地狱》《炼狱》和《天堂》三部,以梦幻文学的形式和冥世三界的学说结构作品,以意大利民族语言和民歌形式表达对现实人生和民族命运的深切关注和理解,以创造性的艺术成就预示了人文主义文学的兴起。

## 三 文艺复兴时期文学

文艺复兴是欧洲由封建社会向资本主义社会过渡时期(14世纪—16世纪)产生的新兴资产阶级反封建反教会的思想文化运动。资本主义生产关系的发展、世界地理的大发现和人的自我发现、科学技术的进步以及古代文化的发掘,共同促成了文艺复兴运动的蓬勃展开。以"人"为中心的人文主义是这场运动的指导思想,也是文艺复兴时期文学的中心思想。人文主义文学是这一时期文学的主流,并以其空前繁荣成为欧洲近代文学的光辉起点。

意大利是文艺复兴运动和人文主义文学的发源地。彼特拉克是意大利人文主义文学的先驱,其诗集《歌集》创造性地运用了十四行诗这一体裁,为近代欧洲抒情诗开辟了道路。薄伽丘是意大利最重要的人文主义作家,其短篇小说集《十日谈》成功运用了框形结构,宣扬了"幸福在人间"的现世思想,是欧洲近代现实主义小说的奠基之作。

法国人文主义文学以拉伯雷的长篇讽刺小说《巨人传》、七星诗社的抒情诗作和蒙田的散文集《随感录》为代表。

西班牙人文主义文学的成就,在戏剧方面以维伽的《羊泉村》为代表;在小说方面,流浪汉小说这种新体裁的最早杰作是无名氏的《小癞子》,塞万提斯的《堂吉诃德》则把欧洲长篇小说推向了新的发展阶段。《堂吉诃德》塑造了堂吉诃德和桑丘·潘沙两个不朽的艺术典型,主人公身上闪耀着人文主义的理想之光。

英国人文主义文学是欧洲文艺复兴时期文学的高峰。乔叟是"英国诗歌之父",代表作为《坎特伯雷故事集》。托马斯·莫尔的对话体幻想小说《乌托邦》,开了近代空想社会主义小说的先河。以马洛(创作了《帖木儿》《马耳他岛的犹太人》《浮士德博士的悲剧》)为代表的"大学才子派",其戏剧创作和演出拉开了英国戏剧繁荣发展的序幕。莎士比亚是伟大的诗人和戏剧家,代表了欧洲文艺复兴文学的最高成就。他一生创作了37部戏剧、两首长篇叙事诗(《维纳斯与阿都尼》《鲁克丽丝受辱记》)和154首十四行诗,以戏剧成就最高。莎士比亚的戏剧创作可分为三个时期。前期一般称为历史剧和喜剧时期,风格明朗乐观。《亨利四世》是最有代表性的历史剧,《威尼斯商人》是最富于社会讽刺意义的喜剧,《罗密欧与朱丽叶》是具有强烈反封建意识的悲喜剧。中期一般称为悲剧时期,风格悲愤沉郁。这是莎士比亚创作的全盛时期,著名的"四大悲剧”——《哈姆雷特》《奥赛罗》《李尔王》《麦克白》,以及揭露金钱罪恶力量的《雅典的泰门》,皆出于此时。后期一般称为传奇剧时期,风格梦幻传奇。此期代表作《暴风雨》是莎士比亚“诗的遗嘱”。莎士比亚的戏剧以生动丰富的情节、个性鲜明的形象和丰富多彩的语言,为世界戏剧艺术的发展作出了重要贡献。

## 四　十七世纪古典主义文学

17 世纪的欧洲,资本主义生产关系与封建专制制度继续斗争。在英国,资本主义工商业日益发达,英国资产阶级革命的爆发显示出资产阶级力量的迅速强大;在法国,封建君主专制制度发展到了鼎盛时期,资产阶级和专制王权为了各自的利益而暂时结盟;近代自然科学的发展,则促成了机械唯物主义思想和唯理哲学思潮的兴盛。在这样的时代背景下,逐步形成了遵循理性和秩序的新的历史文化氛围。文学上的成就体现为巴洛克文学、英国资产阶级革命文学和法国古典主义文学,以古典主义文学成就最为突出,囿于篇幅,仅介绍法国古典主义文学。

### 法国古典主义文学

古典主义是 17 世纪欧洲的主要文学思潮,形成和繁荣于法国,后影响到欧洲其他国家。它是一种带有浓厚封建色彩的资产阶级文学思潮,因在文艺理论和创作实践上主张以古希腊罗马文学为典范,故得名。古典主义文学的基本特征有三个:一是政治上拥护中央王权,主张国家统一;二是思想上崇尚理性;三是艺术上提倡模仿古代,重视规则。法国古典主义文学成就多样,尤以戏剧为著。高乃依是法国古典主义悲剧的创始人,其剧《熙德》是古典主义的第一部典范之作。拉辛的代表作《安德洛玛克》取自古希腊故事,以严谨的结构和精妙的心理分析把古典主义悲剧艺术推向了成熟。拉封丹是法国古典主义时期著名的寓言诗人,其代表作《寓言诗》收有 200 多篇寓言故事。布瓦洛是古典主义理论家,其《诗的艺术》是法国古典主义的美学法典。莫里哀是 17 世纪法国最重要的具有民主倾向的喜剧作家,他的创作继承了人文主义思想的光辉传统,主张维护个性自由,反对封建桎梏和宗教束缚,同时鞭挞资产阶级的恶习,赞美下层平民的聪明才智。莫里哀创作了 30 多部喜剧,《伪君子》《悭吝人》《贵人迷》《史嘉本的诡计》等是其喜剧名篇。其中,五幕诗体喜剧《伪君子》代表了莫里哀创作的最高成就。该作的矛头直指教会,尖锐批判了宗教的虚伪性和危害性;主人公答尔丢夫作为假虔徒和伪教士的典型,同时成了“伪君子”的代名词。《悭吝人》(又译《吝啬鬼》)嘲讽了资产阶级贪婪吝啬、爱慕虚荣的丑态,其中的主人公阿巴贡则成了“守财奴”和“吝啬鬼”的代名词。

## 五　十八世纪启蒙文学

18 世纪的欧洲,资产阶级和人民群众反对封建制度的斗争相当激烈,建立和发展资本主义社会的历史任务日益紧迫。法国大革命是这种趋势的典型代表。顺应这一革命时代的历史要求,在当时出现了第二次全欧性的政治思想文化运动——启蒙运动。启蒙运动继承和总结了文艺复兴以来反封建反教会的斗争成果,并将这一斗争从思想层面推向社会实践,因而较文艺复兴带有更明显的政治色彩。启蒙文学在宣扬启蒙思想、促进资产阶级革命方面起了重要作用。启蒙文学的基本特征是:一,有鲜明的政治倾向性和战斗性,要求文学为现实服务;二,把第三等级的资产阶级和平民作为正面主人公加以歌颂;三,创造性地运用了多种形式的文体,如正剧、哲理小说等。

### (一)法国文学

法国是欧洲启蒙运动的中心。法国启蒙文学是在资产阶级积极酝酿革命的背景下产生和发展的,故革命性、战斗性很强。阿兰·勒内·勒萨日的长篇小说《吉尔·布拉斯》揭开了启蒙文学的序幕。孟德斯鸠的书信体小说《波斯人信札》开了18世纪哲理小说的先河。伏尔泰是法国启蒙运动的领袖,其哲理小说《老实人》中描写了一个神话般的理想世界——黄金国,表达了作者对人类美好未来的幻想;伏尔泰还把中国元曲《赵氏孤儿》改编为《中国孤儿》,是为中法文化交流史的一则佳话。狄德罗是18世纪法国的唯物主义哲学家、现实主义美学家和杰出的启蒙作家,其哲理小说《拉摩的侄儿》被恩格斯称为"辩证法的杰作";他还组织和主编了法国的《百科全书》。卢梭是法国启蒙运动中激进民主派的代表,其文学成就主要有:讨论教育问题的哲理小说《爱弥儿》、自传体小说《忏悔录》、书信体哲理小说《新爱洛伊丝》。博马舍是著名的启蒙戏剧家,《塞维勒的理发师》和《费加罗的婚礼》是其传世佳作。

### (二)英国文学

18世纪英国启蒙文学的主要任务是揭露现实社会的弊端,鼓舞资产阶级的进取精神,主要成就是现实主义小说的发展。笛福是英国现实主义小说的奠基者,他的代表作《鲁滨孙漂流记》标志着英国现实主义长篇小说的诞生;作品通过鲁滨孙形象,体现了处于上升时期的资产阶级的奋发进取和创业精神。斯威夫特是思想激进的启蒙作家,《格列佛游记》是他享誉世界的讽刺名著。理查生是英国家庭小说的开创者,《帕美拉》和《克拉丽莎》是他的名作。斯摩莱特的自传性小说《兰登传》以流浪汉小说的形式讥讽现实。菲尔丁是18世纪英国最杰出的小说家,其代表作《汤姆·琼斯》代表了18世纪英国现实主义小说的最高成就。

18世纪中后期,英国出现了感伤主义文学,因斯泰恩的小说《感伤的旅行》而得名。哥尔德斯密斯的长篇小说《威克菲尔牧师传》是成就更高的感伤主义名作;以格雷的《墓园挽歌》为代表的"墓园诗派"是感伤主义文学在诗歌领域的代表。哥特式小说是18世纪末出现在英国的另一种文学样式。多以中世纪城堡为背景,以因恋情或财产引起的凶杀为情节,风格怪诞、恐怖刺激,代表作是瓦尔蒲的《奥特朗图堡》和拉德克里夫的《渥多尔弗的秘密》。

### (三)德国文学

德国启蒙文学的任务主要是唤起民众觉醒、反对封建割据、建立民主的统一的国家。莱辛是德国民族戏剧的奠基人和现实主义美学家,他的理论和创作成就,一是美学名著《拉奥孔——论绘画与诗的界限》,二是戏剧评论集《汉堡剧评》,三是市民悲剧《萨拉·萨姆逊》和《爱密丽亚·迦绿蒂》。德国启蒙文学在18世纪七八十年代的狂飙突进运动中得到迅猛发展。这是一场声势浩大的德国民族文学文化运动,运动参加者强烈吁求摆脱封建桎梏,要求个性解放,推崇自然和自我;崇尚感情、天才和叛逆;提倡民间文学和民族风格。青年歌德和席勒以其杰出创作成为这一运动的中坚。席勒是与歌德齐名的德国启蒙文学家,在戏剧、诗歌和文艺理论上都有杰出成就;《强盗》《阴谋与爱情》《威廉·退尔》等是他的戏剧名作。歌德是德国最伟大的民族诗人、作家和思想家,也是18世纪中叶到19世纪初德国乃至欧洲最重要的作家。歌德的历史悲剧《铁手骑士葛兹·冯·伯里欣根》是狂飙突进文学的代表作品。中篇书信体小说《少年维特之烦恼》中的主人公维特是时代的觉醒者和庸俗环境的反抗者,小说通过他的悲剧,揭露和批判了当时德国社会的许多不合理现象,表达了一代青年的觉醒和反叛情绪,故该作一问世就引起了广泛的“维特热”。长篇小说《威廉·迈斯特》与《亲和力》、自传性作品《诗与真》、抒情诗集《西方与东方合集》等都体现了歌德的伟大成就。诗体悲剧《浮士德》是歌德的代表作,作品取材于德国16世纪关于浮士德的民间传说,但歌德根据自己的生活经验和对欧洲资产阶级精神发展历程的思考,根据他对世界和人生的理解,而赋予浮士德传说以全新的意义。主人公浮士德是积极进取精神的代表,是自强不息、勇于实践的探索者形象,是对资产阶级上升时期进步知识分子、特别是资产阶级启蒙思想家的艺术概括。

## 六 十九世纪文学

19世纪的欧洲文坛相继出现了浪漫主义、现实主义、唯美主义和象征主义等文学思潮和流派,给近代欧洲文学带来了繁荣景象。

### (一)19世纪浪漫主义文学

浪漫主义文学产生于18世纪末19世纪初,这是欧洲历史上旧体制崩溃、民族民主运动风起云涌的时代。英国工业革命、法国大革命、空想社会主义学说和德国古典哲学的兴起以及文学自身发展规律的影响,共同促成了浪漫主义文学思潮的出现。这种思潮体现了资产阶级上升时期个性解放的要求,且具有鲜明特征:第一,强调自由抒发个人情感;第二,追求人与自然的诗意统一;第三,喜欢采用民间文学的题材、语言和表现手法;第四,追求异国情调、大胆的想象、强烈的对比和夸张、超凡的人物和传奇的情节等。浪漫主义文学首先在德国和英国兴起,后迅速扩展至欧洲其他国家,文学成就主要体现在诗歌方面,其次是小说和戏剧。

#### 1. 德国文学

德国是浪漫主义文学思潮的发源地。受封建割据的政治局面和德国古典哲学的影响,德国浪漫主义文学的唯心主义和神秘色彩比较浓厚。诺瓦利斯是德国早期浪漫派的代表诗人,他的《夜的颂歌》赞美黑暗和死亡,充满神秘色彩。格林兄弟是德国后期浪漫派的代表,他们搜集德国民间童话整理而成的《儿童与家庭童话集》,是世界文化遗产的瑰宝。霍夫曼的作品充满了神秘、怪诞色彩,他借《金罐》《雄猫穆尔的人生观》《小查克斯》《封—斯居戴里小姐》等作品中离奇怪诞的情节,解释现实的黑暗和腐朽。海涅早年是浪漫派诗人,后期创作现实主义色彩浓厚,政治抒情长诗《德国——一个冬天的童话》是其代表作。

#### 2. 英国文学

英国浪漫主义文学的愤世嫉俗和咏颂大自然的倾向非常明显。以华兹华斯、柯勒律治和骚塞三诗人为代表的“湖畔派”是英国最早的浪漫派作家。“湖畔派”诗人都厌恶丑恶的资本主义城市文明,遂隐居于英国西北部湖区,歌颂大自然,缅怀中世纪宗法制农村生活。其中成就最高的是华兹华斯,《写于早春》《丁登寺》等是其抒情诗的杰作,他的《抒情歌谣集·序》则被视为英国浪漫主义文学的宣言。拜伦和雪莱把英国浪漫主义文学推向了高峰。拜伦的创作融史诗的辽阔、深刻的洞察、辛辣的讽刺和强烈的抒情于一体,代表了英国乃至欧洲浪漫主义诗歌的最高成就。《恰尔德·哈洛尔德游记》是其成名作;富于浪漫传奇色彩的组诗《东方叙事诗》取材于东欧地中海沿岸和远东土耳其等地,塑造了一些孤傲、忧郁的“拜伦式英雄”;长篇讽刺叙事诗《唐璜》被公认为拜伦最优秀的作品和英语文学的伟大诗篇之一。与拜伦的比较注重揭露现实相比,雪莱更注重描绘未来。在雪莱的政治抒情长诗《麦布女王》和《伊斯兰起义》、抒情诗剧《解放了的普罗米修斯》、抒情短诗《西风颂》和《致云雀》等作品中，都交织着热情的革命思想和对未来的坚定信念，故恩格斯称他为“天才的预言家”。济慈英年早逝，但为英国诗坛留下了《安狄米恩》《夜莺颂》《希腊古瓮颂》等诗歌名篇。司各特是英国浪漫主义历史小说家，代表作《艾凡赫》融历史的真实和情节的传奇于一起。

3. **法国文学**

法国浪漫主义文学是在同古典主义和复辟王朝的斗争中崛起的，因而政治色彩鲜明。夏多布里昂是法国浪漫主义文学的先驱，其中篇小说《勒内》的主人公勒内，是西方文学史上的第一个“世纪病”患者形象。才华横溢的缪塞则在自传体小说《一个世纪儿的忏悔》中，塑造了另一个“世纪病”患者阿克达夫的形象。大仲马以长篇小说《基督山伯爵》和《三个火枪手》丰富了法国浪漫主义文学画廊。杰出女作家乔治・桑的小说创作包括 3 类：以《康絮爱罗》为代表的爱情小说，以《安吉堡的磨工》为代表的具有空想社会主义思想倾向的社会小说，和以《魔沼》为代表的田园小说。雨果是法国浪漫主义文学的领袖，杰出的诗人、戏剧家和小说家。他于 1827 年发表的《〈克伦威尔〉序》是法国浪漫主义的宣言，其中包括引人注目的“美丑对照原则”。1830 年 2 月 25 日，他的戏剧《欧那尼》的上演，标志着浪漫主义对古典主义的彻底胜利。作为伟大的诗人，雨果在政治诗、抒情诗和小型史诗上都有建树，他的《秋叶集》《心声集》《光与影》《惩罚集》《静观集》《历代传奇》等，都显示了他卓越的诗歌创作才能。雨果更是伟大的浪漫主义小说家，《巴黎圣母院》《悲惨世界》《海上劳工》《笑面人》《九三年》等是他的小说杰作。其中，《巴黎圣母院》通过副主教克洛德・弗罗洛对吉卜赛少女爱斯美拉达迫害的故事，以曲折的情节、奇特的环境和夸张的人物，突出了反封建反教会的主题，表现了作者深厚的人道主义情怀；这种情怀在他的另一部代表作——现实主义和浪漫主义相结合的长篇小说《悲惨世界》中，有同样深情的流露。

4. **俄国文学**

俄国浪漫主义文学以诗歌成就为主，富有强烈的战斗精神，鸣奏着歌颂自由、向往民主的主旋律。茹科夫斯基是俄国浪漫主义诗歌的奠基人。以雷列耶夫为首的十二月党人诗人与普希金一起构成了俄国浪漫主义文学的主力军。普希金是俄罗斯伟大的民族诗人，他既是俄国浪漫主义文学的主要代表，又是俄国现实主义文学的奠基人。普希金以大量辉煌的抒情诗篇，为自己赢得了“俄国第一个偷到缪斯女神金腰带的人”的赞誉，著名作品如《致恰达耶夫》《自由颂》《致大海》《秋天的早晨》；长诗《茨冈》则代表了他叙事诗的最高成就。普希金的小说创作在俄国文学史上也具有开创意义：他的短篇小说《驿站长》开了 19 世纪俄国文学书写“小人物”形象命运的先河；长篇小说《上尉的女儿》成功塑造了农民起义领袖普加乔夫的形象；长篇诗体小说《叶甫盖尼・奥涅金》则是俄国现实主义文学的奠基之作，作品中的主人公——贵族知识青年奥涅金，是 19 世纪俄国文学中的第一个“多余人”形象。

5. **美国文学**

美国浪漫主义文学中充满对个性自由的歌颂和对精神解放的争取，它既是民族意识独立的产物，又是欧洲浪漫主义文学影响的结果。爱伦・坡以他的推理小说如《毛格街的谋杀案》和恐怖小说如《厄舍古屋的倒塌》而著名，并被视为西方现代派文学的远祖。纳撒尼尔・霍桑是美国 19 世纪著名的浪漫主义小说家，代表作《红字》巧用象征手法，通过海丝特・白兰和年轻牧师丁梅斯代尔的爱情故事，反映了清教徒殖民统治的黑暗残酷，揭示了宗教对人性的无情摧残。惠特曼是 19 世纪美国最杰出的浪漫主义诗人，其诗集《草叶集》以清新质朴的文风、澎湃磅礴的气势，热情颂扬了美国资本主义上升时期的自由、平等和民主精神。

### (二)19 世纪现实主义文学

现实主义文学是西方资本主义制度确立和发展时期的产物。19 世纪 30 年代以后，随着资本主义的发展，资本主义现实的黑暗与丑恶逐步显露，无产阶级的革命斗争风起云涌，冷静务实的社会心理随之形成，并促使当时的文艺思想发生转变；自然科学的进步，有助于作家们用客观的态度和科学的方法研究社会问题；加上文学中现实主义传统的影响，新的现实主义文学思潮随之首先在法国和英国出现，后迅速波及欧美其他国家而成为 19 世纪西方文学的主流。现实主义文学的基本特征是：一、真实客观地描绘现实生活；二、具有强烈的揭露性和批判性；三、塑造典型环境中的典型人物。在现实主义文学潮流中，小说特别是长篇小说的创作出现了空前繁荣，思想性和艺术性都获得了长足发展。

#### 1. 法国文学

法国是现实主义文学的发源地。19 世纪的法国现实主义文学较多反映资产阶级和贵族阶级的矛盾，揭露并批判金钱的罪恶。司汤达是法国现实主义文学的奠基人，他的文艺论著《拉辛与莎士比亚》被视为现实主义文学的第一篇美学宣言，长篇小说《红与黑》是他创作实践的高峰。《红与黑》通过主人公于连·索绪尔短暂一生的冒险经历，形象地反映了法国波旁王朝时期复辟与反复辟的尖锐斗争，揭露了贵族阶级的黑暗腐朽、大资产阶级的贪婪虚伪、反动教会的奸险毒辣。小说还成功地塑造了于连这一小资产阶级个人奋斗者的典型，且借他的悲剧概括了王政复辟时期一代青年的苦闷与追求、反抗与妥协、探索与失败；小说在艺术上的成就，一是成功描写了典型环境中的典型性格，二是充满深刻细致的心理分析。作为 19 世纪法国最重要的现实主义作家，巴尔扎克以他包括了 90 余部小说的《人间喜剧》，为世界文学史矗立起一座宏伟的丰碑。在《人间喜剧》中，有对封建贵族阶级没落衰亡史的描绘，如《古物陈列室》《苏镇舞会》等；有对资产阶级罪恶发家史的揭露，如《高利贷者》《纽沁根银行》等；有对金钱邪恶力量的控诉，如《欧也妮·葛朗台》《夏倍上校》等。长篇小说《高老头》则可谓《人间喜剧》中最重要的作品，它在思想批判的深刻和艺术技巧的成就上、在反映作者世界观的矛盾和局限性上、在情节构思和形象塑造上，都极富代表性。

此外，在 19 世纪的法国现实主义文学中，梅里美是一位颇富艺术魅力的作家，浓郁的异国情调、新颖的艺术构思、纯朴粗犷的人物形象，共同构成他中短篇小说的主要特色，《卡门》(又译《嘉尔曼》)是他的典型代表作。福楼拜是一位承前启后的作家，他的“客观而无动于衷”的美学原则和严谨精致的艺术风格，对自然主义文学的形成产生过重要影响；其代表作《包法利夫人》通过女主人公爱玛由追求到幻灭的人生悲剧，谴责了社会现实的庸俗和冷酷。莫泊桑是法国 19 世纪后期有自然主义色彩的作家、著名的短篇小说大师，洋溢着爱国主义情怀的《羊脂球》是他的成名作，《项链》《我的叔叔于勒》等是其有口皆碑的名篇；《一生》和《漂亮朋友》则代表了他长篇小说的成就。

#### 2. 英国文学

19 世纪的英国现实主义文学较多描写劳资矛盾和小资产阶级的悲苦人生与艰辛奋斗，人道主义和改良主义倾向非常明显，且出现了大量的女作家。简·奥斯汀善于从平凡的生活琐事中发掘严肃的道德主题，她的《傲慢与偏见》和《爱玛》还以幽默从容的叙述风格引人注目。盖斯凯尔夫人在小说《玛丽·巴顿》中最早反映了劳资矛盾。萨克雷以尖刻讽刺见长，长篇小说《名利场》中塑造了自私冷酷、利欲熏心的女冒险家蓓基·夏泼形象。夏洛蒂·勃朗特在她自传色彩的小说《简·爱》中，通过女主人公简·爱自强自立的奋斗历程，彰显了女性意识的觉醒和对维多利亚传统的叛逆精神，弹奏出女性主义文学的最强音。爱米莉·勃朗特的《呼啸山庄》卓尔不群，复仇——毁灭的故事情节、桀骜不驯的人物形象、超越时空的生死爱情、狂热阴森的哥特式风格以及高度的诗意和丰富的象征，共同构筑起一个丰富的艺术世界。

狄更斯代表了19世纪英国现实主义文学的最高成就，他创作的主导思想是人道主义，主要风格是幽默讽刺。《匹克威克外传》是狄更斯的成名作，它和《奥列佛·退斯特》《老古玩店》都采用了流浪汉小说的叙事形式。《大卫·科波菲尔》是自传体小说，作品的同名主人公是小资产阶级个人奋斗者的典型。《董贝父子》《荒凉山庄》《艰难时事》《远大前程》等也都是狄更斯的重要作品。《双城记》是狄更斯的重要代表作之一，小说以1789年法国大革命为题材，以巴黎和伦敦两个城市为背景，用已去的历史来映射英国现实，同时宣扬用仁爱宽恕和自我牺牲的精神来拯救社会的改良主义思想；小说结构严谨，且广泛运用了象征手法。

托马斯·哈代是19世纪后期英国杰出的现实主义作家，他用饱蘸感情的笔墨描绘了英国南部乡村的田园风光，又以浓烈的悲观主义情绪，叙写了资本主义入侵古老的宗法制农村后破产农民的悲苦生活。哈代最重要的长篇小说都属于"性格和环境小说"，包括《还乡》《德伯家的苔丝》《卡斯特桥市长》《无名的裘德》等，因这类小说中的故事都以威塞克斯地区为背景，故又统称"威塞克斯小说"。《德伯家的苔丝》是哈代的优秀作品之一，小说中塑造了苔丝这一纯洁善良、美丽坚强、不屈抗争的英国乡村女子的典型，并借她的悲剧，揭露了社会传统道德观念、宗教和法律的虚伪，同时表达了个人命运神秘莫测的宿命观。

3. **俄国文学**

19世纪俄国现实主义文学的批判锋芒首先直指沙皇专制和封建农奴制，后期逐步加强了对资本主义的批判；俄国现实主义文学还始终得到了文学批评和美学理论的有力支持，并以"多余人"和"小人物"两个形象系列丰富了西方文学人物画廊。19世纪俄国文坛出现了一大批杰出的作家。莱蒙托夫的诗歌以《恶魔》为代表，主要表达对自由的强烈渴望、对社会的深刻批判，他的长篇小说《当代英雄》的主人公毕巧林，则是继奥涅金之后又一个"多余人"的典型。屠格涅夫以其敏于社会变革著称，作品中常体现出对重大问题的关注；他的小说《罗亭》中的罗亭是又一个"多余人"形象，《贵族之家》《长夜》《父与子》也是他的重要代表作。冈察洛夫的《奥勃洛摩夫》的主人公奥勃洛摩夫是一个贵族青年，受过良好教育且头脑聪慧，但却优柔寡断、懒惰而好空想，是为"奥勃洛摩夫性格"；他整天只知道昏睡，最后也是在睡眠中死去，他以其彻底的停滞性和腐朽性，为19世纪俄国文学中的"多余人"形象画上了句号。

果戈理以其优秀创作成为俄国现实主义文学的另一重要奠基人。《狄康卡近乡夜话》《密尔格拉德》是果戈理早期创作的短篇小说集；《彼得堡故事集》中的《狂人日记》和《外套》是描写"小人物"的名篇，表现的是作者对贵族官僚阶级冷酷无情的深刻批判和对"小人物"悲惨遭遇的人道主义同情。《钦差大臣》是果戈理著名的讽刺喜剧，作品通过落魄的浪荡子赫列斯达科夫被误认为"钦差大臣"而引起的一系列故事，描绘出一幅群魔乱舞的百丑图，辛辣嘲讽了当时俄国腐败的官僚集团。果戈理的长篇小说《死魂灵》则以生花妙笔，塑造了五个性格迥然的农奴主典型和一个新兴资产阶级投机家的典型，其中的泼留希金是西方文学史上著名的吝啬鬼之一；小说深刻揭示了封建农奴制走向崩溃的必然趋势和资产阶级金钱崇拜的恶劣本性，并突出了果戈理擅长幽默讽刺或曰"含泪的笑"的艺术特点。

陀思妥耶夫斯基是19世纪俄国文学史中最富天才和个性、同时也最引发争议的一位作家。陀氏的创作中，有深刻的思想内容和撼人心魄的艺术表现的完美交融，有对生活近乎绝望的批判态度和对人性追根究底的探察剖析，有对社会罪恶淋漓尽致的披露和对宗教无可奈何又真心实意地皈依。陀思妥耶夫斯基的中篇书信体小说《穷人》和长篇小说《被欺凌与被侮辱的》,丰富了自普希金以降的“小人物”主题;中篇小说《双重人格》开启了陀氏描写病态心理和变态人格的艺术内容;《死屋手记》是对作者流放生活的形象再现,《地下室手记》则是一部社会哲理小说;《白痴》《群魔》《罪与罚》《卡拉马佐夫兄弟》并称陀氏的四大代表作。其中,长篇小说《罪与罚》是一部艺术成就很高的现实主义作品。小说描写了贫困法科大学生拉斯柯尔尼科夫由杀人犯罪、到投案自首、再到皈依上帝的心理路程,和小文官马尔美拉陀夫一家的赤贫生活和凄惨遭遇;小说中的每一个人物都有自己的人生观、哲学观、道德观、宗教观等,在平等的地位上表达各自对贫困、犯罪、精神救赎等问题的见解和主张,而作家则只作描述而不加评论。

列夫·托尔斯泰是19世纪俄国现实主义文学的杰出代表,他的文学生涯长达近60年,跨越了俄国革命的三个历史时期,故其创作被列宁誉为“俄国革命的镜子”。托尔斯泰的创作,在内容上,多表现作者对俄国社会的政治制度、家庭婚姻、宗教道德、农村经济改革等重大问题的探索,但往往在做激烈批判的同时,又鼓吹一套“勿以暴力抗恶”“道德自我修养”等。在艺术上,他的最卓越之处在于对人物内心世界的挖掘,擅长表现人物心理活动过程本身的形态和规律。长篇小说《战争与和平》《安娜·卡列尼娜》《复活》代表了托尔斯泰创作的最高成就。《安娜·卡列尼娜》中的女主人公安娜是个感情真挚强烈、内心深刻丰富、追求个性解放的贵族妇女形象,她的悲剧结局是其独特的个性与虚伪冷酷的社会环境发生尖锐冲突的必然结果。

契诃夫是19世纪后期崛起的俄国优秀小说家和戏剧家,尤以短篇小说著称于世。在契诃夫的短篇创作中,有嘲讽小市民畸形的奴性心理的作品,如《小公务员之死》和《变色龙》;有反映下层人民贫困和悲惨生活的小说,如《苦恼》和《万卡》;有塑造卫道旧制度、恐惧新事物典型的《套中人》;有批判知识分子空虚无为、庸俗堕落的名篇《姚尼奇》。中篇小说《第六病室》通过描写外省小城的庸俗生活和第六病室内令人发指的故事,抨击了专横野蛮、残暴黑暗的沙皇专制俄国。《樱桃园》是契诃夫最著名的戏剧作品。

#### 4. 美国文学

19世纪的美国现实主义文学多从民主主义理想出发,批判资本主义的罪恶、批判蓄奴制和种族歧视、体现追求自由与平等的理想。19世纪50年代的“废奴文学”是美国现实主义文学的萌芽,希尔德烈斯的《白奴》和斯托夫人的《汤姆叔叔的小屋》都是废奴文学的杰作。马克·吐温是19世纪美国现实主义文学的杰出代表,他以犀利的笔锋、幽默的品格和讽刺的手法,再现了美国“镀金时代”的丑恶面目。他在长篇小说《镀金时代》中,对美国的资产阶级民主选举做了绝妙的揭露和讽刺。《汤姆·索亚历险记》从一个顽皮儿童汤姆的冒险经历中,去触及生活、教育、宗教、金钱、法律等社会方面的重大问题;《哈克贝利·费恩历险记》塑造了善良勇敢的白人少年哈克和真诚质朴、敢于反抗的黑奴吉姆,通过他们的故事突出了向往自由的主题。《百万英镑》《王子与贫儿》《在亚瑟王朝里的康涅狄格州美国人》《败坏了赫德莱堡的人》等也都是马克·吐温的小说佳作。欧·亨利是享誉世界的短篇小说大师,《麦琪的礼物》《最后一片藤叶》《警察与赞美诗》是他的代表作。欧·亨利善于描写小人物的悲苦命运,表现他们的美好品质,揭示社会的不平和虚伪;小说中辛酸的幽默、巧妙的构思、出人意料又耐人寻味的结局也是他小说的突出特色。

#### 5. 东欧北欧现实主义文学

19世纪中后期,随着东北欧诸国的民族解放运动和民主主义运动的风起云涌,作家们开始在作品中揭露异族侵略者的残暴,抨击封建统治者的腐朽与罪恶,反映人民的疾苦与斗争,表现出深沉的爱国情怀和强烈的变革意识。密茨凯维奇是波兰爱国诗人的代表,叙事诗《塔杜施先生》是其代表作。显克微支是波兰批判现实主义作家的代表，其长篇历史小说《你往何处去》描写了古罗马暴君尼禄时期的社会生活和基督教徒受迫害的情景。裴多菲是匈牙利伟大的民族诗人，其短诗《自由与爱情》广为传唱。安徒生是丹麦童话作家，其童话名篇《卖火柴的小女孩》《皇帝的新装》《海的女儿》《丑小鸭》等妇孺皆知。易卜生的戏剧创作代表了19世纪挪威文学的最高成就，早期有哲理诗剧《布朗德》和《培尔·金特》，中期有“社会问题剧”《社会支柱》《玩偶之家》《群鬼》《人民公敌》，再到晚期的注重表现人物内心世界的戏剧如《建筑师》等，易卜生以其创作中丰富的社会内容和高度的艺术技巧，对欧洲戏剧艺术的革新和发展做出了重大贡献，被誉为“现代戏剧之父”。比昂松是与易卜生齐名的挪威作家，《破产》是他著名的社会问题剧。

**6. 欧洲早期无产阶级文学**

英国宪章派文学是西方文学史上第一次出现的无产阶级性质的文学，它是19世纪三四十年代英国宪章运动的产物，是一种群众性的文艺现象，其主要成就是诗歌，作品语言通俗，节奏明快，格调高昂。琼斯、林顿等是当时最有名的宪章派诗人。德国工人诗歌是在19世纪40年代的德国工人革命运动中产生的，工人诗人维尔特是当时的突出代表，被恩格斯誉为“德国无产阶级第一个和最重要的诗人”。植根于革命斗争现实的巴黎公社文学，标志着世界无产阶级文学发展的新阶段，并以其鲜明的政治倾向性和强烈的战斗性，为无产阶级文学谱写了灿烂的篇章。欧仁·鲍狄埃的《国际歌》代表了巴黎公社文学的最高成就。

### （三）19世纪后期非主流文学

**1. 自然主义文学**

自然主义文学流行于19世纪后期，是现实主义文学在新的历史条件下的变异和发展，实证哲学、进化论学说、生物遗传学等学科成果给了它直接的影响和启发。自然主义文学以强调绝对真实与客观、机械搬用自然科学理论为突出特点，作品中多精确细致的描绘、客观冷漠的态度和无动于衷的叙述。自然主义产生于法国，福楼拜被视为先声作家；龚古尔兄弟是自然主义的倡导者；莫泊桑和于斯曼等共同发表的短篇小说集《梅塘夜话》被视为自然主义的盛举。19世纪80年代中叶“梅塘集团”解体后，法国自然主义文学趋于没落，影响却逐渐蔓延至德国、意大利、美国、挪威、日本等国。法国作家左拉的创作代表了自然主义文学的最高成就，其大型系列家族小说《卢贡—马卡尔家族》是自然主义的代表作品。

**2. 唯美主义文学**

唯美主义产生于艺术家们对丑恶现实的厌恶、对阶级斗争的恐惧和对艺术功利化的反感，他们企望在超政治、超现实、超道德的艺术象牙塔里，安慰他们苦闷、彷徨、幻灭的时代情绪，故而注重追求绝对的、至高无上的美。唯美主义发端于19世纪30年代的法国，戈蒂耶是始作俑者，他最先提出了“为艺术而艺术”这一唯美主义的纲领性口号，并以诗集《珐琅与雕玉》、小说《莫班小姐》为其文学实践。王尔德是英国唯美主义的代表作家，他的悲剧《莎乐美》、喜剧《温德米尔夫人的扇子》、童话集《快乐王子》、长篇小说《道林·格雷的画像》等，都体现了他的唯美主义文艺观。

**3. 象征主义文学**

象征主义文学崛起于19世纪70年代的法国，与唯美主义有姻缘关系，但其成就和影响远远大于唯美主义。通常，19世纪后期的象征主义被称为前期象征主义。1886年9月，法国诗人莫雷亚斯发表的《象征主义宣言》，使这一思潮得以正式定名。象征主义文学中多用象征、暗示、隐喻和通感手法，讲究诗歌的音乐性和内在节奏美，追求诗歌的梦幻诗意和神秘色彩。波德莱尔的诗集《恶之花》的问世，开启了象征主义的先河。象征主义诗人魏尔伦的诗作情绪忧郁、韵律讲究。兰波深富反叛精神，其代表作《醉舟》以瑰丽的想象、巧妙的通感印迹史册。马拉美是法国前期象征主义的泰斗，十分注重诗歌的音乐性、神秘性和形式美，取材自古希腊神话的《牧神的午后》是其著名诗作。

## 七 二十世纪文学

20世纪人类社会的显著特点主要体现为动荡的社会、惨烈的战争、发达的科学技术，活跃的思想等交织在一起，与这种状态相适应，20世纪的西方文坛也呈现出令人目眩的多元性。过去那种由某一流派主导整个时代的文坛、不同流派渐次交替的情况终止了，代之以多种思潮流派和不同创作方法的同时存在、各领风骚，既相互冲突竞争又相互借鉴融合的复杂态势。现实主义和现代主义是20世纪西方文学的两大主流。现代主义是一种反传统和非理性的文学，是西方传统文学在新时代的转型与创新；现实主义则受现代文化思潮和现代主义文学的影响，表现为19世纪现实主义文学在新时代的深化与拓展。但这两大文学主流并非泾渭分明，而是相互渗透和交融。

### (一)20世纪现实主义文学

20世纪现实主义文学继承了19世纪现实主义文学真实反映现实、弘扬人道主义的优秀传统，同时表现出一些新的特征：如描写重点的内向化和主观化，即更加注重探索人物的内心世界；艺术形式的不拘一格和兼容并蓄，即吸纳了内心独白、梦幻描写、时序颠倒、象征手法、性心理和荒诞意识、多层次多角度的情节结构等艺术手段；淡化典型形象而更加强调性格的多面性，等等。

**1. 俄苏文学**

20世纪俄苏现实主义文学是在特定的历史条件和思想文化背景下出现的。自十月革命后，苏联又先后经历了国内战争、社会主义建设、卫国战争、战后重建等几个重要历史时期，与此相应，20世纪的俄苏文学自觉地把无产阶级和劳动人民作为艺术塑造的典型，在内容上体现出强烈的社会责任感和使命感，并把社会主义现实主义作为其基本的审美原则和创作方法。俄苏现实主义文学主要在诗歌和小说方面取得了丰硕成果。诗歌方面的成就如：勃洛克的《十二个》，马雅可夫斯基的《好！》《列宁》，叶赛宁的《安娜·斯涅金娜》《大地船长》，伊萨科夫斯基的《红莓花儿开了》《喀秋莎》，等等。小说方面的成就如：阿·托尔斯泰的《苦难的历程》三部曲，奥斯特洛夫斯基的《钢铁是怎样炼成的》，法捷耶夫的《毁灭》《青年近卫军》，爱伦堡的《解冻》，帕斯捷尔纳克的《日瓦戈医生》，索尔仁尼琴的《伊凡·杰尼索维奇的一天》，瓦西里耶夫的《这里的黎明静悄悄》，艾特马托夫的《白轮船》《断头台》，等等。高尔基是杰出的无产阶级作家，《海燕》是他著名的散文诗篇；长篇小说《母亲》中塑造了一个革命的英雄母亲形象，作品真实反映了当时的无产阶级斗争，洋溢着革命激情、英雄主义精神和理想主义光辉，是20世纪俄苏现实主义文学的奠基作。肖洛霍夫的作品极富史诗风格，《静静的顿河》为他赢得了世界声誉。

**2. 英国文学**

20世纪英国现实主义文学加强了批判社会的广度和深度。萧伯纳是杰出的现实主义戏剧家，他的优秀剧作包括《巴巴拉少校》《鳏夫的产业》《华伦夫人的职业》等；机敏幽默、擅长对话是其突出风格。威尔斯是著名的科幻作家，科幻小说《时间机器》《隐身人》《星际战争》等是他“科学的预言”。约翰·高尔斯华绥以《福尔赛世家》三部曲，是19世纪80年代到20世纪20年代间的英国资本主义社会的艺术写照。威廉·萨默塞特·毛姆是编讲故事的天才，其长篇小说《人性的枷锁》《月亮与六便士》《刀锋》及大量的短篇小说，至今仍拥有众多读者。威廉·戈尔丁的《蝇王》是一则恐惧人性恶的寓言。D. H. 劳伦斯是20世纪英国现实主义文学中最有创作个性也最富争议的作家。《儿子与情人》是劳伦斯带有自传色彩的成名作，小说中的故事也是对弗洛伊德“俄狄浦斯情结”说的形象写照；《查泰莱夫人的情人》是他最重要的长篇，该作开创了现代小说性爱审美描写的先河。其小说杰作还有《虹》《恋爱中的女人》《白孔雀》《羽蛇》《狐》等。总的来看，劳伦斯的小说创作着意于发掘人的性本能和无意识，勇于深入探索两性关系的现实和意义，旨在通过复苏男女两性灵与肉的和谐、复苏人的生理本能的活力，表达对现代工业社会扼杀人性的强烈抨击；善用比喻和象征、善于对大自然作充满诗意的描写，也是劳伦斯小说的明显特征。

3. **法国文学**

20世纪法国现实主义文学在继承19世纪辉煌传统的基础上，又有新的发展，特别是出现了“长河小说”这种新体裁。马丁·杜·伽尔的八卷本长篇小说《蒂博一家》借助两个家庭的变迁，反映了一战期间法国社会的阶级矛盾和知识分子的复杂心理，体现了人道主义的反战情绪；小说还明显采用了意识流手法。安德烈·纪德的《伪币制造者》主要反映了法国知识文化界的思想生活状况，表现了对社会虚伪的抨击和对真诚纯洁的呼唤；小说还在叙事技巧上进行了大胆创新。莫里亚克的小说创作深富洞察力和艺术激情，其主要作品有《给麻风病人的吻》《爱的荒漠》《苔蕾丝·德斯盖鲁》《蝮蛇结》；莫里亚克的小说主要反映资产阶级的道德堕落，反映资本主义社会人与人之间特别是家庭成员之间的伪善奸诈、冷漠无情，在艺术上以心理分析、文笔高雅见长。玛格丽特·杜拉斯的叙述方式和心理刻画新颖独到，《情人》是她自传性质的长篇小说。此外，安德烈·马尔罗、圣一埃克絮佩里、安德烈·莫洛亚、阿拉贡等也都是此期出现的著名小说家。罗曼·罗兰有“欧洲的良心”之称，可视为20世纪法国最重要的现实主义作家。长篇小说《约翰·克利斯朵夫》是罗曼·罗兰的代表作，它通过叙写平民音乐家克利斯朵夫的一生，展示了广阔的社会图景，也提出了许多重大问题。

4. **德语国家文学**

20世纪德语国家的现实主义文学中，反战、反法西斯的主题成为最强音。布莱希特是独树一帜的戏剧理论家和剧作家，他革新了亚里士多德以来的戏剧模式，提出了“叙事剧”理论和“陌生化效果”说，这和他的戏剧实践一起构成了“布莱希特戏剧体系”；其剧作代表主要有《大胆妈妈和她的孩子》《四川好人》《高加索灰阑记》。亨利希·曼的小说《臣仆》《穷人》《首脑》组成了揭露和批判德帝国主义的三部曲。托马斯·曼的《布登勃洛克一家》借布氏家族的兴亡史反映德国资本主义社会的兴衰演变历程。海尔曼·黑塞的《荒原狼》通过主人公身上“狼性”与“人性”的对立，反映了两次世界大战期间普通知识分子的孤独、苦闷的情绪。雷马克以《西线无战事》《凯旋门》《生命的火花》等小说佳作，从人道主义的立场表达反对战争、反对法西斯野蛮统治的主题，作品客观、简洁。亨利希·伯尔的《以一个妇女为中心的群像》从政治、经济、道德等多个方面，对德国社会做了精到分析和批判。斯蒂芬·茨威格是20世纪享誉世界文坛的奥地利作家，最大成就在小说和传记文学上。茨威格的中短篇小说名作有《家庭女教师》《马来狂人》《恐惧》《一个陌生女人的来信》《一个女人一生中的二十四小时》《看不见的珍藏》《象棋的故事》等。茨威格的小说创作以描写人物细腻的内心、冲动的情感、复杂的潜意识见长，另有巧妙的构思、传奇的情节和抒情的语言。

### 5. 美国文学

20世纪的美国现实主义文学呈现出多元繁荣的局面。德莱塞的《嘉莉妹妹》《珍妮姑娘》和《欲望三部曲》以独特的现实主义风格揭开了美国文学新世纪的篇章,对人性和社会进行了大胆揭露和深刻分析;长篇小说《美国的悲剧》通过主人公的悲剧,揭露了"美国梦"的虚妄,批判了美国社会的拜金主义和极端利己主义,暴露了美国民主的虚伪和法律的黑暗。杰克·伦敦的短篇小说《荒野的呼唤》体现了弱肉强食、适者生存的丛林法则;自传体长篇小说《马丁·伊登》则第一次叙写了"美国梦"的幻灭。厄普顿·辛克莱是"揭发黑幕运动"的主要作家,代表作是《屠场》。《愤怒的葡萄》是约翰·斯坦贝克的巅峰之作,是反映20世纪30年代美国大萧条时期的史诗性作品。司各特·菲茨杰拉德极富艺术才华,是美国"迷惘的一代"的重要作家,代表作《了不起的盖茨比》表现了"美国梦"的彻底幻灭。杰罗姆·大卫·塞林格的《麦田的守望者》反映了中产阶级子弟的苦闷、彷徨,揭露了资本主义文明的丑恶和虚伪,大量使用口语和俚语是其突出特点。约翰·厄普代克"兔子"系列小说描写了绰号为兔子的主人公在资本主义的死胡同里无处逃遁的境遇。索尔·贝娄是20世纪美国犹太裔作家群中的佼佼者,他在作品中较多探索西方世界的精神危机,较多关注个人特别是犹太裔知识分子在社会中的命运;艺术上体现出明显的现实主义内容和现代主义技巧的交织;其主要作品有《奥吉马奇历险记》《雨王汉德森》《赫索格》和《洪堡的礼物》。艾萨克·巴什维·辛格的创作也深含犹太文化的底蕴,其著名作品是《卢布林的魔法师》。

20世纪的美国现实主义文坛上,黑人作家和女性作家也是引人瞩目的创作群体。黑人诗人兰斯顿·休斯的诗作有黑人民歌的特点和爵士乐的韵律,以歌颂黑人民族、抗议种族歧视为主要内容。托妮·莫里森是杰出的黑人女作家,《所罗门之歌》是其代表作。创作了《紫色》的艾丽斯·沃克也是黑人女作家的优秀代表。

海明威以其独特的创作个性和鲜明的艺术风格著称于世。短篇小说《印第安营地》《打不败的人》《五百万》《杀人者》《乞力马扎罗的雪》《弗朗西斯·麦康伯短促的幸福生活》等都是世界公认的杰作。长篇小说方面,《太阳照样升起》是"迷惘的一代"的宣言书,《永别了,武器》代表了"迷惘的一代"的最高成就,《丧钟为谁而鸣》是一部杰出的反法西斯小说。中篇小说《老人与海》更是以其叙述的简洁凝练、寓言般的含蓄庄重、"硬汉"性格的哲理概括,而在海明威的全部创作中占据举足轻重的地位。

### 6. 欧美其他国家的文学

东欧现实主义文学与民族命运息息相关,有捷克作家雅罗斯拉夫·哈谢克的政治讽刺小说《好兵帅克》,抨击了奥匈帝国的穷兵黩武。捷克作家米兰·昆德拉的《生命中不能承受之轻》,探讨了知识分子的感情生活和人生选择。

南欧和北欧的现实主义文学有挪威作家克努特·哈姆生的《大地硕果》和西格里德·温塞特的《克丽丝丁》,都是在广阔的历史背景上反映民族生活和斗争历程的史诗性作品;瑞典作家塞尔玛·拉格洛夫的《尼尔斯历险记》和意大利作家姜尼·罗大里的《洋葱头历险记》,是著名的儿童文学作品。

拉丁美洲的现实主义文学有:智利民族诗人聂鲁达的长诗《1948年纪事》和《伐木者,醒来吧》,墨西哥作家马里亚诺·阿苏埃拉《底层的人们》、奥克塔维奥·帕斯《太阳石》,哥伦比亚作家何塞·欧斯塔里奥·里韦拉《漩涡》,秘鲁作家西罗·阿莱格里亚《广漠的世界》,巴西作家若热·亚马多《无边的土地》等等。

## (二)20 世纪现代主义文学

现代主义是对 19 世纪末出现的、在 20 世纪 20 年代至 70 年代发展和繁荣起来的欧美形形色色文学流派的总称。现代主义文学是动荡不安的现代工业社会和混乱多歧的时代精神的艺术表达,是叔本华的唯意志论、尼采的超人哲学、柏格森的直觉主义、弗洛伊德的精神分析学说和萨特的存在主义等非理性哲学影响的产物,也是西方文学自身发展演变的结果。

文学史上常以第二次世界大战为界,把现代主义文学分为前期和后期两个阶段。前期现代主义文学一般名之"现代主义",主要流派有未来主义、超现实主义、后期象征主义、表现主义、意识流小说等;后期现代主义文学一般名之"后现代主义",主要流派有存在主义文学、荒诞派戏剧、新小说、黑色幽默文学、魔幻现实主义等。较之前期现代主义文学,后期现代主义文学在新的历史条件下呈现出一些新的鲜明特征,如更加彻底的反传统性、更加深刻的荒诞性和意义的更多不确定性。

现代主义文学尽管流派纷呈、风格各异,但都统一于"反传统"和非理性的大旗之下,故有共性可循:在思想内容上,现代主义文学着重表现现代人的危机感和荒诞感,着重表现虚无主义、神秘主义、悲观主义倾向;在艺术形式上,一是借助象征、隐喻、暗示等手法,增强了作品的象征性和朦胧性;二是普遍通过非理性的变形夸张手法,超越时空,强化作品的荒诞性;三是热衷于挖掘人的潜意识,大量采用"内心独白""自由联想"手法,用心理逻辑去结构文章;四是乐于艺术技巧的革新,一些作品的形式主义倾向比较明显。

### 1. 未来主义

未来主义是 20 世纪初发端于意大利、继而流行到欧洲各国的一种文艺思潮,其基本特征是:鄙弃传统文化,歌颂现代机械文明;强调表现运动、速度和力量;强调语言形式的革新,主张用自由不羁的字句表达现代精神。意大利的马里内蒂于 1909 年发表的论文《未来主义宣言》是这一流派诞生的标志。法国的阿波里奈尔和俄国的马雅可夫斯基是未来主义的代表作家。

### 2. 超现实主义

超现实主义是战后起源于法国的一个现代文艺思潮,基本特征是:强调表现人的本能、梦幻和潜意识;主张采用"无意识书写"和"自动书写"的创作方法,反对艺术加工和逻辑思维;注重营造艺术的幽默感,认为冷漠笑谑的看客姿态才能洞察人类生存境况的真谛。法国的安德烈·布勒东是超现实主义的倡导者和实践者,他于 1924 年发表的《超现实主义宣言》,系统阐释了超现实主义的理论体系;诗体小说《娜嘉》是该流派的典型代表作,也是布勒东倡导的"自动写作"方法最成功的一次艺术实践。超现实主义的代表作家还有法国的路易·阿拉贡和保罗·艾吕雅。

### 3. 后期象征主义

象征主义是西方现代主义文学中持续时间最长、影响最大的一个文学流派。作为一种文艺思潮,象征主义最先于 19 世纪 70—90 年代形成于法国;20 世纪 20—40 年代,形成具有国际影响的后期象征主义高潮。后期象征主义继承并发展了前期象征主义的传统,使象征更具多义性和含蓄性;同时,强调对艺术、生活和人生哲理的理性探求;主张将玄学、神话、宗教与象征融于一体。奥地利诗人里尔克的《杜伊诺哀歌》、法国诗人瓦雷里的《海滨墓园》、爱尔兰诗人叶芝的《驶向拜占庭》、俄国诗人勃洛克的《十二个》、比利时剧作家梅特林克的《青鸟》、美国意象派诗人庞德的《在地铁车站》等,都是后期象征主义的优秀代表作。英国诗人 T. S. 艾略特可谓后期象征主义最杰出的代表,其长诗《荒原》被视为现代诗歌的里程碑。

4. **表现主义**

表现主义发轫于绘画界,而后进入文学和其他艺术领域。20 世纪初该流派的中心在德国,二三十年代风靡欧美。表现主义的基本特征是:反对再现客观世界,主张表现主观感受;大量采用幻觉、梦境、错觉和夸张变形手法;有明显的抽象化倾向和浓郁深厚的象征意蕴。瑞典作家斯特林堡是公认的表现主义文学先驱,代表作是《鬼魂奏鸣曲》。美国作家尤金·奥尼尔创作的《琼斯皇帝》和《毛猿》是表现主义戏剧的杰出代表。

奥地利作家卡夫卡是表现主义文学在小说方面的杰出代表,他也被视为西方现代派的鼻祖。卡夫卡的文学成就,一是三部长篇小说《美国》《审判》和《城堡》;二是一些中短篇小说,包括表现父子冲突的《判决》,表现人性异化、艺术异化的《饥饿艺术家》,表现现代统治制度和机器文明使人异化的《在流放地》,表现小人物在现代世界里的危机感和恐惧感的《地洞》。中篇小说《变形记》更是通过人变虫的荒诞离奇的故事,深刻表现了人在金钱、物质和高速运转的现代社会中走向异化和毁灭的悲哀。总的来看,卡夫卡的作品在思想上,主要表现了在荒诞的世界里,人类那种深切的孤独、恐惧和绝望;在艺术上,寓言式的结构、象征梦幻和怪诞夸张的手法、荒诞框架下的细节真实、浓烈的自传色彩,共同铸就了“卡夫卡式”的艺术世界。

5. **意识流小说**

意识流是形成于一战前后、流行于 20 世纪 20—30 年代的一种文学新观念,它对整个 20 世纪世界文学的发展产生了巨大影响。意识流小说的基本特征是:主张表现人的内心真实,着力展示人的意识流动的过程;淡化情节、虚化人物,并主张作家退出小说,大量采用内心独白、自由联想、象征暗示、时序颠倒、幻觉梦境等手法;大胆进行语言、文体、标点等方面的变异和创新。意识流小说的奠基者是法国的普鲁斯特,他的《追忆逝水年华》被视为该流派的开山之作。英国女作家弗吉尼亚·伍尔芙在理论和实践上,都对意识流小说的发展做出了卓越贡献,《墙上的斑点》《达罗卫夫人》《到灯塔去》《海浪》等都是其佳作。爱尔兰作家詹姆斯·乔伊斯是现代主义文学巨匠,其自传体中篇小说《青年艺术家的肖像》、长篇小说《尤利西斯》和《芬尼根守灵夜》,都是意识流小说的经典作品,其中《尤利西斯》还借用了荷马史诗《奥德赛》的结构框架。美国作家威廉·福克纳在他的意识流小说杰作《喧哗与骚动》中,成功运用了多角度的叙述方式、立体交叉的复合意识流方法和神话原型,使该作在内容和形式上都达到了新的高度。

6. **存在主义文学**

存在主义文学滥觞于 20 世纪 30 年代的法国,二战后风靡全球达到高潮。这一思潮的思想基础是存在主义哲学,特别是萨特的“存在先于本质”“世界是荒谬的,人生是痛苦的”和“自由选择”三个论调,构成了存在主义文学的思想核心。因而存在主义文学在内容上,主要表现世界的荒谬和人生的痛苦,同时又召唤人们做出“自由选择”;在艺术上,主要是寓哲理于形象,同时灵活采用传统的和现代的多种表现手法。萨特和加缪都是法国的存在主义哲学家和文学家。萨特的存在主义文学之作主要有:短篇小说《墙》,中篇小说《恶心》,长篇小说《自由之路》,戏剧《苍蝇》《紧闭》《死无葬身之地》和《恭顺的妓女》等。加缪的存在主义之作主要有:哲学随笔《西绪福斯神话》、中篇小说《局外人》、长篇小说《鼠疫》等。法国的西蒙·德·波伏娃和美国的诺曼·梅勒也是存在主义文学的代表作家。

7. **荒诞派戏剧**

荒诞派戏剧是二战后兴起于法国的一个反传统戏剧流派。它师承了存在主义哲学“存在即荒诞”的理论观念,在主题上依然表现世界是荒诞的、人生是痛苦的、人与人之间是无法沟通的;但在形式上有意采用与传统戏剧相反的手法来制造强烈的荒诞效果,这些手法包括非逻辑的结构和不完整的情节、支离破碎的舞台形象、颠三倒四的话语、奇特怪异的道具等。法国的尤奈斯库和贝克特都是荒诞派戏剧的经典作家，前者的代表作是《秃头歌女》和《椅子》，后者的代表作是《等待戈多》。

8. **新小说**

新小说派是20世纪50年代在法国兴起的一个现代小说流派。这一文学思潮公开宣称要彻底变革传统小说的观念和形式：极力主张作家只是客观摹写物的世界，拒绝任何主观思想、见解和议论的渗入；大量运用场景、细节和片段，抛弃有连贯情节的故事；努力探索新的语言方式和艺术手段。新小说派中最具有代表性的作家是法国的罗伯—格里耶，他的《橡皮》是法国新小说派的开路之作，他的《窥视者》则标志着新小说的定型和成熟。克洛德·西蒙的《弗兰德公路》也是该流派的重要作品。

9. **黑色幽默文学**

黑色幽默文学是20世纪60年代出现于美国文坛的一个小说流派。黑色幽默，简单而言是一种用喜剧的形式来表现悲剧内涵的文学方法。“黑色”指可怕而又滑稽的客观现实，“幽默”指有自由意志的个性对这种现实所采取的嘲讽态度；故“黑色幽默”即阴惨凄凉、悲观绝望的幽默。西方评论家也把这种幽默叫作“绞刑架下的幽默”或“大难临头时的幽默”。夸张变形的手法、滑稽讽喻的格调、碎片化的结构和“反英雄”式的人物，都是黑色幽默文学的突出特点。该流派的成就主要有：约翰·巴斯与《烟草经纪商》，托马斯·品钦的《万有引力之虹》，库尔特·冯尼格特的《第五号屠场》。约瑟夫·海勒是黑色幽默文学最重要的代表，他的长篇小说《第二十二条军规》被西方评论界誉为“60年代最好的一部小说”，作品中的“第二十二条军规”意指一个圈套、一个陷阱，它隐喻了当代世界人类荒谬的生存处境；其小说《出了毛病》则形象揭示了现代人惶惶不安的恐惧心理，也是当时美国社会精神危机的忠实写照。

10. **魔幻现实主义**

魔幻现实主义文学是20世纪盛行于拉丁美洲并给拉美文学带来国际声誉的一个现代文学流派。该流派的成就以小说为主。魔幻现实主义文学用魔幻的手法反映拉丁美洲的社会现实生活，“变现实为幻想而不失其真”，故魔幻是途径，反映现实是目的。由于作家普遍继承了拉丁美洲各种灿烂的传统文化，在作品中较多融入了古印第安的传统意识、神话传说、图腾崇拜、民间故事和宗教习俗等，因而魔幻现实主义文学极富民族特色。危地马拉作家阿斯图里亚斯的《玉米人》和《总统先生》、古巴作家卡彭铁尔的《这个世界的王国》、委内瑞拉作家彼特里的《雨》，都是魔幻现实主义文学的先驱之作。墨西哥作家胡安·鲁尔福的中篇小说《佩德罗·巴拉莫》的问世，标志着该流派的正式形成。哥伦比亚作家加西亚·马尔克斯被认为是该流派最杰出的代表，小说《枯枝败叶》《家长的没落》《一桩事先张扬的凶杀案》《霍乱时期的爱情》等，都显示了他“魔幻现实”的娴熟技巧。长篇小说《百年孤独》使魔幻现实主义到达巅峰。

## 东方文学

东方文学(这里不包括中国文学)指亚洲和非洲的文学。东方文学史按历史顺序可分为五个发展时期：古代东方文学、中古东方文学、近代东方文学、现代东方文学和当代东方文学。

## 一 古代东方文学

古代东方文学是指亚非原始社会末期和奴隶制社会时期的文学，有鲜明的民间文学色彩和宗教色彩。

古埃及文学丰富多彩。神话是最古老的内容，古埃及神话中流传最广的是太阳神拉的创世神话和自然繁殖之神奥西里斯的死而复生神话。诗歌是古埃及文学中最早的一种体裁，《亡灵书》是一部庞大的宗教性诗文集。故事是古埃及文学创作的主要体裁之一，《魔术师的故事》是流传下来的最早的一篇故事，《乡民与雇工》《遭难的水手》《撒奈哈特历险记》也是古埃及的故事名篇。

古巴比伦文学的最高成就是史诗《吉尔伽美什》，这是迄今为止已发现的世界文学中最早的完整史诗，它在民间口头文学的基础上发展而来，中心内容是歌颂英雄吉尔伽美什为民建功立业的伟绩以及英雄人物之间的友谊。

古印度文学成就辉煌。《吠陀》是印度最古老的文学遗产和诗歌总集。《摩诃婆罗多》和《罗摩衍那》是古印度的两大著名史诗。《五卷书》是一部大型寓言故事集，主要反映了城市平民的思想和情感，对后世欧洲文学产生了深远影响。迦梨陀娑是古代印度最杰出的诗人和剧作家，有“印度的莎士比亚”之称；他的《云使》是印度文学史上最早的抒情长诗；他的剧作《沙恭达罗》代表了古代印度戏剧艺术的最高峰，作品通过纯洁善良、坚贞不渝、勇于斗争的女子沙恭达罗的形象，通过富有传奇色彩和神话气氛的故事，通过清新、抒情的语言，高唱了一曲理想爱情的颂歌。

古希伯来文化和文学与希伯来民族、颠沛流离、饱经忧患的历史密切相关。《圣经・旧约》既是一部犹太教的经书，又是古希伯来文学的总集；其文学样式主要有神话传说、史传文学、先知文学、诗歌、诗剧、小说等；在与基督教的《圣经・新约》合而为一后，圣经文学也就成了西方社会精神的土壤和文学艺术的宝库。

## 二 中古东方文学

中古东方文学是指亚非封建社会时期的文学。东方的中古时期极为漫长，封建集权统治和自给自足的自然经济严重束缚了人们的思想，但经济的发展、交通的发达、商贸的往来甚至军事的扩张，都促进了东方各民族文学文化的交流和互渗，使中古东方文学出现辉煌灿烂的局面。佛教、基督教和伊斯兰教世界三大宗教的产生，对中古东方文学的发展有着巨大影响。

中古阿拉伯文学的宗教性强，主要文学成就有：被称作伊斯兰教伟大经典的《古兰经》，著名的寓言故事集《卡里来和笛木乃》和传奇故事《安塔拉传奇》。民间故事集《一千零一夜》代表了中古阿拉伯文学的最高成就，它规模庞大、内容丰富、流传甚广，被高尔基誉为世界民间文学史上“最壮丽的一座纪念碑”。《一千零一夜》真实展示了中古时期阿拉伯社会生活的图景，作品中的故事内容多样，包括神话传说、格言谚语、寓言童话、掌故逸事、商贸战争、恋爱婚姻等等；人物繁多，上至君王将相，下至童仆奴婢，还有天仙灵魔，三教九流形形色色。《一千零一夜》的艺术性也很高：它首创了大故事套小故事的“框架式结构”；故事曲折离奇，具有浓郁的东方情调和浪漫色彩；人物善恶美丑对比鲜明，语言朴实生动诗文并茂。《一千零一夜》对后世文学和艺术产生了深远影响，“芝麻开门”等词语典故也常现于人们口头。

中古日本文学成就多样。《万叶集》是日本最古老的诗歌总集。“俳圣”松尾芭蕉是著名的俳句作家。紫式部的长篇小说《源氏物语》是日本及世界文学史上最早的长篇写实小说，它形象地反映了平安王朝时期宫廷贵族的生活情状，更以鲜明的形象塑造、美妙的景物描写、语言的优美典雅而成为日本古典文学的最高峰，并对后代的日本文学产生了巨大影响。

中古波斯拥有一批世界著名的诗人。鲁达基被称为波斯文学史上的“诗歌之父”。菲尔多西的抒情长诗《王书》是中古波斯文学的光辉巨著。哈菲兹的诗作被认为是波斯抒情诗的高峰。内扎米的长篇叙事诗《蕾丽与马季侬》有东方的《罗密欧与朱丽叶》之称。萨迪的代表作《蔷薇园》以强烈的讽刺精神和独特的艺术形式，给他带来了立足于世界文学之林的声誉。

此外，印度的长篇叙事诗《罗摩功行录》、朝鲜的民间小说《春香传》、越南的长篇诗体小说《金云翘传》等，也都是中古东方的文学珍品。

## 三 近代东方文学

近代东方文学是指19世纪中叶到20世纪初期的文学。近代东方文学是在特定的历史条件下发展起来的。东方的近代史是痛苦的、遭人宰割的屈辱史(日本是个例外)。根深蒂固的封建统治延缓了东方国家封建社会的解体，帝国主义列强的入侵又使东方大多数国家先后沦为殖民地、半殖民地，人民大众遭受了封建势力和帝国主义势力的双重压迫。在这一历史背景下诞生的近代东方文学，就成了以反帝反封建思想为主导、植根于东方民族文化传统并接受了西方文化影响的、承前启后的文学。

近代东方文学的最大成就在日本和印度。

近代日本文学是亚非国家中唯一的在资本主义条件下受欧美影响发展起来的资产阶级文学。现实主义文学以二叶亭四迷的长篇小说《浮云》为奠基之作，经过樋口一叶的短篇小说《青梅竹马》，到夏目漱石的长篇小说《我是猫》，现实主义文学不断发展。浪漫主义文学，森欧外的短篇小说《舞姬》和北村透谷等人创办的《文学界》杂志是其典型代表。法国的自然主义经过日本作家的演绎和发挥，形成了日本声势空前的自然主义文学运动，岛崎藤村的《破戒》、田山花袋的《棉被》都是日本自然主义文学的典范。此间的日本文坛还有唯美派、白桦派和新思潮派，这些流派在创作上也各有千秋。

近代印度文学具有鲜明的反殖反封的思想倾向。班吉姆·钱德拉·查特吉《阿难陀寺院》、萨拉特·钱德拉·查特吉《斯里甘特》、赫里谢金德尔《印度的惨剧》等，都为印度文学的繁荣做出了贡献。罗宾德拉纳特·泰戈尔是印度近代文学史上具有里程碑意义的作家，也是第一个获得诺贝尔文学奖的东方作家；他的创作既富民族传统色彩，又有西方近代意识；《吉檀迦利》是他最著名的英文诗集，《戈拉》是他最优秀的长篇小说。

## 四 现当代东方文学

现当代东方文学是指20世纪初到20世纪七八十年代的亚非文学，世界现代史上的三大事件——第一次世界大战、俄国十月革命和第二次世界大战，都对现当代东方文学产生了巨大影响。随着亚非各国人民的觉醒和民族解放运动的高涨，随着经济的发展和世界文化交流的增多，东方现当代文学也形成了一个新的繁荣时期，并表现出一些共同特征：一是有鲜明的反帝反封建的性质，二是增加了无产阶级文学的生力军，三是受到西方文学的深刻影响，四是努力保持东方各民族文学文化的特性。

日本现当代文学成就显著。小林多喜二是日本无产阶级文学的杰出代表,他的《为党生活的人》开创了日本文学史上塑造无产阶级革命英雄的光辉范例。诞生于1924年的新感觉派是日本现代派文学出现的标志,横光利一和川端康成是其主力。以野间宏《阴暗的图画》、三岛由纪夫《假面的自白》、安部公房《墙壁》等为代表的"战后派",以井上靖为代表的"中间小说",以大江健三郎《核时代的想象》和《万延元年的足球队》为代表的"第三新人",以森村诚一为代表的推理小说,也是日本现当代文学的重要组成部分。川端康成是日本最有影响的作家,《伊豆的舞女》《雪国》《古都》《睡美人》《花的圆舞曲》等都是其小说佳作。其中,《雪国》可谓他最著名的中篇小说,该作比较充分地体现了川端康成文学创作的特色:把日本古典文学传统和西方现代派方法相结合;重视表现人物的主观感觉,细微刻画纤细的情感;作品风格既美且悲、抒情味浓,有很强的艺术感染力。

印度现当代文学以普列姆昌德为最出色的代表,《热爱祖国》《进军》《圣湖》等给普列姆昌德带来了"短篇小说之王"的美誉,《服务院》《仁爱道院》《戈丹》等是他优秀的长篇小说。

阿拉伯地区以黎巴嫩诗人纪伯伦为代表的"旅美派"文学,以埃及作家塔哈·侯赛因为代表的"埃及现代派文学",都引人瞩目。被誉为埃及小说界"金字塔"的著名作家纳吉布·马哈福兹,则为埃及文学带来了真正的世界声誉,《宫间街》《思宫街》《甘露街》三部曲是马哈福兹的代表作,也是埃及第一部广泛反映一个时代伟大风貌的现实主义小说。

非洲现当代文学包括东非、西非和南非各国文学,主要是在二战后发展起来的,作品主要是歌颂黑人的觉醒,谴责法西斯的侵略,揭露殖民主义的罪恶。塞内加尔诗人桑戈尔和他的《黑色的祭品》、小说家乌斯曼和他的《神的女儿》;喀麦隆小说家奥约诺和他的《老黑人和奖章》;尼日利亚作家索因卡是非洲第一个诺贝尔文学奖得主,小说《解释者》、戏剧《森林之舞》是他的代表作,阿契贝主要有四部曲《瓦解》《动荡》《神箭》《人民公仆》;还有南非黑人女作家纳丁·戈迪默和她的《陌生人的世界》,都为非洲文学增添了炫人的光彩。

# 汉字与中国文化

就一般意义而言，文字是记录语言的视觉符号系统，它将语言的声音信号转化为符形信号，记录在一定的载体上，成为跨越时空的传递信息的工具。汉字是现在世界上硕果仅存的具有持久生命力的表意文字，它源远流长，文化内涵丰富，是中国文化的重要组成部分，也是中国文化的一个重要标志。

汉字的产生是我国历史文化发展到一定历史阶段的产物，最初的文字主要是以图画的形式出现的，当人们较为固定地用简捷的图画来表示生活中某些事物时，这类图画就具有一定的文字符号意义，称之为图画文字。图画文字转变成为记录语言的符号——汉字，经历了相当长的历史发展过程。我们现在能看到的最早的比较定型的汉字是殷周的甲骨文。

在解读汉字的文化意蕴之前，有必要了解汉字的造字和用字的“六书”学说。东汉的文字学家许慎《说文解字·叙》说：“周礼八岁入小学，保氏教国子，先以六书。一曰指事，指事者，视而可识，察而见意，‘上’‘下’是也；二曰象形，象形者，画成其物，随体诘诎，‘日’‘月’是也；三曰形声，形声者，以事成名，取譬相成，‘江’‘河’是也；四曰会意，会意者，比类合谊，以见指伪，‘武’‘信’是也；五曰转注，转注者，建类一首，同意相受，‘考’‘老’是也；六曰假借，假借者，本无其字，依声托事，‘令’‘长’是也。”六书是后人根据已有的汉字结构，分析归纳出来的汉字构造理论，并不是先有六书，而后才据此创造了汉字。六书中的象形、指事、会意、形声是造字法则，转注、假借是用字方法。

象形字，是描摹实物形象的一种造字方法，所表示的一般是常见的事物。如“日”“月”“水”“木”“网”“果”“车”等。

指事字，是用象征性符号或者在象形字上加上指示性符号来表示意义的造字方法，所表示的一般是抽象概念。如“上”字，在甲骨文里是上面一短横，下面一长横，长横代表水平线，上面的短横是指示性符号，表示位置在水平线以上。“本”字，在象形字“木”字的下面打一小横来指出树根的所在。一、二、三、五、天、叉、寸、血等也属于指示字。指事字在汉字中数量较少。

会意字，是把两个或两个以上的字组合在一起，表示一个新的意义的造字方法。如“采”字，是“爪”(手)在“木”(树)上，表示采摘；“众”字，是三个“人”字组合在一起，表示人数众多。“武”字，从戈从止。止是趾本字，戈下有脚，表示人拿着武器走，有征伐或显示武力的意思。会意是为了补救象形和指事的局限而创造出来的造字方法。和象形、指事相比，会意法具有明显的优越性：其一，它可以表示很多抽象的意义；其二，它的造字功能强。《说文解字》收会意字，比象形字、指事字多得多。直到现在人们还用会意的方法创造简体汉字或方言字，例如“灶、尘、孬”等。

形声字，是用表示意义的符号和表示读音的符号组合在一起，表示一个新的意义的造字方法。如“材”字，“木”为意符，“才”为声符；“鸠”字，“九”为声符，“鸟”为意符；“驾”，“加”为声符，“马”为意符。在汉字中，形声的造字功能最强，据有关统计，在甲骨文字里，形声字只占 20%，到东汉许慎的《说文解字》里，形声字所含比例达到 65%，而清代康熙年间编纂的《康熙字典》形声字占 90%。

汉字作为表意文字,和拼音文字不同,在其自身结构中包含有丰富的文化内涵和各类信息。有学者认为"方块汉字作为一种信息载体,是中国文化的缩微系统"。象形字、会意字、指示字所承载的语意可以通过分析字形而获得,而形声字具有二元结构的特点,他的意符是信息储存体,它的声符是信息识别体,有的意符还兼有承载语意的功能。汉字的这种功能是线形拼音文字所没有的。所以通过对汉字的分析,可以获取有关中国古代历史文化的很多信息。

**透过汉字,可以获取有关中国古代的社会生活、民俗风情等多方面的信息。**例如:

"为(爲)",甲骨文字形是用手(爪)牵象,是会意字。罗振玉《增订殷墟书契考释》:"(为),从爪,从象……卜辞作手牵象形……意古者役犁以助劳,其事或尚在服牛乘马以前。"说明我国上古时期就已驯养大象来帮助劳动。

"法(灋)",《说文解字·廌部》:"灋,刑也。平之如水,从水。廌所以触不直者去之,从廌、去。""廌,解廌,兽也,似山牛,一角。古者决讼,令触不直。""灋"由"氵""廌""去"组成,表示用具有判别能力的神兽解廌顶触理亏者,使审判像水一样公平。法字再现了以动物等断案的远古文明场景,这种场景是历史的真实的再现,以动物等决讼是世界上各民族都曾经经历过的历史阶段,中国古代的文献对此有记载。如《南史·夷貊传上》记载扶南国:"国法,无牢狱,有讼者,先斋三日,乃烧斧极赤,令讼者捧行七步。又以金环、鸡卵投沸汤中,令探取之,若无实者手即烂,有理则不。又于城沟中养鳄鱼,门外圈猛兽,有罪者辄以喂猛兽及鳄鱼,鱼兽不食为无罪,三日乃放之。"

"取",《说文解字·又部》:"取,捕取也,从又,从耳。"是会意字,"又"者,手也,用手割取左耳。它反映的是我国先民在狩猎中捕获到野兽或战争中杀死敌人、俘获战俘时,割下左耳,作为计功的凭证。《周礼·夏官·大司马》:"大兽公之,小禽私之,获者取左耳。"郑玄注:"得禽兽者取左耳,当以计功。"

"臼",战国陶文和石刻中都有"臼"字,象臼形。臼中的齿形,或以为是表示臼的里面粗糙不平,或以为是臼中之米的形状。徐锴《说文系传》卷十三:"臼,舂也。古者掘地为臼,其后穿木石。象形,中象米也。"可知最初的臼还不是一种可以移动器具,而是掘地为臼。后来才有了移动的石臼、木臼。《易·系辞》亦云。"断木为杵,掘地为臼。"甲骨文中画一双手持杵临臼作捣状,即为"舂"。展示了原始食品加工的状况。

"姓"字透露出远古母系氏族社会生活的某些信息,那时的姓,不是作为个体人的血缘关系的标志,而是作为氏族共名,是整个氏族"明血缘""别婚姻"的标志。毛传:"同姓,同祖也。"同祖的标志"姓",从女得义,这显然表明远古先民是从母得姓的。《吕氏春秋·恃君览》曰:"昔太古尝无君矣,其生民聚生群处……无亲戚兄弟夫妻男女之别,无上下长幼之道。"这里所记载的,是远古群婚的情形,可以印证"姓"字的文化蕴涵:在群婚条件下,人们并无固定单一的配偶,势必导致所生后代难辨其父只知其母的结果。所以"姓"是因母亲而来,故"从女"。早期的中国姓氏很多是"从女"的字,如神农姓姜,黄帝姓姬,少昊后人姓嬴,舜帝后裔姓姚、姓妫,祝融后人姓妘等,另外,女、如、妁、改、妙、妊、妞、姒、姑、妸、姗、姓、委、妾、始、娀、姞、姶、姣、娩、娸、婣、娄等姓氏都是以"女"为意符。所以《通志·氏族略序》云:"女生为姓,故姓之字多从女。"

"婚"字古字作"昏",说明结婚与黄昏时分有关。《诗·邶风·谷风》:"宴尔新昏,不我屑以。""新昏"即"新婚"。《说文解字·女部》认为:"婚,妇家也。礼,娶妇以昏时。"为什么要在黄昏时娶妻呢?刘申叔《古政原始论》认为:"其行礼必以昏时者,则以上古时代用火之术尚未发明,劫妇必以昏时,所以乘妇家之不备,且使之不复辨其为谁何耳。"男方乘黄昏时分光线暗淡去抢亲,这又是古代抢婚风俗之证。汉字构形所记录的史实证明了恩格斯在《家庭、私有制和国家的起源》中的论断:“随着对偶婚的发生,便开始出现抢劫和购买妇女的现象。”

**汉字的构形释义反映了中国古代的哲学思想。**

以人为本的人文精神,在中国有着悠久的历史和深刻的影响。这种影响在汉字构形上得到充分的体现,采取的具体方式是以人为出发点,来构形示意并施用于物。如中国古代表示长度的度量单位寸、咫、尺、寻、丈等都与人体有直接联系。《说文解字·尺部》云:“寸、尺、咫、寻、常、仞皆以人之体为法。”“咫,中妇人手长八寸为咫”,《十部》:“丈,十尺也,从又持十。”《寸部》:“寻……度人之两臂为寻”,是取法于人体某些部位的长度来作为长度单位。作为造字功能很强的部首字如人、勹、匕、儿、又、廾、大、口、彳、尸、子、女、比、止、手、爪、欠、心、目、疒、立、耳、色、走、见、足、邑(右“阝”)、身、辵(辶)、言、辛、长(長)、革、页(頁)、骨、鬼、首、韦(韋)、鬥、髟等都与人体或人的某些部位有关,由它们所构造的字在汉字总数中占有很高的比例。例如女部字,《说文·女部》收字229个,《汉语大字典》收女部字956个。这些与人体有关的字既可以用之于与人体相关的事物,又可以而且是更广泛地用之于自然万物和抽象的事物。关于这一点文字学家姜亮夫有很精辟的论述,他在《古文字学》中说:“一切动物的耳目口鼻足趾爪牙,都用人的耳目口鼻足趾爪牙为字,并不为虎牙立字,不为象鼻、豕目、鸡口、驴耳、鸮目、鸭趾立专字,用表示人的祖妣之且匕作兽类两性的差别等……汉字不用其物的特征表示某一事物,只是用‘人本’的所有表示一切,这还不是人本而何?”

中国古人既有以人为本的人文精神,又有天人合一的思想观念。“天”字本身就是天人合一观念的产物。《说文解字·一部》:“天,颠也。至高无上,从一、大。”《说文解字·大部》:“大,天大,地大,人亦大,象人形。”甲骨文、金文的天字像人体之形,本义是指人的头顶(颠),由人的头顶转而指自然的天,是天人合一思想最形象的文字图解。天人合一的思想在古代汉字构造和语意系统中得到充分体现。许慎《说文·叙》云:“古者庖牺氏之王天下也,仰则观象于天,俯则观法于地,视鸟兽之文与地之宜,近取诸身,远取诸物。”这说明汉字在构形之初,就是取法自然与人类自身,“取诸身”,“取诸物”是基于对人与自然分野的认识,而“近取”,“远取”并不意味着作为本体的人和作为客体的自然的对立,正好相反,是把人与自然视为可以相互取法的一体,与所谓的“道法自然”相一致。它包含着由人及物,由物及人,既人又物等形式。上文所举以人体的某些部位来确定长度单位的汉字构形就充分说明了汉字由人及物的特点。又如“心”字,《说文解字·心部》“心,人心……象形”,是取法于人的心脏的形状而造出的象形字,但在使用时除了指人心外,也可指动物的心脏和物体的中央部位,如狼心、掌心、圆心、地心、木心、夹心、空心等。由物及人是指取法于自然,转而施用于人。如“支”,林义光《文源》说:“(支)即枝之古文,别生条也。”指的是植物的枝条,《诗经·卫风·芄兰》“芄兰之支”,用的就是它的初文。“支”由物及人,转而指人的肢体,《易·坤》“正位居体,美在其中,而畅于四支”的“支”,就是指人的四肢。枝条的“枝”、四肢的“肢”是后起字。又如“节(節)”字,其本义指竹节,泛指草禾茎上生叶的部分或树木枝干交接处,又可指一切动物包括人的骨骼连接处,也指人的节操、气节。小篆的“香”字,上部是黍字,下部为甘字,黍为五谷之一,其气味芳香,甘为甜美之意,香表示黍的甜美芳香之气,泛指所有植物散发出的好闻的气味,也泛指一切好闻的气味,当然也指人所散发的香气,古人常常用“香”字指代可爱的女性,如“怜香惜玉”“香丝”(美人的头发)、“香闺”“香鳃”等。既人又物的字,如“邑”字,就是人与自然的结合,上面的“口”,象征疆域,其下像人跪坐之形,是人字的变体,有土有人,才构成“邑”,邑者,国家也。它所体现的正是汉字构形与运用既人又物的特点。

中国古代的对立统一思想在汉字中也有反映。训诂学上有“反训”之说,所谓“反训”,就是一个字(一个单音词)具有相反的意义。我国的语言学家很早就发现了汉字的这一文化现象。晋代学者郭璞在《尔雅注·释诂》中云:“以徂为存,犹以乱为治,以曩为曏,以故为今,此皆诂训义有旁通,美恶不嫌同名。”清代学者钱大昕在《潜研堂答问》中说:“窒本塞,反训为空,犹乱之训治,徂之训存也。”在古汉语中,乱,多用为混乱、扰乱,但它同时具有治理之意;扰,既有扰乱、侵扰之意,又有安抚、柔顺、驯服的意思;臭,既指香气,也指污秽难闻的气味。将事物对立的两个方面统一到一个汉字之中,充分体现了我国古代认识事物的辩证统一的哲学思想。

**汉字反映了古代先民的科学技术水平。**譬如我们可以通过分析汉字的部首来了解我国先民的动植物学知识。动植物是人类赖以生存的物质,衣食住行医疗保健都离不开动植物,在汉字系统中表示动植物名称的字,草本、藤本植物多从“艹”,如艾、芋、茅、苕、苋、莩、菱、菊、葛、葵、蔗、兰(蘭)等;木本植物多从“木”,如松、枫、桂、梨、槐、柳、榆、桃、桐、桑、樟等;哺乳纲动物多从“犭”,如狗、狐、猴、猿、獭等;猛兽多从“豸”,如豺、豹、貍、貘等;长尾鸟多从“鸟”,如鸠、鹊、鸭、鸦、鹅等;短尾鸟多从“隹”,如隼、雀、雕、雁等。这些分类绝大多数是科学的,若非经过长期观察和研究是很难做到的,它反映在商代以前我国先民对自然环境的认识已达到相当高的水平。又如:“心”,《说文解字·心部》:“心,人心,土藏,在身之中。”古人认为,心是思维记忆器官,《孟子·告子上》:“心之官则思。”《荀子·解蔽》:“心者,形之君也,而神明主之。”所以,汉字中从心的字都与思维记忆、情感意志有关,如忆、忍、志、忘、态、忠、念、忿、忽、忧、快、忱、思、怨、怕、恭、愿等,说明当时的人们还没有认识到大脑是思维记忆器官,而错误地认为心是思维记忆器官。有些汉字的字形演变还形象地反映了原始科技的发展。如甲骨文的“监”(監)字画人弯腰在水盆中照影之形,可知当时的技术还未能制造镜子。人们要看自己的面貌,须用盆盛水,观自己在水中的影像。后来“监”字演变为“鑑”字,说明铜制的镜子已经产生。这反映出春秋时代青铜冶炼技术和制造水平的发达。

**有些字形的演变和新字的出现反映了中国历史的发展进程。**如“炮”字,最初是指一种烹调方法,《说文解字·火部》:“毛炙肉也,从火,包声。”徐灏注笺:“炮本连毛裹烧之名,故用包为声,引申之为凡炮炙之称。”而作为武器的炮,写作“砲”“礮”,从石这是因为在火药发明以前,“砲”是一种抛石机器,火药发明后,用火药来发射炮弹,所以借用从火的“炮”字来指用火药发射炮弹的大炮。又如“塔”字,许慎《说文》没有此字,王玉树《字拈》:“塔字诸书所无,惟见葛洪《字苑》,是以晋以前尚无此字也。”它是在佛教传入我国后才产生的,是为了翻译佛经中的“窣堵坡”而造的新字,后来除了指佛塔,也指塔形的东西,如水塔、灯塔、瞭望塔等。唐代的武则天,为了显示与众不同威势,为自己新造了一个字“曌”作为她的名字,体现了武则天把自己视为空中日月的自大思想。近代以来,随着外来文化的大量传入和新事物的不断涌现,出现不少新字,如外来翻译的度量衡用字:“吨”“氢”“乒乓”等字。19世纪末,受西方文化的影响,一些人在论述问题时,爱用传统的干支作符号代表某项内容,由于已有的干支不够用,就又另造了一套在干支字的左边加口旁的新字,犹如西方人在ABC之外,还有A′B′C′一样。这些新增汉字是中国人积极吸收外来文化的历史见证。如果我们将不同历史时期的新增汉字收集起来加以排比研究,可以为我们了解中国历史文化发展历程提供一种全新的视角。

**汉字的独特性造就了中国文学的独特性。**可以这样说,《诗经》《楚辞》、汉赋、骈文、唐诗、宋词、元曲,甚至明清章回小说都与汉字的独特性有关。中国古代的诗词最能体现汉字独特的艺术魅力。汉字是象形表意方块文字，由单音节语素构成，一个汉字就是一个音节，而且汉字具有极强的组合功能，在一定的规则下可以搭配组合出不同语意的词汇，这使得古诗讲究诗句长短一致、平仄对仗成为可能，将古诗用拼音文字进行翻译，其长短一致、平仄对仗的特点韵味荡然无存。试想把李商隐《无题》中的诗句"春蚕到死丝方尽，蜡炬成灰泪始干"和李清照《声声慢》中的词句"寻寻觅觅，冷冷清清，凄凄惨惨戚戚"用英文翻译，还有原来的韵味吗？

回文联、回文诗充分发挥汉字灵活搭配的功能。王融《春游回文诗》："池莲照晓月，幔锦拂朝风。"回复读之为"风朝拂锦幔，月晓照莲池。"顺读、反读都是平仄合辙，对仗工整，意境优美的诗句。清代，北京城里有一家饭馆叫"天然居"，乾隆皇帝曾就此作过一副有名的回文联："客上天然居，居然天上客"上联是说，客人上"天然居"饭馆去吃饭。下联是上联倒着念，意思是没想到居然像是天上的客人。乾隆皇帝想出这副回文联后，心里挺得意。即把它当成上联，向大臣们征对下联，大臣们面面相觑，无人言声。只有大学士纪晓岚想到北京城东的一座有名的大庙——大佛寺，对出回文联："人过大佛寺，寺佛大过人。"纪晓岚回文联与乾隆皇帝回文联组成一副新回文联了："客上天然居，居然天上客；人过大佛寺，寺佛大过人。"宋人钱惟演治《春日登大悲阁》更令人叫绝，"碧天临阁迥晴雪点山亭夕烟侵箔冷明月敛闲庭。"这二十个字，以任意一个字为起点，顺读，反读都是五言诗，如"碧天临阁迥，晴雪点山亭，夕烟侵箔冷，明月敛闲庭。""庭闲敛月明，冷箔侵夕烟，亭山点雪晴，迥阁临天碧。""天临阁迥晴，雪点山亭夕，烟侵箔冷明，月敛闲庭碧。"这样一共可以组合成四十首诗。诗词双回文，诗倒读可以成词，词倒读可以成诗。互变的回文诗词，句法结构和押韵的平仄都要变，难度更大，把汉字组合功能发挥到了极致。清代才女张芬写过一首回文诗词，正读是七律："明窗半掩小庭幽，夜静灯残未得留。风冷结阴寒落叶，别离长倚望高楼。迟迟月影移斜竹，叠叠诗余赋旅愁。将欲断肠随断梦，雁飞连阵几声秋。"按《虞美人》词律反读，是一首绝妙好词："秋声几阵连飞雁，梦断随肠断。欲将愁旅赋余诗，叠叠竹斜，移影月迟迟。楼高望倚长离别，叶落寒阴结。冷风留得未残灯，静夜幽庭。小掩半窗明。"

古代诗人常常利用合体汉字是由偏旁字组合而成可以拆开的特点，将其运用于诗句、对联中，读来妙趣无穷。如宋人吴文英《唐多令》有句云："何处合成愁，离人心上秋。""心上秋"为"愁"字。相传苏轼的妹妹苏小妹与苏轼的僧人朋友佛印在一起斗智，苏小妹调侃说："人曾为僧，人弗可以成佛。"佛印反击说："女卑是婢，女又何妨成奴。"

以上是对汉字所具有的丰富的文化内涵和与中国文学的关系等几个侧面进行的简要的论述。由汉字的独特性所形成的一些特有的中国文化丰富多彩，有兴趣的同学可以阅读由何九盈等主编、北京大学出版社出版的《中国汉字文化大观》、林成滔著中国档案出版社出版的《字里乾坤》、唐冶泽著重庆出版社出版《甲骨文字趣释》等著作。

# 现代汉语在新时期的流变

形成于1919年“五四”时期的现代汉语,至今有近百年的历史。不到一百年这样一个时段在历史的长河中是微不足道的,但这一百年对于中华民族来说,是怎样的一个世纪！1978年以来我们称为“新时期”,伴随着社会的转型和改革开放的进程,现代汉语也出现了一系列相应的变化与发展。中国进行了波澜壮阔的改革开放,香港、澳门回归,2008年成功举办奥运会……每一次重大的变革,每一个重大的事件均无一例外地在现代汉语系统中刻下了深深的烙印,推动并促进了现代汉语的发展。

徐通锵说:“语言的组成部分,就其大者言之,就是语音、语义、语汇和语法,它们与社会联系密切程度有很大的差异,这种差异就是与社会联系的不平衡。联系最直接、最密切的是语汇和语义,因而语汇和语义对社会发展的反映最灵敏,变化比较快。相比之下,语音和语法就要稳定得多。这在语言演变中的表现就是它们的演变速度的不平衡。”[①] 现代汉语的各子系统,语音、语义、语汇、语法在新时期的流变,一方面跟社会各方面发生的变化有着密切的联系,对社会有着依赖性,随着社会的发展而发展;另一方面,现代汉语各子系统内部与社会联系的密切程度不是完全等同的,流变的速度是有快有慢的。下面我们对现代汉语各子系统在新时期的流变逐一论证。

## 一 现代汉语语音在新时期的流变

现代汉语是现代汉民族的共同语,它的标准语是普通话。普通话是法定的国家通用语言,在全国各地区各领域发挥极为重要的作用。近年来,国家语委和各地语委正在大力开展普通话水平测试活动。随着社会的发展变化,我国的语言出现了大交流。一方面,方言向普通话靠拢。曹志耘济南方言若干声母的年龄分布和历时演变做了考察,以[ŋ]声母为例,“爱”“袄”等普通话开口呼零声母字,济南话读[η]的人数在20岁以下的女性无一人保留这种读法,完全换用普通话的零声母形式,也就是说这个带有方言特征的声母在短短十几年的时间里就从有到无消失殆尽。[②] 另一方面,普通话语音也发生了一些变化。正如贾宝书说:“普通话语音系统不是封闭的,普通话音节的数量也不是一成不变的。随着新词的出现,尤其是外来词和方言词的吸收,某些新词所具有的新的音节形式也相应产生。”[③] 刁晏斌认为在新时期,普通话的变化主要有语音的增加和语音的减少。在语音的增加方面,如字母词中的西文字母,人们一般按照西文的读音来读,但在读的时候往往加上了声调。[④]“OK”“KTV”“K金”“24K”以及扑克牌中的“K”,人们往往读“kèi”,而普通话的音节只有“kēi”(一个字“剋”)音节,而没有“kèi”音节,由此,普通话增加了一个“kèi”音节。

总之,在新时期,现代汉语语音有了一些变化,这是由于方言与西文对普通话产生了影响。

## 二 现代汉语语汇在新时期的流变

语汇是反映现实社会的一面镜子,特别是新的语汇,更是观察社会生活的晴雨表。凡是社会中出现的新事物,人们生活中产生的新思想、新概念,都一定会在语汇中得到及时的表现和反映。韩明安的《新词语大词典》(1977—1990)共收词5439条。四川师范大学文学院教授宋子然编撰的《汉语新词新语年编》,已经出版四卷本,四卷共收新词语2500余条。亢世勇2003年在上海辞书出版社出版的《新词语大词典》,收词2万条,涉及新造词语、旧词新用、方言词、外来词、缩略语、专业用语、字母词、引申词、借代词、仿拟词等若干门类,还附有网络用语,称之为大词典,名副其实。2015年上海辞书出版社出版其补编本《新世纪新词语大词典(2000年—2015年)》,拟收录2000年至2014年期间产生或流行的新词语5000多条,反映了新世纪新词语的现状。总之,我们透过这些新词语词典可以看到,新时期汉语新语汇产生速度是多么的迅猛。下面我们看看这些新兴语汇的主要特征:

1. **以双音节为主,多音节词语有增长趋势**

从以单音节词为主发展到以复音节词为主,是汉语词汇发展的一条重要规律。现代汉语词语一直是以双音节词语为主的,近年来出现的新词语中,虽然双音节词仍占绝对的优势,但三音节词和四音节词的数量有明显的增长趋势,比如,打白条、傍大款、志愿者、蜻蜓干部、未婚妈妈、打摆子政策等。

新词语中的三音节词,多是用一个原有的语素作词缀,取得新意之后,再加上另外两个语素构成。如"族"这个语素,经过近些年的使用,具有"一类人"的含义,然后由此生成了一系列的派生词,装嫩族、奔奔族(生于1975—1985年这10年间的一代人,也是目前中国社会压力最大、最热爱玩乐却最玩命工作的族群)、吊瓶族、合吃族、急婚族(为追寻物质利益或迫于家庭压力而急于婚嫁的人)、赖校族(不读研不就业"隐居"校园的人)、乐活族、慢活族(放慢生活节奏的人)、试药族、洋漂族。再如"高消费、高技术、高科技、高知识、高效率、高品位、高风险、高投资";"成就感、失落感、时代感、生硬感、使命感、陌生感、安定感、孤独感、刺痛感"等等。这些词具有仿造的特点,临时结合性较强。

四音节词和四音节以上的词在新词中所占的比例也在增加。随着词语承负的信息量的增加,有些双音节词原来不作为构词成分,如今也成了构词语素。如以"工程"为构词语素,可以造出"希望工程""安居工程""零点工程""夕阳工程""再就业工程""送温暖工程""五个一工程""菜篮子工程""豆腐渣工程""绿色食品工程"等等。杨晓黎1996年根据周洪波《汉语新词语的结构与搭配》所分析的3034条新词语及提供的数据继续统计,得出的结果是:双音节占43.2%,三音节占23.5%,四音节占37.6%,五音节占4.4%。周洪波的结论是:"四音节词语的大量产生,是新词语发展的一个特点。"

总之,当今造词,主要是以已有词语为语料,而在已有的词语中,双音节词是最多见的形式,因此,新音节再加上双音节词,三音节、四音节等多音节词产生就比较多了。如某些已有的高频词使用,并由此产生了为数不少的"××词族",如"-族""-感""-工程""高-"等等,每一个词族都有几十个,甚至几百个新词语,使得"类推造词"成为新时期新语汇的主要造词方法。

2. **大量新的类词缀出现**

词缀是由词根虚化而来的,语义虚化是汉语的词缀的主要特征。某个语素在位置上趋于固定,语义开始类化,还不完全具备词缀的特点,我们称之为类词缀。这类语素构词频率高,类推性强,不仅能跟单音节词根组合还可以与双音节甚至多音节词根组合构成新词。如:

类前缀:

零 零距离、零风险、零事故、零增长、零投诉、零利率、零口供、零伤亡、零报告、零感染、零就业家庭等;

问题 问题少年、问题小说、问题少女、问题儿童、问题家庭、问题银行、问题奶粉、问题食品等。

类后缀：

奴 白奴、车奴、房奴、节奴、证奴、墓奴、垄奴等；

门 骷髅门、艳照门、电话门、监控门、解说门、监控门、足球门等。

沈孟璎认为目前有较为明显的词缀化的语素有：多(如“多渠道”)、高(如“高效益”)、软(如“软实力”)、大(如“大数据”)、热(如“旅游热”)、感(如“失落感”)、户(如“钉子户”)、族(如“上班族”)、盲(如“外语盲”)、爷(如“倒爷”)。

**3. 外来词数量激增**

改革开放以来，随着中外之间交流的空前频繁，在新词语中又出现了大量的外来词。其数量之多、来势之猛、范围之广都是空前的。在数量激增的外来词中，音译词、仿译词、谐音译词、字母词四种形式数量最多，其中谐音词一般渗入了某种汉文化意蕴，而音译词主要就其读音而言，字母词是新时期最引人关注的一种形式。“手拿 IC 卡，腰挂 BP 机，耳听 BBC 广播，眼看 NBA 联赛，去歌厅唱 OK，读的是 MBA，在 E 时代，工作属 IT，领导是 CEO。”在这个比较典型的句子中，字母词使用的频率可见一斑。

在现阶段最常用的一部分外来词：

音译词：伊妹儿(Email)、克隆(Clone)、基因(gene)、托福(TOFEL)、海洛因(Heroin)、酷(Cool)、秀(show)、雅虎(Yahoo)、麦当劳(MacDonald)、迪士尼(Disney)、英特尔(Intel)、吧(Bar)、粉丝(fans)、比萨(pizza)等；

仿译词：超级市场(Supermarket)、移动电话(Mobile phone)、数据库(Database)、快餐(Fast-food)、白领(White-collar)、绿卡(green card)、热点(Hot spot)、域名(Domain name)、软饮料(Soft drinks)、智能手机(smartphone)、硬件(hardware)、热狗(hot dog)等；

谐音译词：可口可乐(Coca-Cola)、百事可乐(Pepsi Cola)、雪碧(Snow blue)、赛百味(Subway)、宝马(BMW)、耐克(Nike)、香波(Shampoo)、高露洁(Colagate)、派对(party)等；

字母词：TV、IP、OK、DNA、PK、CPU、MTV、BBS、AA 制、IC 卡、SOHO 族、CDMA 手机、IT 产业、MP3、4A、3D(三维)、3S 系统(地理信息系统、全球定位系统、遥感系统)、三 C 四 A(电脑化、通信化、控制化，工厂自动化、办公自动化、家庭劳动自动化、农业自动化)、不明飞行物(UFO)、GPS(全球定位系统)等。

当前汉语中的外来词以英、美外来词为主，但也有为数不少的日语外来词。日语外来词是指源于日本的汉字词。这些词在日语中就是以汉字形式出现的，但读音和意义都和汉语不同。这部分外来词最近也逐渐增多，如：料理(指菜肴、饮食)、人气(指名气、人望)、写真(指照片)、新干线(指主线)、物流、一级棒、新新人类等，这些外来词使用的频率越来越高。结合当今国际国内形式及其走向，刁晏斌对外来词的发展趋势作了一个大致的预测：一是外来词的数量越来越多，二是外来词引进的周期越来越短，三是字母词在外来词中占更大的比例，四是更多的外来词在使用中产生发展变化。⑤

由外来词的音译部分充当语素与其他语素构成新词，这也是新语汇的一个很重要的产生途径。如“秀、酷、派、吧、纳米、迷你”等等，可以分别和别的语素组成许多新词。其中“吧”的构词能力最强，由它构成的词最多。例如：

酒吧、网吧、啤酒吧、洋酒吧、水吧、茶吧、咖啡吧、冰激凌吧、粥吧、西菜吧、餐吧、聊吧、话吧、氧吧、琴吧、钢琴吧、书吧、陶吧、陶艺吧、玻璃吧、纸艺吧、泥人吧、健身吧、击剑吧、名画吧、漫画吧、奇石吧、歌剧吧、戏剧吧、泡吧等。

尤为值得一提的是“网络语言”的发展。以上这些外来词，最初只是使用于网络或者某些行业当中，目前它们的出现频率增多，已经走出了网络领域或某些行业领域，开始在报纸这种大众媒体上较为频繁出现，也时常出现于人们日常交际的口语之中，而这也正是新时期汉语语汇的一个新特点。

其次是专业词汇进入大众语汇。科学知识的普及和人们知识水平的提高使得许多科技专业语汇日益成为普通语汇，特别是有关信息、财经、环保、医药、体育、军事、法律、教育、科技等领域的新词语已为大众所日常使用，如：作弊克、三限房、三支一扶、上海社保基金案、诺亚规则、绿色产房、汉芯造假事件、等额配比基金、城市依赖症、海缆断网等。专业语汇的使用面扩大也极好地证明了语汇与社会生活息息相关。

## 三　现代汉语语义在新时期的流变

在语言诸要素中，唯有语汇，特别是语义与社会的关系最为密切。社会的每一个引起人们注意的变化都及时地反映到语义中来，因此，社会的变化发展是推动语义流变的第一动力。

在新时期出现了很多的新造词，如上所述。但语言不能无限制创造新词，而必须用旧词反映新义，即所谓“旧瓶装新酒”，使得新产生的意义一时间成为使用频率很高的“义项”，比如“小姐”一词。而旧词产生新义主要是通过引申和比喻两种途径，多表现为由某一专业的专用词引入到其他的社会生活领域中，成为一种全民语汇。比如“下课”，新义指被解职或者在无奈的状况下自动辞职；比如“内功”，新义指自身的涵养、素质、实力等；再如“变脸”，新义是比喻事物的面貌发生很大的变化；再有“黑马”，新义是指在体育比赛或其他竞争中出人意料的优胜者。也有的是旧词再用，即旧词所指意义后来消失了，再后来又复活了，比如“暗娼”、老板等。

行业词语、科技术语转化为全民性词语的唯一途径是词义的泛化，即由专指某种事物、状况转化为泛指与之相似的其他事物、状况。如“克隆”一词，这是一个生物学术语，指“生物体通过体细胞进行无性繁殖，复制出遗传性状完全相同的生命物质或生命体。”“指复制（强调跟原来的一模一样）。”（《现代汉语词典》第六版）如“电脑克隆，克隆卡，克隆艺术、QQ空间克隆、QQ空间克隆器”等，则是“克隆”一词泛化词义的大量运用。另一方面，科学技术的发展促使普通义项和科学义项互动演变。如计算机的兴起和普及，使“菜单”由普通的“菜肴单子”义演变为计算机的“选择项目表”术语义；计算机的“硬件”和“软件”术语义分别演变为普通义——“借指生产、科研、经营等过程中的机器设备、物质材料等”，“借指生产、科研、经营等过程中的人员素质、管理水平、服务质量等”。

在新时期，随着社会的多元发展以及人们语言表达和接受习惯多元化取向的形成，人们求新、求美、求省、求雅的心理欲望，使得为数不少的词突破原有的感情色彩，形成了贬义词向褒义词和中性词的转化。如：“妖精”“魔鬼”“疯狂”“懒汉”等等。如：“霸”的贬义是：蛮不讲理的，专横；依仗权势横行一方者，如“霸道、霸权、恶霸、电霸、称霸、争霸”等。“霸”近些年来产生了褒义：高于“歌手、歌星、歌王”的有“歌霸”，高于一般彩色电视的有“彩霸”等。

再如“魔鬼”一词。长期以来，“魔鬼”一直可以用于比喻邪恶的人或势力，而现在也常用于褒义或中性义。用于褒义时，“魔鬼”大致义为“超常（好）”。用于中性义时，“魔鬼”主要取“严厉、严格”义，最为常见的形式就是“魔鬼教练”。我们见到的部分含褒义或中性义的“魔鬼”的语言片断再如：魔鬼身段、魔鬼身材、魔鬼主场、魔鬼编队、魔鬼队形、魔鬼身姿、魔鬼健身计划等

“傻瓜”一直是一个贬义词，近些年来，此词引申出了一个新义：“指操作简便的（东西）”，而在这一义项上，已经由贬义变为中性义了。目前，新义的“傻瓜”基本上只用于构词，由它构成的

词语如:傻瓜相机、傻瓜数码相机、傻瓜电脑、傻瓜排版机、傻瓜汽车、傻瓜打字机、傻瓜热水器、傻瓜领带、傻瓜机、傻瓜拳套、傻瓜摄影机、傻瓜设计、傻瓜麻将等。贬词褒化或中性化大多是在语素义上实现的,并大都呈词族化趋势,比如"魔鬼-""傻瓜-"等,如果单独使用,仍为贬义,而作为有相当能产性的构词成分,则附带了新的感情色彩。

随着网络交流日益普及,"网络语言"迅速发展,融入人们日常生活中,成为语言中不可或缺的一部分。"网络语言"中的词义最大的特点往往是,对原词义的改造,但这些改造的词义逐渐来到我们的日常生活当中,成为新的义项被人们接受和运用。如"草根","草根"直译于英文的grass roots。有人认为它有两层含义:一是指同政府或决策者相对的势力;一是指同主流、精英文化或精英阶层相对应的弱势阶层。"草根"一词在改革开放后80年代进入中国,便被赋予了更广泛的含义。"草根"所代表的"或底层,或弱势,或平民"等特点为人们广为接受。如"草根文化""草根文学""草根阶层""草根创业""草根导演""草根春晚""草根媒体"等词语被广为流传和运用。有人认为网络上的博客就是一种典型的"草根文化"。从"草根文化"的崛起,人们看到了改革开放后文化的多元性和社会的包容性。再如"山寨"源于广东话,是一种由民间IT力量发起的产业现象。其主要表现为仿造性、快速化、平民化。主要表现形式为通过小作坊起步,快速模仿成名品牌,涉及手机、数码产品、游戏机等不同领域。"山寨厂""山寨手机""山寨文化""山寨艺人""山寨春晚""山寨药"等新词语在日常生活中被人们运用。再如"达人",多指在某一领域非常专业,出类拔萃的人物。简单讲就是指某方面很厉害的意思,即经过长年的锻炼,积累了丰富的经验,而得到某个领域真谛的人。如:"音乐达人""灌水达人""恋爱达人""博客达人""城市达人"等等。还有"雷",本义是云层放电。其网络语言意义兴起于2008年,目前已经在社会生活中较为广泛的应用,尤其在报纸,杂志等出版物上.形容某人的言谈或行为让人感到无语,产生一种被惊吓到的状态,俗称被"雷"到了。2009年春晚主持人就演员的服装,曾问"是不是很雷人啊?"可见"雷人"已经登上了大雅之堂。现在网络喜欢把"雷人"大致分为:"雷人语录""雷人广告""雷人发型""雷人服装""雷人台词"等,甚至还有"雷人山寨""雷达人"。

## 四　现代汉语语法在新时期的流变

新时期社会的种种变化,在现代汉语语法里也有些反映,尽管没有语汇和语义反映那么迅速。表现在语法结构上,呈现出新的构造方式,有的似乎超出了正常范围。

进入新时期以来,汉语中最重要、最常用的三类词——动词、名词和形容词,都出现了大量的跨类使用情况,其涉及的词的数量之多,使用频率之高、使用范围之广,都达到了前所未有的程度,而且,绝大多数的新语法形式也都与词类用法的这种变化直接或间接有关。[⑥] 刁晏斌在2001年版《新时期新语法现象研究》和2006年版《现代汉语史》两书中,讨论了新时期产生的新的语法现象,如不及物动词带宾语、动词用为名词;名词用为动词、形容词,名词做状语、补语;形容词带宾语、形容词用为名词、形容词新的重叠形式;代词带定语等。还对流行甚广的"述宾短语+宾语"结构、"比N还N"结构进行了讨论。这些新的语法现象的特点,刁晏斌归纳为六个方面:一是传统的词类界限趋于模糊,二是词的小类用法的拓展,三是出现新的形式,四是表意更加丰富,五是形式趋于简化,六是与海外汉语语法的距离缩小。并且他认为这些新的语法现象主要来源于旧有形式的复活和海外汉语的影响。他用史的方法进行探源,历时共时相结合,具有很强的说服力。下面我们对新时期出现最多流行最广人们讨论较多的"副词+名词"结构进行简要讨论。

“副词＋名词”结构，打破了传统规范中名词不能受副词修饰的规则，在20世纪80年代以后日渐增多。“很淑女”“很男人”“非常武汉”“很原则”“很文学”等词语在当代文学作品、报刊上随处可见。笔者在百度搜索“开幕式很张艺谋”“开幕式太张艺谋”“开幕式很中国”“闭幕式很世界”，找到相关网页分别约16,500篇、1,680篇、52,100篇、2,740篇。“很张艺谋”“太张艺谋”“很中国”“很世界”，在2008年北京奥运会期间成了高频词语。在“副词＋名词”的结构中，专有名词“张艺谋”在这里显然用为形容词，它当然不再是指张艺谋这个人，而是指张艺谋的作品中或者他本人所喜欢的注重视觉效果、把视觉强化放大的特色。“很中国”“很世界”表达的则是“很具有中国(世界)特色或特点的”的意思。

学者们对这种结构中的副词、名词进行了多方面的分析，比较一致的意见是，主要是名词用做形容词，或具有形容词的特性。邢福义认为典型的名词进入这类结构，用的不是本来意义，而是一种临时赋予的“异感”意义，一种跟形容词意义相通的意义。张谊生指出，副词之所以能修饰名词“其深层的原因和制约的因素其实并不仅仅在于修饰语副词，而主要在于那些被修饰的名词——或者是具有特定的语义基础，或者是功能发生了转化”。[⑦]关于“副词＋名词”的语用价值，储泽祥、刘街生归纳为三点：一是，有补偿作用，即如果名词所指事物的性质细节没有相应的形容词来表达，就可以用它来填补空缺；二是，增大了信息量，即“副词＋名词”包含的信息量比“形容词＋名词”大，另外有些“副词＋名词”的理性意义与“副词＋形容词”差不多，但是色彩意义却不一样。三是，显得新奇、俏皮。[⑧]张谊生从语言规范的角度对这一形式进行了阐述，认为这种形式出现的时间不长，尚处在探索、发展的过程中，其中有些给人一种不够规范的感觉。但是，语言总是发展变化的，判断一种语言现象规范与否，应该接受实践的检验，而这一表达方式多少弥补了汉语名词缺乏性状化手段的缺陷，满足了作者追求朦胧、新颖、别致的表达方式的要求，因而它的存在是有积极意义的。

新时期现代汉语语法出现的种种超出常规的搭配组合，该如何理解呢？徐通锵给了我们一个理解的途径：“如果说，印欧语的语法结构的特点是‘形合’，词与词之间的关系有明确的形态变化的标记，那么汉语语法的特点就是‘意合’，只要字义之间的组配有现实的根据，符合社会习惯的要求，就可以组合起来造句。”[⑨]

**【注释】**

① 徐通锵《基础语言学教程》，北京大学出版社，2001年版，第300页。

② 曹志耘《济南方言若干声母的分布和演变——济南方言定量研究之一》，《语言研究》，1991年第2期。

③ 贾宝书《关于给字母词注音问题的一点思考与尝试》，《语言文字应用》第3期。

④ 刁晏斌《现代汉语史》，福建人民出版社，2006年版，第46页。

⑤ 刁晏斌《新时期新语法现象研究》，中国文联出版社，2001年版，第284—286页。

⑥ 刁晏斌《新时期新语法现象研究》，中国文联出版社，2001年版，第229页。

⑦ 张谊生《名词的语义基础及功能转化与副词修饰名词》，《语言教学与研究》，1997第1期。

⑧ 储泽祥、刘街生《“细节显现”与“副 ＋ 名”》，《语文建设》，1997第6期。

⑨ 徐通锵《基础语言学教程》，北京大学出版社，2001年版，第186页。

# 网络语言概述

随着信息科技的高速发展,现代社会已经进入到了社会学家卡斯特所谓的“网络社会”,网络传播成为最新、最快、最简便的信息交流方式,并由此催生了一种全新的语言形式,即网络语言。这种既立足于传统语言形式、又标新立异的新语体,一经产生便风靡全球。尽管公众对此褒贬不一,并引起了广泛讨论和关注,但谁也不能否认,网络语言在信息交流之中扮演着越来越重要的角色,成为人们相互沟通的桥梁,交流情感与传播信息的工具。因此,在社会语言学的视野之下,对网络语言的产生、分类、特点以及传播等问题开展研究,无疑具有重要的现实意义。

## 一 网络语言的含义

网络语言通常简称为网语,主要是在网络传播中所使用的一种新型的语言形式。它和口头语言、书面语言等传统的语言形式相比,具有自己独特的内容、形式和特点。网络语言主要由数字、英文或汉语拼音字母、汉字和图形、符号,以及音乐、视频和图像等构成,以键盘、屏幕和光电传输为基本媒介,以电子文本为表现形式,以网上阅读为传播方式,构成了一种全新的数字语言,是现代科技所绽放的语言之花和人类智慧的结晶。

网络语言作为一个新的概念范畴,其内涵与外延的界定往往因人而异。一般认为,广义的网络语言主要有三种类型:一是与网络有关的专业术语,如鼠标、软件、病毒、聊天室、局域网、防火墙、浏览器等;二是与网络有关的特别用语,如网民、网吧、黑客、博客、播客、微博、微信、第四媒体、电子商务、政府上网、信息高速公路等;三是网民在聊天室和 BBS 上的常用的词语和符号,如美眉、大虾、灌水、斑竹、东东、酱紫、板砖、温酒吧、织围脖等。

狭义的网络语言,主要是指上述第三类。这类词语和符号最能体现网络语言的特点和创新性,但同时也争议最大,备受关注。它是随着互联网的产生而出现的新生事物,虽然历时短暂,却经历了一个由少到多、由简到繁的发展历程,并已经发展到了初具规模的程度,在词汇、语法和逻辑形态等方面开始形成自己的特点,并逐步出现了向口头语和书面语扩散与转化的趋势。因此,对网络语言进行理论研究与探讨,也就成了社会语言学的重要课题和必然要求。

然而,有不少人对于网络语言存在的意义与价值很不以为然,认为它不过就是网上流行的所谓“黑话”“行话”,或是将某些日常用语换了一种说法,或新造了几个“不三不四”词汇而已,只能让人如堕五里雾中,看不清,读不懂,并非是什么新鲜货色,更没有任何研究的价值,但这种说法并不正确。传统的语言学认为,汉语作为一种历史悠久的语言形式,通常包括语音、词汇和语法三大部分。然而,无论是口头语言还是书面语言,其语音和语法结构往往是相对稳定不变的,而词汇却是最活跃多变的因素,尤其是位于核心词汇之外的边缘部分,如专业术语、外来词汇等则是最活跃、也是最易淘汰的因素。从网络语言所使用的具体情况来看,无论是在语音和词汇,还是在表达方式等方面,都与传统的汉语有着明显的差异,因此,完全有理由认为,网络语言就是一种全新的语言形式,是和口头语言、书面语言等相互并列的概念范畴,而且和这两者的差异主要体现在词汇的创新方面,这也是网络语言的特色以及存在的规定性之所在。

## 二 网络语言的分类

网络语言是一个由数字、中英文和符号等所组成的庞杂的混合体，它的分类也是一个十分复杂的问题。由于分类的标准不同，所得出的结论自然也不尽相同。若按照分类求细的原则，将网络语言的全部构成要素进行明确细分，即可划分为以下几种类型：

1. 数字谐音：通常是运用一连串数字的谐音或转意来表示各种意思。例如：3166（日语さようなり，音译撒优那拉，再见）、886（拜拜了）、7456（气死我了）、8147（不要生气）、4242（是啊）、2010000（爱你一万年）、201314（爱你一生一世）、5555（呜呜地哭）等。

2. 英文缩略语：将英文句子或词汇缩略成固定结构，形成缩略语。例如：GF（girl friend，女友）、BF（boy friend，男友）、IC（I see，我明白了）、IDK（I don't know，我不知道）、TYVM（Thank you very much，太感谢你了）、CU（See you，再见）、HAGO（Have a good one，祝你好运）、DIY（Do it by yourself，自事自做）等。

3. 数字英文合成语：将数字和英文词汇、句子混合使用，构成合成词。例如：F2F（Face to face，面对面，to 与英文 2 发音相同）、C2C（Customer to customer 客户对客户）、3Q（Thank you，谢谢你）、K4（考试）等。

4. 拼音略缩语：将汉语词汇的拼音字母加以缩写，形成拼音略缩语。如果用于人的称呼上，尤有人情味。例如：GG（哥哥）、JJ（姐姐）、DD（弟弟）、MM（妹妹）等。此外，还有 BT（变态，傻子）、NB（牛逼）、RMB（人民币）、PMP（拍马屁）、TMD（他妈的）、RPWT（人品问题）、BB（拜拜、宝贝、抱抱）等。

5. 英文词句：在网语中夹杂一些英文术语、词汇和句子等。例如：e 这 e 那、Fans（粉丝）、Cosplay（真人版）、Cyber chat（网上聊天）、Cyber lover（网络情人）、How much?（多少钱）、Who?（谁）、Why?（为什么）、Nice to meet you（能见到您真高兴）、IN&OUT（时尚或落伍）等。此外，还有将键盘符号与英文单词结合起来组成"克里奥耳"型图示，即在"://"的后面加上英语动词，使该词变成一种言语行为，表示说话者的表情、动作和姿态，如用"://sign"表示叹气，"://smile"表示微笑，"://blush"表示脸红与惭愧，"://nod"表示反对与不同意等。

6. 汉语谐音：用汉语词汇的谐音，或者假借字来表示意思。例如：酱紫（这样子）、共眠（共勉）、偶来乐（我来了）、竹叶（主页）、幽香（邮箱）、点心局（电信局）、你才（你猜）、打雪丈（打雪仗）、密马（密码）、稀饭（喜欢）、驴友（旅友）、灰常（非常）、木油（没有）、表（不要）等。

7. 新造词语：利用原有的词素，通过比拟、比喻、谐音、变异和拆分等手法创造新词，这些新造词语被认为是网语中最有活力、最传神的语言。例如：伊妹儿（电子邮件）、温酒吧（Windows98）、美眉（妹妹，美女）、屌丝（吊丝，矮穷丑的男青年）、写手（作者）、灌水（随意乱写）、造砖（认真地写）、板砖（批评）、女子（好）、弓虽（强）等。其中，大量借用动植物名称，使网语变得更为风趣幽默。例如：菜羊或赛羊（赛扬主板）、烘焙鸡（homepatge，个人主页）、猫（modem，调制解调器）、菜鸟或冬瓜（网络新手）、大虾（超级网虫）、恐龙（丑女）、青蛙（丑男），电子公告板管理员被称为斑竹、版竹、版猪、班主等。

8. 含义变化：将一些传统的词汇通假、借用，或者赋予新的含义。例如：286（电脑型号，借指反应慢）、坛子（论坛）、打铁（贴帖子）、沙发（第一个回帖者）、潜水（不发言）、楼上楼下（上或下一篇帖子）、打酱油（路过）、孔雀（自作多情）、偶像（令人作呕的对象）、化妆（涂脂抹粉，奋发图强）、天才（天生蠢材）、神童（神经病儿童）、白骨精（白领、骨干、精英）、蛋白质（笨蛋、白痴、神经质）、绝代佳人(不生小孩的妇女)、囧(本义为光明,今意为郁闷、无奈)等。

9.语气用语:如用“呜呜”“嘻嘻”“哈哈”“呵呵”“嘿嘿”等象声词,表示停顿、打岔,或表达某种喜怒哀乐的情感等。

10.网上笔名:即网名、绰号或昵称。这些网名可谓是五花八门,千奇百怪,直接反映出网友的个人喜好和个性特征。例如:有借用名人姓名、字号的周杰伦、西门庆、潘金莲等,有充满英雄气概的任我行、笔傲江湖等,有比较浪漫、诗意的风中玫瑰、杨柳依依等,更有普普通通、归于自然的一棵树、小花、狗子等,以及充满讽刺、嘲弄、戏谑、玩世不恭和愤世妒俗的情感的风流浪子、孤独恨天、寂寞丑男等,不一而足。

11.图形符号:1982年9月19日,美国IBM公司的研究员斯科特·法尔曼,在卡内基大学网站的一个公告牌上第一次打出了“⊢)”的符号,用以表示温馨的笑容。随后便衍生出了一系列的符号,使网民能够借助于一种或一组符号来表达各种实际意义和情感信息。例如:“❩”表示微微一笑,“－P”表示捧腹大笑,“⊢O”表示哇塞、惊呆了,“＊<1⊢)”表示圣诞老人或圣诞快乐,“{＊H＊}”表示拥抱亲吻,“@－@”表示叹为观止,“Zzzz……”指睡觉的样子等。这种表情符号大部分是模拟显示人的面部表情,通常要将它旋转90度才能看明白。当这些符号从西方传到日本之后,日本人便开始发明另外一种横式表情符号,如以“(－_－)”表示神秘笑容,“^_^”表示眯眼笑等,而且在日语中还将其称为“颜文字”,可见,日语文化已经把它接纳为一种文字了。这类由软件公司设计的各种小图标和符号,可以表达一百多种表情和意义,能使网民通过简单的符号来表达各种信息,如想要邀请别人喝茶或咖啡,只需发一个茶杯或咖啡杯的图像即可,从而更加丰富了语言的可视化程度,使网上交流充满了人情味,令其魅力大增。

从以上分类中可以看出,第1至5种主要是使用键盘上的符号表达各种意思,第11种是借助于聊天软件系统所设计好的符号表达喜怒哀乐的情感,其他则是运用汉字软件输入系统,打出汉语的字词句等来表情达意。此外,还可以使用音乐、影像和声音等,对网上交流起着一定的补充作用。作为一种传统的语言形式,通常应该既有字形,又有读音和意义,但网络语却并不符合这一规范。一般来说,网络语言有三种形式:第一种是文字,既有音也有意,既可说又可写,包括英文和汉语的字词和句子等。第二种是符号,只能写不能说的,如第1、2、3、4、6类的数字、汉字和英、汉词汇的缩略语等,不便发音,也不好发音,是应该读谐音,还是读本音呢?例如BB既可能是baby(宝贝),也可能是Bye-Bye(再见)。第三种是图形符号,有特定的形象和意义,属于网上专用。如第11类的表情符号,实质上就是图画,是视觉形象变成语言的产物。它和注音文字不同,是不能发音的,只能“看”出它的意义来。随着互联网的普及和手机短信的普遍流行,用图形符号来表情达意已经为社会所广泛接受。有人认为,人类目前又回到了读图时代,看来也并非全是虚言。

## 三 网络语言的特点

网络语言的横空出世与广泛传播,既是现代科技高速发展的产物,同时也是在一定的时代与社会之中,人们的需要与文化的发展相互适应的结果。在因特网所构成的特定的虚拟空间里,由于人们表达思想情感、传递信息的工具与传播方式,与现实生活中传统的传播工具和表达习惯有很大的不同,这就必然会导致新的语言形式的产生,于是人们便逐渐创造出了令人新奇也令人“愤怒”的网语。也就是说,网络语言所产生的特定的环境与条件的不同,从而导致了网络语言同传统的书面语言相比有着巨大的差异性,具有如下几个方面的重要特点:

1. 简约性。人们在网络论坛BBS上发帖和进入聊天室聊天时，为了提高文字的输入速度，用最简洁的语言表达尽量多的信息，以节约时间与金钱方面的消耗，于是便借助于键盘上的数字、英文字母和符号等，创造出了这种全新的语言形式，从而使网语呈现出明显的简约性。例如，网站的管理员“版主”一词系新造词汇，智能拼音字库里没有相应的词，要单独打出每个字来就显得十分费劲，而网民早先普遍使用的是拼音输入法，敲打键盘出现的第一个词就是“斑竹”二字，于是用“斑竹”代替“版主”也就顺理成章了。再如，输入“东东”二字，显然比输入“东西”二字要容易得多。此外，某些约定俗成的数字组合，也被巧妙地挪用到网络聊天上，如5201314意为“我爱你一生一世”。还有发一个制作好的图形或符号，显然要比打汉字更加简捷方便，也更有情趣和意味。

2. 多样性。网络语言的多样性，主要是指它在结构要素和表现形式方面的丰富多样。人们通常把语言的形式分为自然语言和人工语言，自然语言是指人们约定俗成的口语和书面语，而人工语言则是人们所创造的书面辅助语言，如公式、图表、符号等。从形态上看，网络语言就是自然语言和人工语言的混合物。由于网语主要是使用键盘输入，故键盘上的各种符号都成为网语的重要组成部分。它既包括数字、英文字母和汉语拼音，也包括各种自然语言如汉语、英语等。当前主要是运用汉字软件输入系统，打出汉语的字词句篇来表情达意。此外，还可以使用聊天软件系统所设计好的各种符号和图形，以及编辑加工好的各种影像、音乐以及声音等，作为网络交流的补充之用。正因为网络语言在表现形式方面，比书面文字更具有丰富性和多样性，从而使网语在表达情感、传递信息方面比传统语言更有优势。

3. 创新性。网民们为了拼写的方便和提高输入速度，于是便对传统的书写方式进行大胆改造，将汉字、数字、英文字母混杂在一起使用，对文字、图片、符号等随意链接和镶嵌，并且还出现了大量的怪字、错字、别字以及病句等。这种极不规范乃至错误的表达方式，却是深受网民所喜爱的正宗语言。即便是错别字满天飞，大家也乐于接受，甚至还将错就错，以讹传讹，并习以为常了。由于网络语言减少了外来的束缚，能够最大限度地发挥作者的自由性，充分反映出每个人在语言上的创造力，因而在表达的构思上更为巧妙，以至于出语惊人，令人叹为观止。网语的创新性除了中英文和数字、符号的混合运用之外，主要体现在词汇的创新上。不仅有对原有词语的通假、变异、拆分等，赋予新的内涵和意义，而且还通过比拟、比喻、谐音等手法创造新词。同时，网语在表达上用字一般都非常节俭，并尽量突破原有书写符号的局限，从而使传统的表达方式发生了巨大改变。

4. 个性化。网络语言的创造者和使用者大多是一些青年和学生，他们具有自主、开放的特点和极强的创新意识，敢于蔑视传统，崇尚自我，完全不受传统语言规范的约束，甚至故意通过另类的表现来张扬自己的个性，以期引起别人的注意，而恰恰在网络这个虚拟的世界中，给了每个人张扬个性、释放自我的独特空间，为网民提供一个自由宣泄情绪的管道。因此，绝大多数网民都愿意掩饰自己的真实身份，不流露自己的语言习惯，而使用另一种语言来进行交流。网民的表现欲、想象力、自我意识和深层诉求等，都能够在此得到淋漓尽致的表现和抒写。他们的怪异语言和另类创作，在某种程度上就是体验“我言故我在”的生存快感。也正因为如此，网络语言才在使用的过程中，形成了不同于传统语言的鲜明的个性化特征。

5. 粗俗化。在网络语言不断求新求异、发展壮大的滚滚洪流之中，还悄然涌动着一股不小的浊流，即网络语言的粗俗化。据报道，有人曾通过雅虎的搜索引擎进行检索，发现包含有“狗屁”字眼的中文网页有1359个，而被鲁迅先生讥讽为“国骂”的“他妈的”则高达3305个之多。无论是在网络聊天，还是在BBS上发帖，各种各样粗俗的、轻佻的、下流的污言秽语，如“靠”、P

(屁)、TMD(他妈的)、WBD(王八蛋)等字眼更是随处可见。由于网络实行匿名制,人们上网不需要显示自己的真实身份,也不必担心对自己的言论负责,于是网络便成了许多网民发泄对政府、社会和他人不满的“出气筒”,各种污言秽语乃至错误、反动的言论也就层出不穷。目前,网络语言的粗俗化还有愈演愈烈之势,并开始向传统媒体渗透,甚至有些粗话已堂而皇之地登在报刊上,成为传统主流媒体的新宠。这不能不引起社会公众的高度关注,也亟待有关部门制定相应的管理制度,以引导和规范网络用语,形成健康、文明、清洁的语言风气。

虽然就目前的情况来看,网络语言的使用群体和流行范围是极其有限的,还不能成为社会公众用于交际的通用语言,但从网络高速发展的势头来看,随着网民人数的大幅度的增长,网络语言的使用频度将越来越高,其“非文字符号”的趋势也将更为明显。特别是近几年来,网络语言已经逐步开始进入大众媒体和日常交际用语之中,呈现出不断向口头语言和书面语言扩散与转化的新趋势,并且对传统语言和汉语文化造成了不可忽视的冲击。于是,有人便发出了网络语言正在“颠覆汉语”的惊呼之声,甚至有人还预测一门崭新的语言学科——网络语言学将应运而生。既然网络语言是随着社会的发展和人们的需要而出现的新生事物,是现代科技所衍生的语言之花,尽管在目前还存在着种种问题和不足之处,但我们应该采取积极的态度加以关注、探讨和研究,并通过我们的不断努力,引导网络语言克服其粗俗与过于张扬个性的一面,朝着生动、活泼、健康、规范的方向发展,为丰富当代语文的表现形式,促进文学创作的繁荣与发展作出积极的应有的贡献。

# 中国文化概述

文化是一个生生不息的运动过程。本文所论中国文化，指中国的传统文化。具体而言，即19世纪中叶以前的中国文化。

## 一 中国文化的特征

人类文化是主体与客体的统一，物质与精神的统一，技术体系与价值体系的统一。文化可分为四个层次：

第一层次：由人类加工自然创制的器物，即“物化的知识力量”构成的物态文化层。它是人的物质生产活动方式及其产品的总和，是可触知的、具有物质实体的文化事物，构成整个文化创造的基础。物态文化以满足人类最基本的生存需要——衣、食、住、行——为目标，直接反映人与自然的关系，反映人类对自然界的认识、把握、运用、改造的深入程度，反映社会生产力发展水平。

第二层次：由人类在社会实践中建立的各种社会规范构成的制度文化层。人类在创造物质财富的同时，又创造了一个属于他们自己，服务于他们自己，同时又约束他们自己的社会环境，创造出一系列的不同于处理人与自然关系的，处理人与人（个体与个体、个体与群体）相互关系的准则，并将它们规范化为社会经济制度、婚姻制度、家庭制度、政治法律制度。家庭、民族、国家、经济、政治、宗教社团，教育、科技、艺术组织等等，同样是文化创造的重要部分。这一部分文化成果虽然不直接与自然界发生关系，但它们的特质、发育水平归根结底是由人与自然进行物质交换的特殊方式（生产力）所决定的。

第三层次：由人类在社会实践，尤其是在人际交往中约定俗成的习惯性定势构成的行为文化层。这是一类以礼俗、民俗、风俗形态出现，见之于日常起居动作之中，具有鲜明民族、地域特色的行为模式。民族的、时代的文化既是物质的标识、制度的规范，又是具体社会行为、风尚习俗的鲜活体现。《礼记・王制》中说的“五方之民皆有性也，不可推移”，《汉书・王吉传》载“是以百里不同风，千里不同俗”，都是对于人类行为文化的明确指认。而“一方水土养一方人”的俗语，更是对人类不同群体的行为模式、风俗习惯与其所处自然地理环境之间必然存在的密切关系的客观描述。

第四层次：由人类社会实践和意识活动长期积淀而成的价值标准、审美观念、思维方式等构成的心态文化层。就其发育的规范程度而论，心态文化又可分为体现社会民众一般情感、愿望的社会心理和经过文化专门家归纳、整理、升华、抽象而成，关涉信仰、观念、思想、艺术理论体系的社会意识形态两部分。

社会心理是流行的、散乱的、不规范的大众心态，通常以语言、行为方式表现出来，比较直接地受到物质文化水平和社会制度的影响和制约。社会意识形态是社会科学家对大众心态进行理性思考和艺术加工的思想结晶，它是高深的、系统的、规范的，通常以著作文本、艺术作品等方式表现出来。

从物态文化层分析，中国文化是一种农业文化。所谓农业文化，并非说构成成分之中没有其他产业的产品,而是说整个文化的物质基础的主导面和支配力量是在自然经济轨道上运行的农业。

黄河、长江哺育的亚洲东部这片肥沃的土地,为中华先民从事精耕细作的农业经济提供了充分的优良条件。专家研究表明,中国农业起源于第四纪冰川后期。一万年前左右,农业生产方式便已确立并不再逆转。距今六千年的仰韶文化、河姆渡文化遗址中,均发现稻谷遗迹。三千年前的殷墟甲骨文出现黍、稷、麦、稻等多种农作物名称字样,并有农事活动的丰富记载。秦汉以后,大一统的中央政权更把"上农除末,黔首是富"定为基本国策,历朝帝王大都以"帝亲耕,后亲蚕"之类的仪式鼓励百姓勤于农桑之业。中国古代农业的轮作复种、家禽舍饲、水利工程等等大大领先于世界。古人遗留下的三百多种农书,更是古代农业高度发展的文本证明。几千年中,中国人的主体——农民"日出而作,日入而息,凿井而饮",躬耕田畴,世世代代,年复一年地从事简单再生产,成为国家赋役的基本承担者,这就铸定了中国古代文化的农业形态特征。进入近代,随着大机器产业和新的生产方式的诞生,中国社会开始从自给自足的农耕经济形态中解脱出来。但是,直到今天,农业仍然是整个中国经济的基础产业,农民仍占全国人口的大多数。这一事实,正可帮助我们理解中国文化源远流长的农耕传统。

从制度文化层分析,中国文化是一种宗法文化。中国古代的社会制度和组织发生过种种变迁,但由氏族社会遗留下来,以父系家长为中心,以嫡长子继承制为基本原则的宗法制度都延续了数千年之久,直到近代还保留着明显的痕迹。

宗法制度兼备政治权力统治和血亲道德制约的双重功能,由此奠定了中国传统制度文化的定式。虽然严格意义上的宗法制度在西周末年已开始瓦解,但它长期影响着中国社会的形态。父系单系世系原则的广泛实行,家族制度的长盛不衰,尤其是"家国同构"现象的持久延续,都是其顽强表现。"家国同构"即家庭——家族与国家在组织制度方面的同一性。这种同一性,从根本上讲是源于氏族社会血缘纽带解体不充分而遗留下来的血亲关系对于人们社会关系制度化的深刻影响。家与国,组织系统和权力配置都是严格的父家长制。家是小"国",国是大"家"、在家庭家族内,父系家长地位至尊,权力至大。这种至高无上的地位、权力,通过血脉遗传,代代相继。简言之,父为"家君",君为"国父"、君父同伦,家国同构,宗法关系因之渗透于社会整体,甚至掩盖了阶级关系。中国奴隶—封建社会地缘政治、等级制度等社会结构,也因而始终未能完全独立于血亲—宗法关系而存在。在一定意义上,中国奴隶社会是宗法奴隶制,封建社会是宗法封建制。这是古代中国制度文化区别于印度、欧洲的根本之点。也正由于此,直到20世纪新民主主义革命运动兴起,还要将宗法制度及其具体表现——专制政权、族权、神权、夫权一并作为革命的基本目标。

从行为文化层分析,中国文化是一种礼仪文化。中国素称"礼仪之邦",礼仪习俗历史悠久,影响极为广泛。在古代中国,"礼"既是"立国经常之大法",又是"揖让周旋之节文",具有社会政治规范和行为道德规范两方面的内涵。"礼"的宽广的覆盖面使它得以成为中华民族行为文化的高度浓缩、抽象的概括。

礼,繁体作"禮",本义指祭神的器物和仪式,早在周代,便已经产生"规范""礼治"的引申义。春秋时代,儒家高度推崇礼,以"克己复礼"为思想旗帜,与墨、道家等展开热烈争鸣。汉代以后,统治阶级最终选择儒学作为理论指导,在这种背景下,儒学对周礼的推崇由一家一派的学术倾向转变为全社会的文化倾向。汉儒全身心地发掘、整理先贤著作、思想,对"礼"做出更明晰的阐释:"夫礼者,所以定亲疏,决嫌疑,别同异,明是非也。"(《礼记·曲礼上》)礼,成为判定社会成员一切言行是否适宜的统一尺度。礼作为全体成员都自觉自愿受其制约的行为规范,其可接受性基础在于，礼并非社会强加给人的外在的规章法则，而是切合人的本质、人的本性的内在情感满足方式。

礼在周朝施行于王室，各诸侯国并不普及。春秋战国时期社会动荡，礼崩乐坏。汉儒们承亡继绝，重建礼制，而且加以规范化、普及化、世俗化，编织出一张笼天地、纳人神、齐万物的周密的文化网络。

孔子"非礼勿视，非礼勿听，非礼勿言，非礼勿动"(《论语·颜渊》)的信条被具体化为从治国理家，求道问学一直到婚丧嫁娶、衣食住行等方面的精细守则。周代施行于贵族王室的礼仪，一变而为社会各阶层共同遵循的行为规范。汉儒将这些规范归纳为六礼、七教、八政。汉代以后，这些无微不至，甚至流于烦琐的人生守则，大大约束了社会成员的欲望追求、情感宣泄、意志表达的快捷方式，从行为特征上，铸造了中华民族温、良、恭、俭、让的整体风貌。

从心态文化层分析，中国文化是一种伦理文化。宗法式的伦理道德，强烈而持久地左右着社会心理，维系社会成员血缘的伦理观念及其理论形态，构成中国文化意识形态的系统核心。

在社会心理方面，中国人向来对血缘亲疏关系格外注重，其语言体现着亲属称谓系统的庞杂精细。这一系统在父母系、嫡庶出、直旁系、长幼序等方面有极严格规定。竟有伯父母、叔父母、姑父母、舅父母、姨父母五种之多。与此相联系，中国人往往怀有浓烈的"孝亲"情感，这种情感不仅表现为对死去先祖的隆重祭奠，更表现为对活着的长辈绝对顺从、孝敬，所谓"百善孝为先"，"尊亲"成为中华民族古已有之的道德本位。在中华文化系统内，孝道被视为一切道德规范的核心和母体，忠君、敬长、尊上等等，都是孝道的延伸。中国人虽然也崇拜天神，但无希伯来人、印度人、欧洲人、阿拉伯人那样的虔诚和狂热。耶稣受难曾经激发起欧洲人无以名状的心灵震撼，而中华民族却以"如丧考妣"来形容悲伤至极的情感。正是由于"孝亲"意识笼罩社会，才使得绝大多数炎黄子孙不致成为"六亲不认""无父无君"的宗教狂徒。从这个意义上说，纲常伦理观念如同一具庞大严密的"思想滤清器"，阻挡、淡化了宗教精神对国民意识的渗透。与基督教、伊斯兰教、印度佛教相比，中国宗教在禁欲、绝亲等世俗人伦方面，总是留有充分的余地。佛教传入中国后，正是由于在尽孝、尽忠这伦理的两大端上有所修正，汉译佛典甚至伪造《父母恩重经》，阐发孝道，宣扬忠君，这才获得民众的理解，得以顺利发展。

从心态文化层次上比较，如果说西方文化是"智性文化"，那么中国文化便可称之为"德性文化"。德性文化鼓舞人们注重品行修养，自觉维护正义，忠于国家民族，保持高风亮节，自有其积极的一面，但同时它又具有将伦理关系凝固化，绝对化的弊端，以致在某种情况下成为人身压迫和精神虐杀的理论之源。

## 二　中国文化的内容

中国文化是中华民族对于人类的伟大贡献。独具特色的语言文字，浩如烟海的文化典籍，嘉惠世界的科技工艺，精彩纷呈的文学艺术，充满智慧的哲学宗教，共同构成中国文化的基本内容。

### 1. 文字与典籍

文字和典籍的出现，在人类文化史上具有划时代的里程碑意义。广义地讲，文字和典籍是文化进步的基石；狭义地讲，它们又分别是文化的门类之一。一个民族文字与典籍的历史悠久与否，发展程度如何，质、量有何特征，都是衡量其民族文化水平的重要标尺。而无论从以上哪一点看，中华文化都当之无愧地卓立于世界民族之林。

关于汉字从何而来，很早就有“仓颉造字”的传说。仓颉造字的传说给我国文字的诞生笼罩上神奇的光环。其实，正如郭沫若所论：“任何民族的文字，都和语言一样，是劳动人民在劳动生活中，从无到有，从少到多，从多头尝试到约定俗成，所逐步孕育、选练、发掘出来的。它决不是一人一时的产物。它随着社会的发展而发展，有着长远的历程。”

文字发明以前，中华先民经历了“结绳记事”“契木为文”的阶段。到了新石器时代的仰韶文化时期，又出现了陶器刻画符号。西安半坡遗址出土的陶钵口沿上，有二十余种刻画符号，它们是中华先民在制作或使用时有意识刻下的记事符号。不少学者认为，这是今天确知的最古老的一种具有表意作用的文字符号。如此算来，汉字起码已有六千余年的历史。

不同于上述简单抽象符号的复杂图形符号，发现于距今4500年的大汶口晚期文化遗址的出土陶器上。其中最复杂的一种，为、上部表示太阳，下部表示山峰，中部，或释为火，或释为云气。从图形分析，它显然是日出景观的概括摹绘。大致说来，汉字是由原始社会晚期普遍存在的抽象符号和概括式图形符号这两种表意符号分化、质变、创新而产生出来的。符号毕竟不同于文字。符号的本质是记事，它尚未与语言中具体的词意相结合。到距今四千余年的龙山文化晚期，这种与具体词意相结合的刻画文字，终于出现。例如在河南阳城出土的泥质黑陶薄胎平底器的外底上，就刻有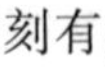像左右两手有所执持，可能是一个会意字“共”，代表器物所有者的族氏。阳城是夏禹的都城，由此推断，中国最早的成形文字，大约出现于夏代初期。从陶符到文字，除了生产发展、经济文化交往增多等社会历史条件外，还必须经过专门人才的整理、改造和创制。在阶级萌生、体力劳动和脑力劳动初步分离的夏代，这样的人才已经出现。他们从大量现存陶符中，去粗取精，归纳整理，改造创制，宣传推广，逐步取得全社会的承认和采纳。现存最古老的汉字，当推殷商时代的甲骨文。殷人将占卜的行为和言辞刻在龟甲和兽骨上，形成特殊的语言符号系统——甲骨文。甲骨文距今已有三千余年的历史。20世纪以来，甲骨文研究取得长足进展，已发现3000个以上字，包括名词、代名词、动词、助动词、形容词等词类，还有长达一百七八十字的记叙文。研究表明，甲骨文已是比较成熟的文字系统。它在中国文字史上占有非常重要的地位。这首先表现在它已经完整地体现出汉字结构的基本规律。前人总结汉字有六种常用造字条例，即所谓“六书”。关于“六书”，在本教材的《汉字与中国文化》一文中已作了概括介绍。甲骨文诞生以后，随着社会生活的发展，汉字字体发生过多次演变。先后大致出现过甲骨文、金文、大篆、小篆、隶书、草书、楷书、行书八种字体。汉字字体的流变，体现为两大趋向：一是简化趋势。从甲骨文到行书，笔形由繁到简，笔画由多到少，构架由诘诎到平易，规范由宽松到谨严，一字多形的现象越来越少。二是音化趋势。但汉字的“六书”构字法，决定了它主要根据表意原则来造字、用字，因而表音功能相对于其他文字(如英文、法文、德文等)较弱。人们认识到这个弊端，在实践中便着意提高形声字的比例，所以今天的形声字占汉字总数的80%以上。

皇皇中华，素称世界四大文明古国之一。重要标志是它数千年积累、存留下来的极为宏富的文化典籍。无论是从典籍的数量、质量，还是从典籍管理系统的科学水平看，中华文化都大大领先于古代文明诸国。

早在殷商时代，社会就拥有相当数量的书籍，故《尚书·多士》有“惟殷先人，有册有典”之说。其时巫史“掌官书以赞治”，可见已有国家图书管理机构。春秋战国时代，诸子并起，百家争鸣，竞相著书立说，学术文化事业兴旺发达，图书数量因而剧增。据《左传·昭公十二年》载：当时即有“三坟、五典、八索、九丘”之称。这些书籍，早已亡佚，具体内容，亦多争议。私人藏书，已成风气。《庄子·天下》载：“惠施多方，其书五车。”后世遂以“学富五车”的成语，来形容某人读书广博,学问精深。秦始皇统一中国,下令没收并焚毁《诗》《书》《百家语》及《秦纪》以外的史书,文献典籍毁损惨重。

汉代是中国历史上的强盛王朝,文化事业出现空前繁荣景象。公元前 26 年,国家藏书"积如丘山","天下遗文古事,靡不毕集"。同年,成帝又命陈农求遗书于天下,并诏光禄大夫刘向等人校定经传、诸子、诗赋、数术、方技等各类典籍。刘向每校完一书,便写成《叙录》一篇,介绍该书作者生平行事、思想内容、学术源流及校勘经过;他将各书《叙录》汇编成册,别行于世,称之《别录》。刘向死后,其子刘歆在《别录》基础上删繁就简,编成我国第一部综合性图书分类目录《七略》。《七略》今已不存,但其大致风貌,可从班固所修《汉书·艺文志》中得以窥见。

西晋时,荀勖著《中经新簿》,创甲、乙、丙、丁四部图书分类法。甲部收六艺及小学之书,乙部收诸子、兵书、数术之书,内部收史学之书,丁部收诗赋、图赞,共录书目 1885 部,20935 卷。

唐太宗贞观年间,魏徵监修《隋书》。《隋书·经籍志》著录存书 3127 部,36708 卷,佚书 1064 部,12759 卷,按经、史、子、集四部(分别相当于《中经新簿》的甲、乙、丙、丁四部)40 类排列,奠定了我国古籍目录分类法的经典形式。

中国古代图书管理专门学问目录学发达,东汉造纸技术的成熟,隋、唐雕版印刷术,尤其是宋代活字印刷术的发明,使用,给中国图书事业插上了腾飞的双翼。下表展列汉至清历代书籍出版的年平均量:

| 朝代 | 部数 | 卷数 |
|---|---|---|
| 西汉及西汉以前 | 1033 | 13029 |
| 东汉 | 1100 | 2900 |
| 三国 | 1122 | 4562 |
| 晋 | 2438 | 14887 |
| 南北朝 | 7094 | 50855 |
| 隋唐 | 10036 | 173324 |
| 五代 | 770 | 11750 |
| 宋 | 11519 | 124919 |
| 西夏、辽、金、元 | 5970 | 52891 |
| 明 | 14024 | 218029 |
| 清 | 126649 | 1700000 |
| 总计 | 181755 | 2367146 |

引自冯天瑜、周积明合著《中国古文化的奥秘》。

降及明、清,图书事业达于鼎盛。世界文化史上罕有其匹的巨型类书、丛书相继问世,充分展示了中华典籍之宏富、文化之昌明。

类书是一种广泛采择古今图书中的语词、诗文、人物、典故等各种资料,分类编排,汇辑成册,供人检阅翻查的工具书。明代永乐年间,诞生了中国文化史上规模最大的百科全书式类书——《永乐大典》。《永乐大典》由姚广孝、郑赐、解缙监修,参与编校者达 2169 人。全书正文 22877 卷,凡例和目录 60 卷,装成 11095 册,字数高达 3.7 亿。令人遗憾且愤慨的是,《永乐大典》仅正本、副本两部,正本明亡时悉数毁弃,副本亦陆续佚散,至清乾隆年间已残缺 2422 卷。20 世纪初年,八国联军入侵北京,对《永乐大典》焚毁、劫掠,甚至用来铺垫马槽,使之损失惨重,至今仅残留 810 卷,只是原本的三十分之一。现存规模最大、体例完善的类书,是清康熙四十五年(1706)成书、雍正四年(1726)印行的《古今图书集成》。全书一万卷,1.6 亿字,分历象、方舆、明伦、博物、理学、经济六编三十二典,6109 部,每部又有汇考、总论、图表、列传、艺文、选句、纪事、杂录、外编等项目,所辑录的古籍,均保留原貌,并详注书名、篇目和作者。乾隆皇帝赞其为“书城巨观,人间罕觏”,确非溢美之虚言。

类书之外,又有丛书,即将多种著作整部地编印在一起,并冠以总书名。在成批地完整保存典籍方面,丛书功用尤其显著。在历代编纂的丛书中,以乾隆年间面世的《四库全书》规模最为浩繁。《四库全书》由皇帝亲自主持,集中硕学鸿儒、书工写匠四千余人,历时 15 年方告全功。据文津阁本,共收录图书 3503 种,79337 卷,仅存书名而未录其书者,6766 种,约 9.97 亿字。这是中华文化史、乃至世界文化史最宏伟的图书工程。《四库全书》先后誊抄了七部,分别藏于北京故宫内文渊阁、圆明园文源阁、奉天文溯阁、热河文津阁、镇江文宗阁、扬州文汇阁和杭州文澜阁。第二次鸦片战争中,英法联军火烧圆明园,文源阁所藏毁之一炬。今文渊阁本存台湾,文津阁本存国家图书馆(原称北京图书馆,1987 年以前在北海西边,因藏有文津阁四库全书,馆前的街于 1931 年定名为文津街)。

从数量看,中华典籍独步于世界。但从门类分布来看,却有重大缺陷。现存古籍的压倒多数,均为文史类著作,相对而言,科学技术类著作数量极微。追溯缘由,主要是因为汉代以后,儒学渐居文化主流地位,伦理型文化范式日趋强固,社会普遍心理认为关于道德伦理的经、史、文学之作是学问的大端,而关乎自然科学、工艺技术的研究不过是学术末流、雕虫小技,这方面的著作因此多受冷遇。像明末宋应星著《天工开物》,影响远及欧洲,但在中国却失传 300 年,直至本世纪初,才从国外返归故土。此中意味,发人深省。

2. **科技工艺**

人类认识、利用、改造自然的实践经验与理论总结,以科学技术的形式表现出来。因此,科技发展在相当的意义上,可以真切反映出一个民族文化发展和社会进步的水平。

(1)独步世界的农业科技

由于特定的地理环境与自然条件,中华民族以农立国,辅以林、牧、渔业,与古印度并列为人类农耕文明的两大典范。人称中国为“文明”古国,在相当意义上,由独步世界的先进农业科学技术水平作为标志。在绝对年代方面,中国农耕种植业的历史固然晚于埃及和巴比伦,但就农业发展的后续力而言,中华民族又超乎其上。在 16 世纪以前的数千年间,无论农业规模或耕作水平,均处于世界领先水平。中国古代农业科学技术的特点是循环利用、低能消耗;以种植业为主,多种经营,综合发展;用养结合,使地力常新,集约耕作,提高土地利用率。在培养农作物及家畜家禽良种、改良农具、兴修水利工程等方面,都取得领先世界的辉煌成就。中国农业以精耕细作为主要特色。土地为种植业之本,中华先民很早就注意到“土宜”对丰产的关键意义。《管子》将九州土壤依肥沃程度定为上、中、下三级十八等,因土制宜,分别种植各类作物。战国时代,人们还会改良盐碱地。

中华先民很早就掌握了兴修大规模水利工程的科学原理和施工技术。公元前 3 世纪,李冰父子主持兴修岷江流域的都江堰工程,“遇弯裁角,逢正抽心”,构思精巧,设计合理,一举而收灌溉、航运、防洪、减淤等多重功效。李冰还制定“深掏滩,浅作堰”的岁修原则,使这一工程经久不衰,至今还在造福于人民。

蚕桑丝织业在中国起源很早。相传养蚕织丝是黄帝之妻嫘祖的发明,证之以考古发掘,至迟在四五千年以前的新石器时代,蚕、丝业已在黄河、长江中下游地区萌生。春秋至秦汉,丝绸生产已遍及全国,丝织品种类繁多,有绢、纱、罗、绮、锦、绫、绸、缎等,织法各异,精彩纷呈。公元前 2 世纪的西汉时期,质地精美的中国丝绸通过河西走廊著名的“丝绸之路”传入西亚和欧洲各国，轻柔华美的丝绸，引起了西方人极大的欣羡之情。

中国是世界上最早种茶、制茶和饮茶的国家。现在世界上的各产茶地，都是从我国引进茶树或茶籽的。茶，在中国古代又称荼、茗。公元前1世纪的王褒《僮约》中就有“烹荼尽具，餔已盖藏”的记载。相传四千年前，中华先民便开始采摘天然茶叶用以治病，人工栽培茶树，也至少有两千多年的历史。秦汉以后，饮茶之风逐渐传开，唐代陆羽编著了世界上第一部茶叶专著《茶经》，详载茶的历史、种植加工技术及饮茶风俗，陆羽因而被后人尊为“茶圣”。中国茶叶质量优良，名品不胜枚举，大致可分为绿茶、红茶、花茶三大类。中华先民很早就发现饮茶于增进健康大有裨益。《神农本草经》称“茶能令人少眠、有力、悦志”。中国茶叶传到国外，立即受到各国人民的喜爱，与咖啡、可可并称世界三大饮料。

园艺是中国农业科技的重要方面，蔬菜及果树栽培都有悠久历史。早在新石器时代，人们便开始种植蔬菜，西安半坡遗址出土的陶罐内，便保存有菜子。中国蔬菜品种丰富，总数约为160种，常见品种也在100种左右。

中国是世界上最大最早的果树原产地之一，北方的桃、李、柿、枣，南方的柑橘、荔枝等，都是传统名产。桃在我国已有三千年栽培历史，《诗经》便有“桃之夭夭，灼灼其华”的诗句，描绘桃树的繁茂。关于中国桃种外传，劳费尔《中国伊朗篇》述，公元前1—2世纪传入波斯(今伊朗)，于公元1世纪传入罗马。19世纪后半期，日本、美国又从我国引种水蜜桃和蟠桃。柑橘类果树有许多种类，以甜橙、橘、柚和柠檬最重要。除柠檬外，其他三种均原产于我国。柑橘在我国生产历史十分久远，《周礼·考工记》序目称“橘逾淮而北为枳”，说明当时人们对柑橘生产土壤、气候等方面的特殊要求已有足够的了解。

(2)嘉惠人类的四大发明

造纸术、印刷术、火药和指南针，是中华民族奉献给世界并改变了整个人类历史进程的伟大技术成果，集中反映了我国古代文明的灿烂辉煌。

纸的出现及其制造术的完善。西汉时期，出现了由大麻、苎麻制造的植物纤维纸和丝絮制成的絮纸，这是造纸术的开端。公元2世纪初，蔡伦总结前人经验，反复试验，制造出以树皮、麻头、破布、渔网等废弃物为原料的纤维纸。汉代以后，造纸术继续进步，楮皮纸、藤纸、檀皮纸、稻麦秆纸和竹纸先后问世，总结造纸技术的著作也不断出现，如宋代的《纸谱》、元代的《纸笺谱》等。尤其是明代宋应星的《天工开物》，在《杀青》卷中载有制造竹纸和楮皮纸的工艺全程，并附有相关的五幅图示，是当时世界上有关造纸术的最详细文献。

公元6世纪开始，中国造纸术传往朝鲜、日本和越南。8世纪后，又经中亚西亚传至阿拉伯及欧洲地区。1150年，欧洲第一家造纸工厂在西班牙出现，16世纪，纸张方流行欧洲。纸的大规模生产，为欧洲文艺复兴时代蓬勃发展的政治、商业贸易、文化教育事业插上了腾飞的翅膀。

印刷术的发明。印刷术又分雕版印刷与活字印刷两种。隋代初年，雕版印刷开始用于翻印佛像、佛经，唐代以后，雕版印刷的农书、历书、医书已广泛流播民间。1900年，敦煌千佛洞发现一卷唐代雕版印刷的《金刚经》，是目前世界上最早的有明确日期记载的印刷品。宋代以后，出现铜板印刷技术，用以印刷线条纤细、图案复杂的画面。元代以后，又发明彩色套印，运用一图多版，各刷一色，精密吻合的技术，印刷出色彩缤纷、层次鲜明的文书和图画。

公元11世纪中期(宋仁宗庆历年间)，毕昇首创活字印刷术，他的方法是用胶泥刻成单字字模，入火烧硬备用。印刷时取一铁板，铺垫松香、蜡、纸灰，围以铁框，将胶泥单字顺序排列于框内，置于火上加热，待松香等熔化后用平板将字模压平，上墨印刷。印完后拆下单字，可供另行排印他种书籍。这一发明大幅度提高了印刷效率，降低了费用，引发了印刷史上的一大革命，在现代激光照排技术出现以前的近千年间,印刷技术的基本原理一直沿袭着毕昇的伟大发明。毕昇以后,元代王祯又发明了木质活字及转轮式排字架,使活字印刷术更加完善。

公元8世纪,中国雕版印刷术传至日本,12世纪后又传入埃及、波斯等地。14世纪,朝鲜人创制了铜质活字。不少欧洲旅行家、商人将中国印刷技术带回故乡。印刷术在欧洲的普及,将学术、教育从基督教廷控制下解放出来。印刷术为当时欧洲的宗教改革运动和反封建斗争提供了有力的武器,对于资本主义意识形态的传播起了巨大作用。

火药的发明及其应用。早在殷商、春秋战国时期,人们便开始运用木炭烧火,硝石、硫黄治病,对它的性质有所了解。到了唐代,人们认识到点燃硝石、硫黄和木炭的混合物,会发生猛烈的燃烧。孙思邈在《丹经》中明确提出了火药的配方。唐末宋初,火药开始运用于军事,火炮、火箭逞威于战场,带来武器发展史上的划时代进步。北宋末年出现的"霹雳炮""震天雷",在抗金斗争中发挥了巨大的威力。南宋初年陈规发明了管形火器"突火枪",是为近代枪炮制造术的滥觞。13世纪,火药经印度传入阿拉伯地区,其后又传至欧洲。

指南针的发明。早在春秋战国时代,中华先民已经发现了天然磁石吸铁和指示南北方向的性能。公元前3世纪时,出现了磁指南仪器——司南,即将天然磁石磨成勺状,置于方位盘中央,利用磁石指极性指示方向。11世纪初,人们又发明了利用地球磁场使铁片磁化法,将磁化铁片装于木鱼腹中,浮于水面之上,提示方向,称"指南鱼"。与此同时,铁针与磁石摩擦磁化而制成的指南针也投入使用,磁针与方位盘组合一体,成为最便捷的指南仪器"磁针罗盘"。北宋末年(公元12世纪初),朱彧在《萍州可谈》中提到,他在广州看见"舟师""夜则观星,昼则观日,阴晦则观指南针"以确定航向。这是世界航海史上使用指南针的最早记录。

在古代人类文明总进程中,中华民族长期承担了前驱的角色。不胜枚举的科技成就所体现的独具特色的"中国智慧",曾使西方人大为叹服。英国著名科学家李约瑟《中国科学技术史》中用表格的形式表明中国发明的26种物质领先于西方。他的学生罗伯特·坦普尔《中国——发现和发明的国度》一书,以简明通俗的文字介绍了中国的一百个"世界第一",内容涉及材料科学、机械原理、工程技术、天文地理、声学、生命科学等诸多领域。

3. **文学艺术**

中华民族在自己悠久的文明发展史上,不仅创造出令全人类赞叹不已的物质文化,而且也创造出独具神韵、异彩纷呈的文学艺术。文学部分在本教材《中国古代文学概述》中详述,此处从略。

(1)书法与绘画

元人刘因在《荆川裨编》中论道:"字画之工拙,先秦不以为事。……魏晋以来,其学始盛","遂有专门之学"。但在魏晋之前,成就卓绝的书法家,已代有其人。秦丞相李斯,是留名最早的书法大家。他善书篆体,后人称其"骨气丰匀,方圆绝妙"。汉人张芝,勤奋过人,相传他临池学书,池水尽黑。他的草书精劲绝伦,一气呵成,后人赞曰"草圣"。汉代隶书居书坛主流地位,蔡邕是其代表。他的隶书"骨气通达,爽爽有神"。刘德升草创行书,风流婉约,独步一时,给后世书坛以极大影响。

魏晋南北朝是我国书法艺术史上的鼎盛时期,专业书法家出现,流派师承关系明朗,书法自此形成专门学问。女书法家卫铄撰《笔阵图》,论述运笔准则和各种笔画的不同艺术要求,是最早的成熟书法理论著作。这一时期,诞生了艺震古今中外的大书法家钟繇和王羲之、王献之父子。钟繇酷爱书艺,兼善各体,尤精隶、楷,其书"如云鹤游天,飞鸿戏海",唐人张怀瓘赞许他"幽深无际,古雅有余,秦汉以来,一人而已"。王羲之7岁学书,师从卫铄,后学张芝、钟繇,博采众长，推陈出新，一反汉、魏质朴书风，开创妍美流畅的新体。其楷书字势雄强刚健，草书“飘若浮云，矫若惊龙”，尤其是他的行书，已臻超凡入圣之化境，一纸《兰亭集序》，清新端秀，宛然天成。

唐代书法名家如云，蔚为大观，其出类拔萃者，为张旭、颜真卿、怀素、柳公权。张旭以“狂草”“颠草”闻名于唐代书坛。他嗜酒如命，每大醉，于癫狂状中，笔走龙蛇，一派飞动，“迅疾骇人”，甚至以长发濡墨而书，故世呼“张颠”。颜真卿则以楷书见长，端庄雄厚，气势开张，正而不拘，庄而不俗，于从容法度之中，自得闲雅逸趣。其字世称“颜体”，流传久远。怀素草书气势腾跃，李白以诗赞曰：“惊蛇走虺，骤雨旋风。”柳公权学颜真卿而又有所革新，楷书横竖大体均匀，瘦硬劲媚，自成“柳体”，其《玄秘塔碑》尤享盛名。

宋代书法，帖学盛行，有苏轼、黄庭坚、米芾、蔡襄四大家。苏轼书法豪气横溢，肉丰骨劲，藏巧于拙，后人赞为“坡翁奇气本超伦，挥洒纵横欲绝尘。”黄庭坚字如其诗，瘦硬奇倔，所书《头陀赞》《楞严经》等为后世所珍。米芾遍学名家，临摹尤精，又能出新意于法度之中，奇纵变幻，雄劲清新。蔡襄之书少务刚劲，晚归于婉媚，又以散笔作草书，谓之散草，又曰飞草，独具一格。四大家之外，宋徽宗赵佶创“瘦金体”，清癯遒劲，别有风韵。

元人赵孟頫，为一代书宗。《元史》载其“篆、籀、分、隶、真、行、草书，无不冠绝古今”。所书名满天下，人称“赵体”，历来备受推崇。明代书法家以祝允明、文徵明、董其昌领袖群伦。祝允明楷、行俱擅，又以狂草名重于世。文徵明小楷师法钟繇、王羲之，年九十犹作蝇头书，精美冠绝一时。董其昌兼师颜真卿、柳公权，后以为唐书不如魏晋，遂仿钟、王，其书圆劲苍秀，结构森然，疏拓俊逸。

清代书道中兴，尤在隶、篆两体。名家有郑燮、邓石如等。郑燮用隶书参入行、楷，自称“六分半书”，又取画法入书，每有石文兰叶之韵，古秀独绝。邓石如其书沉雄朴厚，笔意纵横，卓然成家。在书法理论方面，刘熙载作《书概》，对书法源流、技巧、名家品评，都有精辟见解。

中国绘画源远流长。早在纸张问世以前，中华先民便已在岩石、室壁、丝帛等多种材料上留下精美的图案。近年来，咸阳秦宫遗址发现了大量壁画。壁画线条流畅，内容丰富。汉代绘画分壁画和帛画两种。壁画多见于宫廷、邸舍、神庙、陵墓。1972年长沙马王堆汉墓出土的“T”形帛画是帛画中的珍品。

根据题材的不同，中国画可以分为人物画、山水画、花鸟画三大类。东晋大画家顾恺之，于人物画实践与理论多有建树。所传名作《女史箴图》，女子形象端庄柔顺，栩栩如生。唐代阎立本亦以人物画见长。他的传世名作为《步辇图》。稍晚的“画圣”吴道子，尤擅宗教人物画。宋代张择端的《清明上河图》，更是人物画的皇皇巨制。

魏晋以后，山水画逐渐成为画坛主流。唐代李思训、王维是山水画的前驱人物。李思训多取泥金、石青、石绿等色入画，开“金碧山水”一派，对后世影响极大。王维诗画俱佳，诗中有画，画中有诗，都以山水田园为主题。他倡导不施颜彩的“水墨山水”。两宋时期，山水画艺术发展到高峰。北宋画家多作全景式扫描，视野开阔，内涵丰富，山重水复，气势宏大。例如，王希孟的《千里江山图》，长达11米多，尤称长卷精品。相形之下，南宋画家则喜作特写小品。

花鸟形象的艺术再现，始于远古陶饰、壁画。唐、五代以后，演绎扩展为中国画的一大分支。南唐画家徐熙，专取寻常花木禽鱼入画，手法简练，风格清新，首创“落墨法”。后蜀画家黄筌，多绘异卉珍禽，艳丽工巧。后人品评徐、黄风格，称“黄家富贵，徐熙野逸”。两种风格均代有传人，因此而形成此后近千年间花鸟画的两大流派。宋代花鸟画别开生面。文同、苏轼画竹，赵孟坚、郑思肖画兰，杨元咎画梅，各有绝技。宋徽宗赵佶的工笔花鸟，也达到相当造诣。明代画坛“四大家”沈周、文徵明、唐寅、仇英俱擅花鸟。此外，徐渭又创“大写意”花鸟画派，笔意纵横，水墨淋漓，甚至泼墨于纸，信笔点染，于大气磅礴中活现自然界的蓬勃生机。清代“扬州画派”继承他的风格，将清高奇倔的品性寄情于瘦竹傲梅、孤雁哀鸿，使传统的花鸟画蕴涵深刻的人生意义，凸现了中国画的抒情优长。

(2)音乐、歌舞与戏曲

早在草莽开辟的石器时代，中华先民便创造了原始歌舞。他们用形象的语言、富于韵律变化的曲调，配合节奏感强烈的动作来表现劳动的愉快，收获的喜悦，节日的欢乐和祛病禳灾的愿望。

春秋战国时代，百家争鸣。儒家强调音乐的教化功能。宫廷乐舞，当时已蔚为大观。西周王室拥有“八佾”即64人的舞队，演出“六舞”。乐器性能也达极高水平。湖北随州战国初期曾侯乙墓出土的铜铸编钟，共65枚，上中下三层排列，总音域达五个八度，可奏出完整的五声、六声或七声音阶的乐曲，令人叹为观止。

秦建立大一统中央帝国，国家设立专门的音乐官署乐府。汉承秦制，乐府的规模和职权范围扩大，掌管朝会、祭祀、宴飨的乐舞，兼采民间歌曲，整理加工，使臻精美。汉代著名音乐家李延年曾任乐府协律都尉，为《汉郊祀歌》十九章配乐。汉代民歌，以“相和歌”为著名。“相和歌”与舞蹈、器乐演奏相结合，又产生“相和大曲”，传世作品为《陌上桑》。汉末女琴家蔡文姬所作的《胡笳十八拍》，融胡汉音乐于一体，素材简练，结构宏大，曲调深沉哀怨，曲折有致，堪称精品。

唐代国势强盛，文化昌明，音乐歌舞以蓬勃、热烈为主调。唐太宗李世民令人整理《秦王阵图》，又亲制《破阵舞图》，由128人披甲执戟而舞，音乐则在汉族清商乐基础上吸收西域龟兹乐的雄健风格，颂扬自己征伐四方的赫赫战功。开元、天宝年间，经玄宗李隆基亲自润色，《霓裳羽衣曲》风行宫廷，轻歌曼舞，使人恍惚如入仙境。唐代又行独舞，公孙大娘着戎装舞剑器，神奇豪迈，惊心动魄。此外，带有情节、人物的歌舞戏、参军戏也在唐代出现，这是中国戏剧的萌芽。

宋元时期，城市经济繁华，市民阶层壮大，适应他们的说唱艺术如鼓子戏、唱赚、诸宫调大兴。在汴梁(开封)、临安(杭州)等城市，出现了固定的演出场所瓦舍。每一瓦舍又划分多块场地，称为“勾栏”。同时上演各具特色的节目，如杂剧、评话、皮影、角抵、花鼓等等。这一时期文艺园地的重要变化是戏曲逐渐取代歌舞，成为具有最广泛群众基础的娱乐形式。宋元戏曲，北方以杂剧为代表，七声音阶，风格慷慨刚劲；南方以南戏为代表，五声音阶，风格流利婉转。南戏演唱方式多样，有独唱、对唱、轮唱、合唱诸种，配以不同曲调，演绎民间传说，歌颂纯真爱情，抒发百姓疾苦，抨击贪官污吏，具有浓厚生活气息。

明清两朝，说唱艺术继续发展，北方的小曲、大鼓以唱为主，杂以道白。南方的弹词以琵琶、三弦、月琴伴奏，演员自弹自唱。明代汤应曾，人称“汤琵琶”，他弹奏《楚汉》，动人心弦，精彩绝伦。此曲至清代发展为《十面埋伏》，是中国传统弦乐的经典之作。明代兴起于苏州一带的昆山腔(昆曲)，创造了古代完整的戏曲表演体系。清代乾隆、嘉庆、道光年间，安徽的徽调与湖北的汉调传人北京，以它们为基础，又融合京腔、昆曲、梆子腔等音乐、表演技法，逐渐形成具有独特民族风格的重要戏曲剧种京剧。京剧是中国古代声乐、器乐、舞蹈、戏曲优秀遗产的综合结晶，是中华民族引以为荣的艺术瑰宝。

(3)雕塑、建筑与园林

从艺术发展的阶段性看，中国雕塑的滥觞在原始社会时期，成熟则在秦汉隋唐。1974年，在陕西临潼秦始皇陵东侧1.5公里处发现举世震惊的秦代陶制兵马俑坑，总面积约两万平方米，共有武士俑七千余，陶马500匹，战车130乘。这些武士俑平均高度1.8米，陶马与真马相当，取写实手法，形体、结构、比例、质感均以严格的解剖学理论为基础，并加以艺术夸张。汉代雕塑技艺更以寓意深远著称。例如，霍去病墓前的“马踏匈奴”石雕，甘肃武威东汉墓出土的“马踏飞燕”青铜雕塑。几百年后唐太宗李世民陵前的石刻浮雕“昭陵六骏”，确为巧夺天工的传世珍宝。

魏晋南北朝至唐末宋初，佛教流行，由此而带来佛像雕塑艺术的空前繁荣，其分布地域之广，数量之多，规模之大，技艺之精，足以与古希腊神像雕塑并峙。甘肃敦煌莫高窟、天水麦积山石窟、河南洛阳龙门石窟、山西大同云冈石窟，荟萃了佛像雕塑的主要精华。

建筑，首先源于人类的生存需要。中国上古传说中的“有巢氏”之所以受到长久景仰，正因为他是人们为抗御风雨寒热而制作最初居室的代表。随着人类文化的进步，工艺水平的发展，建筑的艺术追求成为古代设计师和能工巧匠们致力的方向。大致说来，中国古代建筑以土木结构为主，辅以石料。总体布局厚重庄严，气势宏大，局部构件轻灵奇巧，变化多姿，尤以宫室建筑艺术成就最高。

先秦宫室，今已无翔实文献可证，但发掘考古遗址，已发现长百余米的夯土基台，可见规模之大。秦统一中国，建造阿房宫。阿房宫，是古文献中最早详细描绘的美轮美奂的宫殿建筑群。由班固《西都赋》状写的汉长安宫室可知，中国古代宫室艺术不以单个、独立建筑为重心，而是以规模庞大、平面展开、有机连接、均衡统一而又富于变化的群体建筑为特征。沿袭这一传统，历代王朝都建有方正规整富丽堂皇的宫城。现今仍保存完整的明清故宫，更是巍峨宏大、精美奇巧的古代东方建筑艺术无可超越的典范。

中国古代建筑艺术的独特引申是园林艺术。从艺术上看，园林既收入水光山色的自然情趣，又凝集绘画雕塑的人工匠意。在建筑形式方面，宫殿、庙堂的严整肃然，被亭、台、楼阁、塔、榭、廊、轩的活泼多姿所取代。在布局方面，古建筑强调中轴对称的规则被突破，代之以依山就水、随径顺流的灵活定位。在处理建筑物与自然环境的关系时，强调“巧于因借”，使之相互映衬，融为一体。

中国古代园林可分为私家庭院与皇室苑囿两类。前者以苏州拙政园、狮园、留园等为代表，小巧玲珑，“曲径通幽处，禅房花木深”是其特色。后者以圆明园、避暑山庄、颐和园为代表，范围广大，景点众多，游人置身其中，每有山重水复，柳暗花明之感。北京西郊颐和园，是现存中国古代园林艺术的典范。它精巧的设计，让人们能够最大限度地领略大自然的悠远与深邃。

**4. 哲学宗教**

儒学及其流变

孔子创立的儒学以不同的表现形式在汉代以后两千多年里始终占据着中华文化的统治地位。而从文化构成上看，儒、佛、道三足鼎立，共同支撑起了中华文化精神的基本构架。

春秋战国时代，学术思想界诸子并起，百家争鸣。诸子学说中，对后世中华文化的流变产生重要而深刻影响的，当推由孔子创立的儒家和由老子、庄子创立的道家。

孔子创立的儒家学说（也称原始儒学），其要点在于礼、仁、义、知（智）四端：以礼为行为规范，以仁为思想核心，以义为价值准绳，以知为认知手段。

孔子认为，春秋时代的社会争乱，根本原因在于人欲横流，名分紊乱。因此，要重建周代之“礼”的权威，用周礼来约束人们的一切行为。在孔儒之学里，“礼”的内涵丰富。举凡社交礼仪、生活标准、政治秩序、风俗习惯，无不囊括在内。换言之，即完整的社会系统从各个侧面、各个层次、各个角度，细致入微地限定每个社会成员的地位、责任、义务。

如果说“隆礼”是孔儒之学的表层结构的话，那么“贵仁”则是它的思想核心。在仅仅万余字的《论语》中，“仁”出现 106 次。孔子强调血亲人伦关系是“仁”的理论重心所在。这决定了儒家区别于其他各家的最根本特征。在孔子看来，仁是人的本性的表现，是人的美德的最高概括，有丰富的、多层次的人伦体现。

如何确定人的行为是否符合“礼”与“仁”,儒家提出必须以“义”为价值准绳。孔子一生不问某事之有利无利,只问合义不合义。合于义,即是真、善、美;不合于义,即是假、恶、丑。到了孟子,尚义更趋于极端。他甚至将“君子犯义”与“小人犯刑”相提并论。

孔子强调以知为认识手段,诱导社会成员知仁。循礼,行义。他承认人的先天素质有差异,但是毕竟任何人都有“知”的可能条件。他更为关注的是“学而知之”的理论与方法。孔子非常注重对人民进行“教化”。而且,这种教化寓于日常生活之中。

公元前140年,汉武帝刘彻即位。刘彻采纳董仲舒鼓吹“罢黜百家,独尊儒术”的策略,儒学因而得以在全社会广泛推行,并逐渐占据中华文化的正统地位。

进入宋、元、明时代,理学渐居学坛主流地位。理学亦称“道学”或“新儒学”。理学以“理”为宇宙最高本体和哲学思辨的最高范畴。宋明理学的最大特点是儒、释、道“三教归一”,其实质是一种以儒学为主体,吸收、改造释、道哲学而形成的精致的伦理本体论。

宋明理学的发展可分为宋元、明及清初两大阶段。北宋周敦颐、邵雍是理学的开端人物。周敦颐融会释道、阴阳、五行观念,构制《太极图说》,建立起“无极”→“太极”→“阴阳”→“五行”→“男女”→“万物”的宇宙生成图式,从中推导出“圣人定之以中正仁义而主静”的结论,为理学的发展奠定了基础。邵雍长于象数学,后世亦有人将他视为占卜宗师。邵雍提出“以物观物,性也;以我观物,情也。性公而明,情偏而暗”(《观物外篇》),此说开启了日后理学的“天理”“人欲”对立论。

周、邵之后,张载以“气”为主体,解说宇宙万物的形成变化、动静聚散,进而探讨“天”(宇宙)与“人”(伦理)的合一关系。

程颐、程颢兄弟是周敦颐的学生,他们最重要的理论贡献,是阐发“天理”的伦理本体性质与至高无上地位。二程认为,“万物皆只是一个天理”,“在天为命,在义为理,在人为性,主于身与心,其实一也”(《河南程氏遗书》卷六、卷十八)。天理不仅是天下之至理,而且是社会等级秩序与道德规范的总称。

南宋的朱熹是理学的集大成式人物。朱熹建构起以“理”(太极)为最高范畴的哲理思辨结构。“理”借“气”而存在,“气”派生万物,“理”即随气进入“物”中。“物”中之“理”经过“格物穷理”的环节,破除“物”与“理”的障碍,向自身复归,从而最终形成“理—气—物—理”的逻辑行程。“理”是宇宙万物的本体存在,但理并非玄妙莫测,它具象为人世间的伦理纲常。宇宙论与伦理学的贯通,使得纲常道德成为一种理性本体,主宰社会的每一个成员。朱熹高度强调人对“天理”的自觉意识,他阐释儒家经典《大学》,突出“正心”“诚意”的“修身”工夫,所撰《四书集注》也成为科举圭臬,由此理学地位愈加不可动摇。

理学在新的哲学基础上重建传统礼治秩序,从而使汉魏六朝以后因社会动乱而产生的礼法观念薄弱状态为之一变。但是,理学家们以“天理”为依据,强制性地规定人伦关系的尊卑名分,彻底泯灭正当“人欲”,从而给中华民族,尤其是广大妇女,套上沉重的精神枷锁。

进入明代,王阳明“心学”崛起,理学渐入衰境。(王阳明承继南宋陆九渊发展起来的“心学”。陆九渊其学主“心即理”说,以“心”为宇宙本体,驳斥以“理”为宇宙本体的理论,为理学的分裂潜伏下种子),王阳明“心学”的枢纽有三:一曰“心即理”“心外无理”。二曰“知行合一”。三曰“致良知”,“良知”即天理。“致吾心良知之天理于事事物物,则事事物物皆得其理矣。”(《答顾东桥书》)

王阳明以后,其弟子王艮创立泰州学派,赋予“心”以自然本质,对抗仁义道德的“天理”决定论，因此屡遭朝廷禁毁，“心学”一蹶不振。明末清初，出现《圣学宗传》《宋元学案》《明儒学案》等批判总结理学之作，而这一时期早期启蒙思想的出现，更昭示着理学的颓势已经不可挽回。

讲究实学，强调务实，是包括儒学在内的中国文化的一种基本精神。晚明时期，徐光启和以高攀龙、顾宪成为代表的东林党人以及陈子龙、张溥等起而力倡实学。顾炎武、王夫之、黄宗羲、唐甄、颜元等人，在明末尖锐的社会矛盾与强劲的经世思潮中锻铸了自身的经世思想和实学根柢。在清初，他们则成为“经世致用”的旗手。

清初经世致用思潮的重要方面，首先在于清初思想家努力从复兴儒学传统的高度上去扫除轻视功利、空谈义理的性理之学。黄宗羲、顾炎武认为，儒者之学在本质上就是经世致用之学；而明代理学家摒弃了儒家的实学传统，一味空谈心性，败坏学风，最终导致了亡国的惨剧。王夫之对于历代唯心主义，不管是玄学系统的老庄之学，佛教中的禅宗，还是宋明时期的程朱理学、陆王心学，都展开了深入的总体性的清算，创立了别开生面的唯物主义哲学体系，为清初实学思潮提供了坚实的哲学基础。在清初，还有言功利、倡实学的“颜李学派”。颜李学派的领袖是颜元、李塨。

迨至道光、咸丰年间，康、雍、乾时代的“太平盛世”已成为明日黄 花，社会危机全面爆发，内忧外患交加。在这种时代大变迁的背景下，思想文化界的风气发生了重要转变，即由乾嘉时代的“训诂考据”转向道咸年间的“通经致用”。于是，经世致用之学经历了清初之后近百年的沉寂之后，重新兴盛起来。龚自珍、魏源是这一时期经世致用之学的主要代表。龚自珍开近代实学风气之先，而魏源振聋发聩地提出“师夷长技”的口号，第一个公开倡导向西方学习。

道咸年间的经世实学主要体现在以下四个方面：一、讥切时政，诋排专制，倡言变法；二、研讨漕运、盐法、河工、农事等大政；三、探究边疆史地以筹边防，“谈瀛海故实”以谋御外；四、变一味考辨古史为纂修当代史。

道咸年间的经世实学在本质上仍然归属于中国传统文化，带有古代学术的性格。然而，道咸年间的经世实学又确乎是近代新学赖以产生的最直接的民族文化土壤。龚自珍、魏源等人的“更法改图”之议，抨击专制之论，对于冯桂芬、王韬、郑观应以降的新学家都有直接启迪；经世派高扬“兴利”“致富强”的旗帜，给洋务派“求强”“求富”的事业开辟了道路。经世派重新锻铸的今文经学，成为十九世纪末叶康有为、梁启超维新变法的重要思想武器。尤其可贵的是，经世派“通经致用”的学风、觅新知于异域的开放精神，引导着新学家抛弃蒙昧主义和空疏之学，启迪他们睁眼向西方寻求真理。

儒家的哲学是关乎政治的哲学，因此它在审美方面尚用崇实，主张经世致用，排斥浪漫的东西，功利色彩非常浓厚。

道家与道教

道家学派是以先秦老子和庄子关于“道”的学说为中心的学术派别。老子是道家学派的创始人。道家认为：一、道是世界万物的本源，它化生了万物，却自本自根。二、道自然无为，是宇宙运行的总规律。它无须人为操作，自然地运行，这就是“天道无为”。如果有人故意去有所作为，那便违背了“道”，必然导致天下大乱。道家认为，儒家大讲特讲的仁、义、礼、知，正是人为的产物，是应当摒弃的。道又是事物的本态，即自然而然。由此文生发出道家“天人合一”的哲学观。三、道是辩证的。世界上的事物都是既对立又统一的，它们无时无刻不在相互转化，彼此都以对方为存在条件。比如：“无”与“有”都是指的道，它们是道的两个方面。

庄子也主张“道”是宇宙本源，但以为“道”的本体意义只有在人的主体性中才能得到充分体现，“道”存在于得道者心中，是人的主体精神摆脱了客观外界束缚所达到的最高境界，所谓“天地与我并生,万物与我为一"(《庄子·齐物论》)。庄子可看作是一种精神人格的代表。

土生土长的中华本土宗教——道教以东汉的黄巾起义为诞生的标志。道教以道家思想为哲学基础,奉老子为始主,《道德经》为主要经典。道教乐生、重生、贵术。它热衷于"人如何不死"的问题,重视研究长生的方法,以长生久视、不死成仙为最终目的。道教以其鲜明的中国特色,长久作用于民族心理、风俗习惯、科学技术(道教对我国古代科学技术的发展起了重要的推动作用)以及社会政治经济生活的方方面面。

郭沫若在《鲁迅与庄子》中说:"秦汉以来的一部中国文学史,差不多大半是在他的影响下发展。"(他是指庄子)在审美上道家主张"虚无"和"自然"。"虚无说""自然说"和"辩证说"为我国古代文学艺术的创作与欣赏开启了一片最有民族特色的新天地。

佛教

佛教的创始人为古印度迦毗罗卫国王子悉达多·乔答摩(即释迦牟尼)佛教的基本教理有"四谛""五蕴""十二因缘"[①]等,以断除烦恼而成佛为最终目的。佛教以为人生充满苦难,要摆脱苦难,只有改变世俗欲望和认识,超脱生死轮回。西汉末年,佛教通过著名的"丝绸之路"传入中国。佛教进入中国后,渐渐同中国儒家的伦理特别是孝道和道家的许多哲学观念结合起来,适应了中国国情,得到了朝野普遍的认可与欢迎。特别是佛教的天台宗、华严宗、禅宗,实际上已是中国式的佛教。佛教至隋唐进入鼎盛时期,终于与儒、道鼎足而立,成为中国的主流文化之一。

佛教的禅宗继承和发展了庄子美学,与儒家美学和道家美学共同构成了中国古典美学的范式。

玄学

魏晋时期,玄学兴起。玄学奉《周易》《老子》《庄子》为经典,援引道家思想解释儒家经典。同道家一样,玄学的哲学体系是建立在宇宙本体论上的,之外,玄学研究的核心问题还有自然与名教、玄与意、圣人有情无情、才与性、声无哀乐等。后来玄学与佛学渐趋合流。

## 三 中国文化与域外文化的交流

文化史研究表明,在人类历史的不同时期,总是存在着若干文明与科学的中心。以这些中心为内核,在文化地理学上便出现若干个板块,文化史家称其为"文化圈"。数千年来,以中国为中心,渐次形成包括中国、日本、朝鲜、越南在内的东亚文化圈。

在数千年的进化过程中,中华文化与东亚文化圈内诸文化以及印度文化、伊斯兰教文化和西方文化互摄互融,吸纳吞吐,以自己的精神与物质文明成果,推动全人类的进步,同时又从异域、异质文化中吸取丰富的营养,给自身肌体注入新鲜血液,激发蓬勃生机。

### 1. 秦汉隋唐时期全方位的文化交通

秦汉隋唐时期,中华文化正处于蓬勃旺盛的上升阶段,从东、南、西三个方向与外部世界展开了多方面、多层次的广泛交流。

在东方,中国与朝鲜唇齿相依。远在商周时代,双方便有密切交往。公元1世纪,《诗经》《尚书》《春秋》等儒家典籍便流行于朝鲜。东汉时,朝鲜半岛"三韩"(马韩、辰韩、弁韩)并峙,其中辰韩国的当权者自称秦亡人,他们的政治制度、风俗习惯均与秦朝相似,因此又被称为"秦韩"。

公元1世纪到7世纪,朝鲜半岛进入三国(高句丽、百济、新罗)时期。迨至唐代,三国都积极地选派留学生到长安,学习中国文化。7世纪中叶,新罗统一朝鲜半岛,仿唐制建立中央机构。

它在学制、民俗、音乐、佛教等方面也深受唐文化的影响。

中国与日本是一衣带水的邻邦，中日文化交通源远流长，早有关于徐福东渡的传说。相传秦始皇寻求长生不老药，派遣齐人徐福率领童男童女数千人人海访寻。徐福在熊野浦地方登上了日本列岛。东汉时，中日文化交流更加频繁，“建武中元二年，倭奴国奉贡朝贺，使人自称大夫，倭国之极南界也。光武赐以印绶。”（《后汉书・东夷列传》）这颗刻有“汉倭奴国王”的金印，在日本福冈的志贺岛出土。

公元 600 年，日本派出第一次遣隋使，强盛的隋帝国和发达的中华文化给日本使节留下深刻印象。公元 630 年，日本派出遣唐使，此后二百多年中，共派遣遣唐使 18 次，全面学习中华文化。公元 645 年，日本发生了著名的“大化革新”，以“中华化”即唐化为目标。日本文字便是根据汉字改造而来。各级学校以儒家经典为教科书，祭祀孔子的典礼也日益隆重。日本佛教以中国为母国。东渡日本的鉴真和尚被尊为“日本律宗太祖”“日本文化的恩人”。唐朝制订的新历法，日本原封不动地采用，社会各阶层也深受唐文化熏染，唐诗、唐乐、唐绘、唐礼、唐服在日本广为流行。

在南方，秦、汉、隋、唐诸帝国开疆辟航，将中华文化传播至南亚诸国，远及非洲。

中国与越南接壤，中国的铁制农具、牛耕技术以及文化典籍传入越南，越南的象牙、珍珠等土特产品进入中国。在东汉，中国与今印度尼西亚境内的叶调国（耶婆提国）也有友好往来。

唐帝国开辟了由南中国海经印度洋到非洲的“陶瓷之路”。沿着这条通道，精美的中国瓷器传至菲律宾、马来群岛、印度支那、锡兰等，有的还穿越印度洋，过波斯湾抵达波斯、叙利亚和埃及。

在西方，中外文化交流以更大的规模、更壮丽的声势展开。汉武帝建元三年（公元前 138），张骞出使西域，揭开了中西文化交往的篇章。汉明帝永平十六年（公元 73），班超出使西域，平定莎车、龟兹等地的叛乱，保护了交通的畅通。同时，大批的西域使臣、商人也纷纷来到中国。他们带回的众多中国物产中，数量最多的是丝绸制品。所以，中西交往的必经之道河西走廊，又被称为“丝绸之路”。丝绸之路的开辟，在古代东西方之间架起了文化交往的桥梁。

降及唐代，“丝绸之路”仍然是沟通中外文化的最重要的通道。唐朝与中亚各国之间的人员来往、物产贸易、文化交流规模日益扩大。不少中亚侨民在长安定居，经商、从艺、从军、传教，很多成为汉化“蕃胡”的一部分。中国的丝绸、绘画和建筑艺术风格也在中亚各国流行开来。通过丝绸之路，唐朝发展了与阿拉伯世界的交往。唐人称阿拉伯帝国为“大食”。公元 651 年，大食使者初抵长安，其后 150 年间，大食使臣访唐达 39 次之多。8 世纪中期，中国的造纸与纺织术传入阿拉伯地区，并继之输入欧洲。与此同时，中国炼丹术也形成西传浪潮，波及阿拉伯与欧洲。

自汉至隋唐，西域音乐、舞蹈等进人中原地区，食品、衣制等亦多传入。制糖之法经唐代吸取印度技术面得以改进。

唐代中外文化交流史上的辉煌篇章，是玄奘访印求法。贞观元年（627）八月，玄奘沿丝绸之路万里长征，进入佛教发源地中印度。归国后，玄奘主持翻译佛经 75 部，又创立唯识宗于中国。646 年，由玄奘口述，弟子辩机记录整理，完成《大唐西域记》12 卷，详细记录自己游历百余国的见闻，是后人研究中亚及印度古代历史地理、物产风俗、宗教信仰的宝贵资料。

### 2. 宋元时期中外文化的交流

宋元时期，中国古代科技发展到空前高峰，先进的工艺、技术、发明传至东亚文化圈内外的广大地区。成吉思汗及其后裔建立起地跨欧亚大陆的庞大蒙古汗国（元帝国是其主要部分），进一步促成中外文化在相激相荡中交汇融通。

中华民族嘉惠于人类的“四大发明”中,有三项或出现,或完成,或投入使用于宋代。中国水手使用的先进导航设备罗盘首先被阿拉伯航海家们所采用。12 到 13 世纪,罗盘已经普遍安装在印度洋到地中海水域的各类船舶上,并逐渐为欧洲人所掌握。

来往元大都和欧洲之间的商人、旅行家和传教士,将活字印刷术带回故乡。

中国的火药兵器大规模装备部队用于战争始于宋代。13 世纪,元蒙军队对阿拉伯地区的远征,同时将火药兵器知识传播到中亚、西亚的广大地区。在十字军东征等惨烈的军事冲突中,欧洲人从阿拉伯人那里学会了火药武器的使用。

由于罗盘导航的普遍采用和造船技术的发展,宋代航海贸易大盛。广州、泉州、明州(今浙江宁波)是当时的三大远洋港口。大批中国物产远销至日本、朝鲜、东南亚、印度和阿拉伯各国。丝绸和瓷器是出口的大宗。瓷器逐渐成为东南亚各地居民的日常生活用品。

13 世纪蒙古的兴起,揭开了中西文化交流史上重要的一页。从元大都和中国的其他城市到中亚、波斯、黑海和黑海之北的钦察草原以及俄罗斯和小亚细亚各地,都有驿道相通。在空前开畅的格局中,中华文化与外域文化的交流得以绚丽多彩地展开。

元帝国对欧亚大陆的征服,使中国西部的边界实际上处于开放状态,阿拉伯、波斯和中亚的穆斯林大规模往中国迁徙,估计数量达 200 万人之多,以至造成“回回遍天下”的态势,并逐渐形成了一个新的民族——回族。阿拉伯的天文学、数学、医学、建筑等方面的成就,也以这些移民为媒介,传入中国。

元代中西交通的开辟,亦为基督教入华创造了有利的气候和土壤。元时入华的基督教被称为也里可温。也里可温有两大派别,其一为曾流行于唐代的景教,即基督聂斯托里派;其二为罗马天主教。随着蒙古族入主中原,景教在中原地区盛行起来。罗马天主教的来华,最先萌发于罗马教廷与元帝国的外交往来。

忽必烈登基后,蒙古汗国对基督教世界的态度发生改变。忽必烈接见了来自欧洲的商人——马可·波罗的父亲尼柯罗和其弟马菲奥。忽必烈决定派遣使节和他们一同出使罗马教廷。1289 年,罗马教皇派遣教士约翰·孟德高维诺出使东方。经元廷允许,约翰在大都先后兴建两座教堂,开始了一系列的宗教活动。1307 年,罗马教廷任命约翰为大都和中国教区大主教,又派出若干教士来协助。

中国天主教的教务更为发达,教徒亦发展到三万余人。

亚欧大陆的沟通,为东方和西方的相互了解有了不同于以往任何时代的新发展。

最先向欧洲报告东方情形的是罗马教皇与法王路易九世派往蒙古汗国的使节。这些使节回到欧洲后,相继完成了记叙东方见闻的旅行报告书,使欧洲人对于蒙古的地理、民情以及蒙古的兴盛、强大的历程有了初步的了解。1298 年,由马可·波罗口述,小说家鲁思梯切诺笔录的《马可·波罗纪行》完成。不少欧洲人为马可·波罗在书中所展示的东方神韵所倾倒。此种“东方热”直接刺激了十五六世纪欧洲航海家努力去寻觅东方世界。

马可·波罗去世后 20 年,被尊为“伊斯兰世界的旅行家”的伊木·贝图达经由海上来到中国。中国旅行家汪大渊两次周航印度洋。中国景教徒苏马在 1287 年至 1288 年充当伊利汗派往罗马和巴黎的大使,游历欧洲。

当然,中华文化也被广泛介绍到中亚、阿拉伯及欧洲地区。中国医药学深受阿拉伯人的欢迎。唐代名医孙思邈的《千金方》在元代被译成波斯文。1313 年,波斯版的中国医学百科全书《伊利汗的中国科学宝藏》问世。中国艺术风格也对穆斯林画师产生了深刻的影响。名闻世界的波斯毛毯上,开始出现中国式的行猎场景和云形图案。

### 3. 明清的西学输入与“中学西渐”

14世纪以后，资本主义文化在欧洲萌生，并渐次向东方扩展其影响。以基督教传教士为媒介，中学与西学、东方文化与西方文化在世界资本主义浪潮推动之下，交流融会。

15—17世纪，欧洲的文艺复兴、宗教改革运动相继发生，引起罗马教廷和整个天主教世界的惶恐。在此关头，以扶助教皇为宗旨的耶稣会成立。耶稣会十分注意培养博学的教士，并派遣其前往南美、非洲和亚洲传教。幅员辽阔、人口众多的中国，自然而然成为耶稣会宗教扩张的重点目标。1552年，耶稣会创办人之一的圣方济各由印度卧亚到广东上川，这是西洋教士直接进入中国之始。1583年，利马窦和罗明坚进入广东肇庆，并在肇庆建立起传教据点。以此为端绪，耶稣会士竞相来华。

为了冲破古老中华文化对于基督教的排拒，打开传教局面，利马窦等耶稣会士可谓煞费心机。他们不仅竭力与明朝官僚相交结，打通官场关节，而且注意顺应中国习俗，学习中国的语言文字和文化典籍。为了得到士大夫的注意和敬重，利马窦等人展开了大规模的西洋学术译介工作。欧洲的古典哲学、逻辑学、艺术（美术、音乐、建筑），尤其是自然科学被大量介绍人中国。传教士们在向中国官吏、民众宣传基督教义的同时，也带来了文艺复兴时期以后西方先进的自然科学知识。

在传教士输入的图籍中，天文历法方面的著作达43种，其中有21种收入《崇祯历书》。传教士们向中国学人译介近代几何学的经典之作《几何原本》（前六卷）。它的严密逻辑结构的公理体系是中国传统几何学所不可比拟的。耶稣会士介绍的地理学，使中国士人耳目一新。《坤舆万国全图》引进明确的地圆概念，并以经纬度划分球面，对破除中国旧有的天圆地方或地平观念有着重要意义，而且比传统的“浑天说”更为科学。《职方外纪》《西方问答》亦是当时在中国士人中流行的地理书。前者介绍了各国的山川形势，风土民情，后者介绍了西洋海陆通路，物产风俗。这些知识有助于中国人形成比较开阔的世界观念。

应当指出，由于宗教信仰、社会职能、知识结构等方面的限制，传教士们对于西方文艺复兴以来最富于革命性的文化成就讳莫如深。但是，即便如此，传教士们的工作仍然为中国传统文化开启了一扇新的窗口，积极意义应当予以肯定。由于基督教神学毕竟与中国传统儒学体系格格不入，所以传教士们的布道事业成效有限。不过，在徐光启等开明士人、科学家的鼎力相助之下，西方先进的科学技术知识及其理论方法仍在明清之际的中国得到一定程度的传播，受到中国科学界的欢迎和接纳。

明清时期，与西学输入同时，中国文化也经由西方传教士的译介，在欧洲流播开来。在欧亚大陆的两大文明之间，耶稣会士不自觉地成为“文化联系的最高范例”。

罗明坚是第一个用汉文发表数理书的传教士，也是第一个翻译“四书”的西洋人。罗马的外交官和学者安东尼奥·波赛诺维奇根据罗明坚所提供的中国材料，在《图书论》中，对中国文化作了耶稣会士式的第一次阐述，其后，金尼阁发表利马窦著作《基督教远征中国史》，介绍了中国儒学的主要观念。

1687年在巴黎出版了一部关于中国文化的重要著作，这就是由耶稣会士殷铎泽等人编纂的《中国的哲学家孔夫子》，其中包括有《大学》《中庸》和《论语》的译文以及带画像的《孔子传》，孔子的形象第一次被传到欧洲。书中还介绍了宋明理学。这些介绍进一步增进了欧洲对于中国哲学的了解。与此同时，中国的历史、地理、科技、文学也都以耶稣会为中介，在欧洲流传开来。1735年，杜赫德在巴黎刊印了由耶稣会士在中国的考察资料汇总而成的巨著《中华帝国志》。此书被誉为中国百科全书。

欧洲启蒙学者热衷于从中国古老文明中汲取营养。中国传统学术文化成为莱布尼兹、伏尔泰等启蒙思想家笔下借以鞭笞旧欧洲的强有力的武器。中国哲学宗教色彩淡薄,而理论原则渗透本体论、认识论和人性论,对于这一特质,欧洲学者如法国的伏尔泰、狄德罗,英国的马修·廷德尔等大加推崇。霍尔巴赫在《社会体系》中指出,伦理与政治应当相互关联,否则就会出现危险。而在世界上只有中国把政治与伦理紧紧结合起来。

欧洲启蒙学者多是开明君主专制论者,中国历史上传统的仁君统治以及清初康乾"盛世"成为启蒙思想家们所向往的社会楷模。如霍尔巴赫主张以德治国,他公开宣称欧洲政府必须以中国为模范;被誉为"欧洲的孔子"的魁奈因认为,中国的政治是合法的专制政治,中国是按自然法则建立国家的典范。

当然,以上欧洲思想家所理解和所表述的中国文化,带有明显的理想化色彩,与中国本土文化形似而神异。但是,由此亦可见中国文化所蕴藏的巨大的生命力。

**【注释】**

① "四谛":痛苦、痛苦原因、消灭痛苦、消灭痛苦的方法,合称四谛。
"五蕴":1、色蕴、2、受蕴、3、想蕴、4、行蕴、5、识蕴
"十二因缘":1、无明、2、行、3、识、4、名色、5、六入、6、触、7、受、8、爱、9、取、10、有、11、生、12、老死。详细内容请查阅有关佛教教义书籍。